Richard Tarnas

Das Wissen des Abendlandes

Seit den Anfängen der Zivilisation ist die Menschheit von der Leiden-schaft erfüllt, die Welt und den Platz des Menschen in ihr zu verste-hen. Die Fragen nach unserer Herkunft, unserer Seinsbestimmung und dem Wesen der Welt hat seit jeher das Denken und Forschen beschäftigt. Richard Tarnas erzählt die Geschichte von Philosophie, Religion, Wissenschaft und Kunst und breitet die von Polaritäten und Widersprüchen geprägte Entwicklung des westlichen Weltbildes aus, ein »Universum der Doppelwahrheiten«, wie er es nennt. Das Männli-che und das Weibliche, Glaube und Wahrheit, Logik und Mythos, Tra-dition und Innovation, Bewußtsein und Unterbewußtsein – die west-liche Kultur ist geprägt von ihren Widersprüchen, von der Tatsache, daß es keine absoluten Wahrheiten gibt. Tarnas zeigt »Sofies wirkliche Welt«, beleuchtet Lehren und Epochen, veranschaulicht die Konse-quenzen und den Wandel des philosophischen Denkens. Der Zerfall der alten Denkstrukturen ist nach seiner Auffassung Voraussetzung für eine grundlegende Veränderung, ihre Kenntnis die unerläßliche Bedingung für eine intellektuelle und spirituelle Erneuerung des Indi-viduums und der Gesellschaft.

Richard Tarnas studierte Altertumswissenschaften, Philosophie und Psychologie in Detroit und Harvard. Er war lange Zeit Direktor am Esalen Institute in Big Sur und ist heute Professor für Psychologie und Philosophie am California Institute of Integral Studies in San Francisco.

Richard Tarnas

Das Wissen des Abendlandes

Die Weltbilder Europas im Wandel der Zeiten

Aus dem Englischen übertragen
von Eckhard E. Sohns

Albatros

© der amerikanischen Originalausgabe
The Passion of the Western Mind 1991 bei Richard Tarnas,
erschienen bei Ballantine Books,
a division of Random House Inc., New York
© der deutschsprachigen Ausgabe
Idee und Leidenschaft – Die Wege des westlichen Denkens
1997 Deutscher Taschenbuch Verlag GmbH & Co. KG, München.
Aus dem Englischen von Eckhard E. Sohns.

Bibliographische Information der Deutschen Bibliothek
Die Deutsche Bibliothek verzeichnet diese Publikation in der
Deutschen Nationalbibliographie; detaillierte bibliographische Daten
sind im Internet über http://dnb.ddb.de abrufbar.

Ausgabe 2006 Patmos Verlag GmbH & Co KG
Albatros Verlag, Düsseldorf
Umschlaggestaltung: butenschoendesign, Lüneburg
Umschlagmotiv: WILLIAM BLAKE: Isaac Newton,
1795, Tate Gallery, London
Printed in Germany
ISBN 3-491-96159-9
www.patmos.de

INHALT

III
DAS CHRISTLICHE WELTBILD 113

IV
DIE TRANSFORMATION DES MITTELALTERS 213

V
DAS MODERNE WELTBILD 279

VI
DIE TRANSFORMATION DER MODERNE 407

VII
EPILOG 519

ANHANG 561

VORWORT

Dieses Buch erzählt die Geschichte des westlichen Weltbildes vom antiken Griechenland bis zur Postmoderne. Mein Ziel war es, die Entwicklung des westlichen Geistes und seiner sich wandelnden Auffassungen von der Wirklichkeit klar und verständlich darzustellen – in den überschaubaren Grenzen eines einzelnen Bandes. Fortschritte, die in jüngster Zeit auf so unterschiedlichen Gebieten wie Philosophie, Tiefenpsychologie, Religionswissenschaft und Wissenschaftsgeschichte gemacht wurden, haben diese Entwicklung in ein neues Licht gesetzt. Diese neue Perspektive hat die hier vorliegende geschichtliche Darstellung stark beeinflußt und inspiriert. Im letzten Kapitel verwende ich diese Erkenntnisse und die neue Sichtweise, die sie eröffnen, um ein neues Verständnis der geistigen und spirituellen Geschichte unserer Kultur vorzustellen.

Es wird zur Zeit viel vom Zusammenbruch der westlichen Tradition gesprochen, vom Niedergang liberaler Werte, von dem gefährlichen Fehlen einer tragfähigen kulturellen Basis, um den Problemen der Gegenwart begegnen zu können. Zum Teil sind solche Bedenken selbst Symptome von Orientierungslosigkeit und von Nostalgie in einer sich radikal wandelnden Welt. Aber sie zeugen auch von einem echten Bedürfnis, und dieses Buch wurde für die wachsende Zahl nachdenklicher Männer und Frauen geschrieben, die dieses Bedürfnis erkennen. Wie kam es zum heutigen Zustand der modernen Welt? Wie gelangte das moderne Denken zu seinen grundlegenden Ideen und Prinzipien, die unsere heutige Welt so nachhaltig beeinflussen? Dies sind die drängenden Fragen unserer Gegenwart, und um Antworten zu finden, müssen wir unsere Wurzeln wiederentdecken – nicht aus unkritischer Ehrfurcht vor den Vorstellungen und Werten vergangener Zeiten, sondern um die geschichtlichen Grundlagen unseres eigenen Zeitalters aufdecken und integrieren zu können. Ich meine, daß es notwendig ist, die Erinnerungen an die tieferen Quellen unserer heutigen Weltsicht wachzurufen. Nur so können wir hoffen, die notwendige Selbsterkenntnis zu erlangen, die wir für den Umgang mit den Problemen unserer Gegenwart brauchen. Ich selbst erhoffe, mit diesem Buch einen wesentlichen Teil dieser Zusammenhänge dem allgemein interessierten Leser zugänglich zu machen.

Es ging mir aber auch darum, einfach nur eine Geschichte zu erzählen, von der ich meine, daß sie es wert ist, erzählt zu werden. Seit langem schon scheint mir die Kulturgeschichte des Westens, die Kraft, das Ausmaß und die Schönheit eines großen Dramas zu besitzen: das antike klassische Griechenland, das hellenistische Zeitalter und das römische Imperium, das Judentum und der Aufstieg des Christentums, die katholische Kirche und das Mittelalter, Renaissance, Reformation und wissenschaftliche Revolution, Aufklärung und Romantik bis mitten hinein in unsere eigene herausforderungsreiche Zeit. Gedankliche Weite und Größe, dramatische Konflikte und überraschende Lösungen haben den beständigen Versuch des westlichen Denkens begleitet, das Wesen der Wirklichkeit zu verstehen: von Thales und Pythagoras zu Platon und Aristoteles, von Clemens und Boethius zu Thomas von Aquin und Wilhelm von Ockham, von Eudoxos und Ptolemäus zu Kopernikus und Newton, von Bacon und Descartes über Kant und Hegel zu Darwin, Einstein, Freud und über sie hinaus. Dieser lange Wettstreit der Ideen, den wir »westliche Tradition« nennen, war ein aufwühlendes Abenteuer, dessen Folgen wir alle in uns tragen. Im persönlichen Kampf eines Sokrates, Paulus oder Augustinus, eines Luther oder Galilei, und in der von ihnen gemeinsam mit vielen anderen, weniger bekannten Protagonisten getragenen kulturellen Auseinandersetzung, leuchtet bis heute so etwas wie ein episches Heldentum auf, das den Westen auf seinem außergewöhnlichen Weg vorangetrieben hat. Wir können darin eine große Tragödie sehen. Aber es findet sich darin auch etwas, das darüber hinausweist.

Die folgende Darstellung zeichnet die Hauptströmung westlicher Hochkultur in der Entwicklung ihrer wichtigsten Weltbilder nach. Besonderes Gewicht wird dabei auf die Wechselwirkungen zwischen Philosophie, Religion und Wissenschaft gelegt. Vielleicht läßt sich das, was Virginia Woolf über die großen Werke der Literatur sagte, auch über die großen Weltentwürfe sagen: »Der Erfolg eines Meisterwerkes scheint nicht so sehr darin zu liegen, daß es frei von Fehlern wäre – tatsächlich tolerieren wir in ihnen allen selbst die gröbsten Schnitzer –, sondern in der enormen Überzeugungskraft eines Geistes, der seine Perspektive vollständig gemeistert hat.« Mein Ziel war es auf den folgenden Seiten, jene Sichtweisen selbst zu Wort kommen zu lassen, die in der Geschichte des westlichen Denkens besonders eigenständig gewirkt haben. Dabei wurde jede an ihren eigenen Maßstäben gemessen und keiner Wirklichkeitskonzeption eine Vorrangstellung eingeräumt – auch nicht unserer gegenwärtigen, die selbst ungeheuer vielstimmig und in einem tiefgreifenden Wandel begriffen ist. Statt dessen habe ich mich jedem Weltbild mit derselben Einstellung genähert, mit der ich mich auch einem außergewöhnlichen Kunstwerk nähern würde – ich habe versucht, es zu verstehen und zu würdigen, die Schlußfolgerungen zu begreifen, die es für den Menschen bereithält, und seine Bedeutung zu entfalten.

Das westliche Denken scheint heute einen tiefgreifenden epochalen Wandel zu erleben, und zwar in einem Ausmaß, für das es in der Geschichte unsere Zivilisation keine Parallele gibt. Ich bin überzeugt, daß wir an diesem Wandel nur in dem Maße sinnvoll teilhaben können, in dem wir historisch gebildet sind. Jedes Zeitalter muß sich seine jeweilige Geschichte aufs neue vergegenwärtigen. Jede Generation muß die Ideen, die ihr Verständnis der Welt geprägt haben, von ihrem je eigenen Standpunkt aus prüfen und neu durchdenken. Dieser Herausforderung haben wir uns in der reichlich vielschichtigen Perspektive des ausgehenden 20. Jahrhunderts zu stellen. Ich hoffe, dieses Buch wird dazu einen Beitrag leisten.

R. T.

Die Welt ist tief,
Und tiefer als der Tag gedacht.

FRIEDRICH NIETZSCHE,
Also sprach Zarathustra

EINLEITUNG

Ein Buch, das die Entwicklung des westlichen Denkens erkunden will, stellt hohe Anforderungen an Leser und Autor. Es fordert dazu auf, sich in Zusammenhängen zurechtzufinden, die sich häufig radikal von unseren eigenen unterscheiden. Ein solches Buch lädt ein zu einer besonderen Beweglichkeit des Geistes – zu einer einfühlenden metaphysischen Phantasie, zu dem Versuch, die Welt mit den Augen der Männer und Frauen ganz anderer Epochen zu betrachten. Man müßte sozusagen von vorn beginnen, um die Dinge ohne den Nutzen oder die Last vorgeprägter Meinungen zu sehen. Ein derart offener, beweglicher Geisteszustand läßt sich natürlich nur anstreben – erreichbar ist er nicht. Aber der Versuch einer Annäherung an dieses Ideal ist die vielleicht wichtigste Voraussetzung für ein solches Vorhaben. Früher wichtige und wirkungsmächtige Vorstellungen halten wir heute für nicht mehr gültig oder vertretbar, so z. B. die Überzeugung, die Erde sei das unbewegliche Zentrum des Universums, oder die im westlichen Denken durchgängig verbreitete Neigung, die Menschheit in primär männlichen Kategorien zu begreifen. Doch wenn es uns nicht gelingt, auch solche Vorstellungen in ihren jeweiligen Zusammenhängen, in ihrem eigenen Recht und ohne Herablassung wahrzunehmen, dann werden wir damit scheitern, die geistigen und kulturellen Wurzeln unseres eigenen Denkens zu verstehen. Wir sind ständig gefordert, so nah wie möglich an den historischen Quellen zu bleiben und die historischen Ideen und Weltbilder, die wir untersuchen, durch unsere heutige Perspektive nicht zu zerstören, sondern zu bereichern. Obwohl dieses Problem nicht unterschätzt werden sollte, glaube ich, daß wir uns heute – warum, begründe ich später – vielleicht in einer ungleich besseren Ausgangsposition befinden als jemals zuvor, um uns dieser Aufgabe mit der notwendigen Beweglichkeit des Geistes und der Imagination zu stellen.

Die folgende Schilderung ist chronologisch angelegt und zeichnet drei Weltbilder nach – angelehnt an die traditionelle Unterteilung der westlichen Kulturgeschichte in drei Hauptepochen: Antike, Mittelalter und Moderne. Es versteht sich von selbst, daß keine Einteilung in »Epochen« und »Weltbilder« der eigentlichen Komplexität und dem Reichtum der abendländischen Geisteswelt gerecht werden kann. Um eine derart gewaltige Menge an Material überhaupt sinnvoll erörtern zu können, müssen wir jedoch zunächst ein solches provisorisches Gerüst einführen. Mit diesem Hilfsmittel wird es dann leichter fallen, sich den inneren Widersprüchen und unerwarteten Verwandlungen, den Schwierigkeiten und Vieldeutigkeiten zu stellen, die bis heute das westliche Denken prägen.

Wir fangen bei den Griechen an. Vor etwa 25 Jahrhunderten brachte die hellenische Welt jene außergewöhnliche kulturelle Blüte hervor, in der sich die Geburtsstunde der westlichen Zivilisation abzeichnete. Mit ursprünglicher Klarsicht und Kreativität schufen die antiken Griechen etwas, das sich seitdem für den westlichen Geist als nie versiegende Quelle von Erkenntnis, Inspiration und Erneuerung erwiesen hat. Die moderne Wissenschaft, die mittelalterliche Theologie und der klassische Humanismus – sie alle stehen tief in ihrer Schuld. Das griechische Denken war ebenso grundlegend für Kopernikus und Kepler, für Augustinus und Thomas von Aquin wie für Cicero und Petrarca. Unsere Denkweise ist in der ihr zugrunde liegenden Logik noch immer so sehr griechisch, daß wir uns zunächst mit dieser Gedankenwelt auseinandersetzen müssen, bevor wir damit beginnen können, unsere eigene zu begreifen.

Die antiken Denker, Künstler und Forscher bleiben unsere Vorbilder und Urahnen: neugierig, innovativ, kritisch, intensiv in der Auseinandersetzung mit Leben und Tod, auf der Suche nach Ordnung und Sinn und skeptisch gegenüber konventionellen Wahrheiten. Die Griechen sind die Begründer geistiger Werte, die noch heute genauso gelten wie im fünften Jahrhundert vor Christus. Versuchen wir also, uns in die Welt dieser ersten Protagonisten der westlichen Geistesgeschichte hineinzuversetzen.

Hinweis: Zur leichteren Orientierung über die in diesem Buch erwähnten Ereignisse befindet sich auf den Seiten 597–619 eine ausführliche CHRONOLO-GIE. Geburtsdaten der zentralen historischen Figuren finden sich auch im REGI-STER ab S. 649. Eine wichtige Bemerkung zum Sprachgebrauch im Bezug auf die Geschlechter steht am Beginn der ANMERKUNGEN (S. 563).

I
DAS GRIECHISCHE WELTBILD

Um uns einer so komplexen und schillernden Vision von der Welt wie der griechischen zu nähern, empfiehlt es sich, aus ihrem Reichtum eine sehr deutlich erkennbare Eigenheit herauszustellen – die durchgängige Neigung, die Welt in archetypischen Formen und Bildern zu begreifen. Diese Vorliebe zeigt sich in der gesamten griechischen Kultur seit den großen Werken Homers, auch wenn sie ihre philosophisch ausgearbeitete Fassung erst im intellektuellen Schmelztiegel Athens zwischen dem späten fünften und der Mitte des vierten Jahrhunderts vor unserer Zeitrechnung fand. Dort, in der Gestalt von Sokrates, in seinen Dialogen unsterblich gemacht von Platon, erhielt sie ihre grundlegende und in mancher Hinsicht verbindliche Form. Ihr zentraler Ausgangspunkt war das Verständnis des Kosmos als geordnetem Ausdruck ursprünglicher Wesenheiten oder transzendenter erster Prinzipien, und das griechische Denken näherte sich ihnen in immer neuen Versuchen an, als Formen, Ideen oder Universalien, als das unveränderlich Absolute, als ewige Gottheiten, göttliche *Archai* oder Archetypen. Diese Sichtweise trat in einer Vielzahl eigenständiger Abwandlungen auf, und es gab auch bedeutende Gegenströmungen zu ihr. Dennoch scheint es so gewesen zu sein, daß nicht nur Sokrates, Platon und Aristoteles oder Pythagoras vor und Plotin nach ihnen, sondern auch Homer und Hesiod, Aischylos und Sophokles, daß sie alle der einen gemeinsamen Perspektive Ausdruck verliehen und die typisch griechische Neigung widerspiegelten, im Chaos des Lebens klärende, allgemeine Wesenheiten zu entdecken.

Auch wenn wir uns der Ungenauigkeit von Verallgemeinerungen bewußt sind, können wir doch sagen, daß das griechische Universum von einer Vielzahl zeitloser Wesenheiten geordnet wurde, die der konkreten Wirklichkeit zugrunde lagen und ihr Form und Sinn verliehen. Diese archetypischen Prinzipien umfaßten die mathematischen Formen der Geometrie und Arithmetik; kosmische Gegensätze wie hell und dunkel, männlich und weiblich, Liebe und Haß, Einheit und Vielfalt; das Wesen des Menschen *(Anthropos)* und anderer Lebewesen;

5

die Ideen des Guten, Schönen und Gerechten und weitere, absolute moralische und ästhetische Werte. Im vorphilosophischen griechischen Denken nahmen diese archetypischen Prinzipien die Gestalt mythischer Versinnbildlichungen an, wie etwa Eros, Chaos, Himmel und Erde (Uranos und Gaia), oder die Gestalt stärker personifizierter Figuren wie Zeus, Prometheus und Aphrodite. Jeder Aspekt des Lebens erschien aus dieser Perspektive von solchen Grundprinzipien geformt und durchdrungen. Trotz des ununterbrochenen Fließens der Phänomene in der äußeren Welt und im inneren Erfahrungsraum konnten typische, unveränderbare Strukturen oder Wesenheiten unterschieden werden, die so bestimmt und dauerhaft erschienen, daß ihnen eine unabhängige, eigenständige Wirklichkeit zugeschrieben wurde. Genau diese angenommene Unveränderbarkeit und Unabhängigkeit war es, auf die Platon sowohl seine Metaphysik als auch seine Erkenntnistheorie baute.

Die hier skizzierte archetypische Sichtweise stellt einen sehr sinnvollen Ausgangspunkt dar, um uns Zugang zum griechischen Weltbild zu verschaffen. Platon war der herausragende Theoretiker und Verteidiger dieser Perspektive, und sein Denken sollte zur allerwichtigsten Grundlage für die Entwicklung des westlichen Geistes werden. Da liegt es nahe, mit einer Darstellung der platonischen Ideenlehre zu beginnen. In den darauf folgenden Kapiteln soll dann die historische Entwicklung der griechischen Weltsicht in ihrer Ganzheit nachgezeichnet werden, und zwar sowohl die komplexe Dialektik, die zu Platons Denken führte, als auch die ebenso vielfältigen Konsequenzen, die sich aus seiner Philosophie ergaben.

Um nun Platon näher kennenzulernen, ist es wichtig, sich seiner Redeweise bewußt zu sein – unsystematisch, häufig versuchsweise vorschlagend und manchmal ironisch – ebenso wie der unvermeidlichen und zweifellos oft absichtlichen Mehrdeutigkeit der von ihm bevorzugten literarischen Form, dem dramatischen Dialog. Wir sollten uns auch über die Spannweite, die Dynamik und Entwicklung seines Denkens im klaren sein, das sich über einen Zeitraum von gut fünfzig Jahren erstreckte. Mit dem Wissen um diese Bedingungen können wir dann einen provisorischen Versuch wagen, besonders markante Ideen und Prinzipien seiner Schriften aufzuzeigen. Als Leitlinie für diesen Auslegungsversuch ziehen wir dabei die platonische Tradition heran, die diese philosophische Perspektive bewahrte und weiterentwickelte.

Nach der Einführung dieses einen Dreh- und Angelpunktes im griechischen Denken werden wir zurückblicken auf die frühen mythologischen und vorsokratischen Traditionen, um dann die weitere Entwicklung zu verfolgen, bis hin zu Aristoteles.

ARCHETYPEN

Das, was gemeinhin unter Platonismus verstanden wird, kreist um seinen grundlegenden Lehrsatz, die Annahme der Existenz archetypischer Ideen oder Formen. Diese Annahme setzt eine tiefgreifende Verschiebung gegenüber der Art und Weise voraus, in der wir gewohnt sind, uns der Wirklichkeit zu nähern. Um diese Verschiebung zu verstehen, müssen wir zunächst fragen: In welcher Beziehung stehen die platonischen Formen oder Ideen zur empirischen Welt unserer alltäglichen Wahrnehmung? Um diese Frage dreht sich Platons gesamte Konzeption.

Es ist für die platonische Sichtweise von elementarer Bedeutung, daß die archetypischen Formen das Primäre sind, die sichtbaren Gegenstände der konventionellen Wirklichkeit hingegen ihre sekundären Ableitungen. Platonische Formen sind keine vom menschlichen Geist durch Verallgemeinerung geschaffene begriffliche Abstraktionen. Sie besitzen vielmehr eine Qualität des Seins, ein Maß an Wirklichkeit, das dem der konkreten Welt überlegen ist. Platonische Archetypen formen die Welt und übersteigen sie zugleich. Sie offenbaren sich in der Zeit und sind doch zeitlos. Sie machen das verborgene Wesen der Dinge aus.

Platon lehrte, daß das, was als ein besonderer Gegenstand in der Welt wahrgenommen wurde, sich am besten als konkreter Ausdruck einer grundlegenderen Idee verstehen ließ, eines Archetypus, der diesem Gegenstand seine spezifische Struktur und seinen besonderen Zustand verlieh. Ein konkreter Gegenstand war das, was er war, kraft der Idee, die sich in ihm mitteilte. Etwas war »schön« in genau dem Maße, in dem der Archetypus des Schönen in ihm gegenwärtig war. Wenn ein Mensch sich verliebte, so wegen der Schönheit – oder Aphrodite –, die er wiedererkannte und der er erlag – das geliebte Objekt hingegen war nur ein Instrument oder Gefäß des Schönen. Der wesentliche Faktor bei diesem Ereignis war der Archetypus, und es war diese Ebene, die die tiefste Bedeutung in sich trug.

Es ließe sich nun einwenden, daß das nicht der Art und Weise entspricht, wie wir ein solches Ereignis erleben. Die Anziehung gehe in Wirklichkeit nicht von einem Archetypus aus, sondern von einem einzelnen Menschen, einem konkreten Kunstwerk oder einem beliebigen anderen schönen Objekt. Schönheit sei nur ein Attribut eines Gegenstandes, nicht ein eigenes Wesen. Für den Platoniker beruht dieser Einwand jedoch auf einer eingeschränkten Wahrnehmung des Geschehens. Der gewöhnliche Mensch, so würde er entgegnen, sei sich der archetypischen Ebene – trotz ihrer Realität – nicht unmittelbar bewußt. Platon aber habe beschrieben, wie es einem Philosophen, der schon viele Objekte von Schönheit betrachtet und schon lange über diese Frage nachgedacht habe, gelingen konnte, plötzlich und nur für einen kurzen Augenblick absolute Schönheit zu sehen – das Schöne an sich, überlegen, rein, ewig, losgelöst von jeder Person oder Sache. Der Philosoph erkenne auf diese Weise die Form oder Idee, die allen schönen Phänomenen zugrundeliege. Er entschleiere die authentische Wirklichkeit hinter der Erscheinung. War etwas schön, dann nur, weil es an der absoluten Form des Schönen »teilhatte«.

Platons Mentor Sokrates hatte versucht herauszufinden, was allen tugendhaften Handlungen gemeinsam war, um entscheiden zu können, wie ein Mensch sein Leben glücklich und gut führen könne. Er folgerte, daß, wenn jemand wirklich gut handeln wolle, er bereits wissen müsse, was unabhängig von den jeweiligen Umständen »gut« sei. Das Urteil, dieser Gegenstand sei »besser« als jener, setze die Existenz eines absoluten Guten voraus, an dem die jeweilige relative Teilhabe gemessen werden könne. Sonst wäre »gut« nur eine Worthülse, deren Bedeutung über keine feste Grundlage in der Wirklichkeit verfüge, und die menschliche Moral wäre ohne stabiles Fundament. Ohne eine absolute Grundlage zur Bewertung von Handlungen als gerecht oder ungerecht wurde jede »gerecht« genannte Tat zur relativen Angelegenheit einer unbestimmten Tugendhaftigkeit. Ergriff jemand in einem Gespräch mit Sokrates Partei für populäre Vorstellungen von Gerechtigkeit und Ungerechtigkeit oder von gut und böse, so unterzog er diese einer sorgfältigen Analyse und wies nach, daß sie willkürlich, voll innerer Widersprüche und ohne jede substantielle Grundlage waren. Weil Sokrates und Platon glaubten, daß das Wissen um die Tugend für ein tugendhaftes Leben unerläßlich sei, erschienen ihnen objektive, universale Begriffe von Gerechtigkeit und Güte als die unbedingten Voraussetzungen einer wahren Ethik. Ohne solche unabänderlichen, die Launen menschlicher Konventionen und politischer Institutionen überschreitenden Konstanten würde den Menschen jede feste Grundlage fehlen, um sich echter Werte zu versichern; hilflos wären sie den Gefahren eines amoralischen Relativismus ausgesetzt.

Diese Diskussion ethischer Kategorien, die Sokrates in Gang gesetzt hatte, und seine Suche nach absoluten Begriffsbestimmungen mündeten bei Platon in einer umfassenden Wirklichkeitstheorie. Wie der Mensch als moralisches Wesen die Ideen der Gerechtigkeit und des Guten brauchte, um ein sittliches Leben zu führen, so brauchte er als Wissenschaftler andere absolute Ideen, um die Welt zu verstehen, andere Universalien, um das Chaos, den Fluß und die Vielfalt der sinnlich erfahrbaren Dinge zu vereinheitlichen und verstehbar zu machen. Das Feld der Philosophie umfaßte sowohl die moralische als auch die wissenschaftliche Dimension, und die Ideenlehre schuf die Grundlage für beide.

Es schien Platon offensichtlich, daß ein Merkmal, das von vielen Objekten geteilt wurde – wie alle menschlichen Wesen das der »Menschheit« oder alle weißen Steine das der »Weißheit« miteinander teilten –, nicht auf einen bestimmten physischen Fall in Raum und Zeit zu begrenzen war. Ein einzelner Gegenstand mochte aufhören zu existieren, nicht aber die allgemeine Eigenschaft, die er verkörperte. Das Allgemeine war ein vom Besonderen getrenntes Wesen und von höherer Wirklichkeit, weil es über allem Wandel stand und unvergänglich war. Ein Kritiker Platons bemerkte einmal: »Ich sehe Pferde, keine Pferdheit.« Platon entgegnete: »Das liegt daran, daß du zwar Augen, aber keine Intelligenz besitzt.« Der Archetyp »Pferd«, der allen Pferden ihre Form gibt, war für Platon von grundlegenderer Wirklichkeit als die besonderen Pferde, die nur Einzelfälle des archetypischen Pferdes, Verkörperungen dieser Form, waren. Daher erschloß sich der Archetypus nicht so sehr den beschränkten physischen Sinnen als vielmehr dem tiefer blickenden Auge der Seele, dem erleuchteten Geist. Archetypen offenbaren sich eher der inneren als der äußeren Wahrnehmung.

Die platonische Perspektive verlangte also vom Philosophen, vom Besonderen zum Allgemeinen und über die Erscheinung hinaus zum Wesen fortzuschreiten. Sie setzte nicht nur voraus, daß ein solches Verständnis möglich ist, sondern auch, daß es zur Erlangung wahren

Wissens unumgänglich ist. Platon entzog dem Äußeren und Konkreten, dem Augenschein der Dinge die Aufmerksamkeit des Philosophen, er zielte »tiefer« und »nach innen«, um auf einer vollkommenen Wirklichkeitsebene zu »erwachen«. Er behauptete, daß die sinnlich wahrgenommenen Objekte im Grunde Kristallisationen ursprünglicherer Wesen waren, die nur der tätige, intuitive Intellekt erkennen konnte.

Platon hegte ein tiefes Mißtrauen gegenüber dem durch die Sinneswahrnehmung gewonnenen Wissen, da sich dieses Wissen ständig veränderte, relativ und abhängig vom Einzelnen war. Der Wind, der einer Person angenehm frisch erschien, war für eine andere unangenehm kalt. Ein Wein schmeckte einer gesunden Person süß, der gleichen Person aber sauer, wenn sie krank war. Wissen, das sich auf die Sinne stützte, war deshalb lediglich subjektives Urteil, ohne absolute Grundlage. Wahres Wissen hingegen war nur durch das unmittelbare Erkennen der transzendenten Formen möglich; sie waren zeitlos und unabhängig von der Verwirrung und Unvollkommenheit der physischen Ebene. Wissen, das sich von den Sinnen ableitete, war ständig sich ändernde Meinung. Nur das Wissen, das sich unmittelbar von den Ideen ableitete, war unfehlbar und konnte daher zurecht Wissen genannt werden.

So war es beispielsweise unmöglich, über die Sinne wahre oder absolute Gleichheit zu erfahren, da keine zwei Dinge auf dieser Welt sich jemals in jeder Beziehung glichen. Sie waren sich vielmehr immer nur mehr oder weniger ähnlich. Doch dank der transzendenten Idee der Gleichheit wußte der menschliche Intellekt unabhängig von den Sinnen, was absolute Gleichheit war, obwohl er sie nie konkret wahrgenommen hatte. Er konnte deshalb den Ausdruck »Gleichheit« anwenden und annähernde Gleichheit in der empirischen Welt erkennen. Ähnliches ließ sich über Kreise sagen: Es gab in der Natur keine vollkommenen Kreise, aber alle approximativen Kreise in der Natur leiteten ihre »Kreisheit« vom vollkommenen Archetypus des Kreises ab, und es war die Wirklichkeit des letzteren, auf die der menschliche Verstand angewiesen war, wollte er empirische Kreise als solche erkennen. Das gleiche galt für das perfekte Gute und das perfekte Schöne. Wurde von etwas als »schöner« oder »besser« im Vergleich zu etwas anderem gesprochen, so ließ sich dieser Vergleich nur in bezug auf einen unsichtbaren Maßstab absoluter Schönheit oder Güte ziehen – dem Schönen oder Guten an sich. Alles in der sinnlichen Welt war unvollkommen, relativ und dauernder Veränderung unterworfen, aber das menschliche Wissen brauchte und suchte das Absolute, das nur auf der transzendenten Ebene reiner Ideen existierte.

Wichtig für das Verständnis von Platons Ideenkonzeption ist auch seine Unterscheidung zwischen Sein und Werden: Für ihn standen alle Phänomene in einem niemals endenden Prozeß der Verwandlung von einem Ding in ein anderes, sie wurden mal zu diesem, mal zu jenem, sie verschwanden, sie veränderten sich in Relation zu dieser oder jener Person oder zu ein und derselben Person zu unterschiedlichen Zeiten. Nichts auf dieser Welt *war*, weil alles immer schon im Begriff stand, etwas anderes zu werden. Nur etwas genoß wirkliches Sein, im Unterschied zum Werden, und das war die Idee – die einzig stabile Wirklichkeit, das, was dem Fluß der Phänomene zugrunde lag, ihn antrieb und ordnete. Jeder einzelne Gegenstand auf der Welt war eine auf vielschichtige Weise bestimmte Erscheinung. Das wahrgenommene Objekt war ein Knotenpunkt vieler solcher Formen, die sich zu verschiedenen Zeiten in wechselnden Kombinationen und in variierenden Intensitätsgraden zeigten. Die Welt Platons war deshalb insofern dynamisch, als sich bei ihm die gesamte phänomenale Wirklichkeit in einem Zustand steten Werdens und Vergehens befand, in einer Bewegung, die von der wechselnden Teilhabe an den Ideen bestimmt wurde. Die höchste und letzte Wirklichkeit aber, die Welt der Ideen, die Heimat des wahren Seins, war unveränderlich, ewig und daher statisch. Die Beziehung zwischen Sein und Werden war für Platon unmittelbar parallel zu der zwischen Wahrheit und Meinung – zwischen dem, was der erleuchtete Verstand wahrnahm, und dem, was die körperlichen Sinne wahrnahmen.

Da die Formen blieben, während ihre konkreten Äußerungen kamen und gingen, konnte von den Formen gesagt werden, sie seien unsterblich und deshalb gottähnlich. Obwohl ihre einzelne, momentane Realisierung vergehen mochte, fuhr die Form, die sich vorübergehend in diesem Einzelnen verkörpert hatte, fort, sich in anderen konkreten Dingen zu manifestieren. Die Schönheit einer Person war vergänglich, doch Aphrodite lebte weiter – archetypische Schönheit war ewig, sie unterlag weder dem Lauf der Zeit, noch wurde sie berührt von der Vergänglichkeit ihrer einzelnen Erscheinungsformen. Ein guter Mensch mochte sündigen und böse handeln, doch die Idee des Guten blieb ewig bestehen. Die archetypische Idee betrat und verließ das Seiende in einer Vielfalt konkreter Gestalten und blieb doch zugleich als einheitliches Wesen transzendent.

Platons Gebrauch des Wortes »Idee« – im Sinne der Form, des Musters, des Wesensmerkmals oder der Natur einer Sache – unterscheidet sich erheblich von unserem heutigen. Für die gängige moderne Sichtweise sind Ideen subjektive mentale Konstruktionen eines individuellen Geistes. Im Gegensatz dazu bezeichnet Platon mit diesem Begriff etwas, das nicht einfach nur vom menschlichen Bewußtsein hervorgebracht wird. Platonische Ideen sind objektiv. Sie sind nicht abhängig vom menschlichen Denken, sondern existieren aus sich selbst heraus. Sie sind vollkommene, in die wahre Natur der Dinge eingebettete Muster. Die platonische Idee ist nicht einfach eine menschliche Idee, sondern gleichsam eine Idee des Universums, eine ideale Einheit, die sich äußerlich als konkret greifbare Form oder innerlich als Begriff im menschlichen Geist äußern kann. Sie ist ein Urbild oder ein formales Wesen, das auf verschiedene Weise und auf verschiedenen Ebenen in Erscheinung treten kann, und sie ist das Fundament der Wirklichkeit selbst.

Die Ideen bilden für Platon also die Grundelemente sowohl einer Ontologie, einer Theorie des Seins, als auch einer Epistemologie, einer Theorie der Erkenntnis: Sie konstituieren das Wesen und die tiefere Wirklichkeit der Dinge, und sie stellen zugleich die Mittel bereit, die sicheres menschliches Wissen ermöglichen. Ein Vogel ist ein Vogel aufgrund seiner Teilhabe an der archetypischen Idee des Vogels. Und der menschliche Geist kann einen Vogel erkennen aufgrund seiner eigenen Teilhabe an derselben Idee des Vogels. Die rote Farbe eines Gegenstandes ist rot, weil sie am Archetyp des Rot teilhat, und die menschliche Wahrnehmung sieht rot aufgrund der Teilhabe des Geistes an derselben Idee. Menschlicher Geist und Universum sind nach denselben archetypischen Strukturen und Wesenheiten geordnet, aufgrund derer ein wahres Verstehen der Dinge für den menschlichen Verstand ausschließlich möglich ist.

Das paradigmatische Beispiel für die Ideen ist für Platon die Mathematik. Den Pythagoreern folgend, mit deren Philosophie er besonders vertraut gewesen zu sein scheint, ist für ihn das physische Universum in Übereinstimmung mit den mathematischen Ideen von Zahl und Geometrie strukturiert. Diese Ideen sind zwar unsichtbar, nur dem Verstand zugänglich, sie sind aber dennoch die prägenden Ursachen und Regulatoren aller empirisch sichtbaren Objekte und Prozesse.

Aber wieder unterscheidet sich die platonisch-pythagoreische Konzeption von den in der Natur wirksamen mathematischen Ordnungsprinzipien grundlegend von der konventionellen modernen Betrachtungsweise. In Platons Verständnis sind Kreise, Dreiecke und Zahlen weder rein formale oder quantitative Strukturen, die der menschliche Geist den natürlichen Phänomenen auferlegt, noch sind sie in den Phänomenen in einem rein mechanischen Sinne als rohes Faktum ihres konkreten Seins präsent. Sie sind vielmehr numinose und transzendente Wesenheiten, die unabhängig sind sowohl von den Phänomenen, die von ihnen geordnet werden, als auch vom menschlichen Geist, der sie wahrnimmt. Während die konkreten Phänomene vergänglich und unvollkommen bleiben, sind die sie ordnenden mathematischen Ideen vollkommen, ewig und unveränderlich. Der platonische Glaube – daß es eine tiefere, zeitlose, absolute Ordnung jenseits der Oberfläche aus Verwirrungen und Zufälligkeiten gibt – fand in der Mathematik, so schien es, einen besonders anschaulichen Beweis. Die mathematische Schulung des Geistes wurde von Platon entsprechend zur wesentlichen Grundlage jeder philosophischen Unternehmung erklärt, und über dem Tor zu seiner Akademie ließ er der Überlieferung nach folgende Worte anbringen: »Laßt niemanden hier eintreten, der nicht mit Geometrie vertraut ist.«

Die bisher beschriebene Position bietet eine recht gute Annäherung an die für Platon charakteristische Auffassung von den Ideen, wie sie sich in seinen berühmtesten Dialogen – *Politheia (Der Staat)*, *Symposium (Das Gastmahl)*, *Phaidon*, *Phaidros* und *Timaios* - und in seinem *7. Brief* findet, dem einzigen wahrscheinlich echten noch erhaltenen Brief. Doch bleibt in Platons Werk eine Vielzahl ungelöster Mehrdeutigkeiten und Unstimmigkeiten bestehen. Gelegentlich scheint er seine Ideenwelt derart über das Empirische zu erheben, daß alle konkreten Einzelheiten gleichsam nur noch als bloße Fußnoten zur transzendenten Idee auftauchen. Ein anderes Mal scheint er die den Dingen der Schöpfung innewohnende Würde gerade deshalb zu betonen, weil er in ihnen den Gestalt gewordenen Ausdruck des Göttlichen und Ewigen sieht. Eine genaue Bestimmung, zu welchem Grad die Ideen transzendent beziehungsweise immanent sind, läßt sich in den zahlreichen Belegstellen der verschiedenen Dialoge nicht finden. Die Frage, ob sie von den sinnlichen Dingen gänzlich getrennt sind, die letzteren also nur unvollkommene Imitationen der Ideen sind, oder ob sie in irgendeiner Weise in den sinnlichen Dingen gegenwärtig sind, diese also im wesentlichen an der Natur der Idee teilhaben, diese Frage bleibt bei Platon letztlich ohne Antwort. Es scheint aber so, als wäre er mit der wachsenden Reife seines Denkens zu einer eher transzendenten Interpretation gelangt. Zugleich präsentierte er im *Parmenides*, der wahrscheinlich später als die meisten der oben genannten Dialoge entstanden ist, einige ernstzunehmende Argumente gegen seine eigene Lehre. Er wirft hier Fragen zur Natur der Ideen auf – wie viele Arten gibt es, in welcher Beziehung stehen sie zueinander und zur sinnlichen Welt, was ist die genaue Bedeutung von »Teilhabe«, wie ist ihre Erkenntnis möglich? –, in deren Antworten scheinbar unlösbare Probleme und Widersprüche deutlich werden. Einige dieser Fragen, von Platon vielleicht ebenso aus Gründen der Dialektik wie der Selbstkritik gestellt, wurden zur Grundlage für die Einwände späterer Philosophen gegen die Ideenlehre.

Ähnliches zeigt sich im *Theaitetos*, wo Platon mit ungewöhnlicher Scharfsicht und ohne bestimmte Schlußfolgerungen die Natur des Wissens analysiert, ohne dabei jemals die Ideenlehre als einen Weg aus der von ihm beschriebenen erkenntnistheoretischen Sackgasse zu erwägen. Im *Sophistes* schrieb Platon nicht nur den Ideen, sondern auch dem Wandel, dem Leben, der Seele und dem Verstehen Wirklichkeit zu. An anderer Stelle verwies er auf die Existenz einer zwischen Ideen und Gegenständen angesiedelten mittleren Klasse von mathematischen Objekten. Wiederholt postulierte er eine Hierarchie der Ideen, doch verschiedene Dialoge schlugen unterschiedliche Hierarchien vor, in denen abwechselnd das Gute, das Eine, die Existenz, die Wahrheit oder das Schöne und zuweilen auch verschiedene Ideen gleichzeitig den höchsten Rang einnahmen. Offenbar hat Platon nie ein vollständiges, in sich völlig kohärentes System der Ideen geschaffen. Ebenso offenkundig ist aber auch, daß er, trotz der ungelösten Fragen bezüglich seiner zentralen Lehre, davon überzeugt war, daß sie nicht nur wahr sei, sondern unumgänglich, um das menschliche Wissen und Handeln auf eine verläßliche Grundlage zu stellen. Und es war eben diese Überzeugung, die zur Basis für die platonische Tradition wurde.

Um es zusammenzufassen: Aus platonischer Sicht bilden die archetypischen Ideen die Grundprinzipien der Existenz, das immaterielle Substrat alles Materiellen. Die wahre Struktur der Welt offenbart sich nicht den Sinnen, sondern dem Verstand, der in bestimmten Zuständen direkten Zugang zu den die Wirklichkeit beherrschenden Ideen

besitzt. Alles Wissen setzt die Existenz der Ideen voraus. Das archetypische Reich, alles andere als nur unwirkliche Abstraktion oder
imaginäre Metapher der konkreten Welt, gilt als die eigentliche
Grundlage der Wirklichkeit, als das, was ihre Ordnung bestimmt und
sie erkennbar macht. Aus diesem Grunde erklärte Platon die unmittelbare Erfahrung der transzendenten Ideen zum obersten Ziel des
Philosophen und das Streben danach zu seiner höchsten Bestimmung.

IDEEN UND GÖTTER

Die Dinge seien in Wirklichkeit »voller Götter«, erklärte Platon in seinem letzten Werk, *Nomoi (Die Gesetze)*. Und hierin tritt eine eigentümliche – für die griechische Weltsicht insgesamt zentrale – Uneindeutigkeit bezüglich der Natur der Archetypen hervor, die das Bestehen einer unterschwelligen Verbindung zwischen diesen grundlegenden Prinzipien und mythischen Wesen nahelegt. Wenngleich Platon gelegentlich eine eher abstrakte Fassung der Archetypen, etwa als mathematische Ideen, bevorzugte, sprach er an anderen Stellen von ihnen als göttliche Figuren, mythische Persönlichkeiten von erhabener Größe. Bei vielen Gelegenheiten zeichnet sich die Redeweise des Sokrates in Platons Dialogen durch einen deutlich homerischen Tonfall aus, der die verschiedenen philosophischen und historischen Fragestellungen in Form von mythologischen Figuren und Erzählungen behandelt.

Der Gebrauch des Mythos bei Platon ist häufig gefärbt von gespannter Ironie und spielerischer Ernsthaftigkeit, so daß es schwer fällt, die von ihm intendierte Verständnisebene genau zu bestimmen. Häufig leitete er seine mythischen Exkurse mit dem zweideutigen Kunstgriff ein, zu erklären, es handele sich um eine »wahrscheinliche Erzählung«, die sich »entweder so oder doch zumindest so ähnlich zugetragen habe«. Abhängig vom jeweiligen Kontext eines Dialogs können Zeus, Apollo, Hera, Ares, Aphrodite und die anderen als wahre Gottheiten erscheinen, aber auch als allegorische Figuren, Charaktertypen, psychologische Einstellungen, Erlebnisweisen, philosophische Prinzipien, transzendente Wesen, Quellen poetischer Inspiration oder göttlicher Kommunikation, Objekte konventioneller Frömmigkeit oder der Erkenntnis verborgene Wesen, unvergängliche Artefakte des höchsten Schöpfers, Himmelskörper, Grundlagen universeller Ordnung oder Herrscher und Lehrer der Menschheit. Mehr als lediglich konventionelle Metaphern, entziehen sich Platons Götter einer eindeutigen Bestimmung; dienen sie in einem Dialog als erfundene Charaktere einer didaktischen Fabel, so beanspruchen sie in einem anderen eine über allen Zweifel erhabene ontologische Realität. Nicht selten werden diese personifizierten Archetypen in den philosophisch ernstesten Augenblicken verwendet, als sei die entpersonalisierte Sprache metaphysischer Abstraktion nicht länger angemessen, wenn es um das numinose Wesen der Dinge geht.

Auf bemerkenswerte Weise finden wir dies im *Symposium* veranschaulicht, in dem der Eros als die herausragende Triebkraft menschlichen Handelns erörtert wird. In einer großartigen Folge formvollendeter Reden beschreiben die einzelnen Teilnehmer an Platons philosophischer Trinkrunde Eros als einen komplexen, mehrdimensionalen Archetypus, der sich auf physischer Ebene als Geschlechtstrieb äußert, auf höheren Ebenen aber die Leidenschaft des Philosophen für geistige Schönheit und Weisheit antreibt und auf seiner höchsten Ebene in der mystischen Vision des Ewigen, der höchsten Quelle alles Schönen, gipfelt. Doch während des gesamten Dialogs wird dieses Prinzip in personifizierenden und mythischen Kategorien dargestellt – Eros erscheint als Gottheit, als Liebesgott, vom Prinzip des Schönen ist als Aphrodite die Rede, und es finden sich zahlreiche Anspielungen auf andere mythische Figuren wie Dionysos, Kronos, Orpheus und Apollo. Ähnlich auch im *Timaios,* in dem Platon seine Vorstellungen zur Schöpfung und zur Struktur des Universums fast ausschließlich in mythologischen Kategorien entwickelt; das gleiche gilt für seine zahlreichen Erörterungen der Beschaffenheit und des Schicksals der Seele *(Phaidon, Gorgias, Phaidros, Der Staat, Die Gesetze).* Häufig besteht wenig Zweifel daran, daß Platon den Mythos rein allegorisch gebraucht, wenn er etwa im *Protagoras* den sophistischen Lehrer auf den alten Mythos von Prometheus zurückgreifen läßt, nur um ein anthropologisches Argument anzubringen: Prometheus, der den Göttern das Feuer raubt und es zusammen mit den anderen Zivilisationstechniken der Menschheit schenkt, symbolisiert das Heraustreten des rationalen Menschen aus einem primitiven Zustand. Andere Male scheint Platon jedoch ganz in die mythische Dimension hinüberzuleiten, wenn er etwa im *Philebos* Sokrates seine dialektische Analysemethode der Ideenwelt als »ein Göttergeschenk« beschreiben läßt, das, »wie ich es wenigstens ansehe, [...] einst durch einen Prometheus zugleich mit einem Feuer der glänzendsten Art von Göttern herniedergeschleudert [ward]«.

Mit dieser Art des Philosophierens gelang Platon ein einzigartiges Zusammenfließen des erwachenden Rationalismus der hellenischen

Philosophie mit der fruchtbaren mythologischen Imagination der altgriechischen Psyche – jener religiösen Urvision mit indoeuropäischen und levantinischen, bis in neolithische Zeiten zurückreichenden Wurzeln, die die olympisch polytheistische Grundlage für Kultus, Kunst, Poesie und Theater der klassischen Kultur lieferte. Unter den Mythologien war diese auf besondere Weise vielschichtig, kunstvoll und systematisch. Sie bildete so eine fruchtbare Basis für die Entwicklung der griechischen Philosophie insgesamt, die nicht nur während ihrer Entstehung, sondern noch auf ihrem platonischen Höhepunkt die markanten Züge ihrer mythischen Ahnen verriet. Aber es war nicht nur die Sprache des Mythos in Platons Dialogen, sondern vor allem die seinem Denken über weite Strecken implizite, unterlegte funktionale Equivalenz von Göttern und Ideen, die ihn zur Schlüsselfigur der Entwicklung des griechischen Geistes machte. Der Altphilologe John Finley bemerkte einmal: »Wie die griechischen Götter, mögen ihre Kulte auch noch so unterschiedlich gewesen sein, in ihrer Gesamtheit eine Analyse der Welt beinhalten – Athene als Geist, Apollo als zufällige und unvorhersehbare Erleuchtung, Aphrodite als Sexualität, Dionysos als Veränderung und Erregung, Artemis als Unberührtheit, Hera als Seßhaftwerden und Heirat, Zeus als die über allem stehende Ordnung – so existieren auch die platonischen Ideen aus eigenem Recht, leuchtend und ewig über aller transitorischen menschlichen Teilhabe an ihnen [...]. [Wie die Formen, waren die Götter] die formenden Grundkräfte des Lebens, durch deren Kontemplation jedes individuelle Leben Sinn und Substanz gewann«.[1]

Platon kritisierte die Dichter häufig wegen ihrer Vermenschlichung der Götter. Dies hielt ihn jedoch nicht davon ab, beim Lehren seines eigenen philosophischen Systems auf bemerkenswert mythologische Formulierungen zurückzugreifen und implizit religiöse Absichten zu vertreten. Trotz seiner hohen Wertschätzung geistiger Genauigkeit und trotz der dogmatischen Kritik an Poesie und Kunst in seiner politischen Theorie legen viele Passagen der Dialoge den Schluß nahe, daß die poetische und religiöse Vorstellungskraft für die Erkenntnis der wesentlichen Beschaffenheit der Welt genauso nützlich ist wie jede rein logische Annäherung, von der empirischen ganz zu schweigen. Besondere Bedeutung für unsere Untersuchung aber besitzt die Wirkung der Sichtweise Platons auf den instabilen und problematischen Zustand des griechischen Weltbildes seiner Zeit. Denn durch seine analoge Redeweise von den Ideen auf der einen und von den Göttern auf der anderen Seite löste Platon zwar nur oberflächlich, doch mit schwerwiegenden und dauerhaften Folgen die zentrale Spannung des klassischen griechischen Denkens zwischen Mythos und Vernunft.

DAS GRIECHISCHE DENKEN
VON HOMER BIS PLATON

Die mythische Vision

Der religiöse und mythologische Hintergrund des griechischen Denkens war durch und durch pluralistisch. Als um die Wende zum zweiten vorchristlichen Jahrtausend griechisch sprechende indoeuropäische Nomadenkrieger begannen, in den Raum der Ägäis vorzudringen, brachten sie ihre heroisch-patriachalische Mythologie mit, angeführt vom großen Himmelsgott Zeus. Doch obwohl die alten matriachalischen Mythologien der eingeborenen vorhellenischen Gesellschaften, einschließlich der hochentwickelten, Göttinnen huldigenden minoischen Zivilisation auf Kreta, der Religion der Eroberer letztlich untergeordnet wurden, unterdrückt wurden sie nicht gänzlich. Die männlichen Götter des Nordens vermählten sich vielmehr mit den Göttinnen des Südens, wie Zeus mit Hera, und dieses vielschichtige Amalgam, das später das olympische Pantheon bilden sollte, trug viel zur Dynamik und Vitalität des klassischen griechischen Mythos bei. Der Pluralismus innerhalb des hellenischen Erbes äußerte sich auch in der fortdauernden Trennung zwischen der öffentlichen Religion der Griechen mit ihren den Hauptgottheiten des Olymps gewidmeten Polisfesten und bürgerlichen Ritualen auf der einen, und den weitverbreiteten – orphischen, dionysischen, eleusinischen – Mysterienreligionen auf der anderen Seite. Deren esoterische Riten beriefen sich auf vorgriechische und östliche Religionstraditionen: Initiationsrituale von Tod und Wiedergeburt, bäuerliche Fruchtbarkeitsriten und den Kult der großen Mutter-Gottheit.

In Anbetracht des Verbotes, über die Rituale der Mysterienreligionen zu sprechen, ist es aus heutiger Sicht schwierig, die wirkliche Bedeutung der verschiedenen Glaubensformen für den einzelnen Griechen zu beurteilen. Was aber auffällt, ist der durchdringende Nachhall der archaischen griechischen Weltsicht, die vor allem in den die griechische Kultur begründenden, bis in unsere Zeit überlieferten

Epen Homers, der *Ilias* und der *Odyssee,* ihren Ausdruck findet. In diesen Werken, den ersten Glanzstücken der westlichen Literatur, wurde diese urmythologische Mentalität eingefangen, in deren Wahrnehmung die Geschehnisse des menschlichen Daseins aufs engste mit dem ewigen Reich der Götter und Göttinnen verknüpft waren. Die archaische griechische Sichtweise zeigte eine innere Einheit von unmittelbarer Sinneswahrnehmung und zeitloser Bedeutung, von besonderer Begebenheit und universellem Drama, von menschlichem Handeln und göttlicher Fügung. Historische Personen lebten in der Ferne in Kriegen und auf Wanderschaft ihr mythisches Heldentum aus, während die olympischen Götter über der Ebene von Troja wachten und sich nach Belieben einmischten. Das Spiel der Reize, das eine sich vor den Sinnen ausbreitende Welt bot, leuchtend vor Farbe und Dramatik, war nie losgelöst von einem geordneten und mythischen Verständnis des Wesens dieser Welt. Das aufmerksame und genaue Begreifenwollen der physischen Welt – der Seen und Berge und Morgendämmerungen, der Festessen und Schlachten, der Bögen, Helme und Streitwagen – war durchdrungen von einem Gefühl der Gegenwart der Götter in Natur und menschlichem Schicksal. Die Unmittelbarkeit und Frische der homerischen Vision war paradoxerweise gebunden an ein fast begriffliches, von Mythologie beherrschtes Weltverständnis.

Selbst in der alles überragenden Figur Homers läßt sich diese eigentümlich unteilbare Einheit von Individuellem und Universalem erkennen. Die monumentalen epischen Gesänge sind von einer größeren kollektiven Psyche hervorgebracht worden, sind Schöpfungen der hellenischen Imagination, die von Generation zu Generation, von Barde zu Barde weitergegeben, fortentwickelt und kultiviert wurden. Doch in den feststehenden formelhaften Mustern der mündlichen Überlieferung, die die Komposition des Epos prägten, bleibt auch etwas unverkennbar Persönliches, Eigenes spürbar: ein flexibler Individualismus und eine Spontaneität des Stils und der Sehweise. So war »Homer« beides zugleich, ein individueller Poet und eine Personifizierung des kollektiven antiken Gedächtnisses.

Die Werte, denen die um das achte vorchristliche Jahrhundert entstandenen homerischen Epen Ausdruck verliehen, inspirierten noch Generationen von Griechen während der gesamten Antike, und die zahlreichen Figuren des olympischen Pantheons, in Hesiods *Theogonie* später systematisch beschrieben, prägten und beherrschten die kulturelle Vorstellungswelt der Griechen. In den verschiedenen Gottheiten und ihren Fähigkeiten artikulierte sich ein Sinn für das Universum als geordnetes Ganzes. Die natürliche Welt und die menschliche Welt waren im archaischen griechischen Universum keine unterscheidbaren Sphären, sondern waren Ausdruck einer einzigen fundamentalen Ordnung, die sich in Natur und Gesellschaft manifestierte. Diese universelle Ordnung wurde zwar vor allem von Zeus repräsentiert, aber letztlich war auch er in ein unpersönliches Schicksal (Moira) eingebunden, das alles beherrschte und das ein gewisses Gleichgewicht der Kräfte aufrechterhielt. Die Götter waren in der Tat oft kapriziös in ihren Handlungen, wenn menschliche Schicksale auf Messers Schneide standen. Doch das ganze geschah in einem Zusammenhang, und die Kräfte der Ordnung überwogen die des Chaos – so wie die von Zeus geführten Olympier die Giganten im urzeitlichen Kampf um die Weltherrschaft besiegt hatten und so wie Odysseus nach seiner langen und gefahrvollen Wanderschaft schließlich triumphierend nach Hause zurückgekehrt war.[2]

Während des fünften vorchristlichen Jahrhunderts griffen die großen griechischen Tragödiendichter Aischylos, Sophokles und Euripides auf die alten Mythen zurück, um die tieferen Themen des menschlichen Daseins zu erforschen. Mut, Schlauheit und Stärke, Würde und das Streben nach unvergänglichem Ruhm waren die charakteristischen Tugenden der epischen Helden. Doch wie groß das Individuum auch immer sein mochte, sein Los war durch das Schicksal und die Tatsache seiner Sterblichkeit bestimmt. Es war vor allem der überlegene Mensch, dessen Taten den zerstörenden Zorn der Götter auf sich ziehen konnte, oft aufgrund von Hybris, zuweilen scheinbar unberechtigt. Vor dem Hintergrund dieser Opposition zwischen menschlichem Streben und göttlicher Strenge, freiem Willen und Schicksal, Sünde und Vergeltung entfaltete sich der moralische Kampf des Helden. In der Bearbeitung der Tragödiendichter wurden die bei Homer und Hesiod noch freimütig und unreflektiert geschilderten Konflikte und Leiden der genauen psychologisch-existentiellen Analyse unterzogen. Was lange als absolut gegolten hatte, wurde vor dem Hintergrund einer neuen, kritischeren Wahrnehmung des menschlichen Daseins nochmals geprüft, hinterfragt und durchlitten. Auf der Bühne der dionysischen Religionsfeste in Athen entlud sich im mythischen Drama der Sinn der Griechen für das Heroische in Verbindung mit einem ebenso geschärften Bewußtsein für das Leiden, den Tod und das Schicksal. Und wie Homer der Erzieher Griechenlands genannt worden war, so standen die Tragödiendichter mit ihren Inszenierungen, die gemeinschaftlich erfahrenes religiöses Sakrament und künstlerisches Ereignis zugleich waren, für den sich vertiefenden Geist der griechischen Kultur, waren sie die Gestalter des moralischen Charakters Griechenlands.

Für beide, den archaischen Poeten wie den klassischen Tragödienschreiber, verband der Mythos den Bereich der menschlichen Erfahrung mit einer großartigen Klarheit der Vision, mit einer höheren Ordnung, die mit den Widrigkeiten und Unwägbarkeiten des Lebens versöhnte. Das Universale machte das Konkrete verständlich. Wenn aus der Sicht der Tragödie auch der Charakter das Schicksal bestimmte, wurden doch beide als mythisch wahrgenommen. Im Vergleich zu den homerischen Epen zeigte die attische Tragödie ein größeres Bewußtsein für die metaphorische Bedeutung der Götter und eine treffendere Würdigung des menschlichen Einzelschicksals. Denn nur durch wahres Leiden entstand wahres Wissen, und die Geschichte und Tragödie der menschlichen Existenz, mit all ihren schweren Konflikten und schmerzlichen Widersprüchen, behielt so ihren umfassenden Sinn und Zweck. Die Mythen waren die lebendigen Verkörperungen dieses Sinns, indem sie eine Sprache bereitstellten, die die wesentlichen Prozesse des Lebens zugleich widerspiegelte und erhellte.

Die Geburt der Philosophie

Mit ihrer olympischen Ordnung besaß die mythische Welt von Homer und Sophokles zwar eine komplexe Verstehbarkeit, doch das fortschreitende Verlangen nach Systematik und Klarheit begann ebenso wie der wachsende, in den Tragödien sichtbar gewordene Humanismus neue Formen anzunehmen. Diese Entwicklung hatte bereits im frühen sechsten vorchristlichen Jahrhundert begonnen, in der großen, wohlhabenden, im östlichen Teil der griechischen Welt an der Küste Kleinasiens gelegenen ionischen Stadt Milet. Von hier aus unternahmen Thales und seine Nachfolger Anaximander und Anaximenes einen radikal neuen und außerordentlich folgenreichen Versuch, die Welt zu verstehen. Vielleicht regte sie die Konfrontation mit benachbarten Zivilisationen dazu an, deren Mythologien sich sowohl untereinander als auch von der griechischen unterschieden. Vielleicht beeinflußte sie auch die gesellschaftliche Organisation der Polis, die durch einheitliche Gesetze ohne Ansehen der Person regiert wurde und nicht durch die Willkür eines Despoten. Doch was auch immer die unmittelbare Quelle ihrer Inspiration gewesen sein mag, sie prägten die gesamte nachfolgende Wissenschaft mit der folgenreichen Annahme, daß innerhalb des Wandels und der Vielfalt der Welt eine zugrundeliegende rationale Einheit und Ordnung existierte, und mit der daraus sich ergebenden Aufgabe, ein einfaches Grundprinzip *(Archē)* zu entdecken, das die Natur beherrschte und zugleich ihre Grundsubstanz bildete. Auf diese Weise begannen sie, ihr traditionell mythologisches Verständnis durch Begriffe zu ersetzen, die sich aus der Beobachtung natürlicher Phänomene ergaben, und sie verabschiedeten sich damit zunehmend von tradierten Erklärungsmustern, die auf Personifizierungen beruhten.

An diesem entscheidenden Wendepunkt kam es zu einer charakteristischen Überschneidung von mythischer und wissenschaftlicher Redeweise, besonders anschaulich in der Thales zugeschriebenen Aussage, mit der er seine Überzeugung sowohl der Existenz einer einzigen, allumfassenden Primärsubstanz als auch der Allgegenwart des Göttlichen bekräftigte: »Alles ist Wasser, und die Welt ist voller Götter.« Thales und seine Nachfolger vertraten die These, die Natur sei aus einer selbstbeseelten Substanz hervorgegangen, die sich fortlaufend bewege und sich in unterschiedliche Formen verwandele.[3] Da sie die Natur als Urheber ihrer eigenen, geordneten Bewegungen und Verwandlungen und als unvergänglich betrachteten, war für sie diese Primärsubstanz nicht nur materiell, sondern lebendig und göttlich. Ähnlich wie bei Homer waren Natur und göttliches Wesen in der Wahrnehmung dieser frühesten Philosophen noch eng miteinander verflochten. Sie bewahrten sich auch etwas von dem alten homerischen Gefühl einer den Kosmos beherrschenden moralischen Ordnung, eines unpersönlichen Schicksals, das die Welt bei all ihrem Wandel im Gleichgewicht hielt.

Aber der entscheidende Schritt war getan. Das griechische Denken suchte jetzt mit den Mitteln der Beobachtung und der Vernunft nach einer natürlichen Erklärung des Kosmos, und diese Erklärungen begannen schon bald, sich von ihren mythologischen Resten zu befreien. Elementare und universale Fragen wurden gestellt und Antworten in einem neuen Bereich gesucht – der kritischen Analyse materieller Phänomene durch den menschlichen Geist. Die Natur sollte ausgehend vom Natürlichen erklärt werden, nicht durch etwas, das im Grunde jenseits der Natur lag; und das ganze sollte auf eine unpersönliche Weise geschehen, nicht mit Hilfe von Göttern und Göttinnen. Das primitive, von menschenähnlichen Gottheiten beherrschte Universum begann einer Welt Platz zu machen, deren Quelle und Substanz ein natürliches Grundelement wie Wasser, Luft oder Feuer war. Mit der Zeit wurden diese Primärsubstanzen nicht mehr mit eigener Vernunft oder Gottesstatus ausgestattet, sondern als rein materielle, vom Zufall oder aus blinder Notwendigkeit mechanisch bewegte Dinge verstanden. Ein in Ansätzen naturalistischer Empirismus war geboren. Und in dem Maße, in dem die eigenständige Intelligenz des Menschen an Bedeutung gewann, verloren die alten Götter an Macht.

Den nächsten Schritt dieser philosophischen Revolution unternahm ein Jahrhundert später Parmenides von Elea im westlichen Teil der griechischen Welt, im südlichen Italien (Magna Graecia). Er beschäftigte sich mit dem Problem, wie die Wirklichkeit mit den Mitteln einer rein abstrakten rationalen Logik bestimmt werden könnte. Ähnlich wie schon bei den frühen Ioniern, zeigt auch sein Denken eine eigentümliche Mischung aus traditionell-religiösen und neuartigen säkularen Elementen. Aus einer Eingebung, die er als göttliche Offenbarung erlebte, entstand seine beispiellos strenge deduktive Logik. In ihrem Streben nach Einfachheit bei der Naturerklärung waren die ionischen Philosophen zu dem Ergebnis gelangt, daß die Welt zwar einst eins gewesen, aber zu vielem geworden war. Für Parmenides folgte aus seiner frühen Beschäftigung mit Sprache und Logik, daß etwas »zu sein« zugleich die Unmöglichkeit implizierte, daß es sich in etwas, das es nicht ist, verwandeln könne. Denn von etwas, das »nicht ist«, könne nicht gesagt werden, daß es überhaupt existiere. Ähnlich argumentierte er, daß das, »was ist«, niemals werden oder vergehen könne, da etwas nicht aus Nichts entstehen oder sich in Nichts verwandeln könne, wenn es ein Nichts gar nicht geben könne. Die Dinge konnten also nicht so sein, wie sie den Sinnen erschienen: Die vertraute Welt aus Wandel, Bewegung und Vielheit mußte pure Ansichtssache sein, war doch die wahre Wirklichkeit logisch notwendig, unveränderbar und einheitlich.

Diese anfänglichen, aber grundlegenden Ansätze der Logik machten erstmals eine Auseinandersetzung mit der Frage nach den Unterschieden zwischen Wirklichkeit und Schein, zwischen rationaler

Wahrheit und sinnlicher Wahrnehmung, zwischen Sein und Werden erforderlich. Ebenso wichtig war es, daß die Logik des Parmenides die Unterscheidung zwischen einer statischen materiellen Substanz und einer dynamischen ordnenden Lebenskraft einführte – beide waren von den Ioniern noch als Einheit betrachtet worden –, und damit ein Schlaglicht auf die grundsätzliche Frage nach der Ursache der Bewegung im Universum warf. Als geradezu revolutionär aber sollte es sich erweisen, daß Parmenides die menschliche Vernunft zur unabhängigen und überlegenen Richterin der Wirklichkeit erklärte. Denn das Wirkliche war intelligibel. Es war ein Objekt des verstandesmäßigen Verstehens und nicht der Sinneswahrnehmung.

Die beiden Denkrichtungen, der Naturalismus und der Rationalismus, trieben die Entwicklung immer ausgefeilterer Theorien zur Erklärung der natürlichen Welt voran. Vor das Problem gestellt, die Ergebnisse und den besonderen Charakter der empirischen Beobachtung mit der neuen logischen Genauigkeit zu versöhnen, versuchten Empedokles, Anaxagoras und zuletzt die Atomisten, den offenbaren Wandel der Welt sowie ihre Vielfalt dadurch zu erklären, daß sie den absoluten Monismus des Parmenides – Wirklichkeit als das bewegungslose und unveränderbare Eine – im Sinne eines pluralistischen Systems neu interpretierten und modifizierten. Jedes dieser Systeme hielt an der Sichtweise des Parmenides fest: Was wirklich ist, kann nicht vergehen. Die offenkundige Geburt und Zerstörung natürlicher Objekte interpretierten sie als Konsequenz einer Anzahl von unveränderbaren Grundelementen, die allein wahre Wirklichkeit besaßen und die zu verschiedenen Kombinationen zusammentraten und sich wieder trennten, um die Objekte der Welt zu bilden. Die Elemente als solche entstanden weder, noch vergingen sie. Nur ihre sich dauernd verändernden Kombinationen waren dem Wandel unterworfen. Empedokles postulierte vier letzte Elemente als die Wurzeln aller Dinge: Erde, Wasser, Luft und Feuer. Sie waren ewig und wurden durch die elementaren Kräfte der Liebe und des Streits zusammengeführt und getrennt. Anaxogoras schlug vor, das Universum als eine unendliche Anzahl winzigster, qualitativ verschiedener Samen zu betrachten. Aber statt die Bewegung der Materie durch blinde, halbmythische Kräfte wie Liebe und Streit zu erklären, postulierte er einen transzendenten Urgeist *(Nous)*, der das stoffliche Universum in Bewegung setzte und ihm Form und Ordnung verlieh.

Das umfassendste System, das im Laufe dieser Entwicklung entstand, war das der Atomisten. In ihrem Versuch, die von den Ioniern begonnene Suche nach einer die Welt konstituierenden Elementarsubstanz fortzusetzen und dabei zugleich das Argument des Parmenides gegen Veränderung und Vielfalt zu widerlegen, gelang Leukipp und seinem Nachfolger Demokrit die Konstruktion einer komplexen, rein materialistischen Erklärung aller Phänomene: Die Welt bestand demnach ausschließlich aus ungewordenen und unveränderbaren stofflichen Atomen – einer einheitlichen Substanz, wie von Parmenides verlangt, nur in unendlicher Zahl. Diese unsichtbar winzigen und unteilbaren Partikel bewegten sich unentwegt in einer grenzenlosen Leere und produzierten durch ihre zufälligen Kollisionen und die daraus resultierenden wechselnden Verbindungen die Phänomene der sichtbaren Welt. Die Atome waren qualitativ identisch und unterschieden sich nur in Form und Größe, das heißt in einem quantitativen und daher meßbaren Sinne. Ferner antwortete Demokrit auf den Einwand des Parmenides mit der Feststellung, daß das, was »nicht ist«, durchaus im Sinne einer Leere – eines leeren, aber wirklichen Raums, in dem die Atome sich bewegen und miteinander verbinden – existieren könne. Die Atome wurden mechanisch, nicht von irgendeiner kosmischen Intelligenz wie dem *Nous*, sondern vom blinden Zufall natürlicher Notwendigkeit (*Anánke*) gesteuert. Alles menschliche Wissen war schlicht und einfach mit der Einwirkung der Atome auf die Sinne zu erklären. Hingegen beruhte ein Großteil der menschlichen Erfahrungen, wie die Unterscheidung zwischen heiß und kalt oder bitter und süß, nicht auf Eigenschaften der Atome, sondern auf menschlichen »Konventionen«. Qualitative Eigenschaften waren subjektive menschliche Wahrnehmungen, da die Atome selbst nur quantitative Differenzen kannten. Was real war, war Materie im Raum, waren Atome, die sich ohne erkennbare Ordnung in der Leere bewegten. Starb ein Mensch, verging seine Seele; die Materie jedoch blieb erhalten und war unvergänglich. Nur die jeweilige Kombination der Atome änderte sich: Kollidierende, immer gleiche Atome formten, indem sie sich zusammenballten und wieder auseinanderbrachen, unterschiedliche, sich in verschiedenen Stadien des Zu- und Abnehmens befindliche Körper, um so mit der Zeit eine unendliche Vielzahl von Welten in der Leere zu schaffen – und wieder aufzulösen.

Der Atomismus hatte sich damit auch der letzten mythologischen Reste der selbstbeseelten Substanz der frühesten Philosophen entledigt: Die Leere allein verursachte die ziellosen Bewegungen der ganz und gar materiellen Atome, die weder einem göttlichen Plan noch irgendeinem anderen Zweck dienten. Für einige war mit dieser Erklärung das Ziel erreicht, mit einer klaren, rationalen Anstrengung den Täuschungen der subjektiven Wahrnehmung zu entgehen und den ungeschminkten Mechanismus des Universums zu begreifen. Für andere hingegen war noch vieles offen geblieben: das Problem der Formen und ihrer Dauer, die Frage nach Sinn und Zweck in der Welt, die Notwendigkeit einer befriedigenden Antwort auf die Frage nach einer ersten Ursache der Bewegung. Bedeutsame Fortschritte für ein besseres Verstehen der Welt schienen gelungen zu sein, doch vieles von dem, was dem einfachen, vorphilosophischen Geist noch sicher gewesen war, stand jetzt grundsätzlich in Frage. Als Folge dieser frühen philosophischen Beutezüge schien es möglich, daß nicht bloß die Götter, sondern auch der unmittelbare Augenschein der eigenen Sinne nichts als Illusionen waren. Der Mensch war alleine auf seinen Intellekt angewiesen, um auf rationalem Wege das zu entdecken, was wirklich war.

Unter den Griechen gab es eine große Ausnahme von dieser vorherrschenden intellektuellen Bewegung, die sich vom Mythischen abwandte und zum Naturalismus führte – das war Pythagoras. Die aufgebrochene Kluft zwischen Religion und Verstand machte Pythagoras nicht in der üblichen Weise zum Parteigänger der einen oder anderen Seite. Vielmehr bezog er von hier den Impuls, über ihre mögliche Synthese nachzudenken. Pythagoras genoß in der Antike den Ruf einer herausragenden Begabung, die ebenso religiöser wie wissenschaftlicher Art war. Doch es gibt nur wenig, das sich von ihm mit Gewißheit sagen läßt. Seine Schule folgte dem Gebot strikter Geheimhaltung. Eine legendäre Aura umgab sie von Anfang an. Geboren auf der Insel Samos, studierte Pythagoras wahrscheinlich in Ägypten und Mesopotamien, bevor er sich im Westen niederließ. In der griechischen Kolonie Kroton gründete er eine auf dem Apollo- und Musenkult basierende philosophische Schule, die zugleich eine religiöse Gemeinschaft war und sich dem Streben nach moralischer Erneuerung, geistiger Durchdringung der Natur und spiritueller Erlösung widmete – wobei all dies für ihn aufs engste miteinander zusammenhing.

Interessierten sich die ionischen Physiker vor allem für die materielle Substanz der Phänomene, so widmeten sich die Pythagoreer vornehmlich den die Phänomene beherrschenden und ordnenden Formen, insbesondere den mathematischen. Und während sich die Hauptströmung des griechischen Denkens immer mehr von der mythologisch-religiösen Basis der archaischen griechischen Kultur entfernte, betrieben Pythagoras und seine Anhänger Philosophie und Wissenschaft in einem Kontext, der von den Vorstellungen der Mysterienreligionen, vor allem dem Orphismus, geprägt war. Die Einsicht in die Ordnung des natürlichen Universums mit den Mitteln der Wissenschaft, war für die Pythagoreer der Königsweg zur spirituellen Erleuchtung. Die Formen der Mathematik, die Harmonien der Musik, die Bewegung der Planeten sowie die Götter der Mysterien standen für sie in einer wesentlichen Beziehung zueinander, und der Sinn dieser Beziehung offenbarte sich in einer Ausbildung, die in der Angleichung der Menschenseele an die Weltseele – und damit an den göttlich-kreativen Geist des Universums – ihren Höhepunkt fand. Wegen der pythagoreischen Verpflichtung zu kultischer Geheimhaltung bleiben die Details dieser Sinngebung sowie des Prozesses, in dem sie entschleiert wurde, weitgehend im Dunklen. Sicher aber ist, daß die pythagoreische Schule ihren eigenständigen philosophischen Weg auf der Basis einer Glaubensordnung entwickelte, die gezielt die alten Strukturen des Mythos und der Mysterienreligionen beibehielt, während sie zugleich wissenschaftliche Entdeckungen von immenser Bedeutung für das spätere westliche Denken hervorbrachte.

Der Grundtenor der griechischen Geistesentwicklung war jedoch ein anderer: Von Thales und Anaximander zu Leukipp und Demokrit entstand im Gleichschritt mit einem zunehmend skeptischen Rationalismus eine naturalistische Wissenschaft. Obwohl keiner dieser Philosophen es schaffte, allgemein kulturprägenden Einfluß zu erlangen, und obwohl die meisten Griechen nie ernsthaft an der Existenz der olympischen Götter zweifelten, bildete der langsame Aufstieg dieser verschiedenen Richtungen der frühen Philosophie – der ionischen Physik, des eleatischen Rationalismus, des demokritischen Atomismus – die Avantgarde des griechischen Denkens in seinem Übergang vom Zeitalter traditionellen Glaubens ins Zeitalter der Vernunft. Mit Ausnahme der relativ autonomen Pythagoreer verfolgte das vorsokratische hellenische Denken entschieden, wenn auch zeitweise undeutlich, seinen Weg vom Übernatürlichen hin zum Natürlichen: vom Göttlichen zum Weltlichen, vom Mythischen zum Begrifflichen, von Poesie und Erzählung zu Prosa und Analyse. Den kritischeren Geistern dieser Epoche schienen die Götter der alten Poeten und ihrer

Geschichten nur allzu menschlich, geschaffen nach des Menschen eigenem Bild und als wirklich göttliche Wesen mehr und mehr zweifelhaft. Schon gegen Anfang des fünften vorchristlichen Jahrhunderts hatte der Dichter-Philosoph Xenophanes den populären Glauben an die homerische Mythologie verhöhnt: Wenn Ochsen, Löwen oder Pferde Hände hätten, mit denen sie Bilder malen könnten, würden sie zweifellos Götter hervorbringen, deren Leib und Gestalt ihren eigenen glichen. Eine Generation später erklärte Anaxagoras, daß es sich bei der Sonne nicht um den Gott Helios handele, sondern um einen weißglühenden Stein, größer als der Peloponnes, und daß der Mond aus einer erdigen Substanz bestehe, die ihr Licht von der Sonne beziehe. Für Demokrit war der menschliche Götterglaube nichts weiter als der Versuch, außergewöhnliche Ereignisse wie Unwetter oder Erdbeben durch imaginäre übernatürliche Kräfte zu erklären. Einen ähnlichen Skeptizismus gegenüber den alten Mythen ließ auch der letzte der großen Tragödienschreiber, Euripides, erkennen, während der Dramatiker Aristophanes sie in seinen Komödien offen parodierte. Die altehrwürdige Kosmologie war inzwischen alles andere als selbstverständlich geworden.

Doch je mehr die Griechen einen Sinn dafür entwickelten, die Dinge individuell und kritisch zu beurteilen, und je weiter sie sich von der kollektiven Urvision früherer Generationen entfernten, desto mehr gerann ihr Verstehen zur Vermutung und desto enger wurden die Grenzen des als unfehlbar angesehenen Wissens. Was die Wahrheit betrifft, behauptete Xenophanes: »So war nie ein Mensch und wird nie einer sein, der sie kennt.« Philosophische Beiträge wie die unlösbaren logischen Paradoxe des Zenon von Elea oder Heraklits Lehre von der Welt als stetem Fluß schienen die neuen Unsicherheiten nur zu verstärken. Mit dem Heraufziehen der Vernunft war dem Zweifel Tür und Tor geöffnet, und jeder Philosoph zog mit neuen Lösungen auf den Markt der Wahrheiten. Wurde die Welt ausschließlich von mechanischen Naturkräften beherrscht, dann gab es kein erkennbares Fundament mehr, auf das sich noch allgemeine Moralurteile gründen ließen. Und war die wahre Wirklichkeit tatsächlich gänzlich von der Erfahrungswelt abgespalten, dann stellte das die Grundlagen der menschlichen Erkenntnis in Frage. Es sah so aus, als verlöre der Mensch mit jedem weiteren Schritt hin zu einer freieren und bewußteren Selbstbestimmung nur noch mehr den Halt. Doch dieser Preis schien durchaus gerechtfertigt, wenn es gelang, die Menschen von ihren abergläubischen Ängsten und von ihren durch konventionelle Frömmigkeit geprägten Vorstellungen zu emanzipieren und ihnen Einblicke – wie provisorisch sie auch sein mochten – in die wahre Ordnung der Dinge zu verschaffen. Trotz des ständigen Auftauchens neuer Probleme und neuer Lösungsversuche, schien ein Gefühl der Zuversicht die vielen mit dem Fortschritt einhergehenden Verwirrungen zu überwiegen. So konnte Xenophanes versichern: »Die Götter haben uns nicht von Anfang an alle Dinge offenbart; aber im Lauf der Zeit, wird der Mensch suchend das finden, was das Beste für ihn ist.«[4]

Die griechische Aufklärung

Diese geistige Entwicklung erreichte ihren Höhepunkt in Athen, als dort im fünften vorchristlichen Jahrhundert die verschiedenen Ströme der griechischen Philosophie und Kunst zusammenflossen. Der Stadtstaat war im Zeitalter des Perikles auf dem Gipfel seiner kulturellen Kreativität und seines politischen Einflusses in Griechenland. Und seine Bürger behaupteten sich in ihrer Welt mit einem neuen Bewußtsein der eigenen Macht und Intelligenz. Nach dem Triumph über die persischen Invasoren und der Festigung seiner Position als Führer der griechischen Staaten, trat Athen bald als expansive Handels- und Hafenstadt mit den Ansprüchen einer Großmacht auf. Das pulsierende Leben bot seinen Bürgern in einer neuen urbanen Weltoffenheit die Gelegenheit zu Kontakten mit anderen Kulturen und Weltanschauungen. Athen war zur ersten griechischen Metropole geworden. Die Entwicklung der demokratischen Selbstregierung sowie technische Fortschritte in Landwirtschaft und Navigation waren Ausdruck eines neuen humanistischen Geistes – und regten ihn zugleich an. Frühere Philosophen waren ihren Gedanken noch in relativer Abgeschiedenheit nachgegangen, häufig mit nur einem Schüler, der ihr Werk weiterführen sollte. Jetzt, in Athen, wurde der philosophische Disput für das städtische Geistesleben insgesamt kennzeichnend, das immer stärker von begrifflichem Denken, kritischer Analyse, Reflexion und Dialektik geprägt wurde.

Im Verlauf des fünften Jahrhunderts erlebte die hellenische Kultur ein – labiles, aber fruchtbares – Gleichgewicht zwischen der alten mythologischen Tradition und dem modernen säkularen Rationalismus. Den Göttern wurden mit beispiellosem Eifer Tempel zur Verewigung zeitloser olympischer Größe errichtet. Doch die Schönheit der monumentalen Bauten, Skulpturen und Gemälde des Parthenon, der künstlerischen Schöpfungen des Phidias und des Polyklet wurde nicht zuletzt mit den Mitteln sorgfältiger Analyse und ausgefeilter Theorie erreicht. Sie ist das Ergebnis einer Anspannung aller kultureller Kräfte in dem Versuch, menschliche Rationalität und mythische Ordnung in einer konkreten Form miteinander zu verbinden. Die künstlerischen Darstellungen der Götter und Göttinnen waren Abbildungen griechischer Männer und Frauen – ideal, vergeistigt, doch eindeutig menschlich und individuell. Und die Tempel des Zeus, der Athene und Apollon feierten den menschlichen Triumph rationaler Klarheit und mathematischer Eleganz in dem gleichen Maße, wie sie dem Göttlichen ihre Reverenz erwiesen. Im Mittelpunkt des künstlerischen Schaffens standen aber nach wie vor die Götter, und ein Gefühl für die menschlichen Grenzen in der Ordnung der Dinge blieb deutlich spürbar. In der neuen kreativen Behandlung des Mythos bei Aischylos und Sophokles kam der erwachende Glaube, daß der Mensch durch die Entwicklung seiner eigenen Fähigkeiten die göttlichen Mächte steigern und zu erhabenem Ausdruck bringen könne, ebenso zum Ausdruck wie in den Oden des großen Musikers und Poeten Pindar, der in den athletischen Heldentaten der Olympischen Spiele das Aufscheinen des Göttlichen fand. Doch Tragödien wie Chor-Hymnen betonten die dem menschlichen Ehrgeiz gesetzten Schranken, verwiesen auf die Gefahr des Versuchs, sie zu überschreiten und das Unmögliche versuchen zu wollen.

Im weiteren Verlauf des fünften Jahrhunderts neigte sich die Waagschale immer weiter auf die Seite der unabhängigen menschlichen Leistungen. Die grundlegende Arbeit des Hippokrates auf dem Gebiet der Medizin, Herodots bemerkenswerte Geschichtswerke und Reisebeschreibungen, Metons neuartiges kalendarisches System, die eindringlichen historischen Analysen des Thukydides, die kühnen wissenschaftlichen Spekulationen von Anaxagoras und Demokrit – sie alle vergrößerten den Horizont des hellenischen Denkens und vertieften sein Verständnis der Dinge im Sinne rational verstehbarer Ursachen. Perikles selbst war bestens mit dem rationalistischen Philosophen und Physiker Anaxagoras vertraut, und eine neue intellektuelle Strenge, skeptisch gegenüber den alten übernatürlichen Erklärungen, war weit verbreitet. Der zeitgenössische Mensch sah sich selbst jetzt eher als das zivilisierte Endprodukt einer aus primitiver Wildheit herausführenden höheren Entwicklung und nicht mehr als stumpfer Abglanz eines vergangenen mythischen Goldenen Zeitalters.[5] Der ökonomische und politische Aufstieg einer aktiven Mittelklasse trug das Seine zum Niedergang der aristokratisch geprägten Hierarchie der alten Götter und Helden bei. Die von Pindar für seine adeligen Förderer gefeierte verläßlich stabile Gesellschaft wich einer neuen, eher egalitären und aggressiv wettbewerbsorientierten Ordnung. Bei diesem Wandel ließ man auch Pindars konservatives Festhalten an den alten religiösen Werten und seine Warnung vor der Sanktionierung eines schrankenlosen menschlichen Ehrgeizes hinter sich zurück. Der Glaube an die traditionellen Götter der athenischen Polis begann unterminiert zu werden, und ein stärker kritisch und weltlich geprägter Geist gewann zunehmend an Einfluß.

Mit dem Auftreten der Sophisten in der zweiten Hälfte des fünften Jahrhunderts erreichte diese Entwicklung einen ersten Höhepunkt. Als die typischen Vertreter des neuen intellektuellen Milieus waren die Sophisten reisende Lehrer, weltliche, liberal gesinnte Humanisten, die neben intellektueller Schulung auch Anleitung für den Erfolg in praktischen Geschäften offerierten. Angesichts der weitreichenden Möglichkeiten der politischen Teilhabe in der demokratischen Polis erfreuten sich ihre Dienste einer hohen Nachfrage. Der allgemeine Tenor ihres Denkens war von dem gleichen Rationalismus und Naturalismus geprägt, der die Entwicklung der Philosophie vor ihnen gekennzeichnet hatte und der zunehmend den Geist der Epoche widerspiegelte. Doch mit den Sophisten hielt zugleich ein skeptischer Pragmatismus Einzug ins griechische Denken, der zu einer Abkehr der Philosophie von ihrer früheren, eher spekulativen und kosmologischen Ausrichtung führte.

Sophisten wie Protagoras sahen im Menschen das Maß aller Dinge. Die individuellen Urteile des Einzelnen über das alltägliche Leben sollten die Grundlage der persönlichen Vorstellungen und Lebensführung bilden – und nicht die naive Anlehnung an die traditionelle Religion oder das Abschweifen in hochgestochen abstrakte Spekulationen. Wahrheit war relativ, nicht absolut, und veränderte sich von Kultur zu Kultur, von Mensch zu Mensch und von Situation zu Situation. Behauptungen des Gegenteils, ob religiös oder philosophisch, hielten einer kritischen Überprüfung nicht stand. Der Wert jeder Überzeugung oder jeder Meinung ließ sich letztlich nur an ihrem praktischen Nutzen messen, daran, inwieweit eine bestimmte Auffassung dem Einzelnen die Befriedigung seiner Bedürfnisse im Leben ermöglichte.

Dieser entscheidende Wandel im griechischen Denken war ebenso auf den problematischen Zustand der Naturphilosophie der Zeit wie auf den Niedergang des traditionellen religiösen Glaubens zurückzuführen; gefördert wurde er durch die zeitgenössische soziale und politische Situation. Nicht nur die alten Mythologien hatten immer mehr an Einfluß auf den griechischen Geist verloren, auch die wissenschaftliche Aufklärung war an einem kritischen Punkt angelangt. Ihre im Widerspruch zur menschlichen Erfahrungswirklichkeit stehenden Extreme – die parmenideische Logik mit ihren dunklen Paradoxen und die atomistische Physik mit ihren hypothetischen Atomen – ließen die theoretische Philosophie mehr und mehr als irrelevant für die Lebenspraxis erscheinen. Nach Auffassung der Sophisten entsprachen die spekulativen Kosmologien weder den faktischen menschlichen Bedürfnissen, noch waren sie dem gesunden Menschenverstand plausibel zu machen.

Seit Thales hatte jeder Philosoph sich seine eigene Theorie über die wahre Beschaffenheit der Welt zurechtgelegt, wobei jede Theorie der anderen widersprochen hatte und es eine wachsende Tendenz gab, der sinnlich erfahrbaren phänomenalen Welt immer mehr ihren Status als Wirklichkeit abzustreiten. Das Ergebnis war ein Chaos widerstreitender Ideen ohne jede Basis, auf der sich hätte begründen lassen, warum die eine der anderen überlegen war. Überdies schienen die Naturphilosophen ihre Theorien über die Außenwelt konstruiert zu haben, ohne dabei dem menschlichen Beobachter, dem subjektiven Element, angemessen Rechnung zu tragen. Im Gegensatz dazu erklärten die Sophisten, daß jede Person ihre eigene Erfahrung und mithin auch ihre eigene Wirklichkeit besitze. Letztlich, argumentierten sie, sei alles Verstehen subjektive Meinung. Echte Objektivität sei unmöglich. Alles, was eine Person legitimerweise für sich in Anspruch nehmen könne zu wissen, seien Wahrscheinlichkeiten, keine absolute Wahrheiten.

Die Frage, wie der Mensch sichere Erkenntnisse über die Außenwelt erlangen könne, interessierte die Sophisten nicht. Der Mensch konnte nur den Inhalt seines eigenen Geistes – eher Erscheinungen als Wesenheiten – kennen, doch dieser Inhalt konstituierte zugleich die einzige Wirklichkeit von Belang für ihn. Etwas anderes als Erscheinungen, eine tiefergehende, stabile Wirklichkeit, konnte schon allein aufgrund der begrenzten menschlichen Fähigkeiten nicht erkannt werden, und, grundlegender noch, weil sich von einer solchen Wirklichkeit niemals mit Sicherheit sagen ließ, ob sie auch jenseits der Sphäre menschlicher Vermutungen existierte. Eigentlicher Zweck des Denkens war es, den Bedürfnissen des Menschen zu dienen, und allein die individuelle Erfahrung bot eine Basis für das Erreichen dieses Ziels. Jeder Einzelne sollte sich auf seine eigenen geistigen Fähigkeiten verlassen, um sich in der Welt zurechtzufinden.

Die Sophisten schlugen vor, den bis dahin auf die physische Welt angewendeten kritischen Rationalismus auch in bezug auf menschliche Angelegenheiten, in den Bereichen Ethik und Politik, anzuwenden. So legten beispielsweise die Berichte von Reisenden die Vermutung nahe, daß soziale Praktiken und religiöse Vorstellungen nichts Absolutes, sondern nur ortsabhängige menschliche Konventionen, von Nation zu Nation variierende Gebräuche waren, die weder zur Natur noch zu einem göttlichen Gebot in einer ursprünglichen Beziehung standen. Die jüngsten physikalischen Theorien wurden angeführt, um zu dem gleichen Schluß zu gelangen: Wenn die Erfahrung von heiß und kalt in der Natur gar nicht objektiv existierte, sie nur ein subjektiver, durch eine vorübergehende Konstellation interaktiver Atome entstandener Eindruck einer einzelnen Person war, dann war es möglich, daß das gleiche auch für die Maßstäbe von Gut und Böse galt, das heißt, daß auch sie unbegründet, konventionell und subjektiv bestimmt waren.

Auf ähnliche Weise ließ sich aufzeigen, daß es sich bei der Existenz der Götter um eine unbeweisbare Annahme handelte. Wie Protagoras sagte: »Über die Götter vermag ich nichts zu wissen, weder daß sie existieren, noch daß sie nicht existieren, noch welcher Gestalt sie sind; denn vieles gibt es, was mich daran hindert – die Dunkelheit des Gegenstandes und die Kürze des menschlichen Lebens.« Ein anderer Sophist, Kritias, schlug vor, die Götter als Erfindungen aufzufassen, die bei jenen, die ansonsten moralisch verwerflich handeln würden, Angst erzeugen sollten. Der unvoreingenommene gesunde Menschenverstand legte nahe, daß die Welt aus sichtbarer Materie bestand, nicht aus unsichtbaren Göttern. Am besten näherte sich der Mensch der Welt daher ohne religiöse Vorurteile.

Letztendlich rieten die Sophisten in Fragen der Metaphysik zu einem flexiblen Atheismus oder Agnostizismus und in Fragen der

Ethik zu einer situationsabhängigen Moral. Da religiöser Glaube, politische Strukturen und moralische Verhaltensregeln als vom Menschen geschaffene Konventionen angesehen wurden, waren all diese Dinge offen für grundsätzliche Infragestellung und Änderungen. Nach Jahrhunderten blinden Gehorsams gegenüber überlieferten restriktiven Einstellungen, war der Mensch jetzt frei, eine Strategie aufgeklärten Eigeninteresses zu verfolgen. Da es sinnlos war, nach absoluter Wahrheit zu suchen, empfahlen die Sophisten, junge Männer – und nur um diese ging es – in den praktischen Künsten der Rhetorik und der Logik ausbilden zu lassen sowie in einem breiten Spektrum anderer Disziplinen, von Sozialgeschichte über Ethik bis hin zu Mathematik und Musik. Der Bürger sollte auf diese Weise darauf vorbereitet werden, eine aktive Rolle in der Polisdemokratie zu übernehmen und ein erfolgreiches Leben zu führen. Weil die Fertigkeiten für ein solches Leben lehr- und lernbar waren, stand es einem Mann frei, seine Chancen durch Bildung zu verbessern. Zufällige Begabung oder Geburtsstand sollten die Entfaltung eines Menschen nicht länger behindern. Mit einem Programm, wie es die Sophisten anboten, ließ sich sowohl das Individuum als auch die Gesellschaft verbessern.

Und so entstand die *Paideia*, das klassische griechische Erziehungs- und Bildungssystem, das Gymnastik, Grammatik, Rhetorik, Poesie, Musik, Mathematik, Geographie, Naturgeschichte, Astronomie und Physik, Geschichte der Wissenschaften, Ethik und Philosophie vermitteln sollte – ein komplettes Studienprogramm für den umfassend gebildeten Staatsbürger.

Das systematische Mißtrauen der Sophisten gegenüber menschlichen Glaubensbekenntnissen – gleich, ob es sich dabei um den traditionellen Götterglauben handelte oder um den in ihren Augen ebenso naiven neuen Glauben an die Kraft des menschlichen Verstandes, die Beschaffenheit von etwas so immensem und unbestimmtem wie dem Kosmos zu erkennen – dieses Mißtrauen befreite das Denken und eröffnete ihm neue, noch unentdeckte Wege. Die Folge war, daß der Mensch in seiner Welt einen bedeutsameren Rang als je zuvor einnahm. Zunehmend freier und selbstbestimmter, war er sich bewußt, in einer größeren Welt zu leben, die andere Kulturen und Religionen als seine eigene umfaßte. Er wußte um die Relativität und Formbarkeit menschlicher Werte und Sitten und um die eigene Rolle bei der Schöpfung seiner Wirklichkeit. Zugleich aber hatte er in der kosmischen Ordnung der Dinge an Bedeutung verloren, die, wenn sie denn überhaupt existierte, ungeachtet des Menschen und seiner kulturellen Werte ihre eigene Logik besaß.

Mit den sophistischen Anschauungen stellten sich noch andere Probleme ein. Zwar hatte ihre intellektuelle Schulung und die Einführung einer liberalen Erziehung als Grundlage für eine erfolgreiche Charakterbildung viele positive Auswirkungen, aber immer wieder wurde ihr radikaler Skeptizismus gegenüber allen Werten zum Ausgangspunkt für einen explizit amoralischen Opportunismus. Studenten wurde beigebracht, wie ein Argument aufzubauen sei, um so gut wie jeden Standpunkt scheinbar plausibel zu verteidigen. In dieses Bild fügte sich auf der konkreten Ebene die zunehmende Verschlechterung des politischen und moralischen Klimas in Athen – die Krise der sich als unbeständig und korrupt entpuppenden Demokratie, die Machtübernahme durch eine rücksichtslose Oligarchie, die Umwandlung der griechischen Führungsrolle Athens in eine Tyrannis und schließlich aus Arroganz begonnene und in Katastrophen endende Kriege. Die skrupellose Verletzung selbst grundlegender ethischer Maßstäbe gehörte zum Alltag – sichtbar nicht zuletzt in der routinemäßigen und oft grausamen Ausbeutung von Frauen, Sklaven und Fremden durch den exklusiven Männerbund der Athener Bürgerschaft. Alle diese Entwicklungen hatten ihre je eigenen Ursprünge und Gründe, sie waren schwerlich den Sophisten anzulasten. Doch in einer solchen Krise schien die philosophische Verneinung absoluter Werte und das sophistische Lob des Opportunismus den problematischen Zeitgeist nicht nur widerzuspiegeln, sondern ihm noch einen zusätzlichen destruktiven Impuls zu geben.

Die mit den früheren Erfolgen Athens offener, größer gewordene Welt hatte die alten Gewißheiten destabilisiert, und es schien, als fehlte ihr jetzt eine umfassendere – universale und doch konkrete – Ordnung, in die sich die Ereignisse sinnvoll integrieren ließen. Die sophistische Lehre stellte lediglich eine Erfolgsmethode bereit, nicht die erforderliche Ordnung. Ihre kühne Souveränitätserklärung des menschlichen Geistes – ihre These, daß der Mensch kraft seines eigenen Denkens über ausreichend Weisheit verfüge, um sein Leben richtig zu leben, daß der menschliche Geist von sich aus fähig sei, Kräfte des Ausgleichs hervorzubringen – schien jetzt neu bewertet werden zu müssen. Für eher konservative Gemüter befanden sich die Fundamente der traditionellen hellenischen Glaubensordnung und ihre vormals zeitlosen Werte in einem gefährlichen Erosionsprozeß, während Vernunft und Redekunst dabei waren, sich einen alles andere als tadellosen Ruf zu erwerben. In der Tat, angesichts eines menschlichen Geistes, der sich selbst die Fähigkeit zur Welterkenntnis absprach, war die Entwicklung der Vernunft an einem Punkt angelangt, an dem sie sich ihrer eigenen Grundlage beraubt zu haben schien.

Sokrates – der platonische Held

In diesem aufgeheizten kulturellen Klima betrat Sokrates die philosophische Arena – skeptisch und individualistisch wie ein Sophist. Sein außergewöhnliches Leben und Sterben ließ den griechischen Geist radikal verändert zurück, da er nicht nur eine neue Methode und ein neues Ideal der Wahrheitssuche hervorbrachte, sondern seine Persönlichkeit selbst zum Modell und zur Inspiration der gesamten folgenden Philosophie wurde.

Trotz seines enormen Einflusses läßt sich nur wenig mit Sicherheit über sein Leben sagen. Sokrates selbst hinterließ keine schriftlichen Aufzeichnungen. Das ergiebigste und zusammenhängendste Portrait enthalten die *Dialoge* Platons, doch es bleibt unklar, ob die dort Sokrates zugeschriebenen Worte und Ideen nicht eher die zeitlich später liegende Entwicklung Platons widerspiegeln. Die ausführlichen Berichte anderer Zeitgenossen und Schüler – Xenophon, Aischines, Aristophanes, Aristoteles und späterer Platonisten – sind zwar hilfreich, aber im allgemeinen aus zweiter Hand oder fragmentarisch, oft vieldeutig und zuweilen widersprüchlich. Ein annähernd verläßliches Bild entsteht aber wohl doch, wenn man zusätzlich zu den frühen platonischen Dialogen noch andere Quellen zu Rate zieht.

In ihnen wird deutlich, daß es sich bei Sokrates um einen Mann von einzigartigem Charakter und außergewöhnlicher Intelligenz handelte, der geprägt war von einer seltenen Passion für intellektuelle Redlichkeit und moralische Integrität. Beharrlich suchte er nach Antworten auf Fragen, die so nie zuvor gestellt worden waren und versuchte, konventionelle Annahmen und Vorstellungen zu untergraben, um ein gründlicheres Nachdenken über ethische Probleme anzuregen. Unermüdlich forderte er von sich selbst und seinen Gesprächspartnern, herauszufinden, was ein gutes Leben ausmache. Seine Worte und Taten kamen aus der festen Überzeugung, der menschliche Geist könne sich durch einen Akt rationaler Selbstkritik von den Fesseln falscher Ansichten befreien. Der selbstgestellten Mission, Weisheit zu suchen und sie in anderen hervorzulocken, war Sokrates derart verschrieben, daß er seine persönlichen Angelegenheiten vernachlässigte und sich ganz den philosophischen Gesprächen mit anderen Bürgern widmete. Im Unterschied zu den Sophisten stellte er für seine Lehrtätigkeit nichts in Rechnung. Und obwohl er mit der Elite Athens vertraut war, stand er materiellem Wohlstand und konventionellen Erfolgsmaßstäben gleichgültig gegenüber. Sokrates muß den Eindruck eines Mannes gemacht haben, der trotz eines höchst widersprüchlichen Charakters in einem außergewöhnlichem Maße im reinen mit sich selbst war. Entwaffnend bescheiden und dann wieder anmaßend selbstsicher, auf koboldhafte Art geistreich und zugleich moralisch unnachgiebig, engagiert und gesellig, aber auch einsam und nachdenklich, war Sokrates vor allem ein Mensch, der sich in seiner Leidenschaft für die Wahrheit verzehrte.

Als junger Mann scheint Sokrates die Naturwissenschaften seiner Zeit mit einigem Enthusiasmus studiert und sich mit den verschiedenen zeitgenössischen Philosophien auseinandergesetzt zu haben, die sich mit der spekulativen Analyse der physikalischen Welt befaßten. Offensichtlich konnte ihn das Vorgefundene aber nicht zufriedenstellen. Das Durcheinander widerstreitender Theorien führte mehr zu Verwirrung als zu Klarheit, und eine ausschließlich materialistische Erklärung des Universums erschien ihm ungenügend. Diese Theorien waren in seinen Augen weder begrifflich kohärent noch moralisch nützlich. Daher wandte er sich ab von Physik und Kosmologie und widmete sich der Ethik und der Logik. Die Frage, wie der Mensch leben soll, und ihre gedankliche Klärung, wurden sein zentrales Thema. Sokrates »rief die Philosophie aus dem Himmel zurück und verpflanzte sie in die Städte und Häuser der Menschen«, stellte Cicero drei Jahrhunderte später treffsicher fest.

Eine solche Wende hatte sich zwar bereits in den Ideen der Sophisten abgezeichnet, denen Sokrates auch in seinem Interesse für Bildung, Sprache, Rhetorik und Beweisführung glich. Aber der moralische und intellektuelle Grundimpuls ging bei ihm in eine ganz andere Richtung. Die Sophisten boten Erfolgsrezepte an, mit denen man sich in einer Welt behaupten konnte, in der alle moralischen Maßstäbe lediglich Konventionen waren und alles menschliche Wissen nur relative Geltung besaß. Für Sokrates beruhte eine solche Bildungsphilosophie auf einem intellektuellen Mißverständnis und war darüber hinaus moralisch schädlich. Im Gegensatz zu den Sophisten sah er seine eigene Aufgabe darin, den Weg zu einem Wissen zu finden, das die Sphäre bloßen Meinens überstieg, und eine Moral zu entwickeln, die mehr war als bloße Konvention.

Schon in der Jugend des Sokrates hatte das Orakel in Delphi erklärt, es gäbe keinen weiseren Mann als ihn. In der für ihn typischen ironischen Art hat er später seine philosophische Tätigkeit als den Versuch beschrieben, das Orakel zu widerlegen. Sorgfältig prüfte Sokrates die Vorstellung all derer, die sich selbst für weise hielten – mit dem Ergebnis, daß er in der Tat weiser war als sie, denn nur er erkannte seine Unwissenheit. Die Sophisten waren zwar zu einem ähnlichen Ergebnis gekommen, aber nur weil sie wahres Wissen für prinzipiell unerreichbar hielten. Sokrates hingegen ging davon aus, daß es nur noch nicht erreicht worden sei. Die Demonstration menschlicher Unwissenheit, seiner eigenen wie der anderer, wurde zwar zu einer Art Markenzeichen seiner Philosophie, sie sollte aber nicht intellektuelle Verzweiflung, sondern so etwas wie intellektuelle Bescheidenheit hervorrufen. Die Entdeckung der Unwissenheit stand für Sokrates am Anfang der philosophischen Arbeit – sie sollte aber nicht das Endergebnis sein. Von der Erkenntnis der aktuellen Unwissenheit aus konnte mit der Überwindung der traditionellen, gängigen Vorstellungen begonnen werden, die den Zugang zu der wahren Einsicht in die menschliche Existenz verdunkelten. Sokrates sah es als seine ganz persönliche Mission an, andere von ihrer Unwissenheit zu überzeugen, damit sie sich auf die Suche begaben, um selbst herauszufinden, woran ein gutes Leben zu messen sei.

In seinen Augen hatte jeder Versuch, wahren Erfolg und Vortrefflichkeit im Leben zu fördern, der innersten Wirklichkeit eines menschlichen Wesens, seiner Seele beziehungsweise Psyche, gerecht zu werden. Ausgehend von der eigenen ausgeprägten Fähigkeit zur Selbstreflexion trug Sokrates entscheidend zu einem neuen Bewußtsein der zentralen Bedeutung der Seele bei, indem er sie erstmals als den Sitz des individuellen wachen Bewußtseins und des moralisch-intellektuellen Charakters bezeichnete. Ganz im Sinne des delphischen Mottos »Erkenne Dich selbst«, ging er davon aus, daß sich nur durch Selbsterkenntnis, durch das Verstehen der eigenen Psyche und ihres besonderen Zustandes, wahres Glück finden ließ. Alle menschlichen Wesen waren von Natur aus auf der Suche nach Glück, und Glück erlangte der Mensch durch eine Lebensweise, die der Natur der Seele am besten entsprach. Glücklichsein war keine Folge von physischen oder äußeren Umständen, von Reichtum und Reputation, sondern einer Lebensführung, die für die Seele gut war.

Doch um ein wahrhaft gutes Leben zu führen, mußte der Mensch wissen, was die Natur oder das Wesen des Guten war. Sonst würde er blind handeln und auf der Grundlage bloßer Konvention oder Zweckmäßigkeit immer dann etwas gut oder tugendhaft nennen, wenn es der allgemeinen Meinung entsprach oder momentane Bedürfnisse befriedigte. Im Gegensatz dazu, argumentierte Sokrates, würde ein Mensch von Natur aus und zwangsläufig gut handeln, wenn er wüßte, was wahrhaft gut war – was ihm im wahrsten Sinne des Wortes gut tat. Das Wissen, was gut war, würde notwendig dazu führen, auch entsprechend zu handeln, denn kein Mensch wählte absichtlich etwas, von dem er wußte, daß es ihm schadete. Nur dann, wenn er ein wahres Gut mit einem illusionären Gut verwechselte, kam er zu einer verfehlten Lebensführung. Niemand handelte jemals wissentlich schlecht, denn es lag in der Natur des Guten, daß es, wenn es erkannt war, auch gewollt wurde.

In diesem Sinne vertrat Sokrates die Auffassung, Tugend sei Wissen. Ein wahrhaft glückliches Leben bedeutete, nach Maßgabe der Vernunft richtig zu handeln. Der Schlüssel zum menschlichen Glück lag daher in der Entwicklung eines rational-sittlichen Charakters. Wer entdecken wollte, was wahre Tugend sei, mußte sich allerdings mit schwierigen Fragen auseinandersetzen, er mußte das allen tugendhaften Handlungen gemeinsame Element entdecken: das Wesen der Tugend. Jede Aussage über die Natur der Tugend mußte auseinandergenommen, untersucht und auf ihren Wert abgeklopft werden. Es reichte nicht, als Antwort verschiedene Beispiele tugendhaften Handelns zu zitieren und zu sagen, dieses und jenes sei die Tugend an sich. Eine solche Antwort drang nicht vor zu der einen wesentlichen Gemeinsamkeit, an der alle diese Beispiele teilhatten und die sie erst zu echten Einzelfällen von Tugend machte. Das galt für das Gute ebenso wie für Gerechtigkeit, Mut, Mitleid und Schönheit. Sokrates widersprach der sophistischen Überzeugung, daß solche Ausdrücke letztlich nur Worte seien, Namen, die man den gegenwärtig bestehenden menschlichen Konventionen gegeben habe. Worte konnten zwar tatsächlich verzerren und täuschen, selbst da den Anschein von Wahrheit vermitteln, wo sie ohne jede feste Grundlage waren. Worte konnten aber auch auf etwas Wahrhaftiges und Beständiges verweisen wie auf ein kostbares unsichtbares Mysterium. Den Weg zu dieser tieferen Schicht von Wirklichkeit zu finden, das war die Aufgabe des Philosophen.

Vor dem Hintergrund dieser Problemstellung entwickelte Sokrates seine berühmte Dialektik der Beweisführung, die grundlegend für den Charakter und die Entwicklung des westlichen Denkens werden sollte: Der rigorose Dialog wurde zur Methode geistiger Forschung, um falsche Vorstellungen zu entlarven und die Wahrheit ans Licht zu bringen. Die typische Strategie des Sokrates bestand darin, seine Gesprächspartner zunächst mit einer Reihe von Fragen zu konfrontieren. Die in den Antworten enthaltenen unausgesprochenen Annahmen wurden dann schonungslos analysiert und die einem gegebenen Glauben oder einer bestimmten Aussage innewohnenden Denkfehler und Unstimmigkeiten herausgearbeitet. Versuche, das Wesen von etwas zu bestimmen, wurden der Reihe nach als entweder zu weit oder zu eng oder als insgesamt abwegig zurückgewiesen. Nicht selten endete eine solche Analyse damit, daß seine Gesprächspartner völlig perplex und wie betäubt zurückblieben. Doch bei solchen Anlässen zeigte sich, daß Philosophie für Sokrates weniger mit der Kenntnis der richtigen Antwort zu tun hatte als mit dem mühsamen Versuch, eine solche Antwort zu finden. Philosophie, wie Sokrates sie verstand, das war ein Prozeß, ein Training, eine lebenslange Suche. Philosophie zu praktizieren bedeutete, die eigenen Gedanken einer kontinuierlichen Kritik im ernsthaften Dialog mit anderen zu unterziehen. Wahres Wissen war nichts, was sich einfach – wie bei den Sophisten – aus zweiter Hand erwerben ließ, sondern war etwas, das man persönlich erringen mußte, das nur um den Preis konstanter intellektueller Auseinandersetzung und selbstkritischer Reflexion zu haben war. »Ein Leben, das sich nicht kritisch prüft«, erklärte Sokrates, »ist es nicht wert, gelebt zu werden«.

Die Art und Weise, mit der er andere unablässig zur Rede stellte, brachte Sokrates jedoch nicht nur Freunde, und der Nachdruck, mit dem er seine Schüler zu kritischer Skepsis aufrief, wurde von einigen als gefährlicher und störender, die Autorität von Tradition und Staat unterminierender Einfluß betrachtet. In seinem unnachgiebigen Streben nach sicherem Wissen hatte Sokrates einen Großteil seines Lebens damit zugebracht, die Sophisten in ihrem eigenen Spiel zu besiegen, doch es waren ironischerweise ausgerechnet die Sophisten, mit denen er in einen Topf geworfen werden sollte. In der auf die katastrophalen Peloponesischen Kriege folgenden politisch wechselvollen Zeit wurde er von zwei athenischen Bürgern der Gottlosigkeit und des verderblichen Einflusses auf die Jugend beschuldigt. Vor dem Hintergrund einer politischen Fehde gegen eine Reihe von Politikern, von denen einige früher zu seinem Kreis gehört hatten, wurde Sokrates zum Tode verurteilt. Es war in einer solchen Situation üblich, das Exil als Alternative vorzuschlagen, und wahrscheinlich war es das, was seine Ankläger wollten. Aber Sokrates weigerte sich während des gesamten Prozesses, seine Prinzipien zu verraten, und er lehnte alle Bemühungen, ihm zur Flucht zu verhelfen oder die Folgen des Urteils zu mildern, ab. Vielmehr unterstrich er die Richtigkeit des von ihm geführten Lebens, auch wenn ihm seine Mission, andere wachzurütteln, jetzt den Tod bringen sollte – den er nicht fürchtete, sondern als Tor zur Ewigkeit willkommen hieß.

Gelassen trank er den tödlichen Schierlingsbecher und wurde ohne Zögern zum Märtyrer des philosophischen Ideals, das er zeit seines Lebens verfochten hatte.

Die Freunde und Schüler, die sich in den letzten Tagen um Sokrates versammelt hatten, verehrten diesen Mann, der auf einzigartige Weise sein eigenes Ideal gelebt und verkörpert hatte. Die Philosophie des Sokrates scheint in ihrer einmaligen Synthese von *Eros* und *Logos* – von Leidenschaft und Geist – ein unmittelbarer Ausdruck seiner Persönlichkeit gewesen zu sein; jede einzelne sokratische Idee und ihre Formulierung vermittelt den Eindruck, das Ergebnis eines intensiven inneren Ringens zu sein. Betrachtet man ihre Darstellung in den platonischen Dialogen, so läßt sich erkennen, daß Sokrates mit einer auf tiefer Selbsterkenntnis beruhenden, gleichsam in der Tiefe seiner Psyche verwurzelten intellektuellen und moralischen Zuversicht sprach und dachte. Und eben dies verlieh ihm die Fähigkeit, in gewissem Sinne universale, in der göttlichen Wahrheit selbst begründete Einsichten zum Ausdruck zu bringen.

Doch es war nicht nur die charismatische Tiefe des Geistes und der Seele, die Platon in seinem Portrait des Meisters betonte. Der Sokrates, an den Platon sich erinnerte, entwickelte und vertrat auch einen speziellen erkenntnistheoretischen Standpunkt, der die dialektische Methode erst zu ihrer metaphysischen Vollendung führte. Vor allem in den großen mittleren Dialogen Platons tritt uns eine vielschichtigere – und entschieden »platonische« – Sokrates-Interpretation entgegen. Zunächst im *Phaidon* und dann in ausgearbeiteter Form in Dialogen wie dem *Symposium* und dem *Staat* vertritt die Figur des Sokrates zunehmend Positionen, die weit über das hinausgehen, was ihm in früheren Dialogen oder von anderen Quellen wie Xenophon zugeschrieben wird; auch wenn diese Quellen unterschiedliche Interpretationen zulassen. Platon scheint im Verlauf seiner eigenen intellektuellen Entwicklung nach und nach das offengelegt zu haben, was in seinen Augen das Eigentliche, dem Leben und Denken des Sokrates Zugrundeliegende war.

Im Verlauf der Dialoge – deren Reihenfolge nicht völlig gesichert ist – zeichnet sich gegenüber der frühen Beschreibung eines Sokrates, der vor allem auf seinen Forderungen nach logischer Kohärenz und sinnvollen Definitionen besteht und unbarmherzig die vermeintlichen Gewißheiten des menschlichen Glaubens kritisiert, eine deutliche Verschiebung ab – hin zu einer neuen Ebene philosophischer Argumentation. Zunächst hatte Sokrates die einzelnen zeitgenössischen Denksysteme, von den wissenschaftlichen Naturphilosophien bis zu den subtilen Argumenten der Sophisten, überprüft und war zu dem Ergebnis gekommen, daß ihnen allen eine brauchbare kritische Methode fehlte. Um zu einem eigenen Ansatz zu finden, beschloß er, sich nicht mit Tatsachen selbst, sondern nur mit Aussagen über Tatsachen zu beschäftigen. Zu einem Urteil kam er, indem er diese Sätze wie Hypothesen behandelte, deren Konsequenzen er aufzeigte. Eine Hypothese, deren Konsequenzen er für wahr und konsistent befand, war für ihn zumindest provisorisch bestätigt. Bewiesen war sie noch nicht, denn auch sie ließ sich nur im Rückgriff auf eine andere, im günstigen Fall allgemein akzeptierte Hypothese stützen.

Nachdem Sokrates über diesen Themenkomplex ausgiebig gestritten und nachgedacht hatte – so schildert es jedenfalls Platon in den mittleren Dialogen –, entwickelte er eine eigenständige Lehre, mit der er eine letzte Begründung für Wissen und moralische Maßstäbe bereitstellen wollte: Wenn etwas gut oder schön war, dann, weil es an der archetypischen Wesenheit des Guten oder Schönen teilhatte, die absolut und vollkommen war, auf einer zeitlosen Ebene existierte, ihre vorübergehenden und besonderen Manifestationen überstieg und letztlich nur dem Intellekt und nicht den Sinnen zugänglich war. Derartige Universalien besaßen eine unabhängige Existenz jenseits menschlicher Konventionen und Meinungen und jenseits der Phänomene, denen sie ihre Gestalt gaben. Der menschliche Geist konnte diese zeitlosen Universalien entdecken und erkennen und zwar durch die hohe Schule der Philosophie.

Nach der Beschreibung Platons scheint diese Hypothese von den »Formen« oder »Ideen« für Sokrates und seine Schüler mehr gewesen zu sein als nur das plausible Ergebnis logischer Diskussion; für sie war jenseits all der Mutmaßungen, Unklarheiten und Täuschungen der menschlichen Erfahrung eine apodiktische – absolut sichere und notwendige – Wirklichkeit am Werk. Ihre philosophische Rechtfertigung war letztlich Epiphanie: Sie offenbarte sich dem Liebhaber der Wahrheit, wenn er am Ende seines Weges zur Erleuchtung gelangt war. Platon legte den Schluß nahe, daß Sokrates, indem er seine gesamte Aufmerksamkeit auf den eigenen Geist und die eigene Seele, auf sittliche Tugend und auf geistige Wahrheit gerichtet hatte, in Kontakt mit der Weltordnung selbst getreten war und diese sich ihm offenbart hatte. In der Figur des Sokrates war das menschliche Denken nicht mehr nur noch auf sich selbst gestellt, es gewann Zuversicht und Sicherheit aus etwas viel Grundlegenderem. Die paradoxe Auflösung seines skeptischen Strebens nach Wahrheit bestand für Sokrates also, wie Platon dramatisch ausführt, in dem Konzept beziehungsweise in der Vision der ewigen Ideen – dem absolut Guten, Wahren und Schönen –, mit deren Kontemplation er seine lange philosophische Suche abschloß und vollendete.

Die Zeit mythischer Helden und Götter schien den modernen, städtischen Athenern längst vergangen, aber in Platons Sokrates wurde der homerische Held wiedergeboren, als Held der intellektuellen und spirituellen Suche nach dem Absoluten, bedroht von der Skylla der Sophisterei und der Charybdis des Traditionalismus. Es war eine neue Form von Unsterblichkeit, die Sokrates angesichts des Todes offenbarte, und es war dieser Akt eines philosophischen Heldentums, mit dem das homerische Ideal für Platon und seine Anhänger wieder lebendige Bedeutung gewann. Sokrates hatte mit seiner Philosophie eine spirituelle Wirklichkeit in die Welt gesetzt, die so fundamental und allumfassend war, daß selbst der Tod Ihre Existenz nicht verdunkeln konnte.

Die in Platons literarisch großartigen Dialogen entschleierte transzendente Welt zeigte ein neues olympisches Reich, ein Reich, das den neuen Sinn für rationale Ordnung widerspiegelte und zugleich an die erhabene Größe der alten mythischen Gottheiten erinnerte. In der Schilderung Platons war Sokrates der griechischen Entwicklung von Vernunft und individualistischem Humanismus treu geblieben, aber er hatte im Verlauf seiner geistigen Odyssee eine neue Verbindung zu einer zeitlosen Wirklichkeit geschaffen, der es jetzt philosophische Bedeutung und mythische Aura zu verleihen galt. Bei Sokrates waren die auseinanderstrebenden Tendenzen des Denkens als vitale Lebenskraft und als unentbehrliches spirituelles Instrument auf überzeugende Weise eins geworden. Der Intellekt war hier weder nur ein profitables Werkzeug in den Händen von Sophisten und Politikern noch ein abgelegenes Reservat für physikalische Spekulationen und obskure Paradoxe. Er war vielmehr das göttliche Vermögen, das die menschliche Seele in die Lage versetzte, sowohl ihr eigenes Wesen als auch den Sinn der Welt zu entdecken. Diese Fähigkeit mußte nur aus ihrem Schlummer geweckt werden. Wie mühsam dieser Weg des Erwachens auch sein mochte, diese göttliche Geisteskraft ruhte potentiell in jedem Menschen.

Für Platon verkörperte Sokrates das Ziel und den Höhepunkt der griechischen Wahrheitssuche, in ihm sah er den Erneuerer der göttlichen Grundlagen der Welt, den Erwecker des menschlichen Intellekts. Die untrennbare Verbindung zwischen dem Empirischen und dem Archetypischen war für Homer und das archaische Denken noch selbstverständlich gewesen. Der Naturalismus der ionischen Physiker und der Rationalismus der Eleaten hatte sie in Frage gestellt und vom Materialismus der Atomisten und dem Skeptizismus der Sophisten war sie gänzlich aufgekündigt worden. Sokrates und Platon bestimmten diese Verbindung neu und stellten sie auf einer anderen Ebene wieder her. Anders als in der undifferenzierten archaischen Vision, war die zwischen dem Archetypischen und dem Empirischen wahrgenommene Beziehung jetzt problematischer, dichotomischer und dualistischer geworden. Dies war der entscheidende Schritt. Aber genauso bedeutsam war die grundlegende, wiederentdeckte Gemeinsamkeit mit der mythischen Urvision. Im platonischen Verständnis wurde die Welt wieder von universalen Themen und Figuren bestimmt. Göttliche Kräfte regierten einmal mehr den Kosmos und boten den Handlungen des Menschen eine Richtschnur. Das Leben hatte wieder einen transzendenten Zweck. Die beherrschenden Prinzipien waren wieder zugänglich und einsehbar. Intellektuelle Genauigkeit und olympische Inspiration standen sich nicht mehr unversöhnlich gegenüber. Menschliche Werte waren wieder in der Ordnung der Natur verwurzelt, und beides war Ausdruck einer göttlichen Intelligenz.

Mit dem philosophischen Wiederanknüpfen an die numinose Wirklichkeit der Homerischen Kindheit der hellenischen Kultur schloß sich der Kreis der griechischen Suche nach Klarheit, Ordnung und Sinn in der verwirrenden Vielfalt der menschlichen Erfahrungswelt.

Sokrates ist die zentrale Leitfigur nicht nur der griechischen Philosophie, sondern der gesamten westlichen Philosophie. Um so erstaunlicher, daß wir nichts besitzen, was er selbst geschrieben hat, nichts, daß uns seine Gedanken unmittelbar zugänglich machte. Sein Leben und Denken wurde der Nachwelt größtenteils durch die wirkungsmächtige Interpretation Platons überliefert. Der Einfluß des Sokrates auf den jungen Platon war offenbar stark genug, um den platonischen Dialogen, die schon von ihrer Form her Ausdruck des dialektischen Geistes der sokratischen Philosophie sind, auf fast jeder Seite ihren Stempel aufzudrücken. Eine genaue Unterscheidung zwischen den beiden Philosophen wird so praktisch unmöglich. Die Figur des Sokrates spielt in fast allen wichtigen Dialogen die Hauptrolle. Er ist es, der die zentralen Themen anspricht, und zwar auf eine Art und Weise, die seine persönliche Eigenart wiederzugeben scheint. Wo der historische Sokrates aufhört und der platonische Sokrates beginnt, bleibt auf notorische Weise unklar. Sein bescheidener Ausgangspunkt, nichts zu wissen als die eigene Unwissenheit, steht in einem offenbaren Widerspruch zum platonischen direkten Zugang zu den Ideen; zugleich aber scheint ein unmittelbarer Zusammenhang zu bestehen, als sei bedingungslose geistige Demut so etwas wie ein Nadelöhr auf dem Weg zur universellen Weisheit. Im nachhinein wird das lebenslange Streben des Sokrates nach Wahrheit verständlicher, wenn man davon ausgeht, daß es seine Motivation aus einem Glauben an die letztendliche Existenz einer kosmischen Ordnung zog.[6] Darüber hinaus legen Art und Richtung seiner Argumente – nicht nur in den frühen platonischen Dialogen, sondern auch in den Berichten anderer – nachdrücklich nahe, daß Sokrates zumindest in seiner Logik einer Vorform der späteren Theorie der Universalien verpflichtet war.

Der Prozeß gegen Sokrates und seine Hinrichtung hinterließen einen unauslöschlichen Eindruck bei Platon; sie überzeugten ihn von der Unzuverlässigkeit einer Demokratie ohne Führung und einer Philosophie ohne Normen, von der Notwendigkeit einer absoluten Grundlage für Werte, damit politische oder philosophische Systeme vernünftig funktionierten. Überblickt man die verfügbaren historischen und literarischen Zeugnisse, gewinnt man den Eindruck, daß Platon mit seiner eher ganzheitlich ausgerichteten Mentalität die individuelle Suche des Sokrates nach absoluten Definitionen und moralischer Sicherheit, und möglicherweise auch seine Vorschläge zu einer frühen Fassung der Ideenlehre, zu einem umfassenden System weiterentwickelt und ausgebaut hat. Die Erkenntnisse der verschiedenen Vorsokratiker wurden von Platon aufgenommen und in sein System integriert. Zu nennen wären hier Parmenides (die unveränderliche und einheitliche Natur der erkennbaren Wirklichkeit), Heraklit (der konstante Fluß der sinnlichen Welt) und vor allem die Pythagoreer (die Verstehbarkeit der Wirklichkeit vermittels mathematischer Formen). Die Fragen und die Vorgehensweise des Sokrates bildeten so die Grundlage für den weitgespannten Rahmen, den Platon der folgenden westlichen Philosophie vorzeichnete.

Um diese Vertiefung und Ausweitung sinnfällig darzustellen, benutzte Platon die Figur des Sokrates, denn für ihn war sein Lehrer die lebendige Verkörperung des Guten und Weisen, als Grundprinzipien der Welt und höchsten Zielen allen menschlichen Strebens. Sokrates wurde damit nicht nur zur Quelle der Inspiraton für Platon, sondern auch zum Sinnbild seiner Philosophie. Platon überlieferte weder eine wortgetreue Dokumentation des sokratischen Denkens, noch benutzte er Sokrates bloß als Sprachrohr für seine eigenen, völlig eigenständigen Vorstellungen. Seine Beziehung zu Sokrates ist um einiges komplizierter und kreativer gewesen: Er arbeitete die Ideen seines Meisters aus und veränderte sie, um aus ihnen das herauszuholen, was er für die ihnen innewohnenden, metaphysisch eindeutigen Schlußfolgerungen hielt. Sokrates sprach häufig von sich als einer intellektuellen Hebamme, die durch ihre dialektischen Kenntnisse die latente Wahrheit im Geist eines anderen zur Welt brachte. Vielleicht war die platonische Philosophie selbst die letzte und reifeste Frucht dieser Anstrengung.

DIE SUCHE NACH ERKENNTNIS
UND DER UNIVERSALE GEIST

Bei aller Hingabe an dialektische Präzision und intellektuelle Strenge war Platons Philosophie doch von einer Art religiöser Romantik durchdrungen, die sich auf ihre ontologischen Kategorien ebenso auswirkte wie auf ihren erkenntnistheoretischen Ansatz. Platon beschrieb die Ideen weniger als neutrale Objekte eines leidenschaftslosen rationalen Verstehens, sondern eher als transzendente Wesen, die, wenn sie vom Philosophen unmittelbar erlebt wurden, intensive emotionale Reaktionen bis hin zur mystischen Verzückung auslösten. Der Philosoph war buchstäblich ein »Liebender der Weisheit«, und seine intellektuelle Aufgabe war eine romantische Suche nach universeller Bedeutung. Für Platon war die höchste Wirklichkeit nicht nur ethischer und rationaler, sondern auch ästhetischer Natur. Das Gute, Wahre und Schöne waren wirksam vereint im obersten schöpferischen Prinzip, das gleichermaßen moralische Bestätigung, intellektuelle Verbindlichkeit und ästhetische Hingabe verlangte. Als die zugänglichste – zum Teil selbst für das Auge sichtbare – Form eröffnete das Schöne dem menschlichen Bewußtsein die Existenz der anderen Formen, führt es den Philosophen zur Vision und zur Erkenntnis des Wahren und Guten. Die höchste philosophische Erleuchtung war nur für den wahrhaft Liebenden erreichbar. Der Philosoph mußte zulassen, von der sublimsten Form des Eros innerlich ergriffen zu werden – von der universellen Leidenschaft, eine frühere Einheit wiederherzustellen, um die Trennung vom Göttlichen zu überwinden und wieder eins mit ihm zu werden.

Für Platon ruhte das Wissen vom Göttlichen – wenn auch meist vergessen – in jeder Seele. Die unsterbliche Seele stand vor der Geburt in einem direkten und intimen Kontakt mit dem Ewig-Wirklichen, nach der Geburt aber ließ ihre Gefangenschaft im Körper sie die wahre Ordnung der Dinge vergessen. Das Ziel der Philosophie war es, die Seele aus diesem illusionären Zustand zu befreien, in dem sie von den bruchstückhaften Nachahmungen und der Verschleierung des Ewigen getäuscht wurde. Die Aufgabe des Philosophen war die

»Wiedererinnerung« der transzendenten Ideen, um ein unmittelbares Wissen von den wahren Ursachen und Quellen der Dinge wiederzuerlangen.

In *Der Staat* veranschaulichte Platon den Unterschied zwischen der authentischen Wirklichkeitserkenntnis und der Illusion der Erscheinungen mit einem beeindruckenden Bild: Die Menschen sind wie Gefangene an die Wand einer unterirdischen Höhle geketttet, in der sie sich nicht umdrehen können, um das Licht eines über und weit hinter ihnen liegenden Feuers zu sehen. Wenn vor der Höhle Objekte an diesem Licht vorbeikommen und Schatten werfen, halten die Gefangenen die schattenhaften Bewegungen auf der Wand vor sich für die eigentliche Realität. Nur jemand, der sich von seinen Ketten befreit und die Höhle verläßt, kann für einen kurzen Augenblick die wahre Wirklichkeit sehen. Erstmals dem Licht ausgesetzt wird er zunächst von ihrer strahlenden Helligkeit zu sehr geblendet sein, um ihr eigentliches Wesen klar und deutlich zu erkennen. Hat er sich jedoch erst einmal an das Licht gewöhnt, kann er beginnen, die wahren Ursachen der Dinge zu sehen; und auf die Klarheit dieses neugewonnenen Verstehens wird er nie wieder verzichten können. Sein früheres Leben – gefangen an einem Ort, an dem alles sich Denken unablässig und fruchtlos mit puren Illusionen abmüht – wird ihm so unerträglich erscheinen, daß er alles auf sich nehmen wird, was ihm die wirkliche Welt auferlegt, wenn er nur nicht weiter in der Unterwelt der Schatten leben muß. Wäre er gezwungen, in die Höhle zurückzukehren, könnte er – nicht mehr an die Dunkelheit der Höhle gewöhnt – weder mit den anderen in ihrer Alltagsbeschäftigung, dem »Verstehen« von Schatten, konkurrieren noch wäre er fähig, sie davon zu überzeugen, daß das, was sie wahrnehmen, nur ein schwacher Reflex des Wirklichen ist.

Für Platon bestand die große Aufgabe des Philosophen darin, aus der Höhle flüchtiger Schatten herauszutreten und seinen verdunkelten Geist zurück ins archetypische Licht zu führen. Wenn er von dieser höheren Wirklichkeit sprach, gebrauchte Platon immer wieder die Bildlichkeit des Lichtes. In *Der Staat* legte er dar, daß die Idee des Guten für die Sphäre des Verstehens von gleicher Bedeutung sei wie die Sonne für die Sphäre des Sichtbaren: Wie die Sonne der Natur ermöglichte, zu wachsen und sichtbar zu sein, so verlieh das Gute allen Objekten des Verstandes Existenz und Verstehbarkeit. Die Aufgabe des Philosophen war es, dieses Wissen aufzudecken, das den

Menschen zur Harmonie mit der kosmischen Ordnung der Archetypen zurückführte, einer Ordnung, die von der höchsten Idee des Guten beherrscht und überstrahlt wurde.

Doch vor der Befreiung vom unaufgeklärten Zustand bedurfte es einer außergewöhnlichen geistigen und moralischen Beharrlichkeit, damit der Intellekt – den Platon als den höchsten Bestandteil der Seele auffaßte – sich über das nur Sinnliche und Physische erheben konnte. In einigen Dialogen (wie *Der Staat*) meinte Platon, dieses Ziel sei durch dialektische, rigoros selbstkritische Logik zu erreichen, während er an anderer Stelle (wie im *Symposium* und im *7. Brief*) eher von einer spontanen Erkenntnis des intuitiven Intellekts sprach – einer göttlichen Heimsuchung oder einem Moment der Gnade nach langer Schulung. In beiden Fällen aber war die Wiedererinnerung der Ideen sowohl Mittel als auch Ziel wahrer Erkenntnis.

Durch die Wehen der philosophischen Wiedererinnerung konnte der menschliche Geist einer göttlichen Weisheit zur Geburt verhelfen, die sich schon einmal in seinem Besitz befunden hatte. Bildung stand daher für Platon ganz im Zeichen der Seele und des Göttlichen und nicht, wie für die Sophisten, allein im Dienst weltlicher und menschlicher Bedürfnisse. Erziehung war ein Prozeß, in dem Wahrheit nicht dem Geist von außen eingetrichtert, sondern aus dem Inneren freigesetzt wurde. Der Geist fand aus sich heraus zur Erkenntnis sowohl seiner selbst als auch des Universums, zu einem Wissen, das ansonsten von der Dunkelheit der weltlichen Existenz verstellt wurde. Unter Platons Führung brachte die klassische *Paideia* – erweitert um die metaphysische und die spirituelle Dimensionen – die Akademie hervor, eine Institution, die Kloster und Universität unter einem Dach vereinte, in der innere Vervollkommnung durch disziplinierte Erziehung erreicht werden sollte.

Philosophische Erleuchtung war für Platon ein Wiedererwachen und Erinnern vergessenen Wissens, ein Wiederherstellen der ursprünglichen Vertrautheit der Seele mit den transzendenten, allen Dingen innewohnenden Ideen. Die Philosophie gewann so auch einen erlösenden Aspekt, denn es war die unmittelbare Begegnung der Seele mit den ewigen Ideen, die der Seele ihre eigene Unsterblichkeit offenbarte. Aus Platons Darstellung der letzten Stunden des Sokrates wird deutlich, wie hoch dieser den Zustand des die physische Existenz transzendierenden archetypischen Bewußtseins einschätzte. Gelassen und ein wenig ungeduldig habe er auf den Tod durch den Schierlingsbecher gewartet und erklärt, sein ganzes Leben sei auf diesen Moment ausgerichtet gewesen, in dem die Seele endlich in die himmlische Herrlichkeit ihres unsterblichen Seins zurückkehren könne. Dieses rückhaltlose Vertrauen in die Wirklichkeit des Ewigen könnte – auch vor dem Hintergrund der regelmäßigen Verweise auf Mythos und Mysterien in den Dialogen – auf einen starken Einfluß der griechischen Mysterienreligionen verweisen.

Die Überzeugung, daß die menschliche Seele auf dem Weg der Philosophie zur Erkenntnis ihrer eigenen göttlichen Unsterblichkeit gelangen konnte, trennte Platon von der homerischen Tradition, die relativ strenge Grenzen zwischen den sterblichen Menschen und den ewigen Göttern gezogen hatte. Sie rückte ihn eher in die Nähe der Mysterienreligionen, deren Initiationsriten in der Offenbarung der eigenen Unsterblichkeit kulminierten, sowie in die Nähe der Pythagoreer, die das Philosophieren als den schlechthin besten Weg zu mystischer Erleuchtung und Annäherung an das Göttliche betrachteten. Eine weitere Parallele zu diesen Gruppen zeigt sich in der teilweise geheimnisvollen Redeweise Platons. Die letzten Weisheiten mußten vor Mißbrauch geschützt werden, sie wurden dem Uneingeweihten nicht unverhüllt gezeigt. Aus diesem Grunde zog er den mehrdeutigen Dialog der stringenten Abhandlung vor.

Es ließe sich einwenden, daß der charakteristische Dualismus der platonischen Werte – hier der Philosoph, dort der gemeine Mensch; hier Geist und Seele, dort die Materie; hier die präexistierenden idealen Formen, dort die phänomenale Welt; hier das Absolute, dort das Relative; hier das posthume spirituelle Leben, dort das gegenwärtige, physische Leben – eine Antwort Platons auf die politische, moralische und geistige Krise Athens zu seinen Lebzeiten war. Während das vorangegangene Zeitalter des Perikles auf seinem Höhepunkt davon überzeugt war, der Mensch habe sich durch eigene Anstrengung aus primitiver Unwissenheit zu zivilisierter Kultiviertheit höherentwickelt, neigte Platon eher zu der älteren, auf Hesiod zurückgehenden Sichtweise, wonach sich die Menschheit im Vergleich zu einem vergangenen Goldenen Zeitalter in einem langsamen Verfallsprozeß befand. Platon sah nicht nur den technischen Fortschritt des zeitgenössischen Menschen, sondern auch seinen moralischen Niedergang im Vergleich zur einfachen Unschuld der Menschen von früher, die seiner Meinung nach »besser als wir selbst waren und näher bei den Göttern wohnten«. Die menschlichen Errungenschaften allein waren von vielen Faktoren abhängig und stets gefährdet. Nur eine auf göttlichen Prinzipien basierende und von erleuchteten Philosophen regierte Gesellschaft konnte die Menschheit vor ihrer zerstörerischen Irrationalität retten. Richtig zu leben, hieß, sich vom weltlichen Treiben abzuwenden und sich der Welt der ewigen Ideen zu widmen. Das unveränderbare spirituelle Reich ging der zeitlichen Welt voraus und würde stets allem überlegen sein, was menschliche Wesen in der Welt zu erreichen versuchten. Nur im Spirituellen lag echte Wahrheit und bleibender Wert.

Neben dieser Tendenz zu pessimistischer Weltflucht gab es in Platons Sichtweise aber auch eine Art kosmischen Optimismus. Hinter dem dunklen Fluß der Geschehnisse sah er einen schicksalhaften Plan von höchster Weisheit. Trotz ihrer rhapsodischen Anflüge von Mystizismus war Platons Philosophie im Kern rationalistisch – wenngleich dieser Rationalismus in seinen Augen auf einem universalen und göttlichen Fundament beruhte und nicht auf bloßem Logizismus. Im Zentrum der Weltkonzeption Platons stand die Vorstellung einer alle Dinge beherrschenden und ordnenden transzendenten Intelligenz. Das Universum wurde letztlich nicht vom Zufall, von materialistischer Mechanik oder blinder Notwendigkeit beherrscht, sondern von »einer wundersam lenkenden Intelligenz«, dem »König des Himmels und der Erde«.

Platon erkannte im Gefüge der Welt auch ein unvermeidliches Maß an Irrtum und Irrationalität, von dem er als *Anánke* oder Notwendigkeit sprach. Das Irrationale war mit der Materie, der sinnlichen Welt und den Begierden des Instinkts verbunden, das Rationale mit dem Geist, dem Tanszendenten und dem spirituellen Begehren.[7] *Anánke*, als widerspenstige Zwecklosigkeit und rationale Zufälligkeit im Universum, wiedersetzte sich der völligen Unterwerfung unter die göttliche Vernunft. Sie warf Schatten auf die archetypische Vollkommenheit, verdunkelte ihre reine Gestalt in der konkreten Welt. Zwar fügte sich die Welt letztlich dem guten Zweck, weil die göttliche Vernunft weitgehend die Oberhand über den Zufall behielt, aber nicht immer und überall war die göttliche Vernunft in der Lage, das irreführende Moment zu beseitigen. So kam es zur Existenz des Bösen und zur Unordnung in der Welt. Als endliche Schöpfung war die Welt zwangsläufig unvollkommen. Doch gerade wegen ihrer problematischen Beschaffenheit diente die *Anánke* dem Philosophen als Antrieb für den Aufstieg vom Sichtbaren zum Transzendenten. Obwohl unberechenbarer Zufall und irrationale Notwendigkeit real waren und ihre Berechtigung hatten, existierten sie innerhalb einer umfassenderen, von der universalen Intelligenz beherrschten und gestalteten Ordnung, die alle Dinge in Einklang mit der höchsten Weisheit lenkte, der Idee des Guten.

Hier entfaltete Platon ein Prinzip, das in der früheren griechischen Philosophie bereits angelegt war und sich als zentral für die nachfolgende Entwicklung erweisen sollte. Anaxagoras hatte zu Zeiten des Perikles die These vertreten, der Geist *(Nous)* sei die transzendente Quelle der kosmischen Ordnung. Sowohl Sokrates als auch Platon fühlten sich vom ersten Prinzip des Anaxagoras und seinem Vorschlag einer rationalen Teleologie als Existenzgrundlage des Universums angezogen. Wie auch Aristoteles nach ihnen, waren sie jedoch enttäuscht, daß Anaxagoras dieses Prinzip in seiner – überwiegend materialistischen – Philosophie nicht weiterentwickelt und vor allem das absichtsvoll Gute des universalen Geistes nicht ausdrücklich betont hatte.

Ein halbes Jahrhundert vor Anaxagoras hatte der Dichter-Philosoph Xenophanes an die Stelle der von ihm kritisierten Götter in Menschengestalt der naiv volkstümlichen Tradition einen einzigen, höchsten Gott gesetzt. Diese universale Gottheit beeinflußte die Welt durch reines Denken und war im Grunde mit der Welt selbst identisch. Nur wenig später führte ein anderer vorsokratischer Philosoph, der einzelgängerische und rätselhafte Heraklit, mit seiner Verwendung des Begriffs *Logos* (ursprünglich Wort, Rede oder Gedanke) eine ähnlich immanente Konzeption göttlicher Intelligenz ein, um ein rationales, den Kosmos beherrschendes Prinzip zu bezeichnen: Alle Dinge befanden sich in dauerndem Fluß und doch waren sie untereinander verknüpft und geordnet durch den universalen *Logos,* der sich auch im menschlichen Denkvermögen zeigte. Heraklit assoziierte den *Logos* mit dem Element des Feuers, das, wie die Welt als ganze, aus Streit entstanden, immer verzehrend und in dauernder Bewegung war. Das Gesetz des universalen *Logos,* das alles bestimmte, auf das sich alles zubewegte und durch das sich alles im Gleichgewicht mit seinem Widerpart befand, sorgte dafür, daß alle Gegensätze letztlich eine Einheit bildeten. Die vollkommene Harmonie bestand demnach aus Elementen, die zueinander in Spannung standen. Heraklit war der Überzeugung, daß die meisten Menschen, weil sie den *Logos* nicht verstanden, wie Schlafwandler in einem falschen Traum von der Welt und folglich in einem Zustand dauernder Disharmonie mit ihr lebten. Erst wenn die Menschen versuchten, den *Logos* des Lebens zu verstehen, könnten sie erwachen und zu einer intelligenten Eintracht mit der tieferen Ordnung des Universums finden.

Stärker noch als die anderen Philosophenschulen hatten die Pythagoreer die Verstehbarkeit der Welt betont und die wissenschaftliche Erforschung ihrer Geheimnisse als spirituellen Weg zu einer ekstatischen Einheit von menschlicher Seele und göttlichem Kosmos begriffen. Für sie, wie auch später für die Platonisten, bargen die in der natürlichen Welt zu entdeckenden mathematischen Muster einen tieferen Sinn, der den Philosophen über die materielle Wirklichkeitsebene hinausführte. Die Enthüllung der mathematischen Formen in der Natur war die Offenbarung einer göttlichen Intelligenz, die ihre Schöpfung mit transzendenter Perfektion und Ordnung durchdrang. Die pythagoreische Entdeckung der mathematischen Verhältnisse in der musikalischen Harmonielehre – harmonierende Töne werden von Saiten produziert, deren Maße durch einfache numerische Verhältnisse bestimmt sind – wurde als religiöse Offenbarung empfunden. Diese mathematischen Harmonien führten eine zeitlose Existenz als spirituelle Muster, alle hörbaren Klänge gingen auf sie zurück. Die Pythagoreer glaubten, das Universum als Ganzes sei nach esoterischen Harmonieprinzipien geordnet, nach mathematischen Konfigurationen als Ausdruck einer himmlischen Musik. Das Verständnis der Mathematik war der Schlüssel zur göttlichen Schöpfungsweisheit.

Die Pythagoreer lehrten außerdem, daß diese Formen zunächst im menschlichen Geist und erst anschließend im Kosmos zutage traten. Die mathematischen Gesetze mit ihren Zahlen und Figuren wurden in der Außenwelt erst erkannt, nachdem die menschliche Intelligenz sie aufgestellt hatte. Auf diese Weise entdeckte die menschliche Seele ihre Verwandtschaft mit dem, was sich in der Natur verbarg. Durch intellektuelle und moralische Disziplin konnte der menschliche Geist bis zu den mathematischen Formen vordringen und von dort beginnen, die Geheimnisse der Natur und der menschlichen Seele zu enträtseln. Das Wort *Kosmos* – eine speziell griechische Kombination von Ordnung, struktureller Vollkommenheit und Schönheit – soll der Überlieferung zufolge erstmals von Pythagoras auf die uns umgebende Welt angewendet worden sein. Die Entdeckung des *Kosmos* in der äußeren Welt war für Platon zugleich die Enthüllung des *Kosmos* in der menschlichen Seele. In den Gedanken des Menschen offenbarte sich der Weltgeist. Das von Sokrates ins Zentrum seiner Philosophie gerückte delphische Motto »Erkenne Dich selbst« bedeutete also nicht den Aufbruch von Subjektivismus und Introspektion, sondern war die Anweisung für ein universelles Verstehen.

Die Vorstellung, daß das Universum über eine eigene Intelligenz verfügt und diese sich im menschlichen Geist widerspiegelt, der dadurch die kosmische Ordnung erkennen kann, war eines der zentralen Prinzipien in der Hauptströmung des griechischen Denkens. In der Zeit nach Platon war die Verbindung der Ausdrücke *Logos* und *Nous* mit philosophischen Konzeptionen des menschlichen Wissens und der universalen Ordnung allgemein gebräuchlich. Durch Aristoteles, die Stoiker und die späteren Platonisten differenzierten sich ihre Bedeutungen mehr und mehr. Im weiteren Verlauf der antiken Philosophie wurden *Logos* und *Nous* im Sinne so unterschiedlicher Bezeichnungen wie Geist, Vernunft, Intellekt, Organisationsprinzip, Denken, Wort, Rede, Weisheit und Bedeutung verwendet – immer aber in Bezug auf beides, den menschlichen Verstand und eine universale Intelligenz. Beide Begriffe standen schließlich ebenso für die transzendente Quelle aller Archetypen wie für das ordnende Prinzip der kosmischen Vorsehung, das in Form der Archetypen die Schöpfung durchdrang. Der *Logos* als ein im menschlichen Geist und in der natürlichen Welt gleichermaßen wirkendes göttliches Prinzip gab der menschlichen Intelligenz die Möglichkeit, universale Erkenntnis zu erreichen. Zum höchsten Ziel der philosophischen Suche und Sehnsucht wurde es daher, zu einer inneren Verwirklichung dieser archetypischen Weltvernunft zu gelangen, dieses oberste rational-spirituelle Prinzip, das ordnete und offenbarte, zu begreifen und von ihm ergriffen zu werden.

DAS PROBLEM DER PLANETEN

Unter den vielen in den platonischen Dialogen diskutierten Themen und Konzepten sollte sich eines als besonders folgenreich für die Entwicklung des westlichen Weltbildes erweisen, nicht nur als Basis der spätklassischen Kosmologie, sondern auch als entscheidender Faktor bei der Geburt der modernen Wissenschaft.

Platon empfahl wiederholt das Studium der Astronomie. Sie war für ihn in besonderer Weise geeignet, zu philosophischer Weisheit zu führen. Das zu seiner Zeit wichtigste astronomische Problem, die mathematische Erklärung der Planetenbahnen, erschien Platon derart zentral, daß er das Bedürfnis nach seiner Lösung beschrieb, als handele es sich um eine Angelegenheit von religiöser Tragweite. Die Art dieses Problems – allein die Tatsache, daß es überhaupt bestand – wirft ein deutliches Licht auf das Weltbild Platons, sie unterstreicht nicht nur dessen innere Spannungen, sondern auch seine Schlüsselstellung zwischen dem alten mythologischen Kosmos und dem Universum der modernen Wissenschaft. Die langwierigen und schwierigen intellektuellen Auseinandersetzungen um das Rätsel der Planeten, wie Platon es erstmals formulierte, sollten erst zweitausend Jahre später im Werk von Kopernikus und Kepler zu einer Lösung finden, die zugleich den Beginn der wissenschaftlichen Revolution markierte.

Will man diese Entwicklungslinie des Denkens von Platon zu Kepler nachverfolgen, gilt es zunächst kurz die antike vorplatonische Sichtweise der Himmelskörper zu rekonstruieren, insbesondere die astrologische Astronomie im alten mesopotamischen Königreich Babylonien. Aus diesen frühesten, bis fast zweitausend Jahre vor Christus zurückreichenden Ursprüngen, entwickelte sich die Kosmologie des Westens.

Es sieht so aus, als wäre den antiken Beobachtern von frühester Zeit an ein grundlegender Unterschied zwischen den Sphären des Himmlischen und des Irdischen aufgefallen. Während sich das Leben auf der Erde durch Veränderung, Unvorhersehbarkeit, Entstehen und

Vergehen auszeichnete, schienen die Himmelskörper über eine ewige Gleichmäßigkeit und strahlende Schönheit zu verfügen, zu einem Reich fremdartiger und überlegener Ordnung zu gehören. Während Beobachtungen der Himmelskörper immer wieder, Nacht für Nacht, Jahrhundert um Jahrhundert, die gleiche unveränderliche Regelmäßigkeit und Unvergänglichkeit enthüllten, offenbarten Beobachtungen des irdischen Daseins im Gegensatz dazu unablässigen Wandel – Pflanzen und Tiere, Ozeane und Wetterlagen, die sich ununterbrochen veränderten; menschliche Wesen, die starben und geboren wurden; ganze Zivilisationen, die aufstiegen und wieder untergingen. Die Himmelskörper schienen eine Zeitordnung zu besitzen, die die menschliche überstieg und an die Ewigkeit gemahnte. Offenkundig war auch, daß ihre Bewegungen die irdische Existenz in verschiedener Hinsicht beeinflußten – mit unfehlbarer Sicherheit brachten sie beispielsweise den Sonnenaufgang nach jeder Nacht oder den Frühling nach jedem Winter. Auch bestimmte jahreszeitliche Veränderungen des Klimas, Trockenheiten, Überschwemmungen oder die Gezeiten schienen zeitlich mit der Erscheinung von Himmelskörpern zusammenzufallen. Und während der Himmel als ein riesiger, weit entfernter, von körperlosen, juwelenähnlichen Punkten aus hellem Licht bevölkerter Raum jenseits des menschlichen Zugriffs erschien, war die weltliche Umgebung unmittelbar greifbar und bestand aus ganz offensichtlich gröberen Materialien wie Gestein und Schmutz. Die himmlische Sphäre schien unmittelbarer Ausdruck des Transzendenten, wenn nicht gar das Tranzendente selbst zu sein. Aus diesen Gründen betrachteten die Menschen des Altertums die Himmelssphäre als Wohnsitz der Götter. Der Sternenhimmel war für sie die ewig kreisende Veranschaulichung, der sichtbare Spiegel der mythischen Gottheiten. Aus dieser Perspektive waren die Himmelskörper weniger eine Metapher für das Göttliche als dessen eigentliche Verkörperung.

Diese Auffassung führte zu einer aufmerksamen Beobachtung der Bahnen und Konstellationen der Sterne, galten doch bedeutsame Ereignisse in der himmlischen Sphäre als Hinweis auf parallele Geschehnisse im irdischen Leben. In den Kaiserstädten des alten Babyloniens hatten Jahrhunderte kontinuierlicher und immer präziserer Beobachtungen einen umfangreichen Bestand an systematischen astronomischen Aufzeichnungen hervorgebracht. Als diese mythologisch geprägten Wissensbestände auf das kulturelle Umfeld der frühgriechischen Philosophen und deren Suche nach kohärenten rationalen und natürlichen Erklärungen trafen, erreichte die kosmologische Spekulation eine neue Entwicklungsstufe. Während für andere zeitgenössische Kulturen die Himmelskörper, wie ihr Weltbild insgesamt, weitgehend ein mythologisches Phänomen blieben, stellten die Griechen sie in einen Zusammenhang mit geometrischen Konstruktionen und physikalischen Erklärungen. Die Griechen schenkten dem Westen damit die Tradition, von einer Kosmologie mehr zu verlangen, als nur die Befriedigung des menschlichen Bedürfnisses, in einem mit Sinn ausgestatteten Universum zu leben – ein Bedürfnis, dem die archaischen mythologischen Systeme bereits genügten. Eine Kosmologie hatte darüber hinaus eine kohärente physikalische und mathematische Struktur des Universums zu skizzieren und sollte sich auf eine detaillierte und systematische Beobachtung der Himmelskörper stützen.[8]

Ihrer neuartigen naturalistischen Sichtweise entsprechend begannen frühgriechische Philosophen wie die Ionier und die Atomisten, die Himmelskörper als aus verschiedenen materiellen Substanzen zusammengesetzte, in ihren Bewegungen mechanisch bestimmte Objekte anzusehen. Aber die aus dieser Herangehensweise erwachsende Erkenntnis, daß die himmlischen Bewegungen einer strengen Ordnung in vollkommener Übereinstimmung mit mathematischen Mustern folgten, hatte für viele Griechen eine ungeheuere Bedeutung. Insbesondere Platon empfand diese mathematische Ordnung als Offenbarung, daß es sich bei den Himmelskörpern um den sichtbaren Ausdruck der göttlichen Vernunft und die Verkörperung der lebendigen Seele des Universums handelte. In seinem kosmologischen Dialog, dem *Timaios*, beschrieb er die Sterne und Planeten als sichtbare Abbilder der unsterblichen Götter und ihre vollkommen regelmäßigen Bewegungen als die Muster der transzendenten Ordnung. Der Urkünstler und Demiurg, der die Welt aus dem Chaos der Urmaterie geformt hatte, schuf die Himmelskörper als bewegtes Abbild der Ewigkeit, kreisend im Einklang mit den vollkommenen mathematischen Ideen. Platon glaubte, erst die Auseinandersetzung mit der Frage der Himmelsbewegungen habe den Menschen zum Nachdenken über die Natur der Dinge veranlaßt, habe die Einteilungen des Tages und des Jahres, die Zahlen und die Mathematik und sogar die Philosophie hervorgebracht, die befreiendste Gabe der Götter an die Menschheit. Das Universum war die lebendige Demonstration der göttlichen Vernunft, und nirgends manifestierte sich diese Vernunft deutlicher als am Himmelszelt. Hatten die frühen Philosophen noch angenommen, die Himmelskörper seien nichts als materielle Objekte im Raum, für Platon bewies ihre offenkundige mathematische Ordnung das Gegenteil. Der Himmel war alles andere als ein seelenloses Reich aus bewegtem Gestein und Schmutz, er barg die Möglichkeit, Einblick in die Weltordnung zu nehmen.

Deshalb betonte Platon den Wert des Studiums der Himmelskörper. Die harmonische Symmetrie ihrer Bahnen war eine dem menschlichen Verstand unmittelbar zugängliche spirituelle Vollkommenheit, und durch die Hingabe an göttliche Dinge konnte der Philosoph das Göttliche in sich selbst erwecken und sein eigenes Leben in eine intelligente Harmonie mit der himmlischen Ordnung bringen. In seinem für die ideale Erziehung des Philosophenkönigs vorgesehenen Studienplan erklärte Platon die Astronomie zu einer der höchsten Disziplinen, offenbarte sie doch jene ewigen Formen und Gottheiten, die den Kosmos regierten. Nur jemand, der solche Studien ernsthaft betrieben hatte, und der dank einer langen Ausbildung die göttliche Ordnung der Dinge sowohl am Himmel als auch auf der Erde erkannte, konnte die Staatsgeschäfte richtig und gerecht lenken. Ein gedankenloses Befolgen des überlieferten Glaubens an die Existenz der Götter mochte vielleicht für die Massen akzeptabel sein, von einem künftigen Herrscher aber mußte erwartet werden, daß er alle Beweise für die Göttlichkeit des Universums gemeistert hatte. Er mußte fähig sein, das Mannigfache zu sehen und doch das Eine wahrzunehmen, die göttliche Einheit einer planenden Intelligenz hinter aller vermeintlichen Vielfalt. Das vorbildliche Anwendungsfeld für diesen philosophischen Imperativ war die Astronomie, denn über allen vergänglichen Phänomenen stand die zeitlose Perfektion der Himmelsordnung, deren offenkundige Intelligenz das Leben des Philosophen leiten und Weisheit in seiner Seele erwecken konnte.

Jeder bedeutende griechische Philosoph hatte das Wissen über die Struktur und die Beschaffenheit des Kosmos mit neuen Kenntnissen erweitert. Das begann mit Thales, der eine Mondfinsternis vorhergesagt hatte, und Pythagoras, der vermutlich als erster zu dem Ergebnis kam, die Erde sei eine Kugel. Bis zu Platons Lebzeiten hatte die kontinuierliche Beobachtung der Himmelskörper einen Kosmos offenbart, der in zwei konzentrische Sphären aufgeteilt zu sein schien: Eine unermeßlich große äußere Sternensphäre drehte sich täglich westwärts um die viel kleinere Sphäre der Erde, die genau im Mittelpunkt des Universums ruhte. Sonne, Mond und Planeten drehten sich ungefähr synchron zur äußeren Sphäre, bewegten sich in einem Raum irgendwo zwischen Erde und Sternen. Die konzeptionelle Klarheit dieses Zwei-Sphären-Schemas – das den täglichen Gesamtverlauf der Bewegungen der Himmelskörper ohne weiteres zu erklären vermochte – ermöglichte es den griechischen Astronomen, ein Phänomen in seinem ganzen Ausmaß zu erkennen, das die Babylonier bereits früher beobachtet, sie selbst aber, aufgrund ihrer Leidenschaft für ein klares, geometrisches Verständnis, nun als extrem störend empfanden. Dieses Phänomen erwies sich jetzt als so problematisch, daß es die gesamte astronomische Wissenschaft und das göttliche Schema der Himmelskörper in Frage zu stellen drohte. Es war nämlich deutlich geworden, daß sich einige Himmelskörper nicht mit derselben ewigen Regelmäßigkeit wie die anderen bewegten, sondern »wanderten« (die griechische Wurzel des Wortes »Planet« bedeutete »Wanderer« und bezeichnete neben Sonne und Mond die anderen fünf sichtbareren Planeten – Merkur, Venus, Mars, Jupiter und Saturn). Die Sonne (im Verlauf eines Jahres) und der Mond (in einem Monat) bewegten sich in einer der täglichen Westbewegung des Gesamthimmels entgegengesetzten Richtung langsam ostwärts durch die Sternensphäre. Noch irritierender war, daß die fünf anderen Planeten ihre ebenfalls nach Osten gerichteten Bahnen in auffällig unbeständigen Zyklen vollendeten, daß sie in Relation zu den Fixsternen periodisch schneller oder langsamer zu werden, manchmal sogar völlig stillzustehen und die Richtung zu wechseln schienen, während sie gleichzeitig mal mehr und mal weniger hell strahlten. Aus unerklärlichen Gründen setzten sich die Planeten über die perfekte Symmetrie und kreisförmige Einförmigkeit der Himmelsbewegungen hinweg.

Für Platon war Göttlichkeit gleichbedeutend mit Ordnung, Intelligenz und vollkommener mathematischer Regelmäßigkeit, und er, der als erster das Problem benannte und Hinweise für seine Lösung gab, muß das Paradox der Planetenbewegungen wohl besonders dringlich empfunden haben. Der Beweis für die Existenz des Göttlichen im Universum nahm eine Schlüsselposition in seiner Philosophie ein, denn nur eine solche Gewißheit gab dem ethischen und politischen Handeln ein festes Fundament. In den *Nomoi* begründet er den Glauben an das Göttliche auf zwei Arten: Einerseits mit seiner Theorie von der Seele, der zufolge alles Sein und jede Bewegung von der Seele verursacht wurde, die unsterblich und den physischen Dingen überlegen war. Andererseits durch seine Konzeption der Himmelskörper, die er als Gottheiten, beherrscht von einer obersten Intelligenz und Weltseele beschrieb. Die Unregelmäßigkeiten und Wanderungen der Planeten schienen dieser vollkommenen göttlichen Ordnung zu widersprechen und gefährdeten damit den Glauben an die Göttlichkeit des Universums. Darin lag die Bedeutung des Problems. Ein Teil des religiösen Bollwerks der platonischen Philosophie stand auf dem Spiel. Platon hielt es in der Tat für blasphemisch, einen himmlischen Körper als »Wanderer« zu bezeichnen.

Doch Platon arbeitete das Problem und seine Bedeutung nicht nur sorgfältig heraus, er trat auch, bemerkenswert optimistisch, mit einer eigenständigen und auf lange Sicht äußerst fruchtbaren Hypothese hervor: daß sich nämlich die Planeten im offenbaren Widerspruch zum empirischen Augenschein tatsächlich in einheitlichen Bahnen von perfekter Regelmäßigkeit bewegten. Es gab nichts außer seinem Glauben an die Mathematik und an Göttlichkeit der Himmelskörper, was diese Behauptung hätte stützen können. Aber Platon rief die künftigen Philosophen auf, sich mit dem Datenmaterial auseinanderzusetzen und herauszufinden, »welches die einheitlichen und geordneten Bewegungen sind, durch deren Annahme die offenbaren Bewegungen der Planeten erklärt werden können« – also die mathematischen Formen zu finden, mit deren Hilfe man die empirischen Diskrepanzen auflösen und die wahren Bewegungen beschreiben könnte.[9] Ein naiver Empirismus, der die Erscheinung unregelmäßiger und mannigfaltiger Planetenbewegungen als gegeben hinnahm, mußte überwunden werden durch einen kritischen mathematischen Ansatz, der das einfache, einheitliche und transzendente Wesen der himmlischen Bewegungen enthüllte. Die Aufgabe des Philosophen war es, »die Phänomene zu retten«, die augenscheinliche Unordnung der empirischen Himmelskörper durch theoretische Einsicht und die Macht der Mathematik aufzuheben.

»Die Rettung der Phänomene« war in gewissem Sinn das Hauptmotiv der gesamten platonischen Philosophie: die Entdeckung des Ewigen hinter dem Zeitlichen, die Erkenntnis der in der Erscheinung verborgenen Wahrheit, die Schau der absoluten Ideen innerhalb des

Flusses der empirischen Welt. Doch hier stand Platons Philosophie – in offener Konfrontation mit einem spezifischen empirischen Problem und unter den aufmerksamen Augen der künftigen Generationen – gleichsam auf der Probe. Das Problem bezog seine Brisanz aus der Annahme, daß Geometrie und Göttlichkeit untrennbar miteinander und mit den Himmelskörpern verbunden seien. Die langfristigen Konsequenzen dieser Problemstellung – Konsequenzen, die sich unmittelbar aus der nachfolgenden, jahrhundertelangen Beschäftigung mit der Planetenbewegung entwickeln würden – sollten jedoch auf überraschende Weise in schroffen Widerspruch zu ihrem platonischen Ausgangspunkt geraten.

In diesem Zusammenhang treten die charakteristischen Züge der platonischen Philosophie deutlich hervor: der Glaube an das Absolute und Einheitliche und die Abwertung des Relativen und Verschiedenen, die Vergöttlichung von Ordnung und die Ablehnung von Unordnung, die Spannung zwischen empirischer Beobachtung und idealen Formen, die daraus folgende ambivalente Einstellung gegenüber dem Empirismus, der nur zu seiner eigenen Überwindung anzuwenden war, die Zuordnung der mythischen Urgötter zu mathematischen und rationalen Formen, die weitergehende Gleichstellung der vielen Götter (der Himmelsgottheiten) mit dem einen Gott (dem Schöpfer und der höchsten Intelligenz), die religiöse Bedeutung der wissenschaftlichen Forschung und schließlich die komplexen und paradoxen Konsequenzen, die Platons Denken in der Entwicklung der westlichen Kultur haben sollte.

Bevor im nächsten Kapitel die Entwicklung nach Platon Thema wird, sollen in einem kurzen Blick zurück die verschiedenen, in den platonischen Dialogen vorgeschlagenen Erkenntnismethoden noch einmal skizziert werden. Die Erkenntnis der transzendenten Ideen, also der herrschenden Prinzipien der göttlichen Intelligenz, bildete die Grundlage der platonischen Philosophie, und dieses archetypische Wissen war zugänglich über eine Reihe von – sich normalerweise überschneidenden – Erkenntniswegen mit unterschiedlichen Graden erfahrener Unmittelbarkeit. An der Spitze stand die Schau der Ideen durch einen intuitiven Sprung, der zugleich als Wiedererinnerung an das frühere Wissen der unsterblichen Seele galt. Die logische Notwendigkeit der Ideen offenbarte sich auf dem Wege einer akribischen rationalen Analyse der empirischen Erfahrungswelt, durch Dialektik ebenso wie durch Mathematik. Eine weitere zentrale Möglichkeit der Einsicht in die transzendente Wirklichkeit bot das Verstehen des Weltalls als bewegte Geometrie der sichtbaren Götter. Eine Annäherung konnte aber auch über den Mythos und die poetische Imagination gelingen sowie durch Konzentration auf eine ästhetische Resonanz innerhalb der menschlichen Psyche, die von der verschleierten Präsenz des Archetypischen in der Erscheinungswelt ausgelöst wurde. Intuition, Gedächtnis, Ästhetik, Phantasie, Logik, Mathematik und empirische Beobachtung – diese Erkenntnisformen spielten insofern neben dem spirituellen Begehren und der sittlichen Tugend eine besondere Rolle in Platons Epistemologie. Charakteristisch aber war, daß unter ihnen die empirische Beobachtung den niedrigsten Rang einnahm und – zumindest in ihrer unkritischen Anwendung – eher als hinderlich bei der Wahrheitsfindung galt. Dieses Vermächtnis hinterließ Platon seinem brillantesten Schüler, Aristoteles, der zwanzig Jahre an seiner Akademie studiert hatte, bevor er mit einer unverwechselbar eigenständigen Philosophie hervortrat.

ARISTOTELES
UND DIE KLASSISCHE BALANCE

Aristoteles holte Platon gleichsam wieder zurück auf die Erde. Und während in den Augen der Platoniker dabei das auf transzendenten Ideen basierende Universum Platons an Glanz verlor, begrüßten andere diesen Schritt als notwendige Modifikation des platonischen Idealismus und lobten die bessere Verstehbarkeit. Die weitere Entwicklung des westlichen Denkens und seiner Weltbilder ist nicht nachzuvollziehen ohne ein Verständnis für die aristotelische Philosophie und Kosmologie. Denn ohne ihre Sprache und Logik, ihre Fundierung und Struktur, und nicht zuletzt auch ohne Aristoteles selbst als maßgeblichen Gegenspieler, erst gegen den Platonismus und später gegen das frühmoderne Denken, hätten sich die Philosophie, Theologie und Wissenschaft des Westens nicht so entwickelt, wie sie es getan haben.

Die Beschreibung des spezifischen Charakters und der Entwicklung des aristotelischen Denkens stellt den Interpreten vor andere Schwierigkeiten als bei der Philosophie Platons. So war offenbar keines der heute verfügbaren Werke des Aristoteles zur Veröffentlichung bestimmt. Die von ihm selbst publizierten, in ihrer Lehre ausgesprochen platonischen und in einer populären literarischen Form abgefaßten Werke sind verschollen, während es sich bei den noch existierenden Abhandlungen um hoch konzentrierte Vorlesungsnotizen oder Texte für Studenten handelt. Diese überlieferten Manuskripte für den Schulgebrauch wurden von den Aristotelikern mehrere Jahrhunderte nach dem Tod des Philosophen zusammengestellt, herausgegeben und mit Titeln versehen. Die Versuche unserer Zeit, anhand dieses vielfach veränderten Quellenmaterials die Entwicklung des Aristoteles nachzuzeichnen, hat zu keinen einheitlichen Ergebnissen geführt, und sein Standpunkt in einer Reihe von Fragen bleibt weiterhin im Dunkeln. Aber die Grundzüge seiner Philosophie sind unstrittig, und über ihren allgemeinen Entwicklungsgang lassen sich begründete Vermutungen anstellen.

Warum hatte Aristoteles nach einer Anfangsphase, in der sein Denken anscheinend vorbehaltlos unter dem Einfluß Platons stand, damit begonnen, eine völlig eigenständige philosophische Position zu entwickeln? Die entscheidende Differenz zwischen den beiden lag in der Frage der genauen Beschaffenheit der idealen Formen und ihrer Beziehung zur empirischen Welt. Aristoteles diesseitigeres Temperament ließ ihn die empirische Welt, so, wie sie sich darbot, als durch und durch wirklich erleben. Die Schlußfolgerung Platons, daß die Wirklichkeit in einer völlig transzendenten und immateriellen Sphäre idealer Wesen begründet lag, war für ihn nicht akzeptabel. Die wahre Wirklichkeit war für ihn die wahrnehmbare Welt konkreter Objekte, nicht eine nicht-wahrnehmbare Welt ewiger Ideen. Die Ideenlehre schien ihm empirisch unüberprüfbar und dazu voller logischer Probleme.

Als Gegenentwurf entwickelte Aristoteles seine Lehre von den Kategorien: Von Dingen ließ sich auf viele Arten sagen, sie »seien«. Ein großes weißes Pferd war einerseits »groß«, andererseits »weiß« und außerdem ein »Pferd«. Diese verschiedenen Formen des Seins waren jedoch ihrem ontologischen Status nach nicht gleichwertig, denn die Größe und das Weißsein des Pferdes hingen vollständig von der primären Realität des einzelnen Pferdes ab. Das Pferd war in seiner Wirklichkeit auf eine Weise substantiell, wie es die zugeordneten Adjektive nicht waren. Um diese verschiedenen Seinsformen unterscheiden zu können, führte Aristoteles den Begriff der Kategorien ein: Das einzelne Pferd sei eine Substanz (die eine Kategorie für sich bildete); seine Weißheit sei eine Eigenschaft (die als solche eine gänzlich andere Kategorie bildete). Die Substanz war die primäre Wirklichkeit, von der die Eigenschaft in ihrer Existenz abhing. Unter den zehn von Aristoteles eingeführten Kategorien, hatte nur die Substanz (»dieses Pferd«) eine konkrete unabhängige Wirklichkeit. Die anderen – zum Beispiel Qualität (»weiß«), Quantität (»groß«), Relation (»schneller«) – waren nur abgeleitete, ausschließlich in Zuordnung zu einer individuellen Substanz existierende Formen des Seins. Eine Substanz war ontologisch ursprünglich, während die verschiedenen anderen Seinstypen, die sich über sie aussagen ließen, abgeleitet waren. Substanzen lagen allem anderen zugrunde. Ohne Substanzen gäbe es nichts.

Für Aristoteles bestand die wirkliche Welt aus individuellen, voneinander verschiedenen und getrennten Substanzen, die sich zum Beispiel durch Eigenschaften auszeichneten, die sie mit anderen individuellen Substanzen gemeinsam hatten. Diese Gemeinsamkeit bedeutete jedoch nicht die Existenz einer transzendenten Idee, von der die gemeinsame Eigenschaft abgeleitet wäre. Die gemeinsame Eigenschaft war ein vom Intellekt in den Dingen erkanntes Allgemeines, aber keine an-sich-seiende Wesenheit. Das Allgemeine war zwar begrifflich vom konkret Individuellen verschieden, nicht aber ontologisch eigenständig. Es war nicht selbst eine Substanz. Platon hatte gelehrt, daß Dinge wie »Weißheit« und »Größe« über eine Existenz unabhängig vom konkreten Gegenstand verfügten, in dem sie sich realisierten. Aristoteles hielt diese Lehre für unhaltbar. Der Fehler sei, daß Platon die Kategorien durcheinandergebracht habe und beispielsweise eine Eigenschaft wie eine Substanz behandelte. Viele Dinge könnten schön sein, was aber nicht zwangsläufig bedeutete, daß es eine transzendente Idee des Schönen gibt. Das Schöne existierte nur, wenn zu einem bestimmten Zeitpunkt eine konkrete Substanz schön war. Der individuelle Mensch Sokrates war ursprünglich, während sein »Menschsein« oder sein »Gutsein« nur in dem Maße existierte, in dem es in dem konkreten Einzelnen, Sokrates, auftrat. Im Gegensatz zur primären Wirklichkeit einer Substanz war eine Eigenschaft nur eine Abstraktion – allerdings keine rein mentale Abstraktion, basierte sie doch auf einem realen Aspekt der Substanz, dem sie innewohnte.

Indem er die Ideen Platons durch Universalien ersetzte – allgemeine Eigenschaften, die der Geist in der empirischen Welt erkennen konnte, die aber nicht unabhängig von dieser Welt existierten –, stellte Aristoteles Platons Ontologie auf den Kopf. Für Platon war das Einzelne weniger wirklich, eine Ableitung vom Allgemeinen; für Aristoteles war das Allgemeine weniger wirklich, eine Ableitung vom Einzelnen. Universalien waren notwendig für die Erkenntnis, aber sie existierten nicht als eigenständige Wesen in einem transzendenten Reich. Platons Ideen waren für Aristoteles eine überflüssige, idealistische Verdoppelung der wirklichen Welt der Alltagserfahrung – und ein logischer Fehler.

Aus seinen weiteren Untersuchungen, insbesondere der Phänomene von Veränderung und Bewegung, ergab sich für Aristoteles die Notwendigkeit einer komplexeren Darstellung der Dinge, die seine Philosophie der platonischen paradoxerweise wieder annäherte, ihr aber zugleich noch deutlicher eigenes Profil gab. Eine Substanz, schloß Aristoteles, war keine schlichte materielle Einheit, sondern eine in Materie verkörperte Struktur oder Form *(Eidos)*. Obwohl die Form gänzlich immanent war, also nicht unabhängig von ihrer materiellen Verkörperung existierte, war sie es, die der Substanz ihr charakteristisches Wesen verlieh. Eine Substanz war folglich »dieser Mensch« oder »dieses Pferd« nicht nur im einfachen Gegensatz zu den zugehörigen Eigenschaften und anderen Kategorien. Denn, was diese Substanzen zu dem machte, was sie waren, war ihre spezifische Verbindung von Materie und Form, war die Tatsache, daß ihr materielles Substrat von der Form eines Menschen oder eines Pferdes strukturiert wurde. Doch Form war für Aristoteles nichts Statisches und gerade hierin übernahm er bestimmte Elemente der Philosophie Platons – und erweiterte sie um eine völlig neue Dimension.

Aus seiner Sicht verlieh die Form der Substanz nicht nur ihre Struktur, sondern auch ihre Entwicklungsdynamik. Gegenüber Platons statischer Idealwirklichkeit betonte Aristoteles stärker natürliche Wachstums- und Entwicklungsprozesse, in denen jeder Organismus zu höherer Vollkommenheit strebe – von einem Zustand der Potentialität zu einem Zustand der Aktualität, der Verwirklichung der eigenen Gestalt. Während Platon die Unvollkommenheit aller natürlichen Dinge im Vergleich mit den idealen Formen hervorhob, lehrte Aristoteles, daß ein Organismus eine teleologische Entwicklung durchlief, in deren Verlauf er sich aus einem unvollkommenen, unreifen Zustand zu umfassender Reife fortentwickelte und die ihm innewohnende Gestalt verwirklichte: Der Samen verwandelte sich zur Pflanze, der Embryo wurde zum Kind, das Kind zum Erwachsenen. Die Form war ein immanentes Verfahrensprinzip, das im Organismus von Anfang an enthalten war, wie die Gestalt der Eiche in der Eichel. Nach dem Erreichen formaler Verwirklichung setzte Verfall ein, verlor die Form langsam »ihren Halt«. Die aristotelische Form stattete jeden Organismus mit einem ihm innewohnenden Impuls aus, der seine Entwicklung steuerte und begründete.

Das Wesen von etwas war die Form, in die es hineinwuchs. Die Natur von etwas bestand darin, seine inhärente Form zu aktualisieren. Doch für Aristoteles waren »Form« und »Materie« relative Begriffe, denn die Aktualisierung der einen Form konnte wiederum zur Materie für eine höhere Form werden: Der Erwachsene war die Form, zu der das Kind die Materie war, das Kind die Form, zu der der Embryo die Materie war, und der Embryo die Form, zu der das Ei die Materie war. Jede Substanz bestand aus etwas, das sich verwandelte (die Materie), und etwas, in das es sich verwandelte (die Form). »Materie« bezeichnete hier nicht einfach den jeweiligen physischen Körper – der verfügte immer schon über ein gewisses Maß an Form. Materie war vielmehr eine unbestimmte, in den Dingen angelegte Offenheit für strukturelle und dynamische Gestaltung. Materie war das eigenschaftslose Substrat des Seins, das, was von der Form modelliert, vorangetrieben und aus der Potentialität zur Aktualität gebracht wurde. Materie verwirklichte sich nur aufgrund ihrer Verbindung mit Form. Form war die Aktualisierung von Materie, ihre zweckmäßig vollendete Gestaltung. Die gesamte Natur befand sich in einem Prozeß – war selbst dieser Prozeß – der Eroberung von Materie durch Form.

Obwohl eine Form nicht selbst, wie in Platons Sicht, eine Substanz war, *hatte* jede Substanz eine Form, eine verstehbare Struktur, die sie zu dem machte, was sie war. Die Substanz besaß ihre Form nicht einfach nur, sie wurde auch gleichsam von ihrer Form besessen, indem sie von Natur aus danach strebte, die ihr inhärente Form zu verwirklichen und ein vollkommenes Exemplar ihrer Art zu werden. Jede Substanz versuchte das zu realisieren, was sie potentiell bereits war.

Aristoteles integrierte mit seiner Konzeption von Verwirklichung und Potentialität die Differenz von Sein und Werden gänzlich in den Zusammenhang der natürlichen Welt, die Platon aus den voneinander abweichenden Wirklichkeitsmodellen von Parmenides und Heraklit entwickelt hatte. Platons Unterscheidung von »Sein« als Objekt wahrer Erkenntnis und »Werden« als Objekt sinnlicher Wahrnehmung und bloßer Meinung war der Reflex seiner Überhöhung der göttlichen idealen Formen gegenüber den für ihn zweitrangigen konkreten Einzelheiten. Aristoteles hingegen verlieh dem Prozeß des Werdens eine eigene Realität, indem er darauf verwies, daß sich die herrschende Form selbst in diesem Prozeß verwirkliche. Veränderung und Bewegung waren nicht Symptome einer schattenhaften Unwirklichkeit, sondern Ausdruck des zielgerichteten Strebens nach Erfüllung.

Diese neue Sichtweise war mit der Einführung des Konzepts der »Potentialität« möglich geworden, das auf einzigartige Weise in der Lage war, eine begriffliche Basis sowohl für Veränderung als auch für Kontinuität bereitzustellen. Parmenides hatte die rationale Möglichkeit wirklicher Veränderung ausgeschlossen, weil etwas, das »ist«, sich nicht in etwas verwandeln könne, was es nicht sei, denn etwas, das »nicht ist«, könne es *per definitionem* nicht geben. Trotz der weitreichenden Konsequenz, die er aus diesem Schluß zog, hatte bereits

Platon darauf hingewiesen, daß Parmenides nicht zwischen zwei grundverschiedenen Bedeutungen des Wortes »ist« unterschieden hatte, denn auf der einen Seite konnte man sagen, daß etwas »ist«, in dem Sinne, daß es existierte, auf der anderen Seite gab es auch einen Gebrauch im prädikativen Sinn, wenn man sagte, etwas »ist heiß« oder »ist ein Mensch«. Aufbauend auf dieser wichtigen Unterscheidung stellte Aristoteles fest, daß etwas zu etwas anderem werden kann, wenn es eine fortbestehende Substanz gab, die gelenkt durch eine ihr innewohnende Form die Verwandlung von einem potentiellen in einen tatsächlichen Zustand durchlief. Auf diese Weise begann Aristoteles die platonischen Formen mit den empirischen Fakten dynamischer Naturprozesse zu versöhnen.

Während Platon einem durch Sinneswahrnehmung gewonnenen Wissen mißtraute, glaubte Aristoteles an die Fähigkeit des menschlichen Intellekts, diese formalen Muster in der sinnlichen Welt zu erkennen. Für ihn beruhte die Kenntnis der natürlichen Welt in erster Linie auf einer Wahrnehmung des konkreten Einzelnen. In ihm konnte man regelmäßige Muster finden und daraufhin allgemeine Prinzipien formulieren. Während jedes Lebewesen die Fähigkeit zur Nahrungsaufnahme hatte, um überleben und wachsen zu können (Pflanzen, Tiere, Menschen), brauchten einige auch das Vermögen der Wahrnehmung, um Objekte erkennen und zwischen ihnen unterscheiden zu können (Tiere, Menschen). Dem Menschen, der darüber hinaus mit Vernunft begabt war, erlaubten diese Fähigkeiten, Erfahrungen zu speichern, Vergleiche und Berechnungen anzustellen, nachzudenken und Schlußfolgerungen zu ziehen – und auf diese Weise als erstes Wesen ein wirkliches Wissen von der Welt zu erwerben. Menschliches Weltverstehen begann also mit der Sinneswahrnehmung. Vor der sinnlichen Erfahrung glich der menschliche Geist einer leeren, unbeschriebenen Tafel. Er befand sich gegenüber den intelligiblen Dingen in einem Zustand der Potentialität. Der Mensch brauchte die Sinneserfahrung, um – unter Verwendung geistiger Bilder – von potentiellem zu tatsächlichem Wissen zu gelangen.

Aber erst durch die Vernunft des Menschen, konnte die Sinneserfahrung zur Basis für nützliches Wissen werden. Ein Schwerpunkt der aristotelischen Philosophie war entsprechend die Analyse der Struktur des rationalen Diskurses, um dem menschlichen Geist ein Höchstmaß an begrifflicher Präzision und Effektivität im Umgang mit der Welt zu ermöglichen. Bei der Erstellung seines Systems von Regeln für den richtigen Gebrauch von Logik und Sprache konnte Aristoteles auf Vorarbeiten von Sokrates und Platon zurückgreifen. Er verlieh ihnen neue Klarheit und Kohärenz und ergänzte sie um eigene Neuerungen. Eine Vielzahl zentraler Begriffe wurde von ihm eingeführt: Deduktion und Induktion, die Gliederung der Verursachung in bewegende, materielle, wirksame, formale und letzte Ursachen, elementare Unterscheidungen wie Subjekt – Prädikat, wesentlich – zufällig, Materie – Form, potentiell – aktuell, allgemein – besonders, Gattung – Art – Individuum, sowie die zehn Kategorien Substanz, Quantität, Qualität, Beziehung, Raum, Zeit, Lage, Haltung, Tun und Leiden. Sie alle wurden für das westliche Denken zu unentbehrlichen Bestandteilen des analytischen Instrumentariums. An die Stelle der unmittelbaren Schau der transzendenten Ideen als Fundament der Erkenntnis setzte Aristoteles Empirismus und Logik.

Dennoch glaubte auch Aristoteles, daß das bedeutendste Erkenntnisvermögen des Geistes jenseits empirischer Wahrnehmung und rationaler Verarbeitung lag. Es fällt nicht leicht, seine kurzen und ziemlich dunklen diesbezüglichen Aussagen zu verstehen, aber Aristoteles scheint zumindest einen Teil des Geistes als zeitlos tätig, ja göttlich und unsterblich angesehen zu haben. Allein dieser Aspekt des Geistes, der tätige Intellekt *(Nous)*, verlieh in seinen Augen dem Menschen die intuitive Fähigkeit, letzte und universale Wahrheiten zu begreifen. Der Empirismus lieferte einzelne Daten, aus denen Verallgemeinerungen und Theorien abgeleitet werden konnten, aber diese waren fehlbar. Der Mensch konnte notwendiges und universales Wissen nur durch ein anderes kognitives Vermögen erreichen – durch den tätigen Intellekt. Wie das Licht aus potentiellen Farben tatsächliche Farben machte, so verwirklichte der tätige Intellekt das potentielle Formwissen des Geistes und versorgte den Menschen mit den grundlegenden Prinzipien, die ihm sichere rationale Erkenntnis ermöglichten. Er erleuchtete die Bemühungen der menschlichen Erkenntnis, auch wenn er stets jenseits dieser Vorgänge verblieb, ewig und vollkommen. Nur durch Teilhabe am göttlichen *Nous,* konnte der Mensch unfehlbare Wahrheit wahrnehmen, und der *Nous* bildete den einzigen Teil des Menschen, der »von außen hinzukam«.

Aus aristotelischer Sicht hörte die individuelle menschliche Seele mit dem Tod auf zu existieren, da sie auf vitale Art und Weise mit dem physischen Körper verbunden war, den sie beseelte: Die Seele war die Form des Körpers, so wie der Körper die Materie der Seele war. Aber der göttliche Intellekt, an dem jeder Mensch potentiellen Anteil besaß und der den Menschen von den anderen Tieren unterschied, war unsterblich und transzendent. Und so lag auch für Aristoteles das höchste Glück des Menschen in der philosophischen Kontemplation der ewigen Wahrheit.

Aristoteles stimmte nicht nur, trotz seiner neugewonnenen Wertschätzung der Sinneswahrnehmung, letztlich mit Platons Beurteilung des menschlichen Intellekts als göttlich überein, er behielt ebenso, wenn auch in ontologisch abgeschwächter Form, die objektive Existenz der Formen bei sowie ihre entscheidende Rolle in der Ökonomie der Natur und in den menschlichen Erkenntnisprozessen. Wie Platon glaubte er, daß eine Philosophie, die sich wie der Atomismus Demokrits ausschließlich auf die Existenz materieller Elemente stützte und der ein schlüssiges Formkonzept fehlte, nicht erklären könne, warum die Natur, trotz ihres konstanten Wandels, über eine sichtbare Ordnung mit klaren und dauerhaften formalen Eigenschaften verfügte. Und wie Platon war auch Aristoteles überzeugt, daß die tiefste Ursache der Dinge nicht in ihrem Anfang, sondern in ihrem Ende zu suchen sei – in ihrem *Telos* und Zweck, ihrer endgültigen Aktualisierung, in dem, wonach sie strebten.

Die aristotelischen Formen waren zwar – mit einer Ausnahme – der Natur gänzlich immanent und nicht transzendent, aber sie waren zugleich im wesentlichen unveränderlich und konnten deshalb vom menschlichen Intellekt inmitten des organischen Fließens von Entstehen und Verfall wiedererkannt werden. Erkenntnis fand statt, wenn der Geist die Form einer Substanz in sich selbst aufnahm, auch wenn diese Form in der Welt niemals losgelöst von ihrer besonderen materiellen Verkörperung auftrat. Der Geist trennte begrifflich, was in der Wirklichkeit zusammenhing. Weil die Wirklichkeit aber eine inhärente Struktur besaß, war dieses Erkennen möglich. Eine empirische Annäherung an die Natur war sinnvoll, weil die Natur rational beschrieben werden konnte, sich nach Formen, Kategorien, Ursachen, Gattungen, Arten und ähnlichem erkenntnisgemäß organisieren ließ. Mit dieser Auffassung führte Aristoteles die platonische Konzeption eines geordneten und für den Menschen erkennbaren Kosmos weiter und gab ihr neue, schärfere Konturen.

Im Kern verschob er den Fokus der archetypischen Perspektive Platons von der Transzendenz auf die Immanenz, so daß sie gänzlich auf die physische Welt mit ihren empirisch beobachtbaren Mustern und

Prozessen ausgerichtet wurde. Für Platon war es schwierig zu erklären, wie denn das Besondere an den transzendenten Formen teilhatte, eine Schwierigkeit, die in seinem ontologischen Dualismus wurzelte, der in seinen extremeren Formulierungen praktisch eine Loslösung der göttlichen Formen von der Materie implizierte. Aristoteles hingegen verwies auf eine vitale Mischeinheit, die durch die Vereinigung von Form und Materie zur Substanz entstand. Nur dann, wenn eine Form in einer Substanz verkörpert war – wie sich die Form des Menschen in der individuellen Person Sokrates fand –, konnte von dieser Form gesagt werden, sie existiere. Formen waren keine lebenden Wesen, denn sie besaßen keine unabhängige Existenz. Lebewesen hingegen existierten erst *durch* Formen. Die Form nahm bei Aristoteles daher verschiedene Rollen an – als inneres Muster, als der Vernunft zugängliche Struktur, als beherrschende Dynamik und als Ziel oder Zweck. Er entzog den Formen Platons ihre Numinosität und Unabhängigkeit, übertrug ihnen aber zugleich neue Funktionen, um eine rationale Analyse der Welt zu ermöglichen und die Effizienz wissenschaftlicher Erklärung zu erhöhen.

Die Grundlagen der frühen Wissenschaft waren zum einen von den ionischen und atomistischen Philosophien der Materie gelegt worden, zum anderen von den pythagoreischen und platonischen Philosophien der Form und Mathematik. Aristoteles richtete nun seinen an Platon geschulten Blick auf die empirische Welt und legte innerhalb des platonischen Rahmens einen neuen und fruchtbaren Akzent auf den Wert von Beobachtung und Klassifikation. Entschiedener als Platon sah er beides – die materiellen und die formalen Ursachen – als notwendig für ein umfassendes Naturverständnis. Diese einzigartige Ganzheitlichkeit ist die eigentliche große Leistung des Aristoteles. Das Grundvertrauen der Griechen in die Kraft des menschlichen Denkens, die Welt rational zu verstehen, ein Vertrauen, das mit Thales seinen Anfang genommen hatte, gelangte hier zu seinem vollständigen Ausdruck und Höhepunkt.

Das Universum des Aristoteles war in seiner komplexen und facettenreichen Struktur von einer bemerkenswerten logischen Konsistenz. Jede Bewegung und jeder Prozeß in der Welt ließ sich mit seiner formalen Teleologie erklären: Jedes Wesen wurde nach einer inneren, von seiner speziellen Form vorgegebenen Dynamik aus der Potentialität zur Aktualität geführt. Potentialität wurde jedoch nur dann in Aktualität überführt, wenn bereits ein aktualisiertes Wesen existierte, daß heißt, ein Wesen, das seine Form bereits verwirklicht hatte; ein Samen mußte von einer reifen Pflanze hervorgebracht worden sein, so wie ein Kind Eltern haben mußte. Für die Dynamik und die strukturierte Entwicklung eines jeden Wesens bedurfte es folglich einer äußeren Ursache – eines anderen Wesens, das zugleich als bewegende Ursache (Auslöser der Bewegung), als formale Ursache (dem Wesen Form gebend) und als letzte Ursache (als Ziel der Entwicklung des Wesens) diente. Um die Ordnung und Bewegung des Universums insgesamt, insbesondere aber die Bewegung der Himmelskörper zu erklären, postulierte Aristoteles daher eine höchste Form – eine bereits existierende Aktualität von absoluter Vollkommenheit als einzige, völlig unabhängig von Materie existierende Form. Da die größte universale Bewegung die der Himmelskörper war und diese ihre kreisförmigen Bahnen unaufhörlich zogen, mußte auch dieser erste Beweger ewig sein.

Der entsprechende logische Schluß des Aristoteles läßt sich folgendermaßen darstellen: (a) Jede Bewegung ist das Ergebnis einer Dynamik, die eine Potentialität zu formaler Verwirklichung treibt, (b) Da sich das Universum als ganzes in Bewegung befindet, und da sich nichts ohne einen Impuls zur Form bewegt, muß das Universum von einer höchsten, universalen Form bewegt werden, (c) Da die höchste Form bereits vollkommen verwirklicht sein muß – sich also nicht in einem potentiellen Zustand befinden kann – und da Materie per definitionem diesen Zustand der Potentialität darstellt, ist die höchste Form sowohl gänzlich immateriell als auch bewegungslos: Sie ist der unbewegte Beweger, das höchste vollkommene Wesen, die pure Form, Gott.

Dieses absolute Wesen, hier aus logischer Notwendigkeit und nicht aus religiöser Überzeugung postuliert, war die erste Ursache des Universums. Dennoch war dieses Wesen ganz in sich selbst versunken, denn schon die geringste Beachtung der physischen Natur hätte seinen vollkommenen und ungestörten Zustand aufgehoben und es in den Fluß der Potentialitäten verstrickt. Als vollkommene Aktualität war der unbewegte Beweger durch einen Zustand ewig ungehinderten Tätigseins *(Energeia)* charakterisiert – nicht durch den mühsamen Prozeß *(Kinesis)* der Entwicklung vom Potential zur Aktualität. Für die höchste Form war diese Aktivität das Denken: die ewige Kontemplation ihres eigenen Seins, losgelöst vom Wandel und von der Unvollkommenheit der physischen Welt, deren Existenz gleichwohl von ihr abhing. Der Gott des Aristoteles war reiner Geist, ohne jedwede materielle Komponente. Seine Tätigkeit bestand einfach im ewigen Bewußtsein seiner selbst.

In ihrer absoluten Vollkommenheit bewegte die primäre Form das physische Universum dadurch, daß sie es anzog. Gott war das Ziel allen Strebens und jeder Bewegung – ein eher bewußtes Ziel für den Menschen, eine weniger bewußte instinktive Dynamik für andere Formen der Natur. Jedes individuelle Wesen im Universum strebte danach, die Vollkommenheit des höchsten Wesens nachzuahmen – jedes auf seine besondere, begrenzte Art und Weise. Jedes versuchte, zu wachsen und zu reifen, um seinen Zweck zu erfüllen und zur Verwirklichung seiner Form zu gelangen. Gott bewegte »als das Objekt des Begehrens«. Von allen lebenden Wesen hatte allein der Mensch teil an der Natur Gottes, dank seines Geistes, des *Nous*. Da die höchste Form der Welt so weit entrückt war, bestand allerdings eine erhebliche Distanz zwischen Mensch und Gott. Durch die Kultivierung seines höchsten Vermögens, des Intellekts, der selber göttlich war – das heißt durch die ihm angemessenste Weise der Nachahmung der höchsten Form – konnte der Mensch eine Art Kommunion mit Gott erreichen. Der erste Beweger war nicht der Schöpfer der Welt, die Aristoteles als ewig und gleich alt mit Gott ansah. Vielmehr war die Natur aufgrund ihrer Tendenz zur Nachahmung der höchsten immateriellen Form in einem ewigen Prozeß der Selbstschöpfung begriffen. Aristoteles sah für dieses Streben weder Anfang noch Ende. Er ordnete es aber in regelmäßigen Zyklen, abhängig von den Bewegungen der Himmelskörper, die er, wie Platon, für göttlich hielt.

Bei Aristoteles gelangte die griechische Kosmologie zu einer umfassenden und systematischen Entfaltung. Sein Bild vom Kosmos war eine Synthese der Erkenntnisse seiner zahlreichen Vorgänger, angefangen von den Ioniern und ihrer Auffassung der natürlichen Elemente bis zu Platons Astronomie. Die Erde war der unbewegliche Mittelpunkt des Universums, um den sich die himmlischen Körper drehten. Der ganze Kosmos war endlich und umgeben von einer vollkommenen Sphäre, in die die Fixsterne eingesetzt waren. Aristoteles stützte die These von der Einzigartigkeit, Zentralität und Unbeweglichkeit der Erde nicht nur auf den Augenschein und den gesunden Menschenverstand, sondern auch auf seine Theorie der Elemente. Die schwereren Elemente, Erde und Wasser, bewegten sich ihrer inneren Natur entsprechend in Richtung auf den Mittelpunkt des Universums, die Erde, während die leichteren Elemente, Luft und Feuer, nach oben tendierten, weg vom Mittelpunkt. Das fünfte und leichteste Element war der Äther – durchsichtig, reiner als Feuer und göttlich – der Stoff, aus dem die Himmelskörper bestanden und dessen natürliche Bewegung, anders als die der irdischen Elemente, kreisförmig war.

Ein Schüler Platons und Zeitgenosse von Aristoteles, der Mathematiker Eudoxos, hatte das Problem der Planetenbewegung wieder aufgenommen und eine erste Antwort gefunden. Um das Ideal perfekter Kreisförmigkeit zu bewahren und zugleich das Auftreten unregelmäßiger Bewegungen zu erklären, entwickelte er ein komplexes geometrisches Modell konzentrisch um die Erde kreisender Kugelschalen, mit den Fixsternen in der äußersten dieser Sphären am Rande des Universums. Obwohl alle Sphären ihren Mittelpunkt in der Erde hatten, besaß jede einzelne ihre eigene Rotationsgeschwindigkeit und -achse. Mit der Annahme von jeweils drei Sphären für Sonne und Mond und von jeweils vier für jede der komplexeren Bewegungen der anderen Planeten gelang Eudoxos eine geniale mathematische Lösung zur Erklärung der planetarischen Bewegungen einschließlich ihrer rückläufigen Perioden. Von seinem Modell nahm die gesamte spätere Entwicklung der Astronomie ihren Ausgang.

Aristoteles übernahm diese – von einem Nachfolger des Eudoxos, Kallippos, ausgearbeitete – Lösung in seine Kosmologie. Die ätherischen Sphären, beginnend mit der alleräußersten, gaben ihre Bewegung durch Reibung im Kontakt zur nächsten weiter, so daß die Bewegungen der inneren Sphären sich aus der Kombination der Impulse der äußeren Sphäre und der maßgeblichen angrenzenden Sphären ergab. Zusätzlich führte Aristoteles gegenläufige Zwischensphären ein, um die Planetenbewegungen sauber voneinander zu trennen, die Bewegung des Himmels insgesamt aber beizubehalten. Die Sphären des Himmels beeinflußten wiederum die anderen, sublunaren Elemente – Feuer, Luft, Wasser und Erde. Ihrem unterschiedlichen Gewicht entsprechend hätten sie sich eigentlich – säuberlich voneinander getrennt – in konzentrischen Schichten um die Erde lagern müssen. Durch die astralen Impulse durcheinandergewirbelt und in wechselnde Mischverhältnisse gebracht, entstand auf diese Weise die große Anzahl natürlicher Substanzen auf der Erde. So wie die geordnete Bewegung des Himmels letztlich durch den ersten unbewegten

Beweger verursacht wurde, beruhten auch die Bewegungen der einzelnen planetarischen Sphären vom Saturn bis hinunter zum Mond jeweils auf zeitlosen, immateriellen und selbstdenkenden Intellekten. Die Himmelskörper waren für Aristoteles ganz im Sinne der alten Mythologie Gottheiten, auch wenn er in anderen Fragen die Mythen für eine unzuverlässige Erkenntnisquelle hielt. Alle irdischen Vorgänge und Veränderungen wurden demnach von den Himmelsbewegungen verursacht, die ihrerseits wiederum auf die höchste formale und letzte Ursache zurückgingen – auf Gott.

In seinen Theorien zur Astronomie und zur höchsten Form ging Aristoteles in gewisser Hinsicht über Platons Idealismus hinaus. Dieser hatte in seiner nachdrücklichen Betonung der transzendenten Qualität der mathematisch-göttlichen Formen die Ordnung der Himmelskörper gelegentlich selbst als bloße Annäherung an die vollkommene göttliche Geometrie beschrieben. Diese Vorstellung findet sich auch in seinem Begriff von der *Anánke* als einer die physische Schöpfung überschattenden fehlerhaften Irrationalität. Für Aristoteles dagegen war der Geist in einem umfassenderen Sinne allmächtig und allgegenwärtig in der Natur wirksam. In seinen Anfangsjahren schloß er gerade aus der mathematischen Perfektion der Himmelsordnung und aus der Existenz der Astralgötter auf den Status der Himmelskörper als sichtbare Verkörperung des Göttlichen. Auf diese Weise verband er die platonische Blickrichtung auf das Ewige und Mathematische mit der greifbaren Welt der physischen Wirklichkeit, in der sich der Mensch wiederfand.

Für ihn war die natürliche Welt der würdige Ausdruck des Göttlichen und nicht nur ein Hindernis auf dem Weg zur absoluten Erkenntnis. Aber trotz des diesseitigen Ausgangspunktes bleibt das letzte Ziel seines Denkens platonisch. In seinem einflußreichen, leider nur in Fragmenten erhaltenen Werk *De Philosophia*, das die antike Vorstellung des richtigen Philosophierens entscheidend prägte, fordert er von den materiellen Ursachen der Dinge, also der Naturphilosophie, fortzuschreiten zu den formalen und letzten Ursachen und in dieser göttlichen Philosophie die Ordnung des Universums und den Zweck hinter allem Wandel zu entdecken.

Die generelle Ausrichtung der aristotelischen Philosophie war allerdings, anders als Platons Idealismus und dessen Betonung der unmit-

telbaren Intuition einer spirituellen Wirklichkeit, entschieden naturalistisch und empiristisch. Aristoteles war als Sohn eines Arztes schon
früh mit der Biologie und der medizinischen Praxis in Berührung
gekommen, in gewissem Sinne spiegelt sein Denken auch ein home-
risches und ionisches Lebensgefühl wider, dem die tatkräftige Teil-
nahme an Liebe, Krieg und Festen als Inbegriff eines guten Lebens
galt. In Fragen der Bedeutung des Körpers, der Unsterblichkeit der
Seele oder der Beziehung des Menschen zu Gott war Platons Mentalität weniger homerisch und ionisch, sondern eher geprägt vom
Einfluß der Mysterienreligionen und der Pythagoreer. Aristoteles
dagegen stand in der klassischen griechischen Tradition der Wertschätzung des menschlichen Körpers, wie sie im hohen Ansehen
athletischer Tapferkeit und persönlicher Schönheit oder im künstlerischem Schaffen zum Ausdruck kam. Platons Einstellung in dieser
Hinsicht, wenngleich oft voller Bewunderung, war ausgesprochen
ambivalent. Am Ende lag Platons Loyalität stets bei den transzendenten Archetypen.

Die Absage des Aristoteles an eine unabhängige Existenz und vollständige Transzendenz der Ideen blieb nicht ohne Auswirkungen auf
seine Ethik. Für Platon konnte ein Mensch nur dann angemessen
handeln, wenn er die transzendente Basis des tugendhaften Handelns
erkannt hatte, und nur der Philosoph, der zur Erkenntnis dieser absoluten Wirklichkeit gelangt war, konnte das Tugendhafte jeder Handlung beurteilen. Ohne die Existenz eines absoluten Guten war die
Moral ohne sichere Grundlage, und deshalb leitete sich die Ethik für
Platon aus der Metaphysik ab. Bei Aristoteles waren beide Gebiete
jedoch völlig voneinander verschieden. Was es tatsächlich gab, war
nicht eine in jeder Situation anwendbare Idee des Guten, es waren
gute Menschen und gute Handlungen in einer Vielzahl unterschiedlicher Zusammenhänge. In Fragen der Ethik, wie in der wissenschaftlichen Philosophie, war absolute Erkenntnis unmöglich. Moral lag im
Bereich des Kontingenten. Man konnte lediglich auf empirischer
Grundlage Regeln für ein sittliches Verhalten aufstellen. Regeln, deren
hinreichender Wert darin bestand, den komplexen Ansprüchen der
menschlichen Existenz gerecht zu werden.

Das eigentliche Ziel der Ethik war es nicht, das Wesen absoluter
Tugend zu bestimmen, sondern ein tugendhafter Mensch zu sein.
Diese Aufgabe erwies sich, wollte man letzte Definitionen vermeiden,
als zwangsläufig komplex und uneindeutig, sie verlangte nach prakti-

schen Lösungen für konkrete Probleme statt nach absoluten Prinzipien von universeller Gültigkeit. Für Aristoteles war das Ziel des menschlichen Lebens Glück, und die Vorbedingung dazu Tugend. Aber Tugend selbst mußte als rationale Entscheidung in einer konkreten Situation definiert werden, und sie bestand darin, genau die Mitte zwischen zwei Extremen zu finden. Das Gute war stets ein Gleichgewicht zwischen zwei widerstreitenden Übeln, die Mitte zwischen einem Zuviel und einem Zuwenig: Mäßigung war die Mitte zwischen Enthaltsamkeit und Begierde, Mut die Mitte zwischen Feigheit und Tollkühnheit, echter Stolz die Mitte zwischen Arroganz und Selbsterniedrigung. Eine solche Mitte ließ sich nur in der Praxis, in Abhängigkeit zu den besonderen Umständen des konkreten Einzelfalls finden.

Die Anschauungen des Aristoteles brachten eine neue Betonung dieser Welt und dieses Lebens, des Sicht- und Fühlbaren und des Einzelnen. Obwohl seine Ethik ebenso wie seine politische Theorie auf Definitionen und Zielen beruhte, blieb sie mit dem Empirischen, Kontingenten und Individuellen verknüpft. Obwohl sein Universum teleologisch und nicht blind mechanistisch konzipiert war, war diese Teleologie eine im Kern unbewußte, natürliche Zielrichtung, ablesbar nur an der empirischen Wahrnehmung, daß die Natur jedes einzelne Ding zu seiner formalen Verwirklichung führt und daß »nichts umsonst geschieht«. Die Form war noch immer das bestimmende Prinzip im aristotelischen Universum, aber sie war in erster Linie ein Naturprinzip. Ähnliches galt für den Gott des Aristoteles, der im wesentlichen die logische Konsequenz aus seiner Kosmologie war, eine aus physikalischen Gründen notwendige Größe statt des mystisch erfahrbaren höchsten Gutes bei Platon. Aristoteles ergriff die Macht der Vernunft, der Sokrates und Platon zum Durchbruch verholfen hatten, und wandte sie systematisch auf die vielen Phänomene der Welt an. Während aber Platon sich der Vernunft bediente, um die empirische Welt zu überwinden und eine transzendente Ordnung zu entdecken, nutzte Aristoteles sie, um innerhalb der empirischen Welt selber eine immanente Ordnung zu entdecken.

Das aristotelische Erbe bestand daher überwiegend aus Logik, Empirismus und Naturwissenschaft. Die Schule, die Aristoteles in Athen gründete, das *Lyceum*, war ein Spiegel dieses Vermächtnisses – eher ein wissenschaftliches Forschungszentrum als eine halbreligiöse Philosophenschule im Stile der Akademie Platons. Während in der

Antike Platon im allgemeinen als der größere Meister galt, wurde dieses Urteil im Hochmittelalter grundlegend revidiert, und es war eher die philosophische Mentalität des Aristoteles, die sich als richtungsweisend für das westliche Denken erweisen sollte. Sein achtungsgebietendes enzyklopädisches Denksystem gewann eine derartige Bedeutung, daß die wissenschaftliche Forschung des Westens bis zum 17. Jahrhundert auf der Grundlage seiner Schriften aus dem vierten vorchristlichen Jahrhundert betrieben wurde. Und auch, als sie den von ihm abgesteckten Rahmen überschritten hatte, fuhr die moderne Wissenschaft fort, sich seiner begrifflichen Werkzeuge zu bedienen und der von ihm vorgegebenen Orientierung zu folgen.

Letztlich verkörpern die beiden Protagonisten, Aristoteles und Platon, gemeinsam eine elegante, spannungsvolle Balance zwischen empirischer Analyse und spiritueller Intuition, eine Dynamik, die ein Meisterwerk der Renaissance, Raffaels *Die Schule von Athen*, hervorragend wiedergibt. Dort stehen – im Mittelpunkt der vielen diskutierenden griechischen Philosophen und Wissenschaftler – der ältere Platon und der jüngere Aristoteles, und während Platon auf den Himmel, das Unsichtbare und Transzendente zeigt, richtet Aristoteles seine Hand nach außen und hinunter zur Erde, auf das Sichtbare und Immanente.

DAS DUALE VERMÄCHTNIS.
EINE ZUSAMMENFASSUNG

Das Denken der großen griechischen Philosophen war die geistige Vollendung aller wichtigen kulturellen Impulse des hellenischen Zeitalters: Es nahm das archaisch-mythologische Bewußtsein und die zeitgleich bestehenden Mysterienreligionen auf und ließ sich von den Meisterwerken der Kunst inspirieren. Es verknüpfte Skeptizismus, Naturalismus und weltlichen Humanismus miteinander in einer Dialektik, die – in einer für die Entwicklung der Wissenschaft in den folgenden Jahrhunderten richtungsweisenden Art – der Vernunft, dem Empirismus und der Mathematik verpflichtet war. Die große Leistung des klassischen griechischen Denkens bestand in seiner globalen metaphysischen Perspektive, die zugleich der äußeren Wirklichkeit in ihrer Ganzheit und den verschiedenen Facetten der menschlichen Befindlichkeit gerecht zu werden versuchte.

In erster Linie aber war dieses Denken ein Versuch zu verstehen. Die Griechen waren vielleicht die ersten, die in der Welt eine Frage sahen, die es zu beantworten galt. Sie waren seltsam erfüllt von der Leidenschaft, die Dinge zu begreifen, den unsteten Fluß der Phänomene zu durchdringen und zu einer tieferen Wahrheit vorzustoßen. Und sie schufen eine dynamische Tradition kritischen Denkens, um diese Suche voranzutreiben. Die Geburt dieser Tradition und dieser leidenschaftlichen Suche war die Geburt des westlichen Geistes.

Im Rückblick auf das bisher Gesagte sollen jetzt einige der Hauptelemente der klassisch-griechischen Wirklichkeitskonzeption zusammengefaßt werden, die das westliche Denken von der Antike über die Renaissance bis zur wissenschaftlichen Revolution beeinflußt haben. Zu diesem Zweck lassen sich die dem Westen von den Griechen vererbten Annahmen oder Prinzipien in zwei Gruppen einteilen. Die erste Gruppe der unten formulierten Grundsätze steht für die einmalige Synthese von griechischem Rationalismus und griechischer Religion, die vor allem im Denken Platons ihren genuinen Ausdruck fand:

I. Die Welt ist ein geordneter Kosmos, dessen Ordnung mit der des menschlichen Geistes verwandt ist. Eine rationale Analyse der empirischen Welt ist deshalb möglich.

II. Der Kosmos als Ganzes ist Ausdruck einer planvollen Intelligenz, die der Natur Sinn und Zweck verleiht, und diese Intelligenz ist dem geschulten und gereiften menschlichen Bewußtsein direkt zugänglich, wenn es sich ganz auf diese Intelligenz ausrichtet und konzentriert.

III. Eine durchdringende geistige Analyse offenbart auf ihrem Höhepunkt eine zeitlose, ihre temporären und konkreten Manifestationen übersteigende Ordnung. Die sichtbare Welt trägt eine tiefere, sowohl rationale als auch mythische Bedeutung in sich, die von der empirischen Ordnung widergespiegelt wird, aber aus einer ewigen Dimension stammt, die Quelle und Ziel aller Existenz ist.

IV. Die Erkenntnis der grundlegenden Struktur und Bedeutung der Welt erfordert die Übung und den Einsatz einer Vielzahl von kognitiven Fähigkeiten – rationalen, empirischen, intuitiven, imaginativen und moralischen.

V. Das unmittelbare Verstehen der tieferen Wirklichkeit der Welt befriedigt nicht nur den Geist, sondern auch die Seele: es ist seinem Wesen nach eine erlösende Vision, ein dauerhafter Einblick in die wahre Natur der Dinge, intellektuell entscheidend wichtig und zugleich spirituell befreiend.

Der immense Einfluß dieses idealistischen Rationalismus auf das spätere westliche Denken läßt sich kaum unterschätzen. Aber das hellenische Vermächtnis war ein duales, und das griechische Denken brachte noch eine zweite ebenso einflußreiche Gruppe von geistigen Annahmen und Tendenzen hervor, die zwar eine ganze Reihe von Gemeinsamkeiten mit der ersten Gruppe besaß, darüber hinaus aber als spannungsvoller Antipode zu ihr agierte. Diese zweite Gruppe von Prinzipien läßt sich wie folgt zusammenfassen:

I. Wahres Wissen ist nur durch die strikte Anwendung von menschlicher Vernunft und empirischer Beobachtung erreichbar.

II. Die Basis wahren Wissens liegt in der gegebenen Erfahrungswelt, nicht in einer unbeweisbaren jenseitigen Wirklichkeit. Die einzige Wahrheit, die dem Menschen zugänglich und nützlich ist, ist immanent, nicht transzendent.

III. Die Ursachen natürlicher Phänomene sind unpersönlicher und physikalischer Art und sollten innerhalb des Bereichs der Naturbeobachtung gesucht werden. Mythologische und übernatürliche Elemente sind als anthropomorphe Projektionen aus kausalen Erklärungen herauszuhalten.

IV. Jeder Anspruch auf ein ganzheitliches theoretisches Verstehen muß sich an der empirischen Wirklichkeit des konkreten Einzelnen in all seiner Verschiedenheit, Veränderbarkeit und Einzigartigkeit messen lassen.

V. Kein Denksystem ist endgültig, und die Suche nach Wahrheit muß sowohl kritisch als auch selbstkritisch sein. Menschliches Wissen ist relativ und fehlbar und muß im Licht neuer Befunde und weiterer Analysen immer wieder revidiert werden.

Sowohl die Entwicklung des griechischen Geistes als auch sein Vermächtnis sind das Ergebnis der komplexen Interaktion zwischen diesen beiden Gruppen von Annahmen und Impulsen. Während die erste Gruppe eindeutig der Philosophie Platons zuzuordnen ist, entfaltete sich die zweite erst allmählich aus vielstimmigen intellektuellen Entwicklungslinien – aus der vorsokratischen Philosophietradition des naturalistischen Empirismus seit Thales, dem Rationalismus des Parmenides, dem mechanistischen Materialismus von Demokrit und dem Skeptizismus, Individualismus und säkularen Humanismus der Sophisten. Beide Tendenzen des hellenischen Denkens waren tief in den nichtphilosophischen, religiösen und literarischen Traditionen Griechenlands, von Homer und den Mysterien bis hin zu Sophokles und Euripides, verwurzelt und zugleich relativ frei im Umgang mit ihnen. Sie griffen jeweils unterschiedliche Aspekte dieser Tradition heraus und waren sich im übrigen einig, daß nur im autonomen, individuellen menschlichen Geist der letzte Maßstab zu finden sei. Dementsprechend sahen beide Tendenzen in der Figur des Sokrates ihre paradigmatische Verkörperung. Ihre Auseinandersetzungen fanden in den streitenden Parteien der platonischen Dialoge ihren lebhaften Ausdruck und in der Philosophie des Aristoteles einen ebenso brillanten wie fruchtbaren Kompromiß.

Das stete Wechselspiel dieser zwei teils komplementären, teils gegensätzlichen Prinzipiengruppen führte zu einer starken inneren Spannung innerhalb des griechischen Erbes, das dem westlichen Denken – über einen Zeitraum von zweieinhalb Jahrtausenden instabil und zugleich kreativ – als geistiges Fundament seiner dynamischen Entwicklung diente. Der weltliche Skeptizismus der einen und der metaphysische Idealismus der anderen Strömung erwiesen sich als einander ausgleichende Gegengewichte, die der Tendenz zu dogmatischer Verhärtung auf Seiten der jeweils anderen Strömung entgegenwirkten, während sie in ihrer Kombination zugleich neue und fruchtbare geistige Lösungen hervorbrachten. Der griechischen Suche nach allgemeinen Archetypen im Chaos des Besonderen stand der ebenso starke Impuls gegenüber, das konkrete Einzelne gerade wegen seiner Eigentümlichkeit zu schätzen. Aus der Kombination ergab sich die zutiefst griechische Neigung, dem empirischen Individuum in seiner konkreten Einmaligkeit die Enthüllung neuer Wirklichkeitsformen und neuer Wahrheitsprinzipien zuzutrauen. Das Wirklichkeitsverständnis des westlichen Denkens übernahm eine im Kern problematische, doch letztlich ungeheuer produktive Polarisierung – einen von höchster Instanz geordneten Kosmos auf der einen und ein unvorhersehbar offenes Universum auf der anderen Seite. Gerade diese unaufgelöst bleibende Verdoppelung seines Fundaments mit der aus ihr resultierenden kreativen Spannung und Komplexität machte den griechischen Geist so enorm erfolgreich und ließ ihn überdauern.

Der Westen hat nie aufgehört, die ungewöhnliche Vitalität und Tiefe des griechischen Geistes zu bewundern, auch wenn spätere geistige Entwicklungen den einen oder anderen Aspekt des hellenischen Denkens in Frage gestellt haben. Die Griechen verstanden es, ihre Visionen überaus klar in Darstellungen umzusetzen, und in unzähligen Fällen stellte sich im Licht neuer Beweise so manches, was lange als sonderbarer Fehler oder Irrweg des griechischen Denkens gegolten hatte, als bemerkenswert zutreffende Intuition heraus. Vielleicht nahmen die Griechen, gerade weil sie ganz am Anfang unserer Zivilisation standen, die Welt mit einer gewissen angeborenen Klarheit wahr, in der sich die von ihnen gesuchte universale Ordnung authentisch widerspiegelte. Jedenfalls hat sich der Westen seinen antiken Vorfahren immer wieder zugewendet, als handele es sich bei ihnen um eine Quelle ewiger Erkenntnis. Wie John H. Finley bemerkte: »Ob die Griechen die Dinge nur frischer wahrnahmen, weil sie zuerst kamen, oder ob es pures Glück ist, daß sie, zuerst kommend, dem Leben mit einer unvergleichlichen Wachsamkeit begegneten, in jedem Falle haben sie sich durch alle Zeiten den Glanz einer vom Morgenlicht erhellten Welt bewahrt – mit unvergänglich auf den Gräsern liegendem Tau. Der griechische Geist bleibt in uns präsent, weil wir in seiner makellosen Frische, unsere Jugend, das erste Beispiel unserer Selbst erkennen.«[10]

Es soll nun nicht der Versuch unternommen werden, im einzelnen zu sortieren, was in der hellenischen Vision von dauerhaftem Wert bleibt und was problematisch ist. Statt dessen soll der Geschichte dabei zugesehen werden, wie sie im Verlauf der von den Griechen auf den Weg gebrachten westlichen Kultur diese Aufgabe übernimmt – wie diese auf dem griechischen Erbe aufbaut, es umwandelt, kritisiert, vermehrt, mißachtet, wieder integriert, verneint und letztendlich nie wirklich von ihm loskommt.

II
DIE TRANSFORMATION DER KLASSISCHEN ÄRA

Gerade als die griechische Kultur im vierten vorchristlichen Jahrhundert ihren geistigen Höhepunkt erreicht hatte, überschritt Alexander der Große die Grenze seines mazedonischen Reiches und fiel in Griechenland ein, stieß dann weiter bis nach Persien vor, eroberte Länder und Völker von Ägypten bis Indien und schuf ein Imperium, das den größten Teil der damals bekannten Welt umfaßte. Dieselben Eigenschaften, die sich zuvor noch als nützlich für die glänzende Entwicklung Griechenlands erwiesen hatten – ruheloser Individualismus, stolzer Humanismus und kritischer Rationalismus –, trugen jetzt zur Beschleunigung seines Niedergangs bei: Uneinigkeit, Arroganz und Opportunismus überschatteten die vornehmeren Eigenschaften der Griechen und machten sie auf fatale Weise blind für die Bedrohung aus Mazedonien. Diese Katastrophe führte allerdings ganz und gar nicht zum Untergang der hellenischen Tradition. Als Jugendlicher am Hof seines Vaters von Aristoteles unterrichtet und begeistert von den homerischen Epen und den athenischen Idealen, fühlte sich Alexander in der griechischen Kultur und Sprache zu Hause und sorgte für ihre Verbreitung in seinem riesigen Reich. So wurde Griechenland zwar ausgerechnet auf seinem geistig-kulturellen Höhepunkt erobert, doch gerade diese Unterwerfung führte zur triumphalen Verbreitung seiner Kultur.

Wie von Alexander geplant, entwickelten sich die großen kosmopolitischen Städte des Reichs – vor allem Alexandria, das er in Ägypten gründete – zu lebendigen Zentren kultureller Gelehrsamkeit, und in ihren Bibliotheken und Akademien wurde das klassische griechische Erbe bewahrt und weiterentwickelt. Alexander scheint von der Vision einer universalen Bruderschaft aller Menschen jenseits politischer Differenzen inspiriert gewesen zu sein, und sein ungeheurer militärischer Ehrgeiz kann als Versuch verstanden werden, eine solche Einheit durch massive kulturelle Verschmelzung zu erreichen. Doch nach seinem frühen Tod zerfiel das Reich Alexanders. Am Ende einer langen Periode dynastischer Kämpfe und wechselnder Machthaber trat schließlich Rom als Mittelpunkt eines neuen Reichs hervor, das in seiner Gesamtheit, von seinem Brennpunkt bis hin zu seinen Randregionen, weiter westlich lag.

Aber auch nach dem Siegeszug der Römer galt unter den gebildeten Klassen des Mittelmeerraums die griechische Hochkultur weiterhin als tonangebend, und die bedeutendsten Wissenschaftler und Philosophen bewegten sich nach wie vor innerhalb des von den Griechen geschaffenen geistigen Rahmens. Die Römer schufen ihre lateinischen Meisterwerke nach griechischen Vorbildern und trieben die Entwicklung einer kultivierten Intellektualität weiter voran, wobei ihre eher pragmatische Mentalität vor allem die Gebiete des Rechts, der politischen Verwaltung und der Militärstrategie prägte. In Philosophie, Wissenschaft, Kunst und Bildung blieb Griechenland die stärkste kulturelle Kraft der antiken Welt. Wie der römische Poet Horaz bemerkte, hatten die versklavten Griechen zuletzt doch ihre Besieger zu Sklaven gemacht.

GEGENSTRÖMUNGEN

Niedergang und Bewahrung des griechischen Geistes

Obwohl das griechisch geprägte Denken nach der Eroberung durch Alexander und während der gesamten Periode der römischen Hegemonie seine Vormachtstellung behielt, verlor es doch nach und nach unter dem starken Einfluß so vieler neuer Kräfte seine ursprüngliche klassische Gestalt. Schon der nachdenkliche Einzelne des spätklassischen Zeitalters hatte sich einer enormen Vielfalt möglicher Standpunkte gegenübergesehen. Denn bereits die erste Ausdehnung des griechischen Kulturraums nach Osten hatte mit der Zeit zu einem Zustrom orientalischer Tendenzen in Religion und Politik geführt. In mancher Hinsicht war die griechische Kultur durch diese neuen Einflüsse genauso bereichert worden wie die nichtgriechischen Kulturen durch die hellenische Expansion. Andererseits verlor der poliszentrierte griechische Geist jedoch etwas von seiner früheren zuversichtlichen Klarheit und kühnen Originalität. Bereits der kritische Individualismus des klassischen Griechenland hatte nicht nur große Kunst und Philosophie hervorgebracht, sondern auch zur Desintegration der Sozialordnung beigetragen. Und auch nach der mazedonischen Unterwerfung führte die zentrifugale Vitalität der griechischen Kultur nicht nur zu ihrer erfolgreichen Verbreitung, sondern – angesichts der Öffnung der klassischen Polis für die widerstreitenden Einflüsse eines viel größeren und heterogenen kulturellen Umfelds – auch zu ihrer letztlichen Verwässerung und Fragmentarisierung. Der beispiellose Kosmopolitismus der neuen Zivilisation, das Auseinanderbrechen der alten Ordnung kleiner Stadtstaaten und die dauernden politischen und sozialen Umbrüche der folgenden Jahrhunderte führten zu einer tiefgreifenden Desorientierung. Sowohl die individuelle Freiheit in der Gemeinschaft der Polis als auch das Verantwortungsgefühl für sie wurden von der Wucht und Konfusion der neuen politischen Welt untergraben. Persönliche Schicksale schienen eher von großen, unpersönlichen Kräften als vom Willen des Einzelnen bestimmt zu werden. Die alte Klarheit war abhanden gekommen, und viele hatten das Gefühl, den Halt verloren zu haben.

Die Philosophie spiegelte diese Veränderungen wider und versuchte, ihnen gerecht zu werden. Zwar wurden Platon und Aristoteles weiterhin gelehrt und studiert, aber die beiden zentralen im hellenistischen Zeitalter entstandenen Philosophenschulen, die stoische und die epikureische, unterschieden sich deutlich von ihnen. Auch wenn sie der Tradition viel verdankten, verfolgten diese Schulen in erster Linie neue Ziele, als Bollwerke von Sitte und Anstand in schweren und unsicheren Zeiten. Dieser Wandel in der Natur und Funktion der Philosophie war zum Teil eine Konsequenz aus der aristotelischen Ausweitung und Klassifizierung der Wissenschaften. Die Folge war eine neue geistige Spezialisierung, in deren Verlauf sich die Naturwissenschaften nach und nach von der Philosophie trennten und der Geltungsbereich der Philosophie im wesentlichen auf moralische Probleme beschränkt wurde. Zu dieser Abwanderung der umfassenderen intellektuellen Fragestellungen der Philosophie fügte sich der charakteristische philosophische Impuls der hellenistischen Schulen, der weniger der Leidenschaft entsprang, die Welt in ihrem Mysterium und ihrer Größe zu verstehen, als vielmehr dem Bedürfnis, dem Einzelnen angesichts einer feindlichen und chaotischen Umwelt eine stabile Werteordnung und inneren Frieden zu geben. Das Ergebnis dieses neuen Impulses waren Philosophien, die im Vergleich zu ihren klassischen Vorgängern in ihrem Horizont begrenzter und anfälliger für Fatalismus waren. Sich entweder von der Welt oder von den eigenen Leidenschaften zu befreien, zwischen diesen beiden Möglichkeiten ließ sich wählen, und in beiden Fällen nahm die Philosophie einen erkennbar dogmatischen Tonfall an.

Trotz dieser Einschränkungen bleibt unbestreitbar, daß der Stoizismus, die im weitesten Sinne repräsentative hellenistische Philosophie, eine Größe der Vision und der moralischen Einstellung besaß, die lange Zeit ihre Spuren im westlichen Denken hinterließ. Begründet im Athen des frühen dritten vorchristlichen Jahrhunderts von Zenon aus Kition, der an der platonischen Akademie studiert hatte, und später von Chrysippos systematisiert, entfaltete die Stoa ihren Einfluß insbesondere in der römischen Welt Ciceros und Senecas, Epiktets und Marc Aurels. Aus stoischer Sicht wurde die gesamte Wirklichkeit von einer göttlichen Intelligenz beherrscht, dem *Logos* oder der universalen Vernunft, die alle Dinge ordnete. Wirkliches

Glück ließ sich für den Menschen nur erreichen, indem er sein Leben und seinen Charakter mit dieser allmächtigen und schicksalhaften Weisheit in Einklang brachte. Frei zu sein, bedeutete, in Übereinstimmung mit Gottes Willen zu leben. Was im Leben letztlich zählte, war nicht die Oberfläche der äußeren Lebensumstände, sondern die tugendhafte Verfassung der Seele. Der stoische Weise zeichnete sich durch innere Heiterkeit, strenge Selbstdisziplin und gewissenhafte Pflichterfüllung aus und begegnete den Wechselfällen des Lebens mit Gleichmut. Da alle menschlichen Wesen am göttlichen *Logos* teilhatten, waren sie alle Mitglieder einer universalen Gemeinschaft, einer die Weltgemeinschaft *(Kosmopolis)* bildenden Bruderschaft der Menschheit. Deshalb war jeder Einzelne gefordert, sich aktiv an den Belangen dieser Welt zu beteiligen und seinen Pflichten gegenüber dieser großen Gemeinschaft nachzukommen. Im Kern war der Stoizismus eine Weiterentwicklung zentraler Gedanken von Sokrates und Heraklit, übertragen in die weniger klar umrissene, multikulturelle Zeit des Hellenismus.

Sein zeitgenössischer Konkurrent, der Epikureismus, grenzte sich von der stoischen Hingabe an die moralische Tugend und den weltbeherrschenden *Logos* ebenso ab wie von den traditionellen religiösen Vorstellungen. Für ihn stand die menschliche Freude als höchster Wert im Vordergrund, definiert als Abwesenheit von Leiden und Angst. Epikur lehrte, die Menschheit müsse ihren Aberglauben an die wankelmütigen anthropomorphen Götter der volkstümlichen Tradition überwinden, denn menschliches Leiden stamme in erster Linie aus diesem Glauben und der Angst vor göttlicher Vergeltung nach dem Tod. Der Mensch brauche aber weder die Götter noch den Tod zu fürchten, denn die einen kümmerten sich gar nicht um die menschliche Welt, und der andere sei bloß ein Verlöschen des Bewußtseins und kein Vorspiel zu schmerzhafter Bestrafung. Glück ließe sich im Leben am besten durch einen Rückzug aus der Welt der geschäftigen Eitelkeit und des getriebenen Ehrgeizes erreichen, durch eine ruhige Lebensführung mit einfachen Freuden in der Gemeinschaft von Freunden. Die physikalische Kosmologie, auf die sich das epikureische System berief, war der Atomismus Demokrits, dem zufolge einfache Materieteilchen die Substanz der Welt bildeten, einschließlich der sterblichen menschlichen Seele. Eine solche materialistische Kosmologie ohne Zentrum stand durchaus im Einklang mit der Lebenswelt des hellenistischen Zeitalters. Die klar umrissene, zentrierte und organisch geordnete Welt der Polis war ihrem allgemeinen Charakter nach dem aristotelischen Kosmos nicht unähnlich gewesen. Dieser Welt entrissen, mögen die Zeitgenossen Epikurs durchaus eine gewisse Parallelität zwischen ihrem eigenen Schicksal und dem der Atome Demokrits gesehen haben – in der Leere eines Universums ohne Mittelpunkt und Ziel dem freien Spiel unpersönlicher Kräfte preisgegeben.

Noch radikaler spiegelte sich der intellektuelle Wandel der Zeit im systematischen Skeptizismus eines Pyrrhon von Elis oder Sextus Empiricus wider. Sie vertraten die Auffassung, daß es keinerlei sichere Wahrheiten gebe und die einzig richtige philosophische Haltung darin bestehe, sich jeden Urteils gänzlich zu enthalten. In ihrem Kampf gegen den Dogmatismus in der Philosophie entwickelten die Skeptiker bedenkenswerte und irritierende Argumente: Der Konflikt zwischen zwei scheinbaren Wahrheiten ließ sich nur durch die Berufung auf ein unabhängiges Kriterium schlichten; dieses Kriterium selbst war jedoch nur durch die Berufung auf ein weiteres Kriterium zu rechtfertigen, und so führte das ganze automatisch zu einem unendlichen Regreß der Kriterien, ohne jemals bei einem grundlegenden anzukommen. »Nichts ist sicher, und nicht einmal das ist sicher«, lehrte Arkesilaos, ein Mitglied der platonischen Akademie, die bezeichnenderweise zu dieser Zeit auch skeptische Positionen vertrat und damit einen zentralen Aspekt ihrer sokratischen Ursprünge erneuerte. Zwar wurde in der hellenistischen Philosophie häufig die Logik herangezogen, um die Nutzlosigkeit eines Großteils der menschlichen Unternehmungen, vor allem der Suche nach metaphysischer Wahrheit, aufzuzeigen. Aber das Hauptargument von Skeptikern wie Sixtus zielte in eine andere Richtung: Der Anspruch, die Wirklichkeit zu begreifen, führe zwangsläufig zu intellektueller Frustration und einem Gefühl der Sinnlosigkeit. Inneren Frieden könne nur gewinnen, wer seine Urteile in der Schwebe halte, statt sie als unumstößliche Wahrheiten zu verteidigen. Es gelte, die Frage der Letztbegründung menschlichen Wissens offenzulassen und in einem Zustand unvoreingenommenen Gleichmuts abzuwarten, welche Einsichten sich quasi von selbst einstellten.

Obwohl jede dieser Schulen auf ihre Art einflußreich und anziehend war, ließen sie in ihrer Gesamtheit doch allzu viele Fragen offen. Der Bereich des Göttlichen galt entweder als unerbittlich deterministisch (Stoizismus) oder als vollkommen irrelevant für die menschliche Lebenswelt (Epikureismus), beziehungsweise als dem Zugriff menschlicher Erkenntnis entzogen (Skeptizismus). Entsprechend verlor auch die Wissenschaft den im Grunde religiösen Impetus eines göttlichen Verstehens, wie er sich bei Pythagoras, Platon und Aristoteles fand. Die bestehenden emotionalen und religiösen Bedürfnisse konnten daher lediglich bei den verschiedenen – griechischen, ägyptischen und orientalischen – Mysterienreligionen befriedigt werden, die eine Erlösung vom weltlichen Kerker versprachen und sich während der gesamten Zeit des Imperiums wachsender Beliebtheit erfreuten. Aber diesen Religionen mit ihren den Göttern gewidmeten Festen und Geheimritualen gelang es nicht, einen nennenswerten Teil der gebildeten Schichten für sich zu gewinnen. In deren Augen waren die alten Mythen im Untergang begriffen, bestenfalls als allegorisches Beiwerk im gebildeten Gespräch zu verwenden. Aber gerade der strenge Rationalismus der vorherrschenden Philosophien hinterließ einen gewissen Hunger nach Spiritualität. Inmitten eines verfeinerten und hochentwickelten kulturellen Milieus – geschäftig, städtisch, kosmopolitisch – war die kreative Einheit von Intellekt und Gefühl vergangener Zeiten verlorengegangen. Die klassische Synthese des voralexandrinischen Griechenland war zerfallen. Ihre Kraft hatte sich im Prozeß ihrer Verbreitung aufgebraucht.

Zugleich war das hellenistische Zeitalter eine ungewöhnlich fruchtbare Zeit mit einer Reihe bemerkenswerter und – aus der Perspektive des modernen Westens – unentbehrlicher Kulturleistungen, zu denen nicht zuletzt die Bewahrung der Klassiker von Homer bis Aristoteles gehörte. Die Texte wurden jetzt gesammelt, systematisch geprüft und sorgfältig ediert, ein verbindlicher Kanon der Meisterwerke aufgestellt. Auf diese Weise entstand die Philologie. Textkritik und literarische Kritik entwickelten sich als eigenständige Disziplinen, Interpretationen und Kommentare wurden hervorgebracht und die großen Werke als Kulturideale etabliert. Und mit der gleichen akribischen Genauigkeit, die auf die homerischen Epen und die platonischen Dialoge verwandt wurde, machten sich in Alexandria Gelehrte an die Zusammenstellung, Herausgabe und Kanonisierung einer griechischen Übersetzung der hebräischen Bibel, der *Septuaginta*.

Erziehung und Ausbildung erhielten Kontur und weitere Verbreitung. Die wichtigsten Städte verfügten über aufwendige Bildungseinrichtungen – Alexandria mit seinem Museum, Pergamon mit seiner Bibliothek und Athen mit seinen noch immer blühenden philosophischen Akademien. Die Herrscher der wichtigsten Staaten des helleni-

stischen Reichs unterstützten die öffentlichen Lehrinstitute, indem
sie Wissenschaftler und Gelehrte als bezahlte Staatsbeamte einstellten. Fast jede hellenistische Stadt verfügte über ein öffentliches Erziehungssystem, Turnhallen und Theater gab es reichlich, und eine
höhere Bildung in griechischer Philosophie, Literatur und Rhetorik
wurde breiten Schichten zugänglich gemacht. Die griechische *Paideia*
blühte. Auf diese Weise blieb die griechisch-hellenistische Tradition
für das übrige klassische Zeitalter höchst lebendig.

Astronomie

Eigenständige Beiträge brachte die hellenistische Periode vor allem auf
dem Gebiet der Naturwissenschaften hervor. Der Geometer Euklid, der
Geometer und Astronom Apollonios, der Mathematiker und Physiker
Archimedes, der Astronom Hipparch, der Geograph Strabo, der Arzt
Galen und der Geograph und Astronom Ptolemäus – sie alle leisteten
Entscheidendes für den wissenschaftlichen Fortschritt und entwickel-
ten Theorien, die für viele Jahrhunderte verbindlich bleiben sollten.
Dabei erwies sich die Entwicklung der mathematischen Astronomie als
besonders folgenreich. Das Problem der Planetenbewegung hatte im
Modell miteinander verbundener homozentrischer Sphären durch
Eudoxos eine erste Lösung gefunden, die sowohl eine Erklärung für
deren scheinbar rückläufige Bewegungen bot als auch annähernd
genaue Vorhersagen ermöglichte. Die Veränderung der Helligkeit der
Planeten während ihrer rückläufigen Periode konnte er allerdings nicht
erklären, da in seinem Modell die Planeten notwendig in konstanter
Distanz zur Erde blieben. Generationen von Mathematikern und
Astronomen suchten in der Folge nach alternativen geometrischen
Systemen, um dieses Problem zu lösen.

Einige wenige, wie etwa die Pythagoreer, vertraten die radikale Idee,
daß sich die Erde bewegte. Herakleides, ein Mitglied der Akademie
Platons, meinte, die tägliche Bewegung der Himmelskörper sei in
Wirklichkeit durch die Drehung der Erde um ihre eigene Achse verursacht und Merkur und Venus drehten sich, da sie immer in der Nähe
zur Sonne blieben, um diese und nicht um die Erde. Ein Jahrhundert
später wagte Aristarch die kühne Hypothese, daß die Erde und alle
anderen Planeten sich um die Sonne drehten, und diese, wie die
äußere Sternensphäre, unbeweglich blieb.[1]

Diese von Eudoxos grundsätzlich abweichenden Modelle wurden im allgemeinen jedoch abgelehnt – aus guten mathematischen und physikalischen Gründen. So konnte im Verlauf des Jahres keine Parallaxe beobachtet werden, und eine solche scheinbare Verschiebung der Gestirne hätte stattfinden müssen, wenn sich der Standpunkt des Beobachters auf der Erde um die Sonne drehte und in bezug zu den Sternen ungeheure Entfernungen zurücklegte (es sei denn, die äußere Sternensphäre wäre, wie Aristarch im Vorgriff auf moderne Vorstellungen nahelegte, unvorstellbar groß). Überdies hätte eine sich bewegende Erde den ganzheitlichen Zusammenhang der aristotelischen Kosmologie gesprengt. Aristoteles hatte mit seiner Theorie, daß sich schwere Körper deshalb auf die Erde zubewegten, weil diese der unbewegliche Mittelpunkt des Universums sei, die Physik fallender Körper zufriedenstellend erklärt. Wenn sich die Erde aber bewegte, dann war diese wohldurchdachte und unmittelbar einleuchtende Erklärung hinfällig, ohne daß es eine ähnlich überzeugende Theorie gegeben hätte, die sie zu ersetzen vermochte. Von noch grundlegenderer Bedeutung mag gewesen sein, daß eine planetarische Erde der altehrwürdigen und ebenfalls unmittelbar einleuchtenden, auf der transzendenten Majestät der Himmelskörper beruhenden Dichotomie von Himmel und Erde widersprach. Schließlich, abgesehen von allen theoretischen und religiösen Fragen, war das Ganze ein Gebot des gesunden Menschenverstandes, würde doch eine sich bewegende Erde die auf ihr befindlichen Gegenstände und Menschen ständig durcheinanderwerfen und beispielsweise Wolken und Vögel im All zurücklassen. Der unzweideutige Augenschein sprach für eine stabile Erde.

Auf der Grundlage solcher Überlegungen entschied sich die Mehrzahl der hellenistischen Astronomen für ein geozentrisches Universum und experimentierte mit verschiedenen geometrischen Modellen zur Erklärung der Planetenbewegungen. Eine Zusammenführung dieser Anstrengungen leistete Ptolemäus im zweiten Jahrhundert nach Christus, und seine Synthese blieb das gültige Paradigma für die Astronomen bis zur Renaissance. Sein Grundproblem hatte bereits eine beachtliche Tradition: Wie ließen sich die zahlreichen Diskrepanzen zwischen der aristotelischen Kosmologie – die verlangte, daß die Planeten sich einheitlich in vollkommenen Kreisbahnen um eine unbewegliche Erde drehten – und den tatsächlichen Beobachtungen der Astronomen erklären, denen zufolge die Planetenbewegungen gekennzeichnet waren von wechselnden Geschwindigkeiten, Richtungsänderungen und variierenden Graden der Helligkeit. Aufbauend auf die jüngsten Fortschritte der griechischen Geometrie, die babylonischen Datensammlungen und Berechnungstechniken sowie auf die Arbeit der griechischen Astronomen Apollonios und Hipparch skizzierte Ptolemäus das folgende Schema: Die äußerste, sich drehende Sphäre der Fixsterne trug den gesamten Sternenhimmel täglich westwärts um die Erde. Innerhalb dieser Sphäre drehte sich jedoch jeder Planet, einschließlich Sonne und Mond, mit jeweils anderer Geschwindigkeit in einem eigenen, Deferent genannten, großen Kreis ostwärts. Für die Planeten mit komplexeren Bewegungen als Sonne und Mond wurde ein zusätzlicher Nebenkreis, genannt Epizykel, eingeführt, der sich gleichmäßig um einen Punkt drehte, der wiederum auf der Kreisbahn des Deferenten wanderte. Das Konzept des Epizykels war ein entscheidender Fortschritt gegenüber dem reinen Sphärenmodell des Eudoxos, da die Annahme dieser zusätzlichen Bewegungsdeterminante die irritierenden Abweichungen erklärbar machte: Der sich drehende Epizykel näherte den Planeten automatisch der Erde, wann immer er rückläufig war, und ließ ihn so heller erscheinen. Indem sie die Umlaufgeschwindigkeiten der einzelnen Deferenten und Epizykel aufeinander abstimmten, war es den Astronomen möglich, den unterschiedlichen Planetenbewegungen in ihren Berechnungen relativ nahezukommen. Die Einfachheit des Deferent-Epizykel-Schemas sowie seine Erklärung für die wechselnde Helligkeit, machten es zum anerkannten Sieger bei der Suche nach einem brauchbaren astronomischen Modell.

In der konkreten Anwendung ergaben sich jedoch geringfügige Abweichungen, zu deren Erklärung Ptolemäus weitere geometrische Hilfsmittel heranzog: Exzenter (Kreise, mit einem gegenüber dem Mittelpunkt der Erde versetzten Zentrum), kleinere Epizykel (zusätzliche Kreise, die um einen Hauptepizykel oder Deferenten kreisten) und Equanten (die die wechselnden Geschwindigkeiten genauer durch das Postulat eines anderen Punktes außerhalb des Mittelpunktes des Kreises erklärten, um den die Bewegung gleichförmig war). Das am Ende doch recht aufwendige Modell aus zusammengesetzten Kreisen des Ptolemäus bot eine erste systematische und quantitative Erklärung aller Himmelsbewegungen. Darüber hinaus besaß es eine neuartige Anpassungsfähigkeit, die es erlaubte, auf neue und widersprechende Beobachtungen immer wieder mit geometrischen Modifikationen zu reagieren – etwa der Hinzufügung eines weiteren Epizykels zu einem bereits bestehenden Epizykel, oder eines Exzenters zu einem Exzenter. Diese Flexibilität ermöglichte ihm, die gesamte klassische und mittelalterliche Zeit über unangefochten zu bleiben. Die aristotelische Kosmologie mit ihrer unbewegten Erde im Mittelpunkt, ihren kreisenden ätherischen Sphären und ihrer elementaren Physik hatte den hellenistischen Astronomen den grundlegenden Rahmen zur Entwicklung dieses Schemas bereitgestellt. Das Universum der ptolemäisch-aristotelischen Synthese wurde seinerseits wiederum zur fundamentalen Weltkonzeption und bestimmte die philosophische, religiöse und wissenschaftliche Sichtweise des Westens für den Großteil der folgenden fünfzehn Jahrhunderte.

Astrologie

Die mathematische Astronomie war in der klassischen Welt keine rein weltliche Disziplin. Die alte Vorstellung vom Himmelszelt als Sitz der Götter war von Anfang an aufs engste mit der sich schnell entwickelnden Astronomie verbunden, und gemeinsam bildeten sie die Astrologie, die während des klassischen Zeitalters als Wissenschaft galt und in Ptolemäus ihren größten Systematiker fand. Die Anstöße zur weiteren Entwicklung der Astronomie kamen zumeist unmittelbar von der Astrologie, die diese technischen Fortschritte zur Verbesserung ihrer Vorhersagen brauchte. Die verbreitete Nachfrage nach astrologischem Wissen – ob an den Höfen des Reichs, auf öffentlichen Marktplätzen oder im Studierzimmer des Philosophen – förderte die Entwicklung der Astronomie enorm und stärkte ihre soziale Bedeutung. Vom klassischen Zeitalter bis zur Renaissance bildeten beide Disziplinen im wesentlichen einen Berufsstand.

Vor dem Hintergrund erheblich genauerer astronomischer Berechnungen wurde nun die Lehre von der kosmischen Sympathie, die alte mesopotamische Auffassung, daß die himmlischen Ereignisse Indikatoren irdischer Geschehnisse seien – in den systematischeren griechischen Kontext mit seinen mathematischen und qualitativen Grundsätzen eingefügt. Das so entstandene System wurde in der Folge von den hellenistischen Astrologen zu Vorhersagen genutzt, die nicht nur Nationen oder Imperien, sondern auch einzelne Personen betrafen. Aus der Berechnung der genauen Position der Planeten im Augenblick der Geburt eines Menschen schlossen die Astrologen auf seinen Charakter und sein Schicksal. Sie zogen für eine solche Deutung archetypische Prinzipien heran, die sich aus der wahrgenommenen Übereinstimmung zwischen einzelnen mythischen Gottheiten und bestimmten Planeten ergaben. Weitere Erkenntnisse ließen sich durch die Anwendung einer Reihe pythagoreischer und babylonischer Prinzipien gewinnen, die die Gesamtstruktur des Kosmos und seine innere Beziehung zum Mikrokosmos Mensch betrafen. Die Platonisten befaßten sich eingehend mit Mitteln und Wegen, wie in einer bestimmten Planetenkonstellation die Übertragung des Charakters eines Planeten auf ein Individuum herbeigeführt und so eine archetypische Einheit von wirkender Kraft und empfangendem Subjekt erreicht werden könne. Die aristotelische Physik lieferte den passenden wissenschaftlichen Rahmen für die entstehende Disziplin mit ihrer objektivierenden Terminologie und der mechanischen Erklärung des himmlischen Einflusses auf die irdischen Phänomene im Rahmen ihres Sphärenmodells. Die Versatzstücke der astrologischen Tradition wurden schließlich von Ptolemäus zu einer einheitlichen Synthese verschmolzen, in der er die Bedeutung der einzelnen Planeten, ihre Positionen und geometrischen Aspekte sowie ihre vielfältigen Auswirkungen auf die menschliche Lebenswelt auflistete.

Dem Aufkommen der astrologischen Sichtweise entsprach der weitverbreitete Glauben, das menschliche Leben würde nicht von kapriziösen Zufällen bestimmt, sondern von einem geordneten und für den Menschen erkennbaren, von den Göttern in Übereinstimmung mit den Bewegungen der Planeten festgelegten Schicksal. Durch ein entsprechendes Wissen, so hieß es, sei der Mensch dazu imstande, sein Geschick zu verstehen und in einem Bewußtsein kosmischer Sicherheit zu handeln. Das astrologische Weltbild ging unmittelbar auf die griechische Konzeption des *Kosmos* zurück, des einsehbar geordneten Plans und inneren Zusammenhangs des Universums, mit dem Menschen als integralem Teil des Ganzen. Im Verlauf des hellenistischen Zeitalters wurde die Astrologie zum einzigen Glaubenssystem, das die Grenzen von Wissenschaft, Philosophie und Religion überschritt und in der zersplitterten Vielfalt der Weltanschauungen ein vereinheitlichendes Element darstellte. Von der Kulturmetropole Alexandria ausstrahlend durchdrang der Glaube an die Astrologie die hellenistische Welt und wurde von stoischen, platonischen und aristotelischen Philosophen, von mathematischen Astronomen und Ärzten, von hermetischen Esoterikern und Mitgliedern der verschiedenen Mysterienreligionen gleichermaßen angenommen.

Doch die zentralen Grundzüge der astrologischen Sichtweise wurden von den verschiedenen Gruppen je nach Weltbild verschieden ausgelegt. Für Ptolemäus und seine Kollegen scheint die Astrologie in erster Linie angewandte Wissenschaft gewesen zu sein, eine routinemäßige Untersuchung des Zusammentreffens bestimmter planetarischer Positionen und Konstellationen mit bestimmten Ereignissen und persönlichen Eigenschaften. Für Ptolemäus war die Astrologie nicht in dem gleichen Maß eine exakte Wissenschaft wie die Astronomie, weil sich die Astronomie ausschließlich mit der abstrakten Mathematik vollkommener Himmelsbewegungen beschäftigte, während die Astrologie deren Erkenntnisse auf den zwangsläufig weniger vorhersagbaren Bereich irdischer Ereignisse und menschlicher Handlungen anwendete. Aber auch wenn die ihr innewohnende Ungenauigkeit die Astrologie anfällig für Irrtum und Kritik machte, waren Ptolemäus und seine Zeit doch überzeugt, daß sie wissenschaftlich vertrauenswürdig war. Wie die Astronomie beruhte sie auf den unzweifelbar geordneten Bewegungen der Himmelskörper und mit den von den himmlischen Sphären ausgehenden Kausalkräften verfügte sie über ein rationales Fundament und feste Verfahrensprinzipien.

Die griechischen und römischen Stoiker interpretierten die astrologischen Korrespondenzen in einem eher philosophischen Sinne. Die Astrologie galt ihnen als die beste Methode zur Interpretation des kosmischen Willens und insofern als Voraussetzung einer Ausrichtung des Lebens an der göttlichen Vernunft. Die Stoiker empfanden die Astrologie als kongeniale Bestätigung ihrer Grundüberzeugungen, daß ein universelles Schicksal alles beherrsche und eine kosmische Sympathie alle Dinge miteinander verbinde. Die Mysterienreligionen vertraten eine ähnliche Auffassung, versprachen aber zugleich die Möglichkeit einer Befreiung von der Herrschaft der Planeten: Jenseits des letzten Planeten Saturn – der Gottheit des Schicksals, der Begrenzung und des Todes – lag die allumfassende Sphäre eines noch größeren Gottes, dessen Allmacht die menschliche Seele aus den Fesseln der sterblichen Existenz lösen und zu ewiger Freiheit führen konnte. Diese höchste Gottheit stand über allen anderen planetarischen Göttern und konnte deshalb die Gesetze des Schicksals außer Kraft setzen und das Individuum aus der Enge des Determinismus befreien.[2] Für die Platonisten unterstanden die Planeten ebenfalls der Herrschaft des höchsten Gottes, und die himmlischen Konfigurationen faßten sie lediglich als Hinweise auf und nicht als absolute Ursachen, die das Leben des Einzelnen zwangsläufig bestimmten. Eine weniger fatalistische Sichtweise lag auch dem Ansatz von Ptolemäus zugrunde, der die praktische Bedeutung der astrologischen Studien für die Lebensplanung betonte und zu verstehen gab, daß der Mensch durchaus eine aktive Rolle im kosmischen Plan spielen könne. Den verschiedenen Positionen lag bei allen Unterschieden der Glaube zugrunde, daß die Bewegungen der Planeten eine verstehbare Bedeutung für das menschliche Leben besaßen. Und eben diese Grundüberzeugung war von ungeheurem Einfluß auf das kulturelle Ethos des gesamten klassischen Zeitalters.

Neuplatonismus

Eine Zusammenführung von Wissenschaft und Mysterienreligion wurde nicht nur in der Astrologie versucht. Auch aus dem Platonismus erwuchs das Unternehmen eines Brückenschlags zwischen dem einseitig Rationalen und dem Spirituellen. In den Jahrhunderten, die auf Platons Tod in der Mitte des vierten vorchristlichen Jahrhunderts folgten, hatten die Philosophen sein Denken stetig weiterentwickelt und dabei dessen metaphysische und religiöse Aspekte immer mehr in den Mittelpunkt gestellt. Das höchste transzendente Prinzip wurde als »das Eine« bezeichnet und die Notwendigkeit einer körperfeindlichen »Vergeistigung« für den philosophischen Aufstieg der Seele zur göttlichen Wirklichkeit betont. Die idealen Formen wurden zunehmend innerhalb des göttliches Geistes verortet; und es zeigte sich ein verstärktes Interesse für das Problem des Bösen und seine Beziehung zur Materie. Diese Strömung erreichte ihren Höhepunkt im dritten Jahrhundert nach Christus im Werk Plotins. Die Integration eines ausgesprochen mystischen Elements in das platonische System und den parallelen Rückgriff auf bestimmte Aspekte des aristotelischen Denkens verband er in einer »neuplatonischen« Philosophie von bemerkenswerter intellektueller Ausstrahlung und Universalität. Im Denken Plotins gelangte die rationale Philosophie der Griechen an ihren Endpunkt und ging über in tiefgründige Spiritualität und überrationalen Mystizismus. Der Charakter eines neuen Zeitalters, mit einer psychologischen und religiösen

Sensibilität, die sich grundlegend vom klassischen Hellenismus unterschied, zeichnete sich ab.

Für Plotin war die Rationalität von Welt und Philosophie nur noch das Vorspiel zu einem transzendenten Sein jenseits der Vernunft. Der neuplatonische Kosmos war das Ergebnis einer göttlichen Emanation des höchsten Einen, das unendlich in seinem Dasein und jenseits aller Beschreibung und Kategorisierung war. Das Eine, auch das Gute genannt, brachte aus Überfluß an schierer Vollkommenheit das »Andere« – den geschaffenen Kosmos in all seiner Vielfalt – in einer hierarchischen Reihe von Abstufungen hervor, die sich vom ontologischen Mittelpunkt bis hin zu den Grenzen des Möglichen erstreckten. Am Anfang der Schöpfung strömte aus dem Einen der göttliche Intellekt hervor, die alles durchdringende Weisheit des Universums, in der alle archetypischen Formen oder Ideen, die die Welt verursachten und ordneten, enthalten waren. Aus diesem *Nous* entstand die Weltseele. Sie umschloß und belebte die Welt und war die Quelle der Seelen aller lebenden Wesen und die vermittelnde Wirklichkeit zwischen dem spirituellen Intellekt und der Welt der Materie. Die Emanation des Göttlichen aus dem Einen war ein ontologischer Prozeß, den Plotin mit dem Licht verglich, das von einer Kerze in nach und nach schwächer werdenden Abstufungen in den Raum vordrang, bis es schließlich in der Dunkelheit verschwand. Die ontologischen Abstufungen waren jedoch keine im zeitlichen oder räumlichen Sinne voneinander getrennten Bereiche, sondern verschiedene, in allen Dingen zeitlos gegenwärtige Ebenen des Seins. Die drei »Hypostasen« – Eines, Intellekt und Seele – bildeten keine Einheiten im buchstäblichen Sinne, sondern eher spirituelle Dispositionen, ähnlich wie die Ideen nicht einzelne Gegenstände, sondern verschiedene Seinszustände des göttlichen Geistes waren.

Die materielle, in Raum und Zeit existierende und den Sinnen zugängliche Welt war die von der Göttlichkeit des Einen am weitesten entfernte Wirklichkeitsebene. Als äußerste Grenze der Schöpfung beschrieb Plotin sie als das Reich der Vielheit, Beschränktheit und Dunkelheit. Als niedrigste ontologische Stufe enthielt sie den geringsten Anteil wirklichen Seins und konstituierte das Prinzip des Bösen. Doch trotz ihrer tiefen Unvollkommenheit blieb sie eine Schöpfung des Schönen, ein organisches, von der Weltseele in universaler Harmonie geschaffenes und erhaltenes Ganzes. In ihrer Begrenzung auf die raumzeitliche Ebene spiegelte sie die großartige Einheit in der

Vielfalt wider, jene Einheit, die auf einer höheren Ebene in der Formenwelt des spirituellen Intellekts existierte. In dieser Harmonie hatte auch das Böse seinen Platz. Es spielte eine notwendige Rolle in einem größeren Plan und vermochte letztlich weder die Vollkommenheit des Einen noch das innerste Selbst des Philosophen zu beeinträchtigen.

Der Mensch, von Natur aus Seele und Körper zugleich, hatte potentiell Zugang zu den höchsten geistigen und spirituellen Bereichen – abhängig davon, wieweit er sich vom Materiellen befreite. Er konnte zum Bewußtsein der Weltseele und von da aus zum universalen Intellekt aufsteigen – und so tatsächlich zu dem werden, was er potentiell bereits war –, oder er konnte den unteren Sphären verhaftet bleiben. Weil alle Dinge aus dem Einen durch den Weltgeist und die Weltseele strömten und weil die höchste menschliche Vorstellungskraft an dieser ursprünglichen Göttlichkeit teilhatte, konnte der Mensch die transzendenten Formen in seiner Vorstellung widerspiegeln und sich über diesen Einblick in die letzte Ordnung der Dinge geistig und seelisch befreien. Das gesamte Universum befand sich in einem kontinuierlichen Fließen des Einen in die geschaffene Vielfalt, die dann wieder zurück ins Eine gezogen wurde – in einem Prozeß von Emanation und Rückkehr, der vom unermeßlichen Überfluß des Einen an Vollkommenheit in Gang gehalten wurde. Die Aufgabe des Philosophen war es, seine Bindung an die physische Sphäre durch moralische und geistige Selbstdisziplin und Reinigung zu überwinden und sich dem langsamen inneren Aufstieg zurück zum Absoluten zuzuwenden. An dessen Ende stand der höchste Augenblick der Erleuchtung. Er überstieg die Erkenntnis im üblichen Sinne und ließ sich weder definieren noch beschreiben, denn er war die Überwindung der Trennung von Subjekt und Objekt, von Suchendem und Ziel; er war die Erfüllung der kontemplativen Sehnsucht und vereinte den Philosophen mit dem Einen.

Plotin schuf eine stimmige und geschlossene rationalistische und idealistische Metaphysik, die in der mystischen Erfahrung der höchsten Gottheit zu ihrer Erfüllung gelangt. Kühn, akribisch und oft in überraschend schöner Prosa beschrieb er die Komplexität des Universums und seine Teilhabe am Göttlichen. Plotin baute die platonische Lehre von den transzendenten Ideen mit einer Reihe von Ergänzungen und neuen Schwerpunkten aus. Geprägt von den Vorstellungen einer teleologischen Dynamik und einer kosmischen Hierarchie, vom Konzept der Emanation und einem die Vernunft übersteigenden

Mystizismus wurde der Neuplatonismus zum abschließenden Ausdruck der klassischen heidnischen Philosophie und übernahm in den folgenden Jahrhunderten die historische Rolle der Vermittlung und Verbreitung des Platonismus.

Beide, Neuplatonismus und Astrologie, überwanden die intellektuelle Spaltung der hellenistischen Epoche, und beide waren, wie so vieles in der klassischen Kultur, das Ergebnis einer wechselseitigen Durchdringung und Vermischung griechischer Denkformen mit von außen kommenden kulturellen Impulsen. Beide Strömungen übten in der Folge – jede auf ihre Weise – einen nachhaltigen, wenngleich zuweilen verborgenen Einfluß auf das westliche Denken aus. Doch ungeachtet der großen Popularität der Astrologie und des hohen Ansehens, das die Erneuerung der heidnischen Philosophie durch den Neuplatonismus in den letzten Jahren der Akademien genoß, begannen in der spätklassischen Zeit neue, machtvolle Impulse, das griechisch-römische Bewußtsein zu formen. Am Ende wandte sich der ruhelose Geist des hellenistischen Zeitalters auf seiner Suche nach Erlösung in eine ganz andere Richtung.

Abgesehen von den bereits zitierten, wichtigen Ausnahmen scheint den späten Leistungen der hellenistischen Kultur der wagemutige Optimismus und die intellektuelle Neugier ihrer Vorgänger gefehlt zu haben. Bei oberflächlicher Betrachtung hat es den Anschein, als sei die hellenistische Zivilisation eher wegen ihrer Vielfalt, ihrer säkularen Intelligenz und der Erhaltung und Entfaltung vergangener kultureller Leistungen bemerkenswert und nicht so sehr von Vitalität, Inspiration und Innovation geprägt. Zwar waren viele bedeutsame Strömungen wirksam, doch das ganze ergab keinen stimmigen Zusammenhang. Die verschiedenen Perspektiven fanden keinen gemeinsamen Standpunkt, waren mal skeptisch und mal dogmatisch, blieben durchweg synkretistisch und fragmentarisch. Die hochorganisierten Zentren der Gelehrsamkeit schienen die Kreativität des Einzelnen eher zu ersticken. Schon seit der römischen Eroberung Griechenlands im zweiten vorchristlichen Jahrhundert hatte der hellenische Impuls nach und nach an Einfluß verloren und wurde schließlich verdrängt von einem eher orientalisch geprägten Glauben an die völlige Unterordnung des Menschen unter die überwältigenden Mächte des Übernatürlichen.

Rom

In Rom selbst erlebte die klassische Zivilisation jedoch noch einmal eine ausgedehnte herbstliche Blütezeit – herausgefordert zunächst vom martialischen und freizügigen Ethos der Republik, dann in ruhige Bahnen gelenkt unter der *Fax Romana* während der langen Regierungszeit des Kaisers Augustus. Mit politischem Geschick, unerschütterlichem Patriotismus und Vertrauen zu ihren Göttern gelang es den Römern durch die Eroberung des gesamten Mittelmeerraumes und eines großen Teiles von Europa, die Vision zu verwirklichen, ihre Zivilisation über die gesamte damals bekannte Welt auszudehnen. Ohne den Schutz dieses Reiches, das nur durch erbarmungsloses militärisches Vorgehen und den politischen Ehrgeiz von Machthabern wie Julius Caesar entstand, hätte das positive Vermächtnis der klassischen Kultur, im Osten wie im Westen, wohl kaum dem Druck barbarischer und orientalischer Angriffe standgehalten.

Die römische Kultur selbst trug Bedeutendes zum klassischen Erbe bei. Cicero, Vergil, Horaz und Livius führten die lateinische Sprache, inspiriert von den griechischen Meistern, zu eloquenter Reife. Die griechische *Paideia* erwachte in der *Humanitas* der römischen Aristokratie zu neuem Leben, einer liberalen, auf den Klassikern basierenden Erziehung. Die griechische Mythologie wurde mit der römischen verschmolzen und in den Werken von Ovid und Vergil der westlichen Nachwelt überliefert. Das römische Rechtsdenken, das einen vom griechischen Begriff des universalen *Logos* abgeleiteten neuen Sinn für objektive Rationalität und Naturrecht einführte, brachte systematische Klarheit in die Handels- und Rechtsbeziehungen des gesamten Reichs, vereinheitlichte das Durcheinander voneinander abweichender örtlicher Rechtsbräuche und entwickelte Prinzipien des Vertrags- und Eigentumsrechts, die sich als wegweisend für die gesamte spätere Entwicklung des Westens erweisen sollten.

Schon die bloße Energie und der gigantische Umfang des römischen Projekts nötigten der antiken Welt Respekt ab. Aber die äußeren Erfolge konnten nicht darüber hinwegtäuschen, daß die kulturelle Pracht Roms letztlich nur eine – wenngleich schöpferische – Nachahmung des griechischen Glanzes war, und räumliche Größe allein vermochte den hellenischen Geist nicht endlos zu bewahren. Obwohl sich in den Tumulten des politischen Lebens oft noble Charaktereigenschaften zeigten, verlor das römische Ethos nach und nach an

Vitalität. Es war am Ende gerade der Erfolg der maßlosen, jeglicher tieferen Beweggründe baren Feldzüge und Handelsaktivitäten des Reichs, der das moralische Rückgrat der römischen Gesellschaft schwächte. Die wissenschaftliche Forschung ging bald nach Galen. und Ptolemäus im zweiten Jahrhundert radikal zurück, und in der gleichen Zeit begann auch der Glanz der lateinischen Literatur zu verblassen. Der Glaube an den menschlichen Fortschritt, der während der kulturellen Blüte Griechenlands im fünften vorchristlichen Jahrhundert auf breiter Front sichtbar geworden war und der vereinzelt auch noch, in der Regel unter Wissenschaftlern und Technologen, im hellenistischen Zeitalter Anhänger gefunden hatte, schwand in den letzten Jahrhunderten des römischen Reichs praktisch völlig. Die klassische Zivilisation hatte zu diesem Zeitpunkt ihre besten Jahre bereits hinter sich, und die Faktoren, die mithalfen, den Untergang Roms herbeizuführen, häuften sich: tyrannische und habgierige Regierungen, von übermäßigem Ehrgeiz getriebene Generäle, ständige Barbarenüberfälle, eine dekadent und schwach gewordene Aristokratie, die Autorität des Reichs und das militärische Ethos untergrabende religiöse Gegenströmungen, drastische und nachhaltige Inflation, ansteckende Krankheiten, eine schrumpfende Bevölkerung ohne Widerstandskraft und Ziel – all diese Faktoren trugen zum Tod der von den Griechen inspirierten Welt bei.

Doch unterhalb der schillernden Oberfläche des Verfalls der klassischen Kultur hatte – gespeist aus der Quelle der religiösen Welt des Hellenismus – langsam und unaufhaltsam eine neue Welt Gestalt angenommen.

DIE HERAUFKUNFT
DES CHRISTENTUMS

Die klassische griechisch-römische Zivilisation, als Einheit betrachtet, entstand, blühte und verfiel über einen Zeitraum von rund tausend Jahren. Ungefähr gegen Mitte dieses Jahrtausends lebte, lehrte und starb der junge jüdische Religionsführer Jesus von Nazareth in den abgelegenen Bezirken von Galilea und Judäa am Rande des römischen Reichs. Seine radikale Glaubensbotschaft wurde von einer kleinen, aber leidenschaftlich begeisterten Gruppe von jüdischen Jüngern aufgenommen, die glaubten, daß Jesus nach seinem Tod am Kreuz wiederauferstanden sei und sich als Christus, als Herr und Erlöser der Welt, offenbart habe. In eine neue Phase trat diese junge Religion, als Paulus von Tarsus ihr Anhänger wurde, der von Geburt Jude, als Staatsbürger Römer und von seinem kulturellen Hintergrund her Grieche war. Als Vertreter der jüdischen Orthodoxie auf dem Weg nach Damaskus, um dort eine weitere Verbreitung der in seinen Augen ketzerischen Sekte zu verhindern, wurde Paulus von einer Vision des auferstandenen Christus überwältigt. Er wandelte sich daraufhin zu einem glühenden Verfechter ausgerechnet der Religion, deren Überzeugtester Gegner er gewesen war, und wurde zu ihrem herausragenden Missionar und Gründungstheologen. Unter seiner Führung breitete sich die kleine religiöse Bewegung schnell auf die anderen Teile des Reichs – Kleinasien, Ägypten, Griechenland und selbst Rom – aus und begann, sich als Weltkirche zu konstituieren.

Im Verlauf der wechselvollen hellenistischen Zeit war die Kultur in eine Art spirituelle Krise geraten. Die Menschen spürten das deutliche Bedürfnis, sich ihrer individuellen Bedeutung im Kosmos zu versichern und sich einen eigenen Begriff vom Sinn des Lebens zu bilden. Verschiedene Mysterienreligionen, öffentliche Kulte, esoterische Systeme und philosophische Schulen sprachen dieses Bedürfnis an, doch es war das Christentum, das nach Phasen schwerer Verfolgung durch den römischen Staat schließlich als Sieger aus dieser Konkurrenz hervorging. Der entscheidende Wendepunkt in diesem Prozeß war im frühen vierten Jahrhundert die epochemachende Bekehrung des römischen Kaisers Konstantin, der daraufhin seine ganze Person und Macht in den Dienst der Verbreitung des Christentums stellte.[3]

Von Osten her dem Vordringen der christlichen Religion und von Norden her dem Ansturm germanischer Barbaren ausgesetzt, machte die klassische Welt in den letzten Jahrhunderten ihres Bestehens drastische Veränderungen durch. Gegen Ende des vierten Jahrhunderts war das Christentum zur offiziellen Staatsreligion des römischen Reichs geworden, und gegen Ende des fünften war der letzte weströmische Kaiser von einem barbarischen König abgesetzt worden. Auf den ersten Blick ist die klassische Zivilisation im Westen damit an ihr Ende gekommen. Ihre großen Werke und Ideen scheinen in den Besitz der Byzantiner und später der Moslems übergegangen zu sein, um dort wie in einem Museum aufbewahrt zu werden. Diese Einstellung hat Edward Gibbons Ende des 18. Jahrhunderts in seiner monumentalen *Geschichte des Verfalls und Untergangs des Römischen Reiches* auf den Punkt gebracht: »Ich habe den Triumph der Barbarei und der Religion beschrieben.« Doch ein weiter gefaßter Blick auf die komplexe Entwicklung des Westens zeigt, daß die neuen Kräfte die griechisch-römische Kultur nicht in erster Linie eliminierten oder verdrängten, sondern eher ihre eigenen charakteristischen Elemente in dem hochentwickelten und tiefverwurzelten klassischen Fundament verankerten.[4]

Auch wenn Europa während der folgenden Jahrhunderte in kulturelle Isolation und Bedeutungslosigkeit versank – vor allem im Vergleich mit den blühenden byzantinischen und islamischen Reichen –, verband sich aber zugleich der ruhelos vitale Wagemut der germanischen Völker mit dem zivilisierenden Einfluß der römisch-katholischen Kirche um eine Kultur zu schaffen, die tausend Jahre später den modernen Westen hervorbringen sollte. Dieses »Mittelalter« zwischen klassischer Zeit und Renaissance war insofern eine Reifungszeit mit beachtlichem Ergebnis. Dabei war es vor allem die institutionalisierte Kirche als unumstößliche Instanz an der Spitze, die den Westen einte und die Verbindung zur klassischen Zivilisation lebendig erhielt. Die Barbaren ihrerseits taten in erster Linie zwei bemerkenswerte Dinge: Sie konvertierten zum Christentum, und sie gingen zugleich an die gewaltige Aufgabe, sich das reiche intellektuelle Vermächtnis der gerade von ihnen eroberten klassischen Kultur anzueignen. Dieses enorme Arbeitspensum wurde über einen Zeitraum von tausend Jahren zunächst in den Klöstern und später an den Universitäten geleistet. Es umfaßte nicht nur die Aneignung der griechischen Philosophie, Literatur und Wissenschaft und des römischen politischen Denkens, sondern brachte auch die beeindruckende Fülle der von den alten Kirchenvätern verfaßten theologischen Schriften hervor – gipfelnd im Werk Augustins, das er im frühen fünften Jahrhundert verfaßte, gerade als das römische Reich um ihn herum im Begriff war, unter dem Druck der barbarischen Invasion zusammenzubrechen. Aus diesem komplexen Prozeß der Verschmelzung ethischer, politischer, religiöser und philosophischer Elemente ging nach und nach ein ganzheitliches, der westlichen Christenheit gemeinsames Weltbild hervor. Die christliche Anschauung löste die klassisch-griechische als kulturell dominierende ab. Bis hin zur Moderne bestimmte und bereicherte sie das Leben und Denken von Millionen – und für viele tut sie dies noch heute.

III
DAS CHRISTLICHE WELTBILD

Das Christentum war zwei Jahrtausende lang nicht nur der zentrale spirituelle Impuls der westlichen Kultur, es beeinflußte auch nachhaltig ihre philosophische und wissenschaftliche Entwicklung bis weit über die Renaissance und die Aufklärung hinaus. Bis heute, vielleicht weniger offensichtlich, deswegen aber nicht weniger bedeutsam, prägt das christliche Weltbild die westliche Mentalität, auch wenn diese von ihrem ganzen Wesen her weltlich zu sein scheint. Jeder, der sich mit unserer Kultur – ihrer Geschichte oder ihrem gegenwärtigen Zustand – tiefergehend auseinandersetzen will, sieht sich entsprechend vor die Aufgabe gestellt, das christliche Glaubenssystem zu verstehen. Dies ist unsere Aufgabe in diesem Kapitel.

Was genau der historische Jesus von Nazareth sagte, tat oder zu sein glaubte, läßt sich heute nicht mehr mit Sicherheit feststellen. Wie Sokrates hinterließ Jesus der Nachwelt keine von ihm selbst verfaßten Schriften. Durch historische Studien und Schriftexegese ist jedoch relativ gesichert, daß er ganz im Sinne der jüdischen Tradition den Anbruch des Reiches Gottes unmittelbar bevorstehen sah und deshalb in seinen Predigten zur Buße aufrief, daß für ihn dieses kommende Königreich allerdings bereits in seinen eigenen Worten und Taten gegenwärtig war und daß er unter dem römischen Statthalter Pontius Pilatus wegen dieser Behauptungen ungefähr im Jahre 30 zum Tode verurteilt wurde. Ob er aber von sich selbst glaubte, der Sohn Gottes zu sein, ist nicht einwandfrei belegt. Auch andere vom christlichen Glauben als heilig verehrte zentrale Elemente des Lebens Jesu – die dramatische Erzählung seiner Geburt, die verschiedenen Wundergeschichten, sein Wissen von der Dreieinigkeit, seine Absicht, eine neue Religion zu gründen – lassen sich nicht abschließend durch historische Quellen verifizieren.

Eine Generation später, gegen Ende des ersten Jahrhunderts wurden die vier Evangelien des Neuen Testaments verfaßt und die Grundlagen des christlichen Glaubens von den Nachfolgern der unmittelbaren Jünger Jesu formuliert. Diese erste, zuweilen widersprüchliche Glaubensordnung umfaßte nicht nur die in Erinnerung gebliebenen Fakten des Lebens Jesu, sondern auch verschiedene mündliche Überlieferungen, Legenden, Parabeln und Sprichworte, spätere Visionen und Prophezeiungen, Hymnen und Gebete, apokalyptische Vorstellungen, die didaktischen Anforderungen der jungen Kirche, nachträglich eingeschobene Parallelen zu den hebräischen Schriften, griechische und gnostische Einflüsse sowie ein komplexes, mit einer Theologie der Erlösung verknüpftes Geschichtsbild – alles zu einer Einheit verschmolzen durch den Glauben der biblischen Autoren an die neue Religion. Inwieweit das Ergebnis am Ende die tatsächlichen Ereignisse und Lehren des Lebens Jesu widerspiegelt, bleibt unklar. Die frühesten erhaltenen Dokumente des Christentums sind die Briefe des Paulus, der Jesus nie selbst kennenlernte. Der Jesus, der in die Geschichte eingegangen ist, ist der im Neuen Testament beschriebene Jesus – erinnert, rekonstruiert, interpretiert, retuschiert, mit lebhafter Phantasie vorgestellt von Autoren, die ein oder zwei Generationen nach der in ihren Geschichten geschilderten Zeit lebten und die Autorenschaft an ihren Erzählungen den ursprünglichen Jüngern Jesu zuschrieben.

Hinzu kommt, daß die Texte nur ausgewählt zusammengestellt wurden, denn die aufgenommenen Schriften wurden erst nach und nach von der frühen Kirchenhierarchie als authentische Offenbarungen Gottes aus einer größeren Menge ähnlicher Quellen ausgewählt, von denen einige – im allgemeinen später entstandene – radikal andere Sichtweisen der fraglichen Ereignisse boten. Die orthodoxe Kirche fällte diese für die weitere Entwicklung der christlichen Glaubensordnung so entscheidenden Urteile in dem Bewußtsein, eine von den ersten Aposteln gegründete und mit dem göttlichen Segen der Heiligen Schrift ausgestattete Autorität zu sein. Die Kirche war der Vertreter Gottes auf Erden, eine heilige Institution, kraft ihrer bis zu den Ursprüngen zurückgehenden Tradition der alleinige Vermittler zwischen göttlicher Offenbarung und Menschheit. Mit dem allmählichen Aufstieg der Kirche zur beherrschenden Organisation und zum dominierenden Einfluß innerhalb der frühchristlichen Religion wurden die von ihr ausgewählten Schriften, die heute das der hebräischen Bibel beigefügte Neue Testament bilden, zur kanonischen Grundlage der christlichen Tradition und bestimmten als solche nachhaltig die Parameter des sich entwickelnden christlichen Weltbildes.

Deshalb wird diese Schriftensammlung in der folgenden Untersuchung des christlichen Phänomens zunächst einmal als Grundlage akzeptiert. Unser Hauptaugenmerk gilt den verschiedenen Weltbildern der westlichen Zivilisation und ihren dynamischen Wechselbeziehungen. Entsprechend steht im folgenden Kapitel der Hauptstrom der christlichen Tradition im Mittelpunkt, dessen kulturelle Vorherrschaft im Westen vom Ende des Römischen Reiches bis zum Beginn der Moderne dauerte. Uns interessiert, was der christliche Westen über die Welt und den Platz des Menschen in ihr zu wissen glaubte. Das christliche Weltbild war in der kanonischen Offenbarung begründet, zumeist unter der maßgeblichen Führung der Kirchentradition wurde es aber allmählich verändert, fortentwickelt und erweitert. Daß die Kirche einerseits der göttlichen Autorität des schriftlichen Kanons erst Geltung verschaffte, sich andererseits zur Legitimation der eigenen Autorität aber wiederum auf den schriftlichen Kanon berief, mag als Zirkelschluß erscheinen, doch es war gerade diese symbiotische wechselseitige Bestätigung, die – von der Gemeinde gläubig getragen – die Herausbildung des Christentums bestimmte. Bevor diese Tradition, in ihrer biblischen Form wie auch in ihren späteren Entwicklungen, Gegenstand der Untersuchung wird, soll zunächst das Umfeld beleuchtet werden, aus dem das Christentum hervortrat – die präzise, streng moralische und zutiefst religiöse Glaubenstradition der Israeliten, der Nachfahren von Abraham und Moses.

DER JÜDISCHE GOTT
UND SEINE MANIFESTATION
IN DER GESCHICHTE

In der hebräischen Sicht der Welt waren Theologie und Geschichte untrennbar miteinander verknüpft. Die Taten Gottes und die Ereignisse der menschlichen Lebenswelt bildeten ein und dieselbe Wirklichkeit, und die biblische Schilderung der hebräischen Vergangenheit verfolgte eher das Ziel, deren göttliche Logik zu offenbaren als einen historisch exakten Ablauf zu rekonstruieren. Wie beim Christentum sind Dichtung und Wahrheit in der Frühgeschichte des Judentums heute nicht mehr klar voneinander zu trennen. Durch nachträgliche Einschübe verdunkelt, zeichnet der biblische Bericht kein klares Bild von den Umständen, unter denen ein einzelnes Volk im antiken Nahen Osten sich von seinem ursprünglichen kulturellen Hintergrund löste, der geprägt war von einer halbnomadischen Lebensweise und einem religiösen Kult mit polytheistischen Elementen und der noch zu Zeiten der Patriarchen Abraham, Isaak und Jakob im frühen zweiten vorchristlichen Jahrtausend spürbar war. Die überlieferte Schilderung scheint aber letztlich doch auf einen eindeutig bestimmbaren historischen Kern im traditionellen jüdischen Selbstverständnis zu verweisen.

Für die Geschichte und Mission des jüdischen Volkes und seiner Religion gibt es in der antiken Welt keine Parallele. Inmitten einer Vielzahl anderer Kulturen, oft stärker und fortschrittlicher als die eigene, begannen die Hebräer, sich als das auserwählte Volk zu fühlen, als eine Nation, deren Geschichte dazu bestimmt war, weitreichende spirituelle Konsequenzen für die ganze Welt zu haben. Inmitten einer Region, deren Stämme und Völker einer Vielzahl verschiedener Naturgottheiten huldigten, kamen die Juden zu der Überzeugung, sie stünden in einer einmaligen und unmittelbaren Beziehung zu dem einen und absoluten Gott, der als Schöpfer der Welt und als Lenker ihrer Geschichte über allen Dingen stand. Sie sahen ihre Geschichte in einer ungebrochenen Kontinuität mit den sich noch immer in ihr widerspiegelnden Anfängen der Schöpfung: Gott hatte die Welt und – nach seinem eigenen Bilde – den Menschen erschaffen. Mit der Vertreibung Adams und Evas aus dem Garten Eden – als Strafe für ihren Ungehorsam – hatte das Drama der menschlichen Entfremdung von Gott seinen Anfang genommen und war immer weiter getrieben worden – bei Kain und Abel, Noah und der Sintflut, dem Turmbau zu Babel –, bis Abraham berufen wurde, den Plan Gottes für sein Volk auszuführen. Als Moses schließlich die Juden aus ägyptischer Knechtschaft führte, wurde jener heilige Bund geschlossen, durch den Israel die eigene Identität fand und seinen Gott Jahwe als machtvoll in der Geschichte wirkenden Retter erkannte.[1] Auf diesem historischen Fundament ruhte das ungebrochene Vertrauen der Israeliten in die göttliche Verheißung einer vollkommenen Erlösung in der Zukunft. Mit der Annahme der ihnen auf dem Berg Sinai offenbarten göttlichen Gebote unterwarfen sie sich ihrem Gott und seinem unabänderlichen und unerforschlichen Ratschluß. Denn der Gott der Hebräer war ein Gott des Wunders und des Willens, der Völker nach seinem eigenen Gutdünken rettete oder vernichtete, der Wasser aus Felsen fließen, Nahrung vom Himmel fallen und unfruchtbare Mütter Kinder gebären ließ, nur um seinen Plan für Israel zu verwirklichen. Ihr Gott war nicht nur Schöpfer, sondern auch Befreier, und er hatte seinem Volk ein ruhmreiches Schicksal versprochen, wenn es nur fest im Glauben und im Gehorsam gegenüber seinen Gesetzen blieb.

Doch bevor die erlösende Kraft Gottes in der Welt erfahren werden konnte, mußte das gesamte Leben dem Vertrauen zu Gott – und der Angst vor ihm – untergeordnet werden. Aus dieser Vorstellung entstanden ein intensives Gefühl für moralische Werte und die Überzeugung, daß das Schicksal am Ende durch menschliche Handlungen hier und jetzt entschieden wurde, sowie die Gewißheit des Einzelnen, einem allwissenden und allgerechten Gott gegenüber unmittelbar Rechenschaft ablegen zu müssen. Auch die Empörung über gesellschaftliches Unrecht, die Verachtung oberflächlichen weltlichen Erfolges und der prophetische Ruf nach moralischer Erneuerung lagen hier begründet. Die Juden waren als einzige von Gott berufen, seine uneingeschränkte Souveränität über die Welt zu erkennen und an der Verwirklichung seiner Absichten – der ganzen Menschheit Frieden, Gerechtigkeit und Erfüllung zu bringen – teilzuhaben. Als Endziel der Geschichte bildete sich im Verlauf der wechselvollen Geschichte des antiken Israel, vor allem während und nach der babylonischen Gefangenschaft im sechsten vorchristlichen Jahrhundert, immer deutlicher die Vorstellung eines kommenden »Tages des Herrn« heraus. In einem triumphalen Durchbruch würde dann das Reich Gottes errichtet, der Gerechte erlöst, der Gottlose bestraft und Israel als das spirituelle Licht der gesamten Menschheit verehrt werden. Die Leiden des auserwählten Volkes hatten letztlich den Sinn, der Welt ein neues Zeitalter der universalen Gerechtigkeit, des wahren Glaubens und der Offenbarung der ganzen Herrlichkeit Gottes zu bringen. Nach Jahrhunderten der Qual und der Niederlagen würde eine messianische Figur erscheinen, und in ihrer göttlichen Macht würde die Geschichte ihren grandiosen Abschluß finden. Aus der früheren Vorstellung eines »gelobten Landes«, in dem Milch und Honig flossen, war im Verlauf der Entwicklung die historische Mission Israels geworden, das Reich Gottes der ganzen Menschheit zu bringen. Es war dieser Glaube, diese Hoffnung auf die Zukunft, dieser einzigartige, von den Propheten überlieferte und in der Prosa und Poesie der Bibel auf so unwiderstehliche Weise festgehaltene historische Impuls, aus dem das jüdische Volk über einen Zeitraum von zweitausend Jahren seine Kraft bezog.

Jesus von Nazareth begann mit der Verkündung seiner geistlichen Botschaft in einem jüdischen kulturellen Umfeld, in dem das Warten auf einen Messias und ein apokalyptisches Ende der Geschichte extreme Ausmaße angenommen hatte. Vor diesem Hintergrund erhielt die Botschaft Jesu an seine galiläischen Landsleute, mit seiner Person sei endlich die Zeit der Erfüllung der Prophezeiungen gekommen, eine dramatische Bedeutung. Der zentrale Impuls für den neuen Glauben kam aber nicht aus den von Wanderpredigern wie Johannes dem Täufer geweckten eschatologischen Erwartungen und auch nicht aus der Lehre Jesu, daß dieses Reich bereits angebrochen sei. Entscheidend war die Reaktion der Jünger Jesu auf seinen Tod am Kreuz und ihr tiefer Glaube an seine Auferstehung. Denn in dieser Auferstehung sahen die christlichen Gläubigen den Triumph Gottes über den Tod und das Böse sowie die Vorwegnahme ihrer eigenen Auferstehung. Ungeachtet der Frage nach der genauen Grundlegung des neuen Glaubens läßt sich die enorme Überzeugungskraft, die sofort von ihm ausging, kaum abschätzen. Es sieht so aus, als hätten die Anhänger Jesu schon kurz nach seinem Tod eine rapide und umwälzende Neugestaltung ihres Glaubens vollzogen, die den Rahmen der jüdischen Tradition sprengte und ein neues Verständnis von Gott und der Welt hervorbrachte.

Diese neue Sichtweise entstand bald nach der Kreuzigung aufgrund einer Reihe von Offenbarungserfahrungen, die viele der Gefolgsleute Jesu davon überzeugten, ihr Meister sei wieder lebendig. Diese »Erscheinungen«, deren Glaubwürdigkeit später durch die Vision des Paulus vom auferstandenen Christus Bestätigung fand, ließen die Jünger glauben, Jesus sei durch die Macht Gottes auf einer höheren Ebene völlig wiederhergestellt und eins mit Gott geworden, um mit ihm das ewige Leben im Himmel zu teilen. Jesus war folglich nicht einfach nur ein Mensch, nicht nur ein großer Prophet, sondern der Messias selbst, der Sohn Gottes, der lang erwartete göttliche Heilsbringer, mit dessen Leidensweg und Tod die Erlösung der Welt und die Geburt eines neuen Zeitalters begonnen hatte. Jetzt ließen sich auch die Prophezeiungen der jüdischen Bibel richtig deuten: Der Messias war kein weltlicher, sondern ein spiritueller König, und das Reich Gottes bedeutete nicht den politischen Sieg Israels, sondern eine göttliche Erlösung der ganzen Menschheit, der Beginn eines neuen, vom Geist Gottes durchströmten Lebens. So verwandelte sich die bittere Enttäuschung der Kreuzigung in den Köpfen der Jünger auf geheimnisvolle Weise in den rückhaltlosen Glauben an die letztendliche Rettung der Menschheit und in einen ungewöhnlich dynamischen Impuls, diesen Glauben zu verbreiten.

Jesus hatte seine jüdischen Landsleute aufgerufen, den rettenden Eingriff Gottes in die Geschichte anzunehmen, einen Eingriff, der auch in seiner eigenen Person und Botschaft sichtbar würde. Dem entsprach die – neuformulierte und weiterreichende – Forderung der frühen Kirche, Jesus als Sohn Gottes und Messias anzuerkennen.[2] Das Christentum machte damit für sich den Anspruch geltend, die Erfüllung der jüdischen Hoffnungen zu sein: Die ersehnte Zukunft Gottes war mit Christus historische Wirklichkeit geworden. In einer paradoxen Kombination von linearem Zeitverlauf und statischer Zeitlosigkeit erklärte das Christentum die Gegenwart Christi in der Welt zur Gegenwart der versprochenen Zukunft Gottes. Das zukünftige Reich Gottes lag in der vollständigen Verwirklichung der Gegenwart Christi. Das Reich Gottes war zwar schon jetzt gegenwärtig, aber das war nur der Anfang und erst am Ende der Geschichte würde es mit der triumphalen Wiederkehr Christi seine Erfüllung finden. Denn in Christus war die Welt zwar versöhnt, aber noch nicht endgültig erlöst worden. Das Christentum war also beides zugleich, die Erfüllung der jüdischen Hoffnungen und der Fortsetzung der Erwartung eines kosmisch-spirituellen Triumphes in unmittelbar bevorstehender Zukunft.

In ähnlicher Weise wie die jüdische Hoffnung auf den künftigen Tag des Herrn vor dem Hintergrund des Auszugs aus Ägypten entstanden war, bildete der Glaube an Christi Auferstehung und Wiedervereinigung mit Gott das Fundament der christlichen Hoffnung auf eine künftige Auferstehung aller Menschen und ihre Wiedervereinigung mit Gott. Und wie die jüdische Bibel mit den von ihr offenbarten Gesetzen und Verheißungen Gottes den Kontrapunkt zur Geschichte ihres Volkes gebildet, den Juden auf diese Weise über die Jahrhunderte Kraft gegeben und ihr Leben mit ihren Prinzipien und Hoffnungen durchdrungen hatte, so wurde jetzt die christliche Bibel zum tragenden Pfeiler der neuen Religion und ihrer weiteren Entwicklung, mit einem »Neuen Testament«, das die jüdische Bibel ergänzte, die nun zum »Alten Testament« geworden war. Die Kirche verstand sich als rechtmäßige Nachfolgerin des erwählten Volkes, als das neue Israel. Und die Menschwerdung Christi überbot die Zusicherung seiner Gnade, die Gott Noah im Zeichen des Regenbogens gegeben hatte, und bildete den neuen Bund. So kam es, daß das vom Christentum eingeleitete neue Zeitalter unverkennbar geprägt war vom gänzlich unhellenischen Charakter des kleinen Volkes Israel.

Unter den wesentlichen Merkmalen der neuen Religion waren ihr Anspruch auf universale Gültigkeit und auf geschichtliche Erfüllung von entscheidender Bedeutung, und beide gingen auf das Judentum zurück. Der jüdisch-christliche Gott reihte sich nicht ein unter die vielen Stammes- oder Polis-Gottheiten. Er war der eine, wahre und höchste Gott – der Schöpfer des Universums, der Herr der Geschichte, der allmächtige und allwissende König der Könige, dessen unvergleichliche Macht zurecht nach der Gefolgschaft aller Völker und Menschen verlangte. In der Geschichte des Volkes Israel hatte dieser Gott sich unwiderruflich in die Welt eingeschaltet, hatte durch die Propheten gesprochen und der Menschheit ein göttliches Schicksal verkündet: Was Israel hervorbringe, werde von welthistorischer Bedeutung sein. Für die Christen, die in wachsender Zahl ihre Botschaft kreuz und quer durch das römische Imperium trugen, war die größte Hervorbringung Israels das Christentum.

DAS VERMÄCHTNIS PLATONS

In Anbetracht des einzigartigen Charakters seiner wesentlichen Aussage vollzog sich die Verbreitung des Christentums vom winzigen Galiläa über die gesamte westliche Welt überraschend schnell. In nur einer Generation nach dem Tod Jesu hatten seine Anhänger im Rahmen ihres neuen Glaubens eine religiöse und intellektuelle Synthese geschaffen, die derart rückhaltlos begeistern konnte, daß viele ihrer Anhänger bereit waren, gefährliche Missionen zu unternehmen, um ihren Glauben einer heidnischen Umwelt nahezubringen. Zugleich vermochte der neue Glauben die religiösen und philosophischen Bedürfnisse eines hochentwickelten urbanen Weltreichs anzusprechen und ihnen am Ende zu genügen. Letztlich wurde die Verwirklichung des christlichen Selbstverständnisses als Weltreligion aber erst durch seine Anbindung an die hellenistische Welt ermöglicht. Der religiöse Universalitätsanspruch des Christentums hatte seinen Ursprung im Judentum, aber sowohl seine tatsächliche Universalität durch erfolgreiche Verbreitung als auch seine philosophische Universalität verdankte es zum Großteil dem griechisch-römischen Milieu seiner Entstehung. Für die antiken Christen war es keineswegs ein Zufall, daß Gott im historischen Moment des Zusammentreffens von jüdischer Religion, griechischer Philosophie und römischem Imperium zum Menschen geworden war.

Bezeichnend ist, daß nicht die galiläischen, Jesus am nächsten stehenden Anhänger das Christentum auf den Weg seiner universalen Mission brachten, sondern Paulus, der römische Bürger mit dem kulturellen Hintergrund Griechenlands. Obwohl praktisch alle frühesten Christen Juden waren, wurde nur ein relativ kleiner Teil der Juden schließlich zu Christen. Am Ende fand die neue Religion in der größeren hellenistischen Welt bedeutend mehr Anklang.[3] Die Juden hatten seit langem auf den Messias gewartet, aber sie hatten sich ihn entweder als politischen Monarchen vorgestellt, der wie König David die Souveränität Israels in der Welt durchsetzte, oder als spirituellen

Fürsten, den »Menschensohn«, der am dramatischen Ende der Zeit engelsgleich vom Himmel herabstieg. Den unpolitischen, alles andere als kriegerischen, durch und durch menschlichen, leidenden und sterbenden Jesus hatten sie nicht erwartet. Hinzu kam, daß die Juden zwar davon ausgingen, ihre besondere Beziehung zu Gott habe weitreichende Konsequenzen für die ganze Menschheit, die jüdische Religion in ihrem Kern aber ausgesprochen nationalistische und separatistische Züge trug und sich fast ausschließlich um das Volk Israel drehte – eine Haltung, die bei den frühchristlichen Juden Jerusalems weiterlebte, die sich bis zur Erweckung ganz Israels der Aufnahme von Nichtjuden in die Gemeinschaft der Gläubigen widersetzten. Während die Christen Jerusalems unter der Führung von Jakobus und Petrus die neue Religion in den traditionellen jüdischen Rahmen einfügten und die Einhaltung der Ernährungsvorschriften verlangten, bestand Paulus trotz starker Opposition darauf, daß die neue christliche Freiheit und Hoffnung auf Erlösung bereits überall und für alle gegenwärtig sei, für Heiden außerhalb des mosaischen Gesetzes genauso wie für Juden. Die ganze Menschheit brauche den göttlichen Erlöser. In dieser ersten Grundsatzkontroverse der frühen Kirche gewann der Universalismus des Paulus die Oberhand gegenüber dem jüdischen Exklusivitätsanspruch – mit erheblichen Auswirkungen für die klassische Welt.

Der innere Widerstand der meisten Juden gegen die christliche Offenbarung und die Durchsetzung des Vorschlags von Paulus, das Christentum den Nichtjuden zu bringen, führte zu einer Verlagerung des Schwerpunkts der neuen Religion weg von Palästina und hin zur größeren hellenistischen Welt. Begünstigt wurde dieser Vorgang durch die politischen Ereignisse: Bereits zu Jesu Lebzeiten hatte die messianisch-politische Bewegung unter der Führung der Zeloten den Widerstand der Juden gegen die Römer geschürt. Eine Generation später erreichte diese Auseinandersetzung ihren Höhepunkt in einem auf ganz Palästina übergreifenden Aufstand. Während des folgenden Krieges schlugen die römischen Truppen die Rebellion nieder, eroberten Jerusalem und zerstörten im Jahre 70 nach Christus den Tempel, das Zentralheiligtum der Juden. Die christliche Gemeinde in Jerusalem und Palästina wurde aufgelöst, die Gläubigen zerstreut und die direkte Verbindung der christlichen Religion zum Judentum, wie sie von den Christen Jerusalems gelebt und symbolisiert worden war, unterbrochen. Von diesem Zeitpunkt an war das Christentum endgültig eher ein hellenistisches als ein jüdisches Phänomen.

Die griechisch-römische Kultur war im Vergleich zum Judentum in vieler Hinsicht universalistischer und weltoffener, sowohl in der alltäglichen Praxis als auch von ihrem visionären Anspruch her. Das römische Reich stand mit seinen Gesetzen über allen Nationalitäten und früheren politischen Grenzen, es gewährte die mit der Staatsbürgerschaft verbundenen Bürgerrechte den eroberten Völkern genauso wie den Römern. Das weltoffene hellenistische Zeitalter, mit seinen großen urbanen Zentren, mit seinem internationalen Handel und Verkehr, ließ die ganze zivilisierte Welt zusammenrücken wie nie zuvor. Die stoischen Ideale einer Bruderschaft aller Menschen und einer weltweit geeinten Gesellschaftsform, der *Kosmopolis,* stärkten die Vorstellung, daß alle menschlichen Wesen freie und gleiche Kinder Gottes waren. Der universale *Logos* der griechischen Philosophie transzendierte alle vorgefundenen Widersprüche und Unzulänglichkeiten – als göttliche Vernunft, die den Kosmos und die ganze Menschheit beherrschte und dennoch der menschlichen Vernunft immanent und damit jedem Individuum, gleich welcher Nation, potentiell zugänglich war. Aber die Grundvoraussetzung, die eine universale christliche Religion von globalen Ausmaßen erst möglich machte, war das von der Machtpolitik geschaffene einheitliche Verbreitungsgebiet: Ohne die Existenz der alexandrinischen und römischen Imperien, wären zu Beginn der christlichen Mission die Gebiete und Völker rund um das Mittelmeer noch immer in eine unübersehbare Vielzahl von eigenständigen ethnischen Kulturen mit kaum überwindbaren sprachlichen, politischen und kosmologischen Unterschieden aufgesplittert gewesen. Trotz der verständlichen Feindschaft, die viele der frühen Christen gegenüber ihren römischen Herrschern empfanden – die für die Propagierung des christlichen Glaubens notwendige Bewegungs- und Kommunikationsfreiheit hätte es ohne die *Fax Romana* nicht gegeben. Von Paulus, zu Beginn des Christentums, bis Augustinus, seinem einflußreichsten Vertreter am Ende des klassischen Zeitalters, wurden Eigenart und Ziele der neuen Religion entscheidend von ihrem griechischrömischen Kontext geprägt.

Diese Umstände waren nicht nur von praktischer Bedeutung für die Verbreitung des Christentums in seiner Anfangszeit, er blieb auch im ausgereiften christlichen Weltbild tief verankert, wie es das westliche Denken ein Jahrtausend lang bestimmte. Obwohl wir dazu neigen, die christliche Sichtweise als eine völlig eigenständige und monolithische

Glaubensordnung zu sehen, lassen sich bei genauerer Betrachtung nicht nur gegensätzliche Strömungen innerhalb des Ganzen, sondern auch eine bedeutende historische Kontinuität zu den metaphysischen und religiösen Vorstellungen der klassischen Welt ausmachen. Es stimmt zwar, daß im Verlauf des Aufstiegs des Christentums der Pluralismus und Synkretismus der hellenistischen Kultur – ihre verschiedenen, sich wechselseitig beeinflussenden philosophischen Schulen und polytheistischen Religionen – durch einen exklusiven, von der jüdischen Tradition abgeleiteten Monotheismus ersetzt wurden. Richtig ist auch, daß die christliche Theologie die biblische Offenbarung als Instanz der absoluten Wahrheit einsetzte und von den Wissenschaftlern und Philosophen strikte Konformität mit der Kirchendoktrin verlangte. Aber innerhalb dieser Grenzen war das christliche Weltbild entscheidend von seinen klassischen Vorgängern beeinflußt. Von Anfang an gab es zwischen den Zielen und Ritualen des Christentums und denen der heidnischen Mysterienreligionen entscheidende Parallelen und mit der Zeit griff die Theologie auch noch die ausgefeiltesten Gedankengänge der hellenistischen Philosophie auf, ließ sich von ihnen anregen und absorbierte sie schließlich. Natürlich begann und triumphierte das Christentum im römischen Reich nicht als Philosophie, sondern als Religion – östlich und jüdisch in seinem Charakter, emphatisch gemeinschaftlich, erlösend, gefühlsbetont, mystisch, abhängig von offenbarenden Glaubensaussagen und fast völlig unabhängig vom hellenistischen Rationalismus. Doch schon aus der Sicht vieler frühchristlicher Theologen war die griechische Philosophie nicht mehr das fremde, heidnische Gedankensystem, mit dem sie sich gezwungenermaßen auseinanderzusetzen hatten, sondern eine von Gott inspirierte Ordnung zur rationalen Klärung des christlichen Glaubens.

Im Zentrum der Theologie des Paulus stand die Überzeugung, daß Jesus kein gewöhnliches menschliches Wesen, sondern Christus gewesen sei, der ewige Sohn Gottes, der im Menschen Jesus fleischgeworden war, um die Menschheit zu retten und die Geschichte zu einem glorreichen Abschluß zu bringen. Für Paulus hatte die Weisheit Gottes schon immer im Verborgenen die Geschichte gelenkt – in Christus wurde sie manifest und offenbar, er versöhnte die Welt mit Gott. Von Anbeginn an war alles schon in Christus, dem eigentlichen Prinzip der göttlichen Weisheit. Christus war der Archetypus der ganzen Schöpfung, sie war nach ihm gestaltet, hatte in ihm ihren Mittelpunkt, erhielt in seiner Menschwerdung und Auferstehung ihren triumphalen Sinn. In der Perspektive des Christentums erschien die Menschheitsgeschichte in ihrem gesamten Verlauf mit allen ihren religiösen und philosophischen Meinungen, Kämpfen und Umwälzungen als die Entfaltung eines göttlichen Plans, der sich mit dem Kommen Christi erfüllte.

Die Übereinstimmungen zwischen diesem Christusbild und der griechischen Auffassung vom *Logos* blieben den hellenistischen Christen nicht verborgen. Bereits der hellenistisch-jüdische Philosoph Philon von Alexandria, ein älterer Zeitgenosse von Jesus und Paulus, hatte eine auf dem Terminus *Logos* aufbauende Synthese des Jüdischen und des Griechischen versucht.[4] Doch erst die Eingangsworte des Johannes-Evangeliums, »Am Anfang war der *Logos*«, markierten eindrücklich den Beginn der Auseinandersetzung des Christentums mit der hellenistischen Philosophie. Schon wenig später setzte ein Prozeß der gegenseitigen Annäherung von griechischem Denken und christlicher Theologie ein, der beide verändern sollte.

Die Tatsache, daß es im mediterranen Kulturraum bereits eine hochentwickelte Philosophietradition gab, war nicht zu leugnen und die gebildete Schicht der frühen Christen erkannte schnell die Notwendigkeit, diese Tradition in ihren religiösen Glauben aufzunehmen. Diese Integration voranzutreiben, war zunächst wohl eher ein persönliches Anliegen der klassisch erzogenen Christen, es diente aber auch dazu, der griechisch-römischen Kultur das christliche Mysterium näherzubringen. Dabei wurde das ganze keineswegs als reine Vernunftehe betrachtet: Die durch und durch spirituelle platonische Philosophie stand nicht nur im Einklang mit den aus den Offenbarungen des Neuen Testaments entwickelten Vorstellungen, sie bot darüber hinaus die Möglichkeit, diese intellektuell zu durchdringen und zu vertiefen. Grundlegende Prinzipien des Platonismus wurden im christlichen Kontext bestätigt und mit neuer Bedeutung versehen: die Existenz einer transzendenten Wirklichkeit von zeitloser Vollkommenheit; die Herrschaft der göttlichen Weisheit im Kosmos; der Vorrang des Geistigen vor dem Materiellen; der sokratische Fokus auf das »Streben der Seele«; die Unsterblichkeit der Seele und ihre Erfahrung der göttlichen Gerechtigkeit nach dem Tod; die zentrale Bedeutung einer gewissenhaften Selbstprüfung; die Mahnung, die Leidenschaften und Triebe im Dienste des Guten und Wahren zu zügeln; das ethische Prinzip, eher eine Ungerechtigkeit zu erleiden als zu begehen; die Vorstellung des Todes als Übergang zu einem reicheren Leben; die Existenz eines ursprünglichen, im begrenzten natürlichen Sein des Menschen aber verdunkelten Zustandes göttlichen Wissens; die Vorstellung von der Teilhabe am göttlichen Archetypus; die fortschreitende Annäherung an Gott als das Ziel allen menschlichen Strebens. Obwohl sie ganz andere Ursprünge als die jüdisch-christliche Religion hatte, war die platonische Tradition für viele der antiken christlichen Intellektuellen ein authentischer Ausdruck göttlicher Weisheit und eröffnete in ihren Augen die Möglichkeit zu klaren metaphysischen Erkenntnissen über einige der tiefsten christlichen Mysterien. Im Verlauf des Reifungsprozesses der christlichen Kultur während der ersten Jahrhunderte ihres Bestehens entstand nach und nach eine systematische Theologie, die in ihrer Substanz zwar jüdischchristlich blieb, ihrer metaphysischen Struktur nach aber weitgehend platonisch war. Vorangetrieben wurde diese Verschmelzung von den bedeutendsten Theologen der frühen Kirche – zunächst von Justin dem Märtyrer, dann umfassender durch Clemens von Alexandrien und Origenes und schließlich besonders konsequent und folgenreich bei Augustinus.

Im Gegenzug galt vielen das Evangelium als Brückenschlag zwischen Hellenismus und Judentum und das Christentum als die wahre Vollendung der Philosophie. Die christliche Botschaft, daß der *Logos*, die Weltvernunft schlechthin, in der historischen Figur des Jesus von Nazareth menschliche Gestalt angenommen habe, stieß im hellenistischen Kulturkreis auf weitverbreitetes Interesse. In ihrer Auffassung von Christus als Inkarnation des *Logos* verbanden die frühchristlichen Theologen die griechische philosophische Lehre von der verstehbaren göttlichen Weltrationalität mit der jüdischen Glaubenslehre vom schöpferischen Wort Gottes, das den schicksalsträchtigen Willen eines personalen Gottes offenbarte und der Geschichte ihren erlösenden Sinn verlieh. In Christus war der *Logos* Mensch geworden; das Historische und das Zeitlose, das Absolute und das Besondere, das Menschliche und das Göttliche waren eins geworden. Durch diesen erlösenden Akt ermöglichte Christus der Seele den Zugang zur transzendenten Wirklichkeit und damit der Philosophie das Erreichen ihres letzten Zieles. In deutlicher Parallele zur platonischen Ideenlehre verkündeten die christlichen Theologen, Christus zu erfahren, bedeute, in einem Moment der Erleuchtung zugleich die Wahrheit über den Kosmos und die Wahrheit über das eigene Sein zu entdecken.

Eine metaphysische Sprache, die sich besonders gut für ein besseres Verstehen der jüdisch-christlichen Vision zu eignen schien, entwickelte der parallel zur frühchristlichen Theologie in Alexandria entstehende Neuplatonismus. In seiner Begrifflichkeit war es die transzendente Gottheit – das Eine –, die ihr manifestes Bild – den göttlichen *Nous* oder die universale Vernunft – und die Weltseele hervorgebracht hatte. Im Christentum brachte der transzendente Vater sein manifestes Bild – den Sohn oder den *Logos* – und den Heiligen Geist hervor. Aber das Christentum führte durch den Glauben, daß der *Logos*, die von Anbeginn der Schöpfung gegenwärtige ewige Wahrheit, in menschlicher Gestalt in die Weltgeschichte eingetreten war, ein dynamisches Moment der Historizität in die hellenistische Konzeption ein. In Christus wurden Himmel und Erde wieder vereint, das Eine und das Viele wieder versöhnt. Was einmal der private spirituelle Aufstieg des Philosophen gewesen war, wurde jetzt durch die Menschwerdung des *Logos* zum historischen Schicksal der gesamten Schöpfung. Das Wort Gottes würde die gesamte Menschheit erwecken. Dank des ihm innewohnenden Heiligen Geistes würde die Welt zurückkehren zum Einen. Das höchste göttliche Licht, die wahre Quelle des Wirklichen außerhalb der platonischen Höhle der Schatten, galt jetzt als das Licht Christi. Wie Clemens von Alexandrien erklärte: »Kraft des *Logos* ist aus der ganzen Welt jetzt Athen und Griechenland geworden.«

Für diese intime Verquickung von Platonismus und Christentum ist es bezeichnend, daß der große Denker der letzten heidnischen Philosophenschule, Plotin, und der Vordenker des frühen Christentums, Origenes, den gleichen Lehrer in Athen hatten: Ammonios Sakkas, eine mysteriöse Figur, von der so gut wie nichts bekannt ist. Plotins Philosophie spielte ihrerseits wiederum eine entscheidende Rolle bei der schrittweisen Bekehrung Augustins zum Christentum. Augustinus sah in Plotin einen Menschen, in dem »Platon noch einmal lebte«, dessen Denken für ihn das »reinste und hellste der ganzen Philosophie« war, von so großer Tiefe, daß es sich nahezu vollkommen in Übereinstimmung mit dem christlichen Glauben befand. Die platonischen Formen befanden sich innerhalb des schöpferischen Geistes Gottes und die Grundlagen der Wirklichkeit jenseits der sinnlich erfahrbaren Welt, zugänglich nur über eine radikale innere Einkehr der Seele. Kaum weniger platonisch, und zugleich zutiefst christlich, war Augustins paradigmatische Aussage, daß der wahre Philosoph

»der Liebende Gottes« sei. Und es war Augustins christlicher Platonismus, der praktisch das gesamte mittelalterliche christliche Denken im Westen beherrschte. Die Integration des griechischen Geistes nahm teilweise derart enthusiastische Züge an, daß Sokrates und Platon als von Gott inspirierte vorchristliche Heilige angesehen wurden, als frühe Vermittler des schon zu heidnischen Zeiten allgegenwärtigen göttlichen *Logos*, als »Christen vor Christus«, wie Justin der Märtyrer sie nannte. Entsprechend findet man sie in bildhaften Darstellungen aus dieser Zeit auf der Seite der Erlösten, die von Christus aus dem Hades – der heidnischen Totenwelt – herausgeführt werden. In dieser Sichtweise erschien die klassische Kultur für sich allein als durchaus begrenzt und vergänglich, wäre sie nicht im Christentum wiedergeboren und mit neuem Leben und neuer Bedeutung erfüllt worden. So konnte Clemens von Alexandria verkünden, daß die Philosophie die Griechen in gleicher Weise auf Christus vorbereitet habe wie das mosaische Gesetz die Juden.

Doch wie tief diese metaphysische Affinität zum platonischen Denken auch sein mochte, den wesentlichen Impuls bezog das Christentum aus seinem jüdischen Ursprung. Im Gegensatz zum zeitlosen, für das griechische Denken charakteristischen Ausgleich zwischen einer Vielzahl von archetypischen Wesen mit unterschiedlichen Eigenschaften und Herrschaftsgebieten, prägte der jüdische Monotheismus das christliche Verständnis vom Göttlichen als einem einzelnen, höchsten und personalen Wesen mit einem genauen historischen Plan zur Erlösung der Menschheit. Gott agierte in und durch die Geschichte mit eindeutiger Absicht und Richtung. Im Vergleich zu den Griechen verdichteten und intensivierten die Juden die Bedeutung des Heiligen und Sakralen dadurch, daß sie es als Emanation einer einzigen allmächtigen Gottheit ansahen, die Schöpfer und Erlöser zugleich war. Auch wenn eine Reihe von platonischen Auffassungen des Göttlichen – der universale Geist, der Demiurg, die über allem stehende Idee des Guten und insbesondere das neuplatonische höchste Eine – durchaus monotheistische Züge trugen, war der Gott der Juden schon von seinem Anspruch her unwiderruflich einzigartig; er war persönlicher in seiner Beziehung zur Menschheit und freier bei seinem Eingreifen in die menschliche Geschichte als das transzendente platonische Absolute. Und obwohl die jüdische Erfahrung von Exil und Heimkehr eine bemerkenswerte Ähnlichkeit zur neuplatonischen Lehre des vom Einen ausfließenden und zu ihm zurückkehrenden Kosmos aufwies, besaß sie eine gemeinschaftlich bezeugte historische Konkretheit und eine rituell erfahrene emotionale Leidenschaft, die dem eher verinnerlichten, intellektuellen und individualistischen Ansatz der Neuplatoniker fehlten.

Während eher zyklische Vorstellungen über den Verlauf der Geschichte das griechische Denken prägten, war das jüdische Geschichtsbild im Sinne der allmählichen Erfüllung des göttlichen Plans entschieden linear und progressiv.[5] Neigte das hellenische religiöse Denken zum Analytischen und Abstrakten, war das jüdische konkreter, dynamischer und apodiktischer. Und wo das griechische Gottesbild zur Idee von der höchsten und beherrschenden Intelligenz tendierte, wurde die jüdische Vorstellung von der Idee eines höchsten und beherrschenden Willens bestimmt. Der jüdische Glaube beruhte zu einem ganz wesentlichen Teil auf der sehnsüchtigen Erwartung, daß Gott seine Herrschaft über die Welt in einer dramatischen Umwälzung der menschlichen Geschichte aktiv erneuern würde, und zu Lebzeiten Jesu galt diese Erwartung dem Erscheinen eines überragenden Einzelnen, des Messias. Das Christentum vereinigte beide Traditionen, indem es verkündete, Gott, der Vater – die wahre und höchste göttliche Wirklichkeit, das ewige Transzendente Platons –, habe durch die Menschwerdung seines Sohnes Jesus Christus – des *Logos* – die unvollkommene und endliche Welt der Natur und der menschlichen Geschichte gänzlich durchdrungen. In seinem Leben und Sterben habe die befreiende Vereinigung der beiden zuvor getrennten Sphären – des Transzendenten und des Weltlichen, des Göttlichen und des Menschlichen – begonnen. Weltschöpfer und Weltgeist waren auf den Plan getreten, um die universale Versöhnung und die Wiedergeburt des Kosmos durch den Menschen einzuleiten. Im Übergang von griechischer Philosophie zu christlicher Theologie wurde das Transzendente zum Immanenten, das Ewige zum Historischen und die Geschichte selbst mit spiritueller Bedeutung aufgeladen: »Und der *Logos* wurde Fleisch und wohnte unter uns.«

DIE BEKEHRUNG DER HEIDEN

Im Verlauf des hellenistischen Zeitalters waren hellenische Einflüsse auch in die jüdische Kultur eingedrungen. Durch die geographische Zerstreuung der jüdischen Gemeinden über den ganzen Mittelmeerraum war dieser Prozeß noch verstärkt und beschleunigt worden, hatte die für den Talmud grundlegende spätjüdische Glaubensliteratur und die griechische Übersetzung der hebräischen Bibel, die *Septuaginta*, hervorgebracht und spiegelte sich wider in den Lehren der Bibelschule Alexandriens und der platonischen Glaubensphilosophie des Philon von Alexandria. Mit dem Christentum – insbesondere seit dem Aufruf des Paulus, das Evangelium über die Grenzen des Judentums hinaus zu verbreiten – ging vom jüdischen Impuls eine ausgleichende Gegenbewegung aus, die den hellenischen Einfluß, schon bevor er in das sich herausbildende christliche Weltbild aufgenommen wurde, radikal verwandelt hatte. Die mächtigen Strömungen griechischer Metaphysik, Erkenntnistheorie und Wissenschaft, die charakteristischen Einstellungen der Griechen gegenüber Mythos, Religion, Philosophie und persönlicher Erfüllung – sie alle wurden im Licht der jüdisch-christlichen Offenbarung modifiziert.

Der für die platonische Tradition so zentrale und auch von weiten Kreisen der heidnischen Intelligenz anerkannte Status der transzendenten Ideen wurde jetzt neu bewertet. Augustinus stimmte zwar mit Platon darin überein, daß die Ideen die unveränderbaren Formen aller Dinge bildeten und eine feste epistemologische Grundlage für die menschliche Erkenntnis boten. Er betonte aber zugleich, daß Platon zur Erklärung der Teilhabe der Einzeldinge an den Ideen eine Schöpfungslehre fehle – Platons Schöpfer, der Demiurg aus dem Dialog *Timaios*, war kein allmächtiges Wesen, weil sowohl die chaotische Welt des Werdens als auch die Ideen bereits existierten, bevor er aus beiden den Kosmos gestaltete; auch gegenüber der Ursache allen Irrtums, *Anánke*, versagte seine Macht. Augustinus argumentierte daher, daß Platons metaphysische Konzeption in der jüdisch-christlichen Offenbarung des höchsten Schöpfers die notwendige Vervollständigung finde: Der Schöpfer habe die Welt zwar aus freiem Willen aus dem Nichts geschaffen, aber in innerer Übereinstimmung mit den ordnenden Mustern der ihm innewohnenden Ideen. Für Augustinus waren die Ideen in ihrer Vielzahl der kollektive Ausdruck des einen Wortes Gottes, des *Logos*, und alle Archetypen waren in der Existenz Christi enthalten und zum Ausdruck gekommen. Damit verschob sich die Blickrichtung von den Ideen und ihren konkreten Abbildern hin zu Gott und seinem Verhältnis zur Schöpfung, wobei die Ideenlehre in die Schöpfungslehre eingepaßt wurde, ganz so, wie das Christentum im allgemeinen den Platonismus seinem Bezugsrahmen ein- und unterordnete.

Dieser metaphysischen Korrektur an Platon fügte Augustinus noch eine erkenntnistheoretische Modifikation hinzu. Nach Platon ging das gesamte menschliche Wissen auf zwei mögliche Quellen zurück: die Sinneserfahrung, die unzuverlässig war, und die unmittelbare Wahrnehmung der ewigen Ideen, die zugleich die Wiedererinnerung eines angeborenen aber vergessenen Wissens war und die einzige Quelle sicherer Erkenntnis darstellte. Augustinus stimmte dieser Auffassung insofern zu, als auch er der Meinung war, der Geist des Menschen könne keine Gedanken hervorbringen, wenn er nicht von Gott, wie von einer inneren spirituellen Sonne, erleuchtet würde. Die Seele kenne nur einen wahren Lehrmeister und der sei innerlich, sei Gott. Doch Augustinus nannte noch eine zusätzliche Quelle menschlicher Erkenntnis: die christliche Offenbarung, eine Quelle, die mit dem Sündenfall des Menschen notwendig und mit Christus dem Menschen geschenkt worden war. Diese in der Bibel offenbarte und von der Kirche gelehrte Wahrheit vervollständigte die platonische Philosophie genauso wie sie das jüdische Gesetz vollendete, die beide Vorstufen der neuen Ordnung gewesen waren.

So eindeutig Augustins Platonismus in der Theorie auch war, in der Praxis verdrängte der emphatische Monotheismus des Christentums den metaphysischen Rang der platonischen Ideen weitgehend. Eine unmittelbare, auf Liebe und Glauben basierende Beziehung zu Gott war wichtiger als die intellektuelle Auseinandersetzung mit den Ideen. Deren Maß an Wirklichkeit war letztlich abhängig von Gott und insofern in der christlichen Ordnung der Dinge auch weniger bedeutend. Der christliche *Logos*, das aktive – schöpferische, befehlende, offenbarende, erlösende – Wort Gottes beherrschte alles. Die Tatsache, daß es eine Vielzahl von Archetypen gab, paßte nicht in die monistisch geprägte spirituelle Welt des Christentums. Darüber hinaus stand die neuplatonische Lehre von der Hierarchie des Seins mit ihrer Gliederung der Wirklichkeit in Schichten stetig abnehmender Göttlichkeit im offenen Widerspruch zu wesentlichen Aussagen der ursprünglichen christlichen Offenbarung aus dem ersten Jahrhundert unserer Zeitrechnung, in der die fundamentale Einheit und der durchgängig göttliche Charakter der gesamten Schöpfung betont wurde und die eine demokratische Sprengung aller früheren Kategorien und Hierarchien darstellte. Umgekehrt hoben andere Elemente der jüdischchristlichen Überlieferung wiederum die Trennung zwischen Gott und Schöpfung hervor, eine Dichototomie, die der Neuplatonismus mit seinem Konzept der Emanation wiederum abschwächte, in dem das absolute Eine sich über Ebenen der Vermittlung – wie die Ideen – in den gesamten Kosmos verströmte. Letztendlich entscheidend war vermutlich, daß die biblische Offenbarung der Mehrzahl der christlichen Gläubigen eine leichter zugängliche und einfacher zu verstehende Wahrheit bot als eine subtile philosophische Diskussion über die platonischen Ideen.

Dennoch lag vielen zentralen Lehren der christlichen Religion nach wie vor ein archetypisches Denken zugrunde: die Teilhabe der ganzen Menschheit an der Ursünde Adams, der damit zum Archetypus des unerlösten Menschen wird; die das gesamte menschliche Leiden einschließende Passion Christi, dessen befreiender Akt – Jesus als der zweite Adam – die Erlösung für alle bewirkt; Christus als Archetypus der vollkommenen Menschheit, an dessen universalem Sein jede menschliche Seele potentiell teilhat; die unsichtbare und umfassende Kirche, die vollständig in den Einzelkirchen aufgeht; der eine und höchste, völlig in jedem der drei Wesen der Dreieinigkeit anwesende Gott; Christus als der universale, die Ganzheit und das Wesen der Schöpfung konstituierende *Logos*. Darüber hinaus haben biblische Archetypen wie der Exodus, das auserwählte Volk oder das verheißene Land nie aufgehört, eine herausragende Rolle in der kulturellen Vorstellungswelt zu spielen. Auch wenn die platonische Ideenlehre als solche nicht von zentraler Bedeutung für die christliche Glaubensordnung war, der antike und später der mittelalterliche Geist zeigten sich ganz allgemein empfänglich für ein Denken in Typen, Symbolen und Universalien, und der Platonismus bot sich als philosophisch am weitesten fortgeschrittener Bezugsrahmen zum Verständnis dieser Denkweise an. Die Existenz der Ideen und die Frage nach ihrer eigenständigen Wirklichkeit sollte allerdings in der späteren scholastischen Philosophie noch zum Gegenstand heftiger Auseinandersetzungen werden – einer Debatte, deren Nachklang noch weit über den Rahmen der Philosophie hinaus spürbar werden sollte.

Die heidnischen Götter standen in deutlicherem Gegensatz zum biblischen Monotheismus und wurden daher auch stärker ausgegrenzt. Galten sie zunächst noch als reale, wenn auch untergeordnete dämonenartige Wesen, so wurden sie schließlich doch verdammt als falsche Götter und Götzen einer heidnischen Phantasie, an die zu glauben nicht nur einfältig und abergläubisch, sondern gefährlich und ketzerisch war. Die alten Rituale und Mysterien erwiesen sich bei der Verbreitung des christlichen Glaubens als ernstzunehmendes Hindernis und wurden deshalb von den Apologeten des Christentums bekämpft – mit Argumenten, die, wenn auch in einem neuen Kontext und mit anderer Absicht, an die skeptischen Philosophen des alten Athen erinnerten. Die Welt war, wie Clemens die heidnischen Intellektuellen von Alexandria zu überzeugen versuchte, kein mythologisches Phänomen voller Götter und Dämonen, sondern eine von dem einen höchsten und in sich ruhenden Gott durch Vorsehung gelenkte natürliche Welt. Die heidnischen Statuen der Götter seien in Wahrheit nichts anderes als Götzenbilder aus Stein, die Mythen nur primitive anthropomorphe Fiktionen. Nur der eine unsichtbare Gott und die eine biblische Offenbarung seien authentisch. Die vorsokratischen Philosophien, wie die von Thales oder Empedokles, seien wegen ihrer Vergöttlichung der materiellen Elemente um nichts besser als die primitiven Mythen. Nicht der Materie, sondern ihrem Erzeuger müsse gehuldigt werden. Nicht die Ordnung der Himmelskörper, sondern ihr Schöpfer sei göttlich. Endlich könne der Mensch von seinem alten Aberglauben befreit und vom wahren göttlichen Licht Christi erleuchtet werden. Bei der Unzahl der von der primitiven Phantasie als heilig verehrten Objekte handele es sich in Wirklichkeit um nichts anderes als natürliche Gegenstände, von kindlicher Vorstellungskraft mit nichtexistenten übernatürlichen Mächten ausgestattet. Menschen – nicht Tiere oder Vögel, Bäume oder Planeten – seien die wahren Überbringer der göttlichen Botschaft, ausgewählt als Propheten Gottes. Der gerechte jüdisch-christliche Gott, nicht der launische Zeus der Hellenen, sei der wahre universale Herrscher; der historische Christus die wahre erlösende Gottheit, nicht der mythologische Dionysos oder Orpheus oder Demeter. Der Aufgang der christlichen Sonne würde die Dunkelheit des Heidentums beenden. Clemens verglich die spätheidnische griechisch-römische Welt mit dem Seher Tiresias – zwar alt und weise, aber blind und sterbend. Er ermahnte Tiresias, sein schwindendes Leben zu erneuern, dem Trubel und den Weissagungen des Heidentums abzuschwören und sich in das neue Mysterium Christi einweihen zu lassen. Wenn er Gott jetzt folgte, würde er wieder sehen können – und zwar den Himmel selbst. Er würde zum ewig-jungen Kind des Christentums werden.

Und so starben die alten Götter, und der eine und wahre christliche Gott wurde verkündet und verherrlicht. Tatsächlich aber ereignete sich im Verlauf der Bekehrung des Heidentums eine subtile und differenzierte Assimilation, denn im Prozeß der Annahme des christlichen Glaubens durch die hellenistische Welt fanden viele wesentliche Merkmale der heidnischen Mysterienreligionen Eingang in die christliche Religion: der Glaube an den einen Heilsbringer, dessen Tod und Auferstehung dem Menschen die Unsterblichkeit schenkte; die Motive der Erleuchtung und der Wiedergeburt; die rituelle Einführung einer Gemeinschaft von Gläubigen in das erlösende Wissen der kosmischen Wahrheit; die Phase der Vorbereitung vor der Initiation; die Forderung nach kultischer Reinheit; das Fasten; das nächtliche Gebet; die frühmorgendlichen Zeremonien; die heiligen Festmahle; die rituellen Prozessionen und Pilgerschaften sowie die neuen Namen für die Eingeweihten. Während aber einige Mysterienreligionen in der Materie nur ein Gefängnis sahen, aus dem allein der Eingeweihte ausbrechen konnte, verkündete das frühe Christentum, mit Christus habe auch die Erlösung der materiellen Welt begonnen. Das Christentum führte darüber hinaus ein zentrales öffentliches und historisches Element ein: Es war keine mythologische Figur, durch die die messianischen Prophezeiungen des Judentums erfüllt wurden, sondern die konkrete historische Person Jesus von Nazareth. Und er hatte die neue Offenbarung universell zugänglich gemacht. Nicht nur eine kleine erlesene Schar, sondern potentiell die ganze Menschheit zählte jetzt zum Kreis der Eingeweihten. Das Mysterium von Tod und Wiedergeburt – in den heidnischen Mysterienkulten noch ein geheimnisvolles mythisches Erlebnis für einige Auserwählte – war in Christus zur konkreten historischen Wirklichkeit geworden. Sein Tod und seine Auferstehung geschahen vor den Augen aller. Die ganze Menschheit konnte an diesem Mysterium teilhaben und auf diese Weise den Gesamtverlauf der Geschichte umgestalten. Aus dieser Perspektive erwiesen sich die heidnischen Mysterienreligionen nicht so sehr als ein Hindernis für das Wachstum des Christentums, sondern vielmehr als der fruchtbare Boden, auf dem es besser und schneller gedeihen konnte.

Aber anders als die Mysterienreligionen verlangte die christliche Botschaft ihre Anerkennung als alleinige authentische Quelle des Heils. Mit ihr würden alle früheren Mysterien und Religionen überflüssig, weil nur sie allein wahres Wissen und richtiges Handeln ermögliche. Dieser Anspruch war entscheidend für den Siegeszug des Christentums in der spätantiken Welt. Das hellenistische Zeitalter war voller Angst und Unruhe; mit seinem konfliktreichen religiösen und philosophischen Pluralismus und seinen großen amorphen Städten voller Entwurzelter und Entrechteter wartete es geradezu auf einen starken Gegenimpuls. Das Christentum bot den Menschen ein universales Zuhause, eine dauerhafte Gemeinschaft und einen eindeutig definierten Lebensstil, und all dies mit einer schriftlichen und institutionellen Garantie von kosmischem Ausmaß.

Der Prozeß der christlichen Aufbereitung und Einverleibung der Mysterien griff schließlich auch auf die verschiedenen heidnischen Gottheiten über, die parallel zur schrittweisen Bekehrung der griechisch-römischen Welt bewußt oder unbewußt in die christliche Hierarchie integriert wurden. Später geschah dies ebenso mit den Göttern anderer Kulturen, beispielsweise der Germanen, in die der christliche Westen vordrang. Die Protagonisten der antiken Mythologie behielten ihre Charaktere und Eigenschaften, wurden aber jetzt im christlichen Kontext gedeutet und den zentralen Gestalten des neuen Glaubens untergeordnet: Christus – Apollo, Prometheus, Perseus, Orpheus, Dionysos, Herkules, Atlas, Adonis, Eros, Sol, Mithra, Attis und Osiris; Gottvater – Zeus, Kronos, Uranos und Saraphis; Jungfrau Maria – Magna Mater, Aphrodite, Artemis, Hera, Rhea, Persephone, Demeter, Gaia, Semele und Isis; Heiliger Geist – Apollo, Dionysos, Orpheus sowie Elemente der weiblichen Furchtbarkeitsgottheiten; Satan – Pan, Hades, Prometheus und Dionysos. Auch bei einer Reihe von Engeln und Heiligen bleibt das heidnische Erbe spürbar, so in der Verschmelzung des Mars mit dem Erzengel Michael, des Atlas mit dem heiligen Christoph. Im Verlauf der Herausbildung des christlichen Glaubens inmitten des Polytheismus der klassischen Kultur nahm dieser die verschiedenen Facetten der einzelnen komplexen heidnischen Gottheit auf und übertrug sie auf die entsprechenden Aspekte der Dreieinigkeit. Die Schattenseiten der verschiedenen Götter wurden alle einer Figur zugeordnet – dem Satan. Apollo, der Sonnengott, der strahlende Fürst des Himmels, galt jetzt als heidnischer Vorgänger Christi, während man in dem Apollo der plötzlichen Erleuchtung, der Weissagung und der Orakel die Gegenwart des Heiligen Geistes erkannte. Prometheus wurde in seiner Rolle als leidender Befreier der Menschheit mit der Figur Christi identifiziert, während der in seiner Hybris gegen Gott rebellierende Prometheus Luzifer zugeordnet wurde. Der bis dahin dem Dionysos zugehörige geistige Zustand ekstatischen Ergriffenseins wurde jetzt dem Heiligen Geist zugeschrieben, Dionysos als der sich selbst opfernde Gott des Todes und der erlösenden Wiedergeburt zu Christus verklärt und der Dionysos der entfesselten erotischen und aggressiven Instinkte, der dämonische Gott der ungezügelten Energie und des Rausches der Masse, als Satan interpretiert.

Auf diese Weise wurden die mythischen Gottheiten in die dogmatisch festgelegten Gestalten des christlichen Pantheons verwandelt. Zugleich bildete sich ein gänzlich neuartiges Konzept spiritueller Wahrheit heraus. Die Beschreibung der Sphäre des Göttlichen und die Erzählungen vom Handeln der göttlichen Wesen hatten in der heidnischen Mythologie einen ganz anderen Stellenwert gehabt – formbar, undogmatisch, offen für phantasievolle Neuerungen und kreative Veränderungen, Gegenstand widerstreitender Versionen und zahlloser Interpretationen. Das Christentum verstand sie nun bezeichnenderweise als absolute, historische und buchstäbliche Wahrheiten, und es wurde alles unternommen, um aus ihnen durch Klärung und Systematisierung unveränderliche dogmatische Formeln zu gewinnen. Im Gegensatz zu den heidnischen Göttern, deren Charaktere von Natur aus dazu neigten, ambivalent – sowohl gut als auch böse, januskÖpfig, abhängig von der Situation – zu sein, waren die zentralen christlichen Gestalten, zumindest der offiziellen Lehre nach, frei von jeglicher Uneindeutigkeit und behielten ihren einmal festgelegten guten oder bösen Charakter bei. Wie schon beim Judentum und beim persischen Zoroastrismus, dem Prototypen einer dualistischen Religion, stand auch im Mittelpunkt des christlichen Dramas die historische Konfrontation zwischen den Urprinzipien des Guten und des Bösen. Dabei ging der christliche Dualismus von Gut und Böse, von

Gott und Satan allerdings auf seinen Monismus zurück, war doch in letzter Instanz schließlich auch die Existenz des Satans abhängig von Gott, dem höchsten Schöpfer und Herrn.

Wie das Weltbild der Heiden wurde auch das der Christen von einem transzendenten Prinzip durchdrungen, aber dieses war jetzt entschieden monolithisch, absolut von dem einen Gott beherrscht. Selbst bei Platon, der unter den griechischen Denkern am meisten zum Monotheismus tendierte, waren die Begriffe »Gott« und »Götter« häufig austauschbar. Für die Christen war eine solche Unklarheit undenkbar. Zwar galt das Transzendente noch immer, wie bei Platon, als das Primäre, aber es war nicht länger pluralistisch. Die Ideen waren intellektuelle Ableitungen und die Götter heidnischer Irrglaube.

Die christliche Auffassung von Wahrheit unterschied sich – trotz der Intellektualität Augustins und der Beeinflussung durch den Platonismus – grundsätzlich von der der klassischen Philosophen. Natürlich spielte der Verstand auch in der christlichen Spiritualität eine Rolle, verdankte ihm der Mensch doch, wie Clemens von Alexandria betonte, seine Fähigkeit, den offenbarten *Logos* empfangen zu können. Denn der Verstand war ein Geschenk der göttlichen Schöpfung und der *Logos* die in ihr wirkende Kraft. Und es war nicht zuletzt die der heidnischen Ambivalenz und Dichotomie überlegene Art und Weise, in der das Christentum Intellekt und Kultus miteinander vereinte, die eine entscheidende Rolle beim Aufstieg des Christentums in der spätantiken Zeit spielte. Im Unterschied zum klassischen philosophischen Programm der vernunftgemäßen Entwicklung des Einzelnen in Bezug auf die empirische Welt und auf die transzendente Sphäre absoluten Wissens, die diese Welt beherrschte, beruhte die christliche Auffassung auf der Offenbarung einer einzelnen Person, Jesus Christus, und der fromme Christ suchte daher Erleuchtung in der Lektüre der Heiligen Schrift. Intellektualität allein war nicht mehr, wie noch für Aristoteles und viele andere griechische Philosophen, ausreichend, um die kosmische Wahrheit zu begreifen, auch dann nicht, wenn sie um die von Platon und Plotin geforderte moralische Reinheit ergänzt wurde. Im christlichen Verständnis spielte der Glaube die Schlüsselrolle – die aktive und freiwillige Öffnung der Seele für die von Christus offenbarte Wahrheit, bei der das Vertrauen und die Hingabe des Menschen in geheimnisvoller Weise auf die von Gott gewährte Gnade traf. Das Christentum verkündete eine persönliche Beziehung des Einzelnen zum Transzendenten. Der *Logos* war nicht nur etwas Abstraktes, Geistiges, sondern ein persönliches Wort Gottes, ein Akt göttlicher Liebe, durch den das geheimnisvoll geistige Wesen des Menschen und des Kosmos offenbar wurde. Der *Logos* war das erlösende Wort Gottes; Glaube bedeutete Erlösung.

Folglich war der Glaube der beste Weg zum Verständnis der tieferen Bedeutung der Dinge, der Verstand auf diesem Gebiet dagegen nur zweitrangig. Augustinus erlebte seine Bekehrung als Sieg über seine übertriebenen intellektuellen Ansprüche und als ein demütiges Sich-Öffnen für den christlichen Glauben. Mit Ausnahme des Platonismus hatte seine rein rationale philosophische Ausbildung nur bewirkt, daß er zunehmend skeptischer gegenüber der grundsätzlichen Möglichkeit einer Entdeckung von Wahrheit geworden war. Selbst die neuplatonische Philosophie, das in seiner religiösen Sensibilität tiefgründigste der heidnischen Denksysteme, litt in den Augen Augustins unter fundamentalen Mängeln und nicht zu Ende geführten Gedanken. Er konnte in ihr weder die persönliche Vertrautheit mit Gott finden, nach der er sich so sehr sehnte, noch die wunderbare Offenbarung von der Fleischwerdung des transzendenten *Logos*.[6] Erst die Lektüre der Paulusbriefe brachte ihm die als spirituelle Befreiung erlebte Erkenntnis. Von diesem Zeitpunkt an vertrat er eine neue Strategie der Wahrheitssuche: »Ich glaube, um zu verstehen.« In ihr spiegelte sich die jüdische Grundlage der Erkenntnistheorie Augustins wider, derzufolge wahre Erkenntnis ausschließlich von der richtigen Beziehung des Menschen zu Gott abhing. Stand am Anfang allen geistigen Forschens und Verstehens nicht die Verpflichtung auf Gott, so würde es unweigerlich in die Irre führen – mit katastrophalen Folgen.

Nach christlicher Auffassung mochte der menschliche Verstand früher einmal als Quelle der Erkenntnis genügt haben – als er sich im paradiesischen Zustand noch im Gleichklang mit der göttlichen Intelligenz befand. Seit der Erhebung des Menschen gegen Gott und der Vertreibung aus dem Paradies aber hatte sich sein Verstand immer mehr verdunkelt – die göttliche Offenbarung war notwendig geworden. Sich nur auf den menschlichen Verstand zu verlassen und nur ihn zu entwickeln, führte zwangsläufig zu gefährlicher Ignoranz. Das unerlaubte Probieren vom Baum der Erkenntnis, dieser erste und fatale Schritt des Menschen zu intellektueller Unabhängigkeit und stolzer Selbstgewißheit, diese moralische Übertretung der ausschließlich Gott vorbehaltenen Souveränität hatte den Verlust der Unschuld der Menschen verursacht. Weil der Mensch die in der göttlichen Ordnung eingebundene Erkenntnis aus dem Zusammenhang und an sich reißen wollte, war er geistig erblindet und konnte jetzt nur dank der Gnade Gottes erleuchtet werden. Insofern war die von den Griechen so geschätzte weltliche Rationalität von nur zweifelhaftem Wert für die Erlösung, die empirische Beobachtung wurde, außer als Anschauung zur moralischen Besserung, weitgehend bedeutungslos. Im Kontext der neuen Ordnung war der einfache Glauben eines Kindes den abstrusen Gedankengängen eines weltlichen Intellektuellen weit überlegen. Die christlichen Theologen hörten zwar nicht auf, sich mit Philosophie zu beschäftigen, die antiken Denker zu studieren und die subtilen Feinheiten der Lehre zu diskutieren – aber stets innerhalb der gegebenen Grenzen des christlichen Dogmas. Alle Gelehrsamkeit hatte der wichtigsten Disziplin zu dienen, der Theologie, und sie fand ihr unerschütterliches Fundament im Glauben.

In gewissem Sinne war der christliche Fokus begrenzter und schärfer als der griechische und erforderte weniger Bildung. Die höchste metaphysische Wahrheit war die Tatsache der Menschwerdung Gottes, das Wunder des göttlichen Eingriffs in die Geschichte, das die Befreiung der Menschheit mit sich brachte und die Wiedervereinigung der materiellen mit der spirituellen Welt, des Sterblichen mit dem Unsterblichen, der Schöpfung mit dem Schöpfer. Ein einfaches Verstehen dieser überwältigenden Tatsache reichte schon aus, um an das Ziel aller Philosophie zu gelangen, und diese Tatsache wurde ausführlich in den Schriften der Kirche beschrieben. Christus war die alleinige Quelle der Wahrheit im Kosmos, das allumfassende Prinzip der Wahrheit selbst. Als Sonne des göttlichen *Logos* erleuchtete er alles. Überdies besaß im neuen Selbstverständnis der spätantiken und frühchristlichen Zeit, wie es sich am sinnfälligsten in Augustinus verkörpert, die Sorge der individuellen Seele um ihr spirituelles Heil einen weit höheren Stellenwert als das Interesse des rationalen Intellekts an begrifflichem Denken und empirischen Studien. Allein der Glaube an das Wunder der Erlösung durch Christus reichte aus, um den Menschen die zutiefst rettende Wahrheit nahezubringen. Ungeachtet seiner Gelehrsamkeit und seiner Hochachtung vor den intellektuellen und wissenschaftlichen Errungenschaften der Griechen erklärte Augustinus:

»Wenn dann die Frage gestellt wird, was wir denn nun glauben sollen, die Religion betreffend, so ist es nicht nötig, in die Natur der Dinge forschend einzudringen, wie es jene taten, die die Griechen *Physici* nannten; noch sollte uns beunruhigen, daß ein Christ nichts von der Kraft und der Anzahl der Elemente weiß; von der Bewegung, der Ordnung und den Eklipsen der Himmelskörper; von den Arten und der Beschaffenheit der Tiere, Pflanzen, Steine, Quellen, Flüsse und Berge; über Chronologie und Entfernungen; die Anzeichen kommender Stürme; und über tausend andere Dinge, die diese Philosophen entweder tatsächlich herausgefunden haben oder von denen sie glauben, sie herausgefunden zu haben. [...] Für einen Christen reicht es zu glauben, daß die einzige Ursache aller erschaffenen Dinge, ob himmlisch oder irdisch, ob sichtbar oder unsichtbar, die Güte des Schöpfers, des einen wahren Gottes, ist; und daß es nichts gibt, was sein Dasein nicht Ihm verdankt.«[7]

Angesichts des Aufstiegs des Christentums war mit neuen Impulsen für die in spätrömischer Zeit bereits im Niedergang begriffenen Wissenschaften also kaum zu rechnen. Den frühen Christen war der aristotelische Drang, »die Phänomene zu retten«, fremd geworden, da ihnen die phänomenale Welt im Vergleich zur transzendenten spirituellen Wirklichkeit bedeutungslos erschien. Genaugenommen hatte außerdem der allerlösende Christus die Phänomene bereits gerettet und insofern bestand hier wenig Bedarf an Mathematik oder Astronomie. Besonders das Studium der Astronomie geriet aufgrund seiner Verbindung zur Astrologie und zu den kosmischen Religionen der hellenistischen Zeit unter Beschuß. Schon die monotheistischen Hebräer hatten die ausländischen Astrologen bekämpft und verdammt, und an dieser Haltung änderte sich auch im christlichen Kontext nichts. Wegen ihrer mit der Aura des heidnischen Polytheismus umgebenen Himmelsgottheiten und ihrer deterministischen Tendenz, die der christlichen Vorstellung von der Gnade Gottes ebenso antithetisch gegenüberstanden wie der geforderten Eigenverantwortung des Menschen, wurde die Astrologie von den Konzilen der Kirche offiziell verurteilt – wobei Augustinus eine besondere Notwendigkeit darin sah, die astrologischen »Mathematiker« des Irrtums zu überführen –, mit dem Ergebnis, daß sie trotz gelegentlicher theologischer Fürsprecher mehr und mehr verschwand. Im christlichen Weltbild war der Himmel der Spiegel der Herrlichkeit Gottes oder volkstümlicher ausgedrückt: Der Himmel war der Aufenthaltsort Gottes und seines Gefolges aus Engeln und Heiligen, er war der Bereich, aus dem Jesus auf die Erde zurückkehren würde. Die Welt in ihrer Gesamtheit wurde schlichtweg und vor allem als Schöpfung Gottes verstanden, und insofern erschienen alle Anstrengungen, die innere Logik der Natur zu begreifen, weder angemessen noch notwendig. Gott kannte ihre wahre Logik, und das, was der Mensch von dieser Logik erfassen konnte, wurde von der Bibel offenbart.

Gottes Wille beherrschte das Universum. Und weil er jederzeit durch Wunder in dessen Gefüge eingreifen konnte, waren die natürlichen Vorgänge nicht bloß den Naturgesetzen, sondern in jedem Moment der göttlichen Vorsehung unterworfen. Das Alte und das Neue Testament waren die letzten und unwandelbaren Quellen der universalen Wahrheit. Dem Menschen stand es daher nicht zu, diese absolute Aussage zu erweitern oder zu verändern, geschweige denn sie umzustürzen. Die Beziehung des guten Christen zu Gott war die des Kindes zum Vater – eines sehr jungen und naiven Kindes zu einem unendlich viel größeren, allwissenden und allmächtigen Vater. Wegen der großen Distanz zwischen Schöpfer und Geschöpf war die menschliche Fähigkeit, die inneren Zusammenhänge der Schöpfung zu verstehen, eng begrenzt. Der Wahrheit näherte man sich deshalb am besten nicht durch selbstbestimmtes intellektuelles Forschen, sondern durch Vertiefen in die Heilige Schrift und das Gebet sowie durch den Glauben an die Lehren der Kirche.

Sowohl Paulus als auch Augustinus legten von der überwältigenden Macht und höchsten Gewalt des göttlichen Willens Zeugnis ab, von der Gefahr der spirituellen Vernichtung der unreinen Seele durch das verdammende Urteil Gottes, aber auch von seiner wohlwollenden Güte, die sich in der menschheitserlösenden Tat des Opfertodes Christi zeigte. Beide Männer – Paulus auf der Straße nach Damaskus, Augustinus in einem Garten in Mailand – hatten die religiöse Bekehrung als dramatischen Wendepunkt in ihrem Leben, als machtvollen Eingriff der Gnade Gottes erfahren. Nur dieser Eingriff hatte sie davor bewahrt, ihrem Leben weiterhin eine Richtung zu geben, von der sie jetzt erkannten, wie sinnlos und zerstörerisch sie gewesen war. Im Lichte einer solchen Erfahrung erschien alles rein menschliche Tun, egal, ob es von individuellem Eigensinn oder von intellektueller Neugier bestimmt wurde, als unbedeutend und überflüssig, ja als irreführend und sogar sündhaft, es sei denn, es führte zu einem gänzlich an Gott ausgerichteten Handeln. Gott war die einzige Quelle alles Guten und der Erlösung des Menschen. Das für die griechische Mentalität so zentrale Moment des Heldentums konzentrierte sich jetzt in der Figur Christi. Die menschliche Unterordnung unter das Göttliche hatte oberste existentielle Priorität. Der Rest war Eitelkeit. Das Martyrium, die äußerste Form der Selbstunterwerfung vor Gott, wurde zum höchsten christlichen Ideal. Christus hatte sich rückhaltlos selbst hingegeben und alle Christen sollten danach streben, so zu werden wie er. Demut, nicht Stolz, hieß die erste Tugend des Christen. Sie war die Voraussetzung für seine Erlösung. Selbstlosigkeit im Handeln wie im Denken, Hingabe an Gott und Dienst am Nächsten – nur durch solche Selbstentäußerung konnte die Kraft der Gnade Gottes Eingang in die Seele finden und sie verwandeln.

Aber das Ungleichgewicht dieser Beziehung wurde nicht als Herabsetzung der Menschheit aufgefaßt, genügten doch Gottes Gnade und Liebe den wahren Bedürfnissen und tiefsten Wünschen der Menschen voll und ganz. Verglichen mit diesen göttlichen Gaben waren alle scheinbaren Befriedigungen der Welt nur bloße Nachahmungen ohne eigentlichen Wert. Tatsächlich verbarg sich darin der Kern der erstaunlichen Botschaft der Christen an die Welt: Gott liebte den Menschen. Er war weder nur die Quelle der Weltordnung, das Ziel allen philosophischen Strebens, die erste Ursache alles Seienden, noch war er einfach nur der unergründliche Herrscher des Universums und der gestrenge Richter über die menschliche Geschichte. Denn mit Jesus Christus war Gott aus seiner Transzendenz herausgetreten und hatte für immer und vor aller Welt eine unendliche Liebe zu seinen Geschöpfen unter Beweis gestellt. Hier war die Grundlage für eine neue, sich auf die Erfahrung der Liebe Gottes stützende Lebensweise gegeben, deren Universalität eine neue, alle Menschen umfassende Gemeinschaft schuf.

So vermittelte das Christentum seinen Mitgliedern das eindringliche und beglückende Gefühl eines an den menschlichen Angelegenheiten unmittelbar interessierten persönlichen Gottes und seiner lebhaften Sorge um jede einzelne menschliche Seele, ganz egal, wieviel Intelligenz oder Kultur sie in das spirituelle Projekt mit einbrachte und ohne Rücksicht auf körperliche Kraft, Schönheit oder sozialen Status. Im Gegensatz zu den Hellenen mit ihrer Verehrung der außergewöhnlichen Helden und großen Philosophen, versprach das Christentum die Erlösung allen, dem Sklaven genauso wie dem König, der einfachen Seele wie dem tiefschürfenden Denker, dem Häßlichen wie dem Schönen, dem Kranken und Leidenden wie dem Starken und Glücklichen; ja, es tendierte sogar dazu, die alten Hierarchien auf den Kopf zu stellen. In Christus waren alle Differenzen unter den Menschen überwunden worden – ob Barbaren oder Griechen, Juden oder Nichtjuden, Herren oder Sklaven, Männer oder Frauen, alle wurden jetzt als gleich angesehen. Die höchste Weisheit und das unüberbietbare Heldentum Christi brachte allen die Erlösung, nicht nur einigen wenigen: Christus war die Sonne, die der ganzen Menschheit in gleichem Maße schien.

Für das Christentum besaß daher zwar jede individuelle Seele ihren unvergleichlichen Wert als Kind Gottes, aber das griechische Ideal des selbstbestimmten Einzelnen und des heroischen freien Geistes verlor in diesem neuen Kontext an Gewicht gegenüber einer kollektiven christlichen Identität. Die Vorstellung eines höheren gemeinschaftlichen Selbst als Vorahnung des Himmmelreiches auf Erden, begründet in der gemeinsam erfahrenen Liebe Gottes im Glauben an die Erlösung durch Christus, förderte die Zurücknahme des einzelnen Ich zugunsten einer umfassenderen Verpflichtung auf das Wohl des Nächsten und den Willen Gottes – zuweilen bis hin zur völligen Selbstlosigkeit. Auf der anderen Seite unterstützte das Christentum jedoch gerade dadurch, daß es der einzelnen Seele Unsterblichkeit und Wert verlieh, die Entwicklung des individuellen Gewissens, der Eigenverantwortung und der persönlichen Autonomie gegenüber den weltlichen Mächten – also von entscheidenden Faktoren bei der Herausbildung des westlichen Charakters.

Mit seiner Morallehre führte das Christentum einen neuen Sinn für die Unantastbarkeit des menschlichen Lebens in die heidnische Welt ein: gegen Mord, Selbstmord und das Töten von Säuglingen; gegen Massaker an Gefangenen, gegen die Erniedrigung von Sklaven und blutige Zirkusspektakel, gegen sexuelle Freizügigkeit und Prostitution; für den spirituellen Wert der Familie, für die ethische Überlegenheit von Selbstverleugnung gegenüber egoistischer Selbstverwirklichung, von weitabgewandter Heiligkeit gegenüber weltlichem Ehrgeiz, von Sanftheit und Vergebung gegenüber Gewalt und Vergeltung. Alles erschien anders in dem neuen Bewußtsein der Liebe Gottes zu den Menschen und angesichts der moralischen Reinheit, die diese Liebe von der menschlichen Seele verlangte. Christliche Liebe, ob göttlich oder menschlich, war weder das Reich Aphrodites noch der Eros der Philosophen, sondern jene in Jesus versinnbildlichte Liebe, die sich in Aufopferung, Leidensbereitschaft und umfassendem Erbarmen zeigte. Das christliche Ideal der Güte und Nächstenliebe hatte zwar seine Vorläufer in der Morallehre der griechischen Philosophie – vor allem im Stoizismus, der in mancher Hinsicht die christliche Ethik vorwegnahm –, im Gegensatz zur philosophischen Ethik der klassischen Welt wurde es aber erst in der christlichen Ära mit Nachdruck verbreitet und gewann maßgeblichen Einfluß auf die Massenkultur.

Die elementare und intellektualistische griechische Vorstellung von Gott und vom individuellen Aufstieg des Philosophen – wie leidenschaftlich auch immer dieser Prozeß für Platon oder Plotin gewesen sein mag – wurde im Christentum durch die emotionale und gemeinschaftlich erlebte Intimität einer persönlichen, familiären Beziehung zum Schöpfer und die vertrauensvolle innere Öffnung für die offenbarte christliche Wahrheit ersetzt. Im Gegensatz zu den zurückliegenden Jahrhunderten der metaphysischen Rastlosigkeit offerierte das Christentum eine fertige Lösung für das menschliche Dilemma. Die quälende Ungewißheit und Verirrung, die eine private philosophische Suche ohne religiöse Wegweiser mit sich bringen konnte, wich nun einer absolut sicheren Kosmologie und einer institutionell ritualisierten, allen offenstehenden Heilslehre.

Aber, wie gesagt, die frühe Kirche maß angesichts derart feststehender letzter Wahrheiten dem philosophischen Forschen nur geringe Bedeutung für die spirituelle Entwicklung bei und setzte der im Kern als irrelevant erachteten geistigen Freiheit enge Grenzen.[8] Wahre Freiheit ließ sich nicht in grenzenloser intellektueller Spekulation, sondern nur in der erlösenden Gnade Christi finden. Es war ein Irrtum, die christliche Religion auf eine Stufe mit der hellenischen Philosophie zu stellen, von den heidnischen Religionen ganz zu schweigen, weil ihre Offenbarung einzigartig und von unvergleichlicher Bedeutung für den Menschen und die Welt war. Das christliche Mysterium stand weder als Ergebnis eines genialen metaphysischen Nachdenkens noch als eine weitere Alternative zu den zahllosen heidnischen Mysterien und Mythologien zur Diskussion. Vielmehr war die christliche Lehre die authentische Verkündigung der absoluten Wahrheit des höchsten Gottes. An sie zu glauben, änderte nicht nur das persönliche

Schicksal des Einzelnen, sondern das der ganzen Welt. Den Christen war eine heilige Lehre anvertraut worden. Die Treue gegenüber dieser Verpflichtung und die Reinheit dieser Lehre mußten um jeden Preis gewahrt werden, ging es doch um nichts geringeres als die Erlösung der gesamten Menschheit.

Die Bewahrung des Glaubens hatte somit bei allen Fragen des philosophischen oder religiösen Dialogs allererste Priorität – mit der Folge, daß dieser Dialog nicht selten im Vorhinein unterbunden wurde, aus Furcht, der Teufel des Zweifels oder der Abweichung könne in den anfälligen Gemütern der Gläubigen Fuß fassen. Die eher intellektuell und esoterisch geprägten, dogmatisch unverkrampften Strömungen des frühen Christentums, wie die weitverbreitete gnostische Bewegung, wurden bekämpft und schließlich mit entschlossener Härte ebenso wie die Heiden unterdrückt. Vor allem die Ablehnung der Hierarchie durch die Gnostik veranlaßte die orthodoxe Kirche im zweiten und dritten Jahrhundert zu einer eindeutigen Festlegung der christlichen Doktrin. Der Kern der christlichen Botschaft lag in den Augen der nachapostolischen Kirche unabänderlich fest. Ihre zentralen Lehren – das gleichzeitige Mensch- und Gottsein Christi, die gleichzeitige Einheit und Dreifaltigkeit Gottes, die in ihrem Ursprung gute, aber dennoch nach Erlösung dürstende Schöpfung, das Neue Testament als die dialektische Erfüllung des Alten – waren allerdings offen für eine Vielzahl von Auslegungen. Und hierin lag ihre Gefährdung. Um sie vor einer wachsenden Anzahl widerstreitender Lehrmeinungen und Sektenbildungen zu schützen, entschieden die führenden frühen Christen, daß die religiösen Vorstellungen von einer in allen Belangen maßgeblichen kirchlichen Autorität festgelegt, verbreitet und aufrechterhalten werden müßten. Auf diese Weise wurde die institutionelle Kirche als lebendige Verkörperung der christlichen Ordnung zum offiziellen Wächter über die letzte Wahrheit und zur obersten richterlichen Instanz bei allen strittigen Fragen – freilich nicht nur zum rechtsprechenden, sondern auch zum ausführenden und strafenden Arm des religiösen Gesetzes.

Die Schattenseite des Universalitätsanspruchs der christlichen Religion war ihre Intoleranz. Die offizielle kirchliche Sicht, nach der die christliche Bekehrung eine private, freiwillige und freiheitliche Entscheidung aufgrund eines tiefen, religiösen Erlebnisses war, stand im krassen Widerspruch zur keineswegs seltenen Praxis, Ungläubige mit Gewalt zur Anpassung zu zwingen. In der Endphase des Aufstiegs des Christentums gegen Ende der klassischen Zeit wurden die heidnischen Tempel systematisch zerstört und die philosophischen Akademien offiziell geschlossen.[9] Wie schon der strikte ethische Puritanismus, den das Christentum vom Judentum geerbt hatte, bekämpfte, was er in der heidnischen Kultur als zügellose Sinnlichkeit und Unmoral ansah, wandte sich nun mit gleicher Unerbittlichkeit ein theologischer Puritanismus gegen die Lehren der heidnischen Philosophie und gegen jede unorthodoxe Auslegung der christlichen Lehre. Es gab weder andere Wege ans richtige Ziel noch Götter und Göttinnen, die sich von Ort zu Ort und Person zu Person unterschieden. Es gab nur den einen Gott und die eine Vorsehung, die eine wahre Religion und den einen Plan zur Erlösung der ganzen Welt. Die gesamte Menschheit verdiente es, von dieser einen erlösenden Botschaft zu erfahren. Und so mußte der Pluralismus der klassischen Kultur mit seiner Vielzahl von Philosophien, der Vielfältigkeit seiner von Göttern bevölkerten Mythologien und seiner Überfülle an Mysterienkulten einem betont monolithischen System weichen – einem Gott, einer Kirche, einer Wahrheit.

SPANNUNGEN INNERHALB
DER CHRISTLICHEN WELTSICHT

An dieser Stelle lassen sich bereits die Konturen zweier auffällig unterschiedlicher Aspekte der christlichen Weltsicht erkennen. Auf den ersten Blick könnte der Eindruck entstehen, daß es sich dabei um zwei völlig eigenständige Weltbilder handelt, die im Christentum Seite an Seite existierten und in einem dauernden Spannungsverhältnis zueinander standen. War die eine Einstellung euphorisch, optimistisch und offen, so war ihr Gegenüber unnachgiebig verurteilend, restriktiv und neigte zu einem dualistischen Pessimismus. Aber in Wirklichkeit waren beide Auffassungen untrennbar miteinander verbunden, wie zwei Seiten einer Medaille, wie Licht und Schatten. Denn die Kirche vereinte beide Perspektiven, und ihr eigentliches Zentrum lag genau in deren Schnittpunkt. Beide Sichtweisen fanden sich in der Bibel, sowohl im Alten als auch im Neuen Testament, und beide wurden – oft in einem Atemzug – von allen wichtigen Theologen, auf allen Konzilen und in allen Doktrinen der Kirche eingenommen, wenngleich in wechselnder Gewichtung. Dennoch wird es für das Verständnis des christlichen Weltbildes nützlich sein, die beiden Perspektiven voneinander zu unterscheiden und zunächst getrennt zu untersuchen, um auf diese Weise etwas über seine Komplexität und seine Paradoxe zu erfahren. In einem ersten Schritt soll dieser innere Zwiespalt beschrieben werden, bevor es dann um die Frage geht, was die Kirche unternahm, um ihn zu überwinden.

In der einen Perspektive erschien das Christentum als Ausdruck und Teil einer bereits gegenwärtigen spirituellen Revolution, die dabei war, die einzelne Seele und die ganze Welt in der aufgehenden Sonne der offenbarten Liebe Gottes durch und durch zu verwandeln und zu befreien. Mit dem Selbstopfer Christi hatte die Vereinigung der Menschheit und der gesamten Schöpfung mit Gott begonnen, eine Wiedervereinigung, die in Christus ihr Vorbild und ihren Anfang besaß und die in einem kommenden Zeitalter mit der Wiederkunft Christi vollendet werden würde. Die Betonung lag dabei auf der alles umfassenden Geltung der Erlösung, auf der universalen Weite und Macht des *Logos* und des Heiligen Geistes, auf der Gegenwart Gottes in Mensch und Welt und der daraus resultierenden Freude und Freiheit der christlichen Gläubigen, die gemeinsam die Kirche bildeten, den lebendigen Leib Christi.

Dagegen stellte die andere Seite der christlichen Weltsicht entschieden die gegenwärtige Entfremdung des Menschen und der Welt von Gott in den Mittelpunkt. Sie betonte die Zukünftigkeit und Jenseitigkeit der Erlösung, die ontologische Unausweichlichkeit der »Fremdheit« Gottes, die Notwendigkeit des strengen Verbots allen weltlichen Treibens, die Wichtigkeit einer, von der institutionellen Kirche festgelegten Rechtgläubigkeit sowie die Beschränkung der Erlösung auf einen kleinen Kreis von Kirchengläubigen. Ausgangspunkt und Ergebnis dieses Ansatzes war ein alles beherrschendes negatives Urteil über den gegenwärtigen Zustand der menschlichen Seele und der Schöpfung, vor allem im Kontrast zur allmächtigen und transzendenten Vollkommenheit Gottes.

Keiner dieser beiden Pole innerhalb des christlichen Weltbildes trat jemals vom anderen isoliert und alleine auf. Sowohl Paulus als auch Augustinus, der erste und der letzte der antiken Theologen, prägten die im Westen überlieferte Form der christlichen Religion maßgeblich mit ihrer durchgängigen, unauflöslichen, zuweilen etwas angestrengten Verbindung beider Sichtweisen. Trotzdem ist es aufgrund der auffällig unterschiedlichen Schwerpunktsetzung – und weil sie sich oft aus ganz verschiedenen psychischen und religiösen Erfahrungen abzuleiten scheinen – sinnvoll, die beiden Tendenzen zunächst jeweils im einzelnen vorzustellen und dabei ihre Gegensätze zu betonen, so, als würden sie tatsächlich getrennt voneinander vorkommen.

Die enthusiastisch optimistische Sichtweise fand ihren ersten Ausdruck in den Briefen des Paulus an die frühchristlichen Gemeinden und im Johannes-Evangelium. Auch die anderen Evangelien und ihre Apostelgeschichte trugen zu ihrer Unterstützung bei, keine dieser Quellen stellte sie allerdings in ihrer Gesamtheit dar. Der zentrale Gedanke dieser Auffassung war, daß mit Christus das Göttliche in die Welt eingetreten war und dadurch die Erlösung von Menschheit und Natur schon begonnen hatte. Wenn die jüdische Religion der Ausdruck großer Sehnsucht war, dann war das Christentum ihre glorreiche Erfüllung. Das Himmelreich war in der realen Geschichte angebrochen und bestimmte ihren Gang nun aktiv, indem es die Menschheit Stufe für Stufe zu einer bis dahin unvorstellbaren Vollkommenheit emporhob. Leben, Tod und Auferstehung Christi galten als das größte Wunder aller Zeiten, und daraus erwuchs ein Gefühl ekstatischer Freude und Dankbarkeit. Die wichtigste Schlacht war schon gewonnen. Das Kreuz war das Zeichen des Sieges. Christus hatte die Menschheit von den Fesseln der Unwissenheit und des Irrtums befreit. Da das göttliche Prinzip bereits in der Welt gegenwärtig war und seine Wunder vollbrachte, ging es bei der spirituellen Suche nur noch darum, diese großartige Tatsache gläubig anzunehmen und selbst – im Lichte dieses neuen Glaubens – an der Entfaltung des Göttlichen unmittelbar teilzunehmen. Die erlösende Macht des kommenden Gottesreiches erstrahlte bereits in der Person Christi, dessen charismatische Kraft alle Menschen in einer neuen Gemeinschaft zusammenbrachte. Christus hatte die Welt zu neuem Leben erweckt: Er selbst war dieses neue Leben, der Atem des Ewigen. Dank der Passion Christi vollzog sich mit und durch den Menschen die Geburt einer neuen Schöpfung. Ihr Höhepunkt würde die Erschaffung eines neuen Himmels und einer neuen Erde sein, die Verschmelzung der endlichen Zeit mit der Ewigkeit.

Die Quelle dieses Gefühls kosmischer Freude und immenser Dankbarkeit war für das frühe Christentum der Glaube, daß Gott in einem Akt überschäumender Liebe zu seiner Schöpfung den Kerker der Welt aufgebrochen und der Menschheit seine erlösende Kraft geschenkt hatte. Das Göttliche war vollständig in die Materie und die Geschichte zurückgekehrt und hatte ihre radikale Verwandlung eingeleitet. Indem Gott in der Person Jesu Mensch geworden war, indem er am eigenen Leib das ganze Leiden des sterblichen Fleisches erfahren, die universale Bürde menschlicher Schuld auf sich genommen und die moralische Verwirrung des freien menschlichen Willens überwunden hatte, erlöste er die Menschheit aus ihrem Zustand der Entfremdung vom Göttlichen. Die Bedeutung des Lebens Jesu bestand nicht einfach darin, daß er der Welt neue Lehren und spirituelle Einsichten gebracht hatte. Indem er seine göttliche Transzendenz opferte, um unter den konkreten historischen Bedingungen eines bestimmten Ortes und einer bestimmten Zeit – »gelitten unter Pontius Pilatus« – völlig in die Schmerzen des menschlichen Lebens und Sterbens einzutauchen, schuf er vielmehr eine grundlegend neue Wirklichkeit. In dem nun herangebrochenen Zeitalter würde sich das Schicksal der Menschheit auf ganz neuartige Weise entfalten – völlig durchdrungen von göttlicher Weisheit und Liebe. Der Tod Christi hatte der Welt den

Heiligen Geist gebracht, seine Gegenwart würde die gesamte Menschheit zuletzt zu ihrer göttlichen Verklärung führen.

Aus dieser Sicht war die »Buße«, die Jesus verlangte, weniger eine Voraussetzung für die Aufnahme in ein bevorstehendes Himmelreich als vielmehr eine Konsequenz aus dem eigenen Erleben, daß dieses bereits angebrochen war. Sie war weniger ein rückwärts gerichtetes und lähmendes Bereuen vergangener Verfehlungen als ein nach vorne gerichtetes Sich-Öffnen für die neue Ordnung, im Vergleich zu der das frühere Leben unwahrhaftig und fehlgeleitet erschien. Sie war eine Rückkehr zur göttlichen Quelle, aus der alle Unschuld und jeder Neuanfang floß. Die christliche Erfahrung der Erlösung war eine innere Verwandlung, ein Erwachen zu etwas, das schon im Begriff war zu entstehen – innerhalb des einzelnen Menschen und innerhalb der Welt. In den Augen vieler früher Christen war die Zeit der großen Freude bereits gekommen.

Dieselbe Offenbarung ließ jedoch auch ganz andere Schlußfolgerungen zu, wie der andere Pol innerhalb der christlichen Weltsicht zeigte. Die Erlösungstat Christi inmitten einer Gott entfremdeten Welt wurde hier als Teil eines dramatischen und anhaltenden Kampfes zwischen Gut und Böse bewertet, dessen positiver Ausgang keineswegs gesichert war. Als Gegengewicht zum optimistischen, enthusiastischen und versöhnlichen Element im Christentum setzten weite Teile des Neuen Testaments den Akzent weniger darauf, daß die Verwandlung und Erlösung der Menschheit schon begonnen habe, als vielmehr auf die Notwendigkeit erhöhter Wachsamkeit und strikter moralischer Rechtschaffenheit bis zur endgültigen Wiederkunft Christi. Die reale, bestehende Welt war verdorben und in ihr lauerten überall Gefahren, denn ein Fehltritt brachte das Risiko der ewigen Verdammnis. Eine solche Auffassung wurde nicht nur in den drei synoptischen Evangelien – den Evangelien von Matthäus, Markus und Lukas –, sondern auch in den Schriften von Paulus und Johannes vertreten. Nachdrücklich wurde hier betont, wie sehr die endgültige Rettung der Menschheit von Gottes Eingreifen in der Zukunft, von einem apokalyptischen Ende der Geschichte und von der Wiederkunft Christi abhängig war. Der Kampf zwischen Christus und Satan hielt an, und die furchtbaren Gefahren und Leiden der Gegenwart wurden durch den Glauben an den historischen Christus, den auferstandenen Helden im Kampf gegen die Dunkelheit, vor allem aber seine heilsbringende Wiederkunft am Ende der Zeit gemildert – und nicht durch das optimistische johanneische Gefühl vom bereits errungenen Sieg Christi über das Böse und den Tod, von Gottes neuer Gegenwart in der Welt und von der schon jetzt gegebenen Teilhabe des Gläubigen am ewigen Leben. Die Hoffnung auf den Erlöser stand zwar für beide Seiten der internen christlichen Polarität im Vordergrund, aber diesem zweiten Verständnis zufolge lag die Gegenwart in einer tiefen spirituellen Finsternis, so daß die Hoffnung auf Erlösung ausgesprochen dringlich, zuweilen sogar fraglich wurde und sich der Moment der Erlösung schließlich ganz in die Zukunft verlagerte und vollkommen vom rettenden Eingreifen Gottes abhing.

Diese Seite des Christentums hatte aufgrund ihrer Betonung der Erwartung stärkere Ähnlichkeit mit zentralen Elementen des Judentums, das auf diese Weise auch weiterhin die christliche Sichtweise prägte. Die Erfahrung des Mensch wie Natur beherrschenden Bösen und der tiefen Entfremdung zwischen Mensch und Gott, das Gefühl angestrengten Wartens auf ein eindeutiges Zeichen für die erlösende Gegenwart Gottes in der Welt, die Notwendigkeit genauester Einhaltung der Gebote, der Versuch, sich als reine und gläubige Minderheit gegen eine feindliche und unreine Umwelt zu behaupten – alle diese Elemente der jüdischen Mentalität tauchten im christlichen Denken wieder auf. Diese Grundfärbung der religiösen Vision wurde noch verstärkt angesichts der Verzögerung der Wiederkunft Christi und der diesen Aufschub begleitenden historischen und theologischen Entwicklung der Kirche.

Das dualistische Verständnis der christlichen Offenbarung betonte in seiner extremeren Form, die keineswegs untypisch war für die Hauptströmung der westlichen christlichen Tradition nach Augustinus, die grundsätzliche Unwürdigkeit des Menschen und seine daraus resultierende Unfähigkeit, die Macht der Erlösung Christi noch in diesem Leben zu erfahren – es sei denn auf vorweggenommene Weise durch die Kirche. Indem die christliche Kirche die jüdische Konzeption vom Fall Adams und der aus ihm folgenden Trennung des Menschen von Gott aufnahm und verstärkte, vermittelte sie ihren Gläubigen ein ausgeprägtes Gefühl für Sünde und Schuld, für die Gefahr, ja Wahrscheinlichkeit der Verdammnis und für die dringende Notwendigkeit einer strikten Einhaltung des religiösen Gesetzes und einer institutionell beglaubigten Rechtfertigung der Seele vor Gott. Dem freundlichen Bild von Gott als einem ebenso immanenten wie transzendenten Wesen, das auf geheimnisvolle Art und Weise

Mensch, Natur und Geist in sich vereinte, wurde hier das Bild eines ganz und gar transzendenten, von Mensch wie Natur losgelösten, ja ihnen sogar feindlich gegenüberstehenden Richters an die Seite gestellt. Der strenge und oft unbarmherzige Gott des Alten Testaments, Jahwe, wurde jetzt von Christus als Richter verkörpert, der die Ungehorsamen genauso bereitwillig verdammte wie er die Gehorsamen erlöste. Und die hier eher als hierarchische Institution denn als mystische Gemeinschaft der Gläubigen verstandene Kirche vertrat dieses richterliche Amt auf Erden mit vehementer kultureller Autorität. Das frühchristliche Ideal der universalen Versöhnung, der Einswerdung der Seele mit dem auferstandenen Christus und ihres Aufgehens in der christlichen Gemeinde, sowie die hellenisch inspirierte Vorstellung von der mystisch-philosophischen Einheit mit dem göttlichen Logos traten als religiöse Ziele zurück hinter der eher jüdischen Vorstellung vom strengen Gehorsam gegenüber dem Willen Gottes – und, daraus abgeleitet, gegenüber den Entscheidungen der Kirchenhierarchie. Leiden und Tod Christi wurden hier häufig als noch tiefere Verstrickung des Menschen in Schuld dargestellt und nicht als befreiende Entlastung von dieser Schuld. Nicht die Auferstehung, sondern der erschreckende und grausame Aspekt der Todesart, die Kreuzigung, wurde zum beherrschenden Bild. Die Beziehung des schuldigen Kindes zum strengen Vater überschattete, wie schon in weiten Teilen des Alten Testaments, die von der anderen Seite des frühen Christentums verkündete glückliche Versöhnung mit dem göttlichen Wesen.

Die beiden Pole innerhalb des christlichen Weltbildes standen einander jedoch nicht so beziehungslos gegenüber, wie diese Unterschiede vielleicht nahelegen. Die Kirche bot nicht nur den äußeren Rahmen für die verschiedenen Perspektiven, sie verstand sich vielmehr als Auflösung dieser Dichotomie. Die Erklärung, wie derart voneinander abweichende Botschaften überhaupt zu einer Religion haben vereint werden können, liegt im Entstehungsprozeß der christlichen Kirche und in ihrer weiteren Entwicklung, in der Reaktion auf die historischen Gegebenheiten und in der Herausbildung eines eigenen Selbstverständnisses. Vorbedingung, um den Einfluß der verschiedenen Ereignisse, Persönlichkeiten und Bewegungen auf diesen Prozeß zu verstehen, ist jedoch, ob es uns gelingt, zunächst die ursprüngliche christliche Verkündigung in ihrer Fassung aus dem ersten Jahrhundert wenn nicht ganz und gar zu begreifen, so doch einen ersten Eindruck von ihr zu gewinnen.

KOSMISCHE ERLÖSUNG

Das Neue Testament, vor allem bestimmte Passagen der Paulusbriefe und des Johannes-Evangeliums, ließ keinen Zweifel daran, daß die unermeßliche Kluft zwischen dem Menschlichen und dem Göttlichen in gewisser Weise bereits überbrückt war. Die Schuld und der Schmerz dieser vom Fall Adams verursachten Trennung waren durch den Sieg Christi, des »zweiten Adam«, überwunden worden, und der gläubige Christ nahm an dieser neuen Einheit unmittelbar teil. Endlich bot sich der Menschheit diese lang ersehnte Chance. Christus hatte sich selbst geopfert, um dem sterblichen Menschen das ewige Leben zu schenken; Gott wurde eins mit den Menschen, damit der Mensch eins mit Gott werden konnte. Zeitgleich mit der Himmelfahrt Christi war der Geist Gottes herabgestiegen, war jetzt in und unter den Menschen, um ihre grundlegende spirituelle Verwandlung, ja ihre Vergöttlichung zu bewirken.

Dieses neue christliche Gottesbild wich deutlich vom traditionellen jüdischen ab. Christus war nicht nur der von den Propheten vorhergesagte Messias, der die jüdische Glaubensmission zu ihrer historischen Erfüllung brachte. Er war auch der Sohn Gottes, eins mit Gott; und durch sein Selbstopfer war aus dem richtenden Jahwe des Alten Testaments, der Gerechtigkeit forderte und Vergeltung übte, der liebende Vater des Neuen Testaments geworden, der Gnade gewährte und alle Sünden vergab. Die frühen Christen betonten die neue Unmittelbarkeit und Nähe Gottes, dessen Bild sich immer mehr vom unnahbar strengen Jahwe zum menschlichen Jesus Christus wandelte und der jetzt weniger als rachsüchtiger Richter denn als mitfühlender Befreier handelte.

Das Kommen Christi war daher ebenso ein Bruch mit der jüdischen Tradition wie ihre Erfüllung. In diesem Bewußtsein unterschieden die frühen Christen zwischen dem »Alten« und dem »Neuen« Testament, das ein »neues Leben«, einen »neuen Menschen«, eine »neue Natur«, einen »neuen Weg«, einen »neuen Himmel und eine neue Erde« verkündete. Durch den Triumph von Christus über den Tod, das Leiden und das Böse war dieser Sieg allen Menschen möglich geworden und bot ihnen die Chance, ihre eigene Drangsal im größeren Zusammenhang der Wiederauferstehung zu sehen. Mit Christus zu sterben bedeutete, mit ihm zu neuem Leben im Reich Gottes geboren zu werden. Christus war der Ort immerwährender Erneuerung, die unaufhörliche Geburt des göttlichen Lichts in der Welt und in der Seele. Seine Kreuzigung markierte die Geburtswehen einer neuen Menschheit und eines neuen Kosmos. Ein Prozeß der göttlichen Verklärung von Mensch und Natur hatte mit der Erlösungstat Christi seinen Anfang genommen, die als kosmisches, das Universum als Ganzes umwälzendes Ereignis verstanden wurde. Gegenüber der Verdammnis einer sündigen Menschheit in einer in Ungnade gefallenen Welt betonte man die unendliche Gnade Gottes, die Gegenwart des Heiligen Geistes, die Liebe des *Logos* zu Mensch und Welt. Heiligung, Vergöttlichung und universale Neugeburt standen hier im Vordergrund. Bei der Lektüre frühchristlicher Schriften läßt sich der Eindruck gewinnen, als hätten viele der damaligen Christen eine plötzliche kosmische Begnadigung unmittelbar vor dem sicheren Tod erlebt, die Abwendung der sicheren Verdammnis, das unerwartete Geschenk des Lebens – nicht nur eines neuen, sondern des ewigen Lebens. Unter dem Eindruck des Wunders dieser Offenbarung zogen sie aus, um das Evangelium, die »gute Nachricht« von der Errettung der Menschheit, zu verbreiten.

So uneingeschränkt wurde hier das erlösende Opfer Christi als krönender Abschluß der bisherigen menschlichen Geschichte angesehen, daß selbst der Fall Adams, der archetypische Ursprung der menschlichen Entfremdung und Sterblichkeit, von der Osterliturgie paradoxerweise als *felix culpa*, als »gesegnete Sünde« gefeiert wurde. Der Sündenfall – der erste Fehler des Menschen, der das dunkle Wissen um Gut und Böse, die moralisch riskante Freiheit und die Erfahrung von Entfremdung und Tod mit sich gebracht hatte – wurde hier nicht in erster Linie als zutiefst verabscheuungswürdiger Irrtum und als tragische Katastrophe angesehen, sondern als erster und zurückblickend integraler Schritt in der existentiellen Entwicklung des Menschen, der auf einen kindlichen Mangel an Unterscheidungsvermögen und die naive Anfälligkeit des Menschen für Täuschung zurückzuführen war. Im Mißbrauch der gottgegebenen Freiheit, indem er sich selbst mehr als Gott liebte und sich über ihn stellte, hatte der Mensch die Vollkommenheit der Schöpfung zerstört und sich von der göttlichen Einheit verabschiedet. Doch erst durch das so gewonnene schmerzhafte Bewußtsein seiner Sünde konnte der Mensch jetzt die grenzenlose Freude über die Barmherzigkeit Gottes und die Heimkehr seiner verlorenen Seele erfahren. In Christus waren die Wunden der ursprünglichen Trennung geheilt und die Vollkommenheit der Schöpfung auf einer neuen und höheren Ebene wiederhergestellt. Menschliche Schwäche wurde so zur Chance für Gottes Stärke. Nur im Bewußtsein seiner Niederlage und seiner Endlichkeit war es dem Menschen möglich, sich frei für Gott zu öffnen. Und nur vor dem Hintergrund des Sündenfalls des Menschen ließ sich die unvorstellbare Herrlichkeit und Liebe Gottes gänzlich offenbaren – durch das Verzeihen des Unverzeihlichen. Selbst der offenbare Zorn Gottes konnte jetzt als notwendiger Bestandteil seiner unendlichen Güte und das menschliche Leiden als notwendiges Vorspiel zu grenzenloser Glückseligkeit interpretiert werden.[10]

Christus hatte den Tod überwunden. Wenn der Mensch erkannte, daß dies die Möglichkeit der eigenen Auferstehung zum ewigen Leben bedeutete, verlor alles weltliche Leiden und Böse letztlich seine Bedeutung, es sei denn als Vorbereitung für die Erlösung. In der Logik des göttlichen Geheimnisses erfüllte auch das negative Element im Kosmos eine Aufgabe bei der Geburt eines größeren, besseren Seinszustandes. Man konnte dem Allmächtigen mit absolutem Vertrauen begegnen, alle Zukunftsangst ablegen, um so einfach wie die »Lilien auf dem Felde« zu leben. Genauso wie der verborgene Samen durch den kalten Schatten des Winters gebracht wurde, um dann im warmen Licht des Frühlings zu erblühen, war selbst noch in den dunkelsten Stunden die unerklärliche Weisheit Gottes am Werk. Im ganzen Drama von der Schöpfung bis zur Wiederkunft Christi ließ sich jetzt ein grandioser göttlicher Plan, ließ sich die Entfaltung des *Logos* erkennen. Christus war Anfang und Ende der Schöpfung, ihr »Alpha und Omega«, ihre ursprüngliche Weisheit und ihre endliche Erfüllung. Das Verborgene war enthüllt worden. In Christus hatte sich der Sinn des Kosmos erfüllt und offenbart. All dies feierten die frühen Christen in einem überschwenglichen Bild: Mit der Menschwerdung Christi sei der *Logos* wieder in die Welt zurückgekehrt und habe, die Dissonanzen des Universums in vollkommene Harmonie auflösend, ein himmlisches Lied erschaffen, das die Freude über die kosmische Hochzeit zwischen Himmel und Erde, Gott und Menschheit klangvoll verkündete.

Die ursprüngliche christliche Botschaft der Erlösung war mystisch, kosmisch und historisch zugleich. Auf der einen Seite stand die Erfahrung einer grundlegenden inneren Verwandlung: Das kommende Reich Gottes zu erfahren, bedeutete, im Inneren vom Göttlichen ergriffen zu sein, überströmt zu sein von einem inneren Licht und innerer Liebe. Durch die Gnade Christi starb das alte, abgetrennte und falsche Ich, um die Geburt eines neuen und wahren Selbst im Einklang mit Gott zu ermöglichen. Denn Christus war das wahre Selbst, der innerste Kern der menschlichen Persönlichkeit. Seine Geburt in der menschlichen Seele vollzog sich nicht so sehr als äußere Ankunft, sondern eher als Prozeß einer Entfaltung aus dem Inneren, als ein Erwachen zum Wirklichen, als ein plötzliches und radikales Eindringen des Göttlichen in das Zentrum der menschlichen Erfahrung. Auf der anderen Seite kam es jedoch im Zusammenhang mit dieser inneren Verwandlung zu einer Umgestaltung der ganzen Welt, zur Wiederherstellung ihrer göttlichen Herrlichkeit – nicht nur in Form rein subjektiver Erleuchtung, sondern als kollektiv und historisch bedeutsame Realität.

Ein beispielloser Optimismus artikulierte sich hier. In ihrer konkreten Körperlichkeit und historischen Realität stand die Auferstehung Christi für das Versprechen, in einer letzten siegreichen Wiedervereinigung mit der unendlichen Gottheit alles zu bereinigen und zu vervollkommnen – die Geschichte jedes Einzelnen wie der gesamten Menschheit; all das Kämpfen, Suchen und Irren, alle Verfehlungen und Unzulänglichkeiten; die Einkerkerung in die Materie, das ganze irdische Wirklichkeitsdrama. Was grausam und absurd erschienen war, würde in der endgültigen Enthüllung der verborgenen Bedeutung der Schöpfung plötzlich Sinn ergeben. Nichts würde ausgelassen. Die Welt war kein böser Kerker, keine verzichtbare Illusion, sondern Träger der Herrlichkeit Gottes. Die Geschichte war keine unerbittlich noch tiefer ins Verderben führende Spirale, sondern der Nährboden für die Vergöttlichung der Menschheit. Durch Gottes Allmacht war grausames und blindes Schicksal auf wunderbare Weise in wohlwollende Vorsehung verwandelt worden. Menschliche Angst und Verzweiflung fanden jetzt nicht nur Linderung, sondern göttliche Sinngebung. Das Tor zum Paradies, unerbittlich verschlossen seit dem Sündenfall, war von Christus wieder aufgestoßen worden. Die Unermeßlichkeit des Erbarmens und der Macht Gottes würden unweigerlich das gesamte Universum erobern und vollenden.

Es scheint, als hätten viele frühe Christen in einem Zustand fortwährend Staunens über die wunderbare historische Erlösung
gelebt, die ihnen gerade zuteil geworden war. Die Vereinigung des
Kosmos stand nun unmittelbar bevor, die fraglos akzeptierten Grenz-
ziehungen der alten Dualismen – Mensch und Gott, Natur und Geist,
Zeit und Ewigkeit, Leben und Tod, Selbst und Anderer, Israel und der
Rest der Menschheit – waren überwunden worden. Und obwohl sie
ungeduldig auf die endgültige Wiederkunft Christi warteten, darauf,
daß er in seiner ganzen Herrlichkeit aus dem Himmel zurückkehren
und vor die Welt treten würde, stand im Mittelpunkt ihres Denkens
die befreiende Tatsache, daß Christus den Prozeß der Erlösung bereits
eingeleitet hatte – einen unaufhaltsamen Siegeszug, an dem sie
unmittelbar Anteil hatten. Vor diesem Hintergrund bildete sich eine
alles durchdringende Hoffnung als christliche Grundhaltung heraus.
Mit dieser christlichen Einstellung, alle Hoffnung auf das Erbarmen
und den umsichtigen Plan Gottes für die Menschheit zu setzen, ließen
sich die Prüfungen und Schrecken der Gegenwart transzendieren. Die
Menschheit konnte nun in demütigem Vertrauen ihrer künftigen
Erfüllung in Herrlichkeit entgegensehen, zu deren Verwirklichung
ihre Hoffnung in gewisser Weise beitrug.

Von besonderer Bedeutung war dabei der Glaube, daß Gott in Christus Mensch geworden war, daß der allumfassende unendliche
Schöpfer als individuelles menschliches Wesen in die Geschichte eingetreten war. Denn diese Verschmelzung in Christus hatte das
Menschliche und das Göttliche in ein grundlegend neues Verhältnis
gebracht, hatte sie in eine erlösende Einheit überführt, die der
Menschheit als Ganzes göttlichen Wert verlieh. Die Sprache, in der
Paulus, Johannes und frühchristliche Theologen wie Irenäus den
kommenden Christus beschrieben, schien nicht nur nahezulegen,
daß es sich bei der Wiederkunft Christi um ein äußeres Ereignis handeln werde, ein Hinabsteigen vom Himmel zu einem unbestimmten
Zeitpunkt in der Zukunft, sondern auch, daß sich diese Rückkehr in
Form einer allmählichen Geburt innerhalb der natürlichen und historischen Entwicklung aller menschlichen Wesen bereits vollzog, in
deren Verlauf sie in und durch Christus vervollkommnet würden.
Christus wurde hier zum einen als der himmlische Bräutigam angesehen, der die Menschheit mit dem Samen des Göttlichen durchdrungen hatte. Zum anderen war er das Ziel der Menschheitsentwicklung,
die Erfüllung des in diesem Samen Angelegten. Durch seine unauf-

haltsam fortschreitende Entfaltung innerhalb von Menschheit und Welt würde Christus am Ende die Schöpfung zu voller Blüte bringen. Noch mochte der Samen zwar im Boden verborgen sein, aber er war bereits aktiv wirksam, langsam wachsend reifte er zur vollkommenen Enthüllung des göttlichen Mysteriums heran. Wie Paulus in seinem Brief an die Römer schrieb, »die ganze Schöpfung stöhnte unter den Wehen« der Geburt dieses göttlichen Wesens, als ob alle Christen mit Christus schwanger wären – schwanger mit einem neuen Selbst, für das nach seiner Geburt ein völlig anderes, authentischeres Leben im vollen Bewußtsein der Gegenwart Gottes begann. Die Geschichte der Menschheit war ein großangelegtes Projekt der Hinführung zur Göttlichkeit. Dabei sollte nicht nur der Mensch in Gott seine Erfüllung finden, auch Gott wollte sich im Menschen erfüllen, in seiner Vergegenwärtigung in menschlicher Gestalt zur Selbstoffenbarung gelangen. Denn Gott hatte den Menschen nach seinem Bilde geschaffen, weil er in ihm sein göttliches Wesen am ehesten verwirklichen konnte.

In dieser Perspektive war der Mensch selbst Teil der schöpferischen Entfaltung Gottes. Dem in seiner Entfremdung von Gott unglücklichsten aller Geschöpfe war es vergönnt, ganz wesentlich zur Aufhebung der Spaltung der Schöpfung und zur Wiederherstellung ihres göttlichen Anfangszustandes beizutragen. Der *Logos* war in den Menschen hinabgestiegen, damit der Mensch, am Leiden Christi teilhabend und selbst vom *Logos* erfüllt, zu Gott aufsteigen konnte. Indem Christus sich den Menschen freiwillig hingab und die Erniedrigung und Schwäche des menschlichen Lebens am eigenen Leib erfuhr, verlieh er dem Menschen die Fähigkeit, an Gottes Macht und Herrlichkeit teilzuhaben. Seitdem gab es keine Grenzen mehr für das, was aus dem Menschen im Einklang mit Gott in Zukunft noch werden konnte. Der Theologe Athanasius faßte dieses Ideal der Vergöttlichung, wie es sich bereits bei Paulus und Johannes findet, im vierten Jahrhundert in einen Lehrsatz: »Gott ist Mensch geworden, damit aus uns Gott wird.« Im Lichte der im Neuen Testament verkündeten voranschreitenden Vergöttlichung wurden alle historischen Traumata und Verwüstungen, Kriege, Hungersnöte und Erdbeben, die unendlichen Leiden der Menschheit als notwendige Geburtswehen des Göttlichen im Menschen verständlich. Im neuen Licht der christlichen Offenbarung zeigte sich, daß diese Wehen der Menschheit nicht vergebens gewesen waren. Der Mensch hatte das Elend, das Kreuz Christi, tragen müssen, um Gott gebären zu können. Jesus Christus war der neue

Adam, von dem eine neue Menschheit ausging, spirituell mit neuer Kraft, neuem Bewußtsein und neuer Freiheit begabt, die in Zukunft zu ungeahnter Vollkommenheit führen würden – und schon jetzt war das Göttliche auf wunderbare Weise in Mensch und Welt gegenwärtig und aktiv.

DER KAMPF ZWISCHEN
LICHT UND FINSTERNIS

Bereits Paulus warnte davor, daß das optimistisch enthusiastische Element innerhalb des Christentums, obwohl an sich wertvoll, leicht zu negativen spirituellen Konsequenzen führen könne, wenn es die Aufmerksamkeit zu sehr weg von Christus und hin zum Menschen, weg von der Zukunft und hin zur Gegenwart, weg vom Glauben und hin zum Wissen lenke. Eine solche Verzerrung nahm er unter bestimmten »Schwärmern«, den Vorläufern der Gnostiker, in den von ihm selbst mitgegründeten frühen Kirchengemeinden wahr, und er beeilte sich, hier gegenzusteuern.

In seinen Augen lag in ihren Grundsätzen und in ihrem Verhalten die Gefahr einer allzu überschwenglichen Interpretation der christlichen Botschaft, deren Auswüchse zu sündhafter Selbstüberschätzung, zu verantwortungsloser Gleichgültigkeit gegenüber der Welt und dem immer noch in ihr präsenten Bösen und zu dünkelhafter Überbewertung von persönlichen spirituellen Kräften und esoterischem Wissen gegenüber Liebe, Demut und praktischer Moraldisziplin verleiten konnten. Christus hatte zwar eine neues Zeitalter und eine neue Menschheit begründet, doch waren diese noch keineswegs real gegeben, und der Mensch täuschte sich, wenn er glaubte, irgend jemand außer Gott selbst könne die tiefe und letzte Umwandlung bewirken, deren ganze Verwirklichung noch ausstand. Die Welt ging mit dem Göttlichen schwanger und erlebte schwere Geburtswehen, noch aber hatte sie nicht geboren. Obwohl das Handeln Christi bereits unter den Menschen spürbar gegenwärtig war, erschien Paulus die erlittene Verfolgung und sein persönliches Leiden – sein »Pfahl im Fleisch« – Beweis genug, daß die Erfüllung der Heilserwartung weit in der Zukunft lag und daß der wahre Weg zur Herrlichkeit Gottes der Weg des Kreuzes war. Der Mensch mußte mit Christus leiden, um mit Christus verherrlicht zu werden.

Paulus bekämpfte vor allem die Neigung der Schwärmer, das zu verlieren, was er als angemessenes Gleichgewicht zwischen den religiösen Bestrebungen des Einzelnen und denen der größeren Gemeinschaft der Christen ansah. Denn dieses Gleichgewicht zu verlieren, hieß für ihn, den eigentlichen Kern der christlichen Botschaft zu verfehlen. Die Überzeugung, ihre persönliche Erlösung habe bereits stattgefunden, konnte mitten in einer Welt, die offenkundig noch unerlöst blieb, zu spirituellem Hochmut und nachlässigem Lebenswandel führen, ja sogar zur Absage an die künftige gemeinschaftliche Auferstehung, da die persönliche Auferstehung doch bereits vollzogen war. Menschliche Hybris und nicht göttliches Erbarmen stand letztlich im Mittelpunkt solcher Lehren. Für den Menschen war es notwendig, seine Grenzen und Fehler zu kennen und seinen Glauben allein auf Christus auszurichten. In der Gegenwart bestand die Aufgabe des Christen darin, gemeinsam mit den anderen Gläubigen eine Gemeinschaft der Liebe und der moralischen Reinheit aufzubauen, die sich der versprochenen gotterfüllten Zukunft als würdig erwies. Freude über das Wirken Christi war ein wichtiger Aspekt, aber das gleiche galt ebenso für moralische Disziplin, persönliche Opferbereitschaft und den demütigen Glauben an die zukünftige Verwandlung.

Aus der Befürchtung, ein voreiliger Anspruch auf Erlösung heute könne das umfassende Heil der Welt morgen gefährden, lehrte Paulus einen partiellen Dualismus für die Gegenwart, um eine umfassendere kosmische Einheit in der Zukunft zu gewährleisten. Diese Reaktion auf die schwärmerischen Strömungen fand auch in den drei synoptischen Evangelien von Markus, Matthäus und Lukas eine Unterstützung. Im Gegensatz zum Evangelium nach Johannes tendierten sie in ihren Beschreibungen dazu, zum einen die Menschlichkeit Jesu – sein historisches Leben und Leiden – und zum anderen die noch bis zur apokalyptischen Endzeit drohenden teuflischen Versuchungen der Gegenwart in den Vordergrund zu stellen. Hinter diesen Aspekten trat bei ihnen das johanneische Gefühl einer bereits die Gegenwart durchflutenden spirituellen Herrlichkeit Christi deutlich in den Hintergrund. Die Perspektive dieser Evangelien förderte eher ein intensives Warten auf göttliche Taten, die von der Last der gegenwärtigen Prüfungen befreien würden, und legte eine kritischere Wahrnehmung der zeitgenössischen spirituellen Situation des Menschen nahe. Ihre Sichtweise tendierte zu einem Dualismus zwischen gegebener Welt und kommendem Reich Gottes, zwischen der Allmacht Gottes und der Hilflosigkeit des Menschen. Dieser Dualismus wurde jedoch bereits durch den Heiligen Geist, den Gott der Menschheit geschenkt hatte, gemildert und würde schon bald, mit der Wiederkunft Christi, ganz überwunden sein.

Eine Modifikation beziehungsweise Zuspitzung erfuhr dieser Dualismus paradoxerweise in Teilen gerade des Johannes-Evangeliums, des letzten, gegen Ende des ersten Jahrhunderts geschriebenen und theologisch ausgereiftesten Evangeliums. Da es zur Wiederkunft Christi nicht so schnell gekommen war, wie die erste Generation der Christen erwartet hatte, erhielt der Dualismus, der bei den Synoptikern im wesentlichen den Unterschied zwischen dunkler Gegenwart und lichter Zukunft meinte, unter dem Einfluß des Johannes-Evangeliums eine mystische und ontologische Dimension. Die johanneische Vision war beherrscht vom Thema des Kampfes zwischen Licht und Dunkelheit, zwischen Gut und Böse, geprägt von einer kosmischen Spaltung, die sich im Dualismus von Geist und Materie wiederfand, der den grundlegenden Unterschied zwischen dem transzendenten Reich Christi und der unter der Herrschaft des Satans stehenden Welt verdeutlichte und konkretisierte. Die »verwirklichte Eschatologie« des Johannes – seine Lehre, daß das Ende der Geschichte bereits mit dem Erwachen des Auferstandenen begonnen habe – betonte zwar die gegenwärtige Teilhabe des Menschen an der Herrlichkeit Christi, dies wurde aber mehr und mehr im Sinne einer rein spirituellen Teilhabe verstanden, die sowohl die materielle Welt als auch den physischen Körper überstieg, die wiederum bedeutungslos, ja hinderlich für den Prozeß der Erlösung wurden. Dieser mystische und ontologische Dualismus wurde von den Gnostikern und, innerhalb der christlichen Theologie, von der neuplatonistischen Strömung aufgenommen und verstärkt; je länger die Wiederkunft Christi auf sich warten ließ, desto mehr schien er sich zu bestätigen. Während die Gnostiker glaubten, ihr esoterisches Wissen könne diese kosmische Spaltung überwinden, schrieben die Neuplatoniker diese Funktion der mystischen Erleuchtung zu. Für die Hauptströmung der christlichen Tradition, die erst in der Wiederkunft Christi die endgültige Erlösung erwartete, übernahm bis dahin allein die heilige Kirche eine vermittelnde Rolle.

Auf diese Weise bestätigte das Johannes-Evangelium zwar die gegenwärtige Einheit von Christus und Gläubigem, aber um den Preis eines grundlegenden ontologischen Dualismus. Darüber hinaus schien – trotz der zentralen johanneischen Botschaft, der *Logos* sei Fleisch geworden – die vom Johannes-Evangelium geschilderte unermeßliche göttliche Lichtfülle Christi die Möglichkeiten aller menschlichen Wesen bei weitem zu übersteigen, wodurch die spirituelle Unterlegenheit des Menschen und die Dunkelheit der natürlichen Welt um so deutlicher wurden. Die Aufgabe, diese Kluft zu überbrücken, übernahm schließlich die Kirche – als sichtbares göttliches Zeichen der Gegenwart Gottes und als Instrument der Vorbereitung und Weihe der Menschheit. Der johanneische Christus erschloß sich dem Menschen auf mystische Weise: Wer seinem Gebot der Liebe folgte und ihn als den Sohn Gottes anerkannte, konnte an seiner untrennbaren Einheit zum transzendenten Vater teilhaben. Diese Verbindung trennte die Gläubigen vom Rest all derer, die »von dieser Welt« waren. Damit war eine weitere Grenzlinie gezogen. Ähnlich wie die gnostische Elite sich selbst von der unerlösbaren Mehrheit der Menschheit abhob oder der aufgeklärte Philosoph von den Unaufgeklärten so unterschieden sich diejenigen innerhalb von allen anderen außerhalb der Kirche. Diese Spaltung stützte und stärkte die – sowohl das Alte als auch das Neue Testament kennzeichnende – Tendenz, von Erlösung nur in bezug auf einen auserwählten Kreis von Gläubigen zu sprechen, der allein Gott am Herzen lag und in einem Akt der Gnade herausgehoben wurde aus der ihrem Wesen nach gottlosen Masse der Menschen, die der Verdammnis anheimfiel.

Diese allgemeine Tendenz war ein ungewöhnlich starker und dauerhafter Teil der endzeitlichen Heilserwartung, wie sie sich in den synoptischen Evangelien, den paulinischen Ermahnungen und im mystischen Dualismus des Johannes finden läßt. Verstärkt wurde diese Tendenz durch den fortwirkenden Einfluß vorchristlicher jüdischer Motive, die Verzögerung der Wiederkunft Christi und die Interessen der sich durchsetzenden institutionellen Kirche. Letztlich führte sie dazu, daß der strenge und eher düstere Pol innerhalb des christlichen Weltentwurfs nach und nach das Übergewicht gewann und die ursprüngliche frühchristliche Botschaft nachhaltig übertönte. Eine leichte Verschiebung oder Verstärkung des Akzents genügte meist schon, und dieselben Evangelien und Epistel, die gerade noch die optimistisch-enthusiastische Seite der christlichen Botschaft verkündet hatten, boten sich nun für eine neue Lesart mit grundlegend anderem Tenor an; vor allem, wenn die Veränderungen des historischen Umfeldes ein ganz neues Licht auf die Offenbarung warfen. Im Grunde spiegelte dieses Verständnis einen geschärften Sinn für die Spaltungen der Existenz wider – in Gott und Mensch,

Himmel und Erde, Gut und Böse, Gläubige und Verdammte. Dabei wurde die Verdorbenheit betont, der Mensch und Welt erlegen waren, und die daraus entstehende Notwendigkeit eines transzendenten göttlichen Eingriffs zur Rettung der menschlichen Seele. Vor dem Hintergrund dieser Textauslegung und auf der Basis ihres Leidens an einer negativ erfahrenen Welt und ihrer drängenden spirituellen Sehnsucht, konzentrierten die frommen Christen ihre Aufmerksamkeit mehr und mehr auf die Erwartung der Zukunft und die Abwendung von der Welt, auf die versprochene Wiederkunft Christi am Ende der Zeit oder auf die kirchlich vermittelte Erlösung nach dem Tode. In beiden Fällen kam es zu einer ausgeprägten Neigung, dem jetzigen Leben und der natürlichen Welt jeglichen Wert und der Menschheit ihren Platz in der göttlichen Hierarchie abzusprechen.

Nur der Eingriff Gottes konnte die wenigen Aufrechten unter den Menschen retten, ein Eingriff, den die erste Generation von Christen in Form eines apokalyptischen, die Geschichte abrupt beendenden Zusammenbruchs erwartete. Jesu eigene Worte über das unmittelbare Bevorstehen eines derartigen Ereignisses hatten solche Erwartungen noch bestärkt, auch wenn von ihm überliefert wurde, daß er jede Spekulation über den genauen Zeitpunkt oder andere Details mißbilligte. Unter Juden und anderen religiösen Gruppierungen, die in der zeitgenössischen Welt das Böse am Werk sahen, waren dramatische Endzeiterwartungen damals jedenfalls weit verbreitet. Als es aber auch mehrere Generationen nach den Jüngern und Aposteln noch immer nicht zur Apokalypse gekommen war, wurde schließlich – besonders in der Zeit nach Augustinus – die Erlösung immer weniger in Kategorien historischer und kollektiver Erschütterungen, sondern mehr und mehr als ein durch die Kirche vermittelter Prozeß betrachtet, der sich ausschließlich durch die institutionellen Sakramente vollziehen ließ und seine letzte Erfüllung erst fand, wenn die Seele die physische Welt verlassen hatte und in den Himmel gekommen war. Aber auch diese Form der Erlösung, genau wie die apokalyptische, war nicht durch menschliches Bemühen zu erreichen, sondern vollkommen abhängig von der Gnade Gottes – die allerdings nur gewährt wurde, wenn der Gläubige sich während seines ganzen Lebens streng an die von der Kirche vorgeschriebenen Handlungen und Grundsätze gehalten hatte. In beiden Fällen wurde der Handlungsspielraum des Menschen gegenüber der Machtfülle Gottes zurückgenommen oder gänzlich negiert, erschien der Wert dieser

Welt gegenüber der kommenden als gering oder sogar vollkommen nichtig. Allein die peinlich genaue Befolgung gewisser Moralprinzipien und Kirchenstatuten konnte die gläubige Seele vor der sicheren Verdammnis bewahren. Der Kampf mit dem alles verschlingenden Bösen gewann allerhöchste Priorität und zwang zur bedingungslosen Unterwerfung unter Gott und Kirche.

Auch wenn die meisten Christen in der Theorie einer optimistischen universalen Einheitsvorstellung zustimmten, verschrieben sie sich in der Praxis doch in der Regel einer Form des Christentums, die deutlich statischere, geschlossenere und dualistischere Züge trug. Die kosmische Dimension des Urchristentums – Menschheit und Natur als Nährboden Christi, Geschichte als der Prozeß der Geburt des Göttlichen in der Welt – trat gegenüber der Vorstellung einer tiefgreifenden Spaltung in den Hintergrund. Als idealer Christ galt, wer gehorsam und passiv das Göttliche empfing. Dessen Gegenwart offenbarte sich der menschlichen Seele nur in einem völligen Bruch mit der Welt – durch die von außen hereinbrechende apokalyptische Wiederkunft Christi, durch den klösterlichen Rückzug aus der Welt, durch die sakramentale Vermittlung der gegen das Weltliche gewandten Kirche oder durch eine gänzlich transzendente, außerweltliche Erlösung nach dem Tod.

In diesem Sinne ließ sich sagen, daß ein Großteil der Christenheit noch immer auf ihren Erlöser wartete – dem Judentum gar nicht unähnlich, nur mit einem stärkeren Akzent auf dem Leben nach dem Tod. Die spirituelle Bedeutung der apokalyptischen Wiederkunft Christi, beziehungsweise seiner Einkehr in die Seele nach dem Tod, stellte die seiner ursprünglichen Menschwerdung mehr und mehr in den Schatten, auch wenn diese den Beginn der Kirche markierte, den Kern seiner Botschaft und das große Beispiel seines Lebens und Leidens gebracht und die Grundlage für jede Hoffnung auf eine künftige Erlösung überhaupt erst möglich gemacht hatte. Aber auch, was die erste Ankunft Christi betraf, kam es zu einer Verschiebung – der leidende und gekreuzigte Christus, der alle menschliche Schuld auf sich genommen hatte, begann den triumphierenden und auferstandenen Christus, der die Befreiung der Menschheit zum Ziel hatte, zu verdrängen. Die Welt schien sich im Grunde nur äußerst wenig verändert oder gar vergöttlicht zu haben. Im Grunde genommen hatte sie in der entscheidenden Prüfung endgültig und unverzeihlich versagt. Sie hatte Gott, als er Mensch geworden war, erniedrigt und gekreuzigt und sich damit nur weiter in ihr sündhaftes Schicksal verstrickt. Die Hoffnung der Menschheit lag in der Zukunft, in der transzendenten Macht Gottes, in einem Leben nach dem Tod, und – für den Moment – im Bollwerk der Kirche.

Die Kirche hatte insofern die gesamte »Immanenz« des Reiches Gottes in sich aufgenommen. Gleichzeitig verstand sie sich als entschiedener Gegner der Welt, in der sie existierte oder vielmehr gezwungen war zu existieren. Die für das urchristliche Bewußtsein charakteristische, durchaus diesseitige Vorstellung vom »neuen Menschen« und von der »neuen Schöpfung« hatte sich in die tiefe Sehnsucht nach einer strahlenden himmlischen Zukunft, nach einer gänzlich transzendenten Erleuchtung verwandelt. Die diesseitige Welt war eine fremde Bühne voller unverrückbarer Requisiten. Der Mensch war zu Beginn der Schöpfung zwischen sie gestellt worden, und der einzige Erlösungsweg führte über die Kirche. Diese Erlösung bestand darin, daß der Mensch, all seine irdischen Unvollkommenheiten hinter sich lassend, von Christus in den Himmel geführt wurde. Je elender und verkommener die jetzige Welt war, um so herrlicher würde das Glück des erlösten Daseins im Paradies sein. Das schmerzliche Erkennen der eigenen Sündhaftigkeit und der grundlegenden Verdorbenheit alles Irdischen ließ für die meisten gläubigen Christen die gewissenhafte Vorbereitung auf eine solche nachweltliche Erlösung zum zentralen Lebensinhalt werden. Furcht und Anpassung kamen aus der Vorstellung, nur ein paar Auserwählte würden erlöst, während die überwältigende Mehrheit der Menschheit der ewigen Verdammnis anheimfiele.

Aus dieser Perspektive erschien die Idee der Vergöttlichung des Menschen entweder als sinnlos oder als anmaßend. Der menschliche Beitrag zum Projekt der Erlösung war außerordentlich begrenzt und Erlösung selbst wurde weniger als Angleichung an Gott bestimmt denn als kirchliche Rechtfertigung vor Gottes himmlischem Gericht. Der gläubige Christ sollte nicht göttlich wie Gott werden, sondern rechtschaffen vor Gott, befreit von seiner persönlichen Schuld und der Erbsünde. Die ursprüngliche christliche Vorstellung von der Freiheit des Menschen als Krönung der Schöpfung, geschaffen nach Gottes eigenem Bilde und erhöht durch die Vereinigung von Mensch und Gott in Christus, wurde hier bei weitem vom Gefühl der Unwürdigkeit und der absoluten spirituellen Abhängigkeit von Gott und der Kirche überschattet. Der Mensch war ein zutiefst sündhaftes Wesen, das sich vorsätzlich in Widerspruch zu Gott begeben hatte. Sein Wille hatte die Richtschnur verloren und war machtlos geworden gegenüber dem Bösen innerhalb und außerhalb seiner selbst. Eine Chance für seine Errettung lag ausschließlich in der Möglichkeit, daß Gott die Schuld des Gläubigen nicht anrechnete, sondern im Tod seines eigenen Sohnes gesühnt sah und den Gläubigen in einem Akt der Gnade nicht zur ewigen Verdammnis verurteilte, die er eigentlich, wie der Rest der Menschheit, verdient hatte.

Weil allein die Taten Gottes spirituell wirksam waren, konnten menschliche Anflüge von Heroismus nach antiker griechischer Art nur als sträfliche Prahlerei angesehen werden. Allerdings war in den Augen vieler der frühen und auch der späteren, mystischen Christen eine Art Heldentum möglich, in dem man unmittelbar an Christus, dem Prinzip universaler Göttlichkeit teilhatte. Eine solche Auffassung findet sich jedenfalls in den Zeugnissen der Märtyrer der frühen Kirche. Für die spätere Hauptströmung des Christentums aber lag die Möglichkeit zu heldenhaftem Handeln vollkommen außerhalb aller menschlichen Fähigkeiten. Aus dieser Perspektive erschien Christus als ferne göttliche Lichtgestalt, deren historische Manifestation in Jesus unwiederholbar und deren übermenschlicher Heroismus unnachahmbar war. Im Vergleich zu ihm waren die Menschen bestenfalls dankbare Kinder, schlimmstenfalls erbärmliche Sünder. Alles Gute kam von Gott, hatte also einen geistigen Ursprung, während alles Böse der sündhaften menschlichen Natur entsprang, also seinen Ursprung im Fleischlichen hatte. Dieser aus der Antike tradierte Dualismus erhielt in der kirchlichen Dogmatik eine ähnlich zentrale Stellung wie die Geburt Christi, und das grausame Symbol des Kreuzes diente in dieser Sichtweise dazu, das Gefühl für die tiefgründige Spaltung des Universums in Gott und Mensch, in ein jetziges irdisches und ein künftiges himmlisches Leben festzuschreiben. Nur die Kirche vermochte diese ungeheure Kluft zu überbrücken.

Die beiden radikal verschiedenen, doch eng miteinander verknüpften Arten, die christliche Botschaft auszulegen und umzusetzen, können als Fortführung einer ganz ähnlichen Dichotomie innerhalb des jüdischen Glaubens aufgefaßt werden. Dem stark ausgeprägten jüdischen Sinn für das Göttliche und dessen strahlende Macht stand sein gleichermaßen geschärfter Sinn für das bloß Profane, das täuschend

Götzenhafte und die Bedeutungslosigkeit alles bloß Menschlichen zur Seite. Analog führte Israels besondere Beziehung zu Gott und seine besondere geschichtliche Verantwortung bei der Wiederherstellung der Herrschaft Gottes in der Welt dem erwählten Volk nicht nur seine einmalige spirituelle Bedeutung vor Augen, sondern auch das ganze Ausmaß seines allzumenschlichen Versagens und seiner Schuld. In der Nachfolge des Zoroastrismus und seines kosmischen Dualismus von Gut und Böse – aber mit der historisch folgenreichen Differenz, daß es der Fall des *Menschen* war, der den kosmischen Fall verursacht hatte und nicht umgekehrt – bürdete die biblische Tradition dem Menschen eine Verantwortung von universalen Ausmaßen auf. Durch seine besondere Rolle wurde Gottes auserwähltes Volk zugleich bevorzugt und belastet, erhöht und erniedrigt, belohnt und bestraft und entsprechend variierte auch sein Gottesbild.

Auf der einen Seite zeugten viele Passagen der hebräischen Bibel – etwa in den Psalmen, im Buch Jesaja oder im Hohelied Salomos – von Erfahrungen der Gnade, Güte und innigen Liebe Gottes. Die jüdische Religionsliteratur zeichnete sich vor allem durch ihren ausgeprägten Sinn für das ausgesprochen persönliche Interesse Gottes am Menschen und seiner Geschichte aus. Auf der anderen Seite wurde das Alte Testament über weite Strecken von der Figur eines mißgünstigen Gottes beherrscht, der unnachgiebig und rücksichtslos Vergeltung übte – willkürlich strafend, von sich selbst besessen, militant nationalistisch, patriarchalisch, moralistisch. Von göttlicher Barmherzigkeit war hier nichts zu spüren. Entsprechend wurde das Vertrauen in Gott stets mit der Angst vor Gott abgewogen. Bei bestimmten entscheidenden Begegnungen mit Jahwe milderte allein das unterwürfige Flehen der Menschen um ein gerechtes oder gnädiges Urteil die volle Wucht seines Zornes. Zuweilen schien es, als sei das jüdische Volk in seinem moralischen Urteil treffsicherer als sein Gott, obwohl es natürlich seine ethischen Grundlagen aus der Begegnung mit ihm erst ableitete.[11] Der heilige Bund zwischen Gott und dem Menschen verlangte von Seiten des menschlichen Partners paradoxerweise Eigensinn und Gehorsam zugleich, und auf der Basis dieser Spannung entwickelte sich die jüdische Mentalität.

Das jüdische religiöse Erleben war zutiefst spannungsgeladen, denn abgesehen von einigen bedeutsamen Ausnahmen offenbarte sich der hebräische Gott im allgemeinen als das unversöhnlich »Andere«. Das jüdische Weltbild wurde entsprechend strukturiert von

Gegensatzpaaren – Gott und Mensch, gut und böse, heilig und profan. Aber es gab auch die Nähe Gottes, die sein Anderssein ausglich, und die in der Geschichte erkennbar war. Das bedeutete, daß sich die Präsenz des Göttlichen in der Welt in dem Maße verwirklichen konnte, wie Israel gehorsam gegenüber Jahwe war – eine Herausforderung, an der es abwechselnd über sich hinauswuchs oder kläglich scheiterte. Alles beruhte auf diesem Drama. Die jüdische Dialektik zwischen Jahwes furchterregender Allmacht und der ontologischen Getrenntheit des Menschen von Gott wurde durch Gottes historischen Heilsplan zur Synthese gebracht, und dieser Plan erforderte die totale Unterwerfung des Menschen. Folglich gewann das göttliche Gebot des unerschütterlichen Gehorsams Vorrang gegenüber der Zusage grenzenloser göttlicher Barmherzigkeit.

Aber auch diese Liebe wurde erfahren, insbesondere im Gespür für die Gegenwart Gottes, der die jüdische Nation unweigerlich an ihr Ziel führen würde, in das Gelobte Land – wie unterschiedlich die Gläubigen sich dies auch ausmalen mochten. Der endgültig erlösende und alle Spaltung überwindende Aspekt der Liebe Gottes schien hingegen eher Gegenstand sehnlicher Erwartung zu sein, die vom Messias erst in einer ferneren Zukunft erfüllt würde, während die Gegenwart hoffnungslos zerrissen war zwischen der Finsternis und Trostlosigkeit der menschlichen Sünde und dem flammenden Zorn Gottes. Die jüdische Gotteserfahrung war untrennbar mit der Vorstellung eines unbeugsamen göttlichen Strafgerichts verknüpft, genauso wie die Liebe des Menschen zu Gott aufs engste mit dem unbedingten Gehorsam gegenüber dem Gesetz Gottes verbunden war. Das Christentum, für das die Erlösung durch Christus den vergeltenden Aspekt der Gottheit nicht vollkommen aufgehoben hatte, führte die Tradition dieser inneren Polarität fort.

Die Schriften von Paulus, Johannes und Augustinus bewegen sich sprachlich und gedanklich in einem Spannungsfeld zwischen Mystik und Rechtsprechung, und die christliche Religion, deren Gestalt sie maßgeblich bestimmten, nahm diese beiden auseinanderstrebenden Tendenzen in sich auf. Gott war als absolut höchstes Wesen die Verkörperung und die Grundlage alles Guten, aber dieser gütige Gott konnte, wie im apokalyptischen Jüngsten Gericht der Offenbarung nach Johannes, dem ungehorsamen Menschen auch mit unbarmherziger und unversöhnlicher Härte begegnen. Wie im Judentum schwankte die Gotteserfahrung auch im Christentum zwischen dem

Pol einer spirituellen Liebesbeziehung, einer wahrhaft göttlichen Romanze, und dem Pol einer unerbittlichen, grausamen Prüfung und Strafe. Hoffnung und Glaube existierten neben Schuld und Angst. So war es theologisch folgerichtig, daß der Ausruf »*Ojelix culpa!*« von einigen mittelalterlichen Gemeinden und Klöstern aus der Osterliturgie gestrichen wurde.

WEITERE WIDERSPRÜCHE UND
DAS VERMÄCHTNIS AUGUSTINS

Materie und Geist

Der innere Konflikt des Christentums zwischen Erlösung und Verdammnis, zwischen der Vereinigung von Gott und Welt und ihrer auf die Spitze getriebenen Entgegensetzung spiegelte sich vor allem wider in der christlichen Einstellung gegenüber der physischen Welt und dem physischen Körper – in einer grundsätzlichen Ambivalenz, die es nie ganz ablegte. Eindeutiger als andere religiöse Traditionen bestanden Judentum und Christentum auf der unbezweifelbaren Wirklichkeit, Großartigkeit, Schönheit und Richtigkeit der ursprünglichen Schöpfung Gottes. Sie war keine Illusion, keine Täuschung, kein göttlicher Fehler; sie war weder eine unvollkommene Imitation noch der schwache Ausläufer einer Emanation. Gott hatte die Welt geschaffen, und sie war gut. Und: Der Mensch, Körper und Seele, wurde nach dem Bild Gottes geschaffen. Aber durch die Sünde und den Fall des Menschen verloren Mensch und Natur ihr göttliches Erbe, und das Drama der von Schicksalsschlägen geprägten Beziehung zu Gott inmitten einer spirituell verarmten und entfremdeten Welt nahm seinen Lauf. So verklärt die jüdischchristliche Vision von der ursprünglich unverdorbenen Schöpfung war, so tragisch war ihr Bild von der verlorenen Unschuld der gegenwärtigen Welt.

Die christliche Offenbarung bestand darauf, daß Gott in Christus wirklich Mensch geworden war, Fleisch und Blut, und daß seine Wiederauferstehung nach der Kreuzigung eine vollständige spirituelle Verwandlung und Erneuerung seines physischen Körpers war. Auf diesen zentralen Wundern des christlichen Glauben – Fleischwerdung und Auferstehung – beruhte nicht allein der Glaube an die Unsterblichkeit der Seele, sondern auch die Erwartung der Erlösung und Auferstehung des Körpers, ja der ganzen Natur. Durch Christus war nicht nur die menschliche Seele, sondern auch der menschliche Körper und all sein Tun verwandelt, vergeistigt und wieder gottgefällig geworden. Sogar die Vereinigung in der Ehe galt dabei als Widerspiegelung der engen Beziehung Christi zur Menschheit und wurde entsprechend als heilig betrachtet. Die Fleischwerdung Christi hatte die Wiederherstellung des Bildes Gottes im Menschen bewirkt. In Jesus war der archetypische Logos mit dem von ihm abgeleiteten Bild, dem Menschen, verschmolzen und hatte diesem so seine ursprüngliche Göttlichkeit zurückgegeben. Der große Sieg der Erlösung war die Schaffung eines gänzlich neuen Menschen, nicht nur eine spirituelle Verklärung jenseits alles Körperlichen. Die Lehre, daß »der *Logos* Fleisch geworden war«, und der Glauben an die Wiedergeburt des ganzen Menschen enthielten eine explizit materielle Dimension, die das Christentum von anderen, ausschließlich den transzendenten Aspekt betonenden mystischen Auffassungen unterschied.

Das christliche Heilsverständnis entwickelte die ursprünglich hebräische Vorstellung vom Menschen als nach dem Bild Gottes erschaffener Einheit aus Körper und Seele weiter. Dieses Menschenbild war mit der späteren neuplatonischen Idee vom Menschen als mikrokosmischem Spiegel des Göttlichen vergleichbar, wobei das Judentum die Betonung stärker auf den Menschen – auf Körper und Seele – als integrierte Einheit vitaler Kraft legte. Der Körper war das Behältnis des Geistes, sein Tempel und fleischgewordener Ausdruck. Außerdem hatte Jesus während seines irdischen Wirkens seinen geistlichen Auftrag ganz wesentlich mit dem Akt des Heilens verknüpft – und zwar sowohl der Seele als auch des Körpers. Im Frühchristentum war häufig von Christus als Arzt die Rede und auch die Apostel galten oft als charismatische Heilende. Im ursprünglichen christlichen Glauben wurde die Natur der spirituellen Erlösung in eindeutig psychosomatischen Begriffen beschrieben. Das Lieblingsbild des Paulus für die Auferstehung der Menschheit war das vom Leib Christi. Erst in Christus fügten die Menschen mit ihren verschiedenen Charakteren und Talenten sich zu einem zusammengehörigen Organismus, sie bildeten die Glieder am Leib Christi. Doch nicht nur der Mensch wurde wieder in seine Göttlichkeit eingesetzt, sondern auch die Natur, die durch den Sündenfall des Menschen zerrissen worden war und sich nach Erlösung sehnte. In seinem Brief an die Römer schrieb Paulus: »Denn die Schöpfung wartet sehnsüchtig auf die Offenbarung der Kinder Gottes.« Die frühen Kirchenväter glaubten, daß Christus die abgerissene Verbindung zwischen Mensch und Gott ebenso wiederherstellen würde wie die zwischen Mensch und Natur. Denn die Natur litt seit dem Sündenfall unter der egoistischen Anmaßung des Menschen, unter Ausbeutung und Mißbrauch.

Christi Menschwerdung und die Erlösung der Welt wurden in diesem Zusammenhang nicht als ausschließlich spirituelle Ereignisse betrachtet, sondern als eine einmalige Entwicklung innerhalb von Zeit, Raum und Geschichte, als spirituelle Vollendung der Natur, nicht als ihre Antithese. Denn der *Logos*, die göttliche Weisheit, war in der Schöpfung von Anfang an gegenwärtig gewesen. Jetzt hatte Christus die verborgene Göttlichkeit der Welt ans Licht gebracht. Die Schöpfung war die Bedingung der Erlösung, wie die Geburt die Voraussetzung der Wiedergeburt war. Aus dieser Perspektive war die Natur das vortreffliche Werk Gottes und der Schauplatz seiner Selbstoffenbarung. Ihr gebührte daher Achtung und Aufmerksamkeit.

Ebenso charakteristisch für das christliche Denken war jedoch die gegensätzliche, besonders im späteren westlichen Christentum vorherrschende Auffassung, daß die Natur überwunden werden müsse, um spirituelle Reinheit zu erlangen. Die Natur war in ihrer Ganzheit verdorben und endlich. Nur der Mensch, die Krönung der Schöpfung, war zur Erlösung fähig, und vom Menschen allein seine Seele. Diesem Verständnis zufolge befand sich die Seele des Menschen in einem unmittelbaren Konflikt mit den niederen Instinkten seiner biologischen Natur und war stets der Gefahr ausgesetzt, der Verführung durch die Freuden des Fleisches und den Täuschungen der materiellen Welt zu erliegen. Gerade der physische Körper wurde dabei häufig als Sitz des Teufels und als Ursache der Sünde ausgemacht. Besonders unter dem Einfluß der neuplatonistischen christlichen Theologen verschob sich der Schwerpunkt gegenüber dem frühen jüdisch-christlichen Glauben an eine Erlösung des ganzen Menschen und der gesamten natürlichen Welt hin zu der Vorstellung einer rein spirituellen Erlösung, in der allein das höchste menschliche Vermögen, die göttliche Essenz der menschlichen Seele, mit Gott wiedervereinigt würde. Während der platonische Einfluß im Christentum half, den Dualismus zwischen Gott und Mensch zu überwinden, indem er dem Menschen die unmittelbare Teilhabe am göttlichen Archetypus zusprach, verstärkte er zugleich eine andere Trennung – die zwischen Körper und Geist. Das Verbindende zwischen Gott und Mensch war in der platonischen Sichtweise der *Nous*, der spirituelle Intellekt; der physische Körper nahm an dieser Verbindung nicht teil, er erschwerte sie vielmehr. In seinen extremeren Formen etablierte der Platonismus innerhalb des Christentums ein Bild vom Körper als Kerker der Seele.

Was für den Körper galt, galt auch für die Welt. Platons Lehre vom Vorrang der transzendenten Wirklichkeit gegenüber der vom Zufall bestimmten materiellen Welt verschärfte den metaphysischen Dualismus des Christentums, der seinerseits wiederum eine weitabgewandte asketische Moral nahelegte. Wie Platons Sokrates sah sich der fromme Christ als Bürger einer jenseitigen Welt, und seine Beziehung zum Reich des Materiellen und Vergänglichen war die eines Fremden und Pilgers. Früher einmal hatte der Mensch über das klare göttliche Wissen verfügt, aber jetzt war er in dumpfe Unwissenheit verfallen. Allein die Hoffnung, das verlorene spirituelle Licht wiederzuerlangen, ließ die christliche Seele in ihrem Gefängnis ausharren. Nur wenn der Mensch aus seinem jetzigen Leben erwachte, konnte er das wahre Glück erfahren. Der Tod als spirituelle Befreiung wurde höher geschätzt als die weltliche Existenz. Die konkrete natürliche Welt galt bestenfalls als unvollkommene Spiegelung des Transzendenten oder als Vorbereitung auf das kommende spirituelle Reich. Wahrscheinlicher war, daß ihre trügerischen Reize, ihre falschen Freuden und hohlen Leidenschaften die Seele verdarben und sie um ihre himmlische Belohnung bringen würden. Folglich mußte sich jede geistige und moralische Anstrengung auf das Spirituelle und auf das Leben nach dem Tod ausrichten und abwenden vom Physischen und vom diesseitigen Leben. Auf diese Weise brachte der Platonismus den im Christentum angelegten Dualismus von Geist und Materie in aller Deutlichkeit zum Vorschein.

Diese theologische Entwicklung hatte allerdings zahlreiche andere Vorläufer. Auch Stoizismus, Neupythagoreismus, Manichäismus und religiöse Sekten wie die Essener hatten eine ausgeprägte Neigung zu religiösem Dualismus und Askese. Sie beeinflußten die christliche Anschauung genauso wie das Judentum mit seinem charakteristischen Imperativ, das Göttliche und Heilige nicht vom Weltlichen und Fleischlichen besudeln zu lassen. Die extremste Position in dieser Hinsicht nahmen die – wahrscheinlich auf das Eindringen des zoroastrischen Dualismus ins mystische Judentum zurückgehenden – dualistischen Strömungen der Gnostik ein, die während der ersten Jahrhunderte des Christentums von einer absoluten Trennung zwischen böser materieller Welt und gutem geistigen Reich ausgingen. Die synkretistische gnostische Theologie vollzog eine radikale

Abkehr von der orthodoxen christlichen Lehre. Ihnen galt der Schöpfer der physischen Welt, der Jahwe des Alten Testaments, nur als untergeordnete, unvollkommene und tyrannische Gottheit, die überwunden worden war durch den spirituellen Christus und den erbarmungsvollen Vater der neutestamentarischen Offenbarung – die von den Gnostikern um andere Texte ergänzt wurden, um die Reste des in ihren Augen irrigen hebräischen Glaubens zu beseitigen. Der menschliche Geist war eingesperrt in einem fremden Körper und einer fremden materiellen Welt. Allein der esoterisch Wissende, der auserwählte Gnostiker, konnte ihre Grenzen überschreiten. Diese Auffassung führte verwandte Tendenzen im Johannes-Evangelium ins Extreme, das die Kluft zwischen Licht und Finsternis, zwischen dem Himmelreich Christi und der satanischen Welt, zwischen den spirituell Auserwählten und den Unerlösten, zwischen Jahwe und Christus sowie zwischen dem Alten und dem Neuen Testament betonte. Auch wenn die maßgeblichen orthodoxen Theologen wie Irenäus energisch für die Kontinuität von Altem und Neuem Testament und damit für die Einheit des göttlichen Plans von der Genesis bis hin zu Christus eintraten – der gnostische Dualismus hinterließ deutliche Spuren in der späteren christlichen Theologie und Glaubenspraxis.

Denn auch das ursprüngliche Christentum neigte, ähnlich wie sein jüdischer Vorläufer, zu einem etwas diffusen Dualismus von Materie und Geist und zu einer negativen Bewertung von Natur und Welt. Das Neue Testament sprach von Satan als dem Fürsten dieser Welt; insofern stand dem christlichen Vertrauen auf eine von der Vorsehung gelenkte Welt die christliche Angst vor einer vom Satan beherrschten Welt gegenüber. Um sich von der in sexuellen Fragen höchst freizügigen zeitgenössischen heidnischen Kultur abzusetzen, betonten darüber hinaus weite Teile des frühen Christentums die zentrale Bedeutung einer spirituellen Reinheit, die wenig Raum ließ für die spontanen Instinkte der Natur, vor allem für die Sexualität. Der Zölibat war der ideale Zustand und die Ehe ein notwendiges Zugeständnis, um die menschlichen Begierden im Zaum zu halten. Statt dessen wurden gemeinschaftliche und karitative Formen christlicher Liebe in den Mittelpunkt gestellt – *Agapé* statt *Eros*. Von besonderer Bedeutung war in diesem Zusammenhang die Erwartung der unmittelbar bevorstehenden Wiederkehr Christi, die das Lebensgefühl der frühen Kirche beherrschte und Überlegungen zu Themen wie Fortpflanzung und Heirat weitgehend bedeutungslos erscheinen ließ. Der Anbruch des Reiches Gottes auf Erden, ein Ereignis, von dem die meisten frühen Christen erwarteten, es fände noch zu ihren Lebzeiten statt, würde die materiellen und sozialen Formen der alten Ordnung vollständig beseitigen. Die frühen Christen litten unter den materialistischen Exzessen und der falschen Orientierung ihrer heidnischen Umwelt, sie wurden von staatlicher Seite verfolgt und waren enttäuscht von der realexistierenden Welt. Die Vorstellung, dieser Welt zu entfliehen oder sie zu transzendieren, ob als Eremit in der Wüste oder – absoluter noch – als Märtyrer, übte auf den leidenschaftlichen Christen eine große Anziehungskraft aus. Aus dieser Sehnsucht entstanden Endzeiterwartungen, die wiederum die Welt noch unwesentlicher und verabscheuungswürdiger erscheinen ließen.

Die Notwendigkeit, sich für die bevorstehende Wiederkunft Christi gottgefällig und rein zu halten, war für die frühen Christen erstes Gebot. Und was unter dieser Reinheit zu verstehen war, hatte Paulus in seiner radikalen Gegenüberstellung von »Fleisch« und »Geist« definiert, wobei das erste das Böse und das letztere das Gute war. Allerdings machte Paulus eine weitere Unterscheidung zwischen dem »Fleisch« *(Sarx)* als unerlöste Natur und dem »Körper« *(Soma)* als etwas, das den ganzen Menschen meinte – insofern weniger Teil der griechischen Dichotomie von Körper und Seele war als Reflex der biblischen Einheit, anfällig für Sünde, doch offen für Erlösung. In Bildern wie denen vom Leib Christi, vom gegliederten Organismus der Kirche, der Auferstehung des Leibes und dem Körper als Tempel des Heiligen Geistes legte er eine positive Bewertung des »Körpers« nahe. Oft verwendete er den Ausdruck »Fleisch« weniger, um auf das Körperliche als solches zu verweisen, als vielmehr, um die sterbliche Schwäche des Menschen, das Prinzip der fehlenden Ausrichtung des Selbst auf höhere Werte zu bezeichnen. Diese falsche Orientierung führte zu einer moralischen Verkehrung der wahren menschlichen Persönlichkeit, zu einer Unterwerfung von Seele und Körper unter niedere und negative Kräfte. Sünde war nicht so sehr reine Fleischeslust – obwohl die Obsessionen eines sündhaften Lebens fleischlicher Natur waren – als vielmehr die widernatürliche Erhebung über Gott von etwas, das – an sich und in Maßen gut – zurecht Gott untergeordnet war.

Doch die Unterscheidung von Fleisch und Körper bei Paulus blieb oft unklar, in seiner Glaubenslehre wie auch in seiner praktischen Ethik. Und seine Wahl des Ausdrucks »Fleisch« als Begriff moralischer und metaphysischer Abwertung sollte sich noch als außerordentlich folgenreich erweisen. Viele spätere Christen meinten sich auf Paulus berufen zu können, wenn sie in allem, was mit Körper, Biologie und Instinkten zu tun hatte, ausschließlich das von Natur aus zum Dämonischen Neigende und für den Sündenfall des Menschen und seine fortdauernde Verdorbenheit Verantwortliche sahen. Bereits in der paulinischen Entgegensetzung von »Fleisch« und Geist lag, in Verbindung mit ähnlichen Tendenzen in anderen Teilen des Neues Testaments, der Keim für den antikörperlichen Dualismus im Christentum, den platonische, gnostische und manichäische Einflüsse später noch verstärkten.

Augustinus

Was bei Paulus noch unausgesprochen blieb, führte Augustinus explizit aus, dessen Einfluß auf das wesentliche Christentum ungeheuer und langfristig wirksam war. Denn im Denken und Glauben Augustins verbanden sich alle genannten Faktoren – Judentum, paulinische Theologie, johanneische Mystik, frühchristliche Askese, gnostischer Dualismus, Neuplatonismus – und trafen auf die Krise der spätklassischen Zivilisation. Geprägt von den Besonderheiten seines Temperaments und seiner Biographie kam er so zu einer Haltung gegenüber Natur und Welt, menschlicher Geschichte und Erlösung, die den Charakter des westlichen Christentums im Mittelalter entscheidend formte.

Augustinus war der Sohn eines heidnischen Vaters und einer gläubigen Christin. Sein intensives Lebensgefühl lud die im Elternhaus ohnehin angelegte Polarität noch mit zusätzlicher Spannung auf. Von Natur aus ausgesprochen sinnlich, führte er im freizügigen Klima des heidnischen Karthago das Leben eines jungen Lebemannes, zeugte mit seiner Geliebten ein uneheliches Kind und verfolgte zielstrebig eine berufliche Karriere als Lehrer für Rhetorik. Dennoch fühlte er sich in seinen philosophischen Vorlieben und seinem religiösem Streben und nicht zuletzt unter dem Einfluß seiner Mutter mehr und mehr vom Übersinnlichen und Spirituellen angezogen. Eine Reihe psychologisch dramatischer Erfahrungen führte Augustinus schließlich fort von seiner früheren, weltlich orientierten Existenz. Die einzelnen Schritte, die er auf diesem Weg nahm, blieben dabei von maßgeblicher Bedeutung für sein späteres Religionsverständnis: Nach der Lektüre von Ciceros *Hortensius* verschrieb er sein Leben zunächst der Philosophie; es folgte ein längeres Engagement für die stark dualistische, von der Gnosis beeinflußte Sekte der Manichäer; dann eine Phase der Hinwendung zum philosophischen Neuplatonismus; und schließlich, nach der Begegnung mit Ambrosius, dem neuplatonischen christlichen Bischof von Mailand, das Ende seiner Suche im Schoße der christlichen Religion und der katholischen Kirche. Jede dieser frühen Erfahrungen hinterließ ihre Spuren in seiner ausgereiften Sichtweise, die ihrerseits wiederum dem nachfolgenden christlichen Denken des Westens über das Medium seiner ungewöhnlich eindrucksvollen Schriften ihren Stempel aufdrückte.

Augustins Selbstbewußtsein als entschlossen und verantwortlich moralisch Handelnder war ebenso ausgeprägt wie sein Gefühl für die Bürden der menschlichen Freiheit – für Irrtum und Schuld, Finsternis und Leiden, Trennung von Gott. In gewissem Sinne war Augustinus der Modernste unter den Alten: Mit seiner hochentwickelten Fähigkeit zur Introspektion und zur Auseinandersetzung mit dem eigenen Selbst, mit seinem Interesse für Gedächtnis, Gewissen und Zeit, seinem psychologischen Scharfblick, seinem Zweifel und seiner Reue, seinem Gespür für die vereinsamende Entfremdung des menschlichen Ichs ohne Gott, mit der Intensität seiner inneren Konflikte, seiner intellektuellen Skepsis und Kultiviertheit verfügte er über die Selbsterfahrung eines Existentialisten. Es war Augustinus, der als erster schrieb, daß er alles bezweifeln könnte, nur die Tatsache nicht, daß die Seele diesen Zweifel, dieses Wissen, Wollen und Existieren erlebte – und der damit den Glauben an die Existenz eines menschlichen Ichs in der Seele fest verankerte. Doch er verwies genauso auf die absolute Abhängigkeit dieses Ichs von Gott, ohne den es nicht existieren, geschweige denn Erkenntnis und Erfüllung erlangen konnte. Denn Augustinus war zugleich der Mittelalterlichste unter den Alten. Seine katholische Religiosität, seine Neigung zum Monolithischen, seine Ausrichtung auf das Jenseitige und sein kosmischer Dualismus, nahmen das folgende Zeitalter ebenso vorweg wie sein ausgeprägter Sinn für das Unsichtbare, den Willen Gottes, die Mutter Kirche, für Wunder, Gnade und Schicksal, für Sünde, Teufel und Dämonen. Augustinus war ein Mensch voller Paradoxe und Extreme, und genauso war auch sein Vermächtnis.

Das Bekehrungserlebnis Augustins – die Erfahrung eines überwältigenden Zustroms göttlicher Gnade, unter dessen Eindruck er sich von der sündhaften und egoistischen Blindheit seines natürlichen Selbst abwandte – prägte seine theologische Vision entscheidend, indem es ihn zutiefst überzeugte von der Überlegenheit und Güte des göttlichen und von der Armut seines eigenen beschränkten Willens. Gegenüber der leuchtenden Kraft des rettenden Eingriffs Christi in sein Leben trat das menschliche Individuum selbst in den Schatten. Was sich indes als besonders einflußreich auf Augustins Religionsverständnis erweisen sollte, war die Schlüsselrolle, die die Sexualität in seinem inneren Ringen spielte. Obwohl er voller Hochachtung für die göttliche Ordnung der Natur war und mit seinem Lob über die Schönheit und Freigiebigkeit der Schöpfung häufig verschwenderischer umging als ein Platonist, legte Augustinus in seiner privaten Lebensführung äußersten Wert auf die asketische Unterdrückung seiner sexuellen Instinkte als notwendige Voraussetzung für eine umfassende spirituelle Erleuchtung – ein Standpunkt, in dem die Spuren seiner Auseinandersetzung mit dem Neuplatonismus und dem Manichäismus spürbar sind, der aber letztlich wohl doch auf tiefere Wurzeln in seiner Persönlichkeit verweist.

Die Liebe Gottes war das essentielle Thema Augustins und stand als Ziel am Ende seiner Religiosität, und die Liebe Gottes konnte nur gedeihen, wenn Selbstliebe und fleischliche Liebe erfolgreich bekämpft wurden. Den Gegenpol bildete die Fleischeslust, die für Augustinus bereits im Mittelpunkt des menschlichen Sündenfalls gestanden hatte; das Essen der Frucht vom Baum der Erkenntnis, Adams Erbsünde, an der die ganze Menschheit teilhatte, war für ihn der unmittelbare Ausdruck dieser Begehrlichkeit, und in der Tat hatte das biblische »Erkennen« immer schon sexuelle Konnotationen besessen. Die Schlechtigkeit der körperlichen Begierde war für Augustinus an der Scham ablesbar, die ihr zügelloses Ausleben, ja schon die bloße Nacktheit der Geschlechtsorgane hervorrief. Die Zeugung im Paradies vor dem Sündenfall war sicher nicht in dieser viehischen Triebhaftigkeit und mit solcher Scham vollzogen worden. In der Ehe ließen sich dem ererbten Übel wenigstens ein paar gute Seiten abgewinnen; sie sorgte für Nachkommen, schuf eine dauerhafte Verpflichtung und stellte die Beschränkung der Sexualität auf Zeugungszwecke sicher. Aber die Ursünde infizierte alles fleischlich Gezeugte, weshalb die Menschheit zu den Schmerzen der Geburt, zu Leiden und Schuld im Leben und zum Tod als größtem Übel verdammt war. Nur durch die Gnade Christi konnten bei der Wiederauferstehung des Leibes alle Spuren dieser Verfehlung ausgelöscht und die Seele des Menschen vom Fluch ihrer sündigen Natur erlöst werden.

Augustinus teilte die Ansicht der Neuplatonisten, die Wurzel alles Schlechten liege in der Materie nicht, denn die Materie war Gottes Schöpfung und insofern gut. Für ihn war das Böse eine Folge des Mißbrauchs, den der Mensch mit seinem freien Willen trieb. Das eigentlich Schlechte waren nicht so sehr die äußeren Versuchungen, denen sich der Mensch zuwandte, es lag in der inneren Haltung, mit der er sich von Gott abwandte. Aber in Augustins Verknüpfung dieses sündhaften Mißbrauchs der Freiheit mit Begierde und Sexualität lebte der Keim des neuplatonischen wie des extremeren manichäischen Dualismus fort.

Auf diesem Pfeiler ruhte die gesamte Moraltheologie Augustins. Die Schöpfung – Mensch wie Natur – war ein unendlich wunderbares Werk des guten Willens und der Fruchtbarkeit Gottes, aber mit der Ursünde des Menschen war diese Schöpfung auf eine so grundsätzlich schiefe Bahn geraten, daß nur das nächste, das himmlische Leben ihre ursprüngliche Einheit und Herrlichkeit wiederherstellen konnte. Der Verlust der Unschuld des Menschen war durch seine absichtliche Rebellion gegen die göttliche Ordnung heraufbeschworen worden, eine Rebellion, die aus der trotzigen Selbstbehauptung der Werte des Fleisches gegenüber denen des Geistes erwuchs. Versklavt an niedere Leidenschaften fand der Mensch sich plötzlich wieder. Er war nun nicht länger frei, sein Leben einfach seinem rationalen Willen folgend selbst zu bestimmen, nicht nur weil die äußeren Umstände sich seiner Kontrolle entzogen, sondern vor allem weil Unwissenheit und blinde Emotionen ihn unbewußt einengten. Aus seinen sündigen Gedanken und Taten waren tief verwurzelte Gewohnheiten und am Ende unentrinnbare, ihn in einem erbärmlichen Zustand der Entfremdung von Gott gefangenhaltende Ketten geworden. Nur der Eingriff göttlicher Gnade konnte diesen Teufelskreis der Sünde überhaupt noch durchbrechen. Der Mensch war so verwickelt in seine Eitelkeit und seinen Stolz, so versessen darauf, anderen seinen Willen aufzuzwingen, daß er die Fähigkeit verloren hatte, sich aus eigener Kraft zu ändern. In seinem gegenwärtigen Zustand der Sünde und Entfremdung konnte es wirkliche Freiheit für den Menschen einzig und allein in der Öffnung gegenüber der Gnade Gottes geben. Nur Gott war dazu in der Lage, den

Menschen zu befreien. Keine menschliche Handlung würde je ausreichen, ihm die Erlösung zu bringen. Und Gott wußte bereits, wer jetzt und in Zukunft zu den Auserwählten und wer zu den Verdammten zählen würde, wer sein Angebot annehmen und wer es ablehnen würde, denn er war allwissend. Auch wenn die offizielle christliche Lehre Augustinus in seinen extremeren Aussagen zur Vorherbestimmung oder in seiner fast vollständigen Absage an eine aktive Rolle des Menschen im Prozeß der Erlösung nicht immer folgte, seine Grundauffassung von der moralischen Verdorbenheit und irdischen Gefangenschaft des Menschen setzte sich weitgehend durch.

So kam es, daß derselbe Mann, der in seinem eigenen Leben die Liebe und die befreiende Gegenwart Gottes so deutlich erlebt hatte, zugleich die menschliche Seele durch die Erbsünde grundsätzlich auf den falschen Weg gebracht und haltlos in angeborene Lasterhaftigkeit und Ohnmacht verstrickt sah – eine Auffassung, deren Wirkungsmacht in der gesamten christlichen Tradition nachzuverfolgen ist. Aus dieser Antithese ergab sich für Augustinus die Notwendigkeit eines Vermittlers der göttlichen Gnade in dieser Welt: Einer in allen Belangen maßgeblichen Kirche, in deren Schoß der Mensch seine vorrangigen Bedürfnisse nach geistiger Führung, moralischer Disziplin und Vergebung befriedigen konnte.

Augustins kritischer Blick auf die menschliche Natur fand in seiner Bewertung der weltlichen Geschichte sein logisches Korrelat. Als außerordentlich einflußreicher Bischof selber in die Tagespolitik verwickelt, mußte Augustinus sich vor allem mit zwei gravierenden Problemkreisen befassen – dem Erhalt der Einheit von Kirche und Lehre gegen den an der Substanz zehrenden Einfluß mehrerer häretischer Bewegungen und der historischen Konfrontation mit dem unter dem Ansturm der Barbaren zerbrechenden römischen Reich. Angesichts des Untergangs des Imperiums, ja der Vernichtung der gesamten Zivilisation, sah Augustinus kaum Chancen für wirklichen historischen Fortschritt. Die Welt war für ihn gekennzeichnet durch Bösartigkeit und Grausamkeit, Krieg und Mord, Gier und Arroganz, Zügellosigkeit und Laster, Unwissenheit und Leid; und darin sah er den Beweis für die absolute und anhaltende Macht der Erbsünde, die aus dem Leben eine Tortur machte, die Hölle auf Erden, aus der nur Christus den Menschen erretten konnte. Auf den schweren Vorwurf der Römer an die Adresse der christlichen Religion – das Christentum habe die Integrität der imperialen Macht Roms untergraben und dadurch dem barbarischen Triumph erst den Weg geebnet – antwortete Augustinus mit dem Verweis auf ein anderes Wertesystem und ein anderes Geschichtsbild: Wahrer Fortschritt sei zwangsläufig spiritueller Natur und überstieg diese Welt und ihr negatives Schicksal. Wirklich wichtig für das Wohlergehen des Menschen war nicht das weltliche Reich, sondern die katholische Kirche. Die elementaren Faktoren menschlicher Existenz waren göttliche Vorhersehung und spirituelle Erlösung; dagegen trat die Bedeutung der säkularen Geschichte, mit ihren flüchtigen Werten, ihrem wechselvollen und im allgemeinen negativen Fortgang, deutlich zurück.

Dennoch war auch die Geschichte, wie alles andere in der Schöpfung, ein Ausdruck göttlichen Willens. Sie verkörperte Gottes moralische Absicht. Aber in der Finsternis und im Chaos der Gegenwart konnte der Mensch diese Absicht nicht völlig begreifen, denn ihr Sinn würde sich erst am Ende der Geschichte erweisen. Auf dem weltlichen Antlitz der Geschichte war kein Fortschritt zum Guten ablesbar. Dennoch war auch sie letztlich Gott unterstellt und ihrem Plan nach spirituell – und Augustinus verglich sie mit der großartigen Melodie eines alles Menschliche übersteigenden Komponisten, deren Teile von den göttlichen Eingriffen einer jeden Epoche gebildet wurden. So lange aber der Teufel seine Macht über die Welt ausübte, war es der Geschichte vorherbestimmt, analog zum manichäischen ewigen Kampf des Guten gegen das Böse, zum Schauplatz einer sich stetig zuspitzenden Entwicklung zu werden, in deren Verlauf sich die wenigen spirituell Auserwählten von der Masse der irdisch Verdammten schieden. Während dieses Dramas blieben die Motive Gottes zwar oft verborgen, waren aber dennoch letztendlich richtig und gut. Denn egal wie groß die Erfolge oder wie schwer die Niederlagen des Einzelnen in seinem Leben auch sein mochten, im Vergleich zum ewigen Schicksal, das sich seine Seele dabei verdiente, zählte das alles nicht. Die Einzelheiten und Errungenschaften der weltlichen Geschichte waren für sich genommen ohne jede Bedeutung. Menschliche Handlungen zählten allein wegen ihrer Folgen für das Leben nach dem Tod. Die individuelle Seele in ihrer Suche nach Gott war das entscheidende, Geschichte und Welt dienten dabei nur als Bühne. Sinn und Ziel des menschlichen Lebens war die Befreiung, die Flucht – aus dieser Welt zur anderen, vom Ego zu Gott, vom Fleisch zum Geist. Einzig die von Christus gegründete Kirche ragte als machtvolle und erlösende Gottesgabe in den Bereich der Geschichte.

Hatten die frühen Christen noch an die unmittelbar bevorstehenden Verwandlung dieser konkreten Welt geglaubt, so gab Augustinus die Sphäre des Weltlichen generell schlichtweg auf, weil sie seit dem Sündenfall insgesamt auf die falsche Bahn geraten war. Er glaubte zwar, daß Christus Satan tatsächlich bereits besiegt hatte, aber im transzendenten Reich des Geistigen, dem einzigen Reich, das wirklich von Bedeutung war. Die wahre religiöse Wirklichkeit unterlag nicht den Launen dieser Welt und den Wechselfällen ihrer Geschichte, sie erschloß sich nur in der inneren Begegnung mit Gott, vermittelt durch die Kirche und ihre Sakramente.

Hier verband sich der nach innen gewandte, individuell geistige Impuls des Neuplatonismus mit dem jüdischen Prinzip einer kollektiven, nach außen gerichteten und historischen Spiritualität und gewann in gewissem Ausmaß sogar Oberhand über sie. Das Eindringen des Neuplatonismus in das Christentum lenkte die Aufmerksamkeit verstärkt auf das Moment der Innerlichkeit und Mystik innerhalb der christlichen Offenbarung, vor allem im Johannes-Evangelium. Damit wurde aber zugleich der Aspekt der historischen, kollektiven und sozialen Veränderung in den Hintergrund gedrängt, den das Urchristentum, besonders Paulus und früheste Theologen wie Irenäus, vom Judentum übernommen und auf radikale Weise weiterentwickelt hatten. Augustins ausgeprägtes Gespür für das Wirken Gottes in der Geschichte – in seinem dramatischen Szenario wird der gesamte historische Ablauf von der Schöpfung bis hin zum Jüngsten Gericht zu einem einzigen großen Kampf zwischen den Bürgern des Gottesstaates und den Erdenbürgern – spiegelte noch immer die Vision des Judentums von der Verwirklichung eines göttlichen Plans in den geschichtlichen Ereignissen. Tatsächlich sollte die Lehre von den zwei ursprünglich fiktiven Staaten großen Einfluß auf die weitere historische Entwicklung des Westens haben, da sie als Legitimation für die Autonomie der Kirche gegenüber dem weltlichen Staat verstanden wurde. Aber der Grundzug des augustinischen Denkens, seine Abneigung gegen alles Weltliche, in Kombination mit seinem philosophischen Hintergrund, seiner psychischen Disposition und der historischen Situation formte die jüdische Vision um und überführte sie in eine private, verinnerlichte und aufs Jenseits ausgerichtete Religiosität.

Bei anderen wesentlichen Aspekten des augustinischen Denkens und des entstehenden christlichen Weltbildes dagegen gewann der ursprüngliche jüdische Impuls die Oberhand – so bei dem Dualismus zwischen einem allmächtigen transzendenten Gott und dem in den Ketten der Sünde gefangenen Menschen oder bei der Vorstellung, Glaubenslehre und Moralvorstellungen müßten von einer autoritativen Instanz verbindlich vorgegeben werden. Dies zeigte sich vor allem in der Herausbildung der charakteristischen Einstellung des Christentums gegenüber den moralischen Geboten Gottes.

Gesetz und Gnade

Für die Juden war das mosaische Gesetz der lebendige Leitfaden, die tragende Säule ihrer Existenz. Es ordnete ihr Leben moralisch und hielt sie in enger Verbindung mit Gott. Die jüdische Tradition, wie sie zu Lebzeiten Jesu die Pharisäer vertraten, leitete daraus die Notwendigkeit des strengen Gehorsams gegenüber dem Gesetz ab. Demgegenüber nahmen die frühen Christen einen in ihren Augen grundverschiedenen Standpunkt ein: Das Gesetz sei einst für den Menschen gemacht, nun aber durch die Liebe und Barmherzigkeit Gottes erfüllt worden, der die Notwendigkeit repressiven Gehorsams aufgehoben habe und statt dessen dazu einlud, sich ihm mit ganzem Herzen zu öffnen und sich durch das Aufgehen in seinem Willen aus den Begrenzungen des eigenen Wollens zu befreien. Diese Einheit mit dem Willen Gottes wurde nur durch Gnade ermöglicht, durch das unverdiente Geschenk der Erlösung, das Christus der Menschheit gemacht hatte. Aus dieser Perspektive konnte das mosaische Gesetz, mit seinen in Stein gemeißelten Drohungen, nur zu einem unvollkommenen Gehorsam aus Angst führen. Im offenen Widerspruch dazu erklärte Paulus, der Mensch könne von seiner Schuld allein aufgrund seines Glaubens an Christus freigesprochen werden, dank seiner erlösenden Tat werde allen Gläubigen die Freiheit der Gnade Gottes zuteil. Die engen Grenzen des Gesetzes reduzierten den Menschen auf einen Sünder, ständig im Widerstreit mit sich selbst. Statt »Sklave« des Gesetzes zu sein, war der christliche Gläubige frei, weil er dank der Gnade Christi an der Freiheit Christi teilhatte.

Vor seiner Bekehrung war Paulus selbst ein Pharisäer und leidenschaftlicher Verfechter der strikten Gesetzestreue gewesen. Nach seiner Bekehrung aber klagte er sich deswegen an und wies immer wieder auf die Machtlosigkeit des Gesetzes hin, verglichen mit der im

Inneren des Menschen wirkenden Kraft der Liebe Christi und der Gegenwart des Heiligen Geistes. Die Art, wie Paulus das mosaische Gesetz verstand, wurde von den Juden allerdings als Verzerrung und Verfälschung angesehen. Für sie war das Gesetz ein Geschenk Gottes. Es förderte die moralische Eigenverantwortung des Menschen. Es verlieh der freien Entscheidung und den Handlungen des Menschen ausschlaggebende Bedeutung für die Verwirklichung der Erlösung. Auch Paulus billigte diesen Elementen eine Rolle zu, führte aber sein eigenes Leben als Beispiel dafür an, wie nutzlos am Ende eine ausschließlich an den Geboten ausgerichtete Religiosität sei. Für etwas so Grundlegendes und Übermenschliches wie die Erlösung der Seele, bedurfte es mehr als bloß menschlicher Anstrengung, auch dann, wenn sie göttlicher Gesetzgebung folgte. Gute Taten und moralisches Verantwortungsgefühl waren zwar nötig, reichten jedoch nicht aus. Nur das Geschenk der Menschwerdung und Selbstaufopferung Christi bot die Chance zu jenem Leben in Harmonie mit Gott, nach dem sich die menschliche Seele so sehr sehnte. Der Glaube an die Gnade Christi, nicht das peinlich genaue Befolgen ethischer Gebote, war der sicherste Weg zum Seelenheil – und das sichtbare Zeichen dieses Glaubens waren die Liebe und der Dienst am Nächsten, die guten Werke, die Christen mit Gottes Hilfe vollbrachten. Für Paulus war das mosaische Gesetz nicht länger die verbindliche Autorität, denn das wahre Ziel und das Ende des Gesetzes war Christus.

Diesen Bruch mit dem jüdischen Gesetz unterstrich auch das Johannes-Evangelium: »Denn das Gesetz wurde durch Moses gegeben; aber die Gnade und Wahrheit kam durch Jesus Christus.« Die Spannung zwischen göttlichem und menschlichem Willen, zwischen äußerer Reglementierung und innerer Neigung, konnte aufgehoben werden in der Liebe Gottes, die das Menschliche und das Göttliche in einem Geist vereinte. Das Erwachen zu diesem Zustand göttlicher Liebe war die Erfahrung des Himmelreiches auf Erden. Dank der Erlösungstat Christi konnte der Mensch jetzt zu wahrer Rechtschaffenheit in den Augen Gottes gelangen, und zwar nicht durch Zwang, sondern in glücklicher Spontaneität.

Doch dieser Gegensatz zwischen moralischer Einschränkung und gottgeschenkter Freiheit wurde im Neuen Testament keineswegs immer eindeutig entschieden. Die Ethik zwischenmenschlicher Beziehungen wurde in den Evangelien zwar häufig angesprochen und war ein zentrales Element der christlichen Weltanschauung, das

Thema schien aber für beide Interpretationen offen zu sein. Einerseits waren die Lehren Jesu in ihrem Tonfall oft kompromißlos und verurteilend, folgten in ihren Formulierungen der strengen semitischen Dialektik und wurden in ihrer Wirkung von der Vorstellung der unmittelbar bevorstehenden Endzeit verstärkt. Das Matthäus-Evangelium verschärfte das mosaische Gesetz für die Anhänger Jesu sogar noch – indem es die Reinheit der Gedanken wie der Taten verlangte, die Liebe des Feindes wie des Freundes, die stete Bereitschaft zur Versöhnung sowie die völlige Loslösung von allen weltlichen Dingen – und trieb die Forderung nach unbedingter moralischer Integrität unter dem Druck der messianischen Übergangszeit auf die Spitze. Andererseits betonte Jesus wiederholt den Vorrang des Mitgefühls gegenüber der Selbstgerechtigkeit und den Vorrang des Geistes gegenüber dem Buchstaben des Gesetzes. Um seiner Forderung nach erhöhter, ja absoluter moralischer Reinheit – in spontanen Gedanken wie absichtlichen Taten – genügen zu können, schien es jedoch mehr als bloß menschlicher Willenskraft zu bedürfen. Hier wies allein der Glauben an die Gnade Gottes den Weg. Oft schien es seine Absicht zu sein, den Armen, Verzweifelten, Ausgestoßenen und Sündenbeladenen Trost zu spenden, aber die Stolzen und Selbstgerechten, die sich ihres spirituellen und weltlichen Glücks schon sicher glaubten, zu warnen und sie aufzurütteln. Die innere demütige Öffnung für die Gnade Gottes zählte mehr als ein ausschließlich am Buchstaben des Gesetzes orientiertes Verhalten. Das Gesetz mußte stets gegen das höhere Gebot der Liebe aufgewogen werden. Dem Neuen Testament galt das Ausmaß, in dem die legalistische Moral in der jüdischen Religionspraxis die Oberhand gewonnen hatte, als Beweis dafür, daß das mosaische Gesetz im Lauf der Zeit hohl geworden und erstarrt war, ein Selbstzweck, der die wahrhaftige Beziehung des Einzelnen zu Gott und zu seinen Mitmenschen nicht mehr vermittelte, sondern eher behinderte.

Aber auch die neue christliche Offenbarung der Gnade Gottes bot Raum für widersprüchliche Interpretationen und Schlußfolgerungen, besonders unter wechselnden historischen Bedingungen. Der Nachdruck, mit dem Paulus und Augustinus die Bedeutung der göttlichen Gnade für das Seelenheil betonten – noch weit vor menschlichen Taten und selbstbezogener Rechtschaffenheit, ließ sich nicht nur als Hinweis auf die umfassende Einheit verstehen, die sich verwirklichte, wenn der Mensch in seinem Inneren mit Gott verschmolz. Genausogut konnte man zu einer entschiedenen Abwertung der menschlichen

Willensfreiheit gegenüber der unvergleichlichen Allmacht Gottes kommen. Im Ringen um die Erlösung blieben die Bemühungen des Menschen vergleichsweise folgenlos; ausschlaggebend war allein die erlösende Macht Gottes. Die einzige Quelle des Guten war Gott, und nur seine Barmherzigkeit konnte die Menschheit von ihrer natürlichen Neigung zur Verblendung befreien. Seit Adams Fall waren alle menschlichen Wesen verdorben und schuldig, und nur der Tod Christi hatte diese kollektive Schuld gesühnt. Die Chance zu Auferstehung, die Christus der Menschheit gab, war in der Kirche gegenwärtig, und die Rechtfertigung, die jeder Mensch brauchte, um nicht verdammt zu werden, hing von den Sakramenten der Kirche ab. Um zu ihnen Zugang zu haben, mußten moralische und kirchliche Vorschriften erfüllt werden. Da Gott die Kirche und ihre heiligen Einrichtungen als Werkzeuge seiner Gnade eingesetzt hatte, war die Kirche von übermenschlicher Bedeutung, ihre Hierarchie von absoluter Autorität und ihr Gesetz unangreifbar. Weil die Menschen von Natur aus zur Sünde neigten und in der Welt steter Versuchung ausgesetzt waren, bedurfte es strenger, von der Kirche festgelegter Strafen, um sie vor ihren eigenen Taten und Gedanken zu schützen, damit ihre unsterbliche Seele nicht den gleichen Weg ging wie ihre sterbliche Hülle.

Vor allem im Westen, unter den historischen Bedingungen der kirchlichen Verantwortung für die frisch konvertierten – und, in der Wahrnehmung der Kirche, moralisch primitiven und barbarischen – Völker, entstand eine durch und durch vertikal strukturierte institutionelle Kirche, in der die gesamte geistliche Autorität vom Papst ausging. Insofern erinnerte die mittelalterliche Kirche – mit ihren absoluten Moralvorschriften, ihrer komplexen Gesetzgebungs- und Rechtsprechungsstruktur, ihrem buchhalterischen System für gute Taten und Verdienste, ihrer akribischen Unterscheidung verschiedener Kategorien von Sünden, ihren genauestens vorgeschriebenen Glaubensinhalten und Sakramenten, ihrem Recht zur Exkommunikation sowie ihrer starken Betonung der Zügelung aller fleischlichen Begierden unter steter Androhung der Verdammnis – oft eher an die ältere jüdische Tradition, ja an eine Übertreibung dieser Tradition, als an das neue Bild vom gnädigen Gott und seiner Versöhnung mit dem Menschen. Den Kirchenoberen schienen diese ausgefeilten Sicherheitsmaßnahmen inmitten einer Welt voll innerer Verwahrlosung und äußerer Gefahren allerdings unumgänglich zu sein, um die christliche Moral zu bewahren und die Schutzbefohlenen der Kirche ins ewige Leben zu führen.

Athen und Jerusalem

Eine weitere Polarisierung innerhalb der christlichen Glaubensordnung ergab sich aus der Frage nach ihrer Reinheit und Integrität und
aus dem Problem, diese zu wahren. Denn auch die jüdische Neigung
zu religiöser Exklusivität und Reinheit der Lehre wurde ans Christentum weitergegeben und stand in einem dauernden Spannungsverhältnis zum hellenischen Element, das die Hinweise auf eine göttliche
Philosophie in den Werken der verschiedensten heidnischen Denker,
insbesondere bei Platon, fand. Während Paulus zuweilen die Notwendigkeit einer klaren Abgrenzung des Christentums von den in die Irre
führenden Ideen der heidnischen Philosophie unterstrich, ließ er bei
anderen Gelegenheiten eine liberalere Haltung erkennen, wenn er
etwa heidnische Poeten zitierte oder stillschweigend Elemente der
stoischen Ethik in seine christliche Lehre einfließen ließ. Spätere
christliche Theologen des klassischen Zeitalters waren häufig vor
ihrer Konversion zum Christentum in der hellinistischen Tradition
großgeworden und entscheidend vom Geist der griechischen Philosophie geprägt. Sie beriefen sich auch anschließend noch auf diese
Tradition. Ein synkretistischer Mystizismus zeichnete viele frühchristliche Denker aus, die eifrig christliche Bedeutungsmuster in
anderen Philosophien und Religionen suchten und sich der allegorischen Auslegung bedienten, um biblische und heidnische Schriften
miteinander zu vergleichen. Es gab nur die eine Wahrheit, wo immer
man sie auch fand, denn der *Logos* war allumfassend und grenzenlos
schöpferisch.

Schon im zweiten Jahrhundert legte Justinus der Märtyrer erstmals
eine Theologie vor, die im Christentum und in der platonischen Philosophie das Streben nach ein und demselben transzendenten Gott
ausmachte und die mit dem *Logos* gleichzeitig den göttlichen Geist,
die menschliche Vernunft und den erlösenden, die jüdische wie die
hellenische Tradition erfüllenden Christus bezeichnete. Später nahm
sich die christlich-platonistische Schule in Alexandria das auf den Sieben Freien Künsten und vor allem auf der Philosophie aufbauende
klassische griechische Erziehungssystem aus Platons Zeiten zum Vorbild, nur mit dem Unterschied, daß jetzt die Theologie zur höchsten
Wissenschaft des neuen Lehrplans erklärt wurde. Lernen galt hier als
eine Form christlicher Disziplin, ja sogar des Gebets. Und diese
Gelehrsamkeit beschränkte sich nicht auf die jüdisch-christliche Tra-

dition, sondern zielte auf die Erschließung eines größeren Ganzen, die Erhellung allen Wissens im Lichte des *Logos*.

Eine typische mittlere Position, die die bewunderte griechische Kultur zwar für apologetische Zwecke gebrauchte, ihr gegenüber aber zugleich eine gewisse Distanz bewahrte, zeigte sich in der Verwendung der *Odyssee* Homers bei Clemens von Alexandria: Auf dem Heimweg nach Ithaka an der Insel der Sirenen vorbeisegelnd, ließ Odysseus sich an den Mast seines Schiffes binden, damit er ihren verführerischen Gesang hören konnte, ohne ihrem Locken zu erliegen und an der felsigen Küste zu zerschellen. Genauso könne auch der reife Christ seinen Weg inmitten der sinnlichen und intellektuellen Versuchungen der diesseitigen Welt und heidnischen Kultur finden – sie zur Kenntnis nehmend, aber zu seiner spirituellen Sicherheit fest an das Kreuz, den Mast der Kirche, gebunden.

Wie so oft glich das Christentum auch hier eher seinem jüdischen Verwandten und lehnte praktisch jeden Kontakt mit nicht-christlichen philosophischen Ideen und Systemen ab; hielt sie nicht nur für profan, sondern für wertlos. Der wahre Kern des christlichen Mysteriums war dieser Auffassung nach so einmalig und klar, daß er unter dem Einfluß anderer kultureller Strömungen nur an Kontur verlieren oder gar verzerrt und verfälscht werden konnte. Für die offene, hellenische Seite des Christentums war der *Logos* – als Weisheit Gottes und als universale Vernunft – schon in der Philosophie vor der christlichen Offenbarung wirksam und in einem weltgeschichtlichen Kontext, der viel weiter reichte, als die jüdisch-christliche Tradition im engeren Sinn. Die ausschließende jüdisch geprägte Seite des Christentums verstand den *Logos* eingeschränkter als Wort Gottes und sah ihn einzig und allein innerhalb der Grenzen der heiligen Schrift, der Kirchendoktrin und der biblischen Geschichte am Werk. Im Vergleich zum weltlichen Intellektualismus der heidnischen Philosophie mußten die christlichen Evangelien schlicht als Torheit erscheinen und jeder Dialog zwischen den beiden Welten als nutzlos. Entsprechend bezweifelte Tertullian im späten zweiten Jahrhundert nachdrücklich die Relevanz der hellenischen Tradition, wenn er fragte: »Was hat Athen mit Jerusalem zu tun?«

Theologische Varianten und religiöse Innovationen – Gnostik, Montanismus, Donatismus, Pelagianismus, Arianismus – waren den kirchlichen Autoritäten besonders verhaßt, weil sie in elementaren Fragen des Christentums andere Auffassungen vertraten. Sie wurden als ketzerisch und gefährlich eingestuft und gnadenlos bekämpft. Der Anspruch des Christentums auf Einheit in Lehre und Organisation und die daraus resultierende Intoleranz gingen zum Teil auf das ängstliche Bemühen der frühen Christen zurück, angesichts des unmittelbar zu erwartenden Weltendes die Kirchengemeinde – den Leib Christi – rein und ungeteilt zu erhalten. Und wieder war es Augustinus, der eine einflußreiche, Elemente beider Seiten umfassende Position einnahm – kenntnisreich und respektvoll gegenüber der klassischen Kultur, besonders der platonischen Philosophie, doch mit einem ausgeprägten Bewußtsein für die unanfechtbare Überlegenheit der christlichen Lehre und, als er älter wurde, einer unnachgiebig repressiven Haltung gegenüber jeder Form von Ketzertum. Das christliche Denken der nachaugustinischen Jahrhunderte übernahm im wesentlichen diese Einstellung. Obwohl das Christentum ständig, bewußt oder unbewußt, die Einflüsse anderer philosophischer und religiöser Systeme aufnahm, vertrat die Kirche offiziell stets eine restriktive, dogmatische Haltung und lehnte die Toleranz gegenüber anderen Auffassungen ab.

Der augustinische Impuls, das Pluralistische und Abweichende, das Biologische, Weltliche und Menschliche – bei sich selbst und bei anderen – zurückzudrängen, damit das Göttliche und Geistige, die heilige Kirche und ihre einzig wahre Lehre ganz in den Mittelpunkt rückte, verhärtete sich so in der Schlußphase der antiken Welt und bildete unter dem Einfluß mächtiger Kirchenmänner wie Papst Gregor dem Großen die institutionelle Struktur der mittelalterlichen Kirche des Westens heraus. Augustinus war es mit der bemerkenswerten Kraft seines Denkens, seiner Schriften und seiner Persönlichkeit in gewissem Sinne gelungen dem entstehenden Selbstbewußtsein eines ganzen neuen Zeitalters Ausdruck zu verleihen, und die weitere Entfaltung des Christentums im Westen vollzog sich im wesentlichen innerhalb des von ihm gesteckten Rahmens. Am Ende der klassischen Zeit hatte sich der euphorische, versöhnliche und offene Geist des Urchristentums grundlegend gewandelt: Stärker nach Innen und auf das Jenseits ausgerichtet und philosophisch fortgeschritten, war das Christentum zugleich institutionell, verurteilend und dogmatisch geworden.

DER HEILIGE GEIST
UND SEINE WECHSELVOLLE
GESCHICHTE

Die grundlegenden Spannungen, die das Christentum von Anfang an bestimmten, lassen sich exemplarisch an der Lehre vom Heiligen Geist aufzeigen, der dritten Person der christlichen Trinität neben Gottvater und Jesus Christus. Im Neuen Testament wird beschrieben, daß Christus den Jüngern vor seinem Tod versprach, Gott werde ihnen den Heiligen Geist senden und so unter ihnen bleiben, um die Aufgabe der Erlösung weiterzuführen und zu vollenden. Die Apostelgeschichte schildert die »Ausgießung des Heiligen Geistes« als ein intensives Gruppenerlebnis – die Jünger haben sich zu Pfingsten in einem Zimmer in Jerusalem versammelt – und schildert ferner eine visionäre Erfahrung von ungeheurer Intensität: ein Brausen vom Himmel erfüllt wie ein gewaltiger Wind das Haus und Zungen wie von Feuer erscheinen über jedem Jünger. Das Ereignis wurde von den Anwesenden als überwältigende und unbestreitbare Offenbarung der anhaltenden Gegenwart Christi interpretiert – ungeachtet seines Todes und seiner Himmelfahrt. Die erleuchteten Jünger begannen sofort ekstatisch der Menge zu predigen: Durch den Heiligen Geist sprach das Wort Gottes zur Welt; nun konnte die Frucht der Passion Christi unter der ganzen Menschheit verteilt werden. Feierten die Juden zu Pfingsten die Offenbarung des mosaischen Gesetzes auf dem Berg Sinai, so erinnerte dieses Fest die Christen an eine neue Offenbarung, die Ausgießung des Heiligen Geistes. Mit dem Heiligen Geist, der über alle Kinder Gottes gekommen war, hatte ein neues Zeitalter begonnen. Dieses Pfingsterlebnis – auch später immer wieder durch charismatische Phänomene wie unerwartete Heilungen und prophetische Ekstasen erneuert – war die Grundlage der kirchlichen Lehre vom Heiligen Geist.

Diese Lehre sah im Heiligen Geist den Geist der Wahrheit und der Weisheit – den *Paraklet* beziehungsweise Tröster – sowie das göttliche Prinzip des Lebens, das sich sowohl in der materiellen Schöpfung als auch in der spirituellen Wiedergeburt manifestierte. In bezug auf seine offenbarende Kraft erkannte man im Heiligen Geist die Quelle der Erleuchtung, aus der bereits die Propheten des Alten Testaments geschöpft hatten. Durch das Pfingstwunder war der Heilige Geist in gewissem Sinne demokratisch geworden, nicht nur wenigen Auserwählten, sondern allen Christen zugänglich. In ihm sah man die schöpferische Kraft, die in Maria, der Mutter Jesu, Christus gezeugt hatte, und die gegenwärtig gewesen war, als Christus von Johannes dem Täufer getauft wurde. Jesus war gestorben, damit der Heilige Geist zu allen kommen konnte, nur so waren Tod und Wiedergeburt der gesamten Menschheit in Gott möglich. Das anhaltende Einfließen des Heiligen Geistes war zugleich die fortschreitende Verwirklichung Gottes in der Welt, der göttliche Vorgang der Geburt des Christus in der christlichen Gemeinde.

Die vergänglichen Gedanken eines Menschen waren an sich ohne Wert, aber in der Erleuchtung durch den Heiligen Geist ließ sich göttliches Wissen erlangen. Der Mensch verfügte in seinem Inneren, angewiesen auf seine eigenen beschränkten Mittel, nicht über ausreichend Liebe für andere, aber durch den Heiligen Geist ließ sich eine unendliche, die gesamte Menschheit umfassende Liebe erfahren. Der Heilige Geist war der Geist Christi, die Kraft der Wiederherstellung des Göttlichen im Menschen, die spirituelle Energie Gottes, die durch und mit dem *Logos* wirkte. Die Gegenwart des Heiligen Geistes ermöglichte es dem Menschen, in dieser Welt am Wirken Gottes aktiv teilzunehmen und innerhalb der Kirche einen Grad wunderbarer Gemeinschaftlichkeit zu erfahren, der gleichbedeutend war mit der direkten Teilhabe an Gott. Schließlich verlieh der Heilige Geist der Gemeinschaft der Gläubigen durch seine Gegenwart göttliche Autorität und überirdischen Glanz. Er war die Grundlage, auf der die Kirche ihren Auftrag in der Welt umsetzen konnte, und wirkte in allen Bereichen des kirchlichen Lebens – im Sakrament, im Gebet und in der Lehre, in der Herausbildung der Tradition und der Hierarchie, in der spirituellen Autorität der Entscheidung und Verkündung.

Die spontane und ekstatische Erfahrung des Heiligen Geistes geriet jedoch schon bald in Konflikt mit den starren Vorschriften der institutionellen Kirche. Das Neue Testament beschrieb den Geist als einen Wind, der bläst, »wo er will«. In dieser Eigenschaft war er gleichsam von Natur aus überraschend, umwälzend und unkontrollierbar. Wer für sich die Gegenwart des Heiligen Geistes in Anspruch nahm, neigte dazu, eine unvorhersehbare Vielfalt an Offenbarungen und charismatischen Phänomenen hervorzubringen. Nur allzuoft schienen solche Vorfälle – ob unkontrollierte und unpassende Handlungen im kirchlichen Gottesdienst oder abweichende und unorthodoxe Botschaften von Wanderpredigern – dem Auftrag der Kirche nur wenig förderlich zu sein, und die Kirche sah in derartigen Phänomenen nicht unbedingt die Autorität des Heiligen Geistes am Werke. Ohne klare, einschränkende Definition schien das Ergriffen werden durch den Heiligen Geist in seinen extremeren Erscheinungen bedenklichen Vorstellungen einer anmaßenden, gotteslästerlichen, bestenfalls verfrühten Gottähnlichkeit des Menschen Vorschub zu leisten und die überlieferte Trennung zwischen Schöpfer und Geschöpf sowie die Einzigartigkeit der Erlösungstat Christi in Frage zu stellen.

Um angesichts zersetzender Tendenzen eine geordnete Glaubensund Organisationsstruktur aufrechtzuerhalten, gelangte die Kirche zu einer allgemein ablehnenden Haltung gegenüber diesen selbsterklärten Ausbrüchen des Heiligen Geistes. Die charismatischen und irrationalen Ausdrucksformen des Heiligen Geistes – spontane Ekstasen, Wunderheilungen, Zungenreden, Prophezeiungen, neue Offenbarungserlebnisse – wurden mehr und mehr von geordneten und rationalen Veranstaltungen – wie Predigten, organisierten Gottesdiensten, feststehenden Ritualen – verdrängt und durch institutionelle Autorität und orthodoxe Lehre ersetzt. Ein bestimmter Kanon sorgfältig ausgewählter apostolischer Schriften wurde dauerhaft festgelegt. Neue Offenbarungen fanden nicht mehr die Anerkennung als Gottes unfehlbares Wort. Der Heilige Geist, den Christus den Aposteln mitgegeben hatte, diente innerhalb der etablierten Kirche der Legitimation von Machtansprüchen. Die Bischöfe sahen sich als Apostel, und ihr römischer Pontifex beanspruchte als Nachfolger des Petrus, die höchste Autorität im Westen zu sein. Die Vorstellung vom Heiligen Geist als einem göttlichen Prinzip von revolutionärer spiritueller Kraft, das innerhalb der menschlichen Gemeinschaft wirksam war und sie auf den Weg der Vergöttlichung brachte, trat im christlichen Glauben weitgehend hinter der Vorstellung einer göttlichen Macht zurück, die sich allein in den Handlungen und Vorschriften der institutionellen Kirche manifestierte. Die Stabilität und Kontinuität der Kirche wurde auf diese Weise erhalten. Eher individuell geprägte Formen religiöser Erfahrung und revolutionäre spiritueller Impulse blieben dabei aber auf der Strecke.

Die Beziehung zwischen Heiligem Geist, Gottvater und Sohn wurde vom Neuen Testament nicht genau festgelegt. Die ersten Christen waren viel zu sehr mit der Gegenwart Gottes unter den Menschen beschäftigt, als daß sie sich für akribisch genaue theologische Formulierungen interessiert hätten. Spätere Kirchenkonzile machten den Heiligen Geist zur dritten Person des dreieinigen Gottes, während Augustinus den Heiligen Geist noch als den vereinenden Geist der wechselseitigen Liebe zwischen Vater und Sohn beschrieben hatte. Im frühchristlichen Kultus wurde der Heilige Geist eine Zeitlang weiblich dargestellt – symbolisiert, wie später auch noch, in der Taube – und als göttliche Mutter bezeichnet. Langfristig aber wurde der Heilige Geist eher in allgemeineren und unpersönlichen Kategorien begriffen. Die Intensität seiner Ausbrüche schien mit wachsender Distanz zur ersten Generation der Apostel radikal zu schwinden, und die verbleibende Gegenwärtigkeit, Aktivität und Autorität dieser geheimnisvollen göttlichen Kraft äußerte sich nahezu ausschließlich innerhalb des Rahmens der institutionellen Kirche.

ROM UND DER KATHOLIZISMUS

Das jüdische Erbe innerhalb des westlichen Christentums – das Gefühl einer gottgegebenen historischen Mission, die Betonung des Gehorsams gegenüber Gottes Willen, die moralische Strenge, der Ausschließlichkeitsanspruch und Konformitätsdruck der Lehre – wurde durch den Einfluß Roms noch weiter verstärkt. Die kirchliche Auffassung der Beziehung des Menschen zu Gott als genauestens durch moralische Vorschriften geregeltes Rechtsverhältnis ging nicht zuletzt auf das römische Recht zurück, das die katholische Kirche vorfand und sich zu eigen machte. Auch die Wirksamkeit des römischen religiösen Kultus beruhte auf dem peinlich genauen Befolgen einer Vielzahl von Vorschriften. Noch grundlegender jedoch war, daß das römische Recht in Theorie und Praxis die Idee der Rechtfertigung zur Grundlage hatte; übertragen auf die Sphäre der Religion bedeutete dies, daß jede Sünde eine kriminelle Verletzung der von Gott geschaffenen Rechtsbeziehung zwischen ihm und dem Menschen war. Die Rechtfertigungslehre – von Sünde, Schuld, Reue, Gnade und Wiedergutmachung – wurde zuerst von Paulus in seinem Brief an die Römer dargelegt. Später nahm Augustinus diese Vorstellung wieder auf und sah in ihr das Fundament der Beziehung des Menschen zu Gott.[12] In ähnlicher Weise traf das jüdische Gebot, den hochentwickelten, aber widerspenstigen menschlichen Willen der göttlichen Autorität unterzuordnen, auf korrespondierende kulturelle Muster im Römischen Reich, dessen autoritäre Struktur politische Unterordnung forderte. Auch das Gottesbild – als zwar unergründlich und doch fraglos gerecht, als Kommandant und König, Herr und Meister, als strenger Herrscher, der sich aber gegenüber seinen Günstlingen letztendlich großzügig zeigte – spiegelte das zeitgenössische politische Umfeld wider.

Die Kirche brauchte in Anbetracht ihres spirituellen Auftrags und der großen Verantwortung, die sie für die religiöse Führung der Menschheit trug, eine ungewöhnlich dauerhafte Form, um ihr Überleben und ihren Einfluß inmitten der Umwälzungen der spätantiken Welt sicherzustellen. Die vorgefundenen kulturellen Muster und Strukturen des römischen Staates und der jüdischen Religion erwiesen sich dabei als – psychologisch, organisatorisch, ideologisch – besonders geeignet für den Aufbau einer starken und selbstbewußten, die Gläubigen führenden und gegenüber dem Wechsel der Zeiten widerstandsfähigen institutionellen Einheit. Im Verlauf der Entwicklung der christlichen Religion im Westen absorbierte ihr jüdisches Fundament verwandte rechtliche und autoritäre Elemente der imperialen römischen Kultur, und der besondere Charakter der römischen Kirche ist im wesentlichen auf diesen Vorgang zurückzuführen – eine machtvolle Zentralhierachie, eine vielschichtige, über Ethik und Spiritualität wachende Rechtsstruktur, die verbindliche spirituelle Autorität der Priester und Bischöfe, die Forderung nach Gehorsam und ihre wirksame Durchsetzung gegenüber den Kirchenmitgliedern, formalisierte Rituale und institutionalisierte Sakramente, eine energische Abwehrhaltung gegen jedes Abweichen vom autorisierten Dogma und ein militanter Expansionsdrang mit dem Ziel der Bekehrung und Zivilisierung der Barbaren. Die Autorität des Bischofs kam direkt von Gott und durfte nicht angezweifelt werden. Er war der lebendige Vertreter Gottes auf Erden, ein Herrscher und Richter, dessen Entscheidungen über Sünde, Ketzerei, Exkommunikation und andere vitale religiöse Angelegenheiten als verbindlich im Himmelreich erachtet wurden. Die christliche Wahrheit selbst wurde unter dem Einfluß Roms zu einer Angelegenheit legislativer Auseinandersetzung und machtpolitischer Erwägung, von Reichsedikten und militärischer Durchsetzung – und am Ende von Erklärungen des mit unfehlbarer göttlicher Autorität ausgestatteten neuen römischen Herrschers, dem Papst. Die fließenden und gemeinschaftsbetonten Formen der ursprünglichen Kirche machten der hierarchischen Institution der römisch-katholischen Kirche Platz. Doch es war diese feste und umfassende Struktur, innerhalb der die christliche Lehre erhalten, der christliche Glaube verbreitet und eine christliche Prägung der Gesellschaft für die gesamte Dauer des europäischen Mittelalters aufrecht erhalten wurde.

In der Zeit nach der Bekehrung Konstantins im frühen vierten Jahrhundert kam es zu einer völligen Umkehr in der Beziehung Roms zum Christentum: Aus Rom dem Verfolger – wurde Rom der Verteidiger, das nach und nach mit der Kirche verschmolz. Die Grenzen der Kirche waren jetzt mit denen des römischen Staates identisch, und die Rolle der Kirche bestand darin, gemeinsam mit dem Staat die öffentliche Ordnung aufrechtzuerhalten und die Handlungen und Vorstellungen seiner Bürger zu lenken. Bis zur Zeit Papst Gregors des Großen – dem exemplarischen Architekten des mittelalterlichen Papsttums, der während der Wende zum sechsten Jahrhundert regierte – hatte sich die westliche Gesellschaft so drastisch verändert, daß das, was Augustinus dem übermächtigen Geist der spätheidnischen Ära entgegengesetzt hatte, längst selbst zur herrschenden kulturellen Norm geworden war.[13] Die öffentlichen Theatervorstellungen und Kampfspiele, die Festtage des Heidentums waren durch christliche Feiern und Prozessionen, durch kirchliche Fest- und Feiertage ersetzt worden. Ein gänzlich neues Gefühl öffentlicher und gesellschaftlicher Verantwortlichkeit erwachte im Christentum in dem Moment, als es die weltliche Bühne betrat – durch und durch erfaßt vom klaren Bewußtsein der Mission, die ganze Welt geistig zu führen. Die zentralisierte und straff hierarchische Institution der Kirche, das religiöse Gegenstück zum römischen Imperium, steckte klar den Rahmen der christlichen Sinnsuche ab und wurde mehr und mehr selbst zum Gegenstand der Verehrung. So wie das römische Reich christlich wurde, wurde das Christentum römisch.

Die Entscheidung Konstantins, die Hauptstadt des römischen Reichs von Rom ostwärts nach Byzanz (dem späteren Konstantinopel) zu verlegen, hatte erhebliche Konsequenzen für den Westen. Hier kam es nach der Spaltung des Reiches in einen östlichen und einen westlichen Teil und nach dem Zusammenbruch des westlichen Reichs im Gefolge der Völkerwanderung zu einem politischen und kulturellen Vakuum. Die Kirche wurde zur einzigen Institution, die einen Rest sozialer Ordnung und zivilisierter Kultur aufrechterhielt, und der Bischof von Rom, als traditionelles spirituelles Oberhaupt der Reichs-Metropole, spielte mehr und mehr die Rolle, die zuvor der römische Kaiser inne gehabt hatte. Die Kirche übernahm eine Vielfalt von Regierungsfunktionen und wurde zum alleinigen Förderer der Wissenschaften und Künste. Der Klerus wurde zur einzigen des Lesens und Schreibens kundigen Klasse im Westen und der Papst zur letzten heiligen Instanz, die Kaiser und Könige krönen und exkommunizieren konnte. Die neuen Staaten Europas, auf den Ruinen des weströmischen Reichs gegründet und in der Folge zum Christentum bekehrt, sahen im päpstlichen Rom das souveräne spirituelle Zentrum der Christenheit. Im Verlauf des ersten Jahrtausends konzentrierte die westliche Kirche nicht nur ihre Macht im Amt des römischen Bischofs, sie betonte auch nach und nach immer entschiedener ihre Unabhängigkeit gegenüber den Ostkirchen mit ihrer Bindung an Byzanz und den dort noch immer regierenden Kaiser. Die geographischen Entfernungen, sprachliche, kulturelle und politische Differenzen, die unterschiedlichen Auswirkungen der germanischen und der moslemischen Vorstöße, eine Reihe von Konflikten zu zentralen Fragen der Lehre und schließlich die Autonomietendenzen des Westens – all dies vertiefte die Spaltung zwischen der lateinischen Kirche in Rom und der griechischen Kirche in Byzanz.[14]

Unter diesen Umständen bot sich dem westlichen Christentum eine einmalige historische Chance. Befreit sowohl von der Kirche als auch vom Staat des Ostens, ungehindert von den ehemaligen staatlichen und säkularen Strukturen des alten Westreichs und getragen von der Religiosität ihrer Völker und Eliten, schuf sich die westliche Kirche im mittelalterlichen Europa eine universale Machtposition. Die römische Kirche wurde nicht nur zum religiösen Gegenstück des Reiches, sondern zu seinem Nachfolger. Zum idealen Selbstbild der mittelalterlichen Kirche wurde das einer weltumfassenden spirituellen *Fax Romana* unter der Führung einer weisen und wohltätigen Priesterhierarchie. Augustinus hatte sich vorgestellt, wie das alte Rom, das irdische Imperium, im Licht eines neuen Roms unterging, eines spirituellen Reiches der christlichen Kirche, das mit den Aposteln begonnen hatte und sich als Widerschein des Reiches Gottes auf Erden durch die gesamte Geschichte ziehen würde. In gewisser Weise bereitete Augustinus damit die folgenschwere Verschiebung vor, in deren Verlauf das Christentum die Vorstellungen vom kommenden Himmelreich zunehmend in Kategorien kirchlicher Machtentfaltung auffaßte.[15] Mit der schrittweisen Konsolidierung der kirchlichen Macht in Rom trat die römisch-katholische Kirche im weiteren Verlauf des Mittelalters endgültig als einheitliche und einzige, allein und allgemein gültige Institution auf, von Gott als Heilsbringer für die gesamte Menschheit eingesetzt.

DIE JUNGFRAU MARIA
UND DIE MUTTER KIRCHE

Die umfangreichen Massenbekehrungen zur Zeit des spätrömischen Reiches führten zu einer weiteren bemerkenswerten Entwicklung innerhalb der christlichen Religion. Obwohl das Neue Testament nur relativ wenige Informationen über Maria, die Mutter Jesu, enthielt und zunächst kaum etwas darauf hindeutete, daß sie in der Zukunft der Kirche einmal eine zentrale Rolle spielen würde, entstand während der spätklassischen Zeit und im Mittelalter spontan ein Kult um Maria als heilige Mutter Gottes, der sich als dominantes Element des volkstümlichen christlichen Glaubens durchsetzte. Sowohl das Alte als auch das Neue Testament vertraten fast übereinstimmend einen patriarchalisch geprägten Monotheismus; als aber im nachkonstantinischen Reich die Heiden in großer Zahl zum Christentum konvertierten, brachten sie die tief verwurzelte Tradition der großen Muttergöttin ebenso mit wie verschiedene mythologische Beispiele von göttlichen Jungfrauen und von der Jungfrauengeburt göttlicher Helden. Die Kirche antwortete darauf mit einer deutlich erkennbaren Zunahme der Marienverehrung. Von den heidnischen Göttinnen unterschied sich Maria jedoch insofern grundlegend, als sie die menschliche Mutter des Sohnes Gottes war, die historische Schlüsselfigur im unwiederholbaren Akt der Menschwerdung Christi, und keine über zeitlose Zyklen von Tod und Wiedergeburt herrschende Naturgöttin. Zwar wuchs die intensive Mariengläubigkeit auf heidnischem Nährboden, doch Rolle und Charakter des Marienbildes entwickelten sich innerhalb des spezifisch christlichen Verständnisses.

Die biblische Überlieferung bietet zunächst keinen Anhaltspunkt dafür, daß Maria einmal eine derart herausragende Rolle spielen sollte. Weder beschäftigten sich die Evangelien eingehend mit ihr, noch stimmten sie dabei immer inhaltlich überein. Als der Engel im Lukas-Evangelium Maria verkündet, sie werde den Sohn Gottes empfangen, wird sie als huldvoll gehorsam gegenüber dem Willen Gottes geschildert. Ihr ist bewußt, daß sie eine besondere Rolle im göttlichen

Plan spielt und daß sie sich für diese Rolle, aufgrund ihrer tiefen körperlichen und seelischen Reinheit, auf einzigartige Weise eignet. Passagen des Markus-Evangeliums, die wahrscheinlich auf eine ältere Überlieferung zurückgehen, schildern dagegen einen weitaus menschlicheren Charakter und legen den Verdacht nahe, daß sich Maria der göttlichen Rolle Jesu während des größten Teil seines Lebens gar nicht bewußt war. Bei Markus finden sich zudem Hinweise darauf, daß Jesus eine Reihe von engen Verwandten hatte, wahrscheinlich Brüder und Schwestern, die sich – wie seine Mutter – zu Beginn seiner Mission gegen ihn stellten. Sogar das Johannes-Evangelium verweist auf Anzeichen eines gespannten Verhältnisses zwischen Maria und ihrem Sohn. Auch der Standpunkt der Bibel zur Jungfräulichkeit Marias bleibt uneindeutig. Zwei Evangelien, Markus und Johannes, ist das Thema nicht einmal eine Erwähnung wert; das gleiche gilt für die Briefe des Paulus. Die beiden anderen Evangelien sind an diesem Punkt in sich widersprüchlich, da beide einerseits die Jungfräulichkeit Maria bei der Geburt konstatieren, andererseits aber Ahnentafeln präsentieren, die zeigen, daß Jesus – nach Matthäus – von König David beziehungsweise – nach Lukas – von Adam abstammt – in einer direkt zu Marias Ehemann, Joseph, und nicht zu Maria führenden Linie.

Aber da die Gläubigen sie als jungfräuliche Mutter Gottes verehrten und die Theologen in ihr das Gefäß der Menschwerdung des göttlichen *Logos* sahen, erhielt Maria in der frühen Kirche schon bald den Rang einer Mittlerin zwischen der Menschheit und Christus, ja sogar als *Coredemptrix* mit Christus. In Maria war es zur ersten Verschmelzung des Göttlichen mit dem Menschlichen gekommen. Galt Christus als der zweite Adam, so war Maria die zweite Eva, die durch ihre gottergebene Jungfrauengeburt der Menschheit und der Natur die Erlösung gebracht und damit den frühen Ungehorsam der jungfräulichen Eva korrigiert hatte. Maria war das herausragende Beispiel all jener für das christliche Ethos so charakteristischen Tugenden wie Reinheit und Keuschheit, Zartheit und Bescheidenheit, Einfachheit und Demut, makellose Heiligkeit, innere Schönheit, moralische Unschuld, uneigennützige Hingabe und Unterwerfung unter den göttlichen Willen.

Mit Maria floß das weibliche nährende Element der großen heidnischen Muttergöttin und deren enge Beziehung zur Natur ins Christentum ein und milderte die Prägung durch den streng transzendenten und maskulinen jüdischen Gott. Marias Erhebung in den Stand einer göttlichen Mutter bot zudem eine – für die bekehrten Heiden – notwendige Ergänzung zum ansonsten unerklärlich einsamen und absoluten Gottvater. Der Marienkult machte das christliche Pantheon verträglicher mit der Mentalität der antiken Welt und diente als wirksame Verbindung zwischen dem Christentum und den heidnischen Naturreligionen. Während aber die früheren matriarchalischen Göttinnen über die Natur herrschten, hatte die Jungfrau Maria ihre Rolle im Wirkungsfeld der menschlichen Geschichte. Für die frühen Theologen war es darüber hinaus von größter Wichtigkeit, daß die menschliche Beziehung der mütterlichen Maria zu Christus eine Garantie für dessen authentisches Menschsein bot, um so dem Anspruch einiger Gnostiker entgegenzutreten, bei Christus habe es sich um ein durch und durch übermenschliches göttliches Wesen gehandelt.

Aus kirchlicher Sicht drohte die massive Marienverehrung breiter Bevölkerungsschichten zuweilen die Grenzen des theologisch Vertretbaren zu überschreiten. Dieses Problem wurde jedoch von den Würdenträgern und der volkstümlichen Phantasie durch die Identifikation der Jungfrau Maria mit der katholischen Kirche gelöst. Da Maria durch ihr Vertrauen in die göttliche Ankündigung der Geburt Christi die erste gläubige Christin gewesen war und zugleich der erste Mensch, der Christus in sich empfangen hatte, repräsentierte sie den Beginn der Kirche insgesamt. Was den empfangenden und jungfräulichen Aspekt Marias betraf, wurde die Kirche als »Braut Christi« gesehen, die in heiliger Hochzeit mit Christus vereint werden würde, wenn die Menschheit am Ende der Zeit die Kraft und die Herrlichkeit Gottes in ganzer Fülle empfangen würde. Noch wichtiger aber war die Identifikation der mütterlichen Eigenschaften Marias mit denen der Kirche: Die »heilige Mutter Kirche«, unter der Obhut Marias, war nicht nur die Verkörperung der christlichen Menschheit, sondern die nährende und wärmende Sphäre, die alle Christen umschloß, behütete und anleitete.[16]

Die Christen sahen sich selbst folglich ebenso als Kinder der Mutter Kirche wie als Kinder Gottvaters. Das nährend mütterliche Bild von der Jungfrau Maria und der Mutter Kirche ergänzte und milderte nicht nur das harte patriarchalische Bild des biblischen Jahwe, sondern in der Praxis auch die Neigung der Kirche zu striktem Legalismus und patriarchalischem Autoritarismus.[17] Sogar die Architektur der Kirchengebäude, gipfelnd in den großen Kathedralen des Mittelalters, spiegelte mit ihren geheimnisvoll leuchtenden Innenräumen und ihren uteralen Strukturen die jungfräuliche Mutter wider. Die katholische Kirche übernahm in ihrer Gesamtheit die universale kulturelle Rolle eines allumfassenden spirituellen, intellektuellen, moralischen und sozialen Schoßes, der schwanger war mit der entstehenden christlichen Gemeinschaft, dem mystischen Leib Christi vor seiner Wiedergeburt im Himmelreich. Vor allem in diesem Bild – in der Erhöhung der Maria und in der Übertragung ihrer göttlichen Mütterlichkeit auf die Kirche – scheint das optimistische Element im Christentum mit seinem Glauben an die kosmische Versöhnung einen festen Platz in der kollektiven christlichen Psyche erobert zu haben.

DIE CHRISTLICHE TRANSFORMATION
DES KLASSISCHEN DENKENS.
EINE ZUSAMMENFASSUNG

Die ursprüngliche frühchristliche Botschaft war einer Reihe von kulturellen und intellektuellen Einflüssen ausgesetzt – jüdischen, griechischen und hellenistischen, gnostischen, neuplatonischen, römischen und nahöstlichen – bevor sie im Christentum Gestalt annahmen, das die verschiedenen Impulse in eine oft widerspruchsvolle, aber auf einzigartige Weise dauerhafte Synthese überführte. Pluralistisch in ihren Ursprüngen, aber monolithisch in ihrer endgültigen Fassung, sollte diese Synthese das europäische Denken bis zur Renaissance maßgeblich bestimmen.

Einige der Differenzen zwischen diesem Weltbild und dem des griechisch-römischen Zeitalters sollen nun zusammenfassend herausgearbeitet werden, wobei das Hauptaugenmerk der christlichen Sichtweise des Westens von der spätklassischen Zeit bis zum frühen Mittelalter gilt. Innerhalb dieses Bezugsrahmens – natürlich bleiben solche Verallgemeinerungen immer bis zu einem gewissen Grad ungenau – lassen sich die folgenden Punkte einer Gesamtwirkung des Christentums auf das griechisch-römische Denken anführen:

I. Durch die Anerkennung eines höchsten Gottes, dem dreieinigen Schöpfer und Herrscher über die Geschichte, hat das Christentum eine monotheistische Hierarchie im Kosmos geschaffen, die den Polytheismus der heidnischen Religionen überwand und in sich aufnahm, während sie der Metaphysik der archetypischen Formen ihren Vorrang nahm, sie aber nicht eliminierte.

II. Der platonische Dualismus von Geist und Materie wurde verstärkt durch seine Verschmelzung mit der Lehre von der Erbsünde, dem Fall des Menschen und der Natur, der kollektiven menschlichen Schuld. Eine weitere Zuspitzung kam dadurch, daß der Natur jede immanente Göttlichkeit, ob poly- oder pantheistisch, weitgehend abgesprochen wurde, ohne ihr aber dabei die Aura übernatürlicher Bedeutung zu entziehen – sei sie göttlich oder satanisch; sowie durch die radikale Polarisierung von Gut und Böse.

206

III. Die Beziehung des Transzendenten zum Menschen wurde dramatisiert als Gottes Herrschaft über die Geschichte, als die Erzählung vom auserwählten Volk, als historisches Erscheinen Christi auf Erden und als seine letztliche Wiederkehr, um die Menschheit in einem künftigen apokalyptischen Zeitalter zu erlösen. So entstand ein neuer Sinn für historische Dynamik, für die göttliche Logik der Erlösung innerhalb einer linear, nicht zyklisch verlaufenden Geschichte, der jedoch durch die schrittweise Verlagerung dieser erlösenden Kraft in die institutionelle Kirche implizit wieder zugunsten der Restauration eines statischeren Geschichtsverständnisses zurückgenommen wurde.[18]

IV. Den heidnischen Mythos von der großen Mutter-Gottheit verwandelte das Christentum in eine historisierte Theologie mit der Jungfrau Maria als menschlicher Mutter Gottes und in die beständige historische und soziale Wirklichkeit Kirche als Mutter.

V. Das Beobachten, Analysieren und Verstehen der natürlichen Welt wurde abgewertet und damit die rationalen und empirischen Fähigkeiten gegenüber den emotionalen, moralischen und spirituellen vernachlässigt oder negiert, wobei alle menschlichen Fähigkeiten den Anforderungen des christlichen Glaubens und dem Willen Gottes untergeordnet wurden.

VI. Das Christentum verzichtete auf die Fähigkeit des Menschen, die Bedeutung der Welt selbständig intellektuell oder spirituell zu durchdringen, aus Ehrfurcht vor der absoluten Autorität der Kirche und der Heiligen Schrift, denen die endgültige Bestimmung der Wahrheit überlassen blieb.

An anderer Stelle ist einmal die These vertreten worden, eine manichäische Wolke habe die mittelalterliche Vorstellungskraft verdunkelt. Die volkstümliche christliche Frömmigkeit wie auch ein Großteil der mittelalterlichen Theologie offenbaren eine entschiedene Geringschätzung der physischen Welt und des diesseitigen Lebens, was dazu führte, daß »die Welt, das Fleisch und der Teufel« oft gemeinsam als satanisches Triumvirat erschienen. Das Fleisch abzutöten, war ein typisches spirituelles Gebot der Zeit. Die natürliche Welt war das Tal des Jammers und des Todes, das Bollwerk des Bösen, aus dem der Gläubige am Ende seines Lebens gnädig erlöst wurde. Wie ein Ritter, der das Reich der Schatten und der Sünde nur in der

Hoffnung betrat, es am Ende zu überwinden und hinter sich zu lassen, bewegte sich der Christ nur widerwillig in der Welt. Von vielen frühen Theologen wurde das unmittelbare Studium der natürlichen Welt und die eigenständige Entfaltung des menschlichen Verstandes als böswillige Bedrohung der Einheit des Glaubens betrachtet. Zwar bestritt die offizielle christliche Doktrin nie vollends, daß die materielle Schöpfung Gottes in letzter Instanz gut war, aber im Grunde genommen galt die Welt nicht als würdig, sich eingehender mit ihr zu beschäftigen. Auch wenn sie nicht prinzipiell schlecht war, so war sie doch zumindest im spirituellen Sinne weitgehend bedeutungslos.

Der Glaube, das Schicksal der menschlichen Seele sei von Gott vorherbestimmt und ihm schon vor dem Beginn der Zeit bekannt, fand seine Entsprechung und psychologische Stütze in der offenbaren Machtlosigkeit, die die Männer und Frauen des Frühmittelalters gegenüber Natur, Geschichte und traditionellen Autoritäten empfanden. Mochte das Drama des menschlichen Lebens auch im Brennpunkt des Willens Gottes stehen, die Rolle des Menschen darin blieb die eines Statisten. Verglichen mit Homers Odysseus, schien das mittelalterliche Individuum dem Bösen in der Welt relativ hilflos gegenüberzustehen, und ohne die Führung und den Schutz der Kirche sofort zur verlorenen Seele zu werden. Das »Wandern« war kein heroisches Abenteuer mehr, sondern gleichbedeutend mit dem Abirren auf gottlose Pfade. Verglichen mit Sokrates, schien der mittelalterliche Christ in einer bemerkenswerten intellektuellen Enge gefangen. Denn »Zweifel« galt jetzt nicht mehr als erste Tugend, sondern als ernste spirituelle Verfehlung. Das Bestreben, der menschlichen Individualität – so augenfällig, wie etwa im Athen des Perikles – Ausdruck zu verleihen, schien jetzt weitgehend hinter der frommen Akzeptanz des Willen Gottes und, in einem praktischeren Sinne, der Unterwerfung unter die moralische, intellektuelle und spirituelle Autorität der Kirche zurückzustehen. Fast sieht es so aus, als wäre es das große Paradox der Geschichte des Christentums, daß eine Botschaft, die in ihrem ursprünglichen Kern auf beispiellose Art und Weise die Bedeutung des menschlichen Lebens, der menschlichen Geschichte und der menschlichen Freiheit verherrlichte, letztlich dazu benutzt wurde, eine ganz und gar gegensätzliche Konzeption durchzusetzen.

Doch das christliche Weltbild war selbst in seiner mittelalterlichen Form keineswegs so schlicht und einseitig, wie diese Unterscheidungen nahelegen mögen. Beide Impulse – der optimistische und der pessimistische, der dualistische wie der kosmisch-versöhnende – vermischten sich ständig zu einer unauflöslichen Synthese. Die Kirche vertrat ausdrücklich die Ansicht, daß die eine Seite dieses Spannungsverhältnisses die andere notwendig voraussetze – daß zum Beispiel das großartige himmlische Schicksal des gläubigen Christen und die unvergleichliche Schönheit der christlichen Wahrheit so unschöner Maßnahmen wie institutioneller Kontrolle und doktrinärer Strenge bedurften. In den Augen vieler gewissenhafter Christen war die Tatsache, daß die Kontinuität der heiligen Offenbarung, der Sakramente und Rituale erfolgreich über die Jahrhunderte hatte gerettet werden können, von größerem Gewicht als die vorübergehenden Verfehlungen zeitgenössischer Kirchenpolitik oder die zeitweiligen Verzerrungen durch den volkstümlichen Glauben oder die theologische Lehre. Einer solchen Perspektive zufolge, erschloß sich die erlösende Gnade der Kirche erst am Ende der Zeit in der kosmischen Bedeutung ihrer irdischen Mission. Die offensichtlichen Fehler der weltlichen Kirche waren nur unvermeidbare Nebenwirkungen des unvollkommenen menschlichen Versuchs, einen göttlichen Plan von so unfaßbarer Größe auszuführen. Aus ähnlichen Gründen standen christliches Dogma und Ritual über dem selbständigen Urteil des einzelnen Christen. Vorerst konnte der Christ nichts anderes tun, als sich in die symbolischen Repräsentationen der kosmischen Wahrheiten zu versenken, deren Tiefe und Größe ihm jetzt noch nicht unmittelbar zugänglich waren, in die hineinzuwachsen und die zu verstehen vielleicht erst im weiteren Verlauf des spirituellen Fortschritts der Menschheit möglich wurde. Bei aller vermeintlichen existentiellen Enge wußten die mittelalterlichen Christen, daß sie dank der Kirche die potentiellen Empfänger der erlösenden Gnade Christi und damit über alle Andersgläubigen erhoben waren. Jeder kleinliche Vergleich mit anderen Kulturen verbot sich da von selbst.

Doch abgesehen von dieser religiösen Argumentation haben wir in der Gegenüberstellung der beiden Zeitalter implizit den Durchschnittsmenschen des frühmittelalterlichen westlichen Christentums mit einer relativ kleinen Gruppe von brillanten Griechen verglichen, die während einer relativ kurzen Periode von einzigartiger kultureller Kreativität am Anfang der klassischen Zeit lebten. Der mittelalterliche Westen war nicht ohne geniale Denker, auch wenn sie in den ersten Jahrhunderten nicht zahlreich und nur selten einflußreich waren. Die Behauptung, dieser Mangel liege in erster Linie im Christentum begründet und nicht in den zumindest ebenso starken historischen Faktoren, erscheint allerdings überzogen, wenn nicht nur der lange vor dem Aufstieg des Christentums einsetzende Niedergang der klassischen Kultur mit in Betracht gezogen wird, sondern auch die außergewöhnlichen Leistungen der späteren christlichen Kultur. Zudem sollte nicht vergessen werden, daß Sokrates von der athenischen Demokratie wegen »Gottlosigkeit« zum Tode verurteilt wurde und daß er keineswegs der einzige Philosoph und Wissenschaftler der Antike war, der wegen einer unorthodoxen Ansicht angeklagt wurde. Andererseits waren die mittelalterlichen Ritter des Heiligen Grals aus der Tafelrunde des Königs Arthur keine unwürdigen Nachfolger ihrer homerischen Vorfahren. Abenteuerlust und Dogmatismus existieren gewiß in jedem Zeitalter und, auch wenn sich das Gleichgewicht zwischen beiden verschiebt, erweist sich langfristig das eine zweifelsohne als Ansporn des anderen. Ein stärker allgemein ausgerichteter psychologischer Vergleich zwischen Mittelalter und klassischer Antike wäre jedenfalls gerechter und würde vielleicht geringere Unterschiede ausweisen.

Es läßt sich natürlich argumentieren, daß den heidnischen und barbarischen, zum Christentum bekehrten Völkern ein gewisser moralischer und sozialer Fortschritt dadurch erwuchs, daß ihnen Woche für Woche, Jahr für Jahr beigebracht wurde, sich um das Wohlergehen anderer zu kümmern, die Unverletzlichkeit des Lebens des Einzelnen und Werte wie Geduld, Demut, Vergebung und Mitleid zu achten. War zur Zeit der klassischen Antike ein nach innen gewandtes Leben nur für wenige Philosophen charakteristisch gewesen, so förderte die christliche Betonung der persönlichen Verantwortung, des Bewußtseins der Sünde und des Rückzugs von der Welt eine Hinwendung zum Inneren bei erheblich breiteren Bevölkerungsschichten. Und im Gegensatz zur philosophischen Ungewißheit und religiösen Entfremdung früherer Jahrhunderte bot das christliche Weltbild einen stabilen, unveränderlichen Schoß spiritueller und emotionaler Wärme, einen Zusammenhang, in dem jede einzelne menschliche Seele ihre Bedeutung besaß. Überall war das über jeden Zweifel erhabene Gefühl spürbar, in einer kosmischen Ordnung zu leben, und von der Figur Jesus Christus ging eine ungeheure charismatische Wirkung aus. Welche Beschränkung die mittelalterlichen Christen auch immer gefühlt haben mögen, sie wurde offenbar stets aufgehoben durch ihr intensives Bewußtsein des eigenen heiligen Status und von der Möglichkeit der Erlösung. Auch wenn sich das Leben als Prüfung erwies, jeder Gläubige war Teil des göttlichen Plans und damit auf dem richtigen Weg zu seiner letzten Vereinigung mit Gott. So stark war die Macht des Glaubens, der Hoffnung und der Liebe, daß im christlichen Universum im Prinzip nichts unmöglich war. Während eines langen Zeitalters, das oft dunkel und chaotisch war, stellte das christliche Weltbild die Wirklichkeit eines idealen spirituellen Reichs in Aussicht, in dem alle Gläubigen, als Kinder Gottes, ihre Heimat finden würden.

Wenn wir heute auf die römisch-katholische Kirche zurückblicken, eröffnet sich auf dem Höhepunkt ihrer Macht im hohen Mittelalter – als praktisch ganz Europa katholisch war, sich der gesamte Kalender der menschlichen Geschichte numerisch um die Geburt Christi drehte und der römische Pontifex über das Spirituelle und oft auch das Weltliche herrschte – ein beeindruckendes Kaleidoskop: Massen von Gläubigen, die durchdrungen von christlicher Frömmigkeit waren; prächtige gotische Kathedralen, Klöster und Abteien; Skribenten und Gelehrte, tausende von Priestern, Mönchen und Nonnen; die weitverbreitete Fürsorge für die Kranken und Armen; die Pracht der kirchlichen Rituale und der großen Festtage mit ihren Prozessionen und Feiern; eine Unzahl von Beispielen großartiger religiöser Kunst, wie die gregorianischen Gesänge und die Mysterienspiele; die lateinische Universalsprache in Liturgie und Lehre; die Allgegenwart von Kirche und christlicher Religiosität in allen Bereichen menschlichen Handelns. Angesichts dieser Fülle fällt es schwer, sich einer gewissen Bewunderung für den umfassenden Erfolg der Kirche zu entziehen, eine derart universale Kultur von eigenständiger Prägung zu schaffen und auf diese Weise ihre irdische Mission zu erfüllen.[19] Und wie auch immer der metaphysische Wert des heutigen Christentums zu bewerten sein mag, die lebendige Kontinuität einer westlichen zivilisierten Kultur verdankt sich ganz wesentlich dem immensen Einfluß und der Vitalität der christlichen Kirche im gesamten mittelalterlichen Europa.

Vor allem aber sollten wir uns davor hüten, unsere modernen säkularen Maßstäbe auf das Weltbild eines früheren Zeitalters zu projizieren. Die historischen Quellen legen nahe, daß für die mittelalterlichen Christen die Grundzüge ihres Glaubens keine abstrakten, von der kirchlichen Autorität aufgezwungenen Anschauungen waren. Sie bildeten den konkreten Mittelpunkt ihrer eigenen Erfahrungswelt. Das Wirken Gottes oder des Teufels oder der Jungfrau Maria, der Zustand der Sünde und der Erlösung, die Erwartung des Himmelreichs – das waren lebendige Prinzipien, die der Lebenswelt des Christen spürbar zugrundelagen. Wir müssen davon ausgehen, daß die mittelalterliche Erfahrung einer spezifisch christlichen Wirklichkeit so real und selbstverständlich war wie, sagen wir, die archaische griechische Erfahrung einer mythologischen Wirklichkeit mit ihren Göttern und Göttinnen oder die moderne Erfahrung einer unpersönlichen und materiellen, objektiven, von der privaten subjektiven Psyche völlig abgetrennten Wirklichkeit. Aus diesem Grund müssen wir versuchen, das mittelalterliche Weltbild von innen heraus zu begreifen, wenn wir einem wirklichen Verstehen der Entwicklung unserer eigenen kulturellen Psyche näherkommen wollen. In gewissem Sinne sprechen wir hier genauso von einer – existenziell erfahrenen, als vollkommen real erlebten – Welt wie von einem Weltbild. Und was schon über das komplexe Geflecht der klassischen Weltsicht gesagt wurde, gilt ebenso für das christliche Weltbild: Der Westen hat es weiterentwickelt und verändert, kritisiert und verworfen – aber nie gänzlich verlassen.

Das christliche Weltbild war voller Spannungen und Paradoxe, die ihren Ursprung sowohl in den unterschiedlichen Quellen des Christentums als auch im dialektischen Charakter der christlichen Synthese hatten. Diese in ihm selbst angelegten tiefen inneren Widersprüche untergruben fortwährend die Neigung des christlichen Geistes zu monolithischem Dogmatismus und gewährleisteten auf diese Weise nicht nur seine enorme historische Dynamik, sondern führten am Ende auch zu seiner radikalen Selbst-Verwandlung.

IV
DIE TRANSFORMATION DES
MITTELALTERS

W ir wenden uns nun einer der zentralen Aufgaben dieser Darstellung zu: Die komplexe Entwicklung des westlichen Denkens vom mittelalterlichen christlichen Weltbild bis zum modernen säkularen Weltbild nachzuzeichnen, einen langen und dramatischen Wandel, bei dem das klassische Denken eine Schlüsselrolle spielte.

Vom Glanz der klassischen Zivilisation und des römischen Reichs blieben dem frühmittelalterlichen Europa nur schwache Erinnerungen. Die Völkerwanderungen der Barbaren hatten nicht nur das bürgerliche Verwaltungssystem des Westens zerstört, sie hatten auch jedes höhere kulturelle Leben weitgehend ausgelöscht, und die Erweiterung des islamischen Herrschaftsbereichs hatte den Zugang zu den griechischen Originaltexten versperrt. Ungeachtet ihres Status als auserwählte Kinder Gottes waren sich die intellektuell aufgeschlossenen Christen des frühen Mittelalters bewußt, daß sie nur das matte Nachspiel eines Goldenen Zeitalters der Kultur und der Gelehrsamkeit erlebten. Am Leben erhalten wurde der klassische Funken in den Klöstern. In dieser politisch und sozial unruhigen Zeit boten sie einen geschützten Raum, in dem risikolos anspruchsvollen Studien nachgegangen werden konnte.

Kultureller Fortschritt bedeutete – und erforderte – für den mittelalterlichen Geist in erster Linie die Rückgewinnung der antiken Schriften und ihres Sinns. Die alten Kirchenväter hatten eine Traditionslinie begründet, in der die Errungenschaften der heidnischen Antike nicht völlig abgelehnt wurden, sondern innerhalb des Rahmens christlicher Wahrheit neu interpretiert und verstanden werden durften. Auf dieser Basis betrieben die frühmittelalterlichen Mönche weiterhin etwas, das eine gewisse Ähnlichkeit mit der klassischen Gelehrsamkeit hatte. Das Kopieren alter Manuskripte wurde in den Klöstern zu einer typischen Form der Handarbeit. Boethius, ein adliger christlicher Staatsmann und Philosoph in der Endphase des antiken Rom, versuchte das intellektuelle Vermächtnis der Antike für die Nachwelt zu erhalten und hatte damit zumindest teilweise Erfolg. Nach seinem Tod im. frühen sechsten Jahrhundert wurden seine lateinischen Werke und Textsammlungen – platonischer und aristotelischer Philosophie sowie christlicher Theologie – in die klösterliche Tradition aufgenommen und von Generationen von mittelalterlichen Gelehrten studiert.[1] Ähnlich förderte Karl der Große, nachdem er einen Großteil Europas durch seine militärischen Eroberungen in einem christlichen Reich des Westens geeint hatte, im späten achten Jahrhundert die kulturelle Renaissance eines Gelehrtentums, das ebenso auf klassischen wie auf christlichen Idealen beruhte.

Aber während der gesamten ersten Hälfte des Mittelalters gab es nur wenige Gelehrte, die Mittel für Kultur waren begrenzt und klassische Originaltexte weitgehend nicht verfügbar. Unter diesen Bedingungen war intellektueller Fortschritt für die neu zusammengewürfelten Völker des Westens zunächst ein langsamer und mühsamer Prozeß. Allein das Erlernen des Vokabulars und der Grammatik der Sprache des eroberten Reichs, das Beherrschen seiner hochentwickelten Denkweisen und die Begründung einer brauchbaren didaktischen Methodik waren Aufgaben, für die es Jahrhunderte gelehrter Anstrengung bedurfte.

Doch dies waren keineswegs die einzigen Hindernisse. Der absolute Vorrang des christlichen Glaubens vor weltlichen Angelegenheiten behinderte jede eingehende Beschäftigung mit dem Denken und der Kultur der Antike. Die intellektuellen Energien der führenden Mönche waren ganz und gar von der Meditation über die Texte der Heiligen Schrift in Anspruch genommen, denn der Geist konnte die spirituelle Bedeutung des göttlichen Wortes begreifen, indem er die Seele zur mystischen Einheit mit dem Göttlichen führte. Diese klösterliche, in der Theologie der alten Kirchenväter verwurzelte Suche ließ im Rahmen ihrer Disziplin das Begehren, sich anderen Studien zu widmen, die die weltabgeschiedene, innere Kontemplation hätten stören können, nur sehr begrenzt aufkommen. Die Anforderungen des kommenden Reiches Gottes erforderten die ganze Aufmerksamkeit des frommen Christen und ließen jegliches Interesse an Natur, Wissenschaft, Geschichte, Literatur oder Philosophie um ihrer selbst willen als unnütz erscheinen. Weil die Wahrheit der Heiligen Schrift allumfassend war, wurde die Entwicklung des menschlichen Verstandes allein gutgeheißen und gefördert, wenn sie einem besseren Verständnis der Mysterien und Ziele der christlichen Lehre diente.

Aber gegen die Mitte des Mittelalters, um das Jahr 1000, als Europa nach Jahrhunderten der Invasionen und Desorganisation endlich ein gewisses Maß an politischer Stabilität erreicht hatte, begann sich das kulturelle Leben im Westen an vielen Fronten gleichzeitig wieder zu regen: Die Bevölkerung wuchs, die Bewirtschaftung des Bodens wurde verbessert, der Handel innerhalb und außerhalb des Kontinents nahm zu, Kontakte zu den benachbarten islamischen und byzantinischen Kulturen wurden häufiger, Städte und städtisches Leben entstanden und mit ihnen eine des Lesens und Schreibens kundige Oberschicht, Handwerkergilden wurden gebildet und ein allgemein gewachsenes Bedürfnis nach Bildung führte zur Gründung von Universitäten. Die starre Welt der alten Feudalordnung war dabei, etwas Anderem Platz zu machen.

Die neuen sozialen Gebilde – Gilden, Gemeinden, Zünfte – beruhten auf horizontalen, brüderlichen Bezügen statt der früheren vertikalen und paternalistischen Beziehungen zwischen Herr und Vasall, und ihre Übereinkünfte basierten auf demokratischem Konsens statt auf kirchlich sanktionierten Vasalleneiden. Politische Rechte und Institutionen wurden neu definiert und erhielten einen weltlicheren Zuschnitt. Rechtsverfahren bewegten sich weg vom Gottesurteil und hin zum rationalen Beweis. Zunehmend trat das Reich der Natur in das Blickfeld des mittelalterlichen Denkens. Dies wurde im *Roman de la Rose* des Jean de Meung mit seinem Realismus und seiner Neubewertung der Erotik ebenso sichtbar wie in dem unter Theologen verbreiteten Gebrauch des Wortes *Universitas* zur Bezeichnung des konkreten Universums als eines zusammenhängenden homogenen Ensembles, als einer göttlichen Harmonie von natürlicher Mannigfaltigkeit. Antike Literatur und Philosophie, von Platons *Timaios* bis zu Ovids *Ars Amatoria*, fanden ein interessiertes Publikum. Troubadoure und Hofpoeten feierten ihr neues Ideal von der seelenverklärenden romantischen Liebe zwischen freien Individuen – und stellten sich damit implizit gegen die verbreitete feudale Konvention der Heirat als kirchlich genehmigtem sozialen und politischen Arrangement. Ein ausgeprägterer Sinn für Geschichte und historische Dynamik erwachte, was nicht nur in den Abhandlungen der Chronisten zu zeitgenössischen politischen Ereignissen zum Ausdruck kam, sondern auch in der Erkenntnis der Theologen, daß das Christentum selbst über die Jahrhunderte einem Entwicklungsprozeß unterworfen gewesen war. Die mittelalterlichen Horizonte erweiterten sich auf vielen Ebenen zugleich.

Von besonderer Bedeutung bei dieser Kulturrevolution war eine Reihe bedeutender technischer Innovationen in Landwirtschaft und Mechanik, vor allem in der Nutzbarmachung neuer Energiequellen, wie die Windmühle, das Wasserrad, das Pferdekummet, der Steigbügel, der schwere Pflug. Dank solcher Erfindungen ließ sich die natürliche Umwelt mit beispielloser Geschicklichkeit und Energie ausbeuten. Technische Fortschritte warfen ein Schlaglicht auf den Wert der menschlichen Intelligenz bei der Beherrschung der Naturkräfte und der Aneignung nützlichen Wissens. Es schien, als könne die Welt menschlicher gemacht werden durch einen derartigen Gebrauch des Intellekts, und die Europäer erwiesen sich als ausgesprochen einfallsreich auf diesem Gebiet. Die daraus resultierende Zunahme an Produktivität ließ aus einer rudimentären Agrargesellschaft die dynamisch-fortschrittliche Kultur des europäischen Hochmittelalters entstehen. Der junge barbarische christliche Westen war dabei, aus eigener Kraft zu einem vitalen Zentrum der Zivilisation zu werden.

DAS SCHOLASTISCHE ERWACHEN

Mit dem Wandel der westlichen Kultur ging eine Veränderung der Haltung der katholischen Kirche gegenüber der weltlichen Gelehrsamkeit und der heidnischen Weisheit einher. Das frühere Bedürfnis des Christentums, sich mehr oder weniger klar von der heidnischen Kultur abzugrenzen, verlor an Dringlichkeit. Die Tatsache, daß ein Großteil des europäischen Kontinents inzwischen christlich war, machte die spirituelle und intellektuelle Autorität der Kirche unangreifbar. Andere Quellen des Wissens und der Kultur stellten nicht länger eine Bedrohung dar, insbesondere wenn die Kirche sie in ihre eigene allumfassende Struktur integrieren konnte. Wegen des wachsenden Wohlstands in Europa fand der Klerus überdies mehr Zeit, geistigen Interessen nachzugehen. Diese Interessen wurden ihrerseits angeregt durch verbesserte Kontakte zu den alten östlichen Zentren des Wissens – den byzantinischen und islamischen Reichen –, in denen die antiken Manuskripte und das hellenische Vermächtnis während des für Europa dunklen Zeitalters aufbewahrt und erhalten worden waren. Unter diesen veränderten Umständen begann die Kirche mit der Förderung einer Tradition der Gelehrsamkeit und Bildung von ungewöhnlicher Breite, Klarheit und Tiefe.

Charakteristisch für die Veränderung des geistigen Klimas war die Entwicklung einer Schule im Paris des frühen zwölften Jahrhunderts an der augustinischen Abtei des heiligen Viktor. Obgleich ganz und gar der Tradition des klösterlichen Mystizismus und des christlichen Platonismus verhaftet, stellte Hugo von Sankt Viktor die radikale These auf, daß weltliches, auf die Wirklichkeit der natürlichen Welt gerichtetes Lernen ein notwendiges Fundament für fortgeschrittene religiöse Kontemplation und selbst mystische Ekstase bilde. »Lerne alles«, erklärte Hugo, »später wirst du verstehen, daß nichts überflüssig ist«. Zweck der sieben Freien Künste – des *Trivium* von Grammatik, Rhetorik und Dialektik und des *Quadrivium* von Arithmetik, Musik, Geometrie und Astronomie – war es, »das Bild Gottes in uns wiederherzustellen«. Aus dieser neuen Verpflichtung zu lernen, gingen die großen mittelalterlichen *Summae* hervor, jene enzyklopädischen, auf ein Verständnis der gesamten Wirklichkeit abzielenden Abhandlungen, von denen Hugo die erste verfaßte.[2] Eben diese Bildungskonzeption wurde zur Grundlage für die Entwicklung von Universitäten in ganz Europa, unter denen die Gründung der Universität von Paris um ca. 1170 von herausragender Bedeutung sein sollte. Die griechische *Paideia* lebte in neuer Gestalt wieder auf.

Das zunehmende Interesse, mit dem der Westen der natürlichen Welt und der Fähigkeit des Menschen, diese Welt zu verstehen, begegnete, stieß insofern auf kongeniale institutionelle wie kulturelle Unterstützung. In diesem historisch beispiellosen Kontext kirchlich geförderter Gelehrsamkeit und unter dem Einfluß von Kräften, die den kulturellen Aufbruch des Westens stärkten, wurden die Voraussetzungen für einen radikalen Umbau des philosophischen Fundaments der christlichen Anschauung geschaffen: Im Schoße der mittelalterlichen Kirche wich die von Augustinus formulierte, auf Platon beruhende christliche Philosophie der Weltverneinung einer grundsätzlich anderen Herangehensweise an die Existenz, als die Scholastiker den Schritt von Platon zu Aristoteles in ihrer eigenen geistigen Entwicklung nachvollzogen.

Dieser Umbau wurde im zwölften und dreizehnten Jahrhundert von der Wiederentdeckung eines großen Teils der Schriften des Aristoteles ausgelöst, die die Moslems und Byzantiner erhalten hatten und die jetzt ins Lateinische übersetzt wurden. Zusammen mit diesen Texten, darunter die *Metaphysik,* die *Physik* und *Über die Seele (De Anima),* gelangten nicht nur die dazu verfaßten gelehrten arabischen Kommentare in den Westen, sondern auch andere Werke der griechischen Wissenschaft, vor allem die des Ptolemäus. Diese plötzliche Begegnung des mittelalterlichen Europas mit einer hochentwickelten wissenschaftlichen Kosmologie, enzyklopädisch in ihrer Breite und auf komplexe Weise kohärent, war einerseits verwirrend für eine Kultur, die über Jahrhunderte von diesen Schriften und Ideen weitgehend unberührt geblieben war. Doch Aristoteles konnte nur deshalb einen so nachhaltigen Eindruck hinterlassen, weil diese Kultur andererseits auch gut darauf vorbereitet war, die Qualität seiner Leistung zu erkennen. Sein meisterliches Resümee der wissenschaftlichen Erkenntnisse über die Natur, seine Festlegung der Regeln des logischen Diskurses und sein Vertrauen in die Macht der menschlichen

Intelligenz entsprachen genau den neuen Tendenzen des Rationalismus und Naturalismus im mittelalterlichen Westen. Sie besaßen für viele kirchliche Intellektuelle eine große Anziehungskraft, deren Verstandeskräfte sich durch lange Übung in der Kunst des logischen Disputs über Feinheiten der Glaubenslehre zu ungewöhnlicher Schärfe entwickelt hatten. Die aristotelischen Texte stießen bei ihrer Ankunft in Europa also auf ein äußerst aufnahmefähiges Publikum, und Aristoteles wurde schon bald nur noch als »der Philosoph« bezeichnet. Dieser Richtungswechsel des mittelalterlichen Denkens sollte weitreichende Folgen haben.

Unter der Schirmherrschaft der Kirche entwickelten sich die Universitäten zu bemerkenswerten Zentren der Gelehrsamkeit, an denen Studenten aus ganz Europa zusammenkamen, um zu studieren und die öffentlichen Vorlesungen und Disputationen der Meister zu hören. Mit der Erweiterung des Wissens veränderte sich die Einstellung der Gelehrten zum Christentum. Die Prüfung und Verteidigung von Glaubensartikeln durch den kritischen Verstand, wie sie im elften Jahrhundert bereits Anselm von Canterbury anwandte, und insbesondere die Disziplin der Logik, wie sie vom glühenden Dialektiker Abälard im zwölften Jahrhundert propagiert wurde, gewannen nun schnell an Popularität in der Ausbildung und in der theologischen Diskussion. Nach Abälards *Ja und Nein (Sic et Non)*, einer Sammlung scheinbar widersprüchlicher Aussagen von einer Reihe bedeutender Kirchenvertreter, beschäftigten sich die Denker des Mittelalters zunehmend mit der Möglichkeit einer Pluralität der Wahrheiten, mit der Debatte zwischen konkurrierenden Argumenten und mit der wachsenden Bedeutung der menschlichen Vernunft für das Erkennen der richtigen Lehre. Nicht, daß dabei die christlichen Grundwahrheiten in Frage gestellt worden wären; sie waren aber jetzt zum Gegenstand der Analyse geworden, und Anselm stellte fest:»Es schiene mir fahrlässig, wenn wir, nachdem wir uns unseres Glaubens sicher sind, nicht danach strebten, zu verstehen, was wir glauben.«

Zudem erhielten die Universitäten, nach zähem Kampf mit den örtlichen religiösen und politischen Autoritäten, vom König und vom Papst das Recht, eigenständige Gemeinschaften zu bilden. Mit der Entgegennahme einer schriftlichen Urkunde des Erzbistums durch die Universität von Paris im Jahre 1215 wurde die europäische Zivilisation um eine neue Dimension erweitert: Es gab jetzt Universitäten als relativ autonome, dem Studium und der Forschung dienende kulturelle Zentren. Obwohl die christliche Theologie und Dogmatik über diese Studien wachen sollte, wurden sie zunehmend selbst vom rationalen Geist angesteckt. Es war dieser fruchtbare Boden, auf den die neuen Übersetzungen des Aristoteles und seiner arabischen Kommentatoren bei ihrer Ankunft im Westen fielen.

Anfangs widersetzten sich einige kirchliche Autoritäten dem plötzlichen Vordringen der heidnischen Philosophen und ihrer Schriften zur Naturphilosophie und Metaphysik, aus Furcht, die christliche Wahrheit könnte Schaden nehmen. Aber ihre Verbote, Aristoteles zu lehren, steigerten nur die Neugier der Gelehrten und führten dazu, daß die zensierten Texte nur noch intensiver studiert wurden. Aristoteles war ohnehin nur schwer zu verbannen, bildeten doch seine bereits bekannten, von Boethius überlieferten Werke zur Logik seit dem Beginn des Mittelalters eine der Grundlagen der christlichen Kultur. Trotz des Mißfallens konservativer Theologen nahm das gesamte geistige Klima – zwar nicht unbedingt in den Inhalten aber zumindest in der Form, mehr und mehr aristotelische Züge an, und mit der Zeit wurde die Kritik der Kirche schwächer. Die neue, machtvoll vordringende Einstellung sollte die Art und Richtung des europäischen Denkens drastisch verändern.

Die Hauptbeschäftigung der mittelalterlichen Philosophie hatte für lange Zeit in dem Versuch bestanden, Glauben und Verstand zu verbinden, um die offenbarte Wahrheit des christlichen Dogmas mit Hilfe rationaler Analyse erklären und verteidigen zu können. Die Philosophie war die Dienerin der Theologie, so wie der Verstand der Interpret des Glaubens war. Der Verstand war also dem Glauben untergeordnet. Doch mit der Wiederentdeckung des Aristoteles und mit dem neuen Blick auf die sichtbare Welt begann der Begriff »Verstand« einen neuen Sinn zu bekommen: Die Frühscholastik hatte ihn als formal einwandfreies logisches Denken definiert. Aber nun bedeutete er nicht mehr nur Logik, sondern auch empirisches Beobachten und Experimentieren – das Erkennen der natürlichen Welt. Mit der zunehmenden Ausweitung des Territoriums der Philosophie, wurde die Spannung zwischen Verstand und Glauben immer deutlicher. Es galt, eine stetig wachsende Vielzahl von Tatsachen über konkrete Dinge mit den Anforderungen der christlichen Glaubenslehre in Übereinstimmung zu bringen.

Die daraus entstehende Dialektik zwischen selbstbewußtem Menschenverstand und tradiertem Glauben, zwischen dem Wissen von der natürlichen Welt und den Grundsätzen der göttlichen Offenbarung, zeigte sich vollends im dreizehnten Jahrhundert in den Werken des scholastischen Philosophen Albert des Großen und seines Schülers Thomas von Aquin. Obgleich gläubig und der biblischen Theologie gegenüber loyal, beschäftigten sich beide mit den Rätseln der physischen Welt und teilten die aristotelische Bejahung der Natur, des Körpers und des menschlichen Intellekts. Diese Gelehrten des Goldenen Zeitalters der Scholastik konnten nicht ahnen, welche Auswirkungen ihr intellektueller Anspruch haben würde, alles zu verstehen, was existierte. Indem sie sich der Spannung zwischen den divergierenden Tendenzen – Griechisches und Christliches, Vernunft und Glauben, Natur und Geist – so unmittelbar stellten, bereiteten die Scholastiker an den mittelalterlichen Universitäten das Terrain für die von der wissenschaftlichen Revolution ausgelöste massive Erschütterung des westlichen Weltbildes.

Albert war der erste mittelalterliche Denker, der genau unterschied zwischen einem Wissen, das sich von der Theologie ableitete und einem Wissen, das sich der Wissenschaft verdankte. Der Theologe war Experte in allen Fragen, die den Glauben betrafen, in weltlichen Dingen aber kannte sich der Wissenschaftler besser aus. Albert bestand auf dem eigenständigen Wert säkularer Gelehrsamkeit und auf der Notwendigkeit, sich bei dem Erwerb von Wissen über die natürliche Welt auf Sinneswahrnehmungen und empirische Beobachtungen zu stützen. Die aristotelische Philosophie war in seinen Augen die größte Errungenschaft des natürlichen menschlichen Verstandes. Sie hatte auch ohne die Unterstützung durch christliche Erleuchtung Bestand.

Nachdem Albert die intellektuelle Kraft der aristotelischen Philosophie begriffen und sie als unverzichtbaren Bestandteil des Lehrstoffes an den Universitäten eingeführt hatte, blieb Thomas von Aquin die philosophische Aufgabe, den griechischen Herausforderer und das christliche Weltbild zu einem kohärenten Ganzen zusammenzufügen. Als frommer Dominikaner aus italienischem Adel, als Abkömmling normannischer und lombardischer Eroberer, der in Neapel, Paris und Köln studiert hatte, und als Berater in Rom kannte Thomas die Breite und Dynamik des kulturellen Lebens in Europa. Er lehrte an der Universität von Paris, dem Epizentrum des geistigen Aufbruchs im Westen. Mit ihm kamen die in den vorangegangenen Jahrhunderten wirksam gewordenen Kräfte zu voller Blüte. In seinem relativ kurzen

Leben schmiedete Thomas ein Weltbild, das auf dramatische Art und Weise den Wendepunkt des westlichen Denkens im Hochmittelalter markiert, einen Richtungswandel, an dessen Ende als Erbe und Treuhänder das moderne Denken steht.

DIE BEKEHRUNG DES ARISTOTELES
DURCH THOMAS VON AQUIN

Die Leidenschaft zur Synthese, die Albert, Thomas und viele andere erfaßt hatte, mag sich in dieser historischen Situation an diesem Scheitelpunkt zwischen Vergangenheit und Zukunft ganz unvermeidlich eingestellt haben: Magnetisch angezogen von einer sich plötzlich eröffnenden natürlichen Welt und einem neuen geistigen Wirkungsbereich, ruhten sie zugleich in dem unerschütterlichen, ja sogar erneuerten Glauben an die christliche Offenbarung. Die Besonderheit der Epoche lag auch darin, daß diese zwei Loyalitäten – gegenüber dem Evangelium auf der einen und gegenüber der natürlichen Welt und dem menschlichen Verstand auf der anderen Seite – nicht als einander widersprechend, sondern als einander wechselseitig stützend empfunden wurden. Albert und Thomas waren beide Mitglieder des Ordens der Dominikaner und insofern Teil einer nachhaltig und weitreichend wirksamen religiösen Bewegung, an deren Spitze eine Generation zuvor Dominikus und Franz von Assisi gestanden hatten. Die schnell entstehenden dominikanischen und franziskanischen Bettelorden hatten dem mittelalterlichen Christentum nicht nur neue Vitalität gebracht, sondern auch neue Werte vermittelt.

Die mystische Freude, die Franz in der Verbundenheit mit der Natur erlebte, die Pflege der Gelehrsamkeit im Dienste des Evangeliums durch Dominikus, die Auflösung der starren Grenzen zwischen Klerus und Laientum in den beiden Orden, ihre demokratischeren, dem Individuum größere Autonomie gewährenden Formen der inneren Führung, ihr Aufruf, die Klöster zu verlassen, um aktiv in der Welt zu predigen und zu lehren – all dies ermutigte eine neue Offenheit gegenüber Natur und Gesellschaft, gegenüber menschlicher Vernunft und Freiheit. Vor allem aber förderte dieser Impuls eines frischen apostolischen Glaubens den direkten Dialog zwischen christlicher Offenbarung und säkularer Welt, während er zugleich zur Erneuerung der Vorstellung einer intimen Beziehung zwischen Natur und Gott führte. In den Augen der Bettelorden war das Wort Gottes keine abstrakte

Wahrheit, über die fern vom menschlichen Alltag in aller Abgeschiedenheit meditiert werden sollte, vielmehr besaß es unmittelbare Bedeutung in allen konkreten Fragen der menschlichen Erfahrung. Es lag im Wesen des Evangeliums, Zutritt zur Welt zu verlangen.[3]

Als Erben dieser religiösen Annäherung an das Weltliche nahmen Albert und Thomas eine – selbst bei Augustinus anzutreffende – Tendenz innerhalb der christlich-theologischen Tradition wieder auf, in der die vorhersehende Intelligenz des Schöpfers und die aus ihr resultierende Ordnung und Schönheit der Schöpfung betont wurde. Von da aus war es nur noch ein kleiner Schritt bis zu ihrer Schlußfolgerung, das Wissen und die Ehrfurcht vor Gott würde um so größer, je mehr der Mensch die Welt entdeckte und verstand. Da es nur eine gültige, weil auf den einen Gott zurückgehende Wahrheit gab, konnte der Verstand im Grunde nichts enthüllen, was sich im Widerspruch zur Lehre der Kirche befand. Nichts, was wahr und nützlich war, auch wenn es der natürliche Intellekt des Menschen geschaffen hatte, konnte der göttlichen Offenbarung letztlich fremd sein, denn Vernunft und Glaube gingen auf dieselbe Quelle zurück. Doch Thomas ging noch weiter, wenn er feststellte, daß die Natur zu einem tieferen Verständnis der göttlichen Weisheit beitragen könne und eine rationale Erforschung der physischen Welt in der Lage wäre, den ihr innewohnenden religiösen Wert zu enthüllen – nicht bloß als schwacher Widerschein des Übernatürlichen, sondern als konkrete Wirklichkeit einer rational einsehbaren natürlichen Ordnung.

Traditionelle Theologen widersetzten sich der neuen wissenschaftlichen Perspektive, da in ihren Augen die vermeintliche Entdeckung von Naturgesetzen die freie Kreativität Gottes einschränkte und die persönliche Verantwortung des Einzelnen sowie den notwendigen Glauben an die göttliche Vorsehung in Frage stellte. Den Wert der Natur zu bejahen, bedeutete in ihren Augen, sich Gottes höchste Gewalt anzumaßen. Da die konservativen Theologen ihre Argumente auf der augustinischen Lehre vom Fall der Natur und der Notwendigkeit der erlösenden Gnade Gottes aufbauten, sahen sie in der positiven und deterministischen Naturkonzeption der neuen Wissenschaft eine Bedrohung der christlichen Doktrin in ihrem Kern.

Thomas vertrat dagegen die Ansicht, die Erkenntnis der Ordnung der Natur diene dem menschlichen Verständnis der Kreativität Gottes und schmälere die göttliche Allmacht – die sich in seinen Augen als kontinuierliche Schöpfung nach bestimmten Mustern äußerte, über die Gott aber die uneingeschränkte Souveränität behielt – keineswegs. Innerhalb der feststehenden Struktur der Schöpfung gestattete Gott jeder Kreatur, sich gemäß der ihr eigenen Natur zu entfalten, wobei dem Menschen dank seiner Vernunft das höchste Maß an Autonomie gegeben war. Die Freiheit des Menschen wurde weder von den Naturgesetzen noch durch seine Beziehung zu Gott bedroht, sondern war Teil der von Gott geschaffenen Ordnung. Die Tatsache der Gesetzmäßigkeit der Natur ermöglichte dem Menschen, eine rationale Wissenschaft von der Natur zu entwickeln, die seinen Geist näher zu Gott brachte.

Für Thomas war die natürliche Welt keine dunkle materielle Bühne, auf die der Mensch nur kurz und als Fremder versetzt war, um sich sein spirituelles Schicksal zu verdienen, sondern auch die in der Natur herrschenden Prinzipien hatten in seinen Augen spirituelle Dimensionen. Natur und Geist waren aufs engste miteinander verknüpft und der Mensch war der Dreh- und Angelpunkt beider Sphären, »wie ein Horizont des Körperlichen und des Geistigen«. Den Wert der Natur zu bejahen, hieß keineswegs, sich die höchste Gewalt Gottes anmaßen zu wollen. Die Natur war vielmehr kostbar, eben weil Gott ihr – wie dem Menschen – Leben geschenkt hatte. Ein Geschöpf des Schöpfers zu sein, bedeutete nicht vorrangig, von Gott getrennt, sondern vor allem, ihm nahe zu sein. Doch Thomas ging noch weiter: In letzter Instanz ging es Gott nicht um die Aufhebung der Natur, sondern um ihre Vervollkommnung.

Thomas war zudem überzeugt davon, daß die menschliche Vernunft und Freiheit um ihrer selbst willen wertvoll waren und daß ihre Verwirklichung nur den Ruhm ihres Schöpfers steigern konnte. Die menschliche Autonomie des Willens und Intellekts wurde weder durch die Tatsache der Allmacht Gottes eingeschränkt, noch würde ihre volle Entfaltung zu einer anmaßenden Machtprobe des Geschöpfes mit seinem Schöpfer führen. Diese besonderen Gaben hatten ihren Ursprung in Gottes ureigener Natur, denn der Mensch war nach dem Bild Gottes geschaffen worden. Dank dieser einzigartigen Beziehung zum Schöpfer erfreute sich der Mensch eines autonomen, nach Gottes Vorbild gestalteten Willens und Intellekts.

Beeinflußt von der aristotelischen Konzeption einer teleologischen Beziehung der Natur zur höchsten Form und von der neuplatonischen Vorstellung eines alles durchdringenden Einen, fand Thomas eine neue Grundlegung der Würde des Menschen und seiner Entwicklungsmöglichkeit: In der menschlichen Natur lag, von Gott gegeben, das Potential, sich aktiv auf eine vollkommene Vereinigung mit dem unendlichen Grund des menschlichen Seins zuzubewegen, mit Gott, der Quelle und dem Ziel des Strebens nach Vollkommenheit, das die gesamte Natur durchzog. Sogar die menschliche Sprache verkörperte die göttliche Weisheit und war daher ein würdiges Instrument zur Annäherung an und Beschäftigung mit den Rätseln der Schöpfung. Folglich konnte der menschliche Verstand ganz seinen eigenen Regeln folgen, ohne den Rahmen des Glaubens zu überschreiten. Die Philosophie konnte sich neben und doch ergänzend zur Theologie auf ihre eigenen Tugenden berufen. Menschliche Intelligenz und Freiheit empfingen ihre Wirklichkeit und ihren Wert von Gott selbst, denn die unendliche Großzügigkeit Gottes erlaubte es jedem Geschöpf, seinen Möglichkeiten entsprechend am göttlichen Sein teilzuhaben, und seine Fähigkeiten prädestinierten den Menschen dazu in besonderem Maße.

Für Thomas war der Versuch, dem Menschen diese außergewöhnlichen Fähigkeiten abzusprechen, gleichbedeutend mit einer Abwertung der unendlichen Fähigkeiten Gottes und seiner schöpferischen Allmacht. Nach Freiheit und nach der Verwirklichung spezifisch menschlicher Werte zu streben, hieß, dem Willen Gottes Vorschub zu leisten. Gott hatte die Welt als ein Reich des Potentiellen geschaffen, und um sein höchstes Ziel zu erreichen, wurde vom Menschen erwartet, die in ihm angelegten Möglichkeiten zu entfalten. Um so zu sein, wie Gott es wollte, mußte der Mensch sein Menschsein restlos verwirklichen. Der Mensch war ein autonomer Teil im Universum Gottes und gerade diese Autonomie war es, die es ihm gestattete, aus freien Stücken zur Quelle allen Seins zurückzukehren. Nur wenn der Mensch wirklich frei war, war er auch dazu in der Lage, Gott aus sich heraus zu lieben und die für ihn allein vorgesehene spirituelle Vollkommenheit zu erreichen.

Die neuartige Wertschätzung der menschlichen Natur bei Thomas schloß auch den menschlichen Körper mit ein, und diese Einstellung hatte einen entscheidenden Einfluß auf seine erkenntnistheoretische Orientierung. Im Gegensatz zur körperfeindlichen Haltung Platons, die von der traditionellen augustinischen Theologie im wesentlichen übernommen worden war, griff Thomas bei der Durchsetzung seiner neuen Einstellung auf aristotelische Begriffe zurück. Zwar waren Geist und Natur im Menschen unterscheidbar, aber sie bildeten zwei Seiten eines einheitlichen Ganzen: Die Seele war die Form des Menschen, der Körper die Materie. Der Körper des Menschen war insofern absolut notwendig für sein Dasein.[4] Erkenntnistheoretisch war es für den Menschen von Vorteil, daß seine Seele mit einem Körper vereint war, denn ausschließlich physische Wahrnehmungen konnten das menschliche Potential des Verstehens der Dinge aktivieren. Thomas zitierte wiederholt eine Stelle aus dem Brief des Paulus an die Römer: »Denn Gottes unsichtbares Wesen [...] wird ersehen seit der Schöpfung der Welt an seinen Werken.« Das göttliche Unsichtbare, zu dem Thomas die »ewigen Archetypen« Augustins und Platons zählte, war nur vermittelt über das Empirische, über die Beobachtung des Sichtbaren und Konkreten zugänglich. Erst nach der Erfahrung des Besonderen in den Sinnen konnte der menschliche Geist zum Allgemeinen gelangen, das wiederum das Besondere erst verständlich machte. Deshalb waren sowohl Sinneserfahrung als auch Intellekt notwendig für die Erkenntnis, indem das eine dem anderen seine Gestalt gab. Im Gegensatz zu Platons Auslegung, waren Sinne und Intellekt nicht Gegner, sondern Partner im Streben nach Erkenntnis. Wie Aristoteles glaubte auch Thomas, daß der menschliche Geist nicht über einen direkten Zugang zu den transzendenten Ideen verfügte, sondern daß es der Sinneserfahrung bedurfte, um die in ihm angelegte potentielle Kenntnis der Universalien zu aktivieren.

In gleicher Weise wie Thomas in seiner Erkenntnistheorie entschieden den Wert und sogar die Notwendigkeit der diesseitigen Welterfahrung betonte, bestand er in seiner Ontologie auf der wesentlichen Bedeutung und Substantialität der Existenz dieser Welt.[5] Die sinnlich erfahrbaren Gegenstände existierten nicht lediglich als relativ unwirkliche Abbildungen, als schattenhafte Repliken platonischer Ideen; sie besaßen vielmehr, wie Aristoteles behauptet hatte, eine eigenständige stoffliche Wirklichkeit. Die Formen waren in die Materie eingebettet, vereinigt mit der Materie, um gemeinsam mit ihr ein zusammengesetztes Ganzes zu bilden. An dieser Stelle ging Thomas aber mit dem Argument, ein tieferes philosophisches Verständnis des Sinns des Lebens würde die geschaffene Welt vollständig mit Gott verbinden, über die Tendenz der Aristoteliker hinaus, die Natur als etwas von Gott getrennt existierendes zu betrachten. Um diese Ausweitung des aristotelischen Ansatzes zu erreichen, führte Thomas die platonische Vorstellung der »Teilhabe« in diesen neuen Zusammenhang ein: Die Dinge der Schöpfung verfügten über eine wahre substantielle Wirklichkeit, weil sie an der Existenz teilhatten, die von Gott, dem unendlichen, selbstseienden Grund allen Seins, kam. Das Wesen Gottes war seine Existenz, sein unendlicher Akt des Seins. Jedes erschaffene Ding und jede Kreatur hatte ein eigenes, besonderes Wesen, aber mit ihrer jeweiligen endlichen Existenz hatten alle teil an dem einen zugrundeliegenden Sein – an Gott.

Das Wesen eines jeden Gegenstandes, seine besondere Art zu sein, bestand in dem Maß seiner Teilhabe an der wirklichen Existenz, die es von Gott empfangen hatte. Was ein Ding war und die Tatsache, daß es überhaupt war, waren zwei verschiedene Aspekte alles Seienden. Allein in Gott gab es absolute Einfachheit, denn was Gott war und die Tatsache seines Seins waren ein und dasselbe: Gott war das Sein selbst – unbegrenzt, absolut, jenseits aller Definition. Folglich war jedes Geschöpf eine Mischung aus Wesen und Existenz, nur Gott nicht, denn sein Wesen war die Existenz an sich. Geschöpfe *hatten* Sein; Gott *war* Sein. Existenz war etwas, was den Geschöpfen nicht selbst gegeben war – und darin verbarg sich die grundlegende philoso-phische Lehre des Thomas: die absolute Abhängigkeit der endlichen Welt von einem unendlichen Spender des Seins.

Folglich war Gott für Thomas nicht nur die höchste Form – als Ziel-punkt des Strebens nach Vollkommenheit in der Natur –, sondern auch der eigentliche Seinsgrund der Natur. Für Aristoteles wie für Thomas war die Form ein tätiges Prinzip, sie war nicht einfach nur eine Struktur, sondern eine nach Verwirklichung strebende Dynamik. Während aber der aristotelische Gott als unbewegter Beweger von der Schöpfung getrennt war und ihr gleichgültig gegenüberstand, war das Sein das eigentliche Wesen des thomistischen Gottes. Gott teilte sein Wesen mit der ganzen Schöpfung, alles wurde in dem Maße wirklich, in dem es den Akt des Seins von Gott empfing. Nur auf diese Weise ließ sich der erste Beweger des Aristoteles tatsächlich mit der von ihm begründeten Schöpfung verbinden. Und nur so war das Transzen-dente Platons wirklich mit der empirischen Welt der Vielfalt und des Fließens vereint.

Die Hauptquellen seiner Platon-Kenntnisse waren für Thomas, neben Augustinus und Boethius, die arabischen und christlichen Traditionen des Neuplatonismus. Im Rückgriff auf die platonischen Prinzipien und auf die mystische Philosophie der antiken Ostkirche, wie sie dem Dionysus vom Areopag zugeschrieben wurde, wollte er die Philosophie des Aristoteles vertiefen. Er sah jedoch ebenso die Notwendigkeit, den Platonismus um aristotelische Prinzipien zu ergänzen. Denn die platonische Theorie der Teilhabe ergab für Thomas nur dann einen metaphysischen Sinn, wenn sie auch auf das grundlegende Prinzip des Seins selbst übertragen wurde, jenseits der verschiedenen Arten des Seienden, denen dieses Sein erst ihre jeweilige Existenz verlieh. Und diese Vertiefung bedurfte des aristotelischen Kontexts, in dem die Natur den Status des wirklich Seienden genoß, bedurfte einer Wirklichkeit, die in einem konstanten Prozeß des Werdens, des dynamischen Fortschreitens von Potentialität zu Aktualität begriffen war.

So legte Thomas die Komplementarität der beiden griechischen Philosophen dar, des losgelösten spirituellen Absoluten bei Platon und der dynamischen Realnatur bei Aristoteles, und es gelang ihm, beide in einem Konzept zu integrieren, indem er die platonische Vorstellung von der Teilhabe nicht in bezug auf die Ideen, sondern in bezug auf die Existenz anwandte. Mit diesem Konzept erreichte er, daß die konkreten Individuen nicht einfach isolierte Substanzen blieben – wie bei Aristoteles –, sondern durch ihre gemeinsame Teilhabe am Sein sowohl untereinander als auch mit Gott verbunden wurden. Er ging auch über Platon hinaus, denn die göttliche Vorsehung betraf nun nicht mehr nur die Ideen, sondern auch unmittelbar die Individuen, von denen jedes nach dem Bild Gottes geschaffen worden war und auf seine begrenzte Art und Weise an Gottes grenzenlosem Akt des Seins teilhatte.

Thomas schrieb mithin allein Gott alles das zu, was Platon den Ideen im allgemeinen zugewiesen hatte, aber indem er das tat, erhielt die empirische Schöpfung ein größeres Maß an Wirklichkeit. Weil »sein« bedeutete, am Dasein teilzuhaben, und weil das Dasein ein Geschenk des Seins Gottes war, besaß jedes Ding der Schöpfung eine in der unendlichen Wirklichkeit Gottes begründete eigenständige Wirklichkeit. Die Ideen waren gewissermaßen die Muster der Schöpfung Gottes, die formalen Pläne in Gottes Geist; aber im Grunde genommen war Gott selbst das wahre und höchste Muster der Schöpfung und die einzelnen Ideen nur von ihm abgeleitet. Alle Dinge der Schöpfung hatten in erster Linie Anteil an der Natur Gottes, indem jedes auf seine eigene besondere und endliche Art und Weise einen Teil der unendlichen Vielfalt und Vollkommenheit Gottes darstellte.

Für Thomas war Gott nicht so sehr ein Ding, eine Einheit, die am Anfang einer ganzen Reihe von anderen Einheiten stand, sondern vielmehr der unendliche Akt des Seins *(Esse)*, auf den alles Dasein zurückging.

Tatsächlich führte Thomas die transzendente Wirklichkeit Platons und die konkrete Wirklichkeit des Aristoteles zusammen im christlichen Bild von Gott als liebendem und unendlichem Schöpfer, der sein eigenes Sein bereitwillig an seine Schöpfung weitergibt. Auf ähnliche Weise verknüpfte er die aristotelische Dimension einer teleologischen Dynamik, die Mensch und Natur nach immer vollkommenerer Verwirklichung streben ließ, mit der platonischen Vorstellung von der Teilhabe der Natur an einer höheren transzendenten Wirklichkeit. Das Göttliche war zwar von unbeschreiblicher und absoluter Vollkommenheit, es stattete aber zugleich die geschaffenen Dinge mit seinem Wesen – das heißt mit Dasein – aus. Die Dinge wurden daher zu dynamischer Verwirklichung angetrieben, gerade weil sie am Sein teilhatten, das seiner Natur nach der dynamischen Neigung zum Absoluten entsprach. Wie im Neuplatonismus war es das höchste Eine, das am Anfang und Ende aller Schöpfung stand, aus dem alles hervorging und zu dem alles zurückkehrte. Aber für Thomas gab Gott der Welt ihr Dasein nicht durch unwillkürliche Emanation, sondern in einem freien Akt persönlicher Liebe. Das einzelne Geschöpf hatte an dem Einen nicht nur als schwacher Abglanz teil, sondern aufgrund seines Da-Seins *(Esse)* als durch und durch reales, individuelles und von Gott geschaffenes Wesen.

In seiner Wertschätzung der Natur und ihrer dynamischen Wirklichkeit, in der Achtung des Individuellen und seiner Verteidigung der Notwendigkeit der Sinneserfahrung für die Erkenntnis folgte Thomas Aristoteles. In seinem emphatischen Glauben an eine höhere transzendente Wirklichkeit und an die Unsterblichkeit der individuellen Seele und mit seiner spirituell geprägten Mentalität, in deren Mittelpunkt ein liebender Gott als unendliche Quelle und strahlendes Ziel des Lebens stand, blieb er aber weiterhin innerhalb der augustinischen Tradition der mittelalterlichen Theologie und wies damit eher Ähnlichkeiten zu Platon und Plotin auf. Seine Abgrenzung gegenüber der Ideenlehre und Erkenntnistheorie von Platon und Augustinus hatte allerdings weitreichende Folgen. Sie erlaubten nun auch auf Seiten des christlichen Denkens die Anerkennung der zentralen Bedeutung von Sinneserfahrung und Empirismus, eine Anerkennung, die

Platon und Augustinus allein der unmittelbaren Erleuchtung durch die transzendenten Ideen zugestanden hatten. Thomas bestritt keineswegs die Existenz der Ideen. Er bestritt vielmehr – wie Aristoteles –, daß sie im ontologischen Sinne für-sich-selbst-seiend und unabhängig von der materiellen Wirklichkeit existierten, und – wie Augustinus, der die Ideen im schöpferischen Geist Gottes verortete –, daß sie einen eigenständigen, von Gott unabhängigen Status hatten. Und er bestritt die Annahme, der menschliche Verstand sei zur unmittelbaren Schau der Ideen fähig, indem er darauf verwies, daß der Verstand auf die Sinneserfahrung angewiesen war, um zu einem unvollkommenen, aber bedeutungsvollen Verständnis der Dinge im Sinne dieser ewigen Archetypen zu gelangen. Wollte der Mensch auch nur in Ansätzen das erkennen, was Gott vollkommen erkannte, dann würde er als erstes seine Augen gegenüber der physischen Welt öffnen müssen.

Für Thomas wie für Aristoteles erkannte der Mensch zunächst konkrete Dinge und dann erst das Allgemeine. Für Platon und Augustinus traf das Umgekehrte zu. Die Erkenntnistheorie Augustins stützte sich auf die Gewißheit, daß der Mensch die Wahrheit erkennen konnte, wenn er in seinem Inneren von der Erkenntnis der transzendenten Ideen Gottes unmittelbar erleuchtet würde. Diese Ideen bildeten eine Einheit in Christus, dem »inneren Lehrer« Augustins, der alle Ideen umfaßte und der den menschlichen Verstand von innen her erleuchtete. Obwohl Thomas einige Aspekte der Anschauungsweise Augustins beibehielt, konnte er die einseitige Abhängigkeit der Erkenntnis von den Ideen bei Platon nicht teilen. Der Mensch war genauso Materie wie Geist und das menschliche Erkennen mußte beide Prinzipien widerspiegeln: Erkenntnis ging auf die sinnliche Erfahrung des konkret Einzelnen zurück, aus dem dann Universalien abstrahiert werden konnten. Dieses Wissen besaß Gültigkeit, weil durch das Erkennen des Allgemeinen im einzelnen Objekt der menschliche Geist über seinen Intellekt, wie indirekt auch immer, am ursprünglichen Prozeß teilhatte, durch den Gott dieses Objekt geschaffen hatte.

Und wieder schloß Thomas hier Platon und Aristoteles zu einem Ganzen zusammen, indem er die Fähigkeit der Seele zu einer solchen Teilhabe mit dem tätigen Intellekt, dem *Nous* des Aristoteles identifizierte. Dabei wandte er sich energisch gegen jene Interpreten des Aristoteles, die aus dem *Nous* ein einzelnes, eigenständiges, der gesamten Menschheit gemeinsames Wesen machen wollten, weil dies zu einer Verneinung der individuellen Intelligenz, der moralischen Verantwortung und der Unsterblichkeit der Seele führen würde.

Thomas war zwar überzeugt, daß den Ideen als den ewigen Archetypen im göttlichen Intellekt, ähnlich den Formen, die im Kopf eines Architekten existierten, bevor er ein Haus baute, eine gewisse Wirklichkeit zuzuschreiben war, aber er bestritt, daß die Menschen sie im diesseitigen Leben jemals direkt erkennen konnten. Nur eine vollkommenere Intelligenz als die unsere – wie beispielsweise die eines Engels – konnte in direkten Kontakt mit Gottes ewigen Ideen kommen und sie unmittelbar begreifen. Der irdische Mensch hingegen verstand die Dinge im Licht der Archetypen auf die gleiche Weise, wie er die Dinge im Licht der Sonne sah. Der Geist ohne Sinneserfahrung war eine Tabula rasa, er war lediglich in einem Zustand der Potentialität in bezug auf die dem Verstand zugänglichen Dinge. Sinneserfahrung ohne den aktiven Verstand aber konnte nichts verstehen und war daher blind. Unter den derzeitigen Umständen war der Mensch in seinem Bemühen, die Wahrheit zu begreifen, gezwungen, seinen tätigen Intellekt, der den Keim des göttlichen Lichts in sich trug, auf die sinnliche Erfahrung der physischen Welt zu konzentrieren und von da aus mit den Mitteln diskursiven Denkens nach aristotelischer Art weiterzuarbeiten. Bei Thomas traten die Ideen in den Hintergrund und die Betonung verlagerte sich auf die Sinneserfahrung – sie war es, die die notwendigen einzelnen Sinnesdaten lieferte, die der tätige Intellekt erhellte, um von ihnen Gattungen oder Begriffe zu abstrahieren.

Die Philosophie des Thomas von Aquin bot damit eine Lösung für eines der zentralen und dauerhaftesten Probleme der scholastischen Philosophie an – das Universalienproblem. Die frühmittelalterliche Universalienlehre war charakteristischerweise die des »Realismus«, demzufolge das Universale als reale Einheit existierte. Seit der Zeit von Boethius gingen die Meinungen darüber auseinander, ob das Universale im platonischen Sinne oder im aristotelischen Sinne real sei, ob es sich also um ein vom konkreten Besonderen unabhängiges transzendentes Ideal oder um eine immanente, vollständig mit seiner materiellen Verkörperung verbundene Form handelte. Unter dem Einfluß Augustins wurde normalerweise die platonische Interpretation bevorzugt. Jedenfalls war die Wirklichkeit der Universalien im allgemeinen so unbestritten, daß zum Beispiel Anselm von Canterbury aus der Existenz der Ideen auf das Sein des Besonderen als einer

Ableitung von der Idee schloß. Aber Roscelinus von Compiegne, ein Zeitgenosse Anselms und Lehrer Abälards, kritisierte den Glauben an die Wirklichkeit der Universalien, indem er die These aufstellte, sie seien bloße Worte oder Namen *(Nomina)* – und damit der philosophischen Lehre des Nominalismus ihren Namen gab. Thomas suchte – im Rückgriff auf Albertus Magnus – nach einer Lösung des Konflikts, indem er die Unterscheidung von drei Seinsarten der Ideen vorschlug: als Muster in Gottes Geist unabhängig von den Dingen *(ante rem)*, als dem Verstand zugängliche Formen in den Dingen *(in re)* und als durch Abstraktion von den Dingen im menschlichen Geist entstandene Begriffe *(post rem)*.

Diese wie andere akribisch genaue erkenntnistheoretische Differenzierungen waren für Thomas außerordentlich wichtig, weil das Wissen über die Natur und die Prozesse der menschlichen Erkenntnis eine unmittelbare Bedeutung auch für schwerwiegende theologische Fragen hatte. Thomas zufolge war der Mensch potentiell dazu in der Lage, die Dinge so, wie sie waren, zu erkennen, weil die Dinge und das Wissen, das der Mensch von ihnen haben konnte, beide von Gott bestimmt wurden und Ausdruck seines absoluten Wesens waren. Wie Platon und Aristoteles glaubte Thomas an die Möglichkeit menschlicher Erkenntnis, weil er von der elementaren Identität von Sein und Erkenntnis überzeugt war. Der Mensch konnte ein Objekt erkennen, indem er dessen formalen – oder universalen – Aspekt verstand. Der Mensch besaß diese Fähigkeit zu verstehen aber nicht, weil sein Geist unter dem Einfluß einzelner höherer Wesenheiten stand, sondern weil sein Geist selbst über ein höheres, »edleres« Element verfügte, durch das er aus den Sinneseindrücken gültige Universalien gewinnen konnte. Diese Fähigkeit war das Licht des tätigen Intellekts *(lumen intellectus agentis)*. Das Licht der menschlichen Vernunft leitete seine Kraft von der göttlichen Wahrheit ab, die die Archetypen aller Dinge in sich barg. Mit der Gabe dieses Lichts hatte Gott dem Menschen das Potential zur Erkenntnis der Welt geschenkt, ebenso wie er allem Seienden – den möglichen Objekten der Erkenntnis – das Potential verliehen hatte, erkannt zu werden. Deshalb konnte der menschliche Geist zu wahren Urteilen gelangen.

Doch aufgrund der Beziehung zwischen Sein und Wissen war Thomas überzeugt, daß es im menschlichen Erkenntnisprozeß auch noch um etwas anderes ging. Etwas zu erkennen, hieß, das Objekt im Erkennenden gleichsam wiederzufinden. Die Seele nahm die Form eines Objekts in sich auf. Die Seele konnte ein Objekt erkennen, indem sie seinen universalen Aspekt empfing, das, was alle seine Einzelfälle repräsentierten – die Form des Dinges, unabhängig von seiner individuellen materiellen Verkörperung. Wie Aristoteles gesagt hatte, umfaßte die Seele in gewisser Weise alle Dinge, denn Gott hatte ihr die gesamte Ordnung des Universums eingeschrieben. Der Gipfelpunkt dieser Form von Erkenntnis war für Thomas die direkte Schau Gottes – weniger in der philosophischen Kontemplation, in der Aristoteles das höchste Ziel des Menschen erkannt hatte, als in der höchsten glückseligmachenden Vision der christlichen Mystik.

Indem er sein Wissen erweiterte, wurde der Mensch Gott ähnlicher, und wie Gott zu sein, war das wahre und ersehnte Ziel des Menschen. Erkenntnis war die Selbsterleuchtung des Daseins, brachte es zu sich selbst zurück. Weil reine Existenz und reine Erkenntnis Attribute des Göttlichen waren und weil in der konkreten Erkenntnis eine endliche Existenz auf partielle Weise an diesem Absoluten teilhatte, bedeutete jeder Akt der Erkenntnis nicht nur eine Erweiterung des eigenen Daseins, sondern auch eine erweiterte Teilhabe an der Natur Gottes. Und weil der Geist das Sein in den Dingen der Schöpfung erkannte, konnte er zu einer wirklichen – wenngleich stets unvollkommenen – Erkenntnis Gottes gelangen, dank der Analogie zwischen dem endlichen Dasein und dem unendlichem Sein Gottes. Folglich besaß das menschliche Ringen um Erkenntnis für Thomas eine zutiefst religiöse Bedeutung: Der Pfad der Wahrheit war der Pfad des Heiligen Geistes.

Der außergewöhnliche Einfluß, der von Thomas auf des westliche Denken ausging, lag insbesondere in seiner zentralen These begründet, daß sich die vernünftige Übung der empirisch-rationalen Intelligenz des Menschen, wie sie die Griechen entwickelt hatten, hervorragend in den Dienst der Sache des Christentums stellen ließ. In seiner Philosophie war es gerade die Erkenntnis der Vielfalt der in dieser Welt erschaffenen Objekte – ihrer Ordnung, ihrer Dynamik, ihrer Ausrichtung, ihrer Endlichkeit, ihrer absoluten Abhängigkeit von etwas, das sie überstieg –, die an der Spitze der Hierarchie des Universums die Existenz eines unendlichen höchsten Wesens offenbarte, eines unbewegten Bewegers und einer ersten Ursache: den Gott der Christen. Denn Gott war uranfänglich und in jedem Moment die Ursache für alles Existierende, die letzte und unbedingte Bedingung für das Sein aller Dinge. Es stellte sich heraus, daß am Ende der metaphysischen Suche, die die Griechen wie niemand sonst vorangetrieben hatten, dasselbe Ergebnis stand wie am Ende der spirituellen Suche, deren endgültiger Ausdruck das Christentum war. Der Glaube überstieg die Vernunft zwar, stand ihr aber nicht unversöhnlich gegenüber; in Wahrheit bereicherten sie einander wechselseitig. Thomas wertete das Aufstreben der weltlichen Vernunft nicht als bedrohlichen Widerpart zur Wahrheit des Glaubens, sondern war davon überzeugt, daß die beiden am Ende unmöglich miteinander in Konflikt stehen konnten und daß ihr Pluralismus einer tieferen Einheit dienlich war. Thomas stellte sich damit, wie schon der frühe Scholastiker Abälard, der Herausforderung des dialektischen Denkens – und öffnete sich so dem Einfluß des hellenischen Geistes.

Die rationale Philosophie allein war zwar nicht in der Lage, zwingende Beweise für alle von der Bibel und der Kirchenlehre offenbarten spirituellen Wahrheiten beizubringen. Aber sie konnte zu einem besseren spirituellen Verständnis theologischer Fragen beitragen, so wie die Theologie das philosophische Verständnis weltlicher Dinge bereicherte. Weil Gottes Weisheit alle Aspekte der Schöpfung beherrschte, konnte das Wissen um die natürliche Wirklichkeit nur zu einer Vertiefung des christlichen Glaubens führen, wenn auch auf eine nicht immer vorhersehbare Art und Weise. Gewiß, das menschliche Denken reichte allein nicht aus, um zu den tiefsten Wahrheiten der Schöpfung vorzudringen. Dafür bedurfte es der christlichen Offenbarung. Die menschliche Intelligenz war unvollkommen, vom Sündenfall verdunkelt. Um sich den höchsten spirituellen Wahrheiten zu nähern, war das menschliche Denken auf die Erleuchtung durch das offenbarte Wort angewiesen; und allein die Liebe war wirklich dazu fähig, das Unendliche zu erreichen.

Trotzdem blieb das philosophische Unternehmen ein vitales Element im menschlichen Bemühen um ein spirituelles Verstehen der Dinge. Zwar fehlte Aristoteles in den Augen von Thomas eine angemessene Konzeption des Schöpfers – den gleichen Einwand hatte Augustinus gegen Platon vorgebracht –, aber Thomas erkannte, wie er auf Aristoteles aufbauen konnte, indem er seine Lehre, wann immer es ihm notwendig erschien, modifizierte und vertiefte – sei es durch neuplatonische Vorstellungen, die Verwendung der Erkenntnisse der christlichen Offenbarung oder dadurch, daß er sich auf seinen eigenen philosophischen Scharfsinn verließ. Auf diese Weise verlieh Thomas dem aristotelischen Denken eine neue religiöse Bedeutung – er bekehrte Aristoteles, wie es an anderer Stelle heißt, zum Christentum und taufte ihn.

Genauso zutreffend ist aber, daß Thomas das mittelalterliche Christentum langfristig zu Aristoteles und zu den Werten, für die er stand, bekehrte. Die Einführung seiner Philosophie in den mittelalterlichen Westen öffnete das christliche Denken für den eigenständigen Wert und die autonome Dynamik der diesseitigen Welt, des Menschen und der Natur, ohne dabei das platonisch Transzendente der augustinischen Theologie aufzugeben. Aristoteles zu verstehen, eröffnete in den Augen von Thomas der Theologie paradoxerweise die Chance, in einem umfassenderen Sinne »christlich« zu werden, die Chance, stärker in Einklang zu kommen mit dem Mysterium der Fleischwerdung als einer Wiedervereinigung von Natur und Geist, Zeit und Ewigkeit, Mensch und Gott. Die rationale Philosophie und das wissenschaftliche Studium der Natur fanden ihre letzte Erfüllung in den Wahrheiten der Offenbarung, aber sie selbst konnten die Theologie und sogar den Glauben bereichern. Das Ideal war eine »theologisch gestützte Weltlichkeit und eine weltoffene Theologie«. Für Thomas war das Mysterium des Seins unerschöpflich, doch das Mysterium war dem Menschen in der gläubigen Entfaltung seiner ihm von Gott verliehenen Intelligenz zugänglich – überwältigend und doch nie vollständig. Auf diese Weise trieb Gott den Menschen in seinem Innersten dazu an, nach Vollkommenheit zu streben, zu einer umfassenderen Teilhabe am Absoluten zu gelangen, über sich selbst hinauszuwachsen und zu seinem Ursprung zurückzukehren.[6]

Thomas vertiefte sich in das neue Wissen, arbeitete sich durch alle verfügbaren Texte und verschrieb sich dem gigantischen Projekt, das griechische und das christliche Weltbild in einer großen, ganzheitlichen *Summa* zu vereinigen, in der die wissenschaftlichen und philosophischen Leistungen der Alten in den Kontext der alles überformenden christlichen Sichtweise integriert werden sollten. Mehr als nur die Summe ihrer Teile, war die Philosophie des Thomas von Aquin eine lebendige Vereinigung, die den unterschiedlichen Elementen ihrer Synthese zu neuer Ausdruckskraft verhalf – als ob Thomas unter der Oberfläche der Gegensätzlichkeiten eine verborgene Einheit der beiden Strömungen erkannt und mit der bloßen Kraft seines Verstandes ans Tageslicht gebracht hätte.

STRÖMUNGEN DES
HOCHMITTELALTERS

Die steigende Flut des weltlichen Denkens

Der Optimismus des Thomas von Aquin, daß Vernunft und Offenbarung miteinander verbunden werden konnten, wurde nicht von allen geteilt. Unter dem Einfluß des bedeutendsten arabischen Aristoteles-Kommentators, Averroes, lehrten andere Philosophen die aristotelischen Schriften, ohne dabei die Notwendigkeit oder Möglichkeit zu sehen, seine wissenschaftlichen und logischen Schlußfolgerungen mit den Wahrheiten des christlichen Glaubens in einen widerspruchsfreien Zusammenhang zu bringen. Diese »säkularistischen« Philosophen hatten ihren geistigen Mittelpunkt an der Pariser Fakultät der Künste unter der Leitung des Siger von Brabant. Sie sprachen die offensichtlichen Diskrepanzen zwischen bestimmten aristotelischen Lehren und der christlichen Offenbarung in aller Deutlichkeit an: Insbesondere die aristotelische Vorstellung, daß ein übergeordneter Intellekt die gesamte Menschheit beseele (was die Sterblichkeit der individuellen Menschenseele implizierte), daß die materielle Welt ewig sei (was der Schöpfungsgeschichte der Genesis widersprach) und daß zwischen Gott und Mensch eine Vielzahl von Vermittlern existiere (was der unmittelbaren Wirksamkeit der göttlichen Vorsehung widersprach). Siger und seine Kollegen wiesen darauf hin, daß, wenn sich philosophisches Denken und religiöser Glaube im Widerspruch befänden, der Geltungsbereich von Vernunft und Wissenschaft außerhalb der Zuständigkeit der Theologie liegen müsse. Ein Universum der »doppelten Wahrheit« war die Folge.

Der Wunsch des Aquinaten, beide Sphären zu versöhnen, stieß also nicht nur bei den extrem traditionellen, sich gegen das Eindringen der aristotelischen Wissenschaft insgesamt wendenden Augustinern auf Widerstand, sondern auch bei den ketzerischen Averroisten, in denen Thomas selbst die Feinde eines integrierten christlichen Weltbildes sah, weil sie die Möglichkeit einer wahrhaft christlichen Aristoteles-

Interpretation in seinen Augen massiv gefährdeten. Aber angesichts immer besserer Übersetzungen der aristotelischen Schriften und angesichts der allmählichen Ablösung von den neuplatonischen Interpretationen, mit denen sie lange vermischt worden waren, wurde die aristotelische Perspektive mehr und mehr als naturalistische Kosmologie anerkannt, die sich nicht so ohne weiteres mit der gewohnten christlichen Perspektive verbinden ließ.

Mit diesem störenden Aufbruch intellektueller Unabhängigkeit an den Universitäten konfrontiert, reagierten die kirchlichen Autoritäten durchgreifend: Sie verdammten das neue Denken umgehend. Für die Kirche war diese heidnische aristotelisch-arabische Wissenschaft, die von einem autonomen Verstand ausging, der sich der weltlichen Natur zuwenden sollte, eine tiefgreifende Bedrohung. Die Wahrheiten des christlichen Glaubens waren übernatürlich und mußten vor den Verlockungen eines naturalistischen Rationalismus in Schutz genommen werden. Thomas gelang es nicht, in den erhitzten Gefechten zwischen den beiden feindlichen Lagern zu vermitteln, und nach seinem frühen Tod 1274 vertiefte sich der Riß weiter. Das ganze ging so weit, daß sich auf einer Liste zu verdammender Lehrsätze, die die Kirche drei Jahre später herausgab, auch einige befanden, die Thomas gelehrt hatte. Die Spaltung zwischen den widerstreitenden Anhängern von Vernunft und Glauben vertiefte sich auf diese Weise nur noch weiter, denn durch ihre anfängliche Zensur nicht nur der Säkularisten, sondern auch des Aquinaten, unterbrach die Kirche den Dialog zwischen den wissenschaftlichen Denkern und den konservativen Theologen, was zur Folge hatte, daß die beiden zunehmend auf Distanz bedachten Lager einander immer mißtrauischer gegenüberstanden.

Das Verbot der Kirche vermochte das neue Denken jedoch nicht aufzuhalten. In den Augen vieler Philosophen waren die Würfel bereits gefallen. Wer einmal die ganze Kraft des aristotelischen Denkens gespürt hatte, lehnte jede Rückkehr zum früheren Status quo ab und sah es als seine intellektuelle Pflicht an, dem kritischen Urteil der menschlichen Vernunft unbedingt zu folgen – selbst wenn dies den traditionellen Grundsätzen des Glaubens widersprach und nicht absehbar war, wo dieser Weg enden sollte. Die letzten Wahrheiten des Glaubens wurden freilich nicht ernsthaft in Frage gestellt, aber sie konnten eben mit den Mitteln des reinen Verstandes auch nicht zufriedenstellend gerechtfertigt werden. Der Verstand besaß seine eigene Logik, gelangte zu eigenen Schlüssen und seine Anwendung lag in einem Bereich, der für den Glauben vielleicht völlig bedeutungslos war. Es war letztlich genau diese Erkenntnis, von der die Trennung von Theologie und Philosophie ausging. Und erst einmal geöffnet, würde sich die Büchse der Pandora einer einmal geweckten wissenschaftlichen Neugier nicht wieder verschließen lassen.

In diesen letzten Jahrhunderten des Mittelalters war die Autorität der Kirche noch so stark, daß sie sich Veränderungen ihrer Lehre leisten konnte, ohne damit ihre kulturelle Vorherrschaft zu gefährden. Trotz wiederholter Zensur seitens der Kirche, waren die neuen Ideen selbst für christliche Intellektuelle zu anziehend, als daß sie völlig hätten unterdrückt werden können. Ein halbes Jahrhundert nach seinem Tod wurden Leben und Werk des Thomas von Aquin von der Kirchenhierarchie neu bewertet, und er wurde heiliggesprochen, ein heiliger Gelehrter. Man strich alle thomistischen Lehren von der Liste unzulässiger Lehrsätze. Mit der Anerkennung seiner gewaltigen Leistung – der Interpretation des Aristoteles nach christlichen Kriterien – begann die Kirche, einen angepaßten Aristotelismus in ihre Doktrin zu integrieren, und Thomas wurde der in allen damit zusammenhängenden Fragen maßgebliche Vermittler. Er und seine scholastischen Nachfolger und Kollegen etablierten Aristoteles nach und nach, indem sie in gewissenhafter Detailarbeit die Vereinigung seiner Wissenschaft, Philosophie und Kosmologie mit der christlichen Lehre vorantrieben. Ohne die Synthese des Thomas von Aquin und ohne die geduldige und mühsame Arbeit seiner Nachfolger hätte eine derart christlich beherrschte Kultur, wie die des mittelalterlichen Westens, den griechischen Rationalismus und Naturalismus wohl kaum jemals so vollständig in sich aufnehmen können. Aber mit der schrittweisen Anerkennung durch die Kirche, wurde das aristotelische Werk praktisch zum christlichen Dogma erklärt.

Dante und die Astronomie

Mit dem Siegeszug des Aristoteles kam es auch zur Entdeckung der ptolemäischen Schriften, die die klassische Auffassung vom Weltall ausbreiteten – mit ihren in konzentrischen durchscheinenden Sphären um die Erde kreisenden Planeten und den mathematischen Raffinessen ihrer Epizykel, Exzenter und Equanten. Auch wenn immer wieder Unvereinbarkeiten zwischen Theorie und Beobachtung auftraten, die nach neuen Lösungen verlangten: Das ptolemäische System war noch immer die am weitesten entwickelte Astronomie. Es allein schien fähig, sich Neuerungen anzupassen, ohne daß man gleich seine Grundstruktur in Frage stellen mußte. Vor allem lieferte das System des Ptolemäus eine überzeugende wissenschaftliche Beschreibung der natürlichen Wahrnehmung einer unbewegten Erde und der sie umkreisenden Himmelskörper. Die Schriften von Aristoteles und Ptolemäus waren der Höhepunkt der Wissenschaften im klassischen Zeitalter. Zusammen boten sie ein einzigartiges, ganzheitliches kosmologisches Paradigma, das schon die arabische Wissenschaft dominiert hatte und nun Einzug in die Universitäten des Westens hielt.

Selbst die von Ptolemäus kodifizierte klassische Astrologie wurde seit dem zwölften und dreizehnten Jahrhundert – oft verbunden mit medizinischen Studien – an den Universitäten gelehrt und von Albert und Thomas in den christlichen Zusammenhang integriert. Tatsächlich war die Astrologie während des Mittelalters nie gänzlich verschwunden gewesen. Neben regelmäßiger Förderung durch Könige und Päpste hatte sie auch in Gelehrtenkreisen Anerkennung gefunden und stets den kosmischen Bezugsrahmen für eine durchgängige und zunehmend lebendige esoterische Tradition gebildet. Da das Heidentum nicht länger eine unmittelbare äußere Bedrohung für das Christentum darstellte, akzeptierten die Theologen des Hochmittelalters unbefangener und klarer die Bedeutung der Astrologie für die Ordnung der Dinge, nicht zuletzt aufgrund ihrer klassischen Herkunft und ihrer aristotelisch-ptolemäischen Systematisierung. Dem traditionell christlichen Einwand gegen die Astrologie, sie negiere den freien Willen und damit die Möglichkeit der Gnade, begegnete Thomas in seiner *Summa Theologiae*. Er vertrat die Ansicht, daß der Mensch, und besonders seine körperliche Natur, zwar dem Einfluß der Planeten unterliege, er aber durch den Gebrauch seiner gottgegebenen Vernunft und Willensfreiheit seine Leidenschaften kontrollieren und sich vom Determinismus der Astrologie befreien könne. Da allerdings die meisten Menschen diese Fähigkeiten nicht nutzten und deshalb den planetarischen Kräften unterworfen blieben, waren es eben die Astrologen, die genaue und allgemeine Vorhersagen machen konnten. Im Prinzip blieb die Willensfreiheit gewahrt, denn die Astrologie vertrat die Ansicht, der weise Mensch könne zum Meister seiner Sterne werden. Auf diese Weise rettete Thomas den christlichen Glauben an den freien Willen und die göttliche Gnade, während er gleichzeitig die griechische Konzeption vom Weltall und den in ihm wirkenden planetarischen Kräften anerkannte.

Erneut erhielt die Astrologie, gemeinsam mit der Astronomie, den Rang einer ganzheitlichen Wissenschaft, der man zutraute, die universalen Naturgesetze zu enthüllen. Die Umlaufbahnen der Planeten – Mond, Merkur, Venus, Sonne, Mars, Jupiter, Saturn – bildeten aufeinanderfolgende Sphären, die die Erde konzentrisch umgaben und die menschliche Existenz beeinflußten. Lag doch der restaurierten klassischen Kosmologie das fundamentale Axiom des Aristoteles zugrunde, daß »jede Bewegung auf eine der göttlichen, sich am Firmament bewegenden Körper zurückzuführen sei«. In dem Maße, in dem in der Folgezeit immer neue Übersetzungen aus dem Arabischen das Tor zur klassischen Welt wieder öffneten, gewannen die esoterischen und astrologischen Vorstellungen des hellenistischen Zeitalters, wie sie von den alexandrinischen Schulen und der hermetischen Tradition entwickelt und von den Arabern weitergeführt worden waren, zunehmend an Einfluß auf die mittelalterliche Geisteswelt.

Aber erst als Dante die aristotelisch-ptolemäische Kosmologie aufnahm, die über die Scholastiker dem Christentum wieder zugänglich geworden war, trat das antike Weltbild in seiner Ganzheit in das Blickfeld christlichen Denkens, wurde dort weiterentwickelt und ergänzt. In Zeit und Geist unmittelbar an Thomas anschließend und ähnlich wie dieser von der wissenschaftlichen Denkweise des Aristoteles inspiriert, schuf Dante mit seinem epischen Gedicht *La Divina Commedia* im Grunde das moralische, religiöse und kosmologische Paradigma des Mittelalters.

Die *Commedia* stellte eine bis dahin beispiellose Leistung der christlichen Kultur dar. In einem Akt poetischer Imagination sprengte Dantes Epos die bestehenden mittelalterlichen Konventionen – durch seinen literarischen Anspruch, seinen eloquenten Gebrauch der eigenen Muttersprache, seine psychologischen Kenntnisse und theologischen Innovationen, seine Reflexion über den wachsenden Individualismus, sein Hochhalten der Poesie und der Gelehrsamkeit als Mittel religiösen Verstehens, seine implizite Identifikation des Weiblichen mit dem mystischen Wissen über Gott und seine kühne, platonische Gestaltung des menschlichen Eros in einem christlichen Kontext. Als besonders folgenreich für die Geschichte des westlichen Weltbildes erwiesen sich aber bestimmte Verzweigungen in der kosmologischen Architektur seines Epos. Indem er die wissenschaftlichen Theorien von Aristoteles und Ptolemäus in seine phantasievoll ausgeführte Schilderung des christlichen Universums fest integrierte, schuf Dante eine umfassende klassisch-christliche Mythologie, die einen beachtlichen – und vielschichtigen – Einfluß auf die christliche Vorstellungskraft ausüben sollte.

In der Vision Dantes waren die Himmelsköper ebenso numinos wie bedeutsam für den Menschen. Der menschliche Mikrokosmos spiegelte den Makrokosmos unmittelbar wider und die planetarischen Sphären verkörperten die verschiedenen, das menschliche Schicksal beeinflussenden Kräfte. Dante verlieh dieser allgemeinen Vorstellung konkrete Gestalt, indem er typische Elemente der christlichen Theologie und typische Elemente der klassischen Astronomie auf poetische Weise miteinander verknüpfte: Die aufsteigenden elementaren und planetarischen Sphären, die eine im Mittelpunkt stehende Erde konzentrisch umschlossen, gipfelten in der den Thron Gottes tragenden höchsten Sphäre, während die Kreise der Hölle, die himmlischen Sphären seitenverkehrt spiegelnd, zum verdorbenen Herzen der Erde hinabstiegen. Das aristotelische geozentrische Universum wurde so zu einer gewaltigen symbolischen Struktur für das Drama des Christentums, in dem der Mensch zwischen Himmel und Hölle angesiedelt war, hin- und hergerissen zwischen seinem himmlischen und seinem irdischen Wohnsitz, zwischen seiner geistigen und seiner körperlichen Natur, zwischen seinen moralischen und seinen weltlichen Ansprüchen.

Die ptolemäischen Sphären waren jetzt in ein christliches Bezugssystem eingebettet, in dem genau definierte Gruppen von Engeln und Erzengeln jeweils für die Bewegungen einzelner Planeten verantwortlich waren. Die *Commedia* beschrieb die gesamte christliche Hierarchie des Seins und projizierte sie bis ins Detail auf die Ordnung des ptolemäisch-aristotelischen Systems – vom Satan und der Hölle in den dunklen Tiefen der materiellen Erde über den Berg der Läuterung bis hinauf zu den himmlischen Heerscharen und weiter zu Gott und dem Paradies in der äußersten himmlischen Sphäre. Das sich so abzeichnende christliche Universum mit der irdischen Existenz des Menschen im kosmologischen Mittelpunkt war ein göttlich-makrokosmischer Schoß, in dem die Menschheit sich in Sicherheit wiegen konnte, weil sie von Gottes allwissendem und allmächtigem Sein umschlossen war. Ähnlich wie Thomas gelang es Dante auf diese

Weise, dem Kosmos eine ungewöhnlich umfassende Ordnung zu geben, eine mittelalterlich christliche Verklärung der von den Griechen geschaffenen kosmischen Ordnung.

Aber ausgerechnet die Kraft und die Lebendigkeit der griechisch-christlichen Integration brachte völlig unerwartet eine radikale Umorientierung des geistigen Klimas in Gang. Das mittelalterliche Denken nahm die physische Welt in ihrem Kern als symbolisch wahr. Diese Wahrnehmung hatte mit der Hinwendung der christlichen Intellektuellen zu Aristoteles und den griechischen Wissenschaften noch an Konkretheit gewonnen. Dantes Verwendung der ptolemäisch-aristotelischen Kosmologie als strukturellem Fundament für das christliche Weltbild etablierte sich rasch in der christlichen Vorstellungswelt. Jeder einzelne Aspekt des griechischen Wissenschaftsschemas war jetzt mit religiösem Sinn aufgeladen. In den Köpfen Dantes und seiner Zeitgenossen waren Astronomie und Theologie untrennbar miteinander verknüpft. Die kulturellen Konsequenzen dieser kosmologischen Synthese waren tiefgreifend: Zukünftige Wissenschaftler brauchten nur eine Veränderung der physikalischen Größen einzuführen – etwa eine sich bewegende Erde – und diese rein wissenschaftlichen Innovationen würden den Zusammenhalt der gesamten christlichen Kosmologie bedrohen. Die für das christliche Denken des Hochmittelalters so charakteristische Suche nach Ganzheitlichkeit und kultureller Universalität hatte diesen Geist in eine Richtung geführt, die sich als äußerst problematisch erweisen sollte.

Die Verweltlichung der Kirche und der Mystizismus der Laien

Im Hochmittelalter war das christliche Weltbild noch immer von uneingeschränkter Gültigkeit. Erheblich umstrittener war jedoch der Status der institutionellen Kirche. Mit der Konsolidierung seiner Autorität in Europa seit dem zehnten Jahrhundert hatte sich das römische Papsttum allmählich eine Position verschafft, die es ihr erlaubte, immensen politischen Einfluß auf die christlichen Staaten und Reiche auszuüben. Im dreizehnten Jahrhundert hatte die Kirche schließlich ein beispielloses Machtmonopol erreicht: In ganz Europa griff das Papsttum aktiv in die Staatsgeschäfte ein und trieb enorme Erträge von den Gläubigen ein, um die Pracht des päpstlichen Hofes und seine riesige Bürokratie bezahlen zu können. Bis zum frühen vierzehnten Jahrhundert waren die Ergebisse dieses irdischen Erfolgs ebenso offenkundig wie beunruhigend geworden. Das Christentum war inzwischen zwar mächtig, aber es hatte sich auch kompromittiert.

Die Kirchenhierarchie tendierte ganz offensichtlich immer mehr dazu, in erster Linie aus finanziellen und politischen Beweggründen heraus zu handeln. Die weltliche Souveränität des Papstes über den Kirchenstaat in Italien verwickelte ihn in politische und militärische Manöver, die das spirituelle Selbstverständnis der Kirche wiederholt in Gefahr brachten. Überdies belasteten die extravaganten Bedürfnisse und die ständig steigenden finanziellen Forderungen der Würdenträger in wachsendem Maße das einfache Kirchenvolk. Am schlimmsten war jedoch, daß das Papsttum in den Augen der Gläubigen durch seine Weltlichkeit und offenkundige Korruption die spirituelle Glaubwürdigkeit verspielt hatte. Selbst Dante hatte zwischen spirituellen Vorbildern und kirchlicher Hierarchie unterschieden und sich gezwungen gesehen, mehr als einen hohen Kirchenvertreter wegen Verrats am apostolischen Auftrag der Kirche dem Inferno zu überantworten. Ausgerechnet der – zunächst geistlich motivierte – Erfolg der Kirche in ihrem Bemühen um Kulturhoheit trug nun dazu bei, ihre religiösen Fundamente zu untergraben.

Mittlerweile hatten die weltlichen Monarchien der europäischen Staaten nach und nach an Macht und Zusammenhalt gewonnen, und es war eine Situation entstanden, in der der Universalitätsanspruch der päpstlichen Autorität unausweichlich zu ernsten Konflikten führen mußte. Auf dem Höhepunkt ihres Reichtums und ihrer weltlichen Ausdehnung fand sich die Kirche plötzlich in einem Jahrhundert voller extremer institutioneller Zerreißproben wieder: zunächst durch die Verlegung des Papstsitzes nach Avignon unter französischer Kontrolle – der »babylonischen Gefangenschaft« – und später durch die unhaltbare Situation zweier und schließlich dreier Päpste, die jeweils von verschiedenen Interessengruppen unterstützt wurden – dem »Großen Schisma«. Angesichts einer vorgeblich heiligen päpstlichen Autorität, die so offensichtlich auf die Gnade wechselnder politischer Kräfte, auf weltlichen Pomp und persönlichen Ehrgeiz angewiesen war, trat die eigentliche spirituelle Führungsrolle der Kirche zunehmend in den Hintergrund. Die Einheit der westlichen Christenheit war ernsthaft gefährdet.

Während dieser Jahre – im späten dreizehnten und vierzehnten Jahrhundert – wurden weite Teile Europas, besonders das Rheinland, von einer ungewöhnlichen Welle mystischen Eifers erfaßt, die tausende von Männern und Frauen, Laien ebenso wie Priester, Mönche und Nonnen, in ihren Bann zog. Zutiefst gläubig, auf Christus bezogen und die unmittelbare innere Einheit mit dem Göttlichen suchend, fand diese religiöse Bewegung weitgehend außerhalb der bestehenden Kirchenstrukturen statt. Der mystische Impuls des Christentums, der in Thomas und Dante einen theologischen Ausdruck von bemerkenswerter intellektueller Komplexität gefunden hatte, nahm unter der Laienbevölkerung Mitteleuropas eher den Charakter des Gefühlsüberschwangs und der Volksfrömmigkeit an. Aber auch hier spielte ein intellektueller Geist von hoher Könnerschaft eine Rolle: Meister Eckhart. Er war der führende Lehrer dieser Bewegung, die sich ihre metaphysische Vision und ihren philosophischen Unterbau bei Thomas und dem Neuplatonismus holte. Mitunter schienen die Schilderungen der mystischen Erfahrung allerdings die Grenzen der Orthodoxie zu überschreiten: »Das Auge, mit dem Gott mich sieht, ist das Auge, mit dem ich ihn sehe; mein und sein Auge sind eins.« Eckharts weit beachtete Predigten zielten jedoch nicht so sehr auf intellektuelle oder rationale, sondern viel mehr auf moralische und religiöse Wirkung ab. Das gilt vor allem auch für die Lehren seiner Schüler Johannes Tauler und Heinrich Seuse. Die religiöse Erleuchtung und ein geheiligtes Leben der christlichen Liebe und Aufopferung war das vordringliche Anliegen dieser Richtung.

Doch angesichts einer derartigen Betonung der inneren Vereinigung mit Gott – statt der Hinwendung zu institutionalisierten kirchlichen Sakramenten und kollektiven Formen des Kultus – verlor die Kirche selbst an Gewicht. Weil fortgeschrittene religiöse Erfahrungen jetzt selbst Laien genauso unmittelbar zugänglich erschienen wie dem Klerus, galten Priester und Bischöfe nicht länger als notwendige Übermittler des geistlichen Lebens. Die zunehmende Bedeutungslosigkeit von Wort und Verstand in der Beziehung der Seele zu Gott führte dazu, daß die stark rationalistische Entwicklung der Theologie und der haarspalterische Streit um Feinheiten der Kirchenlehre den Gläubigen immer unverständlicher und schließlich überflüssig erschienen. Und auch aus Sicht der anderen Seite, der Scholastik, waren Verstand und Glauben dabei, sich immer mehr voneinander zu entfernen.

Von unmittelbar spürbarer Bedeutung aber war die wachsende Kluft zwischen den christlichen Idealen und der Realität der institutionellen Kirche. Für die neuen mystischen Prediger und Laienbruderschaften hatte persönliche Frömmigkeit Vorrang vor kirchlichem Amt, innere Erfahrung Vorrang vor äußerem Gehorsam. Die wahre Kirche, der Leib Christi, wurde immer häufiger mit den aufrichtigen Seelen der einfachen Gläubigen und denen, die Gottes Gnade erhalten hatten, identifiziert und nicht mehr mit der offiziellen Kirchenhierarchie. Die Rückbesinnung auf die Bibel und auf den Glauben an Gottes Wort als Grundlagen der wahren Kirche begann die von der institutionellen Kirchenseite geforderte Betonung von Dogma und päpstlicher Souveränität zu ersetzen. Ein Leben der Entsagung und der Bescheidenheit wurde als der wahre Weg zu Gott gepriesen – in deutlicher Absetzung gegenüber dem Leben in Überfluß und Macht der privilegierten Amtsträger der kirchlichen Obrigkeit.

Alle diese überall spürbaren Spannungen und Widersprüche schienen unausweichlich auf einen Bruch mit der traditionellen mittelalterlichen Kirche zuzusteuern. Doch zu diesem Bruch kam es nicht. Die Anhänger der neuen Bewegung waren gläubige Christen, sie wollten keine aktive Rebellion gegen die Kirche. Selbst dort, wo Reformen angestrebt wurden, wie in verschiedenen bedeutenden Religionsbewegungen des späten Mittelalters, geschah dies in der Regel noch immer innerhalb des bestehenden kirchlichen Rahmens. Die Saat aber war gesät. Das Leben Christi und die Lebenshaltung der Apostel wurden als Paradigma einer spirituellen Existenz weithin anerkannt, aber die zeitgenössischen Strukturen der katholischen Kirche konnten diese Werte weder repräsentieren noch vermitteln. Und die neue – von den Mystikern im Rheinland, in England und den Niederlanden – gelebte spirituelle Autonomie war dabei, der Kirche auf dem Gebiet wahrer Spiritualität den zweiten Rang zuzuweisen. Schon um die Wende zum dreizehnten Jahrhundert hatte Joachim von Floris seine einflußreiche mystische Vision der Geschichte veröffentlicht. Er ging von drei Zeitaltern aus: dem Reich des Vaters – des Alten Testaments; dem Reich des Sohnes – des Neuen Testaments und der Kirche und dem künftigen Reich des Heiligen Geistes, in dem die ganze Welt vom Göttlichen durchströmt sein würde und eine institutionelle Kirche nicht mehr notwendig wäre.

Mit der neuen Betonung der unmittelbaren und privaten Beziehung des Individuums zu Gott kam es genau in dem Moment zu einer

Entwertung der gewachsenen institutionellen kirchlichen Formen und Regeln, als die Verweltlichung von Theologie und Kirchenpolitik auch innerhalb der Kirche Zweifel an ihrem geistlichen Auftrag aufkommen ließ. Je mehr sich das Mittelalter seinem Ende zuneigte, desto häufiger stießen die ernsten und die Kirche schon immer begleitenden Rufe nach Reformen bei einer wachsenden Zahl von höchst unterschiedlichen Persönlichkeiten auf Zustimmung. Zu ihnen gehörten Dante, Marsilius von Padua, Dietrich von Niem, John Wycliffe oder Jan Hus. Aus der Sicht der Kirche nahm damit das geistige Klima allerdings immer deutlicher ketzerische Züge an.

OCKHAMS RASIERMESSER

Während die vom neuen Laienmystizismus repräsentierte kulturelle Strömung immer mehr zu religiöser Unabhängigkeit tendierte, setzte die scholastische Strömung ihre bemerkenswerte Entfaltung des westlichen Intellekts unter aristotelischer Anleitung fort. Und wenn schon die spirituelle Rolle der Kirche unklar geworden war, ihre intellektuelle Haltung war es nicht weniger. Auf der einen Seite unterstützte die Kirche den akademischen Betrieb an den Universitäten, wo die christliche Lehre anhand einer beispiellos strengen logischen Methodik und für immer weiterreichende Anwendungsgebiete ausgelegt wurde. Auf der anderen Seite versuchte sie, diesen Betrieb unter Kontrolle zu behalten, entweder durch Verdammung und Unterdrückung oder dadurch, daß sie – wie im Falle von Thomas – bestimmten Neuerungen den Status der offiziellen Lehre verlieh. Es schien so, als wollte sie sagen: »Bis hierher und nicht weiter.« Dennoch ging in dieser ambivalenten Atmosphäre das scholastische Forschen unbeirrt seinen Weg, mit zunehmend gewichtigen Implikationen.

Die Kirche hatte Aristoteles weitgehend akzeptiert. Aber das neue kulturelle Interesse an Aristoteles machte nicht beim Studium seiner Schriften halt, denn dieses Interesse ging einher mit einer wachsenden Neugierde an der natürlichen Welt und signalisierte zunehmendes Vertrauen in die Kraft des menschlichen Verstandes. Der Aristotelismus des späten Mittelalters war eher ein Symptom des entstehenden wissenschaftlichen Geistes in Europa als seine Ursache. Schon waren Scholastiker wie Robert Grosseteste und sein Schüler Roger Bacon in England dabei, konkrete wissenschaftliche Experimente auszuführen – teilweise ausgehend von esoterischen Traditionen der Alchemie und der Astrologie –, indem sie die von der platonischen Überlieferung für göttlich gehaltenen mathematischen Prinzipien auf die von Aristoteles empfohlene Beobachtung der physikalischen Welt anwandten. Dieser neue Fokus auf die direkte Erfahrung und das verstandesmäßige Erfassen begann, die exklusive Gültigkeit der alten Schriften – der aristotelischen, der biblischen und der patristischen – zu untergraben. Aristoteles wurde gleichsam aristotelisch hinterfragt, wenn auch nicht insgesamt, so aber doch in Einzelheiten. Einige seiner Prinzipien wurden mit der Erfahrung verglichen – und als unzulänglich empfunden. Sein Gesamtwerk wurde einer minutiösen Prüfung unterzogen und die Irrtümer in seinen logischen Beweisen säuberlich aufgedeckt.

Die umfassende und kritische Aristoteles-Diskussion der Scholastiker und ihre oft scharfsinnigen Vorschläge für alternative Hypothesen formten nach und nach einen neuen intellektuellen Geist – scharfsichtig, skeptisch und offen für einen grundlegenden Wandel. Ihr Wirken schuf ein intellektuelles Klima, das nicht nur eine stärker empirisch, mechanistisch und quantitativ geprägte Wahrnehmung der Natur förderte, sondern das auch in der Lage war, sich einem radikalen Wandel der Weltanschauung anzupassen, wie er für die Konzeption einer sich bewegenden Erde notwendig werden sollte. Bereits im vierzehnten Jahrhundert konnte ein führender Scholastiker, der Pariser Gelehrte und Bischof Nikolaus von Oresme, die theoretische Möglichkeit einer sich drehenden Erde verteidigen – selbst wenn er sie persönlich ablehnte. Er brachte geniale, rein logische Argumente gegen Aristoteles vor – gegen dessen Lehrmeinungen über die optische Relativität und die fallenden Körper –, die später auch Kopernikus und Galilei zur Stützung der heliozentrischen Theorie verwenden sollten. Um die Schwierigkeiten zu lösen, die sich aus der aristotelischen Konzeption der Bewegung geworfener Objekte ergaben, hatte bereits sein Lehrer, Johannes Buridan, eine sowohl auf himmlische als auch auf irdische Phänomene anwendbare Impetustheorie entwickelt, die unmittelbar zur Mechanik Galileis und zu Newtons erstem Gesetz der Bewegung führen sollte.[7]

Aristoteles lieferte zwar der sich entwickelnden scholastischen Philosophie weiterhin die Terminologie, die logische Methode und den zunehmend empiristischen Geist, aber ironischerweise war es ausgerechnet die Autorität des Aristoteles, die, gerade weil sie zu solch intensivem Nachprüfen einlud, auch ihren eigenen Sturz einleitete. Und es war der akribisch und energisch vorangetriebene Versuch, die aristotelische Wissenschaft mit den über jeden Zweifel erhabenen Grundsätzen der christlichen Offenbarung zu verschmelzen, der eine kritische Intelligenz hervorbrachte, die sich am Ende sowohl gegen die Autorität der klassischen Philosophen als auch der Kirche wenden sollte. Rückblickend war die *Summa* des Thomas von Aquin der erste entscheidende Schritt des mittelalterlichen Geistes auf dem Wege zu völliger geistiger Unabhängigkeit.

Diese neue Autonomie kündigte sich im vierzehnten Jahrhundert in der umstrittenen Persönlichkeit des Wilhelm von Ockham an, einem auf seltsame Weise ebenso modernen wie durch und durch mittelalterlichen Menschen, der kurz nachdem Thomas gestorben war, das Licht der Welt erblickte. Als britischer Philosoph und Priester betrachtete Ockham die Dinge zwar mit der gleichen leidenschaftlichen rationalen Präzision wie Thomas, gelangte dabei aber zu völlig anderen Ergebnissen. Um die christliche Offenbarung zu stützen, bediente er sich sowohl einer hochentwickelten logischen Methode als auch eines verbesserten Empirismus. Doch in der Reaktion auf die kirchliche Verdammung der Pariser Säkularisten war Ockham vor allem bestrebt, die – von diesen als sehr weitreichend angenommene – Kompetenz des natürlichen menschlichen Verstandes zum Erfassen universaler Wahrheit zu begrenzen. Obgleich er also eigentlich die Interessen der Gegenseite vertrat, wurde Ockham zur Schlüsselfigur in der spätmittelalterlichen Entwicklung hin zur modernen Weltanschauung. Und obwohl die moderne Philosophie die geistigen Probleme, mit denen Ockham sich beschäftigte, als weitgehend bedeutungslose Haarspaltereien einer dekadenten und ausgelaugten Scholastik abtun sollte, waren es genau diese abstrusen Wortgefechte, die ausgetragen werden mußten, bevor sich das moderne Denken mit seiner radikalen Revision des menschlichen Wissens und der natürlichen Welt durchsetzen konnte.

Das zentrale – und folgenreichste – Prinzip in Ockhams Denken war seine Verneinung einer Wirklichkeit der allgemeinen Begriffe und Ideen – der Universalien – außerhalb des menschlichen Geistes und der menschlichen Sprache. Den aristotelischen Ansatz, daß das konkrete Besondere Vorrang vor den platonischen Formen habe, auf seine logische Spitze treibend, argumentierte Ockham, daß es nichts als Einzelwesen gab, daß nur die konkrete Erfahrung als Erkenntnisgrundlage dienen könne und daß die Universalien nur als mentale Begriffe und nicht als Wesenheiten außerhalb des Geistes existierten. Das Wirkliche war in letzter Instanz das unabhängig vom menschlichen Geist existierende einzelne Ding, nicht der Begriff, den der

Geist sich von ihm machte. Da alles Wissen auf dem Realen aufbauen mußte und da alles wirkliche Dasein das Dasein individueller Wesen war, hatte Wissen stets ein Wissen über das Besondere, das Einzelne zu sein. Menschliche Begriffe verfügten über keinerlei metaphysische Grundlagen jenseits des konkreten Einzelnen, und es bestand keine notwendige Korrespondenz zwischen Wörtern und Dingen. Ockham verlieh damit der philosophischen Position des Nominalismus – in seiner konzeptualistischen Variante, die davon ausging, Universalien seien bloße Namen oder mentale Begriffe – neue Vitalität und Durchsetzungskraft. Zwar hatte Roscelinus im elften Jahrhundert eine ähnliche Position vertreten, aber erst seit der Zeit Ockhams sollte der Nominalismus eine zentrale Rolle in der Entwicklung des westlichen Denkens spielen.

Eine Generation vor Ockham hatte ein anderer prominenter Scholastiker, Duns Scotus, bekannt als »Doctor subtilis«, die klassische Ideenlehre hinsichtlich des konkreten Einzelnen modifiziert. In seinen Augen verfügte jedes Einzelne über ein eigenes individuelles »So-Sein« *Qiaeccitas)*, das eine eigenständige Wirklichkeit unabhängig von der Teilhabe des Besonderen am Allgemeinen besaß oder, genauer, diese zusätzlich zur gemeinsamen Teilhabe von Ding und Begriff an einer metaphysischen Wesenheit besaß. Diese neu eingeführte formale Qualität der Individuation sah Scotus als unabdingbar an, um die Zugänglichkeit des Einzelnen für den Verstand zu retten, und zwar losgelöst von seiner allgemeinen Form. Ohne dieses So-Sein war das Einzelne als solches nicht verstehbar, vielleicht nicht einmal für den Geist Gottes. Zudem sah er in diesem Individuationsprinzip eine notwendige Voraussetzung für die individuelle menschliche Willensfreiheit und ein Zeichen der göttlichen Entscheidungsfreiheit bei der Erschaffung jedes Individuums. Denn nur so waren Gott und Mensch nicht in den Determinismus ewig festgelegter Universalien oder zwangsläufiger Emanationen eingebunden. Diese Modifikationen, weg vom festgelegten Allgemeinen und vom Determinismus, förderten ihrerseits wiederum die Hinwendung zu Beobachtung und Experiment – das Studium der unvorhersehbaren Schöpfungen eines freien Gottes – und akzentuierten die Unterscheidung zwischen rationaler Philosophie und religiöser Wahrheit.

Während aber Scotus – wie die meisten seiner Vorgänger seit Augustinus – eine unmittelbare und reale Korrespondenz zwischen menschlichem Begriff und metaphysisch Seiendem angenommen hatte, bestritt Ockham das Bestehen einer solchen Korrespondenz. Nur konkrete individuelle Wesen seien real, während gemeinsame Wesenheiten (Scotus), Gattungen und Allgemeinbegriffe (Thomas und Aristoteles) oder transzendente Formen (Platon) von dieser primären Wirklichkeit abgeleitete begriffliche Fiktionen darstellten. Eine Universalie war für Ockham ein Ausdruck, der einen begrifflichen Aspekt des real, konkret und individuell Seienden bezeichnete. Er war kein eigenständiges metaphysisches Wesen. Ausdrücklich bestritt er die Existenz einer getrennten und unabhängigen, von Universalien oder Formen bevölkerten Ordnung des Wirklichen. Ockham machte sich mithin daran, auch noch die letzten Reste dessen, was von den platonischen Formen im scholastischen Denken übrig geblieben war, zu beseitigen: Nur das Einzelne existierte, und jeder Rückschluß auf eine eigenständige Wirklichkeit von Universalien, egal ob transzendent oder immanent, war falsch. Ockham benutzte dieses philosophische Prinzip – daß die Zahl der existierenden Wesenheiten nicht unnötig vermehrt werden sollte *(non sunt multiplicanda entia praeter necessitatem)* so häufig und nachdrücklich –, daß das Prinzip als »Ockhams Rasiermesser« bekannt wurde.[8]

Folglich gab es Universalien für Ockham nur im menschlichen Geist, nicht in der Wirklichkeit. Sie waren Begriffe, die vom Geist auf der Basis empirischer Beobachtungen von mehr und weniger ähnlichen Individuen abgeleitet wurden. Sie waren nicht die präexistenten Ideen Gottes, die seine Schöpfung des Einzelnen beherrschten, denn Gott war absolut frei, zu erschaffen, was und wie er es wollte. Nur seine Geschöpfe, nicht aber die Ideen dieser Geschöpfe besaßen wirkliche Existenz. Für Ockham stand nicht länger die metaphysische Frage im Mittelpunkt, wie das vergängliche Einzelne aus den transzendenten Formen entstand, sondern die erkenntnistheoretische Frage, wie die abstrakten universalen Begriffe aus dem realen Einzelnen entstanden waren. »Der Mensch« als Gattung bezeichnete keine reale Wesenheit an sich, sondern eine vom Geist wahrgenommene Ähnlichkeit, eine Ähnlichkeit, die viele individuelle menschliche Wesen miteinander teilten. Sie war eine geistige Abstraktion, keine reale Wesenheit. Das Problem der Universalien war deshalb eine Frage der Erkenntnistheorie, der Grammatik und der Logik – nicht der Metaphysik oder der Ontologie.

Ockham, darin wieder dem Beispiel von Scotus folgend, bestritt darüber hinaus die Möglichkeit, daß ein rationales Verstehen der Tatsachen dieser Welt zu irgendwelchen notwendigen Schlußfolgerungen über Gott oder andere religiöse Fragen führen könnte. Die Welt hing gänzlich vom allmächtigen und undefinierbaren Willen Gottes ab. Folglich leitete sich die einzige Gewißheit des Menschen aus seiner unmittelbaren Sinneserfahrung oder aus den in sich schlüssigen Sätzen der Logik ab und nicht von philosophischen Spekulationen über unsichtbare Wirklichkeiten und universale Wesen. Die Tatsache, daß Gott frei war, die Dinge nach seinem Willen zu erschaffen oder zu lenken, relativierte jeglichen menschlichen Anspruch auf ein sicheres Erkennen des Kosmos im Sinne eines rational geordneten Ausdrucks transzendenter Wesenheiten. Gott konnte die Dinge ganz nach seinem Gutdünken hervorbringen, ohne dabei auf die Hilfe von Vermittlern zurückgreifen zu müssen.

Dem Menschen waren zwei Wirklichkeiten gegeben: die Wirklichkeit Gottes in der Offenbarung und die Wirklichkeit der empirischen Welt in der unmittelbaren Erfahrung. Über diese hinaus – oder zwischen beiden – konnte der Mensch für sich keine Erkenntnisse beanspruchen. Und ohne die Offenbarung wüßte er nichts von Gott. Der Mensch konnte Gott nicht auf die gleiche empirische Weise erfahren wie die materielle Welt, die ihn umgab. Da alles menschliche Wissen auf der sinnlichen Erfahrung des konkreten Einzelnen beruhte, ließ sich etwas, das – wie die Existenz Gottes – die Sinneswahrnehmung überstieg, nur durch den Glauben erklären, nicht aber vom Verstand erkennen. Auch der Begriff eines absoluten göttlichen Wesens war nur eine menschliche Konstruktion und konnte deshalb nicht als sicheres Fundament des theologischen Denkens dienen.

Die Konzepte des Determinismus und die notwendigen Ursachen der griechischen Philosophie und Wissenschaft, die Thomas in den christlichen Glauben zu integrieren versucht hatte, setzten für Ockham der grenzenlos freien göttlichen Schöpfung nur willkürliche Schranken. Eine derartige Philosophie sei nicht dazu in der Lage, die wahren Grenzen der menschlichen Erkenntnis aufzuzeigen. Für Ockham beruhte alles Wissen, das der Mensch von der Natur haben konnte, ausschließlich auf der Sinneswahrnehmung. Der Verstand war zwar ein machtvolles Werkzeug, aber seine Macht erstreckte sich nur auf die Begegnung mit den konkreten Tatsachen der »gegebenen« Wirklichkeit. Der menschliche Geist verfügte nicht, wie Thomas gelehrt hatte, über ein göttliches Licht, durch das er das Sinnliche hinter sich lassen konnte und zu einem universalen, sich auf das absolute

Sein stützenden Urteil gelangte. Weder vom Geist noch von der Welt ließ sich sagen, sie stünden in einem derart engen Zusammenhang oder sie seien auf eine derart korrespondierende Weise geordnet, daß der Geist die Welt vermittels realer Universalien erkennen könne, die dem Erkennenden genauso wie dem Erkannten zu eigen waren. Weil nur das Einzelne nachweisbar existierte, und keine das Einzelne miteinander verbindende transzendente Beziehung oder Kohärenz, mangelte es der spekulativen Vernunft und Metaphysik an jeder wirklichen Grundlage.

Ohne innere Erleuchtung oder eine andere vergleichbare Möglichkeit zur Erlangung von Gewißheit – wie etwa dem Licht des tätigen Intellekts bei Thomas – wurde eine tiefgreifende skeptische Haltung gegenüber der menschlichen Erkenntnis ebenso unvermeidbar wie zwingend. Weil nur die unmittelbare Erfahrung des individuell Seienden eine Grundlage für Wissen bot, dieses Seiende aber abhängig war von einer göttlichen Allmacht, die in ihrer schöpferischen Aktivität keinerlei Grenzen kannte – alles war für Gott möglich –, beschränkte sich menschliches Wissen auf das Zufällige, Abhängige und Empirische und war insofern alles andere als endgültiges, sicheres und universales Wissen. Der Wille Gottes ließ sich von den Strukturen des menschlichen Verstandes keine Schranken setzen, denn seine absolute Willensfreiheit und Allmacht gestatteten ihm, das Gute böse und das Böse gut zu machen, je nach Belieben. Es gab keine zwingende Beziehung zwischen dem von Gott frei geschaffenen Universum und dem menschlichen Bedürfnis nach einer Welt rationaler Ordnung. Allein legitim waren Annahmen über Wahrscheinlichkeiten. Der menschliche Geist konnte zwar auf der Basis unmittelbarer Erfahrung streng logische Beweise führen, aber diese Erfahrung, abhängig von Gottes freiem Willen, relativierte zwangsläufig die absolute Gewißheit des logisch Geschlossenen. Und weil Ockhams Ontologie ausschließlich aus konkreten Individuen bestand, folgerte er, daß die empirische Welt ausschließlich von einem physikalischen Standpunkt aus betrachtet werden sollte. Die metaphysischen Organisationsprinzipien von Platon oder Aristoteles konnten nicht von der unmittelbaren Erfahrung abgeleitet – und durften auch nicht auf sie angewendet – werden.

Aus diesem Grunde übte Ockham scharfe Kritik an dem spekulativen theologischen Rationalismus der früheren Scholastik: Er sei logisch und wissenschaftlich unangemessen – da er zur Erklärung von individuellen Wesen nicht zu verifizierende und überflüssige Einheiten wie Formen benutzte – und für die Religion gefährlich – da er unterstellte, Gottes Beweggründe zu kennen, da er durch die Einführung eines geordneten Kosmos und einer diesen bestimmenden Kausalität der unmittelbaren und freien Schöpfung Gottes künstliche Schranken auferlegte und da er die heidnische Metaphysik gegenüber dem christlichen Glauben aufwertete. Ockham brach insofern mit der von Thomas so mühsam geschmiedeten Einheit zwischen Rationalismus und Religion. Für Ockham gab es zwei Wahrheiten, zwischen denen jedoch kein notwendiger Zusammenhang bestand: Die eine Wahrheit fand sich in der christlichen Offenbarung und überstieg jeden Zweifel und alles rationale Verstehen. Die andere Wahrheit betraf die von der empirischen Wissenschaft und der rationalen Philosophie beschriebenen Beobachtungstatsachen.

In gewissem Sinne führte Ockham die von ihm bekämpfte säkularistische Bewegung des vorhergehenden Jahrhunderts erst an ihr Ziel. Indem er nachdrücklich für ein Universum der zwei Wahrheiten und für die Trennung von religiöser und wissenschaftlicher Wahrheit eintrat, durchschnitt er faktisch das bestehende Band zwischen Theologie und Philosophie. Die früheren Säkularisten hatten sich für eine solche Trennung ausgesprochen, weil sie nicht mehr gewillt waren, die griechische und arabische Philosophie immer dann dem christlichen Glauben unterzuordnen, wenn sie zu diesem im Widerspruch standen. Ockham hingegen wollte die Vorherrschaft der christlichen Lehre – vor allem von der absoluten Freiheit und Allmacht Gottes als Schöpfer – bewahren, indem er die menschliche Vernunft in festgelegte Schranken verwies.

Damit verweigerte sich Ockham zugleich der thomistischen Zuversicht, daß die göttliche Schöpfung für die menschlichen Bemühungen um ein universales Verstehen weit offenstehen würde. Für Thomas wie für Ockham hatte sich der menschliche Geist bei seinen intellektuellen Vorhaben darauf einzustellen, daß die Wirklichkeit Gottes und das rationale Wissen des Menschen unendlich weit voneinander entfernt waren. Während Thomas aber Raum ließ für eine rationale Erkenntnis, die sich dem göttlichen Mysterium näherte und das theologische Verstehen bereicherte, bestand für Ockham die Notwendigkeit einer strikten Grenzziehung. Vorsichtig und bescheiden angewandt, konnte der positivistische Verstand zwar dazu dienen, sich der empirischen Welt zu nähern, aber nur die Offenbarung vermochte die umfassenderen Wirklichkeiten des göttlichen Willens – seine Schöpfung und seine Barmherzigkeit – zu erhellen. Zwischen dem Empirischen und dem Göttlichen gab es keinen dem Menschen zugänglichen Zusammenhang.

Ockhams logischer Strenge entsprach seine moralische Unbeugsamkeit. Gegen die weltliche Pracht des Papsttums in Avignon propagierte er ein nach spiritueller Vollkommenheit strebendes, dem Beispiel Jesu, der Apostel und des Franz von Assisi folgendes Leben in völliger Armut. Ockham selbst war leidenschaftlicher Franziskaner, und für seine religiöse Überzeugung riskierte er sogar die Exkommunikation durch den Papst, weil ihm dessen Politik im Widerspruch zur christlichen Wahrheit zu stehen schien. In einer Reihe von schicksalhaften Zusammenstößen mit dem Papsttum hielt Ockham nicht nur die völlige Armut gegen den säkularen Reichtum der Kirchenhierarchie hoch, sondern er verteidigte auch das Recht des englischen Königs, Steuern auf Kirchenbesitz zu erheben, verdammte die Verletzung individueller christlicher Freiheiten durch die Kirche, bestritt die Rechtmäßigkeit der päpstlichen Unfehlbarkeit und dachte über die Umstände nach, unter denen ein Papst abgesetzt werden durfte. Im persönlichen Kampf Ockhams mit der Kirche zeichneten sich erste Anzeichen eines künftigen epochalen Dramas ab.

Es war aber nicht die kirchenpolitische, sondern vor allem die philosophische Ebene, auf der Ockhams Einfluß am unmittelbarsten spürbar werden sollte. In seinem emphatischen Eintreten für den Nominalismus brachte er die zunehmende mittelalterliche Spannung zwischen Vernunft und Glauben auf den Höhepunkt. Paradoxerweise war es gerade Ockhams unbeirrtes Festhalten an der allmächtigen Freiheit Gottes, das ihn, verbunden mit seinem ausgeprägten Sinn für logische Präzision, zur Formulierung einer bemerkenswert modernen philosophischen Position führte. Für Ockham bestand kein Grund zu der Annahme, daß der Geist des Menschen auf grundlegende Weise mit dem Geist Gottes verbunden sei. Empirismus und Verstand vermochten ein beschränktes Wissen von der Welt zu liefern, auf keinen Fall jedoch eine sichere Erkenntnis Gottes. Eine solche Erkenntnis konnte nur aus Gottes Wort allein kommen. Die Offenbarung bot Gewißheit, ließ sich aber nur durch Glauben und Gnade, nicht durch den natürlichen Verstand bestätigen. Der Verstand sollte sich deshalb mit der Natur statt mit Gott beschäftigen, denn nur die Natur versorgte die Sinne mit den konkreten Daten, auf die der Verstand sein Wissen stützen konnte.

Ockham sprengte alle Brücken zwischen dem menschlichen Verstand und der göttlichen Offenbarung, zwischen dem, was der Mensch wissen, und dem, was er glauben konnte. Doch seine kompromißlose Betonung der individuellen, konkreten Dinge der diesseitigen Welt, sein Vertrauen in die Macht der menschlichen Vernunft und der Logik – zur Feststellung der notwendigerweise existierenden Wesen und zum Beweis unterschiedlicher Grade von Wahrscheinlichkeit – sowie seine skeptische Haltung gegenüber den traditionellen Denkmodellen förderten den wissenschaftlichen Fortschritt ungemein. Vor dem Hintergrund eines solchen dualistischen Ausgangspunkts war die Wissenschaft tatsächlich frei. Sie war frei, sich gemäß ihren eigenen Vorstellungen zu entwickeln, denn sie mußte nun weniger Angst davor haben, gegen bestehende Lehren zu verstoßen – zumindest bis zu jenem Punkt, an dem die Kosmologie insgesamt in Frage gestellt wurde.

Es war keineswegs Zufall, daß Buridan und Nikolaus von Oresme, zwei der originellsten wissenschaftlichen Denker des späten Mittelalters, an der Pariser Nominalisten-Schule tätig waren, auf die Ockham entscheidenden Einfluß ausgeübt hat. Obwohl Ockhams Interessen im wesentlichen philosophischer Art waren, trug seine Auffassung von der Unüberbrückbarkeit zwischen menschlichem Begriff und metaphysischer Wirklichkeit sowie die Aussage, jedes wirkliche Sein sei individuelles Sein, dazu bei, der Analyse der physischen Welt neue Türen zu öffnen. Der direkte Kontakt mit dem konkreten Besonderen konnte jetzt ohne die metaphysische Vermittlung abstrakter Universalien auskommen. Als Ockhams Allianz von Nominalismus und Empirismus – trotz päpstlicher Zensur – Einzug in die Universitäten des vierzehnten Jahrhunderts hielt, wurde seine Art zu philosophieren bezeichnenderweise als die *Via moderna* bezeichnet, im Gegensatz zur *Via antiqua* von Thomas und Scotus. Das traditionelle, der Verbindung von Glauben und Vernunft verpflichtete scholastische Prinzip ging seinem Ende entgegen.

Im vierzehnten Jahrhundert begann also die lange Zeit gepflegte metaphysische Einheit von Begriff und Sein zu zerbrechen. Die These, der menschliche Geist erkenne die Dinge, indem er verstandesmäßig die ihnen innewohnenden Formen begriff – ob vermittels einer von transzendenten Ideen ausgehenden inneren Erleuchtung wie bei Platon und Augustinus oder durch die Abstraktion des tätigen Intellektes, der im sinnlich wahrgenommenen Besonderen das immanente Universale erkannte, wie bei Aristoteles und Thomas –, diese These stand jetzt auf dem Prüfstand. Vor dem Hintergrund der Verabschiedung dieser fundamentalen erkenntnistheoretischen Voraussetzung waren ehrgeizige ganzheitliche Systeme wie die der Scholastiker des dreizehnten Jahrhunderts nicht länger haltbar. Angesichts der Verdrängung abstrakter Spekulation durch empirische Beweise als Erkenntnisgrundlage schienen die früheren metaphysischen Systeme zunehmend ihre Plausibilität zu verlieren. Das grundlegende – christliche und aristotelische – Weltbild blieb zwar noch intakt, aber neue, kritischere Interpretationen wurden laut und lösten allmählich die früheren Synthesen auf, um einem neuen intellektuellen Pluralismus Platz zu machen. Mit der Verdrängung der Metaphysik durch Empirismus, Grammatik und Logik, begann eine wissenschaftlich fundierte Wahrscheinlichkeit nach und nach die Gewißheiten des Glaubens zu ersetzen.

Ockham zeichnete den Weg vor, den das westliche Denken in der Folge einschlagen sollte. Er glaubte nicht nur, daß die Kirche von der säkularen Welt politisch getrennt werden müsse – zur Wahrung der Integrität und der rechtmäßigen Freiheiten beider –, er war auch fest davon überzeugt, daß die Wirklichkeit Gottes aus theologischen Gründen von der empirischen Wirklichkeit unterschieden werden müsse. Nur so würde die christliche Wahrheit ihre transzendente Heiligkeit bewahren und nur so ließe sich die Welt in ihrer ganzen Besonderheit und Kontingenz richtig verstehen. Darin bestand die noch embryonale Grundlegung – erkenntnistheoretisch und metaphysisch ebenso wie religiös und politisch – für die kommenden Veränderungen im westlichen Weltbild: Reformation, wissenschaftliche Revolution und Aufklärung.

Und so kam es, daß gerade in dem Moment, als im Werk von Thomas und Dante die mittelalterliche Vision ihre Vollendung erreicht hatte, der ganz andere Geist einer neuen Epoche in Erscheinung trat, angetrieben ausgerechnet von jenen Kräften, die die frühere Synthese freigesetzt hatte. Die großen mittelalterlichen Meisterwerke kulminierten in einer geistigen Entwicklung, die zu neuen Ufern aufzubrechen begann, selbst wenn dies bedeutete, aus den von der Kirche geschaffenen Bildungs- und Glaubensstrukturen auszubrechen. Aber Ockhams frühreifer Modernismus war seiner Zeit noch weit voraus.

Die Kultur der neuen Epoche sollte paradoxerweise ihre Initialzündung nicht von der mittelalterlichen Scholastik, der Wissenschaft oder der Philosophie des Aristoteles empfangen, sondern von einer ganz anderen Seite: vom klassischen Humanismus, von den Schönen Künsten und einem wiederentdeckten Platon. Denn so wie Thomas in Ockham seinen philosophischen Nachfolger und Gegenspieler fand, so fand Dante seinen Nachfolger und Gegenspieler in Petrarca, der im gleichen Jahrzehnt geboren wurde, in dem Dante damit begonnen hatte, die *Divina Commedia* zu schreiben – zu Beginn des vierzehnten Jahrhunderts.

DIE WIEDERGEBURT
DES KLASSISCHEN HUMANISMUS

Petrarca

Es war ein entscheidender Augenblick in der Geschichte der westlichen Kultur, als Petrarca auf jene tausend Jahre zurückblickte, die seit dem Untergang des antiken Rom vergangen waren, und in dieser langen Zeit nichts als den Niedergang menschlicher Größe erkennen konnte, einen Verlust an literarischer und moralischer Vortrefflichkeit, ein »finsteres« Zeitalter. Gegenüber dieser Verarmung erblickte Petrarca in dem gewaltigen kulturellen Reichtum der griechisch-römischen Zivilisation ein Goldenes Zeitalter voll schöpferischer Genialität und menschlicher Entdeckungsfreude. Seit Jahrhunderten waren die mittelalterlichen Gelehrten damit beschäftigt gewesen, nach und nach die Werke der Alten wiederzuentdecken und sie sich anzueignen, nun aber verschob Petrarca radikal den Schwerpunkt dieser Integration. Statt sich wie die Scholastik mit Logik, Wissenschaft und aristotelischer Philosophie unter dem steten Imperativ der Christianisierung heidnischer Vorstellungen abzumühen, wandten sich Petrarca und seine Schüler den literarischen Klassikern der Antike zu – der Poesie, den Essays, den Briefen, der Geschichtsschreibung, den Biographien, der Philosophie in Form der eleganten platonischen Dialoge.

Und sie nahmen diese Werke ernst, grandios und genial wie sie im Glanz der klassischen Zivilisation vor ihnen standen, ohne das Bedürfnis, sie in den christlichen Rahmen zu zwängen. Die antike Kultur war für sie nicht nur eine Quelle wissenschaftlicher Erkenntnis und logischer Diskursregeln, sondern in erster Linie eine Vertiefung und Bereicherung des menschlichen Geistes. Die klassischen Texte lieferten eine neue Grundlage für die Wertschätzung des Menschen; klassische Gelehrsamkeit begründete die »humanistische« Bildung. Petrarca stellte sich die Aufgabe, die großen Werke der antiken Kultur – Vergil und Cicero, Horaz und Livius, Homer und Platon – zu rekonstruieren und sie sich anzueignen, nicht um sterile Nachahmungen der vergangenen Meister zu schaffen, sondern um in sich selbst das gleiche moralische und imaginative Feuer zu entfachen, dem sie auf so unvergleichliche Weise Ausdruck verliehen hatten. Europa hatte sein großartiges klassisches Vermächtnis vergessen, und Petrarca rief dazu auf, es sich ins Gedächtnis zurückzurufen. Eine neue, heilige Geschichte war zum Leben zu erwecken, ein griechisch-römisches Testament, das neben dem jüdisch-christlichen seinen Platz haben sollte.

Auf diese Weise begann Petrarca mit der Umerziehung des Westens. Der direkte Umgang mit den großen Meistern der lateinischen und griechischen Literatur sollte zum Schlüssel für eine radikale Erweiterung des zeitgenössischen europäischen Horizonts werden. Nicht nur die christliche Theologie, sondern auch die klassischen *Litterae humaniores* wurden jetzt als Quelle spiritueller Erleuchtung und moralischer Entwicklung anerkannt. Während die kirchliche Gelehrsamkeit zunehmend vergeistigt und abstrakt geworden war, spürte Petrarca das Bedürfnis nach einer Bildung, die sich den Konflikten und Unwägbarkeiten des Menschen in der ganzen Tiefe seiner Gefühlswelt und Einbildungskraft stellte. Statt den Menschen auf doktrinäre Formeln zu reduzieren und ihn in klerikaler Strenge einzuengen, schöpfte Petrarca seine Einblicke in die Verfaßtheit des menschlichen Seins aus der undogmatischen Beobachtung und Introspektion und seine Bildung aus einem reichen Leben, in dem die Literatur und das Tätigsein ebenso seinen Platz hatte wie die klösterliche Einsamkeit. In seiner Erneuerung des Konzepts der Freien Künste wurden die *Studia humanitatis* von den *Studia divinitatis* abgetrennt und mit ihnen auf eine Stufe gestellt. In dem mit neuen Leben erfüllten klassischen Modell wurden Poesie und Rhetorik, Stil, Eloquenz und Überzeugungskraft wieder zu achtbaren und eigenständigen Zielen, zu notwendigen Begleitern moralischer Stärke. Für Petrarca spiegelten Anmut und Klarheit des literarischen Ausdrucks die Anmut und die Klarheit der Seele wieder. Im langsamen, akribisch genauen Umgang mit Worten und Ideen, in der einfühlenden Erkundung jeder einzelnen Gefühls- und Wahrnehmungsnuance, wurde die literarische Schulung zur spirituellen Schulung, erwies sie sich als ein Streben nach künstlerischer Perfektion, das zugleich die Vervollkommnung der Seele zum Ziel hatte.

War Dantes Weltsicht ein das Wesentliche des Zeitalters zusammenfassender Höhepunkt des Mittelalters gewesen, blickte Petrarca nach vorne, war der Antrieb für ein neues Zeitalter, für eine Wiedergeburt der Kultur, der Kreativität und der menschlichen Größe. War Dantes poetisches Werk noch im ehrfurchtsvollen Geist jener anonymen Kunsthandwerker entstanden, die von Gott inspiriert und zur Verherrlichung seines Ruhms die mittelalterlichen Kathedralen geschaffen hatten, so war das Werk Petrarcas Ausdruck einer neuen Haltung. Inspiriert von den Alten diente es der Bereicherung und Verherrlichung des Menschen selbst, dem erhabenen Mittelpunkt der göttlichen Schöpfung. Während für Dante und die Scholastiker die theologische Genauigkeit und die wissenschaftliche Erkenntnis der natürlichen Welt im Mittelpunkt stand, fühlte sich Petrarca von den Tiefen und der Vielschichtigkeit seines eigenen Bewußtseins angezogen. Sein Hauptinteresse galt nicht der spirituellen und wissenschaftlichen Systembildung, sondern den psychologischen, humanistischen und ästhetischen Aspekten des Daseins.

Dabei blieb Petrarca im Christentum letztlich genauso tief verwurzelt wie im Klassizismus. Augustinus war für ihn ebenso wichtig wie Vergil, und wie alle anderen bedeutenden Synthetiker der beiden Traditionen glaubte auch er, das Christentum sei die göttliche Erfüllung des klassischen Versprechens. Petrarcas höchstes Ideal war die *Docta pietas*, die gelehrte Frömmigkeit. Der Glauben war unbeirrbar christlich, auf Gott gerichtet, doch die weltliche Gelehrsamkeit verstärkte und bereicherte diese Frömmigkeit, und diese Gelehrsamkeit basierte auf der Kenntnis der antiken Kultur. Beide Strömungen – Christentum und klassische Kultur – standen in einer vollkommenen Harmonie zueinander, und der Mensch konnte zu einer umfassenderen spirituellen Vision gelangen, wenn er sich für beide öffnete. Wenn Cicero von dem »einen und einzigen Gott als Herrscher und Schöpfer aller Dinge« sprach, so bediente er sich für Petrarca keiner »rein philosophischen, sondern einer fast katholischen Redeweise, so daß du manchmal denken könntest, du hörtest keinen heidnischen Philosophen, sondern einen Apostel«.

Das Neuartige an Petrarcas Herangehensweise bestand weniger in einer Verabschiedung der Spiritualität, sondern eher in der Art, wie er sich dem menschlichen Dasein insgesamt näherte. Dabei befand sich seine christliche Verwurzelung in einer ständigen kreativen Auseinandersetzung mit seiner Sehnsucht nach romantischer und sinnlicher Liebe, nach weltlicher Tätigkeit in diplomatischen und höfischen Kreisen, nach literarischer Größe und persönlichem Ruhm. Dieses neue, selbst-reflektierende Bewußtsein vom Reichtum und von der Vieldimensionalität des menschlichen Lebens und die neue Gewißheit, dabei in den großen Schriftstellern der Antike auf Gleichgesinnte zu stoßen, machten Petrarca zum ersten Menschen der Renaissance.

Die Rückkehr Platons

Angeregt von Petrarca, machte sich eine Vielzahl von Gelehrten auf die Suche nach den verschollenen Manuskripten der Antike. Was immer sie entdeckten, wurde sorgfältig zusammengestellt, ediert und übersetzt, um ihrem humanistischen Auftrag eine so genaue und tragfähige Grundlage wie nur möglich zu geben. Diese Tätigkeit ging mit intensiveren Kontakten zur byzantinischen Welt einher, in der sich vieles aus dem griechischen Vermächtnis erhalten hatte. Angesichts der Bedrohung durch die türkischen Invasoren flohen viele Gelehrte aus Konstantinopel in Richtung Westen, die westlichen Gelehrten ihrerseits begannen damit, die griechische Sprache zu erlernen, und bald gelangten die griechischen *Dialoge* Platons, die *Enneaden* Plotins sowie andere Hauptwerke der platonischen Tradition und der klassischen griechischen Kultur nach Italien.

Die plötzliche Verfügbarkeit dieser Schriften im Westen löste eine mit der vorangegangenen Wiederentdeckung des Aristoteles vergleichbare platonische Erneuerung aus. Der Platonismus hatte das westliche Denken natürlich seit den Anfängen des Mittelalters geprägt, zunächst in der Überlieferung von Augustinus und Boethius und später, im neunten Jahrhundert, durch den Philosophen Johannes Scotus Eriugena und seiner Übersetzung und Kommentierung der Werke des Dionysios vom Areopag. Der Platonismus wurde in den Schulen von Chartres und Sankt Viktor während der Renaissance des zwölften Jahrhunderts wiederbelebt und war in der mystischen Philosophie des Meister Eckhart deutlich spürbar. Auch die hochscholastische Tradition von Albert und Thomas war, auch wenn für sie die Integration des aristotelischen Denkens im Mittelpunkt stand, noch immer zutiefst platonisch geprägt.

In dieser weitreichenden Wirkungsgeschichte war es stets um einen vermittelten, im höchsten Maße verchristlichten, durch Augustinus und die anderen Kirchenväter modifizierten Platon gegangen: einen nur von weitem bekannten, weitgehend unübersetzten, durch Auszüge und Verweise in anderen Sprachen und geistigen Zusammenhängen und nur selten in seinen eigenen Worten überlieferten Platon. Selbst Petrarca, aufgrund der Anspielungen bei Cicero und Augustinus begierig auf eine platonische Erneuerung, verfügte im vierzehnten Jahrhundert noch nicht über die notwendigen Übersetzer. Die Leistung, die griechischen Originalwerke verfügbar zu machen, blieb dem westlichen Europa des fünfzehnten Jahrhunderts vorbehalten, in dem sich Humanisten wie Marsiglio Ficino und Pico della Mirandola mit ganzer Kraft für deren Vermittlung Vermittlung an die Zeitgenossen einsetzten.

Die platonische Tradition bot den Humanisten eine philosophische Grundlage, die im höchsten Maße in Einklang mit ihren eigenen intellektuellen Gewohnheiten und Bestrebungen stand. Statt der syllogistischen Haarspalterei und zerebralen Abgehobenheit der späten Scholastiker in den Universitäten bot der Platonismus ein reich strukturiertes Gewebe voller Phantasie, Tiefe und Spiritualität. Seine Vorstellungen – daß der Schönheit eine zentrale Rolle bei der Suche nach der höchsten Wirklichkeit zukam, daß Vorstellungskraft und Vision für dieses Streben von größerer Bedeutung waren als Logik und Dogma, daß der Mensch die göttlichen Dinge unmittelbar schauen konnte – besaßen eine enorme Anziehungskraft für das neue, in Europa entstehende geistige Klima. Darüber hinaus waren die platonischen Dialoge so ganz anders als die schwerverdaulichen Traktate der aristotelisch-scholastischen Tradition. Die Humanisten begeisterten sich für rhetorische Eloquenz und ästhetisch überzeugenden Stil, und diese ausgefeilten literarischen Meisterwerke hinterließen bei ihnen einen tiefen Eindruck.

Aristoteles und der unter dem Einfluß der Spätscholastik steif und unbeweglich gewordene Thomas hatten für die neuen Humanisten viel von ihrem Reiz verloren. Die Spätscholastik hatte sich in einem akademischen Labyrinth verirrt. In der Künstlichkeit des hochgezüchteten akademischen Betriebes wurde die ohnehin fast übermenschliche geistige Präzision und analytische Strenge des Thomas immer mehr bis hin zur Karikatur übertrieben. Die großen Entwürfe von Aristoteles und Thomas waren – trotz ihrer Strenge und Struktur – stets Ausdruck einer charakteristischen Offenheit und geistigen Neugier geblieben. Ihre uneigenständigen Bewunderer und Nachfolger hatten sie in geschlossene und unflexible Systeme verwandelt. Gerade die Tatsache, daß Thomas den Anspruch hatte, das gesamte verfügbare Wissen in seinem Werk zu integrieren, und das ihm dies offenbar auch gelungen war, ließ seinen Nachfolgern wenig anderes zu tun, als den immer gleichen Boden wieder und wieder zu beackern. Eine ängstliche Ehrfurcht vor dem Wort des übergroßen Meisters verringerte zwangsläufig die Chancen für die Entstehung eines kreativen Gelehrtentums. Selbst da, wo es zu Konflikt und Kritik kam, wie zwischen Thomisten, Scotisten und Ockhamlsten, mußte der scholastische Dialog für Außenstehende den Eindruck einer fruchtlosen Erörterung an den Haaren herbeigezogener Spitzfindigkeiten machen. Insbesondere der von Ockham initiierte Zweig der *Via moderna* neigte dazu, über winzigste Details in endlose Debatten zu verfallen und über der Suche nach terminologischer Genauigkeit das Interesse an der metaphysischen Ganzheit der *Via antiqua* aus dem Blick zu verlieren. Und gegenüber der Brillanz von Ockham, Buridan, Oresme und ihrer Zeitgenossen im vierzehnten Jahrhundert hatte im Verlauf der Zeit auch die *Via moderna* vieles von ihrem ursprünglichen Glanz eingebüßt. Im fünfzehnten Jahrhundert schließlich war die intellektuelle Energie der Scholastik aufgebraucht. Das Einfließen der platonischen Tradition sorgte mithin für frischen Wind, der das europäische Denken revitalisierte. Während die Universitäten im toten Seitenarm geistiger Orthodoxie unproduktiv weiterexistierten, wurde im Florenz der zweiten Hälfte des fünfzehnten Jahrhunderts durch Cosimo von Medici und unter der Leitung Ficinos eine »Platonische Akademie« gegründet, die zum blühenden Zentrum der platonischen Erneuerung werden sollte.

Im Platonismus und Neuplatonismus entdeckten die Humanisten eine nicht-christliche spirituelle Tradition, die in ihrer religiösen und ethischen Tiefe mit der des Christentums vergleichbar schien. Die neuplatonischen Schriften implizierten die Existenz einer Universalreligion, deren letzte, wenn auch vielleicht nicht einzige Manifestation, das Christentum war. Erasmus von Rotterdam schrieb, in Zuspitzung einer Betrachtung Petrarcas zu Cicero, wie schwer es ihm falle, zu Sokrates nicht wie zu einem Heiligen zu beten. Die plötzlich erweiterten Lektürelisten der Humanisten gaben Einblick in eine Tradition der Gelehrsamkeit, eine Tradition von intellektuellen, spirituellen und poetischen Einsichten, die ihren Ausdruck nicht nur im klassischen Griechenland, sondern in der gesamten Geschichte der Zivilisation fanden. In den hermetischen Schriften, den zoroastrischen Orakeln, der jüdischen Kaballah, den babylonischen und ägyptischen Texten fand sich eine alle Kulturen übersteigende Offenbarung, die einen sich kontinuierlich und universal manifestierenden *Logos* enthüllte.

Mit dem Einfließen dieser Tradition entwickelte sich eine neue Vision vom Menschen, von der Natur und vom Göttlichen. Der Neuplatonismus, basierend auf Plotins Konzeption der Welt als Emanation des transzendenten Einen, beschrieb die Natur als von Göttlichkeit durchdrungen, als einen erhabenen Ausdruck der Weltseele. Sternen, Pflanzen, ja selbst Steinen wurde eine geheimnisvoll geistige Dimension zugeschrieben. Neuplatonische Humanisten erklärten das Sonnenlicht zum Licht Gottes, wie Christus das Licht der Welt war, weshalb die gesamte Schöpfung im Göttlichen badete und die Sonne selbst, die Quelle allen Lichts und Lebens, göttliche Attribute besaß. Die antike pythagoreische Vision eines nach transzendenten mathematischen Formen geordneten Universums stieß erneut auf intensives Interesse mit ihrem Versprechen, die Natur als durchdrungen von einer mystischen Intelligenz, deren Sprache Zahl und Geometrie war, zu enthüllen. Der Garten der Welt war wieder verzaubert, von magischen Kräften und transzendenten Bedeutungen erfüllt, die sich in jedem Stück Natur verbargen.

Ebenso ekstatische Züge trug das neuplatonische Menschenbild der Humanisten. Der Mensch trug in seinem Inneren einen Funken des Göttlichen, und deshalb konnte er in sich das Bild der unendlichen Gottheit entdecken und enthüllen. Er war ein würdiger Mikrokosmos des göttlichen Makrokosmos. Ficino kam in seiner Platonischen Theologie zu dem Ergebnis, daß der Mensch durch das Maß seiner irdischen Kräfte nicht nur »der Statthalter Gottes« sei, sondern mit seiner Intelligenz »fast den gleichen Genius wie der Urheber der Himmelskörper« besaß. Er ging – wohlgemerkt als gläubiger Christ – sogar soweit, der Seele die Fähigkeit zuzugestehen, »kraft des Intellekts und des Willens, kraft dieser beiden platonischen Flügel, […] in gewissen Sinne alles werden zu können, sogar ein Gott«.

Das im Licht der klassischen Vergangenheit wiedererlangte Bewußtsein von der herausragenden Rolle des Menschen im Universum führte überdies zu einer neuen Wahrnehmung der Geschichte. Die Humanisten machten sich die alte griechisch-römische Konzeption eines zyklischen Geschichtsverlaufs zu eigen und verwarfen die ausschließlich lineare jüdisch-christliche Sichtweise. Ihr eigenes Zeitalter sahen sie als Wiedergeburt aus der barbarischen Dunkelheit des Mittelalters, als eine Rückkehr zu antiker Pracht, als die Morgendämmerung eines neuen Goldenen Zeitalters. Aus der Perspektive der neuplatonischen Humanisten waren weder die diesseitige Welt noch der Mensch als solcher so verdorben, wie sie Moses oder Augustinus wahrgenommen hatten.

Der ebenso junge wie brillante Pico della Mirandola faßte vielleicht am besten die für den neuen Geist charakteristische Mischung aus religiösem Synkretismus, umfassender Gelehrsamkeit und optimistischer Einforderung der potentiellen Göttlichkeit des Menschen zusammen. Im Jahre 1486, im Alter von 23 Jahren, veröffentlichte Pico neunhundert, auf verschiedene griechische, lateinische, jüdische und arabische Autoren zurückgehende Thesen und lud Gelehrte aus ganz Europa zu einer öffentlichen Diskussion nach Rom ein, aus deren Anlaß er seine gefeierte *Rede über die Würde des Menschen* verfaßte. Darin erzählte Pico die Schöpfungsgeschichte, indem er sich zunächst sowohl auf den biblischen Bericht der Genesis als auch auf die platonische Version im *Timaios* als Quellen berief, um dann aber über beide hinauszugehen: Denn erst als Gott mit der Schöpfung der Welt, dem heiligen Tempel seiner göttlichen Weisheit, bereits fertig gewesen sei, habe er die Schöpfung des Menschen erwogen, damit jemand über die erhabene Größe seines Werkes nachdenken, es bewundern und lieben konnte. Doch da er über keine Archetypen mehr verfügte, aus denen er den Menschen hätte machen können, habe er seiner letzten Schöpfung folgende Worte mit auf den Weg gegeben:

> »Keinen bestimmten Sitz, keine eigentliche Gestalt, kein besonderes Erbe haben wir dir, Adam, verliehen, damit du habest und besitzest, was du immer als Wohnung, als Gestalt, als Wesensausstattung dir wünschen mögest. Alle anderen Wesen in der Schöpfung haben wir bestimmten Gesetzen unterworfen. Du allein bist nirgends beengt und kannst dir nehmen und erwählen, das zu sein, was du nach deinem Willen zu sein beschließest. In die Mitte der Welt habe ich dich gestellt, damit du frei nach allen Seiten Umschau zu halten vermögest und erspähest, wo es dir behage. Nicht himmlisch, nicht irdisch, nicht sterblich und auch nicht unsterblich haben wir dich erschaffen. Denn du selbst sollst, nach deinem Willen und zu deiner Ehre, dein eigener Werkmeister und Bildner sein und dich aus dem Stoffe, der dir zusagt, formen. So steht es dir frei, auf die unterste Stufe der Tierwelt herabzusinken. Doch kannst du dich auch erheben zu den höchsten Sphären der Gottheit.«[9]

Dem Menschen war Freiheit, Wandelbarkeit und die Kraft zur Selbstüberwindung gegeben worden. Aus diesem Grunde, meinte Pico, sei der Mensch in den antiken Mysterien in der großen mythischen Figur des Prometheus versinnbildlicht worden. Gott habe den Menschen mit der Fähigkeit ausgestattet, seine Position im Universum frei bestimmen zu können – bis hin zum Aufstieg zur völligen Einheit mit dem höchsten Gott. Das von der biblischen Erbsünde unberührte Gefühl der Griechen für die Herrlichkeit des Menschen, für seine geistigen Fähigkeiten und seine spirituellen Möglichkeiten, erfüllte erneut das Herz des westlichen Menschen.

Auch die vorherrschende Methode, zu Kenntnissen über das Universum zu gelangen, unterschied sich von der bisherigen. Die Phantasie, unbestritten in ihrer Fähigkeit, metaphysische Wahrheit wiederzugeben, eroberte den höchsten Rang der erkenntnistheoretischen Werteskala. Durch den geschulten Gebrauch der Vorstellungskraft war der Mensch dazu in der Lage, sich die lebendigen transzendenten Formen, die das Universum ordneten, zu Bewußtsein zu bringen. Auf diese Weise konnte der Geist zu den Wurzeln seiner selbst vordringen und eins mit dem Kosmos werden. Anders als die Scholastiker mit ihrem ausgeprägten Empirismus und Konkretismus, vermuteten die neuplatonischen Humanisten hinter jeder konkreten Tatsache eine archetypische Bedeutung, benutzten sie Mythen als Medien zur Vermittlung metaphysischer und psychologischer Kenntnisse und waren stets auf der Suche nach dem verborgenen Sinn der Dinge.

Waren schon die Neuplatoniker offen gegenüber der Astrologie gewesen und hatten die heidnischen Götter in den Aufbau des Wirklichen übernommen, so begannen in ihrer Nachfolge die Humanisten der Renaissance, das Pantheon der planetarischen Götter für phantasievolle Reden zu verwenden. Prominente Scholastiker, wie der Nominalist Oresme im vierzehnten Jahrhundert, hatten dem Anspruch der Astrologen, genaue Vorhersagen treffen zu können, klar widersprochen, doch unter dem Einfluß der Humanisten erlebte die Astrologie eine neuerliche Blüte – in der florentinischen Akademie, an den königlichen Höfen und in aristokratischen Kreisen, im Vatikan. Der jüdisch-christliche Gott herrschte zwar noch unangefochten, aber die griechisch-römischen Götter und Göttinnen waren zu neuem Leben erweckt und besaßen einen festen Platz in der Ordnung der Dinge. Horoskope gab es im Überfluß, und Verweise auf planetarische Mächte und Tierkreiszeichen waren allgegenwärtig.

Mythologie, Astrologie und Esoterik waren zwar nie gänzlich verschwunden, selbst in der orthodoxen mittelalterlichen Kultur fehlten sie nicht: Allegorien und künstlerische Darstellungen, die planetarischen Namen der Wochentage oder die Einteilung der Elemente und Körperflüssigkeiten zeugten neben zahllosen anderen Beispielen in Künsten und Wissenschaften von ihrer anhaltenden Präsenz. Aber jetzt wurden sie in einem neuen Licht wiederentdeckt, ihr klassischer Status mit neuem Leben erfüllt. Die Götter gewannen ihre heilige Würde zurück, Gemälde und Skulpturen stellten sie mit einer den antiken Bildnissen vergleichbaren Schönheit und Sinnlichkeit dar. Die Gelehrten begannen, die klassische Mythologie als die religiöse Wahrheit der Menschen vor Christus zu achten, als eine eigenständige Theologie, deren Studium damit zu einer zweiten Form der *Docta pietas* wurde. Die heidnische Venus, Göttin der Schönheit, wurde als Symbol spiritueller Schönheit wiederentdeckt, als ein Archetypus des göttlichen Geistes, der das Erwachen der Seele zur göttlichen Liebe vermittelte – und sich als solcher als eine alternative Offenbarung der Jungfrau Maria zu erkennen gab. Platonische Bilder und Lehrsätze wurden auf der Basis christlicher Vorstellungen neu gefaßt, die griechischen Götter und Dämonen als christliche Engel und die priesterliche Lehrerin des Sokrates im *Symposium,* Diotima, als vom Heiligen Geist erleuchtet angesehen. Ein flexibler Synkretismus entstand, der – unterschiedliche Traditionen und Perspektiven umfassend – sich den Platonismus zum neuen Evangelium erwählte.

Während also die Scholastik energisch für den rationalen Geist der aristotelischen Überlieferung eingetreten war und sich die Erweckungsbewegung der Laien, Mystiker und Bettelorden auf das spirituelle Herzstück der ursprünglichen christlichen Überlieferung besonnen hatte, beschwor jetzt der Humanismus den Geist und die Vorstellungskraft der platonischen Überlieferung. Jede dieser Entwicklungen strebte auf ihre Weise danach, die Beziehung des Menschen zum Göttlichen neu zu begründen. Der Humanismus verlieh dem Menschen neue Würde, gab der Natur neuen Sinn und eröffnete dem Christentum neue Dimensionen – auch wenn es seinen absoluten Status verlor. Mensch, Natur und klassisches Vermächtnis, all dies war in der Wahrnehmung der Humanisten göttlich. Ihre immense und radikale Erweiterung des menschlichen Horizontes sprengte den mittelalterlichen Horizont und bedrohte die alte Ordnung in einer Weise, die für die Humanisten allerdings kaum vorhersehbar war.

Denn die Wiederentdeckung einer so hochentwickelten, lebensfähigen und zugleich nichtchristlichen spirituellen Überlieferung relativierte die Einmaligkeit der christlichen Offenbarung und untergrub den alleinigen Vertretungsanspruch der Kirche. Die Art, in der die Humanisten die Innerlichkeit des Menschen und vor allem den Reichtum der individuellen Phantasie kultivierten und feierten, überschritt zudem die dogmatischen Grenzen der traditionellen kirchlichen Spiritualität, die mit ihren institutionell festgelegten Ritualen und Gebeten eine schrankenlose und insofern potentiell gefährliche Privatphantasie immer unterdrückt hatte. Ähnlich unvereinbar war die neuplatonische Auffassung von der immanenten Göttlichkeit der gesamten Natur mit der orthodoxen jüdisch-christlichen Überzeugung von der absoluten Transzendenz Gottes, aus der er – vor dem Anbruch seines Reiches am Ende der Zeit – nur in einmaligen Ausnahmefällen und nur an ganz bestimmten Orten wie dem Berg Sinai oder Golgatha heraustrat. Und als besonders störend erwies sich das Auftauchen des heidnischen Götterhimmels in den humanistischen Schriften, hinter deren Verweisen auf Venus, Saturn oder Prometheus mehr als bloß allegorische Kunstgriffe zu stecken schienen.

Ebenso wenig mit den Vorstellungen der konservativen Theologen in Einklang zu bringen war der neuplatonische Glaube an den Funken des Göttlichen im Menschen, durch den er, vom göttlichen Genius überwältigt, zu den Gipfeln spiritueller Erleuchtung und schöpferischer Kraft geführt werden konnte. Während der humanistische Geist die Künste in ungeahnter Weise beflügelte – Michelangelo, zum Beispiel, war Student Ficinos in Florenz –, stellte er zugleich die traditionelle kirchliche Beschränkung des Göttlichen auf Gott und die heilige Institution der Kirche in Frage. Die Erhebung des Menschen zu einem gottähnlichen Status, wie von Ficino und Pico beschrieben, schien gegen die strikte orthodoxe Trennung zwischen Schöpfer und Geschöpf und die Lehre vom Sündenfall zu verstoßen. Picos Aussage in der *Rede über die Würde des Menschen*, der Mensch könne sein Dasein auf allen Ebenen des Kosmos frei selbst bestimmen, einschließlich der Vereinigung mit Gott, ohne daß er dabei einen vermittelnden Erlöser auch nur erwähnte, ließ sich leicht als ketzerische Verletzung der bestehenden heiligen Hierarchie interpretieren.

Vor diesem Hintergrund vermag es kaum zu überraschen, daß eine päpstliche Kommission einige Thesen Picos verdammte und der Papst die internationale Versammlung verbot, die Pico geplant hatte.

Dennoch tolerierte die römische Kirchenhierarchie in weiten Teilen die Wiedergeburt der Klassik, ja sie förderte sie sogar nachhaltig. Vor allem die Medici begannen, als sie an die päpstliche Macht gekommen waren, die aufwendigen künstlerischen Meisterwerke der Renaissance großzügig aus Kirchengeldern zu finanzieren. Die Begeisterung der Renaissance-Päpste für die neue kulturelle Bewegung mit ihrer Verschönerung und Bereicherung des Lebens ging so weit, daß sie ihre eigentliche Aufgabe, die spirituelle Führung des Kirchenvolks, weitgehend vernachlässigten.

Es war nicht zuletzt diese Entwicklung, die zur Gegenbewegung der Reformation führte, die sich gegen eine in ihren Augen von der humanistischen Bewegung ausgehende Verfälschung der christlichen Lehre wandte – gegen die immanente Göttlichkeit der Natur, die heidnische Sinnlichkeit, die Vielgötterei, die Vergöttlichung des Menschen, die Universalreligion – und dazu aufrief, der fortschreitenden Hellenisierung des Christentums Einhalt zu gebieten. Zugleich stand der Protestantismus selbst auf humanistischem Boden, was seine Kritik an der Kirche und seine Forderung nach spiritueller und institutioneller Reform betraf. Der neue religiöse Geist der Humanisten revitalisierte das spirituelle Leben der westlichen Kultur zu einer Zeit, als es unter dem Verweltlichungsprozeß der Kirche und dem extremen Rationalismus der spätmittelalterlichen Universitäten zu verkümmern drohte. Doch indem die neue Religiosität den Wert der hellenischen und anderer außerchristlicher Religionen betonte, provozierte sie zugleich eine puristische jüdisch-christliche Reaktion gegen das Eindringen des Heidnischen in den traditionellen, ausschließlich auf der biblischen Offenbarung beruhenden Glauben.

Die wissenschaftlichen Konsequenzen der platonischen Erneuerung waren nicht weniger bedeutsam als die religiösen. Der Anti-Aristotelismus der Humanisten stärkte die intellektuelle Unabhängigkeit von der zunehmend dogmatischen Autorität der an den Universitäten vorherrschenden aristotelischen Tradition. Insbesondere die pythagoreische Philosophie der Mathematik, der zufolge quantitative Messungen der Welt eine geistige, von der höchsten Intelligenz ausgehende Ordnung offenbaren konnten, sollte Kopernikus und seine Nachfolger von Galilei bis Newton ganz unmittelbar inspirieren und zu ihren Bemühungen motivieren, tiefer in die Geheimnisse der Natur einzudringen. Die neuplatonische Mathematik ergänzte auf diese Weise den Rationalismus und den beginnenden Empirismus der

Spät-Scholastik und lieferte so einen der letzten notwendigen Bausteine für das Entstehen der wissenschaftlichen Revolution: Weil Kopernikus und Kepler überzeugt waren, daß dem sichtbaren Universum einfache, ebenso präzise wie elegante mathematische Strukturen zugrunde lagen, sahen sie sich gezwungen, das immer unübersichtlicher und unbrauchbarer gewordene geozentrische System der ptolemäischen Astronomie über Bord zu werfen.

Die Entwicklung der kopernikanischen Hypothese, daß die Sonne im Mittelpunkt des Universums stand, wurde auch inspiriert von deren fast kultischer Verehrung bei den Neuplatonikern, vor allem bei Ficino. Der Elan, mit dem Kopernikus und speziell Kepler an der Umgestaltung des geozentrischen Universums arbeiteten, bezog wichtige Anstöße daraus, daß sie die Sonne als Ausdruck der zentralen Gottheit verstanden, um die die Erde und die anderen Planeten sich – in den Worten Keplers – in Anbetung bewegten. Platon hatte im »Staat« erklärt, daß die Sonne im Reich des Sichtbaren die gleiche Funktion habe, wie die höchste Idee des Guten im Reich des Transzendenten. Angesichts der Tatsache, daß die Sonne, der strahlendste und schöpferischste unter den Himmelskörpern, so unschätzbare Gaben wie Licht, Leben und Wärme spendete, gab es keinen anderen Körper, der besser für die Rolle des Mittelpunkts des Universums geeignet zu sein schien. Darüber hinaus legte die neuplatonische Betonung der unendlichen Natur der höchsten Gottheit und ihrer unendlich fruchtbaren Schöpfungskraft eine entsprechende Expansion des Universums nahe, die im Gegensatz zum endlichen aristotelischen Universum stand und zum Bruch mit der traditionellen Architektur des mittelalterlichen Kosmos beitrug. Nikolaus von Kues, ein gelehrter Kardinal, neuplatonischer Philosoph und Mathematiker des mittleren fünfzehnten Jahrhunderts, machte vor diesem Hintergrund den Vorschlag einer sich bewegenden Erde als Teil eines unendlichen neuplatonischen Universums ohne Zentrum.

Die platonische Erneuerung der Humanisten war also für die Entstehung des modernen Zeitalters von ungeheurer Tragweite, nicht allein deswegen, weil sie die umwälzenden kulturellen Bewegungen der Renaissance – mit ihren künstlerischen Leistungen, ihrem philosophischen Synkretismus und ihrem Kult des menschlichen Genius – anregte, sondern auch aufgrund ihrer direkten und indirekten Auswirkungen auf Reformation und wissenschaftliche Revolution. Mit der Wiedergewinnung der unmittelbaren Quellen der platonischen

Tradition hatte sich der Kreis des Mittelalters in gewissem Sinne wieder geschlossen. Eine vergleichbare fruchtbare Spannung wie im Balanceakt des antiken Griechenland zwischen Aristoteles und Platon, Vernunft und Phantasie, Immanenz und Transzendenz, Natur und Geist, Außen- und Innenwelt wurde in der westlichen Kultur wieder spürbar – eine Polarität, die vom Christentum selbst, durch seine elgene innere Dialektik noch verschärft und intensiviert wurde. Aus diesem produktiven und labilen Gleichgewicht sollte sich das kommende Zeitalter herausbilden.

AN DER SCHWELLE

Während der langen Jahre des Mittelalters hatte sich innerhalb des christlichen Weltbildes ein in jeder Beziehung – philosophisch, psychologisch, religiös, wissenschaftlich, politisch und künstlerisch – wirksamer Reifeprozeß vollzogen, der seit dem späten Hochmittelalter immer häufiger die Grenzen dieses Weltbildes erkennbar werden ließ. Ein außergewöhnliches soziales und wirtschaftliches Wachstum hatte den Boden bereitet für diese kulturelle Dynamik, die von der Konkurrenz zwischen den weltlichen Monarchien und der Kirche noch verstärkt wurde. Aus der feudalen Ordnung waren Städte, Zünfte, Bünde, Staaten, internationaler Handel, eine neue Kaufmannsschicht, eine mobile Bauernschaft, neue Vertrags- und Rechtsstrukturen, Parlamente, körperschaftliche Freiheiten und frühe Formen konstitutioneller sowie repräsentativer Regierung hervorgegangen. Wichtige technische Fortschritte gelangen und fanden weite Verbreitung. Das Gelehrtentum und die Bildung entwickelten sich weiter, sowohl innerhalb als auch außerhalb der Universitäten. Die Erfahrung der Menschen im Westen erreichte neue Ebenen an Kultiviertheit, Komplexität und Reichweite.

Der Charakter dieser Entwicklung kam in der Philosophie des Thomas von Aquin mit ihrem neuen Bewußtsein für die wesentliche dynamische Autonomie des Menschen, für die ontologische Bedeutung der natürlichen Welt und für den Wert empirischen Wissens zum Ausdruck, wobei diesen Elementen eine zentrale Rolle bei der Entfaltung des göttlichen Mysteriums zugeschrieben wurde. In einem allgemeineren Sinne war auch die langwierige und von viel Polemik begleitete scholastische Entwicklung des Naturalismus und Rationalismus Teil dieser Entwicklung, ebenso wie die enzyklopädischen, die griechische Philosophie und Wissenschaft in den christlichen Bezugsrahmen integrierenden *Summae* der großen Gelehrten-Philosophen. Sie spiegelte sich in der beispiellosen architektonischen Leistung der gotischen Kathedralen und in Dantes großartiger christlicher Epik. Sie wurde augenfällig in der frühen, von Bacon und Grosseteste vorangetriebenen experimentellen Wissenschaft, in Ockhams Nominalismus und in seiner Trennung von Glauben und Vernunft sowie in Buridans und Oresmes Fortschritten auf dem Gebiet der aristotelischen Naturwissenschaft. Sie war ablesbar am Aufstieg des Laienmystizismus und der privaten Religiosität, am neuen Realismus, an der neuen Romantik in Kunst und Gesellschaft und an der sich in der Feier der erlösenden Minne durch Troubadoure und Poeten abzeichnenden Säkularisierung des Sakralen. Sie manifestierte sich in einem so komplexen, subtilen und ästhetisch feinsinnigen Genius wie dem Petrarcas, in seiner Fähigkeit, seinem dezidiert individuellen, ebenso religiös wie weltlich orientierten Temperament Ausdruck zu verleihen. Sie erreichte eine neue Stufe in der Wiederbelebung der klassischen Literatur und Kunst durch die Humanisten, in der Erneuerung der platonischen Tradition und der Begründung einer autonomen weltlichen Erziehung in Europa. Am deutlichsten aber zeigte sich diese Entwicklung vielleicht in dem neuen, von Pico und Ficino propagierten prometheischen Menschenbild. Überall war eine neue und wachsende geistige Unabhängigkeit spürbar, die sich in oft voneinander abweichenden, aber stets den Horizont erweiternden Meinungen artikulierte. Langsam und schmerzhaft, doch auf wundersame Weise und mit unbeirrbarer Macht öffnete sich der westliche Geist einem neuen Universum.

Der mittelalterliche Prozeß der Aufnahme und Verarbeitung der europäischen Kultur war an einer kritischen Schwelle angelangt, die zu überschreiten ein Heraustreten aus den alten Strukturen bedeuten sollte. Der tausendjährige Reifeprozeß des Westens stand kurz davor, sich in einer Reihe von gewaltigen, zur Geburt der modernen Welt führenden kulturellen Erschütterungen zu entladen.

V
DAS MODERNE WELTBILD

D as moderne Weltbild war das Ergebnis eines außergewöhnlichen Zusammentreffens verschiedener Ereignisse, Ideen und Persönlichkeiten. Trotz ihrer Vielfalt und Gegensätzlichkeit brachten sie eine gemeinsame, zutiefst zwingende Vision vom Universum und vom Platz des Menschen in ihm hervor – eine Sichtweise, die radikal neu und voller widersprüchlicher Konsequenzen war. Diese Umstände bewirkten außerdem einen grundlegenden Wandel des westlichen Charakters. Um das historische Auftreten des modernen Geistes zu verstehen, werden wir uns nun der Untersuchung der auf vielfältige Weise miteinander verknüpften Kulturepochen zuwenden, die als Renaissance, Reformation und wissenschaftliche Revolution bekannt sind.

DIE RENAISSANCE

Das Phänomen der Renaissance ist ebenso durch die immense Vielfalt wie durch die nie dagewesene Qualität ihrer Ausdrucksformen gekennzeichnet. In der Zeitspanne einer einzigen Generation schufen Leonardo, Michelangelo und Raffael ihre Meisterwerke, entdeckte Kolumbus die Neue Welt, rebellierte Luther gegen die katholische Kirche, stellte Kopernikus die Hypothese eines heliozentrischen Universums auf und leitete damit die wissenschaftliche Revolution ein. Verglichen mit seinen mittelalterlichen Vorfahren erscheint der Mensch der Renaissance fast übermenschlich. Er besaß die Fähigkeit, in die tiefsten Geheimnisse der Natur einzudringen und sie in Kunst und Wissenschaft mit noch nie dagewesener mathematischer Perfektion, empirischer Präzision und ästhetischer Kraft zu reflektieren. Er hatte die Grenzen der ihm bekannten Welt enorm erweitert, neue Kontinente entdeckt und die Welt zur Kugel gemacht. Er war imstande, sich über traditionelle Autoritäten hinwegzusetzen und Wahrheiten auf Basis seiner eigenen Urteilskraft zu vertreten. Er schätzte den Reichtum der klassischen Kultur und spürte dennoch, daß er die alten Grenzen durchbrach, um in ganz neue Sphären vorzustoßen. Ob polyphone Musik, Tragödie, Komödie, Poesie, Malerei, Architektur oder Skulptur- auf allen Gebieten wurden neue Stufen an Komplexität und Schönheit erreicht. Überall waren Beweise für den Genius und die Unabhängigkeit des Individuums erkennbar. Es schien, als gäbe es keinen Bereich des Wissens, der Kreativität oder der Forschung, der sich dem menschlichen Zugriff zu entziehen vermochte.

Durch die Renaissance schien das menschliche Leben in dieser Welt von unmittelbarem eigenem Wert. Es gewann einen Reiz und eine existentielle Bedeutung, die den mittelalterlichen Fokus auf ein jenseitiges spirituelles Schicksal ausglich oder sogar verdrängte. Der Mensch erschien nicht länger bedeutungslos, verglichen mit Gott, Kirche oder Natur. An vielen Fronten, in ganz unterschiedlichen Bereichen menschlichen Handelns schien Pico della Mirandolas Proklamation der Menschenwürde Wirklichkeit geworden zu sein. Die Renaissance brachte von Petrarca, Boccaccio, Bruni und Alberti über Erasmus, More, Machiavelli und Montaigne bis hin zu Shakespeare, Cervantes, Bacon und Galilei immer neue Vorbilder für die Schaffenskraft des Menschen hervor. Zu einer derart erstaunlichen Entfaltung des menschlichen Bewußtseins und der menschlichen Kultur war es seit dem antiken griechischen Wunder der Geburt der westlichen Zivilisation nicht mehr gekommen. Der westliche Mensch wurde tatsächlich wiedergeboren.

Doch es wäre ein großes Mißverständnis, sich das Entstehen der Renaissance nur als hell und glanzvoll vorzustellen. Ihr Erscheinen wurde vielmehr von einer Reihe schwerer Katastrophen begleitet, und sie gedieh inmitten pausenloser Umwälzungen. Seit Mitte des vierzehnten Jahrhunderts fegte die Pest durch Europa und vernichtete ein Drittel der Bevölkerung des Kontinents. Auf fatale Weise wurde so das ökonomische und kulturelle Gleichgewicht untergraben, das die hochmittelalterliche Zivilisation getragen hatte. Viele glaubten, Gottes Zorn sei über die Welt gekommen. Während Italien durch wiederholte Invasionen und mörderische Konflikte verwüstet wurde, bekämpften sich England und Frankreich auf ruinöse Weise im Hundertjährigen Krieg. Überall drohten Piraten, Banditen und Söldner. Religiöse Streitigkeiten wuchsen sich zu internationalen Konflikten aus. Für Jahrzehnte wurde eine tiefe ökonomische Depression fast chronisch. Die Universitäten waren verknöchert. Über die Häfen gelangten bisher unbekannte Krankheiten nach Europa und forderten ihren Tribut. Schwarze Magie und Satanskult hatten ebenso Hochkonjunktur wie Flagellantentum, Totentänze auf Friedhöfen, Inquisition, Folter und Scheiterhaufen. Schon zur Routine gewordene kirchliche Intrigen schreckten selbst vor einem päpstlich gedeckten Mord am Altar der Kathedrale von Florenz während des ostersonntäglichen Hochamtes nicht mehr zurück. Mord, Vergewaltigung und Plünderung gehörten nicht selten zum Alltag, und jedes Jahr mußte mit neuen Hungersnöten und Seuchen gerechnet werden. Die türkischen Heere drohten jeden Augenblick in Europa einzufallen. Apokalyptische Erwartungen waren allgegenwärtig. Und die Kirche, die fundamentale kulturelle Institution des Westens, war in den Augen vieler das eigentliche Zentrum der dekadenten Verderbtheit, ihr Aufbau und Zweck bar jeglicher spirituellen Integrität. Es war dieser Hintergrund aus massivem kulturellen Verfall, Gewalt und Tod, vor dem sich die »Wiedergeburt« der Renaissance abspielte.

Wie schon während der mittelalterlichen Kulturrevolution einige Jahrhunderte zuvor, spielten technische Erfindungen eine Schlüsselrolle bei der Entstehung des neuen Zeitalters. Insbesondere vier – alle mit östlichen Vorläufern – gelangten bis zu dieser Zeit im Westen zu verbreiteter Anwendung und zogen immense kulturelle Auswirkungen nach sich: der magnetische Kompass, der jene seefahrerischen Großtaten ermöglichen sollte, die den Globus für die Erforschung durch die Europäer öffneten; das Schießpulver, das zum Niedergang der alten Feudalordnung und zum Aufstieg des Nationalismus beitrug; die mechanische Uhr, die eine grundlegende Veränderung der Beziehung des Menschen zu Zeit, Natur und Arbeit herbeiführte, indem sie die Struktur menschlicher Tätigkeiten von der Dominanz des Rhythmus der Natur trennte und befreite; und die Druckerpresse, die einen gewaltigen Zuwachs an verfügbarem Wissen bewirkte, alte Klassiker ebenso wie moderne Werke einem immer größeren Publikum zugänglich machte und das lange vom Klerus für sich beanspruchte Bildungsmonopol hinfällig werden ließ.

Alle diese Erfindungen hatten eine stark modernisierende und damit letztendlich säkularisierende Wirkung. Der auf die Artillerie gestützte Aufstieg einzelner, intern geeinter Nationalstaaten markierte nicht nur das Ende der mittelalterlichen Feudalstrukturen, sondern auch einen bemerkenswerten Machtzuwachs der säkularen Kräfte gegen die katholische Kirche.

Eine ähnliche Wirkung in der Sphäre des Denkens hatte die Druckerpresse. Sie ermöglichte die rasche Verbreitung von neuen, oft revolutionären Ideen in ganz Europa. Ohne sie wäre die Reformation auf einen relativ unbedeutenden theologischen Disput in einer entlegenen deutschen Provinz beschränkt geblieben. Auch wäre die wissenschaftliche Revolution, wegen des fehlenden Mediums für einen internationalen Dialog möglichst vieler Wissenschaftler, insgesamt nicht möglich gewesen. Zudem trug die Verbreitung des gedruckten Wortes und die wachsende Zahl der des Lesens und Schreibens kundigen Menschen zu einem neuen kulturellen Ethos bei, das sich durch zunehmend individuelle und private, nicht-gemeinschaftliche Formen der Kommunikation und Erfahrung auszeichnete und so die Entwicklung des Individualismus begünstigte. Stilles Lesen und einsames Nachdenken, die Tatsache, daß der einzelne Leser jetzt über einen privaten Zugang zu einer Vielzahl von Perspektiven und Erfahrungsmodellen verfügte, trugen zu einer Befreiung des Individuums von traditionellen Denkweisen bei und entzogen es der Kontrolle durch die Gemeinschaft.

Ähnlich zukunftsweisend war die Entwicklung des mechanischen Uhrwerks, dessen fein gegliedertes System aus Zahnrädern und Räderwerken zum Modell moderner Maschinen wurde und den Fortschritt auf dem Gebiet mechanischer Erfindungen und des Maschinenbaus nachhaltig beschleunigte. Genauso wichtig aber war, daß dieser neue mechanische Triumph ein begriffliches Basismodell und eine Metapher für die entstehende Wissenschaft des neuen Zeitalters – ja für den gesamten modernen Geist – bereitstellte und die moderne Sicht des Kosmos und der Natur, des menschlichen Wesens, der idealen Gesellschaft und sogar Gottes entschieden prägte.

Die durch die Erfindung des Kompaß möglich gewordenen globalen Forschungsreisen trieben die geistige Erneuerung ebenfalls kräftig voran. Als Reflex und Stimulus der neuen wissenschaftlichen Erforschung der natürlichen Welt bestätigten sie den Westen in seinem Gefühl, die zivilisatorische Speerspitze der Geschichte zu bilden. Dadurch, daß die Entdeckungen der Forschungsreisenden wider Erwarten die Fehler und Unwissenheit der antiken Geographen offenbarten, verliehen sie dem modernen Intellekt ein neues Bewußtsein für seine eigene Kompetenz, ja für seine Überlegenheit gegenüber den zuvor als unübertrefflich geltenden Meistern der Antike – und untergruben so die Stellung der traditionellen Autoritäten nur noch weiter. Zu den diskreditierten Geographen zählte auch Ptolemäus, dessen Ruf als Astronom erheblich in Mitleidenschaft gezogen wurde. Die Schiffsexpeditionen machten wiederum genauere astronomische Kenntnisse und erfahrenere Astronomen erforderlich, aus deren Vielzahl Kopernikus herausragen sollte. Die Entdeckung neuer Kontinente schuf neue ökonomische und politische Expansionsmöglichkeiten und führte zu einem radikalen Wandel der europäischen Sozialstruktur. Es kam zu Begegnungen mit fremden Kulturen, Religionen und Lebensweisen, die im europäischen Bewußtsein einen neuen skeptischen Relativismus gegenüber der Absolutheit der eigenen Tradition entstehen ließen. Die Horizonte des Westens – ob geographisch, geistig, sozial, wirtschaftlich oder politisch – veränderten und erweiterten sich in nie gekanntem Ausmaß.

Parallel zu diesen Fortschritten vollzog sich eine wichtige psychologische Entwicklung, in deren Verlauf der europäische Charakter, beginnend im besonderen politisch-kulturellen Klima des Italien der

Renaissance, eine einmalige und erstaunliche Wandlung durchmachte. Die italienischen Stadtstaaten des vierzehnten und fünfzehnten Jahrhunderts – Florenz, Mailand, Venedig, Urbino und andere – waren in vieler Hinsicht die am weitesten fortgeschrittenen urbanen Zentren in Europa. Tatkräftiger Kaufmannsgeist, prosperierender mediterraner Handel und steter Kontakt zu den älteren Zivilisationen des Orients bescherten ihnen einen ungewöhnlichen wirtschaftlichen und kulturellen Reichtum. Aufgrund der Schwächung des römischen Papsttums durch seine Auseinandersetzungen mit dem auseinanderfallenden Heiligen Römischen Reich und den aufstrebenden Nationalstaaten des Nordens zeichnete sich die politische Lage Italiens zudem durch eine bemerkenswerte Unbeständigkeit aus. Die überschaubare Größe der Stadtstaaten, ihre Unabhängigkeit von äußeren Autoritäten sowie ihre kommerzielle und kulturelle Vitalität, all dies machte sie zu einer politischen Bühne, auf der der neue Geist eines kühnen, kreativen und oft rücksichtslosen Individualismus gedeihen konnte. Während in früheren Zeiten das politische Leben durch die von der Tradition oder von höheren Autoritäten vorgegebenen Macht- und Rechtsstrukturen bestimmt worden war, waren jetzt individuelle Eignung und gezieltes politisches Handeln und Denken gefragt. Selbst der Staat galt nun als etwas, das sich durch menschlichen Willen und Intelligenz verstehen und manipulieren ließ – ein Politikverständnis, das die Stadtstaaten Italiens zu Vorläufern des modernen Staates machte.

Diese neue Betonung des Individualismus und des persönlichen Genius verstärkte eine ähnliche Tendenz der italienischen Humanisten. Deren Ansicht vom Wert des Einzelnen gründete sich auf dessen individuelle Fähigkeiten; ihr Ideal war der emanzipierte Mensch, das allseitig begabte Genie. Das mittelalterlich-christliche Ideal, in dem die Identität des Einzelnen weitgehend im kollektiven Leib der christlichen Gemeinschaft aufging, trat hinter dem eher heidnisch-heroischen Ideal – der Einzelne als Abenteurer, Genie und Rebell – zurück. Das erhöhte Selbst ließ sich am besten durch ein aktives Leben im Dienste des Stadtstaates, durch gelehrte oder künstlerische Tätigkeiten, durch kaufmännische Unternehmungen und gesellschaftlichen Umgang verwirklichen, nicht durch den klösterlichen Rückzug aus der Welt. Alte Widersprüche wurden jetzt in einer umfassenderen Einheit aufgehoben: Das Tätigsein in der Welt stand neben der Kontemplation ewiger Wahrheiten; die Treue zu Staat, Familie und Selbst neben der zu Gott und Kirche; körperliche Freuden neben spirituellem Glück; Erfolg neben Tugend. Das Ideal der klösterlichen Armut verlor seine allgemeine Verbindlichkeit. Der Mensch der Renaissance entdeckte die Annehmlichkeiten des Lebens, die ihm ein persönlich erarbeiteter Wohlstand verschaffte. Humanistische Gelehrsamkeit und Kunst blühten in dem von den kommerziellen und aristokratischen Eliten Italiens subventionierten kulturellen Klima.

Diese Kombination aus politischer Dynamik, wirtschaftlichem Erfolg, breiter Gelehrsamkeit, sinnlicher Kunst sowie einer intimen Vertrautheit mit den antiken und östlichen Kulturen des Mittelmeerraums förderte unter der herrschenden Klasse Italiens einen neuen und aufstrebenden säkularen Geist, der auch vor dem Allerheiligsten des Vatikan keinen Halt machte. In den Augen der frommen Christen schien der italienische Alltag zunehmend von Heidentum und Unmoral beherrscht zu sein. Nicht nur die Verrohung der Sitten und die Intrigen der politischen Arena machten dies deutlich, sondern auch die unverhohlene Diesseitigkeit, mit der sich der Mensch der Renaissance für Natur, Erkenntnis, Schönheit und Luxus um ihrer selbst willen interessierte. Aus der dynamischen Kultur Italiens zur Zeit der Renaissance entwickelte sich ein neuer westlicher Persönlichkeitstypus. Dieser Geist, der sich auszeichnete durch Individualismus, Weltlichkeit, Willensstärke, vielfältige Interessen und Beweggründe, schöpferische Innovation und die Bereitschaft, sich über die traditionellen Grenzen menschlichen Handelns hinwegzusetzen, eroberte Europa und schuf die Grundzüge des modernen Charakters.

Doch ungeachtet des Säkularismus der Zeit stand die römischkatholische Kirche in einem sehr greifbaren Sinne während der Renaissance auf dem glanzvollen Höhepunkt ihrer Machtentfaltung. Der Petersdom, die Sixtinische Kapelle und die programmatischen Raumausmalungen der *Stanza della Segnatura* im Vatikan, sie alle stehen als faszinierende Monumente für die letzten Momente unangefochtener kultureller Vorherrschaft der Kirche. In ihnen artikulierte sich die ganze Größe und Pracht, das ganze Selbstbewußtsein der katholischen Kirche. Genesis und biblisches Drama (Sixtinische Deckenfresken), klassische griechische Philosophie und Wissenschaft *(Die Schule von Athen)*, Poesie und bildende Kunst *(Der Parnass)* – alles dies kulminierte in der Theologie und dem höchsten Pantheon der römisch-katholischen Christenheit *(La Disputa del Sacramento, Der Triumph der Kirche)*. Die Prozession der Jahrhunderte, die Geschichte der westlichen Seele, wurde hier unsterblich gemacht. Unter der Führung des hervorragenden, wenn auch völlig unpriesterlichen Papstes Julius II. malten, bildhauerten, entwarfen und konstruierten großartige Künstler wie Raffael, Bramante und Michelangelo Kunstwerke von unübertrefflicher Schönheit und Kraft zur Feier der Vision des Katholizismus. Die Mutter Kirche, Vermittlerin zwischen Gott und Mensch und bergender Zusammenhang der westlichen Kultur, bündelte und vereinte jetzt alle ihre unterschiedlichen Elemente: jüdische Tradition und Hellenismus, Scholastik und Humanismus, Platonismus und Aristotelismus, heidnischen Mythos und biblische Offenbarung. In der künstlerischen Bildersprache der Renaissance entstand eine neue malerische *Summa*, die die dialektischen Bestandteile der westlichen Kultur zu einer transzendenten Synthese zusammenführte. Es war, als hätte die Kirche, ihre bevorstehende Zerreißprobe ahnend, sich zum höchsten Gipfel ihres kulturellen Selbstverständnisses aufgeschwungen und als hätte sie Künstler von nahezu göttlichem Rang gefunden, die dieses Selbstbild Gestalt werden ließen.

Die Blüte der katholische Kirche inmitten einer sich so nachdrücklich der diesseitigen Welt zuwendenden Zeit war nur eines der für die Renaissance insgesamt charakteristischen Paradoxe. Sie verdankt ihren einmaligen kulturgeschichtlichen Rang nicht zuletzt der Ausbalancierung und Verbindung von Gegensätzen: christlich und heidnisch, modern und klassisch, weltlich und heilig, Kunst und Wissenschaft, Wissenschaft und Religion, Poesie und Politik. Ebenso Epoche wie Übergang, war die Renaissance mittelalterlich und modern zugleich, war sie noch immer zutiefst religiös – Ficino, Michelangelo, Erasmus, More, Savonarola, Luther, Loyola, Teresa von Ávila, Johannes vom Kreuz – und doch schon unleugbar weltlich – Machiavelli, Cellini, Castiglione, Montaigne, Bacon, die Medici und Borgias, sowie die meisten Päpste. Der Aufstieg und die Blüte der wissenschaftlichen Mentalität gingen mit einer Welle religiöser Leidenschaften einher, und beides war oft aufs engste miteinander verknüpft.

Diese Vereinigung von Gegensätzen hatte sich bereits in Petrarcas Ideal der *Docta pietas* angekündigt und wurde jetzt mit religiösen Gelehrten wie Erasmus und seinem Freund Thomas More Wirklichkeit. Mit den christlichen Humanisten der Renaissance standen Ironie und Maß, weltliche Tätigkeit und klassische Gelehrsamkeit auf eine für das Mittelalter undenkbare Weise im Dienst der christlichen Sache. Eine belesene und ökumenische Verkündung des Glaubens schien die dogmatische Frömmigkeit eines primitiveren Zeitalters zu ersetzen. Eine kritische religiöse Intelligenz machte sich daran, den naiven religiösen Aberglauben zu überwinden. Der Philosoph Platon und der Apostel Paulus wurden zusammengebracht, um eine neue *Philosophia Christi* zu schaffen.

Aber vielleicht war es die Kunst der Renaissance, die den Gegensätzen und der Einheit der Epoche am besten Ausdruck verlieh. Hatte im frühen Quattrocento nur eins von zwanzig Bildern ein nichtreligiöses Sujet, so waren es hundert Jahre später bereits fünfmal soviel. Selbst im Vatikan hingen jetzt Aktbilder und Darstellungen heidnischer Götter neben der Madonna mit Kind. Der menschliche Körper wurde wegen seiner Schönheit, formalen Harmonie und Proportionen gefeiert, doch zumeist in religiösen Motiven oder als Offenbarung der schöpferischen Weisheit Gottes. Die Kunst der Renaissance widmete sich der genauen Nachahmung der Natur, sie schuf die technischen Voraussetzungen für eine völlig neue naturalistische Darstellungsweise. Doch auch ihre Interpretationen sublimer Heiligkeit waren von einzigartigem künstlerischem Rang, ihre Darstellungen spiritueller und mythischer Wesen und selbst zeitgenössischer menschlicher Persönlichkeiten von unbeschreiblicher Anmut und formaler Perfektion. Diese Fähigkeit zur Darstellung des geheimnisvoll Geistigen wäre ohne die nach empirischer Präzision und Wahrnehmungsrealismus strebenden technischen Neuerungen – geometrische Mathematisierung des Raums, Zentralperspektive, Raumperspektive, Kenntnisse der Anatomie, *Chiaroscuro, Sjumato* – nicht möglich gewesen. Die Errungenschaften im Bereich des Malens und Zeichnens trugen später wiederum zu naturwissenschaftlichen Fortschritten in Anatomie und Medizin bei und kündigten die globale Mathematisierung der physikalischen Welt in der wissenschaftlichen Revolution an. Für die Entstehung der modernen Weltsicht war es außerdem keineswegs nebensächlich, daß die Kunst der Renaissance eine Welt beschrieb, in der rational zueinander in Beziehung stehende Körper sich in einem einheitlichen, von einem objektiven Standpunkt aus betrachteten Raum befanden.

Die Renaissance gedieh auf der Basis einer entschiedenen Aufhebung der Grenzen zwischen den verschiedenen Bereichen menschlicher Erkenntnis und Erfahrung. Leonardo war dafür das herausragende Beispiel. Dem Streben nach Erkenntnis genauso verpflichtet wie dem nach Schönheit, bediente er sich unterschiedlicher künstlerischer Medien und ging kontinuierlich und mit unersättlicher Neugier seinen breitangelegten naturwissenschaftlichen Studien nach. Leonardo erforschte das Auge empirisch mit dem Ziel, die äußere Welt in einem umfassenderen Bewußtsein und mit neuer Präzision zu begreifen – aus Motiven wissenschaftlicher Erkenntnis wie zur Verbesserung der künstlerischen Darstellungstechnik. In seiner »Wissenschaft des Malens« verschmolz beides untrennbar miteinander. Seine Kunst war von einer intensiven spirituellen Ausdruckskraft, getragen von einer extremen technischen Präzision der Darstellung. Die Renaissance zeichnete sich nicht zuletzt dadurch aus, daß sie diesen Menschen hervorbrachte, der nicht nur *Das letzte Abendmahl* und *Die Madonna in der Felsengrotte* malte, sondern in seinen Notizbüchern auch die drei fundamentalen Prinzipien – Empirismus, Mathematik und Mechanik – formulierte, die das moderne wissenschaftliche Denken beherrschen sollten.

Kopernikus und Kepler versuchten ebenfalls, angeregt von neuplatonischen und pythagoreischen Anregungen, für die Probleme in der Astronomie Lösungen zu finden, die auch ästhetischen Erfordernissen genügten – eine Strategie, die sie zum heliozentrischen Universum führte. Nicht weniger bedeutsam war die tief religiöse Motivation, die, gewöhnlich mit platonischen Elementen kombiniert, die meisten wichtigen Persönlichkeiten der wissenschaftlichen Revolution bis Newton inspirierte. Denn all diesen Bemühungen lag die implizite Vorstellung von einem vergangenen und mythischen Goldenen Zeitalter zugrunde, in dem der Mensch alles wußte – einem Garten Eden, der Zeit der Antike oder einer vergangenen Epoche der großen Weisen. Der Fall der Menschheit aus diesem ursprünglichen Zustand der Erleuchtung und Gnade hatte einen drastischen Verlust an Wissen bewirkt. Die Erneuerung des Wissens war daher von religiöser Bedeutung. Mit dieser paradoxen Verbindung, diesem Gleichgewicht der Gegensätze, gelang der Renaissance noch einmal das, was schon im klassischen Athen geglückt war, als Religion, Kunst und Mythos mit dem Geist des Rationalismus und der Naturwissenschaft aufeinandertrafen, um sich gegenseitig zu befruchten.

Zwar war die Renaissance in vieler Hinsicht ein direkter Ableger der reichen und blühenden Kultur des Hochmittelalters. Aber nach allem, was wir wissen, ereignete sich zwischen der Mitte des fünfzehnten und dem frühen siebzehnten Jahrhundert ein Quantensprung in der kulturellen Entwicklung des Westens. Die verschiedenen Faktoren, die dazu beigetragen haben, lassen sich rückblickend bestimmen und auflisten: die Wiederentdeckung der Antike, die kaufmännische Vitalität, der städtische Persönlichkeitstypus, die technischen Erfindungen und so weiter. Aber selbst wenn alle diese »Ursachen« aufgezählt sind, bleibt spürbar, daß die eigentliche Triebkraft der Renaissance etwas Stärkeres als diese Faktoren gewesen sein muß. Die historischen Aufzeichnungen legen nahe, daß sich ein neues Bewußtsein an vielen Fronten gleichzeitig Bahn brach: expansiv, rebellierend, kraftvoll und kreativ, individualistisch, ehrgeizig und oft rücksichtslos, neugierig, voller Selbstvertrauen, dem Leben und der diesseitigen Welt verpflichtet, mit offenen Augen und skeptisch, erleuchtet und beseelt. Dieser Aufbruch hatte seine eigene *Raison d'être*, er wurde von einer größeren und umfassenderen Kraft angetrieben als einer bloßen Kombination von politischen, sozialen, technologischen, religiösen, philosophischen oder künstlerischen Faktoren. Für das Wesen der Renaissance – und ihr neues Gefühl für künstlerische Perspektive – war es keineswegs nebensächlich, daß die Historiker dieser Zeit zu einer völlig neuen Sichtweise der Vergangenheit gelangten: Während die mittelalterlichen Gelehrten die Geschichte in zwei Phasen, vor und nach Christus, einteilten und ihre eigene Zeit als nur unwesentlich von der römischen Epoche zur Zeit der Geburt Christi entfernt betrachteten, wurde nun Geschichte erstmals als eine dreigeteilte Struktur – antik, mittelalterlich, modern – wahrgenommen und insofern klar zwischen klassischer Antike und Mittelalter unterschieden. Die Renaissance erklärte sich selbst zur Vorhut des neuen Zeitalters.

Auf der Bühne der Renaissance überstürzten sich die Ereignisse. Kolumbus und Leonardo wurden im gleichen halben Jahrzehnt geboren (1450–55), in das auch die Entwicklung der Gutenbergpresse, der Fall Konstantinopels mit dem daraus resultierenden Exodus griechischer Gelehrter nach Italien und das Ende des Hundertjährigen Krieges fielen, durch den Frankreich und England ihr jeweiliges Nationalbewußtsein ausbildeten. Während der gleichen zwei Jahrzehnte (1468–88), die den Höhepunkt der neuplatonischen Erneuerung an der Akademie von Florenz unter der Regentschaft Lorenzos des Prächtigen markierten, wurden Kopernikus, Luther, Castiglione, Raffael, Dürer, Michelangelo, Giorgione, Machiavelli, Cesare Borgia, Zwingli, Pizarro, Magellan und More geboren. Zur gleichen Zeit entstand durch die Heirat Ferdinand von Aragoniens mit Isabella von Kastilien die spanische Nation, gelangten die Tudors auf den englischen Thron, begann Leonardo seine künstlerische Karriere mit dem Malen der Engel in Verrocchios *Tauje Christi*, um dann die *Anbetung der Könige* zu schaffen, malte Botticelli seine *Allegorie des Frühlings* und *Die Geburt der Venus*, schrieb Ficino die *Theologia Platonica* und veröffentlichte die erste vollständige Übersetzung Platons im Westen, erhielt Erasmus seine frühhumanistische Erziehung in Holland und verfaßte Pico della Mirandola sein Manifest des Renaissance-Humanismus *Über die Würde des Menschen*. Mehr als nur »Ursachen« waren hier wirksam. Es vollzog sich eine spontane, praktisch alle Bereiche der westlichen Kultur erfassende Bewußtseins-Revolution, die nicht wieder rückgängig zu machen war. Inmitten hochdramatischer Ereignisse und schmerzvoller Umbrüche gebar die Renaissance den modernen Menschen.

DIE REFORMATION

Als der individualistische Geist der Renaissance in Gestalt des deutschen Augustinermönchs Martin Luther bis in die innerkirchliche Sphäre der Theologie und des religiösen Glaubens vordrang, kam es in Europa zum Ausbruch der protestantischen Reformation. Die Renaissance hatte die antike Kultur und das Christentum zu einer umfassenden, wenn auch unsystematischen Weltanschauung zusammengeführt. Aber der anhaltende moralische Niedergang des Papsttums im Süden traf jetzt auf eine neue Welle strenger Religiosität im Norden. Der entspannte kulturelle Synkretismus, den die Renaissance-Kirche in ihrer Zuwendung zur heidnischen Kultur der Griechen und Römer an den Tag legte – verbunden mit den enormen Kosten, die diese Liebhaberei mit sich brachte –, trug zur Beschleunigung des Zusammenbruchs der absoluten religiösen Autorität der Kirche bei. Mit dem donnernden moralischen Charisma eines alttestamentarischen Propheten stellte sich Luther herausfordernd der offenkundigen Vernachlässigung des ursprünglichen, in der Bibel offenbarten christlichen Glaubens seitens des römisch-katholischen Papsttums entgegen. Ausgelöst durch Luthers Rebellion fegte eine kulturelle Reaktion durch das sechzehnte Jahrhundert, die der christlichen Religion zwar wieder zu Geltung verhalf, zugleich aber die Einheit der westlichen Christenheit zerschlug.

Unmittelbarer Anlaß der Reformation war der Versuch des Papsttums, die architektonische und künstlerische Pracht der Hochrenaissance durch den theologisch fragwürdigen Verkauf von Ablaßbriefen zu finanzieren. Johannes Tetzel, der reisende Bettelmönch, veranlaßte durch seinen Ablaßhandel in Deutschland Martin Luther im Jahre 1517 dazu, seine berühmten 95 Thesen anzuschlagen. Tetzel war vom Medici-Papst Leo X. beauftragt worden, Geld für den Bau des Petersdoms aufzubringen. Ein Ablaß war ursprünglich der Erlaß einer Sündenstrafe nach der Vergebung der Schuld im Sakrament der Buße – eine Praxis, die vom vorchristlichen germanischen Brauch, eine physische Strafe für ein Verbrechen in eine Geldstrafe umwandeln zu können, beeinflußt war. Um einen solchen Ablaß zu gewähren, schöpfte die Kirche aus dem Schatz der guten Werke der Heiligen, während der Empfänger im Gegenzug einen finanziellen Beitrag leistete. Dieses freiwillige und populäre Arrangement ermöglichte es der Kirche, Kreuzzüge zu finanzieren oder Kathedralen und Krankenhäuser zu bauen. Anfänglich nur für kirchliche Strafen im diesseitigen Leben angewandt, wurde der Ablaß zu Zeiten Luthers auch als Vergebung für von Gott im Jenseits verhängte Strafen gewährt – einschließlich der umgehenden Befreiung vom Fegefeuer. Mit Ablässen, die sogar die Tilgung von Sünden, nicht nur von Strafen bewirken sollten, wurde aber allzu offensichtlich das Sakrament der Buße kompromittiert.

Hinter dem Ablaßstreit verbargen sich erheblich tiefer reichende Gründe für die protestantische Revolution: der seit langem wachsende Säkularismus der Kirchenhierarchie, der ihre geistliche Autorität untergrub, während er sie zugleich in diplomatische und militärische Auseinandersetzungen verwickelte; die tiefe Frömmigkeit und Armut unter den Gläubigen, die im Gegensatz zum oft weltlich orientierten, sozial und ökonomisch privilegierten Klerus stand; der Aufstieg von monarchischer Macht und Nationalismus sowie der lokale deutsche Aufstand gegen den Universalitätsanspruch des römischen Papsttums und des Heiligen Römischen Reichs. Der unmittelbare Anlaß jedoch, die kostenaufwendige Förderung der Hochkultur durch die Kirche, wirft ein Schlaglicht auf einen noch tiefer liegenden Faktor der Reformation – nämlich die antihellenische Grundhaltung, mit der Luther versuchte, das Christentum von äußeren Einflüssen zu reinigen, und es wieder auf sein ursprüngliches biblisches Fundament zu stellen. Die Reformation war nicht zuletzt eine puristische Reaktion der jüdischen Tradition innerhalb des Christentums gegen den hellenischen und römischen Hintergrund der Renaissancekultur, der scholastischen Philosophie und eines Großteils des post-apostolischen Christentums im allgemeinen. Das vielleicht wichtigste Element im Prozeß der Entstehung und Verbreitung der Reformation aber war der aufstrebende Geist eines rebellischen, selbstbestimmten Individualismus und insbesondere der stärker werdende Drang nach geistiger und spiritueller Unabhängigkeit. Dieser hatte jetzt ein Stadium erreicht, in dem sich erstmals ein kritischer Standpunkt gegenüber der höchsten kulturellen Autorität des Westens, der römisch-katholischen Kirche, wirkungsvoll einnehmen ließ.

Luther suchte verzweifelt nach Zeichen der Erlösung durch einen gnädigen Gott angesichts der überwältigenden Offensichtlichkeit des Gegenteils: Die eigene Sündhaftigkeit war ebenso unmittelbar einsichtig wie die zwangsläufig folgende Verdammung. Es gelang ihm nirgends, diese Gnade zu finden, weder in sich selbst und seinen guten Taten, noch in der Kirche – nicht in ihren Sakramenten, nicht in ihrer Hierarchie und gewiß nicht in ihrem päpstlichen Ablaßhandel. Schließlich fand er die ersehnte Gnade im Glauben an Gottes erlösende Kraft, wie sie Christus in der Bibel offenbart hatte. Nur dieser Glaube gab die lutherische Heilserfahrung wieder; auf diesen einen Felsen baute er seine neue Kirche eines reformierten Christentums auf. Erasmus, der kritisch-gläubige Humanist, wollte im Gegensatz dazu die Einheit und den Auftrag der Kirche durch eine innere Reform bewahren. Die Kirchen-Hierarchie, mit anderen Dingen beschäftigt, zeigte sich jedoch völlig unnachgiebig gegenüber solchen Bedürfnissen. Luther hingegen erklärte mit gleicher Unnachgiebigkeit die Notwendigkeit einer vollständigen Ablösung von einer Einrichtung, die er jetzt als Sitz des Antichristen ansah.

Für Papst Leo X. war Luthers Revolte nur ein weiterer »Streit unter Mönchen« und er vermied lange Zeit jegliche Stellungnahme. Als Luther schließlich fast drei Jahre, nachdem er seine 95 Thesen angeschlagen hatte, in einer päpstlichen Bulle der Kirchenbann angedroht wurde, verbrannte er sie öffentlich. Anläßlich der daraufhin angesetzten Zusammenkunft des Reichstags erklärte der Habsburger Kaiser des Heiligen Römischen Reichs, Karl V., er sei sich sicher, daß ein einzelner Mönch wohl kaum im Recht sein könne, wenn er dem gesamten Christentum seine Rechtmäßigkeit für die Dauer der letzten tausend Jahre abspreche. Weil Luther sich hartnäckig weigerte, zu widerrufen, verhängte Karl V. die Reichsacht als Ketzer über ihn, um die Einheit des Christentums zu bewahren. Gestützt auf die rebellischen deutschen Fürsten und Ritter, weitete sich Luthers persönlicher theologischer Aufstand jedoch schnell zu einer internationalen Erhebung aus. Rückblickend erwies sich so die post-konstantinische Verschmelzung der christlichen Religion mit dem antiken römischen Staat als durchaus zweischneidiges Schwert: Sie hatte zwar den kulturellen Aufstieg der Kirche ermöglicht, aber jetzt trug sie auch zu ihrem Niedergang bei. Die umfassende kulturelle Einheit, von der katholischen Kirche für tausend Jahre in Europa aufrecht erhalten, war unwiderruflich zerbrochen.

Es war Luthers persönliches religiöses Ringen, das sich als Conditio sine qua non der Reformation erwies. Beherrscht vom akuten Gefühl der Entfremdung und des Schreckens gegenüber dem Allmächtigen, erkannte Luther, daß der ganze Mensch verdorben war und der Vergebung Gottes bedurfte – und nicht bloß einzelne Sünden, die sich durch bestimmte, von der Kirche festgelegte Handlungen tilgen ließen. Die einzelnen Sünden waren bloße Symptome für eine tiefergehende Erkrankung der menschlichen Seele, die der Heilung bedurfte. Dieses Heil war nicht käuflich, weder durch gute Werke, noch durch Buße oder andere Sakramente, geschweige denn durch infame Ablässe. Nur Christus allein konnte den ganzen Menschen retten; nur der Glaube des Menschen an Christus rechtfertigte ihn vor Gott. Allein so ließ sich die furchtbare Gerechtigkeit eines zornigen, die Sünder zu Recht zu ewiger Verdammnis verurteilenden Gottes in die barmherzige Gerechtigkeit eines vergebenden Gottes verwandeln, der die Gläubigen aus freien Stücken mit ewiger Glückseligkeit belohnte. Im Brief des Paulus an die Römer fand Luther seine Auffassung bestätigt: Der Mensch verdiente keine Erlösung; sie war vielmehr ein Geschenk Gottes an all jene, die glaubten.

Die Quelle dieses rettenden Glaubens war die Heilige Schrift, in der sich die Gnade Gottes in der Kreuzigung Christi offenbarte. Nur hier konnte der gläubige Christ den Weg zu seinem Heil finden. Bei der Katholischen Kirche konnte es sich nur um eine Betrügerin handeln. Ihre zynische Anmaßung erinnerte an die Gepflogenheiten eines Marktplatzes: Sie beanspruchte, Gottes unteilbare Gnade verteilen zu können, indem sie die Verdienste der Heiligen unters Volk brachte, und versprach, gegen Geld, das sie für ihre eigenen, oft alles andere als religiösen Zwecke sammelte, von Sünden und Höllenstrafen zu befreien; für sich selbst aber reklamierte sie päpstliche Unfehlbarkeit. Es ging nicht länger an, in der Kirche die heilige Vermittlerin der christlichen Wahrheit zu verehren.

Von der römischen Kirche ins Christentum eingeführte Elemente, die im Neuen Testament nicht nachweisbar waren, wurden von den Protestanten in Frage gestellt, kritisiert und nicht selten verworfen: die in Jahrhunderten gewachsene Tradition der Sakramente, Bräuche und religiösen Kunst, die komplexen Organisationsstrukturen, die Priesterhierarchie und ihre geistliche Autorität, die natürliche und rationale Theologie der Scholastiker, der Glaube ans Fegefeuer, die päpstliche Unfehlbarkeit, der klerikale Zölibat, die Transsubstantiation beim Abendmahl, der Schatz der guten Taten der Heiligen, der populäre Marienkult, schließlich die Mutter Kirche selbst. Alle diese Elemente standen jetzt im Widerspruch zum primären Bedürfnis des einzelnen Christen, dem Glauben an die erlösende Gnade Christi: Nur Gott allein entschied über die Freisprechung von der Sündenschuld. Der gläubige Christ mußte aus den finsteren Klauen des alten Systems befreit werden, denn nur dann, wenn er sich selbst unmittelbar Gott gegenüber verantwortlich fühlte, war er frei, die Gnade Gottes zu erfahren. Die einzige Quelle theologischer Autorität war der wort-wörtliche Sinn der Heiligen Schrift. Die komplizierten Entwicklungen der offiziellen Lehre sowie die Moralerklärungen der institutionellen Kirche waren bedeutungslos. Nach Jahrhunderten relativ unstrittiger geistlicher Autorität galt die römisch-katholische Kirche, mit all ihren Institutionen, nicht mehr länger als verbindlich und notwendig für das religiöse Wohlergehen der Menschheit.

Zur Verteidigung der Kirche und für den Erhalt ihrer Einheit machten katholische Theologen geltend, daß die Sakramente und Bräuche der Kirche ebenso berechtigt wie notwendig seien, und daß ihre dog-matische Tradition, als Interpretation und Fortführung der ursprüngli-chen Offenbarung, wahrhaftige spirituelle Autorität besäße. Natürlich brauche die Kirche in ihrem gegenwärtigen Zustand moralische und praktische Reformen, aber ihre Heiligkeit und Rechtmäßigkeit blieben davon unberührt. Ohne die Kirchentradition, glaubten sie, verlöre das Wort Gottes an Gewicht in der Welt und würde von den Gläubigen schlechter verstanden. Durch die Erleuchtung des Heiligen Geistes sei die Kirche in der Lage, auch solche Elemente christlicher Wahrheit aus dem biblischen Text herauszulocken und zu verkündigen, die dort explizit nicht ausgeführt seien. Denn genau genommen habe die Kirche in ihrem frühesten apostolischen Stadium bereits vor dem Neuen Testament existiert, sie habe es hervorgebracht und es später als erleuchtetes Wort Gottes kanonisiert.

Die Reformatoren erwiderten, daß die Kirche den Glauben an die Person Christi durch den Glauben an die kirchliche Lehre ersetzt habe, daß sie die Kraft der ursprünglichen christlichen Offenbarung verwässert und sich zwischen Gott und den Menschen gestellt habe. Nur der unmittelbare Umgang mit der Bibel könne die menschliche Seele in unmittelbaren Bezug zu Christus bringen.

Aus Sicht der Protestanten gründete das wahre Christentum »allein auf dem Glauben«, »allein auf der Gnade« und »allein auf der Heiligen

Schrift«. Auch wenn die katholische Kirche dem durchaus zustimmte, beharrte sie darauf, daß die institutionelle Kirche mit ihren Sakramenten, ihrer Priesterhierarchie und ihrer Lehre in einer inneren, dynamischen Beziehung zu diesem Fundament – dem Glauben an die Gnade Gottes, wie sie die Heilige Schrift offenbart hatte – stand und der Verbreitung dieses Glaubens diente. Erasmus machte außerdem gegen Luther geltend, daß die menschliche Willensfreiheit und die Sittlichkeit seiner Handlungen als Elemente im Prozeß der Erlösung nicht gänzlich unberücksichtigt bleiben dürften. Der Katholizismus vertrat die Auffassung, daß beide – göttliche Gnade und menschliches Verdienst – relevant für die Erlösung seien und nicht in einem Gegensatz zueinander stünden, bei dem man sich für die eine oder andere Seite entscheiden müsse. Vor allem aber, argumentierte die Kirche, bildeten die institutionelle Tradition und ein auf die Bibel gestützter Glauben keinen Gegensatz. Im Gegenteil, der Katholizismus sei der lebendige Überbringer des Wortes Gottes in der Welt.

Doch für die Reformatoren war die Kluft zwischen Anspruch und Wirklichkeit der Kirche zu groß, ihre Hierarchie zu offensichtlich korrupt, ihre Lehre zu weit von der ursprünglichen Offenbarung entfernt. Eine derart verderbte Struktur von innen heraus zu reformieren war praktisch ohne Sinn und aus theologischer Sicht ein Fehler. Luther brachte überzeugende Argumente für die alleinige Rolle Gottes bei der Erlösung, die spirituelle Hilflosigkeit des Menschen, den moralischen Bankrott der institutionellen Kirche und die ausschließliche Autorität der Heiligen Schrift. Der Geist des Protestantismus beherrschte halb Europa, die alte Ordnung war zerbrochen. Das westliche Christentum war nicht länger rein katholisch. Es hatte seinen monolithischen Charakter verloren und damit auch seine Funktion als Quelle kultureller Einheit.

Das eigentümliche Paradox der Reformation war die Ambivalenz ihres Charakters – konservative religiöse Reaktion und radikal freiheitliche Revolution zugleich. Der von Luther, Zwingli und Calvin geschaffene Protestantismus war eine emphatische Erneuerung des jüdischen Impulses innerhalb des Christentums. Er war eindeutig monotheistisch, und er sah – verglichen mit dem allmächtigen und transzendenten Gott, als dem ganz Anderen – den Menschen als gefallenes, hilfsbedürftiges, für die Verdammung oder die Erlösung bestimmtes, völlig von der Gnade Gottes abhängiges Geschöpf. Thomas von Aquin hatte die Teilhabe jedes Geschöpfes am unendlichen und freien Wesen Gottes postuliert und auf der gottgewollten Autonomie der menschlichen Natur bestanden. Die Reformatoren hingegen nahmen – angesichts der angeborenen Sündhaftigkeit, die den unabhängigen Willen des Menschen von Natur aus verdarb – die absolute Souveränität Gottes über seine Schöpfung in einem zwiespältigeren Licht wahr. Während der Protestantismus optimistisch war in Bezug auf Gott, als gnädigen Erretter der Auserwählten, war er kompromißlos pessimistisch im Hinblick auf den Menschen, diese »wimmelnde Herde von Schändlichkeiten«, wie Calvin sich ausdrückte. Der menschliche Wille war so nachhaltig mit dem Bösen verstrickt, daß für ihn eigentlich nur die Wahl zwischen verschiedenen Graden der Sündhaftigkeit bestand. Für die Reformatoren klang Autonomie nach Abtrünnigkeit. Wahre Freiheit und Freude fand der Mensch allein im Gehorsam gegenüber dem Willen Gottes, und die Fähigkeit zu diesem Gehorsam verlieh allein das Gottesgeschenk des Glaubens. Nichts, was der Mensch von sich aus tun konnte, brachte ihn der Erlösung näher. Auch seine Erleuchtung war nicht durch den rationalen Aufstieg einer scholastischen Theologie erreichbar, zumal diese durch die griechische Philosophie verunreinigt worden war. Nur Gott konnte wahre Erleuchtung gewähren und nur die Heilige Schrift konnte authentische Wahrheit offenbaren. Gegen das Liebäugeln der Renaissance mit einem flexibleren, hellenisierten Christentum, mit dem heidnischen Neuplatonismus und seiner Vorstellung einer Universalreligion und einer Vergöttlichung des Menschen, führten Luther und Calvin wieder die enger gefaßte, moralisch rigorose und dualistisch zugespitzte jüdisch-christliche Auffassung Augustins ein.

Diese Rückbesinnung auf ein »reines«, traditionelles Christentum erhielt in ganz Europa zusätzlichen Auftrieb, als sich die Kirche, beginnend in der Mitte des sechzehnten Jahrhunderts mit dem Konzil von Trient, der Krise endlich stellte und sich mit aller Kraft einer inneren Reform unterzog. Im Rahmen dieser Gegenreformation wurde das römische Papsttum wieder ausdrücklich von religiösen Motiven bestimmt, und die Kirche reformulierte die Grundsätze des christlichen Glaubens in der gleichen militant dogmatischen Weise, mit der sich die Protestanten ihr zuvor entgegengestellt hatten, wobei sie ihre Struktur und ihren Anspruch auf heilige Autorität im wesentlichen beibehielt. Auf beiden Seiten der Europa spaltenden Trennungslinie, im katholischen Süden wie im protestantischen Norden, kam es als konservative religiöse Reaktion auf den heidnischen Hellenismus, Naturalismus und Säkularismus der Renaissance so zur Wiedereinführung eines orthodoxen Christentums.

Trotz des konservativen Charakters der Reformation war ihre Rebellion gegen die Kirche ein in der westlichen Kultur bis dahin beispielloser revolutionärer Akt. Sie war zwar auch ein erfolgreicher sozialer und politischer Aufstand gegen das römische Papsttum und die Kirchenhierarchie, in erster Linie aber verschaffte sie dem individuellen Gewissen Geltung gegen das bestehende kirchliche System und seine Glaubensregeln, Rituale und Organisationsstrukturen. Denn die grundsätzliche Frage der Reformation betraf den Sitz der religiösen Autorität. Aus protestantischer Sicht verfügten weder der Papst noch die Kirchenkonzile über die spirituelle Kompetenz zur Festlegung des christlichen Glaubens. Luther lehrte statt dessen die »Priesterschaft aller Gläubigen«: Die religiöse Autorität lag am Ende ausschließlich bei dem einzelnen, die Bibel nach seinem eigenen privaten Gewissen auf Grundlage seiner persönlichen Beziehung zu Gott lesenden und auslegenden Christen. Das Wirken des Heiligen Geistes, seine befreiende, unmittelbar erleuchtende, nicht an Institutionen gebundene Präsenz, war von jedem einzelnen Christen gegen den Widerstand der römischen Kirche wieder neu zu entdecken. Die innere Antwort des einzelnen Gläubigen auf die Gnade Christi – und nicht die aufwendige Kirchenmaschinerie des Vatikans – war die wahre Grundlage christlicher Erfahrung.

Die entschiedene, ja verzweifelte Suche Luthers nach der individuellen Begegnung mit Gott hatte ihm sowohl dessen Allmacht als auch dessen Gnade offenbart. Die beiden für den Protestantismus typischen Gegensätze, eigenständiges menschliches Selbst und allmächtiger Gott, waren untrennbar miteinander verknüpft. Dadurch bestimmte die Reformation die Stellung des Individuums im zweifachen Sinne – es stand allein außerhalb der Kirche und allein unmittelbar vor Gott. Luthers leidenschaftliche Worte vor dem Reichstag waren das Manifest einer neuen persönlichen religiösen Freiheit:

»Wenn ich nicht durch Zeugnisse der Schrift und klare Vernunftgründe überzeugt werde – denn ich glaube weder dem Papst noch den Konzilen, da es am Tage ist, daß sie des öfteren geirrt und sich selbst widersprochen haben, so bin ich durch die Stellen der Heiligen Schrift, die ich angeführt habe, überwunden in meinem Gewissen und gefangen im Worte Gottes. Daher kann und will ich nichts widerrufen, weil wider das Gewissen etwas zu tun weder sicher noch heilsam ist. Gott helfe mir. Amen.«

Die Reformation war der entschiedene Ausdruck eines bahnbrechend neuen rebellischen Individualismus – des persönlichen Gewissens, der »christlichen Freiheit«, des kritischen Privaturteils – gegen die monolithische Autorität der institutionellen Kirche. Und in dieser Hinsicht trieb sie die Entwicklung, mit der sich die Renaissance immer weiter von der Kirche und dem Menschen des Mittelalters entfernt hatte, weiter voran. Obwohl der konservativ-jüdische Aspekt der Reformation eine Reaktion gegen die hellenischen und heidnischen Anteile der Renaissance war, diente ihre revolutionäre Autonomieerklärung des Individuums auf einer anderen Ebene eindeutig der Weiterführung des von der Renaissance ausgehenden Impulses – und war daher ein wesentlicher, wenn auch partiell antithetischer Bestandteil des Gesamtphänomens Renaissance. Eine Zeit, die beides – Renaissance und Reformation – erlebte, war in der Tat revolutionär. Es mag dieser prometheische Zeitgeist gewesen sein, der Luthers Rebellion schnell weit größere Dimensionen annehmen ließ, als er erwartet oder gar gewünscht hatte. Denn im Grunde war die Reformation nur ein besonders augenfälliger Ausdruck für einen viel tiefergehenden kulturellen Wandel im westlichen Denken.

An dieser Stelle stoßen wir auf das andere ungewöhnliche Paradox der Reformation. Denn obgleich in ihrem Wesen zutiefst und unzweifelhaft religiös, trug sie letztlich – auf viele, sich wechselseitig verstärkende Arten – maßgeblich zur Säkularisierung der westlichen Kultur bei. Mit dem Sturz der theologischen Autorität der katholischen Kirche, der international anerkannten höchsten Autorität in religiösen Fragen, ebnete die Reformation den Weg für einen Religionspluralismus im Westen; auf diesen folgte nach einer Phase religiöser Skepsis schließlich der völlige Zusammenbruch des bis dahin relativ homogenen christlichen Weltbildes. Auch wenn einige protestantische Instanzen später versuchten, ihre spezielle Form des christlichen Glaubens als höchste und allein seligmachende Wahrheit darzustellen, verhinderte die fundamentale Grundlage der lutherischen Reform – die Priesterschaft aller Gläubigen und die Autorität des individuellen Gewissens bei der Auslegung der Bibel – zwangsläufig den dauerhaften Erfolg solcher Bemühungen zur Durchsetzung einer neuen Orthodoxie. Erst einmal von der Mutter Kirche getrennt, galten neue Ansprüche auf Unfehlbarkeit für lange Zeit als illegitim. Die unmittelbare Folge der Befreiung aus der alten Bindung war eine Entfesselung leidenschaftlicher Religiosität, die dem Leben in den neuen protestantischen Gemeinden unverbrauchten spirituellen Sinn verlieh und es mit charismatischer Kraft erfüllte. Doch mit der Zeit zeigte sich der durchschnittliche Protestant – nicht länger im Schoß prächtiger Zeremonien, ehrwürdiger Traditionen und sakramentaler Autorität geborgen – weniger immun gegen privaten Zweifel und weltliches Denken. Von Luthers Befreiungsschlag an verselbständigte sich der Glaube des Einzelnen zunehmend, gewannen die kritischen Fähigkeiten des westlichen Intellekts immer mehr an Gewicht.

Luther war überdies in der nominalistischen Tradition erzogen worden und hegte von daher ein tiefes Mißtrauen gegenüber den früheren scholastischen Versuchen, Verstand und Glauben im Rahmen einer rationalen Theologie miteinander zu verbinden. Eine »natürliche Offenbarung«, die sich dem menschlichen Verstand durch die Erkenntnis und Analyse der umgebenden Welt enthüllte, gab es für Luther nicht. Wie für Ockham war auch für Luther der Verstand des Menschen weit davon entfernt, den Willen Gottes zu verstehen. Die rationalistischen Versuche, diesen Willen mit den Mitteln der scholastischen Theologie zu erklären, erschienen ihm auf absurde Weise anmaßend. Eine direkte Verbindung zwischen weltlichem Verstand und christlicher Wahrheit gab es nicht, denn das von Christus am Kreuz erbrachte Opfer war nach den Regeln der Weisheit dieser Welt bloße Torheit. Allein die Bibel konnte dem Menschen das sichere und heilbringende Wissen über Gottes Wege liefern. Diese Thesen enthielten bedeutsame und ungeahnte Konsequenzen für den modernen Geist und sein Verständnis der natürlichen Welt.

Die reformatorische Restauration einer in erster Linie biblischen, nicht scholastischen Theologie trug dazu bei, aus dem modernen Denken die hellenischen Vorstellungen auszugrenzen, nach denen die Natur von göttlichem Geist durchdrungen war und alles zur Entfaltung des in ihm angelegten Planes strebte. Der Protestantismus revolutionierte den theologischen Kontext, indem er die von Ockham begonnene Abkehr von der Sichtweise der klassischen Scholastik konsequent zu Ende führte, und förderte so unbeabsichtigt die Entwicklung einer neuen Wissenschaft von der Natur. Die klare Trennung zwischen Schöpfer und Schöpfung – zwischen dem unergründlichen Willen Gottes und der endlichen Intelligenz des Menschen, der Transzendenz Gottes und der Kontingenz der Welt – gestattete es dem modernen Denken, sich der Welt mit einem neuen Sinn für den rein diesseitigen Charakter der Natur zu nähern, deren Ordnungsprinzipien nicht unmittelbar mit den Annahmen des Menschen über die Herrschaftsprinzipien Gottes übereinstimmen mußten. Mit der Begrenzung des menschlichen Denkens auf den Bereich des Irdischen hatten die Reformatoren die entscheidende Voraussetzung für die Erschließung der Welt geschaffen. Gott hatte voller Gnade und aus freien Stücken die Welt erschaffen, jedoch als völlig verschieden von seiner eigenen unendlichen Göttlichkeit. Folglich konnte diese Welt jetzt begriffen und analysiert werden, und zwar nicht im Hinblick auf unveränderbare göttliche Muster, an denen sie für das neuplatonische und scholastische Denken teilhatte, sondern im Hinblick auf ihre eigenen dynamischen materiellen Prozesse, ohne unmittelbaren Bezug auf die transzendente Wirklichkeit Gottes.

Die Reformation bereitete die radikale Revision des bestehenden Weltbildes durch die moderne Wissenschaft vor, indem sie der Welt den Zauber ihrer immanenten Göttlichkeit nahm und so den mit der christlichen Abkehr vom heidnischen Animismus eingeleiteten Prozeß vollendete. Der Weg war damit frei für eine zunehmend naturalistische Sichtweise des Kosmos, die wiederum den Schöpfer in immer weitere Ferne rückte, wie im Deismus, und schließlich im säkularen Agnostizismus die Vorstellung einer übernatürlichen Wirklichkeit ganz abschaffte. Auch das gegen die hellenistische Spiritualisierung der Natur gerichtete Beharren auf dem biblischen Gebot, der Mensch solle sich die Erde Untertan machen, trug zu diesem Prozeß bei. Es bestärkte den Menschen in seinem Gefühl, als einziges beseeltes Wesen einer objekthaften Natur gegenüberzustehen und darüber hinaus eine Herrschaft von Gottes Gnaden über diese natürliche – also nichtspirituelle – Welt auszuüben. In dem Maße, in dem man die Größe und Andersartigkeit Gottes gegenüber seiner Schöpfung betonte, empfand man auch die Größe und Andersartigkeit des Menschen gegenüber dem Rest der Natur. Die Bändigung der Natur zum Nutzen des Menschen konnte als christliche Pflicht betrachtet werden – eine Haltung, die sich schließlich aus dem religiösen Rahmen löste und eine ungeheure Eigendynamik entfaltete, als im Verlauf der Moderne das Selbstwertgefühl, die Autonomie und die Herrschaftsmittel des Menschen in unvorhersehbarer Weise zunahmen.

Eine weitere und ähnlich zwiespältige Wirkung der Reformation auf das moderne Denken betraf ihre neue Einstellung gegenüber der Wahrheit. Aus katholischer Sicht waren die tiefsten Wahrheiten von Gott, wie in der Bibel berichtet, offenbart worden, um dann zur Basis einer kontinuierlichen Durchdringung und Entfaltung dieser Wahrheiten innerhalb der kirchlichen Überlieferung zu werden – jede Generation von Kirchentheologen wurde vom Heiligen Geist erleuchtet, um in der kreativen Auseinandersetzung mit der Tradition die christliche Lehre noch weiter zu vertiefen. Wie der tätige Intellekt bei Thomas aus den Sinneseindrücken sinnvolle Begriffe formte, so gelangte auch der tätige Intellekt der Kirche, ausgehend von der zugrundeliegenden Überlieferung, zu immer tiefer dringenden Formulierungen der spirituellen Wahrheit. Aus protestantischer Perspektive lag die Wahrheit jedoch endgültig und objektiv im offenbarten Wort Gottes, und nur die Treue zu dieser unveränderbaren Wahrheit konnte theologische Gewißheit bringen. In dieser Sichtweise war die römisch-katholische Überlieferung bloß eine lange und erfolgreiche Anstrengung, diese Urwahrheit willkürlich zu verzerren. Die katholische »Objektivität« bedeutete nichts anderes als die Etablierung einer Doktrin, die zwar den Bedürfnissen der katholischen Kirche genügen mochte, der davon völlig unabhängigen heiligen Wahrheit der Bibel aber nicht entsprach. Vor allem mit der theologischen Integration der griechischen Philosophie, eines der biblischen Wahrheit völlig fremden Denksystems, hatte der Katholizismus das christliche Denken entstellt.

Indem der Protestantismus gegen eine tausendjährige Geschichte der Schriftauslegung unnachgiebig das unveränderbare Wort Gottes der Bibel verteidigte, schärfte er im entstehenden modernen Denken das Bewußtsein von der Notwendigkeit, unvoreingenommen und unabhängig von den Vorurteilen und Entstellungen der Tradition nach objektiver Wahrheit zu streben. Auch auf diese Weise trug er bei zur Entstehung einer kritischen wissenschaftlichen Mentalität. Sich mutig gegen althergebrachte Dogmen zu stellen, alle Überzeugungen frischer Kritik und unmittelbarer Prüfung zu unterziehen, sich der Wirklichkeit ohne die Vermittlung durch vorgefaßte Meinungen oder maßgebende Autoritäten zu stellen – aus diesem Impuls zur Unvoreingenommenheit und Wahrheitssuche gewann der protestantische Geist seine Stoßkraft und zugleich seine Vorbildfunktion für das moderne Denken überhaupt. Mit der Zeit aber wurde das Wort Gottes selbst zum Gegenstand des neuen kritischen Geistes, und der Säkularismus gewann auch hier die Oberhand.

Paradoxerweise war es gerade die fundamentale Berufung auf objektive Wahrheit, die letztlich den Sturz des Protestantismus herbeiführte. Durch Luthers Beharren auf dem buchstäblichen Sinn der Bibel als einzig zuverlässiger Basis für die Erkenntnis der Schöpfung Gottes geriet das moderne Denken in eine schwere Zerreißprobe, als es sich mit den ausgesprochen unbiblischen Ergebnissen der Naturwissenschaft konfrontiert sah. Es gab jetzt zwei offensichtlich widersprüchliche – oder zumindest nicht übereinstimmende – Wahrheiten gleichzeitig, eine religiöse und eine wissenschaftliche. Die streng wörtliche Bibelgläubigkeit verschärfte letztlich die sich seit langem abzeichnende und nun konkret erfahrbare Spaltung von Verstand und Glauben. Der christliche Glaube war viel zu tief verwurzelt, als daß er einfach hätte abgeschafft werden können, doch ebensowenig ließen sich die Entdeckungen der Wissenschaft bestreiten. Aus dem nachfolgenden Kräftemessen ging die Wissenschaft als Sieger hervor und übernahm sogar von ihrem unterlegenen Gegner den religiösen Nimbus – als neuer »Glauben« des Westens. Langfristig verhalf die vom Protestantismus hartnäckig betriebene Wiedereinsetzung einer allein auf der Bibel beruhenden Religiosität seinem säkularen Widerpart zum Durchbruch.

Von der Reformation ging noch ein weiterer Einfluß aus, der einer traditionellen christlichen Grundhaltung widersprach. Luthers Berufung auf die Vorrangstellung der religiösen Verantwortung des Individuums führte nach und nach unweigerlich zu der modernen Vorstellung, daß Religion eine Frage der Innerlichkeit sei und daß jedes Individuum die für es geltende Wahrheit selbst herausfinden müsse. Im Laufe der Zeit schien die protestantische Rechtfertigungslehre, die den Glauben des Einzelnen an Christus in den Mittelpunkt gestellt hatte, ihren Akzent mehr auf den individuellen Glauben als auf Christus zu legen – gleichsam mehr auf die persönliche Bedeutsamkeit als auf die objektive Gültigkeit. Das Selbst wurde zunehmend zum Maß der Dinge, sich selbst definierend und sich selbst Gesetze gebend. Wahrheit wurde zunehmend zu einer vom Individuum abhängigen Angelegenheit. Der von Luther eingeschlagene Weg führte so über den Pietismus zur kritischen Philosophie Kants, weiter über den philosophischen Idealismus der Romantik, schließlich zum philosophischen Pragmatismus und Existentialismus des spätmodernen Zeitalters.

Der Protestantismus wirkte auch dadurch säkularisierend, daß er dem Einzelnen überhaupt erst die Möglichkeit eröffnete, zu entscheiden, welcher Seite seine persönliche Loyalität gehören sollte. Vor der Reformation war die römisch-katholische Kirche sich der allgemeinen, wenn auch zuweilen nicht unumstrittenen Untertanentreue praktisch aller Europäer sicher gewesen. Die von Luther initiierte Bewegung war jedoch nicht zuletzt deshalb so erfolgreich, weil sie zeitlich und räumlich mit dem Aufstieg des Nationalismus und dem deutschen Aufstand gegen das Papsttum und das Heilige Römische Reich zusammenfiel, das gerade versuchte, sich als gesamteuropäische Macht durchzusetzen. Die Reformation bereitete dem ehrgeizigen Traum vom katholischen Imperium eine endgültige Niederlage. Der Machtzuwachs verschiedener eigenständiger Nationen und Staaten in Europa verdrängte die alte ideale Einheit der westlichen Christenheit, und die neue Konstellation zeichnete sich durch einen äußerst aggressiven Wettbewerb aus.

Es gab jetzt keine übergeordnete – internationale und spirituelle – Macht mehr, der alle Einzelstaaten verpflichtet gewesen wären. Überdies gewannen die von der Renaissance-Literatur bereits aufgewerteten Nationalsprachen durch die neuen landessprachlichen Bibelübersetzungen – allen voran die lutherische Übertragung ins Deutsche und die des von König James eingesetzten Komitees ins Englische – weiter an Gewicht gegenüber dem Lateinischen, der ehemals universalen Gelehrtensprache. Der einzelne säkulare Staat wurde jetzt zur bestimmenden Autorität in kulturellen wie politischen Fragen. Das katholische Fundament, das Europa während des gesamten Mittelalters geeint hatte, war zerfallen.

Nicht weniger bedeutsam waren die komplexen Wirkungen der Reformation auf das politisch-religiöse Kräftespiel, sowohl in Bezug auf den Einzelnen als auch innerhalb des Staates. Die Reformation verschob, ohne es zu wollen, die Macht von der Kirche auf den Staat, vom Priester auf den Laien: Es waren jetzt weltliche Herrscher, die über die Religionszugehörigkeit ihres Territoriums entscheiden konnten. Viele bedeutende Monarchen entschlossen sich, katholisch zu bleiben. Ihre Politik der Zentralisierung und Verabsolutierung ihrer Macht führte dazu, daß sich der Protestantismus mit den gesellschaftlichen Kräften verbündete, die – wie Adel und Klerus, Universitäten, Provinzen und Städte – demgegenüber versuchten, ihre jeweiligen Freiheiten zu behalten oder auszubauen. Die Sache des Protestantismus wurde so mit der Sache der politischen Freiheit verknüpft. Das neue Gefühl für die religiöse Verantwortung des Einzelnen und die Idee der Priesterschaft aller Gläubigen begünstigten zudem die Entstehung des politischen Liberalismus und der Bürgerrechte. Gleichzeitig förderte die religiöse Zersplitterung Europas eine neue intellektuelle und religiöse Vielfalt. Alle diese Faktoren zogen eine Reihe von politischen und sozialen Konsequenzen mit zunehmend säkularisierendem Charakter nach sich: zunächst die Bildung von einzelnen, mit dem Staat identischen Kirchen, dann die Trennung von Kirche und Staat, die religiöse Toleranz, und schließlich die Vorherrschaft der säkularen Gesellschaft. Aus der äußerst unliberalen, dogmatischen Religiosität der Reformation entwickelte sich schließlich der pluralistische, tolerante Liberalismus des modernen Zeitalters.

Die Reformation zeitigte noch weitere unerwartete und auf paradoxe Weise säkularisierende Wirkungen. Obwohl die Reformatoren wenig Zutrauen in die dem Menschen innewohnende spirituelle Kraft erkennen ließen, hatten sie doch dem menschlichen Leben in dieser Welt ein neues Gewicht in der christlichen Ordnung der Dinge gegeben. Als Luther die traditionelle hierarchische Trennung zwischen Klerus und Laientum abschaffte und sich unter eklatanter Mißachtung der katholischen Gesetze dazu entschloß, eine frühere Nonne zu heiraten und eine Familie zu gründen, verlieh er den Handlungen und Beziehungen des gewöhnlichen Lebens eine ihnen zuvor von der katholischen Kirche abgesprochene religiöse Bedeutung. Der heilige Stand der Ehe ersetzte die Keuschheit als christliches Ideal. Häuslichkeit, Kindererziehung, Brotarbeit und die Verrichtungen des täglichen Lebens wurden jetzt ausdrücklich als Bereiche angesehen, in denen Spiritualität wachsen und gedeihen konnte. Auch die alltägliche Arbeit galt jetzt als heilige Berufung, nicht nur das Mönchtum wie im Mittelalter. Nach Calvin mußte ein Christ seiner weltlichen Berufung mit spiritueller und moralischer Leidenschaft nachgehen, damit das Reich Gottes auf Erden verwirklicht werde. Es galt nicht länger, die

Welt als unvermeidlichen Ausdruck des göttlichen Ratschlusses in frommer Unterwerfung tatenlos hinzunehmen, vielmehr war es die erste Pflicht des Christenmenschen, durch Prüfung und Veränderung Gottes Willen in jedem Aspekt des Lebens, in jeder sozialen und kulturellen Institution durchzusetzen, um auf diese Weise einen Beitrag zur Verwirklichung des christlichen Gemeinwesens zu leisten.

Mit der Zeit jedoch nahm diese religiöse Aufwertung des Weltlichen einen autonomen, nicht-religiösen Charakter an. Die Heirat zum Beispiel, einmal befreit von der Kontrolle der Kirche und durch bürgerliche Gesetze geregelt, wurde mit der Zeit im Grunde zu einem Vertrag, der leichter zu schließen und zu lösen war und dadurch letztlich seinen sakramentalen Charakter verlor. In einem größeren sozialen Maßstab trug die protestantische Maxime, die diesseitige Welt ernster zu nehmen, die Gesellschaft zu verbessern und sich für Veränderungen einzusetzen, zur Überwindung der überkommenen religiösen Abneigung gegen die Welt und ihren Wandel bei. Sie verschaffte so der modernen Seele die religiöse Zustimmung, die sie in ihrem embryonalen Stadium noch brauchte, um Moderne und Liberalismus in vielen Bereichen, von der Politik bis zur Naturwissenschaft, weiter voranzubringen. Doch dieser mächtige Impuls, sich die Welt anzueignen und umzubauen, wurde schließlich autonom. Er emanzipierte sich nicht nur von seiner ursprünglich religiösen Motivation, sondern stellte sich am Ende auch gegen das Bollwerk der Religion, die er nun als besonders schwerwiegende Form von Unterdrückung empfand.

Wichtige soziale Konsequenzen der Reformation traten zudem in ihrer vielschichtigen Verflechtung mit der wirtschaftlichen Entwicklung der nordeuropäischen Staaten zutage. Zu den protestantischen Tugenden der moralischen Disziplin und der Wertschätzung der Arbeit des Menschen in dieser Welt kam hier der Calvinismus mit seinem Glauben an die Prädestination. Der strebsame – und ängstliche – Christ konnte auch ohne den Segen des Sakraments zum Kreis der Auserwählten finden, wenn er nur unablässig und diszipliniert arbeitete und sich erfolgreich seiner weltlichen Berufung widmete. Das Ergebnis solcher Anstrengungen war zumindest materielle Produktivität. In Kombination mit der puritanischen Forderung nach asketischem Verzicht auf egoistischen Genuß und leichtfertige Geldverschwendung führte dies zu einer Akkumulation von Kapital.

Hatte das Streben nach wirtschaftlichem Erfolg traditionell als direkte Bedrohung einer religiösen Lebensführung gegolten, so entdeckte man jetzt, daß sie sich wechselseitig unterstützen konnten. Zuweilen wurde sogar die Glaubenslehre selbst abgeändert oder verschärft, um sie mit der herrschenden sozialen und ökonomischen Stimmung in Einklang zu bringen. Innerhalb weniger Generationen hatte die protestantische Arbeitsethik – Hand in Hand mit der anhaltenden Entfaltung eines kraftvollen und mobilen Individualismus – entscheidenden Einfluß auf das mit dem Aufstieg des Kapitalismus verknüpfte Wachstum einer wirtschaftlich florierenden Mittelklasse genommen. Der Kapitalismus, wie er sich in den Stadtstaaten der italienischen Renaissance bereits entwickelt hatte, wurde durch eine Vielzahl weiterer Faktoren gefördert – den angehäuften Wohlstand aus der Neuen Welt, die Öffnung neuer Märkte, das Bevölkerungswachstum, innovative Finanzstrategien und neue Entwicklungen in industrieller Organisation und Technologie. Mit der Zeit hatte sich das Blickfeld von der ursprünglich spirituellen Orientierung der protestantischen Selbstdisziplin fort immer mehr auf weltliche Dinge und den dank einer erhöhten Produktivität zu erzielenden materiellen Gewinn verschoben. Auf diese Weise trat der Glaubenseifer hinter einer ökonomischen Vitalität zurück, die nun selbst kraftvoll nach vorne drang.

In ganz ähnlicher Weise gingen auch von der Gegenreformation Entwicklungen aus, die unvorhergesehene und den ursprünglichen Absichten völlig entgegengesetzte Richtungen einschlugen. Der Kreuzzug, den die katholische Kirche unternahm, um sich selbst zu reformieren und der weiteren Verbreitung des Protestantismus Einhalt zu gebieten, nahm ganz unterschiedliche Formen an – von der Wiederbelebung der Inquisition bis zu den praktischen Reformen und mystischen Schriften von Johannes vom Kreuz und Teresa von Ávila. Als Speerspitze der Gegenreformation erwiesen sich aber vor allem die Jesuiten, ein römisch-katholischer Orden, der sich auf militante Loyalität gegenüber dem Papst gründete und damit eine beachtliche Anzahl entschlossener und hochgebildeter Männer anzog. Zu den vielfältigen, auf die Erfüllung ihrer katholischen Mission ausgerichteten Aktivitäten in der säkularen Welt – von der heroischen Missionsarbeit in Übersee über die unnachgiebige Zensur bis zur byzantinischen Intrige an den Höfen Europas – gehörte auch die Erziehung junger Menschen, besonders aus der herrschenden Klasse, um aus ihnen eine neue katholische Elite zu formen. Die Jesuiten wurden bald zu den besten Lehrern des Kontinents. Ihr erzieherisches Programm umfaßte jedoch nicht nur den Unterricht in katholischer Religion und Theologie, sondern das gesamte humanistische Vermächtnis aus Renaissance und Antike – lateinische und griechische Literatur, Rhetorik, Logik und Metaphysik, Ethik, Naturwissenschaft und Mathematik, Musik, selbst die vornehmen Künste der Schauspielerei und des Fechtens. Alles wurde in den Dienst der Entwicklung eines gelehrten »Soldaten Christi« gestellt: eines moralisch disziplinierten, liberal erzogenen, kritischen und intelligenten Christenmenschen, der dazu fähig war, die protestantischen Ketzer zu überlisten und die große westliche Tradition katholischer Bildung fortzusetzen.

Hunderte von Erziehungsanstalten wurden von den Jesuiten in ganz Europa gegründet, und bald wurden sie dabei von protestantischen Führern, die genauso von der Notwendigkeit der Erziehung der Gläubigen überzeugt waren, kopiert. Die auf der griechischen *Paideia* beruhende Tradition des klassischen Humanismus wurde auf diese Weise während der folgenden zwei Jahrhunderte auf breiter Basis fortgeführt. Sie bot der wachsenden europäischen Bildungsschicht eine neue Quelle kultureller Einheit und löste damit das gerade zerbrochene monolithische Christentum ab. Als Folge eines derart liberalen Curriculums aber – das die Studenten mit einer Vielzahl eloquent vorgetragener, heidnischer wie christlicher Standpunkte vertraut machte und ihnen den kritischen Gebrauch ihres Verstandes einschärfte – konnte bei den gebildeten Europäern nichts anderes als eine entschieden unorthodoxe Neigung zu intellektuellem Pluralismus, Skeptizismus und politischen Umwälzungen entstehen. Es war kein Zufall, daß Galilei und Descartes ebenso wie Voltaire und Diderot eine jesuitische Erziehung genossen.

Die letzte und auf drastische Weise säkularisierende Auswirkung der Reformation deutet sich in der Entstehung der Gegenreformation und der Konkurrenz zwischen den beiden Seiten bereits an. Denn ausgehend von der Revolte Luthers spaltete sich die mittelalterliche Basis des Christentums zunächst in zwei, dann in viele Teile, um sich anschließend selbst zu zerstören, indem die neuentstandenen Teile einander in ganz Europa mit hemmungsloser Wut bekämpften. Das resultierende Chaos erschütterte das gesamte geistige und kulturelle Leben. Die Religionskriege spiegelten den gewaltsamen Disput zwischen immer zahlreicheren religiösen Sekten darüber wider, welcher

Begriff von absoluter Wahrheit sich am Ende durchsetzen würde. Es existierte ein dringendes und verbreitetes Bedürfnis nach einer klärenden und einenden Vision, die dazu in der Lage war, die unlösbaren religiösen Konflikte zu überwinden. Inmitten dieses Stadiums akuten metaphysischen Aufruhrs erlebte eine Bewegung ihre Anfänge und erste Entfaltung, die schließlich eine unangefochtene Vorrangstellung im westlichen Denken einnehmen sollte: die wissenschaftliche Revolution.

DIE WISSENSCHAFTLICHE REVOLUTION

Kopernikus

Die wissenschaftliche Revolution war der höchste Ausdruck der Renaissance und ihr wichtigster Beitrag zum modernen Weltbild. Kopernikus, geboren in Polen und erzogen in Italien, lebte, als die Renaissance gerade ihren Zenit erreichte. Aber, obwohl das zentrale Motiv seiner Vision zum fraglosen Existenzprinzip des modernen Menschen werden sollte, überstiegen seine Ideen die Vorstellungskraft der meisten seiner europäischen Zeitgenossen. Mehr als jeder andere Einzelfaktor war es die kopernikanische Einsicht, die den drastischen, fundamentalen Bruch des modernen Zeitalters mit dem antiken und mittelalterlichen Universum zugleich vollzog und symbolisierte.

Kopernikus suchte nach einer neuen Lösung für das seit Jahrhunderten bestehende Problem der Planeten: Wie ließen sich anhand einer einfachen, klaren und eleganten mathematischen Formel deren – dem Beobachter so unregelmäßig erscheinenden – Bewegungen erklären. Die von Ptolemäus und der gesamten in seiner Nachfolge stehenden Astronomie vorgeschlagenen Lösungen beruhten auf dem geozentrischen aristotelischen Weltbild und hatten zu immer neuen mathematischen Kunstgriffen – Deferenten, Haupt- und Nebenepizykeln, Equanten, Exzentern – gezwungen, um die beobachteten Positionen der Planeten auf der Grundlage des alten Modells gleichmäßiger und kreisförmiger Bewegungen erklären zu können. Schien die Bewegung eines Planeten keinen perfekten Kreis zu beschreiben, wurde ein zusätzlicher, kleinerer Kreis hinzugefügt, um den sich der Planet bewegte, während er fortfuhr, sich auf dem größeren Kreis zu drehen. Weitere Diskrepanzen zwischen der erwarteten und der beobachteten Bewegung ließen sich beispielsweise durch die Verbindung der Kreise aufheben, durch das Verschieben ihrer Mittelpunkte oder das Postulieren eines weiteren Mittelpunkts, von dem aus die Bewegung gleichförmig blieb. Jeder Astronom reagierte auf neue, dem Grundschema offenbar widersprechende Beobachtungen mit der Einfügung weiterer Feinheiten – ein weiterer Nebenepizykel hier, ein weiterer Exzenter da.

Bis zur Renaissance hatte diese, ursprünglich geniale ptolemäische Strategie, wie Kopernikus meinte, ein »Ungeheuer« hervorgebracht – einen schwerfälligen und überfrachteten Apparat, dem es trotz einer Unzahl komplizierten Ad-hoc-Korrekturen noch immer nicht gelang, die beobachteten Positionen der Planeten mit verläßlicher Genauigkeit zu erklären oder vorherzusagen. Von der ursprünglichen konzeptionellen Ökonomie des ptolemäischen Modells war nichts mehr übrig geblieben. Zudem verwendeten die verschiedenen griechischen, arabischen und europäischen Astronomen verschiedene Methoden und Prinzipien, andere Kombinationen von Epizykeln, Exzentern und Equanten, so daß eine verwirrende Vielfalt von Systemen entstanden war, die sich alle auf Ptolemäus beriefen. Ohne theoretische Einheitlichkeit stand die Wissenschaft der Astronomie nicht auf sicheren Füßen. Darüber hinaus wiesen die über viele Jahrhunderte angesammelten Beobachtungen zahlreiche und signifikante Abweichungen von den ptolemäischen Vorhersagen auf, so daß es Kopernikus immer unwahrscheinlicher erschien, daß sich das System durch zusätzliche Modifikationen noch retten ließ. Die Beibehaltung der alten Annahmen machte es den Astronomen unmöglich, die tatsächlichen Bewegungen der Himmelskörper präzise zu berechnen. Kopernikus kam daher zu dem Schluß, daß die klassische Astronomie einen entscheidenden, vielleicht sogar grundsätzlichen Fehler enthalten mußte.

Das Europa der Renaissance benötigte dringend einen besseren Kalender, und die Kirche, für die der Kalender aus administrativen und liturgischen Gründen besonders wichtig war, übernahm die Aufgabe, den bestehenden zu reformieren. Bei einer solchen Reform kam es in erster Linie auf astronomische Präzision an. Kopernikus, vom Papst um Rat gebeten, antwortete, daß der gegenwärtig konfuse Zustand der astronomischen Wissenschaft jede unmittelbar wirksame Reform ausschloß. Sein technisches Können als Astronom und Mathematiker versetzte ihn in die Lage, die Unzulänglichkeiten der bestehenden Kosmologie zu erkennen. Doch dies allein hätte ihn wohl noch nicht dazu veranlaßt, ein neues System zu konstruieren. Ein anderer, ebenso kompetenter Astronom hätte durchaus zu dem Ergebnis kommen können, daß das Problem der Planeten im Grunde zu vielschichtig und zu widerspenstig und mit den Mitteln eines mathematischen Systems nicht lösbar sei. Eine entscheidende Rolle scheint an dieser Stelle das geistige Klima der Renaissance, insbesondere der Neuplatonismus, gespielt zu haben – vor allem die pythagoreische Überzeugung, daß die Natur letztlich in einfachen und harmonischen mathematischen Begriffen von transzendenter und ewiger Qualität beschreibbar sei. Der göttliche Schöpfer, dessen Werke überall geordnet und vollendet waren, konnte nicht plötzlich ausgerechnet bei den Himmelskörpern schludrig gewesen sein.

Vor dem Hintergrund solcher Überlegungen sichtete Kopernikus sorgfältig die gesamte ihm verfügbare Wissenschaftsliteratur, von der ein Großteil erst im Laufe der humanistischen Erneuerung und der Übermittlung der griechischen Manuskripte aus Konstantinopel in den Westen verfügbar geworden war. Er fand heraus, daß einige griechische Philosophen aus der pythagoreischen und platonischen Tradition die Hypothese vorgebracht hatten, daß sich die Erde bewege, auch wenn keiner von ihnen die entsprechenden astronomischen und mathematischen Konsequenzen zu Ende gedacht hatte. Das geozentrische Modell des Aristoteles war also keineswegs die einzige Konzeption der ehrwürdigen griechischen Autoritäten gewesen. Gewappnet mit dem Zugehörigkeitsgefühl zu einer antiken Traditionslinie, inspiriert von der Sonnenverehrung der Neuplatonisten und bestärkt durch die kritische Bewertung der aristotelischen Physik von Seiten der Scholastik, stellte Kopernikus die Hypothese eines sonnenzentrierten Universums mit einer planetarischen Erde auf und erarbeitete deren mathematische Implikationen.

Trotz der scheinbaren Absurdität der neuen Lösung führte diese in ihrer Anwendung zu einem System, von dem Kopernikus überzeugt war, daß es dem ptolemäischen qualitativ überlegen war. Das neue, heliozentrische Modell gab eine einfache Erklärung für die täglichen Bewegungen der Himmelskörper und die jährliche Bewegung der Sonne: Sie wurden durch die tägliche Rotation der Erde um ihre eigene Achse und ihre jährliche Drehung um die im Mittelpunkt des Planetensystems stehende Sonne verursacht. Der Anschein, daß sich die Sonne und die Sterne bewegten, ließ sich als Täuschung erkennen, die durch die Eigenbewegung der Erde entstand. Die scheinbaren Bewegungen am Firmament waren in erster Linie die Folge davon, daß der Beobachter auf einer sich in die entgegengesetzte Richtung bewegenden Erde stand. Auf den traditionellen Einwand, eine solche Bewegung würde die Erde selbst und die auf ihr befindlichen Objekte auseinanderreißen, entgegnete Kopernikus, daß die geozentrische Theorie eine weit schnellere Bewegung der um ein vielfaches größeren Himmelskörper impliziere und daher eigentlich zu viel schlimmeren Katastrophen hätte führen müssen.

Viele Probleme, die der ptolemäischen Tradition seit langem keine Ruhe mehr gelassen hatten, fanden in einem heliozentrischen System eine elegante Lösung. Die scheinbaren Vor- und Rückwärtsbewegungen der Planeten in bezug auf die Fixsterne sowie ihre verschiedenen Helligkeitsgrade, zu deren Erklärung die Astronomen unzählige mathematische Kniffe angewandt hatten, ließen sich jetzt einfach dadurch erklären, daß diese Planeten von der bewegten Erde aus betrachtet wurden. Denn eine sich um die Sonne drehende Erde bedeutete, daß die regelmäßigen Umlaufbahnen der Planeten um die Sonne dem Beobachter automatisch als unregelmäßige Bewegungen um die Erde erschienen. Die hypothetischen Hauptepizykel wurden damit ebenso überflüssig wie die Equanten. Diesen ptolemäischen Kunstgriff lehnte Kopernikus besonders entschieden ab, weil er die Regel der gleichförmigen Kreisbewegung verletzte.

Die neue, durch ihre Abstände zur Sonne bestimmte Ordnung der Planeten – Merkur, Venus, Erde mit Mond, Mars, Jupiter und Saturn – ersetzte die überlieferte geozentrische Ordnung und lieferte eine einfache und schlüssige Antwort auf die vorher nur unzureichend geklärte Frage, warum Merkur und Venus immer so nahe bei der Sonne erschienen. Die gelungene Erklärung dieser Art von bislang problematischen Phänomenen war für Kopernikus Beleg genug für die klare Überlegenheit der heliozentrischen Theorie gegenüber dem ptolemäischen System. Die Phänomene wurden gerettet – wenn auch erst annähernd –, und dies mit größerer begrifflicher Eleganz. Obwohl er sich offenbar im Widerspruch zum gesunden Menschenverstand befand, von der fast zweitausendjährigen Wissenschaftstradition ganz zu schweigen, war Kopernikus überzeugt, daß sich die Erde bewegte.

Eine erste Version seiner These, in einem kurzen Manuskript, dem *Commentariolus*, zusammengefaßt, ließ Kopernikus bereits 1514 unter seinen Freunden zirkulieren. Zwei Jahrzehnte später wurden die Prinzipien des neuen Systems dem Papst in Rom vorgetragen, der sie billigte. Daraufhin wurde ein formaler Antrag auf Veröffentlichung gestellt. Doch Kopernikus hielt sich während des größten Teils seines Lebens mit der vollständigen Veröffentlichung seiner ungewöhnlichen Idee auffällig zurück. Später, im Vorwort zu der dem Papst gewidmeten Schrift De *Revolutionibus*, bekannte Kopernikus, daß es ihm widerstrebt habe, diese Einblicke in die inneren Geheimnisse der Natur öffentlich zu enthüllen, da er sie nicht dem Spott der Unverständigen und Uneingeweihten preisgeben wollte – wobei er sich auf die pythagoreische Praxis der strikten Geheimhaltung der Mysterien berief. Aber schließlich setzten sich seine Freunde durch, und sein engster Schüler Rhetikus erhielt die Erlaubnis, das komplette Manuskript zum Druck von Polen nach Deutschland zu bringen. Am letzten Tag seines Lebens, im Jahre 1543, wurde Kopernikus eine Ausgabe der veröffentlichten Arbeit gebracht.

An jenem Tag und selbst in den folgenden Jahrzehnten gab es in Europa allerdings kaum Hinweise darauf, daß eine beispiellose Umwandlung des westlichen Weltbilds ihren Anfang genommen hatte. Für die meisten, die von der neuen Konzeption hörten, stand sie derart im Widerspruch zur alltäglichen Erfahrung, war derart offenkundig falsch, daß sich jede ernsthafte Diskussion erübrigte. Erst als ein paar tüchtige Astronomen begannen, die Beweisführung des Kopernikus überzeugend zu finden, regte sich auch der Widerstand. Es waren vor allem die religiösen Implikationen der neuen Kosmologie, die bald die schärfsten Angriffe herausforderten.

Die religiöse Reaktion

Anfangs kam dieser Widerstand nicht aus den Reihen der katholischen Kirche. Kopernikus war hochrangiger Kanonikus an einer katholischen Kathedrale und ein geschätzter Berater der Kirche in Rom. Zu jenen Freunden, die ihn zur Veröffentlichung gedrängt hatten, gehörten auch ein Bischof und ein Kardinal. Nach seinem Tod war es an katholischen Universitäten durchaus üblich, De *Revolutionibus* in den Astronomie-Klassen zu verwenden, und der neue, von der Kirche eingesetzte gregorianische Kalender basierte überdies auf Berechnungen nach dem kopernikanischen System. Diese scheinbare Flexibilität war keineswegs ungewöhnlich, denn der römische Katholizismus hatte der intellektuellen Spekulation während des Hochmittelalters und der Renaissance zumeist einen beachtlichen Freiraum gelassen. Eben dieser Freiraum war es, der zu einem der zentralen Punkte der protestantischen Kirchenkritik wurde. Indem sie die Erforschung der Philosophie, Naturwissenschaft und des säkularen Denkens der Griechen, einschließlich der hellenistischen metaphorischen Bibelinterpretation, tolerierte, ja sogar förderte, hatte die Kirche in den Augen des Protestantismus das ursprüngliche Christentum und die wortwörtliche Wahrheit der Bibel beschmutzt.

Widerspruch regte sich zuerst und am stärksten von Seiten der protestantischen Reformer – aus verständlichen Gründen: Die kopernikanische Hypothese widersprach einigen Passagen der Heiligen Schrift bezüglich der Unbeweglichkeit der Erde, und die Bibel war die allein maßgebliche Autorität des Protestantismus. Diese Art der Infragestellung der biblischen Offenbarung durch einen Wissenschaftler war typisch für die hellenisierende intellektuelle Arroganz und die interpretatorische Sophisterei, die die Reformer am meisten an der katholischen Kultur verabscheuten. Die Protestanten erkannten daher sofort die von der kopernikanischen Astronomie ausgehende Bedrohung und verurteilten sie umgehend. Noch vor der Veröffentlichung von *De Revolutionibus* nannte Luther Kopernikus einen »dahergelaufenen Astrologen«, der sich bei seinem Versuch, die gesamte Wissenschaft der Astronomie auf den Kopf zu stellen, nur zum Narren mache und auf schamlose Weise der Bibel widerspreche. Bald schlossen sich andere Reformer wie Melanchthon und Calvin seinem Urteil an, und empfahlen, harte Maßnahmen zu ergreifen, um diese verderbliche Ketzerei zu unterdrücken. Calvin zitierte aus den Psalmen: »Also ist die Welt erschaffen, daß sie nicht bewegt werden kann«, und fragte: »Wer wird es wagen, Kopernikus als Autorität über den Heiligen Geist zu stellen?« Als Rhetikus das Manuskript des Kopernikus nach Nürnberg brachte, um es dort drucken zu lassen, sah er sich wegen des Widerstands der Reformatoren gezwungen, es anderswo zu versuchen. In Leipzig, wo er das Buch dem Protestanten Oslander zur Veröffentlichung überließ, ergänzte dieser es ohne Wissen des Kopernikus um ein anonymes Vorwort, das darauf hinwies, daß es sich bei der heliozentrischen Theorie nur um eine praktische Berechnungsmethode handele, die als realistische Darstellung der Himmelkörper jedoch nicht ernsthaft in Betracht käme.

Dieser Trick mag die Veröffentlichung gerettet haben, doch eine genaue Lektüre zeigte, daß es Kopernikus durchaus ernst war. Erst zu Zeiten Galileis im frühen siebzehnten Jahrhundert sah sich die katholische Kirche – vom erneuten Bedürfnis nach einer Orthodoxie der Lehre erfaßt – dazu gezwungen, entschieden gegen die kopernikanische Hypothese Stellung zu beziehen. Hätten in früheren Jahrhunder-

ten Thomas oder die alten Kirchenväter eine metaphorische Interpretation der fraglichen Bibelpassagen in Erwägung gezogen und
auf diese Weise den offenbaren Widerspruch zur Wissenschaft aus-
geräumt, so hatte der emphatische Buchstabenglaube Luthers und
seiner Anhänger inzwischen zu einer ähnlichen Haltung innerhalb
der katholischen Kirche geführt. Beide Seiten strebten jetzt gleichermaßen danach, eine kompromißlose Festigkeit in allen die biblische
Offenbarung betreffenden Fragen sicherzustellen.

Überdies war der Ruf des Kopernikanismus erst kurz zuvor durch
den Fall des mystisch neuplatonischen Philosophen und Astronomen
Giordano Bruno in Mitleidenschaft gezogen worden. Bruno hatte eine
fortgeschrittene Version der heliozentrischen Theorie als Teil seiner
esoterischen Philosophie verbreitet, wurde jedoch wegen seiner theologischen Positionen von der Inquisition verurteilt und hingerichtet.
Die von ihm vertretene Auffassung, daß der Mensch der Bibel wegen
ihrer Morallehre und nicht wegen ihrer Astronomie folgen solle und
daß alle Religionen und Philosophien in einem Klima der Toleranz
und des wechselseitigen Verständnisses friedlich nebeneinander existieren sollten, war bei der Inquisition auf wenig Gegenliebe gestoßen. In der hitzigen Atmosphäre der Gegenreformation galten derart
liberale Anschauungen bestenfalls als unerwünscht, und im Falle
Brunos, dessen Charakter so aufsässig war wie seine Ideen unorthodox, als skandalös. Die Tatsache, daß derselbe Mann, der ketzerische
Ansichten zur Dreieinigkeit und anderen zentralen theologischen
Fragen vertrat, auch die kopernikanische Theorie gelehrt hatte, ver-
hieß nichts Gutes für die letztere. Mit der Verbrennung Brunos auf
dem Scheiterhaufen im Jahre 1600 schien der Kopernikanismus –
auch wenn Bruno gar nicht wegen seiner heliozentrischen Lehre verurteilt worden war – zur gefährlichen Theorie geworden zu sein.

Doch die neue Theorie stand nicht nur im Widerspruch zu einzelnen Bibelstellen. Es war jetzt klar, daß der Kopernikanismus eine
grundlegende Bedrohung für den gesamten christlichen Bezugsrahmen aus Kosmologie, Theologie und Morallehre darstellte. Seitdem
sich die Scholastik und Dante für die griechische Wissenschaft geöffnet und sie mit religiösem Sinn versehen hatten, war das christliche Weltbild fest in einem aristotelisch-ptolemäischen geozentrischen Universum verankert. Die grundlegende Dichotomie zwischen
himmlischer und irdischer Sphäre, die große kosmologische Struktur
aus Himmel, Hölle und Fegefeuer, die konzentrisch angeordneten

Planetensphären mit ihren himmlischen Heerscharen und Gottes Thron im Lichthimmel über allem, das moralische Schauspiel des menschlichen Lebens im Angelpunkt zwischen spirituellen Himmelskörpern und dinglicher Erde – all dies würde von der neuen Theorie in Zweifel gezogen oder gar als Ganzes zerstört werden. Doch über den aufwendigen mittelalterlichen Überbau hinaus griff die astronomische Neuerung die fundamentalen Prinzipien der christlichen Religion an. Sollte sich die Erde tatsächlich bewegen, dann konnte sie nicht länger als fester Mittelpunkt der Schöpfung Gottes und seines Heilsplans gelten. Und auch der Mensch stünde nicht mehr unbestritten im Mittelpunkt des Kosmos. Die absolute Einmaligkeit und die ungeheure Bedeutung des Eingriffs Christi in die menschliche Geschichte schien eine entsprechende Einmaligkeit und Bedeutung der Erde zu verlangen. Der Rang, ja der Sinn der Erlösungstat Christi, des zentralen Ereignisses nicht nur der menschlichen, sondern der Universalgeschichte, schien zur Disposition zu stehen.

Kopernikanismus schien gleichbedeutend mit Atheismus zu sein. In den Augen der päpstlichen Berater drohte Galileis *Dialog über die beiden hauptsächlichen Weltsysteme,* dem bereits in ganz Europa Beifall gezollt wurde, schlimmere Auswirkungen auf die christlichen Gemüter zu haben, als »Luther und Calvin zusammengenommen«.

Angesichts des offenen Widerspruchs zwischen Religion und Wissenschaft – der Wissenschaft eines Emporkömmlings, einer bloßen neuen Theorie – hatten die kirchlichen Autoritäten kaum Zweifel daran, welches System am Ende die Oberhand behalten würde. Überzeugt von den unheilvollen theologischen Implikationen der kopernikanischen Astronomie und traumatisiert von jahrzehntelangen reformatorischen Konflikten, bot die Kirche die gesamte Macht ihrer Repressionsmittel auf und verdammte die heliozentrische Hypothese: *De Revolutionibus* und der *Dialog* wurden auf den kirchlichen Index verbotener Bücher gesetzt; Galilei von der Inquisition verhört, zum Widerruf gezwungen und unter Hausarrest gestellt; wichtige Vertreter des katholischen Kopernikanismus entlassen und verbannt; alle Lehren und Schriften, die für die Bewegung der Erde argumentierten, verboten. Mit der kopernikanischen Theorie war die Spannung im Verhältnis zwischen Vernunft und Glauben, die der Katholizismus lange Zeit zugelassen hatte, unerträglich geworden.

Kepler

Als Galilei widerrief, war der wissenschaftliche Sieg des Kopernikanismus bereits in Sicht; die Versuche der institutionellen Religionen, ob katholisch oder protestantisch, ihn zu unterdrücken, sollten sich schon bald gegen sie selbst wenden. Aber während der ersten Jahre schien dieser Triumph der heliozentrischen Theorie noch keineswegs sicher. Die Vorstellung, daß sich die Erde bewegte, wurde von den Zeitgenossen des Kopernikus und noch während des gesamten sechzehnten Jahrhunderts im allgemeinen lächerlich gemacht, sofern sie überhaupt zur Kenntnis genommen wurde. Überdies war *De Revolutionibus* – vermutlich absichtlich – so hermetisch und schwer verständlich formuliert, setzte derart anspruchsvolle mathematische Kenntnisse voraus, daß nur wenige Astronomen den Text verstehen, geschweige denn seine zentrale Hypothese akzeptieren konnten. Aber niemandem konnte das technische Können verborgen bleiben, und der Autor galt schon bald als »ein zweiter Ptolemäus«. In den folgenden Jahrzehnten entdeckte eine wachsende Zahl von Astronomen und Astrologen, wie hilfreich, ja unabdingbar die kopernikanischen Diagramme und Berechnungen für ihre Zwecke waren. Neue, auf jüngsten Beobachtungen basierende astronomische Tabellen wurden unter Anwendung seiner Methode veröffentlicht, und da diese Tabellen den alten nachweislich überlegen waren, gewann die kopernikanische Astronomie einen immer besseren Ruf. Doch zentrale theoretische Probleme blieben weiterhin ungelöst.

Kopernikus war zwar ein Revolutionär, hatte aber viele traditionelle Annahmen beibehalten, die gegen den unmittelbaren Erfolg seiner Hypothese arbeiteten. Insbesondere glaubte er weiterhin an das ptolemäische Diktum, daß alle Planeten sich auf gleichförmigen Kreisbahnen bewegten; dies führte zwangsläufig dazu, daß sein System bald fast ebenso kompliziert wurde wie das ptolemäische. Damit seine Theorie mit den Beobachtungen übereinstimmte, war auch Kopernikus auf Nebenepizykel und Exzenter angewiesen. Neben den konzentrischen kristallinen Sphären, in denen sich die Planeten und Gestirne bewegten, behielt er wesentliche andere physikalische und mathematische Komponenten des alten ptolemäischen Systems bei. Auf naheliegende physikalische Einwände gegen eine bewegte Erde, etwa warum irdische Objekte nicht einfach von der Erde hinunterfielen, während diese durch den Raum raste, blieb er eine angemessene Antwort schuldig.

Trotz der Radikalität der Vorstellung einer planetarischen Erde blieb diese Hypothese die einzige zentrale Neuerung in *De Revolutionihus;* das Werk war ansonsten fest in der antiken und mittelalterlichen Tradition der Astronomie verankert. Kopernikus hatte nur den ersten Schritt zum Bruch mit der alten Kosmologie getan. Er hatte dabei aber eine ganze Reihe von Problemen aufgeworfen, die Kepler, Galilei, Descartes und Newton erst noch zu lösen hatten, bevor die Hypothese der Erdbewegung den Anforderungen einer umfassenden wissenschaftlichen Theorie gerecht werden konnte. In der Hinterlassenschaft des Kopernikus gab es einen entscheidenden inneren Widerspruch: eine bewegte Erde in einem ansonsten von aristotelischen und ptolemäischen Annahmen regierten Universum. Weil es an der gleichförmigen Kreisbewegung der Planeten festhielt, war das kopernikanische System letztlich weder einfacher noch genauer als das ptolemäische. Doch trotz der bleibenden Probleme zeichnete sich die neue Theorie durch eine gewisse harmonische Symmetrie und Kohärenz aus, die das Interesse einiger späterer Astronomen weckte – so Kepler und Galilei. Nicht wissenschaftliche Genauigkeit und Effektivität, sondern die ästhetische Überlegenheit der Konzeption war es, die sie zu den entscheidenden Verfechtern der kopernikanischen Sache werden ließ. Es ist durchaus denkbar, daß es ohne die Voreingenommenheit, die sich aus der ästhetischen Beurteilung im neuplatonischen Sinne ergab, nie zur wissenschaftlichen Revolution gekommen wäre, mit Sicherheit nicht in der Form, wie sie sich historisch vollzogen hat.

Denn Kepler war noch stärker als Kopernikus von neuplatonischen Motiven inspiriert: vom leidenschaftlichen Glauben an die transzendente Macht der Zahlen und geometrischen Formen, von der Vision der Sonne als Abbild Gottes, von der Verehrung der himmlischen »Harmonie der Sphären«. In einem Schreiben an Galilei beschwor Kepler »Platon und Pythagoras, unsere wahren Lehrer«. Er war überzeugt, daß Kopernikus intuitiv etwas viel Größeres erfaßt hatte, das die heliozentrische Theorie der Zeit noch nicht fähig war wiederzugeben: Wenn es gelänge, die kopernikanische Hypothese von den in De *Revolutionihus* noch enthaltenen ptolemäischen Resten zu befreien, konnte sie der Schlüssel zu einem neuen, auf atemberaubende Weise harmonischen und geordneten Kosmos sein, in dem sich die Herrlichkeit Gottes unmittelbar widerspiegelte. Kepler war im Besitz einer

umfangreichen Sammlung astronomischer Beobachtungen von beispielloser Präzision, die Tycho Brahe zusammengestellt hatte, sein
Vorgänger als Mathematiker und Astrologe am kaiserlichen Hof
Rudolfs II.[1] Ausgestattet mit diesen Daten und dem unerschütterlichen Glauben an die kopernikanische Theorie, brach er auf, jene
einfachen mathematischen Gesetze zu entdecken, die das Problem
der Planeten lösen sollten.

Mehr als zehn Jahre lang bemühte sich Kepler vergeblich, jedes nur
denkbare hypothetische System von Kreisen mit den Beobachtungen
Brahes in Einklang zu bringen; dabei konzentrierte er sich auf den
Planeten Mars. Nach endlosen Fehlschlägen sah er sich zu der
Schlußfolgerung gezwungen, daß den planetarischen Umlaufbahnen
eine andere geometrische Figur zugrundeliegen müsse. Nachdem er
sich mit der antiken, von Euklid und Apollonios entwickelten Theorie
des Kegelschnitts vertraut gemacht hatte, entdeckte Kepler schließlich, daß die Beobachtungen präzise mit ellipsenförmigen Umlaufbahnen übereinstimmten. Die Sonne bildete dabei einen von zwei
Brennpunkten, und die Geschwindigkeiten der Planeten änderten
sich jeweils in Abhängigkeit von ihrer jeweiligen Entfernung zur
Sonne – am schnellsten waren sie in der Nähe der Sonne und am lang-
samsten an den am weitesten von ihr entfernten Punkten.

Das platonische Wort von der gleichförmigen Bewegung war bislang
stets in bezug auf den Bogen einer kreisförmigen Umlaufbahn interpretiert worden – gleiche Distanz auf dem Bogen in gleichen Zeitabständen. Diese Interpretation erwies sich jedoch letztlich als falsch,
trotz des über zweitausend Jahre in sie investierten Scharfsinns der
Astronomen. Kepler entdeckte eine neue und subtilere Art der Gleich-
förmigkeit, die auf verblüffende Weise mit den Daten übereinstimmte:
Wurde zwischen der Sonne und dem sich auf einer elliptischen Umlaufbahn befindlichen Planeten eine Linie gezogen, dann überstrich
diese Linie gleichgroße Flächen der Ellipse in gleichen Zeitabständen.
Später formulierte er ein drittes Gesetz, das bewies, daß die verschiedenen planetarischen Umlaufbahnen in einer mathematisch exakten,
proportionalen Beziehung zueinander standen: Das Verhältnis vom
Quadrat der Umlaufzeit zum Kubus der mittleren Entfernung von der
Sonne war für alle Planeten gleich.

Das Problem der Planeten fand so nach zweitausend Jahren bei
Kepler endlich seine Lösung – und Platons ungewöhnliche Vorhersage einfacher, gleichförmiger und mathematisch geordneter Um-

laufbahnen ihre Erfüllung. Kepler hatte die kopernikanische Hypothese bestätigt. Indem er die ptolemäischen Kreise durch ellipsenförmige Umlaufbahnen und das Gesetz der gleichen Bögen durch das der gleichen Flächen ersetzte, konnte er auf alle komplizierten korrigierenden Kunstgriffe wie Epizykel, Exzenter und Equanten verzichten. Noch bedeutsamer aber war, daß seine einfache geometrische Form und seine einfache mathematische Geschwindigkeitsgleichung zu Ergebnissen führten, die selbst nach strengsten Maßstäben mit den Beobachtungen übereinstimmten; das hatte keine der früheren Lösungen, trotz ihrer Ad-hoc-Korrekturen, je geschafft. Kepler hatte jahrhundertelange vielfältige und weitgehend unerklärbare Himmelsbeobachtungen zu wenigen prägnanten und umfassenden Prinzipien verdichtet. Sie erbrachten den überzeugenden Nachweis, daß sich das Universum in Übereinstimmung mit eleganten mathematischen Harmonien befand. Empirische Daten und abstrakte mathematische Überlegungen griffen endlich auf perfekte Weise ineinander. Für Kepler war es von besonderer Bedeutung, daß die fortgeschrittensten wissenschaftlichen Erkenntnisse neben der kopernikanischen Theorie auch den mathematischen Mystizismus der alten pythagoreischen und platonischen Philosophen bestätigten.

Es war das erste Mal, daß eine mathematische Lösung des Problems der Planeten unmittelbar zu einer physikalisch plausiblen Beschreibung der Himmelsbewegungen führte. Denn Keplers Ellipsen waren dauerhafte, einfache und einförmige Bewegungen. Im Gegensatz dazu verfügte das komplizierte ptolemäische System mit seinen endlos miteinander verbundenen Kreisen über keine empirische Entsprechung in der alltäglichen Erfahrungswelt. Mathematische Lösungen galten deshalb in der ptolemäischen Tradition nicht selten als rein instrumentelle Konstruktionen, die letztlich keinen Anspruch darauf erheben konnten, eine Beschreibung der physikalischen Wirklichkeit zu liefern. Kopernikus war demgegenüber mit der Überzeugung der physikalischen Realität seiner mathematischen Konstruktionen angetreten. Im ersten Buch von *De Revolutionibus* spielte er auf die alte Vorstellung von der Astronomie als »Vollendung der Mathematik« an. Doch am Ende kam auch bei Kopernikus nur ein unnötig kompliziertes System aus Nebenepizykeln und Exzentern zur Erklärung der Erscheinungen heraus.

Mit Kepler jedoch gelangten die zugrundeliegende Intuition und die noch unvollkommene mathematische Argumentation bei Kopernikus an ihr Ziel. Erstmals in der Geschichte der planetarischen Astronomie gelang es, die Phänomene »tatsächlich« und nicht nur instrumentell zu retten. In Wirklichkeit rettete Kepler aber nicht nur die Phänomene im traditionellen Sinne, sondern auch die mathematische Astronomie, indem er die physikalische Relevanz der Mathematik für die Himmelskörper nachwies – ihre Fähigkeit, die wahre Beschaffenheit physikalischer Bewegung zu enthüllen. Die Mathematik war damit mehr als ein bloßes Mittel für astronomische Vorhersagen, sie war ein inhärenter Bestandteil der astronomischen Wirklichkeit selbst. Kepler sah darin die triumphale Bestätigung des pythagoreischen Anspruchs, daß die Mathematik der Schlüssel zum Verständnis des Kosmos sei, daß sie die verborgene Erhabenheit der göttlichen Schöpfung offenbaren werde.

Galilei

Dank Keplers Durchbruch hätte die kopernikanische Revolution mit der Zeit – aufgrund ihrer mathematischen Überlegenheit und der Präzision ihrer Vorhersagen – die ihr zustehende Anerkennung in der wissenschaftlichen Welt sicher erlangt. Aber im gleichen Jahr, 1609, in dem Kepler in Prag seine Gesetze der Planetenbahnen veröffentlichte, richtete Galilei in Padua sein erst kurz zuvor entwickeltes Fernrohr auf den Himmel und machte der Astronomie durch seine aufsehenerregenden Beobachtungen erstmals seit der Antike wieder qualitativ neue Einsichten zugänglich. Galilei interpretierte jede einzelne seiner Beobachtungen als klaren Beleg für die kopernikanischheliozentrische Theorie: Die Unebenheiten der Mondoberfläche, die beweglichen Flecken auf der Sonne, die vier den Jupiter umkreisenden Monde, die Venusphasen, die »unglaublich« große Zahl der Sterne der Milchstraße.

Wenn die Mondoberfläche uneben war, wie die der Erde, und wenn die Sonne Flecken hatte, die auftauchten und verschwanden, dann waren diese Körper nicht die vollkommenen, unvergänglichen und unveränderlichen himmlischen Objekte, zu denen sie die aristotelisch-ptolemäische Kosmologie gemacht hatte. Wenn Jupiter ein bewegter Körper war, der vier ihn umkreisende Monde besaß, obwohl sich sein System insgesamt auf einer größeren Umlaufbahn drehte, dann war das gleiche auch für die Erde und ihren Mond denkbar.

Damit war das traditionelle Argument widerlegt, die Erde könne sich nicht um die Sonne drehen, weil der Mond ansonsten längst aus seiner Umlaufbahn geschleudert worden wäre. Wenn die Phasen der Venus sichtbar waren, dann mußte sich die Venus um die Sonne drehen. Wenn die Milchstraße, die für das bloße Auge nur ein nebeliges Leuchten war, nachweislich aus einer Unzahl von neuen Sternen bestand, dann schien damit die kopernikanische Vermutung eines weit größeren Universums erheblich plausibler geworden zu sein. Diese Vermutung wiederum konnte erklären, warum trotz der Drehung der Erde um die Sonne eine eigentlich zu erwartende alljährliche Gestirnsparallaxe nicht zu beobachten war. Und wenn durch das Fernrohr die Planeten plötzlich so aussahen, als wären sie substantielle Körper mit ausgedehnten Oberflächen und nicht bloße Lichtpunkte, gleichzeitig aber unendlich viele Sterne scheinbar ohne jegliche Ausdehnung sichtbar waren, dann sprach auch dies dafür, daß das Universum unvergleichlich viel größer war als es die traditionelle Kosmologie angenommen hatte. Nach einigen Monaten der intensiven Beschäftigung mit solchen Entdeckungen und Schlußfolgerungen verfaßte Galilei in kurzer Zeit seinen *Botschafter der Sterne (Sidereus Nuncius),* in dem er seine ersten Beobachtungen veröffentlichte. Das Buch wurde zu einer unglaublichen Sensation in europäischen Intellektuellenkreisen.

Dank Galileis Fernrohr verließ die heliozentrische Konzeption den Bereich der bloßen Theorie, es schien, als könne man sie nun bequem betrachten. Es gab jetzt sichtbare physikalische Beweise, die sie erhärteten. Das Fernrohr zeigte darüber hinaus die grobe Stofflichkeit der Himmelskörper – keine transzendenten Punkte himmlischen Lichts, sondern konkrete Substanzen, die sich zur empirischen Forschung ebenso eigneten wie die natürlichen Phänomene der Erde. Die altehrwürdige akademische Praxis, ausschließlich innerhalb der Grenzen des aristotelischen Denkens zu argumentieren und zu beobachten, begann der kritischen Prüfung empirischer Phänomene zu weichen. Viele, die nie zuvor etwas mit wissenschaftlichen Studien zu tun gehabt hatten, griffen jetzt zum Fernrohr, um mit ihren eigenen Augen zu sehen, wie das neue kopernikanische Universum beschaffen war. Dank des Fernrohrs und der Schriften Galileis bestand ein vitales und weit über den engen Kreis der Spezialisten hinausgehendes Interesse an der Astronomie. Zunehmend bereit, die absolute Autorität sowohl der antiken als auch der kirchlichen Lehre in Frage zu stellen, empfanden die Generationen am Ende und unmittelbar nach der Renaissance die kopernikanische Theorie nicht nur als plausibel, sondern als befreiend. Die neue Himmelswelt eröffnete sich dem westlichen Geist im gleichen Moment, als die Forschungsreisenden neue Gebiete auf der Erde erschlossen. Auch wenn sich die kulturellen Konsequenzen der Entdeckungen Keplers und Galileis erst allmählich und kumulativ zeigen sollten, hatten sie doch dem mittelalterlichen Universum erfolgreich seinen Todesstoß versetzt. Der epochale Siegeszug der kopernikanischen Revolution im westlichen Denken hatte begonnen.

Die Kirche hätte auf diesen Triumph auch anders reagieren können, als sie es letztlich tat. Nur selten in ihrer Geschichte hat die christliche Religion so unnachgiebig versucht, eine wissenschaftliche Theorie aufgrund ihrer offenbaren Widersprüche zur Bibel zu unterdrücken. Wie Galilei selber betonte, war die Kirche seit langem daran gewöhnt, allegorische Interpretationen der Bibel gutzuheißen, wann immer letztere im Widerspruch zu wissenschaftlichen Beweisen zu stehen schien. Er berief sich dabei auf die frühen Kirchenväter und ergänzte, daß es »zum furchtbaren Schaden der Seelen wäre, falls Menschen durch Beweise von etwas überzeugt würden, an das zu glauben dann zur Sünde erklärt würde«. Zudem war das Genie Galileis auch bei vielen kirchlichen Autoritäten anerkannt, einschließlich mehrerer jesuitischer Astronomen im Vatikan. Der Papst, selbst ein Freund Galileis, war begeistert, als dieser ihm das Buch *Assayer* widmete, in dem die neue wissenschaftliche Methode umrissen wurde. Und sogar Kardinal Bellarmine, der Chefideologe der Kirche, der am Ende die Entscheidung traf, den Kopernikanismus für »falsch und irrig« zu erklären, hatte zuvor geschrieben:

»Wenn es einen wirklichen Beweis gäbe, daß die Sonne der Mittelpunkt des Universums ist, daß die Erde sich im dritten Himmel befindet und daß die Sonne sich nicht um die Erde, sondern die Erde sich um die Sonne dreht, dann müßten wir mit großer Behutsamkeit jene Passagen der Heiligen Schrift erklären, die das Gegenteil zu lehren scheinen, und wir sollten eher zugeben, sie nicht richtig verstanden zu haben, als daß wir eine Meinung für falsch erklären, die bewiesenermaßen wahr ist.«[2]

Die Verknüpfung besonderer Umstände führte zu einer anderen Reaktion. Das die Kirche zutiefst verunsichernde Gefühl der Bedrohung durch den Protestantismus mischte sich mit der traditionellen Skepsis gegenüber jeder neuartigen und potentiell häretischen Position. Vor dem Hintergrund der noch frischen Erinnerung an die Ketzerei Brunos waren die katholischen Autoritäten ernsthaft darum bemüht, jeden neuen Skandal zu vermeiden, der zu einer weiteren Spaltung des von der Reformation zerrissenen Christentums hätte führen können. Was die Angelegenheit noch bedrohlicher machte, war die neue Macht des gedruckten Wortes und die einfache und überzeugende Weise, in der sich Galilei statt der lateinischen Gelehrtensprache des Italienischen bediente; dadurch konnten alle Versuche der Kirche, die Vorstellungen der Gläubigen zu kontrollieren, untergraben werden. Zusätzlich verkompliziert wurde die Situation der Kirche durch die Verwicklung des Papstes in die verwirrenden politischen Konflikte Italiens. Eine Schlüsselrolle aber spielten die aristotelischen Philosophen an den Universitäten. Ihre heftige Opposition gegen den sich lautstark anti-aristotelisch gebärenden und allzu populären Galilei rüttelte die fundamentalistischen Prediger wach, die ihrerseits wiederum die Inquisition auf den Plan riefen. Galileis polemische und oft verletzende Art, die sich auf seine Gegner übertrug, spielte dabei ebenso eine Rolle wie seine unzureichende Sensibilität für die tiefere Bedeutung der stattfindenden kosmologischen Revolution. Bellarmines Überzeugung, mathematische Hypothesen seien nur intellektuelle Konstrukte ohne eigentlichen Bezug zur physischen Wirklichkeit; Galileis Eintreten für den Atomismus, während die katholische Doktrin der Transsubstantiation des Abendmahls eine aristotelische Physik vorauszusetzen schien; das Gefühl des Papstes, betrogen worden zu sein, das durch die politische Unsicherheit noch verstärkt wurde; die Machtkämpfe verschiedener Orden innerhalb der Kirche; die unersättliche Gier der Inquisition nach Bestrafung und Repression – all diese Faktoren führten durch ihr schicksalhaftes Aufeinandertreffen schließlich zur offiziellen Entscheidung der Kirche, den Kopernikanismus zu verbieten.

Diese Entscheidung fügte der intellektuellen und spirituellen Integrität der Kirche einen irreparablen Schaden zu. Die formale Festlegung des Katholizismus auf eine unbewegliche Erde untergrub auf nachhaltige Weise ihr Ansehen und ihren Einfluß auf die europäische Intelligenz. Die Kirche behielt zwar in den folgenden Jahrhunderten weitgehend ihre Macht und auch die Loyalität der Gläubigen, doch konnte sie kaum länger den Anspruch aufrechterhalten, für das Streben des Menschen nach einer umfassenden Erkenntnis des Universums zu stehen. Nach dem Bann der Inquisition wurden die Schriften Galileis in den Norden geschmuggelt; dort war von nun an die intellektuelle Avantgarde des Westens zu Hause.[3] Wie groß auch immer das relative Gewicht von Einzelfaktoren wie der tiefsitzenden akademischen Opposition gegen Galilei oder der persönlichen Motive des Papstes gewesen sein mag, die kulturelle Bedeutung des Konflikts lag letztlich in der Konfrontation von Religion und Wissenschaft. Hinter dem erzwungenen Widerruf Galileis verbargen sich letztlich die Niederlage der Kirche und der Sieg der Wissenschaft.

Das institutionelle Christentum litt insgesamt unter dem Sieg des Kopernikanismus, da er beiden religiösen Fundamenten gleichermaßen widersprach – dem wortwörtlichen Bibelverständnis des Protestantismus ebenso wie der sakramentalen Autorität des Katholizismus. Für den Moment jedoch blieben die meisten europäischen Intellektuellen, einschließlich der Revolutionäre der Wissenschaft, gläubige Christen. Aber die Spaltung von Wissenschaft und Religion – auch im Denken des Einzelnen – war in ihrer ganzen Tragweite spürbar geworden. Mit Luther hatte sich die intellektuelle Unabhängigkeit des westlichen Denkens innerhalb der religiösen Sphäre durchgesetzt. Mit Galilei trat sie aus der Religion heraus, schuf neue Prinzipien und eröffnete neue Tätigkeitsfelder.

Das Schmieden der newtonschen Kosmologie

Obwohl Kepler durch seine mathematischen Beweise und Galilei durch seine Beobachtungen den Erfolg der heliozentrischen Theorie in der Astronomie sicherstellen konnten, fehlte ihr noch immer ein umfassenderes begriffliches Schema, eine zusammenhängende und schlüssige Kosmologie, in die sie sich einfügte. Ptolemäus war abgelöst worden, aber nicht Aristoteles. Daß die Erde und die anderen Planeten sich auf elliptischen Bahnen um die Sonne bewegten, schien klar. Aber wenn es keine kreisenden ätherischen Sphären gab, warum bewegten sich die Planeten, einschließlich der Erde, überhaupt? Und was hielt sie jetzt davon ab, aus ihrer Bahn zu fliegen? Wenn die Erde sich – entgegen der Grundannahme der aristotelischen Physik – bewegte, warum fielen dann Gegenstände auf der Erde stets zu Boden? Wenn die Sterne so zahlreich und weit entfernt waren, wie groß war dann das Universum? Wie war es aufgebaut und wo lag sein Mittelpunkt – wenn es überhaupt einen gab? Was passierte mit der seit langem bewährten Unterscheidung zwischen Himmel und Erde, wenn die Erde nur ein Planet war wie andere auch und wenn die Himmelskörper jetzt anscheinend erdähnliche Eigenschaften besaßen? Und wo war Gott in diesem Universum? Solange diese schwerwiegenden Fragen nicht beantwortet waren, hatte die kopernikanische Revolution zwar die alte Kosmologie zerschlagen, aber noch keine neue hervorgebracht.

Kepler und Galilei hatten die entscheidenden Einsichten und das Handwerkszeug bereitgestellt, um diese Probleme anzugehen. Es war ihnen gelungen, ihre Überzeugung zu beweisen, daß das Universum mathematisch strukturiert sei und daß sich wissenschaftlicher Fortschritt durch den strengen Vergleich von mathematischen Hypothesen mit empirischen Beobachtungen erreichen ließ. Schon Kopernikus hatte den Grundstein für die neue Kosmologie gelegt. Als er die Erde zum Planeten erklärte und die beobachtete Bewegung der Sonne als Täuschung interpretierte, lag dem unausgesprochen der Gedanke zugrunde, daß Himmelskörper und Erde nicht grundlegend voneinander verschieden waren. Kepler ging noch einen Schritt weiter und übertrug das irdische Phänomen der Kraft direkt auf die Vorgänge am Himmel.

Die ptolemäischen – und kopernikanischen – kreisförmigen Umlaufbahnen waren stets als »natürliche Bewegungen« im aristotelischen Sinne verstanden worden. Aufgrund ihres elementaren Wesens bewegten sich die ätherischen Sphären in vollkommenen Kreisen, genauso wie sich die schweren Elemente Erde und Wasser geradlinig nach unten und die leichten Elemente Luft und Feuer geradlinig nach oben bewegten. Keplers Ellipsen waren jedoch weder kreisförmig noch unveränderlich, sondern verwickelten die Planeten an jedem Punkt ihrer Umlaufbahnen in Richtungs- und Geschwindigkeitsveränderungen. Die elliptische Bewegung in einem heliozentrischen Universum verlangte nach einer neuen, über die natürliche Bewegung hinausgehenden Erklärung.

Kepler schlug als Alternative den Begriff einer konstant wirksamen Kraft vor. Auch in diesem Fall beeinflußt von der neuplatonischen Sonnenverehrung, glaubte er, daß die Sonne eine aktive Quelle der Bewegung im Universum sei. Er postulierte eine *Anima motrix,* eine den astrologischen »Einflüssen« verwandte Kraft, die von der Sonne ausging und die Planeten bewegte – mit abnehmender Stärke bei zunehmender Entfernung. Aber Kepler mußte noch immer erklären, warum die Umlaufbahnen die Form von Ellipsen annahmen. Er war fasziniert von William Gilberts kurz zuvor erschienenem Werk über den Magnetismus und der darin vertretenen These, daß die Erde ein gigantischer Magnet sei. Kepler dehnte dieses Prinzip auf alle Himmelskörper aus und stellte die Hypothese auf, daß die *Anima motrix* der Sonne in Kombination mit ihrem eigenen Magnetismus und dem der Planeten der Grund für die Form der Umlaufbahnen sei. Kepler machte damit erstmals den Vorschlag, daß die Planeten in ihren Bahnen von mechanischen Kräften bewegt würden und nicht von der automatischen geometrischen Bewegung der aristotelisch-ptolemäischen Sphären. Er nahm mit seiner – auf der Bewegungslehre irdischer Phänomene basierenden – Auffassung vom Sonnensystem als einer sich selbst regulierenden Maschine die kommende Kosmologie vorweg, trotz der relativ primitiven Form seiner Theorie.

In der Zwischenzeit hatte Galilei die Anwendung dieser mechanisch-mathematischen Analysemethode auf den Bereich der umgebenden Natur systematisch und äußerst erfolgreich weiterbetrieben. Wie seine Renaissance-Kollegen Kepler und Kopernikus war auch er von der neuplatonischen Idee der Humanisten begeistert, die physikalische Welt ließe sich mit geometrischen und arithmetischen Kategorien erklären. Seine pythagoreische Überzeugung faßte er in die Worte: »Das Buch der Natur ist in der Sprache der Mathematik geschrieben.« Doch in seiner bodenständigeren Mentalität nutzte Galilei die Mathematik weniger als mystischen Himmelsschlüssel, sondern eher als praktisches Werkzeug zum Verständnis bewegter Materie und zur Widerlegung seiner aristotelisch-akademischen Widersacher. Keplers Erklärung der Himmelsbewegungen war fortgeschrittener als die Galileis, der noch wie Kopernikus an eine sich selbst erhaltende Kreisbewegung glaubte. Doch es waren Galileis Erkenntnisse im Bereich der Bewegungslehre irdischer Phänomene, die zur Lösung der mit der kopernikanischen Neuerung verbundenen physikalischen Probleme führten, als sie von seinen Nachfolgern auf die Himmelskörper angewandt wurden.

Die aristotelische Physik, die auf wahrnehmbaren Eigenschaften und sprachlicher Logik basierte, beherrschte noch immer die Universitäten und weite Teile des zeitgenössischen Wissenschaftsdenkens. Aber Galileis Vorbild war nicht Aristoteles, der deskriptive Biologe, sondern Archimedes, der mathematische Physiker, dessen Schriften erst kurz zuvor von den Humanisten wiederentdeckt worden waren. Galilei entwickelte in seinem Kampf gegen die Aristoteliker ein neues Verfahren zur Analyse von Phänomenen und stellte die Prüfung von Theorien auf ein neues Fundament. Wissenschaftler durften, wenn sie zutreffende Urteile über die Natur fällen wollten, in seinen Augen nur genau meßbare »objektive« Eigenschaften heranziehen – wie Größe, Form, Anzahl, Gewicht, Bewegung. Wahrnehmbare Eigenschaften – wie Farbe, Klang, Geschmack, Gefühl, Geruch – waren für ihn dagegen subjektiv und ephemer und mußten unberücksichtigt bleiben. Nur im Rahmen einer rein quantitativen Analyse konnte die Wissenschaft zu sicherer Welterkenntnis gelangen.

War der aristotelische Empirismus in erster Linie eine beschreibende und – von den späten Aristotelikern übertriebene – logischsprachliche Methode gewesen, führte Galilei nun die quantitative Messung und das Experiment als den entscheidenden Prüfstein jeder Hypothese ein. Um noch tiefer in den wahren, mathematisch gesetzmäßigen Charakter der Natur eindringen zu können, benutzte, entwickelte oder erfand Galilei eine Vielzahl neuer technischer Instrumente: Linse, Fernrohr, Mikroskop, geometrischer Kompaß, Magnet, Luftthermometer, hydrostatische Waage. Die Verwendung solcher Instrumente eröffnete dem Empirismus eine völlig neue, den Griechen unbekannte Dimension und untergrub die Theorien und die Praxis der aristotelischen Professoren. Galilei war überzeugt, es sei an der Zeit, daß die freie Erforschung eines unpersönlichen, mathematischen Universums endlich die engstirnige akademische Tradition ablöse mit ihrer endlosen deduktiven Rechtfertigung eines angeblich organischen aristotelischen Universums.

Galilei begann, das falsche Dogma der akademischen Physik niederzureißen, indem er die neuen Kategorien und die neue Methodologie anwandte. Aristoteles hatte geglaubt, daß ein schwerer Körper schneller als ein leichterer fiele, weil er über eine elementare Neigung verfüge, seine natürliche Position im Mittelpunkt der Erde einzunehmen – je schwerer der Körper, desto größer diese Neigung. Auf der Basis wiederholter mathematischer Analysen physikalischer Experimente bestritt Galilei diesen Lehrsatz; er formulierte dagegen das Gesetz von der gleichförmigen Beschleunigung fallender Körper – einer Bewegung, die unabhängig von Gewicht und Zusammensetzung der Körper war. Indem er sich auf die Impetustheorie der beiden scholastischen Aristoteles-Kritiker Buridan und Oresme stützte, untersuchte Galilei die Bewegung von Wurfobjekten und entwickelte die entscheidende Idee der Trägheit. Aristoteles hatte die Meinung vertreten, daß alle Körper ihrem natürlichen Ort zustrebten und daß sie, wenn sie diesen einmal eingenommen hätten, nicht mehr ohne äußere Einwirkung zu bewegen waren. Im Gegensatz zu dieser Auffassung kam Galilei zu dem Ergebnis, daß genauso, wie ein ruhender Körper dazu neige, solange in seiner ruhenden Position zu verbleiben, bis er bewegt würde, auch ein bewegter Körper dazu neige, seine Bewegung solange konstant beizubehalten, bis er aufgehalten oder abgelenkt würde. Kraft wurde benötigt zur Veränderung einer Bewegung, nicht aber, um deren Konstanz zu sichern.

Auf diese Weise widerlegte Galilei einen der zentralen physikalischen Einwände der Aristoteliker gegen eine planetarische Erde. Der Einwand lautete: Die Objekte auf der Erde würden kräftig durcheinandergewirbelt und ein Objekt, das man von der Erde aus senkrecht nach oben warf, würde zwangsläufig in einer gewissen Distanz von seinem Ausgangspunkt landen, wenn die Erde sich bewegte. Da keines dieser Phänomene aber jemals beobachtet worden war, waren die Aristoteliker zu dem Ergebnis gekommen, daß die Erde sich nicht bewege. Mit seinem Trägheitskonzept gelang Galilei jedoch der Nachweis, daß eine bewegte Erde automatisch alle Objekte und Geschosse mit ihrer Eigenbewegung ausstatten würde und daß die kollektive, träge Bewegung deshalb auf der Erde für niemanden wahrnehmbar sei.

Während seines Lebens hatte Galilei auf eindrucksvolle Weise die kopernikanische Theorie bestätigt, die umfassende Mathematisierung der Natur eingeleitet, die Idee der Kraft als mechanisch wirksame Ursache begriffen, die Grundlagen der modernen Mechanik und der experimentellen Physik gelegt sowie die Prinzipien der modernen Wissenschaftsmethode entwickelt. Die Frage jedoch, wie sich die Bewegungen der Himmelskörper, einschließlich der Bewegung der Erde selbst, physikalisch erklären ließen, blieb noch immer unbeantwortet. Weil Galilei die Bedeutung der von seinem Zeitgenossen Kepler entdeckten Planetengesetze entgangen war, hielt er weiterhin am traditionellen Verständnis der kreisförmigen Bewegungen der Himmelskörper fest, nur daß sich jene Körper jetzt um die Sonne drehten. Sein Trägheitskonzept – das in seinen Augen auf der Erde nur bei horizontalen Flächen anwendbar war, weil hier die Schwerkraft kein ergebnisverzerrender Faktor war, und das folglich eine kreisförmige Bewegung um die Oberfläche der Erde beschrieb – wurde entsprechend auch auf die Himmelskörper angewandt: Die Planeten blieben auf ihren Bahnen um die Sonne, weil ihre natürliche Trägheitsneigung kreisförmig war. Galileis kreisförmige Trägheit bot jedoch keine Erklärung für Keplers Ellipsen. Sie verlor noch weiter an Plausibilität, wenn die Erde – die in der aristotelischen Kosmologie als einziger Mittelpunkt des Universums den sie umgebenden Raum definiert und einen absoluten Grund und Bezugspunkt für die kreisenden Sphären gebildet hatte – jetzt als Planet verstanden wurde. Das kopernikanische Universum hatte ein fundamentales Rätsel aufgegeben, das noch immer auf seine Lösung wartete.

In dieser Situation gewann eine weitere Strömung der antiken griechischen Philosophie an Einfluß: der Atomismus Leukipps und Demokrits. Dieser sollte nicht nur den Weg zur Lösung des Problems der Himmelsbewegung aufzeigen, sondern auch nachhaltigen Einfluß auf die künftige Entwicklung der westlichen Wissenschaft nehmen. Die Philosophie des Atomismus war während der Renaissance im Rahmen der humanistischen Erneuerung der antiken Literatur wiederentdeckt worden, besonders durch das Manuskript des Lehrgedichtes Von *der Natur* (De *natura rerum)* von Lukrez, das die Grundzüge des epikureischen Systems enthielt. Der griechische Atomismus war ursprünglich als Entgegnung auf die logischen Einwände des Parmenides gegen Wandel und Bewegung entstanden. Er hatte ein Universum postuliert, das aus unsichtbar kleinen, unteilbaren Partikeln bestand, die sich in einer unendlichen, neutralen Leere frei bewegten und durch ihre Kollisionen und Kombinationen alle Phänomene erzeugten. In dieser Leere gab es kein absolutes Oben oder Unten und keinen universalen Mittelpunkt, da jede Position im Raum neutral und gleichwertig in Bezug zu allen anderen war. Das ganze Universum bestand aus den gleichen materiellen Teilchen und war überall nach den gleichen Prinzipien zusammengesetzt. Auch die Erde war weder bewegungslos noch stand sie im Mittelpunkt des Universums; sie war nur eine von vielen zufälligen Teilchen-Aggregationen. Folglich gab es keine sinnvolle Unterscheidung zwischen Himmel und Erde. Sowohl die Leere als auch die Anzahl der Teilchen war unendlich und das Universum potentiell von vielen bewegten Erden und Sonnen bevölkert, die alle aus den zufälligen Bewegungen der Atome hervorgegangen waren.

Das entstehende kopernikanische Universum wies eine Reihe von erstaunlichen Ähnlichkeiten mit dieser Konzeption auf. So hatte die

Verwandlung der Erde in einen Planeten der aristotelischen Idee eines absoluten – nicht neutralen – Raums, der seinen Mittelpunkt in einer stillstehenden Erde hatte, die Grundlage entzogen. Eine planetarische Erde verlangte zudem ein erheblich größeres Universum, um dem Fehlen einer beobachtbaren Gestirnsparallaxe zu genügen. Stand die Erde nicht länger im Mittelpunkt des Universums, mußte dieses nicht länger endlich sein (ein universaler Mittelpunkt setzt ein endliches Universum voraus, da ein unendlicher Raum keinen Mittelpunkt haben kann). Die äußerste Sternensphäre wurde jetzt nicht mehr als Erklärung für die Bewegungen der Himmelskörper gebraucht, und die Sterne konnten bis ins Unendliche verstreut sein, wie die Neuplatoniker es auch vorgeschlagen hatten. Galileis Entdeckungen mit dem Fernrohr hatten nicht nur eine Vielzahl von Sternen in offenbar großer Entfernung enthüllt, sondern auch die Vorstellung einer fundamentalen Trennung von Himmel und Erde weiter untergraben. Die Implikationen eines kopernikanischen Universums – eine nichteinmalige, bewegte Erde; ein neutraler, mittelpunktsloser, vielbevölkerter und vielleicht endloser Raum; die Abschaffung der Unterscheidung zwischen Himmel und Erde – stimmten alle mit denen eines atomistischen Kosmos überein.

Angesichts des Zusammenbruchs der umfassenden Struktur der aristotelischen Kosmologie und des Mangels an einer brauchbaren Alternative, die sie hätte ersetzen können, bot sich das atomistische Universum als ein bereits hochentwickelter und auf einzigartige Weise passender Bezugsrahmen für das kopernikanische System an. Der esoterische Philosoph und Naturwissenschaftler Bruno war der erste, dem die Übereinstimmung zwischen beiden Systemen aufgefallen war. In seinem Werk wurde das von Nikolaus von Kues aufgegriffene neuplatonische Bild vom unendlichen Universum durch die atomistische Konzeption untermauert, um einen immens erweiterten kopernikanischen Kosmos zu schaffen.

Aber der Atomismus leistete noch andere und nicht weniger folgenreiche Beiträge zur entstehenden Kosmologie. Denn es stimmte nicht nur die Struktur des atomistischen Kosmos mit der der kopernikanischen Theorie überein; auch der atomistische Materiebegriff paßte hervorragend zur Vorgehensweise der neuen Naturwissenschaftler. Demokrits Atome wurden ausschließlich von quantitativen Faktoren – Größe, Form, Bewegung und Zahl – bestimmt und nicht von wahrgenommenen Qualitäten wie Geschmack, Geruch, Gefühl und Geräusch. Alle wahrnehmbaren qualitativen Veränderungen der Phänomene wurden durch verschiedene Quantitäten von Atomen – kombiniert zu unterschiedlichen Anordnungen – erzeugt, weshalb das atomistische Universum prinzipiell der mathematischen Analyse offenstand. Die materiellen Teilchen besaßen weder Zweck noch Intelligenz, sondern bewegten sich ausschließlich nach mechanischen Prinzipien. Die kosmologischen und physikalischen Strukturen des antiken Atomismus luden so zum Gebrauch eben jener – mechanistischen und mathematischen – Analysemethoden ein, die die Wissenschaftler des siebzehnten Jahrhunderts ohnehin schon gewählt und rasch weiterentwickelt hatten. Der Atomismus beeinflußte Galilei in seiner Sicht der Natur als bewegter Materie; er wurde von Francis Bacon bewundert, von Thomas Hobbes in seiner Philosophie des mechanistischen Materialismus praktisch angewendet und von ihrem jüngeren Zeitgenossen Pierre Gassendi in den europäischen Wissenschaftlerkreisen populär gemacht. Aber erst Rene Descartes kam durch die systematische Anwendung des Atomismus zu einer physikalischen Erklärung des kopernikanischen Universums.

Die Grundprinzipien des antiken Atomismus wiesen viele Parallelen auf zum cartesianischen Bild von der Natur als einer komplizierten, unpersönlichen, streng nach mathematischen Gesetzen funktionierenden Maschine. Wie Demokrit ging Descartes davon aus, daß die physikalische Welt aus einer unendlichen Vielzahl von Teilchen oder »Korpuskeln« bestand, die mechanisch aufeinander stießen und sich miteinander verbanden. Als Christ nahm er jedoch an, daß diese Korpuskeln sich nicht planlos bewegten, sondern gewissen Regeln folgten, die ein vorsorgender Gott ihnen bei ihrer Schöpfung auferlegt hatte. Diese Regeln zu entdecken sah Descartes als seine persönliche Herausforderung an.

In einem ersten Schritt fragte er, wie sich ein einzelnes Korpuskel in einem unendlichen Universum bewegte, das weder absolute Richtungen noch die elementaren Bewegungsneigungen des Aristotelismus kannte. Durch die Anwendung der scholastischen Impetustheorie im neuen Kontext eines atomistischen Raums gelangte er zu dem Schluß, daß ein ruhendes Korpuskel dazu tendiere, seine ruhende Position solange beizubehalten, bis es angestoßen würde, während ein Korpuskel in Bewegung dazu neige, seine Bewegung auf einer geraden Linie und mit gleicher Geschwindigkeit solange fortzusetzen, bis es abgelenkt würde. Descartes gelang damit die erste eindeutige Darstellung des Trägheitsgesetzes, die auch das kritische Element der linearen Trägheitsbewegung umfaßte – im Unterschied zu Galileis noch rudimentärer und empirisch abgeleiteter, erdorientierter Trägheit mit ihrer Implikation der Zirkularität. Descartes schloß darüber hinaus, daß, weil alle Bewegung in einem korpuskularen Universum prinzipiell mechanistisch war, jede Abweichung von diesen Trägheitsneigungen das Ergebnis von korpuskularen Kollisionen sein müßte. Er ging daran, die Grundprinzipien, die diese Kollisionen beherrschten, durch intuitive Deduktion zu bestimmen.

Der Atomismus hatte mit der Annahme sich frei in einem unendlichen, neutralen Raum bewegender Teilchen eine neue Sichtweise der Bewegung nahegelegt. Die cartesianische Idee der korpuskularen Kollision ermöglichte es seinen Nachfolgern, Galileis Einsichten in die Natur der Kraft und des Kraftmoments weiterzuentwickeln. Von unmittelbarer Bedeutung für die kopernikanische Theorie war es jedoch, daß Descartes seine Theorien der linearen Trägheit und der korpuskularen Kollision auf das Problem der planetarischen Bewegung anwandte und so die Himmelskörper vom letzten Rest an aristotelischer Physik befreite. Denn die von Kopernikus und Galilei noch immer vertretenen automatischen Kreisbewegungen der Himmelskörper waren unmöglich in einer atomistischen Welt, in der sich die Teilchen entweder geradlinig oder gar nicht bewegten.

Durch die Anwendung seiner Trägheits- und Korpuskeltheorien auf die Himmelskörper gelang Descartes die Isolation des entscheidenden Faktors, der zur Erklärung der planetarischen Bewegung noch fehlte. Wenn es nicht noch eine andere, hemmende Kraft gäbe, würde die den Planeten eigene Trägheit zwangsläufig dazu führen, sie – und damit auch die Erde – in einer geradlinigen Tangente aus ihrer gebogenen Umlaufbahn um die Sonne zu treiben. Weil sie aber ihre Umlaufbahnen als kontinuierlich geschlossene Kurven ohne solche zentrifugalen Ausbrüche beibehielten, war es klar, daß irgendein Faktor die Planeten in Richtung Sonne trieb – oder, wie es Descartes und seine Nachfolger treffender formulierten, daß etwas die Planeten permanent dazu zwang, in Richtung Sonne »zu fallen«. Die Kraft, die diesen Fall verursachte, zu entdecken, war das grundlegende Problem der neuen Kosmologie. Die Tatsache, daß die Planeten sich überhaupt bewegten, war durch die Trägheit jetzt erklärbar geworden. Die Form jedoch, die diese Bewegung annahm – die konstante Beibehaltung elliptischer Umlaufbahnen um die Sonne – verlangte noch immer nach einer überzeugenden Erklärung.

Viele der von Descartes intuitiv abgeleiteten Hypothesen wurden von seinen Nachfolgern verworfen. Dazu gehörten die meisten seiner Gesetze der korpuskularen Kollision und seine Auffüllung des Universums mit Wirbeln bewegter Korpuskeln – anhand derer er zu erklären versuchte, warum die Planeten zurück in ihre Umlaufbahnen gedrückt wurden. Doch seine Grundkonzeption des physikalischen Universums als eines von wenigen mechanistischen Gesetzen beherrschten atomistischen Systems sollte zum Leitmodell für die Wissenschaftler des siebzehnten Jahrhunderts werden, die sich mit der kopernikanischen Neuerung beschäftigten.

Da das Rätsel der Planetenbewegung weiterhin das herausragende Problem der post-kopernikanischen Wissenschaft in ihren Bemühungen um die Etablierung einer in sich konsistenten Kosmologie darstellte, erwies sich seine Isolierung des »Fall«-Faktors als unentbehrlich. Die Anwendung des cartesianischen Trägheitskonzepts auf Keplers Ellipsen im Verein mit dem allgemeinen mechanistischen Erklärungsmodell, das den rudimentären Theorien der Planetenbewegung der beiden implizit zugrundelag, gaben dem Problem eine Definition, mit der spätere Wissenschaftler – Borelli, Hooke, Huygens – fruchtbar arbeiten konnten. Galileis Bewegungslehre irdischer Phänomene hatte dieses Problem der Planetenbewegung noch weiter eingegrenzt, indem sie die Grundprinzipien der aristotelischen Physik wirksam entkräftet und präzise mathematische Messungen für schwere fallende Körper vorgelegt hatte. Damit blieben noch zwei fundamentale Fragen offen, eine himmlische und eine irdische: Warum fielen – trotz ihrer Trägheit – die Erde und die anderen Planeten dauernd in Richtung Sonne? Und warum fielen irdische Objekte – trotz einer bewegten, nicht im Mittelpunkt stehenden Erde – zurück auf die Erdoberfläche?

Die Wahrscheinlichkeit, daß die Antwort auf beide Fragen die gleiche sein könnte, war durch die Arbeiten von Kepler, Galilei und Descartes ständig gewachsen. Zugleich nahm auch die Idee einer zwischen allen materiellen Körpern wirksamen Anziehungskraft konkretere Gestalt an. Unter den Griechen hatte Empedokles eine solche Kraft postuliert. Unter den Scholastikern war Oresme zu folgendem Schluß gekommen: Falls Aristoteles sich geirrt haben sollte, als er der Erde eine einzigartige und zentrale Position zuwies, wäre als alternative Erklärung für das irdische Phänomen fallender Körper denkbar, daß die Materie von Natur aus dazu neige, andere Materie anzuziehen. Kopernikus hatte sich ebenso wie Kepler bei seinem Eintreten für eine bewegte Erde auf diese Möglichkeit berufen. Im dritten Viertel des siebzehnten Jahrhunderts faßte Robert Hooke eindeutig die entscheidende Synthese ins Auge: daß eine einzige anziehende Kraft sowohl für die Bewegung der Planeten als auch für die fallenden Körper verantwortlich zeichnete. Er demonstrierte seine Idee auf mechanische Weise anhand eines einen gestreckten Kreis beschreibenden Pendels, dessen lineare Bewegung ständig von einer zentralen Anziehungskraft abgelenkt wurde. Eine solche Demonstration veranschaulichte eindrucksvoll die Relevanz der irdischen Mechanik für die Erklärung von Himmelsphänomenen. Hookes Pendel signalisierte das Ausmaß, in dem die wissenschaftliche Phantasie die Wahrnehmung der Himmelskörper radikal verändert hatte: Sie hatte eine transzendente Sphäre mit eigenen, speziellen Gesetzen in den Bereich des Diesseitigen zurückgeholt; im Himmel waren die gleichen Prinzipien wirksam wie auf der Erde.

Isaac Newton schließlich, geboren im Todesjahr Galileis, fiel die Rolle zu, die kopernikanische Revolution durch den quantitativen Nachweis der Gravitation als allgemein wirksamer Kraft zu vollenden. Diese Kraft manifestierte sich im Fallen eines Steins auf die Erdoberfläche genauso wie in den geschlossenen Umlaufbahnen der Planeten um die Sonne. Newtons erstaunliche Leistung bestand darin, die cartesianische mechanistische Philosophie, Keplers Gesetze der Planetenbewegungen und Galileis Bewegungslehre zu einer umfassenden Theorie zusammenzufassen.

In einer beispiellosen Kette von mathematischen Entdeckungen und intuitiven Erkenntnissen wies Newton zweierlei nach: Erstens, daß die Planeten, um ihre stabilen Bahnen mit der von Keplers drittem Gesetz spezifizierten relativen Geschwindigkeit und Entfernung beizubehalten, von der Sonne angezogen werden mußten; diese Kraft nahm umgekehrt proportional zum Quadrat der Entfernung von der Sonne ab. Zweitens, daß die auf die Erde fallenden Körper – nicht nur der Stein, sondern auch der entfernte Mond – der gleichen Gesetzmäßigkeit unterlagen. Drittens gelang es ihm, von diesem Gesetz des umgekehrten Quadrats die elliptischen Formen der planetarischen Umlaufbahnen und ihre Geschwindigkeitsverläufe – gleiche Fläche zu gleichen Zeiten – mathematisch abzuleiten, also das erste und zweite Gesetz Keplers zu beweisen. Damit waren alle entscheidenden kosmologischen Fragen der Kopernikaner endlich gelöst: was die

Planeten bewegte, wie sie in ihren Umlaufbahnen blieben, warum schwere Körper auf die Erde fielen, sowie die Fragen nach der Grundstruktur des Universums und nach der Trennung von Himmel und Erde. Die kopernikanische Hypothese hatte das Bedürfnis nach einer neuen, umfassenden und in sich konsistenten Kosmologie erzeugt – und am Ende erfüllt.

In einer beispielhaften Kombination von empirischer und deduktiver Präzision hatte Newton einige wenige Gesetze formuliert, die den gesamten Kosmos zu beherrschen schienen. Mit seinen drei Bewegungsgesetzen – Trägheit, Kraft, Wirkung und Gegenwirkung – und seiner allgemeinen Gravitationstheorie gelang es ihm nicht nur, alle keplerschen Planetengesetze auf eine physikalische Grundlage zu stellen. Von ihren Formeln ließen sich darüber hinaus die Bewegung der Gezeiten, das Vorrücken der Tag- und Nachtgleiche, die Bahnen der Kometen, die Flugbahnen von Kanonenkugeln und anderen Geschossen ableiten. Alle bekannten Phänomene der himmlischen und irdischen Bewegungslehre waren jetzt in einem Satz physikalischer Gesetze zusammengeschlossen. Jedes Teilchen Materie im Universum zog alle anderen Teilchen mit einer Kraft an, die sich proportional zum Produkt ihrer Massen und umgekehrt proportional zum Quadrat ihrer Entfernung verhielt. Newton hatte darum gekämpft, den großen Plan des Universums zu entdecken – er war offenbar erfolgreich gewesen. Die cartesianische Vision der Natur als einer vollkommenen Maschine, von mathematischen Gesetzen regiert und von der menschlichen Wissenschaft verstehbar, war Wirklichkeit geworden.

Newton hatte seine Arbeitshypothese der Gravitation als einer über Distanz wirksamen Kraft aus der hermetischen Philosophie und Alchemie übernommen mit ihrer Vorstellung, daß zwischen allen Elementen Kräfte der Sympathie oder Antipathie wirkten. Zwar erschien diese Hypothese den mechanistischen Philosophen des Kontinents zu esoterisch und nur unzureichend mechanisch fundiert, was sogar Newton Kopfzerbrechen bereitete. Aber die mathematischen Ableitungen aus ihr erwiesen sich auf spektakuläre Weise als überzeugend. Durch das Konzept einer quantitativ bestimmten Anziehungskraft hatte Newton die beiden Hauptmotive der Wissenschaft des siebzehnten Jahrhunderts miteinander verknüpft – die mechanistische Philosophie und die pythagoreische Tradition. Es dauerte nicht lange, bis seine Methode und seine Schlußfolgerungen als Paradigma der wissenschaftlichen Praxis anerkannt waren. Die Royal Society veröffentlichte 1686/87 Newtons *Principia Mathematica Philosophiae Naturalis*. Während der folgenden Jahrzehnte wurden seine Errungenschaften als Triumph des modernen Geistes über die antike und mittelalterliche Unwissenheit gefeiert. Newton hatte die wahre Natur der Wirklichkeit enthüllt; Voltaire bezeichnete ihn als den bedeutendsten Mann, der jemals gelebt habe.

Die newtonsche-cartesianische Kosmologie hatte sich als Fundament für ein neues Weltbild durchgesetzt. Zu Beginn des achtzehnten Jahrhunderts gehörte es zum Grundwissen eines gebildeten Menschen im Westen, daß Gott das Universum als ein komplexes mechanisches System erschaffen hatte, das aus Materieteilchen bestand, die sich in einem unendlichen, neutralen Raum nach wenigen, mathematisch analysierbaren Grundprinzipien – wie Trägheit und Gravitation – bewegten. In diesem Universum drehte sich die Erde um die Sonne, die nur ein Stern unter vielen war, so wie auch die Erde nur ein Planet unter vielen war; weder die Sonne noch die Erde standen im Mittelpunkt des Universums. Eine festumgrenzte Gruppe physikalischer Gesetze regierte die himmlische wie die irdische Sphäre, die sich deshalb nicht länger grundlegend voneinander unterschieden. So wie die Himmelskörper aus materiellen Substanzen bestanden, waren auch ihre Bewegungen von natürlichen mechanischen Kräften bestimmt.

Zudem schien es vernünftige Gründe für die Annahme zu geben, daß Gott sich nach der Schöpfung dieses komplizierten und geordneten Universums jeder weiteren aktiven Beteiligung, jedes weiteren Eingriffs in die Natur enthalten und ihr gestattet habe, sich gemäß ihrer vollkommenen und unveränderlichen Gesetze selbständig zu bewegen. Das neue Bild vom Schöpfer entsprach also dem eines göttlichen Architekten, eines meisterhaften Mathematikers und Uhrmachers, während das Universum als ein durchgängig regelhaftes und grundlegend unpersönliches Phänomen betrachtet wurde. Die Rolle des Menschen in diesem Universum ließ sich am besten daran ermessen, daß er kraft seines Intellekts bis zur wesentlichen Ordnung des Universums durchgedrungen war, und daß er dieses Wissen nun zu seinem eigenen Nutzen und zu seiner eigenen Macht verwenden durfte. Nur schwerlich ließ sich bestreiten, daß der Mensch die Krone der Schöpfung war. Die wissenschaftliche Revolution – und die Geburt des modernen Zeitalters – war jetzt abgeschlossen.

DIE PHILOSOPHISCHE REVOLUTION

Die Entwicklung der Philosophie während dieser zentralen Jahrhunderte war aufs engste mit der wissenschaftlichen Revolution verknüpft. Die Philosophie begleitete sie, gab ihr Anregungen, sorgte für ihre Fundierung und wurde von der Wissenschaft wiederum kritisch geprägt. In der Tat nahm die Philosophie im Übergang zur dritten großen Epoche der westlichen Geistesgeschichte eine völlig neue Identität und Struktur an. Während eines Großteils des klassischen Zeitalters hatte die Philosophie, wenn auch beeinflußt von Religion und Wissenschaft, eine weitgehend autonome Stellung in der Hervorbringung und Überprüfung des Weltbildes der Gelehrtenkultur eingenommen. Im Mittelalter übernahm die christliche Religion diese hervorgehobene Position, während der Philosophie die dienende Rolle zugewiesen wurde, Vernunft und Glauben zu versöhnen. Doch mit dem Beginn des modernen Zeitalters setzte eine Entwicklung ein, in deren Verlauf sich die Philosophie als eine insgesamt unabhängigere Kraft im Geistesleben etablierte. Die Philosophie begann damit, der Religion ihre Gefolgschaft aufzukündigen – und sich der Wissenschaft zuzuwenden.

Bacon

Während derselben Jahrzehnte des frühen siebzehnten Jahrhunderts, in denen Galilei in Italien den Grundstein für die neue wissenschaftliche Praxis legte, verkündete Francis Bacon in England die Geburt eines neuen Zeitalters. Die Naturwissenschaft würde jetzt dem Menschen in gleicher Weise die materielle Erlösung bringen wie am Ende der Zeit das Reich Gottes die spirituelle Erlösung. Für Bacon verlangte die Entdeckung der Neuen Welt durch Kolumbus nach der entsprechenden Entdeckung einer neuen geistigen Welt, in der die alten Denkmuster und tradierten Vorurteile, die subjektiven Verzerrungen und terminologischen Verwirrungen sowie die allgemeine geistige Blindheit durch eine neue Erkenntnismethode überwunden wären. Diese Methode mußte hauptsächlich empirisch sein. Denn durch die sorgfältige Beobachtung der Natur und das geschickte Erfinden immer neuer und anderer Experimente im Rahmen einer kooperativ organisierten Forschung würde der menschliche Geist allmählich jene Gesetze und Verallgemeinerungen ans Licht befördern, die ihm das zur Beherrschung der Natur nötige Wissen lieferten. Eine solche Wissenschaft war für den Menschen von unermeßlichem Nutzen und gab ihm endlich die Gewalt über die Natur zurück, die er mit dem Fall Adams verloren hatte.

Hatte Sokrates Wissen mit Tugend gleichgesetzt, so setzte Bacon es mit Macht gleich. Der praktische Nutzen des Wissens wurde zum eigentlichen Maßstab seiner Gültigkeit. Mit Bacon übernahm die Wissenschaft eine neue Rolle – utilitaristisch und utopisch, war sie das materielle und menschliche Gegenstück zum göttlichen Plan der spirituellen Erlösung. Gott hatte den Menschen zur Interpretation und zur Beherrschung der Natur geschaffen. Sich mit der Naturwissenschaft zu beschäftigen, war deshalb seine religiöse Pflicht. Die Erbsünde machte solche Studien zwar zu einer mühsamen und fehlbaren Angelegenheit, aber wenn es dem Menschen gelang, seinen Verstand zu disziplinieren und seine Sichtweise der Natur von jahrhundertealten Vorurteilen zu befreien, dann kam er zu seinem göttlichen Recht. Durch die Wissenschaft konnte der Mensch des modernen Zeitalters seine wahre Überlegenheit gegenüber den Alten geltend machen. Die Geschichte verlief nicht zyklisch, wie sie angenommen hatten, sondern progressiv, und der Mensch stand im Begriff, das Erwachen einer neuen, wissenschaftlichen Zivilisation zu erleben.

Skeptisch gegenüber tradierten Lehren und den Syllogismen der aristotelischen Scholastiker – die für ihn nichts anderes als viel zu lang respektierte Hindernisse auf dem Weg zu brauchbarem Wissen waren – bestand Bacon darauf, daß Fortschritt in der Wissenschaft nur um den Preis einer radikalen Neuformulierung dieser Grundlagen zu haben sei. Die wahre Basis des Wissens war die natürliche Welt, beziehungsweise die Information, die die menschlichen Sinne über sie zur Verfügung stellten. Die Welt mit angenommenen letzten Zwecken – wie Aristoteles – oder mit intelligiblen göttlichen Wesen – wie Platon – zu bevölkern, hieß nur, dem Menschen ein wirkliches Verstehen der Natur vorzuenthalten. Dieses Verstehen war allein auf der Basis direkten Experimentierens und induktiver Ableitungen vom Einzelnen möglich. Ein nach Wissen strebender Mensch durfte nicht länger von abstrakten Definitionen und rein sprachlichen Unterscheidungen ausgehen, um dann deduktiv zu Schlußfolgerungen zu gelangen, die die Phänomene nur in bereits vorher feststehende Ordnungen zwangen. Er mußte mit einer unvoreingenommenen Analyse der Daten beginnen und dann induktiv schlußfolgern, um so vorsichtig zu allgemeinen, empirisch gestützten Ergebnissen zu gelangen.

Bacon kritisierte Aristoteles und die Scholastiker wegen der einseitigen Abhängigkeit ihres Wissens von der Deduktion. Denn bei der Prämisse, von der die Deduktion ausging, konnte es sich durchaus um die bloße Kopfgeburt eines Philosophen handeln, die letztlich jeder natürlichen Grundlage entbehrte. Alles, so Bacon, was der reine Verstand unter solchen Bedingungen zustande bringe, sei ein aus seiner eigenen Substanz gesponnenes Netz von Abstraktionen ohne objektive Gültigkeit. Ganz anders der wahre Philosoph, der sich der realen Welt direkt näherte und sie studierte, ohne das Endergebnis fälschlicherweise bereits in seinem Ansatz vorwegzunehmen. Er reinigte das Denken von subjektiven und willkürlichen Verzerrungen.

Die aristotelische Suche nach formalen und finalen Ursachen sowie der apriorische Glaube, daß es in der Natur so etwas wie teleologische Dynamik oder archetypische Wesen gab, waren für ihn solche Verzerrungen, die auf einen von Emotionen getrübten Intellekt auf trügerische Weise anziehend wirkten. Sie mußten als unbrauchbar unnachgiebig verworfen werden. Die Ideenlehre der traditionellen Philosophen war bloße Fiktion, und ihre Worte führten eher zur Verdunklung als zur Erhellung der Zusammenhänge. Auf Vorurteile und Wortschwall mußte in Zukunft zugunsten der direkten Beobachtung der Dinge und ihrer Ordnung verzichtet werden. »Notwendige« oder »letzte« Wahrheiten durften nicht länger leichtfertig angenommen werden. Um die wahre Ordnung der Natur erkennen zu können, mußte das Denken zunächst seine internen Hindernisse aus dem Weg räumen und von seiner gewohnheitsmäßigen Neigung geheilt werden, rationale oder phantastische Wunscherfüllungen hervorzubringen. Erst dann war empirische Forschung möglich. Der Geist mußte lernen, sich zu bescheiden und sich selbst im Zaum zu halten.

Die Annahme der antiken und mittelalterlichen Philosophen, die Welt sei vom Göttlichen erfüllt und geordnet – und zwar auf eine Weise, die dem menschlichen Verstand unmittelbar zugänglich sei und ihn direkt zu den verborgenen Zwecken Gottes führe – verstellte dem Denken den Einblick in die wahre Beschaffenheit der Natur.

Allein auf der Grundlage einer Anerkennung der Grenze zwischen Gott und Schöpfung sowie zwischen göttlicher und menschlicher Vernunft ließ sich wirklicher wissenschaftlicher Fortschritt erreichen. (Insofern stand Bacon in der Tradition der Reformation und Ockhams.) Eine »natürliche Theologie«, wie in der klassischen Scholastik, mußte deshalb als in sich widersprüchliche und verfälschende Verquickung von Fragen des Glaubens mit Fragen der Natur verworfen werden. Jede Sphäre besaß ihre eigenen Gesetze und ihre eigene angemessene Methode. Die Theologie war für den Bereich des Glaubens zuständig, doch dem Bereich der Natur hatte sich der Forscher unbelastet von irrelevanten Annahmen aus der religiösen Vorstellungswelt zu nähern. Säuberlich voneinander getrennt konnten beide, Theologie und Wissenschaft, besser gedeihen. Durch das Verstehen der natürlichen Prozesse der irdischen Sphäre konnte der Mensch seinem Schöpfer besser dienen – indem er, dem göttlichen Gebot folgend, sich die Natur Untertan machte.

Weil allen vorangegangenen Systemen der Philosophie ein strenger, auf Sinneserfahrung beruhender Empirismus fehlte, weil sie sich auf rationale und imaginäre Konstruktionen verließen, die nicht von sorgfältig durchgeführten Experimenten gestützt wurden, waren sie wie großartig unterhaltendes Theater – ohne wirkliche Relevanz für die reale Welt, die sie so elegant verzerrten. Emotionale Bedürfnisse und traditionelle Denkweisen brachten den Menschen beständig dazu, die Natur mißzuverstehen, sie zu vermenschlichen oder zu vergöttlichen, in ihr das zu sehen, was er sich wünschte, und nicht das, was sie war. Der wahre Philosoph hingegen, so Bacon, versuchte nicht, die Welt in die Enge eines vorgefaßten Bildes zu pressen; er strebte vielmehr danach, sein Verständnis soweit auszudehnen, bis es sich der Welt fügte. Deshalb war für Bacon die direkte Untersuchung des Einzelnen und Besonderen die erste und wichtigste Aufgabe der Philosophie. Durch den scharfsinnigen Einsatz von Experimenten konnte man von den Sinneserfahrungen Schritt für Schritt zu immer allgemeiner geltenden Regelmäßigkeiten aufsteigen und so die in der Natur verborgenen Wahrheiten enthüllen. So konnte es endlich zur Vermählung des menschlichen Geistes mit dem natürlichen Universum kommen, als deren Frucht Bacon eine lange Reihe von großen Erfindungen zur Linderung des Elends der Menschheit voraussah. In der Zukunft der Wissenschaft lag die Wiederherstellung der Gelehrsamkeit und der menschlichen Größe schlechthin.

Mit Bacon war der moderne Gezeitenwechsel in der Philosophie offensichtlich geworden. Der Nominalismus und Empirismus der Spätscholastiker, ihre wachsende Kritik an Aristoteles und an der spekulativen Theologie, nahm jetzt eine kühne und einflußreiche Gestalt an. Zwar unterschätzte Bacon, trotz seines Scharfsinns, die Bedeutung der Mathematik für die Entwicklung der neuen Naturwissenschaft ebenso drastisch wie die Notwendigkeit von theoretischen, der empirischen Beobachtung vorangestellten Vermutungen; und schließlich entging ihm die grundlegende Bedeutung der neuen heliozentrischen Theorie. Aber sein kraftvolles Eintreten für die Erfahrung als einzig legitime Quelle wahrer Erkenntnis bewirkte eine Neuausrichtung des europäischen Geistes auf die empirische Welt, auf die methodische Prüfung physikalischer Phänomene, auf die Ablehnung tradierter Annahmen, ob theologischer oder metaphysischer Art. Bacon war weder ein systematischer Philosoph noch ein strenger praktischer Wissenschaftler. Er war vielmehr ein mächtiger Vermittler, dessen rhetorische Kraft und visionäres Ideal künftige Generationen überzeugten, sein revolutionäres Programm in die Tat umzusetzen: die wissenschaftliche Eroberung der Natur zum Wohl des Menschen und zum Ruhme Gottes.

Descartes

War es Bacon in England, der durch seine Anregungen wesentlich zum Charakter und zur Vitalität der neuen Wissenschaft beitrug, so war es Descartes auf dem Kontinent, der ihr ein philosophisches Fundament verschaffte und die epochale Bestimmung des modernen Individuums leistete.

In einer Zeit, die den Zerfall eines Weltbilds, unerwartete und desorientierende Entdeckungen aller Art sowie das Zusammenbrechen grundlegender Institutionen und kultureller Traditionen erlebte, verbreitete sich unter der europäischen Intelligenz zunehmend ein skeptischer Relativismus. Die Möglichkeit sicherer Erkenntnis schien generell fraglich geworden zu sein. Äußeren Autoritäten, wie ehrwürdig auch immer sie sein mochten, konnte nicht länger naiv vertraut werden, und es gab kein absolutes Wahrheitskriterium, welches das alte hätte ersetzen können. Diese wachsende Unsicherheit wurde verschärft durch das Übermaß einander widersprechender antiker

Philosophien, das die Humanisten der Renaissance beschert hatten. Sie erfuhr durch einen weiteren griechischen Einfluß noch eine zusätzliche Steigerung – die Wiederentdeckung der klassischen Verteidigung des Skeptizismus von Sextus Empiricus. Der französische Essayist Montaigne zeigte sich besonders aufgeschlossen für diese neue Stimmung und verlieh den antiken erkenntnistheoretischen Zweifeln eine moderne Stimme. Nichts war gewiß, wenn menschliche Überzeugungen von kulturellen Normen abhängig waren, wenn die Sinne täuschen konnten, wenn die Struktur der Natur nicht notwendig mit der Struktur des Geistes übereinstimmte, wenn die Relativität und Fehlbarkeit des Denkens die Erkenntnis Gottes oder absoluter Moralvorstellungen ausschloß.

Die französische Philosophie war in eine skeptische Krise geraten, und der junge Descartes, erfüllt vom kritischen Rationalismus seiner jesuitischen Erziehung, empfand diese Krise als bedrohlich. Bedrängt von einer verwirrenden Vielzahl offener Fragen, die seine Ausbildung in ihm zurückgelassen hatte, von den Widersprüchen zwischen verschiedenen philosophischen Perspektiven und der abnehmenden Relevanz der religiösen Offenbarung für das Verständnis der empirischen Welt, machte Descartes sich auf die Suche nach einer unbestreitbaren Grundlage für sichere Erkenntnis.

Der notwendige erste Schritt bestand darin, zunächst einmal alles anzuzweifeln, was sich nur anzweifeln ließ. Descartes wollte alle aus der Vergangenheit stammenden, das menschliche Wissen verwirrenden Annahmen hinwegfegen; er wollte diejenigen Wahrheiten herausschälen, die er selbst klar und deutlich als unzweifelhaft erfahren konnte. Anders als Bacon war Descartes ein bedeutender Mathematiker. Allein die für Geometrie und Arithmetik typische strenge Methodologie schien ihm die nötige Gewißheit zu versprechen, nach der er so leidenschaftlich in philosophischen Dingen suchte. Mathematik begann mit der Bestimmung einfacher, unmittelbar einsichtiger erster Prinzipien, grundlegender Axiome, von denen dann weitere und komplexere Wahrheiten nach einer streng rationalen Methode abgeleitet werden konnten. Descartes entwickelte seine Methode, sichere Erkenntnis zu finden, indem er ein derart präzises und sorgfältiges logisches Denken auf alle Fragen der Philosophie anwandte und nur solche Ideen als wahr anerkannte, die sich dem Verstand als klar, deutlich und frei von inneren Widersprüchen präsentierten. Eine disziplinierte, kritische Rationalität würde die unzuverlässigen Informationen über die Welt, wie sie uns die Sinne oder die Phantasie vermittelten, überwinden. Mit Hilfe dieser Methode wollte Descartes zum neuen Aristoteles werden und eine neue Wissenschaft begründen, mit der ein neues Zeitalter der praktischen Erkenntnis, der Weisheit und des Wohlergehens für den Menschen anbrach.

Die cartesianische Revolution der Philosophie bestand in dem Zusammenschluß von Skeptizismus und Mathematik. Das dritte Element dieser Revolution war die absolute Gewißheit des individuellen Selbstbewußtseins. Sie stand als Impuls am Anfang und als Ergebnis am Ende des systematischen Zweifels und des selbstevidenten logischen Denkens. Die Selbstgewißheit des Ich wurde zur festen Grundlage aller menschlichen Erkenntnis. Im Prozeß des methodischen Zweifels, der alles in Frage stellte – selbst die offenbare Realität der physikalischen Welt und des eigenen Körpers konnten lediglich ein Traum sein –, gab es für Descartes nur eine Größe, die nicht angezweifelt werden konnte: die Tatsache des eigenen Zweifels. Zumindest das »Ich«, das sich seines Zweifels bewußt war, das denkende Subjekt, existierte. Wenigstens soviel war sicher: *Cogito ergo sum* – Ich denke, also bin ich. Alles ließ sich in Frage stellen, nicht aber die nicht weiter reduzierbare Tatsache des Selbst-Bewußtseins des Denkenden. Indem er diese eine Wahrheit anerkannte, konnte der Geist begreifen, was Gewißheit als solche auszeichnete: Sicheres Wissen war das, was so klar und deutlich erkannt werden konnte, daß es nicht weiter anzweifelbar war.

Das *Cogito* war folglich das erste Prinzip und Paradigma für alles andere Wissen. Es lieferte sowohl die Basis für weitere Deduktionen als auch das Modell für alle anderen unmittelbar einsichtigen rationalen Intuitionen. Von der unzweifelhaften Existenz des zweifelnden Subjekts, die ipso facto ein Bewußtsein von dessen Unvollkommenheit und Beschränktheit war, leitete Descartes die notwendige Existenz eines vollkommenen und unendlichen Wesens ab. Denn weder konnte etwas aus nichts entstehen, noch konnte es eine Wirkung ohne Ursache geben. Der Gottesgedanke war von einer solchen Größe und Vollkommenheit, daß er offensichtlich von einer Wirklichkeit herrühren mußte, die den endlichen und kontingenten Menschen, der ihn dachte, überstieg: Folglich gab es die Gewißheit eines objektiv allmächtigen Gottes. Nur unter der Voraussetzung der Existenz eines solchen Gottes war die Verläßlichkeit des natürlichen Lichts des menschlichen

Verstandes und die objektive Wirklichkeit der phänomenalen Welt verbürgt. Wenn Gott ein vollkommenes Wesen war, dann würde er den Menschen und seinen Verstand, der ihm unmittelbar einsichtige Wahrheiten lieferte, nicht täuschen.

Ebenso bedeutsam war, daß das *Cogito* eine wesentliche Hierarchie und Zweiteilung innerhalb der Welt offenbarte. Der rationale Mensch wußte um die Gewißheit seines eigenen Bewußtseins, aber auch um dessen Andersartigkeit im Vergleich zur Außenwelt mit ihren materiellen Substanzen; diese war nur als Objekt wahrnehmbar, der unmittelbaren Einsicht nicht zugänglich und deshalb weniger gewiß. Folglich wurde die *Res cogitans* – die denkende Substanz, die subjektive Erfahrung, der Geist, das Gewissen, die Innenwelt des denkenden Menschen – als grundverschieden und getrennt von der *Res extensa* verstanden – der ausgedehnten Substanz, der objektiven Welt, der Materie, dem physischen Körper, den Pflanzen und Tieren, den Steinen und Sternen, dem gesamten physikalischen Universum, der Außenwelt des menschlichen Geistes. Nur im Menschen trafen beide Wirklichkeiten als Geist und Körper aufeinander. Die kognitiven Fähigkeiten des menschlichen Verstandes und die objektive Wirklichkeit und Ordnung der natürlichen Welt hatten beide ihren gemeinsamen Ursprung in Gott.

Auf der einen Seite des cartesianischen Dualismus finden sich also Seele und Bewußtsein des Menschen, aufgefaßt allerdings in einem engeren Sinn als Verstand und denkerische Aktivität. Die Sinne mit ihrem beständigen Wechsel und ihren Irrtümern, die Einbildungskraft als Opfer phantastischer Verzerrungen waren unzuverlässig und die Gefühle irrelevant für ein sicheres rationales Verstehen. Auf der anderen Seite des Dualismus und im Gegensatz zum Verstand, mangelte es allen Objekten der Außenwelt an subjektivem Bewußtsein, Zweck oder Geist. Das physikalische Universum war völlig frei von menschlichen Eigenschaften. Als rein materielle Objekte konnten alle physikalischen Phänomene ihrem Wesen nach als Maschinen begriffen werden – ganz so wie die lebensähnlichen Automaten und genialen Maschinen, die Uhren, Mühlen und Wasserspiele, die die Europäer des siebzehnten Jahrhunderts konstruierten und an denen sie so großes Gefallen fanden. Gott hatte das Universum geschaffen und seine mechanischen Gesetze festgelegt, aber danach funktionierte das System – die höchste, von der höchsten Intelligenz geschaffene Maschine – selbständig.

Das Universum war daher kein lebendiger, mit Formen ausgestatteter und von einem teleologischen Zweck beseelter Organismus, wie Aristoteles und die Scholastiker angenommen hatten. Machte der Mensch sich von diesen vorgefaßten Meinungen frei und verließ sich allein auf den analytischen Verstand, um die einfachste, unmittelbar einsichtige Beschreibung der Natur intuitiv zu erfassen, dann konnte er klar und deutlich erkennen, daß das Universum aus lebloser atomistischer Materie bestand. Eine derartige Substanz ließ sich am besten in mechanistischen Kategorien erfassen, analysiert in ihre kleinsten Einzelteile. Deren Verbindungen und Bewegungen wurden dann genauestens studiert: »Die Gesetze der Mechanik sind identisch mit denen der Natur.« Wer beanspruchte, immanente Formen und Zwecke in der Natur zu sehen, beging Gotteslästerung, weil er sich anmaßte, direkten Zugang zum Geist Gottes zu haben. Gerade weil die physikalische Welt durch und durch objektiv, fest und materiell war, war sie auch von Natur aus meßbar. Das wirkungsvollste Instrument des Menschen für das Verständnis des Universums war deshalb die Mathematik, wie sie dem natürlichen Licht des menschlichen Verstandes gegeben war.

Zur Stützung seiner Metaphysik und Wissenschaftslehre griff Descartes auf Galileis Unterscheidung zwischen primären, meßbaren, objektbezogenen Eigenschaften und sekundären, stärker subjektiv gefärbten Eigenschaften zurück. Der Wissenschaftler sollte sich in seinem Bemühen, das Universum zu verstehen, nicht auf Merkmale konzentrieren, die nur sinnlich wahrnehmbar und anfällig für subjektive Fehlurteile und menschliche Verzerrungen waren. Er sollte sich vielmehr allein auf jene objektiven Merkmale verlassen, die er klar und deutlich erkennen und nach quantitativen Kriterien analysieren konnte – Ausdehnung, Form, Zahl, Dauer, spezifische Schwerkraft, relative Position. Die Wissenschaft sollte Hypothesen formulieren und diese durch Experimente testen.

Für Descartes war die Mechanik eine Art »universaler Mathematik«, mit der sich das physikalische Universum umfassend analysieren und im Dienste der Gesundheit und des Wohlergehens der Menschheit wirksam manipulieren ließ. Angesichts einer die Welt regierenden quantitativen Mechanik schien ein absolutes Vertrauen in den menschlichen Verstand gerechtfertigt. Hier endlich war die Grundlage für eine praktische Philosophie – keine spekulative Schulphilosophie, sondern eine Philosophie, die dem Menschen ein direktes

Verstehen der Naturkräfte ermöglichte, damit er sie für seine Zwecke nutzbar machen konnte.

Der menschliche Verstand versicherte sich also zunächst seiner eigenen Existenz aus erfahrungsmäßiger Notwendigkeit, dann der Existenz Gottes aus logischer Notwendigkeit und schließlich der gott-verbürgten Realität der objektiven Welt und ihrer rationalen Ordnung. Descartes inthronisierte den menschlichen Verstand als die höchste Autorität in allen Wissensfragen. Er war in der Lage, sichere meta-physische Wahrheit zu erkennen und zu sicheren wissenschaftlichen Kenntnissen über die materielle Welt zu gelangen. Unfehlbarkeit, einst der Bibel oder dem Papst vorbehalten, wurde nun dem mensch-lichen Verstand zugeschrieben. So setzte Descartes ungewollt eine theologische Revolution in Gang. Denn seine Denkmethode legte nahe, daß die Existenz Gottes im menschlichen Verstand begründet lag und nicht umgekehrt. Auch wenn die Gewißheit der Existenz Gottes von Gottes wohlmeinender Wahrheitsliebe bei der Schöpfung eines zuverlässigen menschlichen Verstandes garantiert wurde, so ließ sich diese Schlußfolgerung nur auf der Basis des Kriteriums bestätigen, ob sie als Vorstellung klar und deutlich war – dadurch aber lag die maßgebende Autorität beim Urteil des individuellen mensch-lichen Intellekts. In der wichtigsten aller religiösen Fragen hatte nicht mehr die göttliche Offenbarung, sondern das natürliche Licht des menschlichen Verstandes das letzte Wort. Die offenbarte Wahrheit hatte sich bis zu Descartes ihren Rang als objektive Autorität außer-halb des menschlichen Urteils bewahren können; nun wurde ihre Gültigkeit vom menschlichen Verstand abhängig. Die metaphysische Unabhängigkeit, die Luther innerhalb des Rahmens der christlichen Religion gefordert hatte, legte Descartes jetzt allgemeiner aus. Wäh-rend Luthers grundlegende Gewißheit sein Glauben an die von der Bibel offenbarte erlösende Gnade Gottes war, beruhte die cartesiani-sche Gewißheit auf seinem Glauben an die methodische Klarheit mathematischen Denkens, angewandt auf die Unbezweifelbarkeit des denkenden Ich.

Durch die Einführung der grundsätzlichen Dichotomie zwischen denkender und ausgedehnter Substanz trug Descartes dazu bei, die materielle Welt aus ihrer tradierten Verbindung mit religiösen Vor-stellungen zu emanzipieren. Die Wissenschaft war somit frei, ihre Analyse dieser Welt in Kategorien zu entwickeln, die weder mit spiri-tuellen oder menschlich-sinnlichen Eigenschaften vermischt noch vom theologischen Dogma eingeschränkt waren. Beide, der menschliche Verstand und die natürliche Welt, waren so autonom wie nie zuvor, getrennt von Gott und voneinander.

Dies also war die Deklaration des modernen Selbst: Konzipiert als ein völlig eigenständiges, sich selbst bestimmendes Wesen, für das sein rationales Selbst-Bewußtsein absolut primär war, zweifelte es alles an außer sich selbst. Es setzte sich in Widerspruch nicht nur zu den tradierten Autoritäten, sondern auch zur Welt; es interpretierte sich als Subjekt umgeben von Objekten; es begriff sich als ein denkendes, beobachtendes, messendes, manipulierendes Wesen; es setzte sich als völlig verschieden von einem objektiven Gott und einer äußeren Natur. Die Frucht dieser Spaltung zwischen rationalem Subjekt und materieller Welt war die Wissenschaft: die Fähigkeit, sicheres Wissen von dieser Welt zu liefern und den Menschen zum »Herrn und Meister der Natur« zu machen. In der cartesianischen Sichtweise waren Wissenschaft, Fortschritt, Verstand, erkenntnistheoretische Gewißheit und menschliche Identität untrennbar miteinander und mit der Vorstellung eines objektiven, mechanistischen Universums verknüpft. Auf dieser Synthese beruhte der paradigmatische Charakter des modernen Denkens.

Bacon und Descartes – als Propheten einer wissenschaftlichen Zivilisation, Rebellen gegen eine ignorante Vergangenheit und eifrige Schüler der Natur – legten die zwei erkenntnistheoretischen Grundsteine des modernen Denkens. In ihren Manifesten des Empirismus und des Rationalismus erhielt die Wertschätzung der natürlichen Welt und des menschlichen Verstandes – die das klassische Altertum hervorgebracht und die Scholastik wiederentdeckt hatte – ihre definitive moderne Gestalt. Auf diesem zweifachen, aber auch zweigeteilten Fundament setzte die Philosophie ihre Arbeit und die Wissenschaft ihren Siegeszug fort. Es war kein Zufall, daß Newton bei seinen Errungenschaften systematisch eine praktische Synthese aus Bacons induktivem Empirismus und dem cartesianischen deduktiven Rationalismus angewandt und auf diese Weise die von Galilei initiierte wissenschaftliche Methode an ihr Ziel geführt hatte.

Mit Newton wurde die Wissenschaft zu der das Universum definierenden Instanz. Die Philosophie definierte sich selbst weitestgehend in Relation zur Wissenschaft. Sie war in erster Linie unterstützend, gelegentlich kritisch und provokativ tätig, zuweilen unabhängig und mit anderen Fragen beschäftigt; doch nie war sie in einer Position, die es erlaubt hätte, die kosmologischen Entdeckungen und Schlußfolgerungen der empirischen Wissenschaft zu bestreiten, die jetzt mehr und mehr das westliche Weltbild beherrschten. Newtons Leistung begründete zunächst das moderne Verständnis des physikalischen Universums: als mechanistisch, mathematisch geordnet, greifbar materiell, frei von menschlichen oder spirituellen Eigenschaften. Sie begründete auch das moderne Verständnis des Menschen, dessen rationale Intelligenz die natürliche Ordnung der Welt begreifen konnte. Der Mensch war nicht etwa deshalb ein besonderes Wesen, weil er im Zentrum eines von der Bibel offenbarten göttlichen Plans stand, sondern weil er mit seinem eigenen Verstand die der Natur zugrundeliegende Logik begriffen und dadurch die Gewalt über ihre Kräfte gewonnen hatte.

Die neue Philosophie spiegelte dieses neue Gefühl der menschlichen Macht aber nicht nur wider. Ihre herausragende Bedeutung und zugleich der Grund ihres großen Einflusses auf den westlichen Geist lagen insbesondere darin, daß sie den wissenschaftlichen und später den technologischen Fortschritt verstärkte und beschleunigte. Wie niemals zuvor produzierte eine Denkweise auf spektakuläre Weise handfeste Resultate.

Innerhalb eines derart wirkungsmächtigen Bezugsrahmens erschien der Fortschritt als unausweichlich. Ein glückliches Schicksal für die gesamte Menschheit schien endlich sichergestellt, und zwar aufgrund der rationalen Fähigkeiten und konkreten Leistungen des Menschen selbst. Eine Entwicklung zeichnete sich ab, in der das Streben nach menschlicher Selbsterfüllung immer weiter vorangetrieben werden würde von einer zunehmend verfeinerten Analyse und Manipulation der natürlichen Welt sowie von systematischen Bemühungen, die intellektuelle und existentielle Unabhängigkeit des Menschen auf allen Gebieten durchzusetzen – physisch, sozial, politisch, religiös, wissenschaftlich und metaphysisch.

Die richtige Erziehung des menschlichen Geistes in einer eigens dafür geschaffenen Umgebung würde rationale Individuen hervorbringen, die in der Lage wären, die Welt und sich selbst zu verstehen und auf die denkbar intelligenteste Weise zum Wohle des Ganzen zu handeln. Mit einem von traditionellen Vorurteilen und Aberglauben befreiten Geist würde der Mensch die unmittelbar einsichtige Wahrheit begreifen und sich eine rationale Welt schaffen, in der alles möglich war. Der Traum von der Freiheit und der Erfüllung des Menschen in dieser Welt konnte jetzt Wirklichkeit werden. Die Menschheit hatte ein aufgeklärtes Zeitalter erreicht.

GRUNDLAGEN DES
MODERNEN WELTBILDES.
EINE ZUSAMMENFASSUNG

So also kam es zwischen dem fünfzehnten und dem siebzehnten Jahrhundert dazu, daß der Westen den Aufstieg eines selbstbewußten und autonomen Menschen erlebte. Der moderne Mensch war neugierig auf die Welt, voller Vertrauen in sein eigenes Urteil, skeptisch gegenüber jeglicher Form von Orthodoxie, rebellisch gegen Autoritäten, eigenverantwortlich für seine Überzeugungen und Taten, begeistert von der klassischen Vergangenheit und voller Vorfreude auf eine noch großartigere Zukunft, stolz auf sein Menschsein, überzeugt von seiner Unterschiedlichkeit gegenüber der Natur, sich seiner künstlerischen Fähigkeiten als individueller Schöpfer bewußt, sich seiner geistigen Macht gewiß, die Natur verstehen und kontrollieren zu können, alles in allem weniger abhängig von einem allmächtigen Gott. Der Aufstieg des modernen Denkens gründete in der Rebellion gegen die mittelalterliche Kirche und die Autoritäten des klassischen Altertums – und war doch abhängig von diesen beiden Grundformen, weil er von ihnen ausgegangen war. Er äußerte sich in den drei eigenständigen und zugleich dialektisch miteinander verbundenen Bewegungen der Renaissance, der Reformation und der wissenschaftlichen Revolution. Gemeinsam beendeten sie die kulturelle Hegemonie der katholischen Kirche in Europa und schufen den stärker individualistisch, skeptisch und säkular geprägten Geist des modernen Zeitalters. Aus diesem tiefgreifenden kulturellen Wandel ging die Wissenschaft als neuer Glauben des Westens hervor.

Denn als sich im titanischen Kampf der Religionen keine Lösung abzeichnete, es keine monolithische Glaubensstruktur mehr gab, die die Zivilisation uneingeschränkt hätte beherrschen können, avancierte die Wissenschaft unversehens zum Befreier der Menschheit – empirisch, rational, an den gesunden Menschenverstand appellierend und sich auf eine konkrete Wirklichkeit berufend, die jeder selbst berühren und abwiegen konnte. Verifizierbare Tatsachen und unter Gleichen diskutierte und geprüfte Theorien ersetzten die von einer institutionellen hierarchischen Kirche oktroyierte dogmatische Offenbarung. Die Wahrheitssuche erfolgte jetzt auf der Basis internationaler Zusammenarbeit, im Geiste disziplinierter Neugier, mit der Bereitschaft, ja der Ungeduld, bestehende Erkenntnisgrenzen zu überwinden. Indem sie eine neue Möglichkeit erkenntnistheoretischer Gewißheit und objektiver Übereinkunft, neue Methoden experimenteller Vorhersage, technische Innovationen und die Kontrolle über die Natur anbot, präsentierte sich die Wissenschaft als Retterin des modernen Geistes. Die Wissenschaft adelte diesen Geist, indem sie zeigte, daß er dazu in der Lage war, die von den Griechen ausgerufene rationale Naturordnung unmittelbar zu verstehen – und zwar bei weitem vortrefflicher, als die Antike und die mittelalterliche Scholastik. Eine die kulturelle Perspektive dogmatisch festlegende Autorität im traditionellen Sinne gab es nicht mehr, noch bedurfte es einer solchen, denn jeder Einzelne verfügte selbst über die Mittel zur Erlangung sicheren Wissens – seinen eigenen Verstand und seine Beobachtung der empirischen Wirklichkeit.

Es schien, als würde die Wissenschaft den westlichen Geist zu selbständiger Reife führen, heraus aus der allumfassenden Struktur der mittelalterlichen Kirche und über die Verehrung der griechischen und römischen Klassik hinaus. Seit den Anfängen der Renaissance hatte die moderne Kultur die antiken und mittelalterlichen Weltbilder weiterentwickelt, um sie schließlich als primitiv, abergläubisch, kindisch, unwissenschaftlich oder tyrannisch zu verwerfen.

Bis zum Ende der wissenschaftlichen Revolution hatte sich das westliche Denken einen neuen Erkenntnisweg und eine neue Kosmologie angeeignet. Dank der intellektuellen und physischen Anstrengungen des Menschen war sogar die Welt selbst unermeßlich größer geworden. Die erstaunlichste von allen globalen Veränderungen hatte die kulturelle Psyche jetzt erreicht: Die Erde bewegt sich. Der Augenschein der naiven Sinne, die theologische und wissenschaftliche Gewißheit naiver Jahrhunderte – daß die Sonne auf- und untergeht und daß die Erde unter den eigenen Füßen gänzlich unbeweglich im Mittelpunkt des Universums steht – war durch kritisches Denken, mathematische Berechnungen und technologisch verbesserte Beobachtungen überwunden worden. In der Tat trat nicht nur die Erde, sondern der Mensch selbst aus dem endlichen, statischen, hierarchischen aristotelisch-christlichen Universum heraus und brach zu neuen, unbekannten Ufern auf. Das Wesen der Wirklichkeit hatte sich für den westlichen Menschen, der jetzt einen Kosmos mit ganz neuen Proportionen, neuer Struktur und neuer existentieller Bedeutung wahrnahm und bewohnte, grundlegend verändert.

Der Weg war jetzt frei für die Vision und die Gründung einer neuen, auf den unmittelbar einsichtigen Prinzipien der individuellen Freiheit und Rationalität beruhenden Gesellschaftsform. Denn jene Strategien und Prinzipien, von denen die Wissenschaft gezeigt hatte, wie sehr sie sich zur Enthüllung der Wahrheit in der Natur eigneten, waren zweifellos auch für den gesellschaftlichen Bereich von Relevanz. Wie das antiquierte ptolemäische Himmelsmodell mit seinem komplizierten, schwerfälligen und letztlich unhaltbaren System epizyklischer Erfindungen durch die rationale Schlichtheit des newtonschen Universums ersetzt worden war, so ließen sich auch antiquierte Gesellschaftsstrukturen – absolute Macht des Königs, aristokratische Privilegien, klerikale Zensur, repressive und willkürliche Gesetze, ineffiziente Wirtschaft – durch neue Herrschaftsformen ersetzen. Diese beruhten nicht auf angeblichem Gottesgnadentum und überlieferten traditionellen Annahmen, sondern auf rational ermittelbaren Rechten des Individuums und allseitig vorteilhaften Gesellschaftsverträgen. Die Anwendung des systematischen kritischen Denkens auf die Gesellschaft konnte nichts anderes als die Notwendigkeit von Reformen nahelegen, und so, wie der moderne Verstand der Natur eine wissenschaftliche Revolution gebracht hatte, würde er der Gesellschaft eine politische Revolution bringen. Folglich nahmen John Locke und nach ihm die französischen *Philosophes* der Aufklärung die Lektionen Newtons an und dehnten sie auf die menschliche Sphäre aus.

An diesem Punkt waren Fundament und Richtung des modernen Geistes weitgehend festgelegt. Es ist also an der Zeit, einige der Grundzüge des modernen Weltbildes zusammenzufassen, so, wie oben bereits klassisch-griechische und mittelalterlich-christliche Anschauung resümiert wurden. Bevor wir aber damit beginnen, müssen wir zunächst unseren Fokus noch genauer bestimmen und unsere Analyse noch ein Stück weiter vorantreiben. Denn das moderne Weltbild war, wie schon seine Vorgänger, keine feste Einheit, sondern eine kontinuierlich sich entwickelnde Form existentieller Erfahrung. Von besonderer Bedeutung ist es an dieser Stelle, daß die Auffassungen von Newton, Galilei, Descartes, Bacon und anderen Denkern der Renaissance im Grunde noch eine Synthese aus Moderne und Mittelalter waren – der Kompromiß zwischen einem mittelalterlich-christlichen Schöpfergott und einem modernen mechanistischen Kosmos, zwischen dem menschlichen Geist als spirituellem Prinzip und der Welt als objektiver Materialität.

In den zwei Jahrhunderten nach der cartesianisch-newtonschen Systematisierung löste sich der moderne Geist weiter von seinem mittelalterlichen Boden. Die Schriftsteller und Philosophen der Aufklärung – Locke, Leibniz, Spinoza, Bayle, Voltaire, Montesquieu, Diderot, d'Alembert, Holbach, Lamettrie, Pope, Berkeley, Hume, Gibbon, Adam Smith, Wolff, Kant – entwickelten das neue Weltbild philosophisch weiter und sorgten für seine umfassende Verbreitung und kulturelle Durchsetzung. Am Ende der Aufklärung hatte der autonome menschliche Verstand die tradierten Quellen der Erkenntnis völlig verdrängt und seine eigenen Grenzen als identisch mit den Schranken und Methoden der empirischen Wissenschaft definiert. Die industrielle und demokratische Revolution sowie der Aufstieg des Westens zu globaler Hegemonie verhalfen den konkreten technologischen, ökonomischen, sozialen und politischen Implikationen dieses Weltbildes zum Durchbruch, was dessen Kulturhoheit weiter bestätigte und festigte. Als Höhepunkt des Triumphes der modernen Wissenschaft über die traditionelle Religion fügte Darwins Evolutionstheorie den Ursprung der Arten und des Menschen in den Rahmen aus Naturwissenschaft und modernem Weltbild ein. In diesem Augenblick war die Fähigkeit der Wissenschaft, die Welt zu befreien, scheinbar grenzenlos geworden, und das moderne Weltbild konnte von sich selbst behaupten, mündig geworden zu sein.

Gegenstand des folgenden Überblicks über das moderne Weltbild ist insofern nicht nur seine frühe cartesianisch-newtonsche Fassung, sondern auch seine spätere Gestalt. Der moderne Geist konnte sich im Verlauf des achtzehnten und neunzehnten Jahrhunderts auf breiterer Basis selbst verwirklichen. Parallel zur Ausschöpfung des cartesianisch-newtonschen Rahmens bis zu seinen logischen Grenzen traten auch die Konsequenzen der neuen Mentalität und der neuen Ideen, wie sie von Renaissance und wissenschaftlicher Revolution ausgegangen waren, deutlicher zutage. Als das spezifisch »moderne« an diesem Weltbild soll das bezeichnet werden, was es am stärksten von seinen Vorgängern unterschied. Dabei ist nicht zu vergessen, daß in Wirklichkeit die Weltbilder, die zuvor die Hegemonie innehatten – etwa die jüdisch-christliche Perspektive – auch weiterhin eine wichtige, wenngleich oft versteckte Rolle im kulturellen Selbstverständnis spielten. Darüber hinaus war es dem Einzelnen im Zeitalter der Moderne in einer beispiellosen Weise möglich, jegliche Position innerhalb eines Spektrums einzunehmen, das von einem nur minimal von der Moderne berührten kindlich-religiösen Glauben bis hin zu einem kompromißlos rücksichtslosen säkularen Skeptizismus reichte.

I. Im Gegensatz zum mittelalterlich-christlichen Kosmos, den ein persönlicher und allmächtiger Gott nicht nur geschaffen, sondern auch stets und unmittelbar regiert hatte, war das moderne Universum ein unpersönliches Phänomen, von regelmäßigen Naturgesetzen beherrscht und ausschließlich in physikalischen und mathematischen Kategorien verstehbar. Gott, der Schöpfer und Architekt, wurde an den äußersten Rand des physikalischen Universums gedrängt. Er war nun weniger ein Gott der Liebe, des Wunders, der Erlösung und der historischen Intervention als eine höchste Intelligenz und erste Ursache, die das materielle Universum und seine unveränderbaren Gesetze zwar geschaffen, sich dann aber jeder weiteren direkten Einflußnahme enthalten hatte. Während der mittelalterliche Kosmos sich in steter Abhängigkeit von Gott befand, war der moderne Kosmos stärker auf sich allein gestellt; ihm kam eine eigene, größere ontologische Realität zu, hinter der jede Form von göttlicher Realität, ob transzendent oder immanent, zurücktrat. Selbst dieser noch verbliebene Rest an göttlicher Realität, ungestützt von der wissenschaftlichen Erforschung der sichtbaren Welt, verschwand schließlich völlig. Die in der natürlichen Welt vorgefundene Ordnung, anfänglich noch dem Willen Gottes zugeschrieben und von ihm garantiert, wurde am Ende als Ergebnis rein mechanischer Gesetzmäßigkeiten verstanden, die von der Natur ohne jeden höheren Zweck hervorgebracht worden waren. Während in der mittelalterlich-christlichen Auffassung der menschliche Geist die im Grunde übernatürliche Ordnung des Universums nicht ohne die Hilfe der göttlichen Offenbarung verstehen konnte, war der menschliche Geist nach moderner Auffassung kraft seiner eigenen rationalen Fähigkeiten dazu in der Lage, die Ordnung des Universums zu verstehen; und diese Ordnung war ganz und gar natürlich.

II. Die christlich-dualistische Betonung der Vorrangstellung des Spirituellen und Transzendenten vor dem Materiellen und Konkreten wurde jetzt weitgehend umgekehrt und die physische Wirklichkeit zum zentralen Bereich des menschlichen Interesses. Eine enthusiastische Zuwendung zu dieser Welt und diesem Leben als Bühne für ein reiches und vielschichtiges menschliches Schauspiel ersetzte die traditionelle religiöse Geringschätzung der weltlichen Existenz als unglücklicher und vorübergehender Prüfung zur Vorbereitung auf das ewige Leben. Das Streben des Menschen drehte sich jetzt mehr und mehr um seine weltliche Erfüllung. Der christliche Dualismus von Geist und Materie, Gott und Welt wurde allmählich in den modernen Dualismus eines subjektiven und persönlichen menschlichen Bewußtseins und einer objektiven und unpersönlichen materiellen Welt verwandelt.

III. Die Wissenschaft ersetzte die Religion als überragende, das kulturelle Weltbild definierende, beurteilende und überwachende geistige Autorität. Der menschliche Verstand und die empirische Beobachtung verdrängten die theologische Doktrin und die biblische Offenbarung als wichtigste Mittel zum Verständnis des Universums. Die Sphären der Religion und der Metaphysik wurden nach und nach abgespalten; sie galten als persönlich, subjektiv, spekulativ und grundverschieden vom objektiven Wissen der empirischen Welt. Glaube und Verstand waren jetzt definitiv voneinander getrennt. Mit einer transzendenten Wirklichkeit assoziierte Vorstellungen wurden zunehmend außerhalb der menschlichen Erkenntnisfähigkeit angesiedelt. Sie galten als nützliche Beruhigungsmittel für den emotionalen Anteil des Menschen; als ästhetisch befriedigende Schöpfungen der Phantasie; als potentiell brauchbare heuristische Annahmen; als notwendige Bollwerke für Moral und gesellschaftlichen Zusammenhalt; als politisch-ökonomische Propaganda; als psychologisch motivierte Projektionen; als die Lebendigkeit unterdrückende Illusionen; als abergläubisch, irrelevant oder sinnlos. Statt religiöser und metaphysischer Gesamtdarstellungen brachten die beiden Grundlagen der modernen Wissenschaftslehre, Rationalismus und Empirismus, ihre metaphysischen Folgeerscheinungen eher nebenbei hervor: Während der moderne Rationalismus die Annahme, daß der Mensch die höchste oder grundlegende Intelligenz sei, nahelegte, voraussetzte und bestätigte, tat der moderne Empirismus das gleiche mit seinem Begriff der materiellen Welt als der wesentlichen oder einzigen Wirklichkeit. Aus beiden gingen der säkulare Humanismus und der wissenschaftliche Materialismus hervor.

IV. Ähnlich wie in der klassischen griechischen Anschauung besaß das moderne Universum eine immanente Ordnung. Diese ging allerdings nicht aus einer kosmischen Intelligenz hervor, an der der menschliche Geist unmittelbar teilhatte, sondern war eine empirische Ordnung, die der Mensch aus materiellen Mustern in der Natur mit Hilfe seines Verstandes ableiten konnte. Zudem teilten natürliche Welt und menschlicher Verstand diese Ordnung nicht von Natur aus, wie die Griechen geglaubt hatten. Die moderne Weltordnung war keine transzendente, alles beherrschende Einheitsordnung, die sich im Inneren des Verstandes genauso wie in der äußeren Welt widerspiegelte und in der die Erkenntnis des einen zwangsläufig das Wissen des anderen nach sich zog. Vielmehr waren die beiden Bereiche, subjektiver Verstand und objektive Welt, jetzt grundlegend voneinander verschieden und funktionierten nach unterschiedlichen Prinzipien. Alles, was als Ordnung wahrgenommen wurde, galt als objektive Erkenntnis der inneren Gesetzmäßigkeiten der Natur – oder, um mit Kant zu sprechen, als eine von den Kategorien des Verstandes konstituierte phänomenale Ordnung. Der menschliche Geist wurde als getrennt vom Rest der Natur und als ihr überlegen begriffen.[4] Die Ordnung der Natur war ausschließlich unbewußt und mechanisch. Das Universum an sich war nicht mit bewußter Intelligenz oder Zwecken ausgestattet; allein der Mensch besaß solche Eigenschaften. Die rationale Fähigkeit, die unpersönlichen Kräfte und materiellen Objekte in der Natur zu manipulieren, wurde zum Paradigma der menschlichen Beziehung zur Welt.

V. Im Gegensatz zu der integrierten Vielfalt von Erkenntnismethoden der klassischen Antike war die Ordnung des modernen Kosmos prinzipiell allein den rationalen und empirischen Fähigkeiten des Menschen zugänglich. Andere Aspekte der menschlichen Natur – emotionale, ästhetische, ethische, willensmäßige, zwischenmenschliche, imaginative, spirituelle – wurden im allgemeinen als irrelevant oder verzerrend für das objektive Verständnis der Welt angesehen. Die Erkenntnis des Universums war jetzt in erster Linie eine Angelegenheit nüchterner, unpersönlicher wissenschaftlicher Forschung. War sie erfolgreich, so endete sie nicht so sehr mit der Erfahrung spiritueller Befreiung – wie im Pythagoreismus oder im Platonismus, sondern mit der intellektuellen Beherrschung der Natur und der materiellen Verbesserung des Lebens.

VI. Die Kosmologie des klassischen Zeitalters war geozentrisch, endlich und hierarchisch; sie nahm die Himmelskörper als Orte transzendenter archetypischer Kräfte wahr; deren Bewegungen bestimmten und beeinflußten die menschliche Existenz. Die mittelalterliche Kosmologie behielt die gleiche, auf der Grundlage eines christlichen Symbolismus neuinterpretierte Struktur bei. Dagegen postulierte die moderne Kosmologie eine planetarische Erde in einem neutralen unendlichen Weltraum, der die traditionelle grundsätzliche Trennung von Himmel und Erde vollständig aufhob. Die Himmelskörper wurden jetzt durch die gleichen natürlichen und mechanischen Kräfte bewegt und bestanden aus dem gleichen Material wie die Erde. Angesichts des Untergangs des geozentrischen Kosmos und des Aufstiegs des mechanistischen Paradigmas trennte sich die Astronomie schließlich von der Astrologie. Anders als im antiken und mittelalterlichen Weltbild besaßen die himmlischen Körper des modernen Universums keinerlei geistige oder symbolische Bedeutung; sie waren nicht dazu da, dem Menschen sein Schicksal zu zeigen oder seinem Leben Sinn zu verleihen. Als einfache materielle Einheiten, deren Eigenschaften und Bewegungen ausschließlich das Produkt mechanischer Prinzipien waren, standen sie weder zur menschlichen Existenz noch zu einer göttlichen Realität in irgendeiner besonderen Beziehung.

Alle spezifisch menschlichen oder persönlichen Eigenschaften, die früher der äußeren physikalischen Welt zugeschrieben worden waren, galten jetzt als naive anthropomorphe Projektionen und wurden von der objektiven wissenschaftlichen Wahrnehmung ausgeschlossen. Ähnlich wurden auch alle Zeichen des Göttlichen in der Natur als Symptome eines primitiven Aberglaubens und wunschgeleiteten Denkens bewertet und aus dem ernsthaften wissenschaftlichen Diskurs entfernt. Das Universum war unpersönlich, nicht menschlich oder göttlich; Naturgesetze waren natürlich, nicht übernatürlich. Die physische Welt besaß keine tiefere innere Bedeutung. Sie war nicht der sichtbare Ausdruck spiritueller Wirklichkeiten, sondern auf glanzlose Weise durch und durch materiell.

VII. Dank der Integration der Evolutionstheorie und ihrer vielfältigen Auswirkungen auf andere Gebiete ließen sich das Wesen und der Ursprung des Menschen sowie die Dynamik des Wandels in der Natur jetzt ausschließlich natürlichen Ursachen und empirisch beobachtbaren Prozessen zuschreiben. Was Newton für den physikalischen Kosmos gelungen war, schaffte Darwin – auf zwischenzeitlichen Fortschritten in Geologie und Biologie aufbauend, später auch mit Hilfe von Mendels Arbeiten zur Genetik – für den Bereich der organischen

Natur.[5] Während Newtons Theorie die Struktur und den Umfang der räumlichen Dimensionen des Universums neu bestimmt hatte, legte Darwins Theorie die Struktur und den Umfang der zeitlichen Dimension der Natur neu fest – ihre ungeheure Dauer ebenso wie ihre Funktion als Bühne für qualitativen Wandel. Während seit Newton klar war, daß die Bewegungen der Planeten von Trägheit aufrechterhalten und durch Gravitation bestimmt wurden, galt seit Darwin, daß die biologische Evolution von zufälliger Variation aufrechterhalten und durch natürliche Auswahl bestimmt wurde. Wie die Erde aus dem Mittelpunkt der Schöpfung verdrängt worden war, um ein Planet unter vielen zu werden, so wurde der Mensch vom Mittelpunkt der Schöpfung verdrängt, um ein Tier unter vielen zu werden.

Die darwinsche Evolution stellte eine Fortsetzung, eine anscheinend letzte Bestätigung des von der wissenschaftlichen Revolution freigesetzten geistigen Impulses dar. Freilich vollzog sie an entscheidender Stelle einen Bruch mit dem klassischen Paradigma dieser Revolution. Denn durch die Anerkennung des unablässigen und unbestimmten Wandels, des Kampfes und der Entwicklung in der Natur provozierte die Evolutionstheorie eine grundlegende Revision der gesetzmäßigen, geordneten und vorhersagbaren Harmonie der cartesianisch-newtonschen Welt. Der Darwinismus vertiefte insofern die säkularisierenden Konsequenzen der wissenschaftlichen Revolution und hob den Kompromiß auf, den diese mit der traditionellen jüdisch-christlichen Perspektive eingegangen war. Die wissenschaftliche Entdeckung der Wandelbarkeit der Arten widersprach der biblischen Darstellung einer statischen Schöpfung, in die der Mensch absichtlich als heiliger Höhe- und Mittelpunkt gestellt worden war. Daß der Mensch dem Bilde Gottes glich, war jetzt weniger gewiß, als daß er von niederen Primatenformen abstammte. Der menschliche Geist war keine göttliche Gabe, sondern ein biologisches Werkzeug. Die Struktur und Entwicklung der Natur war kein Ergebnis eines wohlmeinenden göttlichen Plans und Zwecks, sondern eines amoralischen, zufälligen und brutalen Kampfes ums Dasein, in dem nicht der Tugendhafte, sondern der Taugliche Erfolg hatte. Die Natur selbst, nicht Gott oder ein transzendenter Intellekt, stand jetzt am Anfang aller Veränderung. Natürliche Auswahl und Zufall, nicht die teleologischen Formen des Aristoteles oder die sinnvolle Schöpfung der Bibel, regierten die Prozesse des Lebens. Das frühmoderne Konzept eines unpersönlichen deistischen Schöpfers, der eine bis ins Kleinste durchdachte und ewig geordnete Welt geschaffen und dann sich selbst überlassen hatte, war der letzte kosmologische Kompromiß zwischen jüdisch-christlicher Offenbarung und moderner Wissenschaft. Es wich einer Auffassung, die eine dynamische, naturalistische Erklärung für die Entstehung der Arten und alle anderen natürlichen Phänomene lieferte. Menschen, Tiere, Pflanzen, Organismen, Felsen und Berge, Planeten und Sterne, Galaxien – das ganze Universum ließ sich jetzt als das evolutionäre Resultat eines gänzlich natürlichen Prozesses verstehen.

Der Glaube, daß das Universum von einer göttlichen Intelligenz zweckmäßig eingerichtet sei und gelenkt würde – ein für das klassische griechische genauso wie für das christliche Weltbild grundlegender Glaube – schien unter diesen Umständen zunehmend fragwürdig. Die christliche Lehre vom göttlichen Eingriff Christi in die menschliche Geschichte – die Menschwerdung des Sohnes Gottes, des zweiten Adam, die Jungfrauengeburt, die Auferstehung, die Wiederkunft Christi – schien kaum noch glaubwürdig im Kontext einer ansonsten aufs Überleben ausgerichteten darwinschen Evolution, die sich in einem unermeßlich großen, mechanistischen newtonschen Kosmos vollzog. Ebenso wenig plausibel war die Existenz eines zeitlosen metaphysischen Reiches transzendenter platonischer Ideen. Fast alles in der empirischen Welt schien ohne den Rückgriff auf eine göttliche Wirklichkeit erklärbar. Das moderne Universum war jetzt ein ausschließlich säkulares Phänomen, das immer weiter fortfuhr, sich selbst zu verändern und zu erzeugen. Es besaß keine göttlich konstruierte Finalität mit einer ewigen und statischen Struktur, sondern war ein sich entfaltender Prozeß ohne absolutes Ziel und ohne absolute Grundlage, außer der Materie und ihren Verwandlungen. Bestimmte einzig die Natur die Richtung der Evolution, und war der Mensch das einzige bewußte Wesen der Natur, dann lag die Zukunft des Menschen im emphatischen Sinne in seinen eigenen Händen.

VIII. Anders als das mittelalterlich-christliche Weltbild bestätigte das moderne radikal die Unabhängigkeit des Menschen – ob geistig, psychisch oder spirituell. Dies ging mit einer zunehmenden Mißbilligung aller religiösen Vorstellungen und aller institutionellen Strukturen einher, die das natürliche Recht des Menschen auf existentielle Autonomie und den individuellen Ausdruck seiner eigenen Persönlichkeit einzuschränken versuchten. Während Wissen für den mittelalterlichen Christen den Zweck erfüllte, dem Willen Gottes besser dienen zu können, lag sein Zweck für den modernen Menschen darin, die Natur besser dem menschlichen Willen unterordnen zu können. Die christliche Lehre der spirituellen Erlösung, basierend auf der historischen Offenbarung Christi und seiner künftigen apokalyptischen Wiederkunft, wurde zunächst neu interpretiert als ein von der göttlichen Vorsehung geleiteter Fortschritt der menschlichen Zivilisation, in dessen Verlauf der gottgegebene Verstand des Menschen das Böse in der Welt besiegen würde. Schließlich wurde sie völlig verdrängt von dem Projekt eines säkularen und utopischen Zeitalters, schrittweise realisiert allein durch die natürliche Vernunft und die wissenschaftlichen Leistungen des Menschen und gekennzeichnet von Frieden, rationaler Weisheit, materiellem Wohlstand und der Herrschaft des Menschen über die Natur. Das christliche, von der Erbsünde geprägte Gefühl der eigenen Schlechtigkeit wich jetzt einer optimistischen Bejahung der menschlichen Selbstverwirklichung und dem Gefühl des künftigen Triumphes von Rationalität und Wissenschaft über Ignoranz, Leid und soziales Unglück.

Das klassische griechische Weltbild hatte die Vereinigung – oder Wiedervereinigung – des Menschen mit dem Kosmos und dessen göttlicher Intelligenz als das Ziel der intellektuellen und spirituellen Tätigkeit des Menschen hervorgehoben. Das christliche Ziel war es, den Menschen und die Welt wieder mit Gott zu vereinigen. Demgegenüber setzte sich die Moderne das Ziel, dem Menschen das größtmögliche Maß an Freiheit zu schaffen: Freiheit von der Natur; von unterdrückenden politischen, sozialen oder ökonomischen Strukturen; von restriktiven metaphysischen oder religiösen Glaubensvorstellungen; von der Kirche; vom jüdisch-christlichen Gott; von der Unbeweglichkeit und Enge des aristotelisch-christlichen Kosmos; von der mittelalterlichen Scholastik; von den alten griechischen Autoritäten; von allen primitiven Weltvorstellungen. Im Vertrauen auf die Kraft seines autonomen Intellekts ließ der moderne Mensch die Tradition weitgehend hinter sich und machte sich alleine auf den Weg, entschlossen, die Prinzipien seines neuen Universums zu entdecken, dessen neue Dimensionen zu erforschen und zu erweitern sowie seine Erfüllung hier und jetzt zu finden.

Diese Zusammenfassung ist zwangsläufig kaum mehr als eine nützliche Vereinfachung, denn neben dem vorherrschenden Zug des

modernen Denkens, wie er sich in der Aufklärung vollständig herausbildete, gab es andere bedeutende und oft gegenläufige intellektuelle
Tendenzen. Es wird die Aufgabe späterer Kapitel sein, ein umfassenderes, vielschichtigeres und auch paradoxeres Porträt der modernen
Mentalität zu zeichnen. Zunächst aber müssen wir nun die ungewöhnliche Dialektik eingehender untersuchen, durch die sich das
gerade beschriebene moderne Weltbild von seinen wichtigsten Vorgängern, dem klassischen und dem christlichen, zu lösen begann.

DIE ALTEN UND DIE MODERNEN

Das klassische griechische Denken hatte das Europa der Renaissance mit dem Großteil der theoretischen Ausrüstung versorgt, die es zur Hervorbringung der wissenschaftlichen Revolution brauchte: mit der ursprünglichen griechischen Intuition einer rationalen Ordnung im Kosmos, der pythagoreischen Mathematik, dem von Platon formulierten Problem der Planeten, der euklidischen Geometrie, der ptolemäischen Astronomie, mit alternativen kosmologischen Theorien einer bewegten Erde, der neuplatonischen Sonnenverehrung, dem mechanistischen Materialismus der Atomisten, der hermetischen Esoterik und mit dem grundlegenden Fundament des aristotelischen und vorsokratischen Empirismus, Naturalismus und Rationalismus. Doch aufgrund seiner Eigenart und Orientierung löste sich der moderne Geist mehr und mehr von der wissenschaftlichen und philosophischen Autorität der Alten; ihr Weltbild wurde schließlich als primitiv und jeder ernsthaften Betrachtung unwürdig abgelehnt. Die intellektuelle Dynamik, die diese Diskontinuität provozierte, war vielschichtig und oft widersprüchlich.

Einer der produktivsten Beweggründe für die europäischen Wissenschaftler des sechzehnten und siebzehnten Jahrhunderts, sich mit der detaillierten Beobachtung und Messung natürlicher Phänomene zu beschäftigen, war die hitzige Kontroverse zwischen der orthodoxen scholastisch-aristotelischen Physik und der heterodoxen Wiederbelebung der pythagoreisch-platonischen mathematischen Mystik. Es ist von nicht geringer Ironie, daß ausgerechnet Aristoteles, der größte naturalistische Philosoph und der bedeutendste empirische Wissenschaftler der Antike, dessen Werk die westliche Wissenschaft über zwei Jahrtausende in Gang gehalten hatte, von der neuen Wissenschaft unter dem Einfluß eines romantischen Renaissance-Platonismus über Bord geworfen wurde – daß er letztlich ausgerechnet von Platon verdrängt wurde, dem spekulativen Idealisten, der sich mehr als alle anderen danach gesehnt hatte, die Welt der Sinne zu verlassen. Nachdem aber die zeitgenössischen Universitäten Aristoteles in einen albernen Dogmatiker verwandelt hatten, war es der Platonismus der Humanisten, dem es gelang, der wissenschaftlichen Phantasie den Reiz neuer intellektueller Abenteuer zu eröffnen. In einem tieferen Sinne wurde die empiristische, diesseitige Orientierung des Aristoteles jedoch von der wissenschaftlichen Revolution noch erweitert und ins Extrem geführt. Daß Aristoteles von dieser Revolution gestürzt wurde, zeigte vielleicht nur, daß es sich bei ihr um eine ödipale Rebellion der modernen Wissenschaft gegen ihren antiken Vater handelte.

Noch entschiedener aber wurde letztlich auch Platon gestürzt. Während Aristoteles symbolisch entthront wurde, sein Geist aber weiter herrschte, wurde Platon zwar theoretisch bestätigt, sein Geist aber gänzlich verworfen. Von Kopernikus bis Newton beruhte die wissenschaftliche Revolution auf einer Reihe von Strategien und Annahmen, die unmittelbar auf Platon, seine pythagoreischen Vorgänger und seine neuplatonischen Nachfolger zurückgingen: auf der Suche nach vollkommenen, zeitlosen mathematischen Formen, die der phänomenalen Welt zugrunde lagen; dem apriorischen Glauben, daß die Bewegungen der Planeten regelmäßigen geometrischen Figuren entsprachen; der Anweisung, sich vom scheinbaren Chaos der empirischen Himmelskörper nicht in die Irre führen zu lassen; dem Vertrauen auf die Schönheit und schlichte Eleganz der wahren Lösung des Problems der Planeten; der Verehrung der Sonne als Bild des schöpferischen Gottes; den Alternativmodellen zur geozentrischen Kosmologie; der Überzeugung, daß das Universum von göttlicher Intelligenz erfüllt sei und daß sich Gottes Herrlichkeit besonders in den Himmelskörpern offenbare.

Euklid, auf dessen Geometrie sich sowohl die rationalistische cartesianische Philosophie als auch das gesamte kopernikanisch-newtonsche Paradigma stützte, war ein Platoniker gewesen und hatte sein Werk vollständig auf platonischen Prinzipien aufgebaut. Selbst die moderne wissenschaftliche Methode, wie sie Kepler und Galilei entwickelt hatten, beruhte auf dem pythagoreischen Glauben, daß die Sprache der physikalischen Welt eine Zahlensprache sei. Dadurch wurde die Überzeugung begründet, daß die empirische Naturbeobachtung und die Prüfung von Hypothesen durch quantitative Messungen auf systematische Weise vereinigt werden mußten. Die moderne Wissenschaft insgesamt ging implizit auf Platons fundamentale Hierarchie des Wirklichen zurück. Danach gehorchte eine mannigfaltige und steter Veränderung unterworfene materielle Natur bestimmten vereinheitlichenden Gesetzen und Prinzipien, die die von ihnen beherrschten Phänomene überstiegen. Vor allem erbte die moderne Wissenschaft den platonischen Glauben an den rationalen Aufbau der Weltordnung und an die Würde der menschlichen Erforschung dieser Ordnung. Aber diese platonischen Annahmen und Strategien führten schließlich zur Entstehung eines Paradigmas, dessen kompromißloser Naturalismus für den mystischen Tenor der platonischen Metaphysik wenig Raum ließ. Die mathematischen Muster verloren ihren von der pythagoreisch-platonischen Tradition gefeierten göttlichen Geist, der rückblickend nur als überflüssiges und empirisch nicht verifizierbares Anhängsel des wissenschaftlichen Verständnisses der natürlichen Welt erschien.

Die pythagoreisch-platonische These von der Erklärungskraft der Mathematik wurde von der Naturwissenschaft zwar regelmäßig bestätigt, und diese vermeintliche Ungereimtheit – warum zeitigte ausgerechnet die Mathematik in der Sphäre roher materieller Phänomene so konsistente und elegante Ergebnisse? – bereitete nachdenklichen Wissenschaftsphilosophen einiges Kopfzerbrechen. Aber für die meisten praktizierenden Wissenschaftler nach Newton waren solche mathematischen Harmonien in der Natur auf eine gewisse mechanische Tendenz zu gleichmäßigen Mustern zurückzuführen und ohne tiefere Bedeutung. Nur selten wurden in ihnen noch Formen der Offenbarung gesehen, durch die der menschliche den göttlichen Geist verstehen konnte. Die mathematischen Muster lagen einfach »in der Natur der Dinge« oder in der Natur des menschlichen Geistes; sie wurden nicht im platonischen Sinne als Beweis einer ewigen, gleichbleibenden Welt des reinen Geistes interpretiert. Die Naturgesetze, obwohl möglicherweise zeitlos, beruhten jetzt allein auf einem materiellen Fundament, losgelöst von jeglicher göttlichen Ursache.

So galt die platonische Strömung der Philosophie im allgemeinen als eine im modernen Kontext nicht mehr anwendbare Denkweise, abgesehen von der leicht irritierenden Ausnahme der Mathematik; der quantitative Charakter der Wissenschaft nahm eine ausschließlich säkulare Bedeutung an. Angesichts des unbestreitbaren Erfolges der mechanistischen Naturwissenschaft und der Vorherrschaft des positivistischen Empirismus und Nominalismus in der Philosophie wurden die idealistischen Ansprüche der platonischen Metaphysik – die ewigen Ideen; die transzendente Wirklichkeit, in der wahres Sein und wahrer Sinn residierte; die göttliche Beschaffenheit der Himmelskörper; das Spirituelle als Herrscher der Welt; die religiöse Bedeutung der Wissenschaft – als aufwendige Produkte einer primitiven Vorstellungskraft verworfen. Die platonische Philosophie hatte paradoxerweise als Conditio sine qua non für ein Weltbild gedient, das den platonischen Annahmen unmittelbar zu widersprechen schien: »Die Ironie des Schicksals baute aus der mystisch-mathematischen Theorie des siebzehnten Jahrhunderts die mechanistische Philosophie des achtzehnten Jahrhunderts und die materialistische Philosophie des neunzehnten.«[6]

Eine weitere Ironie lag in der Niederlage, die die weniger gewichtigen antiken Traditionen den klassischen Giganten – Aristoteles und Platon – beibrachten. Der mechanistische und materialistische Atomismus Leukipps und Demokrits, die heterodoxen (nicht-geozentrischen oder nicht-geostatischen) Kosmologien von Philolaos, Herakleides und Aristarch sowie der radikale Skeptizismus von Pyrrhon und Sextus Empiricus – sie alle hatten während der spätklassischen und mittelalterlichen Zeit im Schatten des kulturell übermächtigen Philosophen-Triumvirats aus Sokrates, Platon und Aristoteles und der allgegenwärtigen aristotelisch-ptolemäischen Kosmologie gestanden.[7] Von den Humanisten der Renaissance der Vergessenheit entrissen, bewirkten ihre Anschauungen eine Umkehrung dieser Hierarchie in der Welt der Wissenschaft; viele ihrer Ansätze wurden von den theoretischen Schlußfolgerungen und dem philosophischen Tenor der wissenschaftlichen Revolution und ihren Nachwirkungen bestätigt. Eine ähnliche Rehabilitierung erlebten die Sophisten, deren säkularer Humanismus und relativistischer Skeptizismus im philosophischen Klima der Aufklärung und im späteren modernen Denken erneut auf Anklang stieß.

Aber die isolierten und scheinbar zufälligen Einsichten einiger spekulativer Theoretiker reichten nicht aus, die kritische Bewertung des antiken Geistes von Seiten der modernen Wissenschaft auszugleichen. Auch die Nützlichkeit einiger Prämissen aus der platonischen und aristotelischen Tradition genügte nicht als Ausgleich für das, was als ihre empirisch unzureichenden und irreführenden Grundlagen kritisiert wurde. Die Ehrfurcht, die die Denker des Mittelalters und der Renaissance dem Genius und den Errungenschaften des klassischen Zeitalters entgegengebracht hatten, schien in einer Zeit, in der der moderne Mensch auf allen Feldern seine praktische und geistige Überlegenheit unter Beweis stellte, nicht länger angemessen. Nachdem er ihr alles, was ihm für seine gegenwärtigen Zwecke brauchbar erschien, entnommen hatte, bewertete der moderne Geist die klassische Kultur neu. Er würdigte ihre literarischen und humanistischen Leistungen, verwarf aber ihre Kosmologie, Erkenntnistheorie und Metaphysik pauschal als naiv und unwissenschaftlich.

Noch deutlicher fiel die Absage gegenüber den esoterischen Elementen der antiken Tradition aus, die ebenfalls wesentlich zur Genese der wissenschaftlichen Revolution beigetragen hatten: Astrologie, Alchemie, Hermetik. Die antike Geburt der Astronomie und selbst der Wissenschaft war untrennbar mit dem ursprünglich astrologischen Verständnis des Himmels als einer höheren Sphäre von göttlichem Rang verbunden; die planetarischen Bewegungen wurden nur wegen ihrer vermeintlichen symbolischen Bedeutung für die menschlichen Angelegenheiten so sorgfältig beobachtet. Die Verbindung der Astrologie mit der Astronomie hatte sich als entscheidend für deren technischen Fortschritt erwiesen, denn erst ihre astrologischen Implikationen verliehen der Astronomie ihre soziale und psychische Relevanz und machten sie zu einem politisch wie militärisch bedeutsamen Faktor in Staatsgeschäften. Weil astrologische Vorhersagen genaueste astronomische Daten erforderten, lieferte die Astrologie den Astronomen den nachhaltigsten Grund dafür, nach einer Lösung des Problems der Planeten zu suchen. Es war kein Zufall, daß sich die astronomische Wissenschaft – vor der wissenschaftlichen Revolution – immer genau während jener Zeiten rasch weiterentwikkelte, in denen die Astrologie auf breiteste Akzeptanz stieß: während des Hellenismus, des Hochmittelalters und der Renaissance.

Die bedeutendsten Vorkämpfer der wissenschaftlichen Revolution zeigten keinerlei Interesse daran, dieses alte Band zu durchtrennen. Kopernikus machte in De *Revolutionibus* keinen Unterschied zwischen Astronomie und Astrologie – er sprach von beiden gemeinsam als der »Spitze aller freien Künste«. Kepler bekannte, daß seine astronomische Forschung von der Suche nach einer himmlischen »Sphärenmusik« inspiriert worden war. Obwohl er dem Mangel an Exaktheit in der zeitgenössischen Astrologie ausgesprochen kritisch gegenüberstand, war Kepler der beste astrologische Theoretiker seiner Zeit; sowohl er als auch Brahe dienten dem Kaiser als Hof-Astrologen. Wie die meisten Astronomen der Renaissance berechnete auch Galilei routinemäßig Horoskope, so für seinen Schutzherrn, den Herzog der Toskana, im Jahre 1609, dem Jahr seiner teleskopischen Entdeckungen. Newton berichtete, sein frühes Interesse an der Astrologie habe ihn zu seinen epochemachenden Forschungen im Bereich der Mathematik angeregt; später beschäftigte er sich ausführlich mit der Alchemie. Auch wenn aus heutiger Sicht das wirkliche Maß, in dem diese Pioniere der Astrologie oder Alchemie verpflichtet waren, manchmal schwer zu bestimmen ist – nach einer klaren Trennungslinie zwischen Wissenschaft und Esoterik wird der moderne Wissenschaftshistoriker in ihrer Konzeption vergeblich suchen.

Ein eigentümliches Zusammenwirken von Wissenschaft und esoterischer Tradition war während der Renaissance die Regel und spielte eine zentrale Rolle bei der Geburt der modernen Wissenschaft. Alle wichtigen kopernikanischen Astronomen folgten der neuplatonischen und pythagoreischen Zahlenmystik und Sonnenverehrung und verbanden Wissenschaft und Esoterik: Roger Bacon, der Pionier der experimentellen Wissenschaft, dessen Werk von alchemistischen und astrologischen Prinzipien durchdrungen ist; Giordano Bruno, der vielseitig gebildete Esoteriker, der für einen unendlichen kopernikanischen Kosmos eintrat; Paracelsus, der Alchemist, der die frühen Grundlagen für die moderne Chemie und Medizin legte; William Gilbert, dessen Theorie vom Magnetismus der Erde auf dem Nachweis beruhte, daß die Weltseele von diesem Magneten verkörpert wurde; William Harvey, der annahm, daß sich in dem von ihm entdeckten Blutkreislauf der menschliche Körper als mikrokosmischer Spiegel der Zirkulationssysteme der Erde und der Planetenbewegungen des Kosmos offenbare. Zu erwähnen ist weiterhin: die Mitgliedschaft von Descartes bei den mystischen Rosenkreuzern; Newtons Zugehörigkeit zu den Cambridge-Platonisten, seine Überzeugung, an eine alte, bis auf Pythagoras und noch weiter zurückreichende Tradition geheimen Wissens anzuknüpfen und seine Formulierung des allgemeinen Gravitationsgesetzes in Anlehnung an die Sympathienlehre der hermetischen Tradition. Die Modernität der wissenschaftlichen Revolution war in mancher Hinsicht nicht besonders eindeutig.

Das neue Universum, das aus der wissenschaftlichen Revolution hervorging, war da schon deutlich festgelegter; es ließ für die Wirklichkeit astrologischer oder anderer explizit esoterischer Prinzipien nur wenig Raum. Die Revolutionäre selbst schenkten den Problemen keine Beachtung, die das neue Paradigma für die Astrologie aufwarf. Eine planetarische Erde schien aber geradezu das Fundament des astrologischen Denkens zu untergraben. Denn die Astrologie hatte von der Erde angenommen, sie stünde im absoluten Brennpunkt planetarischer Einflüsse. Es war schwer begreiflich zu machen, warum sich die Erde ohne die privilegierte Position im Mittelpunkt des Universums einer derart besonderen kosmischen Aufmerksamkeit erfreuen sollte. Die gesamte von Aristoteles bis Dante entworfene traditionelle Kosmographie wurde von der Vorstellung einer bewegten Erde erschüttert: Die Erde drang in himmlische Sphären ein, die zuvor als exklusive Domäne spezieller planetarischer Mächte gegolten hatten. Nach Galileo und Newton war eine grundsätzliche Unterscheidung in irdische und himmlische Bereiche nicht länger aufrechtzuerhalten. Ohne diese Dichotomie fielen aber die metaphysischen und psychologischen Voraussetzungen, die als Stützen des astrologischen Glaubenssystems gedient hatten, in sich zusammen. Von den Planeten wußten die Menschen jetzt, daß es sich um ganz diesseitige, von Trägheit und Gravitation bewegte materielle Objekte handelte und nicht um archetypische, von einer kosmischen Intelligenz bewegte Symbole. Hatte es während der Renaissance relativ wenige Denker gegeben, die nicht von der prinzipiellen Gültigkeit der Astrologie überzeugt gewesen waren, so fanden sich in der Generation nach Newton nur noch wenige, die sie überhaupt einer Prüfung für wert erachteten. Zunehmend marginalisiert, ging die Astrologie in den Untergrund, um in kleinen esoterischen Zirkeln und bei der ungebildeten Masse zu überleben.[8] Die Astrologie hatte nach fast zwei Jahrtausenden, während derer sie als »Königin der Wissenschaften« und Führerin der Eroberer und Könige galt, ihre Glaubwürdigkeit verloren.

Mit Ausnahme der Romantiker legte das moderne Denken nach und nach die Faszination der Renaissance für den antiken Mythos als einer autonomen Existenzdimension ab. Daß die Götter nichts anderes als farbenfrohe Geschöpfe der heidnischen Phantasie waren, mußte von der Aufklärung an nicht mehr groß diskutiert werden. So wie die platonischen Ideen in der Philosophie ausstarben und ihr Platz von empirischen Eigenschaften, subjektiven Vorstellungen, Erkenntniskategorien oder linguistischen »Familienähnlichkeiten« eingenommen wurde, so verstand man jetzt die antiken Götter als literarische Charaktere, künstlerische Bilder und nützliche Metaphern ohne jeden Anspruch auf ontologische Realität.

Die moderne Wissenschaft hatte das Universum von all den menschlichen und spirituellen Eigenschaften befreit, die zuvor auf den Kosmos projiziert worden waren. Die Welt war jetzt neutral, glanzlos und materiell; jeder Dialog mit der Natur – ob durch Magie, Mystik oder göttlich beglaubigte Autorität – war unmöglich. Allein der unpersönliche Gebrauch des auf Kritik und Empirie gegründeten rationalen Intellekts konnte zum objektiven Verständnis der Natur führen. Obwohl erst das Zusammenfließen einer erstaunlichen Vielfalt an erkenntnistheoretischen Strömungen die wissenschaftliche Revolution möglich gemacht hatte, wurde manches später außerhalb der eigentlichen Wissenschaft im Kontext wissenschaftlicher Entdeckungen und Einfälle angesiedelt: der enorme – antiempirische – Schritt der Vorstellungskraft hin zur Konzeption einer planetarischen Erde[9]; pythagoreische sowie neuplatonische ästhetische und mystische Vorstellungen; der Traum, in dem sich Descartes die Vision von einer neuen Universalwissenschaft und seinem persönlichen Auftrag, ihr zum Durchbruch zu verhelfen, offenbarte; Newtons von der Esoterik inspiriertes Konzept der Gravitation; die zufällig gerade zum richtigen Zeitpunkt erfolgten Entdeckungen alter Manuskripte – von Lukrez, Archimedes, Sextus Empiricus, den Neuplatonisten; der im Grunde metaphorische Charakter der verschiedenen wissenschaftlichen Theorien und Erklärungen. Im Bereich strenger Wissenschaftlichkeit, dem Kontext wissenschaftlicher Rechtfertigung hingegen, in dem es um die Bestätigung des Wahrheitsgehalts einer Hypothese ging, galten allein empirischer Beweis und rationale Analyse als legitime erkenntnistheoretische Grundlagen; im Gefolge der wissenschaftlichen Revolution dominierten diese Methoden das gesamte Projekt der Wissenschaft. Die allzu dehnbaren, synkretistischen und mystischen Erkenntnistheorien der klassischen Zeit sowie ihre weitreichenden metaphysischen Konsequenzen wurden jetzt ausgegrenzt und abgelehnt.

In den Schöpfungen der Phantasie und der Kunst des Westens blieb die klassische Kultur zwar noch lange als Sphäre des Erhabenen erhalten. Auch die modernen Denker ließen sich weiterhin von den klassischen politischen und moralischen Ideen inspirieren. Die griechische Philosophie, die griechische und lateinische Sprache und Literatur, die Ereignisse und Persönlichkeiten der antiken Geschichte stießen weiterhin auf lebhaftes Echo und gelehrten Respekt – oft bis an die Grenze zur Verehrung. Aber die humanistische Nostalgie konnte über die wachsende Bedeutungslosigkeit der Klassik für das moderne Denken nicht hinwegtäuschen. Denn wenn es um die stringente philosophische und wissenschaftliche Analyse der Wirklichkeit ging, konnte das klassische Weltbild ungeachtet seiner historischen Bedeutung und ästhetischen Tugenden nicht mit der intellektuellen Genauigkeit und Effizienz konkurrieren, die der moderne Mensch für sein eigenes Verständnis beanspruchte.

Trotz alledem war der antike griechische Geist noch immer überall spürbar: In dem fast religiösen Eifer, mit dem die Wissenschaft ihre Suche nach Erkenntnis betrieb; in ihren oft unbewußten Annahmen über den rationalen Aufbau der Welt und die Fähigkeit des Menschen, ihn zu enthüllen; in ihrer kritischen Unabhängigkeit des Urteils und ihrem ehrgeizigen Drang danach, das menschliche Wissen über immer entferntere Horizonte hinaus zu treiben, lebte Griechenland weiter.

DER TRIUMPH
ES SÄKULAREN DENKENS

Wissenschaft und Religion zwischen
Eintracht und Konflikt

Das Schicksal des Christentums im Aufbruch der wissenschaftlichen Revolution war paradox und dem des klassischen Denkens ähnlich. Die Griechen hatten die meisten der für die wissenschaftliche Revolution erforderlichen theoretischen Rahmenbedingungen bereitgestellt. Aber es war die katholische Kirche, die – trotz ihrer dogmatischen Unbeirrbarkeit – den Boden bereitete, auf dem sich das westliche Denken entfalten und das wissenschaftliche Verständnis wachsen konnte. Der Beitrag der Kirche betraf sowohl die Praxis als auch die Theorie. Seit den Anfängen des Mittelalters waren die Klöster der Kirche der einzige Zufluchtsort im Westen gewesen, an dem der Geist der Antike erhalten und gepflegt werden konnte. Seit der Jahrtausendwende hatte die Kirche offiziell das breitangelegte scholastische Erziehungs- und Bildungsprojekt unterstützt und gefördert, ohne das sich das moderne Denken vermutlich niemals entwickelt hätte.

Diese folgenreiche Unterstützung durch die Kirche wurde durch eine einzigartige Konstellation theologischer Positionen gerechtfertigt. Nach einer sich in der mittelalterlichen Kirche durchsetzenden Auffassung erforderte ein genaues und tiefes Verständnis der christlichen Lehre eine entsprechende Fähigkeit des Intellekts zu logisch genauem und scharfsinnigem Denken. Außerdem kam es – im Verlauf der zunehmenden Anerkennung der physischen Welt im Hochmittelalter – zu einer korrespondierenden Anerkennung des positiven Beitrags, den ein wissenschaftliches Verständnis für die angemessene Würdigung der wunderbaren Schöpfung Gottes leisten konnte. Bei allem Argwohn gegenüber dem irdischen Leben und »der Welt« legte die jüdisch-christliche Religion großen Wert auf die ontologische Wirklichkeit dieser Welt und deren elementare Beziehung zu einem guten und gerechten Gott. Das Christentum nahm dieses Leben ernst. Darin steckte ein bedeutsamer religiöser Impuls für das wissenschaftliche Projekt. Es hing nicht allein vom aktiven Verantwortungsgefühl des Menschen gegenüber dieser Welt ab, sondern auch vom Glauben an die Wirklichkeit dieser Welt, an ihre Ordnung und – zu Beginn der modernen Wissenschaft – an ihre direkte Verknüpfung mit einem allmächtigen und unendlich weisen Schöpfer.

Der Beitrag der Scholastiker zum Denken der Moderne war mehr als eine unvollständige und christianisierte Wiederentdeckung und Bewahrung griechischer Ideen. Was es der modernen Wissenschaft, beginnend mit Kopernikus und Galilei, ermöglichte, ihr neues Paradigma zu entwickeln, war die von den Scholastikern geleistete erschöpfende Prüfung und Kritik jener Ideen. Außerdem entwickelten sie eigene neue, alternative Theorien und Vorstellungen – Ansätze zur Erklärung der Trägheit und des Kraftmoments, der gleichförmigen Beschleunigung frei fallender Körper und hypothetische Argumente zugunsten einer bewegten Erde. Die höchste Bedeutung kam jedoch weder den theoretischen Neuerungen der Scholastiker noch ihrer Wiederbelebung des hellenischen Denkens zu. Vielleicht am folgenreichsten war vielmehr die wenig greifbare existentielle Einstellung, die diese mittelalterlichen Denker ihren modernen Nachfahren mit auf den Weg gaben: das theologisch fundierte, aber äußerst robuste Vertrauen in die Fähigkeit – und die religiöse Pflicht – der gottgegebenen Vernunft, die natürliche Welt zu verstehen. Die intellektuelle Beziehung des Menschen zum schöpferischen Logos, sein Privileg, im Besitz des göttlichen Lichts des tätigen Intellekts zu sein – des thomistischen *Lumen intellectus agentis* –, gab aus christlicher Perspektive dem Menschen die Möglichkeit, den Kosmos zu verstehen. Das cartesianische natürliche Licht des menschlichen Verstandes war der direkte, halb säkularisierte Erbe dieser mittelalterlichen Vorstellung. Thomas hatte in seiner *Summa Theologiae* geschrieben, Autorität allein sei der schwächste Beweis, – ein Motto, das sich als richtungsweisend für die Vorkämpfer eines unabhängigen modernen Denkens erweisen sollte. Ob moderner Rationalismus, Naturalismus oder Empirismus – alle hatten sie ihre Wurzeln in der Scholastik.

Die Spätform der Scholastik aber, der sich die Naturphilosophen des sechzehnten und siebzehnten Jahrhunderts gegenübersahen, war veraltet, in schulmeisterlicher Dogmatik erstarrt, ohne Beziehung zum neuen Geist des Zeitalters. Aus ihren Reihen war wenig oder nichts Neues zu vernehmen. Ihre obsessive Beschäftigung mit Aristoteles, ihre übersubtilen verbalen Differenzierungen und logischen

Spitzfindigkeiten sowie ihr Versäumnis, Theorien einer systematischen experimentellen Prüfung zu unterziehen – all dies machte aus der Spätscholastik eine überholte, nur noch mit sich selbst beschäftigte Institution. Sie mußte als intellektuelle Autorität gestürzt werden, um das Wachstum der noch unentwickelten Wissenschaft zu sichern. Die Thesen von Bacon, Galilei, Descartes und Newton versetzten der Scholastik schließlich derart heftige Schläge, daß sie sich davon nie wieder erholen sollte. Wissenschaft und Philosophie konnten jetzt ohne theologische Rechtfertigung, ohne den Rekurs auf ein göttliches Licht im menschlichen Intellekt und ohne den kolossalen Überbau der scholastischen Metaphysik und Wissenschaftslehre auf ihrem Weg weitergehen.

Der Charakter der modernen Wissenschaft, die sich in der wissenschaftlichen Revolution herauskristallisierte, war eindeutig säkular. Gleichwohl fuhren die Revolutionäre fort, in auffallend religiösen Kategorien zu denken, zu handeln und von ihrer Arbeit zu sprechen. Sie nahmen ihre intellektuellen Erfolge als grundlegende Beiträge zu einer heiligen Mission wahr. Ihre wissenschaftlichen Entdeckungen galten ihnen als triumphale spirituelle Aufklärungen über die göttliche Architektur der Welt, als Offenbarungen der wahren kosmischen Ordnung. Newtons freudiger Ausruf, »Oh Gott, ich denke Deine Gedanken nach Dir!«, war der Höhepunkt einer langen Reihe von Erfahrungen der göttlichen Erscheinung, die die Meilensteine der Geburt der modernen Wissenschaft markierten.

In *De Revolutionibus* feierte Kopernikus die Astronomie als eine »eher göttliche denn menschliche Wissenschaft« und würdigte die heliozentrische Theorie, weil sie endlich die wahre Größe und Präzision des göttlichen Kosmos offenbare. In den Schriften Keplers loderte förmlich das Gefühl, von Gott erleuchtet worden zu sein, als sich die inneren Mysterien des Kosmos vor seinen Augen enthüllten.[10] Er erklärte die Astronomen zu »Priestern des höchsten Gottes« und sah seine eigene Rolle darin, »durch meine Entdeckung das Tor jenes Tempels zu bewachen, in dem Kopernikus vor dem Hochaltar dient«. Im *Sidereus Nuncius* erklärte Galilei, erst die göttliche Gnade der Erleuchtung habe seine teleskopischen Entdeckungen möglich gemacht. Selbst der weltliche Bacon stellte sich den Fortschritt der Menschheit durch die Wissenschaft in explizit religiösen, pietistischen Kategorien vor; die materielle Verbesserung des Lebens der Menschheit entspreche deren spiritueller Annäherung an das Reich des Heiligen Geistes. Descartes interpretierte seine Vision von der neuen Universalwissenschaft und einen darauf folgenden Traum, in dem ihm diese Wissenschaft symbolisch überreicht wurde, als göttlichen Auftrag für sein Lebenswerk: Gott habe ihm den Weg zu sicherer Erkenntnis gezeigt und ihm versichert, daß seine wissenschaftliche Suche am Ende erfolgreich sein werde. Mit Newtons Einsichten galt die göttliche Geburt als vollendet. Eine neue Schöpfungsgeschichte war geschrieben worden. So erklärte Alexander Pope für die Aufklärung:

> Nature and nature's law lay hid in night;
> God said, »Let Newton be«, and all was light.[11]

Die große Leidenschaft bei der Entdeckung der Naturgesetze, von der die Revolutionäre der Wissenschaft ergriffen wurden, beruhte nicht zuletzt auf dem Gefühl, ein göttliches Wissen wiederzuerlangen, das durch den Sündenfall verloren gegangen war. Endlich hatte der menschliche Geist die Grundsätze göttlichen Wirkens verstanden. Vor ihm waren die ewigen Gesetze der Schöpfung ausgebreitet; das göttliche Handwerk stand vor ihm, entschleiert durch die Wissenschaft. Mit ihr trug der Mensch zur Vermehrung des Ruhmes Gottes bei, denn er bewies die mathematische Schönheit und komplexe Präzision der gewaltigen, Himmel und Erde beherrschenden Ordnung. Die strahlende Vollkommenheit des neuen Universums nötigte seinen Entdeckern Ehrfurcht vor der transzendenten Intelligenz ab, die sie dem Schöpfer eines solchen Kosmos zusprachen.

Die Religiosität der wichtigsten Wissenschaftspioniere war nicht einfach ein allgemeines religiöses Gefühl mit nur begrenztem Bezug zum Christentum. Newton vertiefte sich genauso begeistert in christliche Theologie und Bibelstudien wie in die Physik. Galilei sah es als seine Pflicht an, seine Kirche vor einem kostspieligen Fehler zu bewahren, und hielt trotz seiner Auseinandersetzung mit der Inquisition standhaft an seinem katholischen Glauben fest. Descartes lebte und starb als frommer Katholik. Ihr christlicher Glaube prägte ihre intellektuelle Arbeit und war fest in ihre wissenschaftlichen und philosophischen Theorien verwoben. Sowohl Descartes als auch Newton bauten ihre kosmologischen Systeme auf der Annahme der Existenz Gottes auf. Für Descartes besaß die objektive Welt eine stabile Wirklichkeit, weil der Geist Gottes sie verbürgte; der menschliche Verstand galt ihm als wissenschaftlich zuverlässig dank der Wahrheitsliebe

Gottes. Ähnlich war auch für Newton die Materie nicht aus sich selbst erklärbar; sie bedurfte eines ersten Bewegers, eines Schöpfers, eines höchsten Architekten und Herrschers. Gott hatte die physische Welt und ihre Gesetze geschaffen – dies begründete ihre fortdauernde Existenz und Ordnung. Wegen bestimmter ungelöster Probleme in seinen Berechnungen kam Newton sogar zu dem Schluß, daß von Zeit zu Zeit ein Eingriff Gottes nötig sei, um die Ordnung des Systems aufrechtzuerhalten.

Bereits der frühmoderne Pakt zwischen Wissenschaft und Christentum zeigte aber auch Risse und Widersprüche. Abgesehen von der auf eine Schöpfung Gottes verweisenden Ontologie, die das neue Paradigma untermauerte, hatte das wissenschaftliche Universum – mit seinen mechanischen Kräften, materiellen Himmelskörpern und seiner planetarischen Erde – nur wenig mit dem traditionellen christlichen Kosmos gemein. Ein zentraler Brennpunkt des neuen Universums mochte zwar von religiöser Seite herbeigewünscht oder postuliert werden, wissenschaftlich nachweisbar war er nicht. Die Erde und die Menschheit mochten zwar der metaphysische Dreh- und Angelpunkt der göttlichen Schöpfung sein, rechtfertigen ließ sich dieser Status nicht durch ein rein wissenschaftliches Verständnis, das sowohl in der Erde als auch in der Sonne bloß zwei von unzähligen anderen, sich in einer grenzenlosen neutralen Leere bewegenden Körpern sah.

»Das ewige Schweigen dieser unendlichen Räume macht mich schaudern«, gestand der tief gläubige Mathematiker Pascal. Intellektuell aufgeschlossene Christen versuchten ihr religiöses Verständnis neu zu fassen, um es mit einem Universum in Einklang zu bringen, das so radikal anders zu sein schien als die antike und mittelalterliche Kosmologie, in der die christliche Religion entstanden war. Doch die Kluft vertiefte sich zusehends. Im newtonschen Kosmos hatten die natürlichen Phänomene jeden symbolischen Sinn, Himmel und Hölle ihren festen Ort verloren. Wunder und willkürliche göttliche Eingriffe in die menschlichen Angelegenheiten galten jetzt mehr und mehr als unglaubwürdig, da sie im Widerspruch zu der überlegenen Ordnung eines wie ein Uhrwerk funktionierenden Universums standen. Trotzdem ließen sich die tief verwurzelten Prinzipien des christlichen Glaubens nicht gänzlich leugnen.

Es entstand die psychologische Notwendigkeit eines Universums der zwei Wahrheiten. Die christlichen Philosophen und Wissenschaftler, und mit ihnen die gebildete christliche Öffentlichkeit, sahen keine Möglichkeit, die wissenschaftliche und die religiöse Wirklichkeit miteinander zu verbinden. Die Vorstellung, daß Verstand und Glauben zwei verschiedenen Sphären angehören mußten, setzte sich durch. Beide waren im Hochmittelalter, vor allem von der thomistischen Scholastik, zusammengeführt und im Spätmittelalter von Ockham und den Nominalisten wieder getrennt worden. Der Glaube entwickelte sich dann selbständig weiter unter dem Einfluß von Reformation, wörtlicher Bibelauslegung, fundamentalistischem Protestantismus und gegenreformatorischem Katholizismus. Auch der Verstand verselbständigte sich unter dem Einfluß von Bacon, Descartes, Locke, Hume, durch die empirische Wissenschaft, die rationale Philosophie und die Aufklärung. Bei den verschiedenen Versuchen eines Brückenschlages zwischen den beiden Bereichen – etwa Kants Begrenzung der religiösen Erfahrung auf die Moral – gelang es im allgemeinen nicht, den besonderen Charakter des einen oder des anderen zu bewahren.

In einer Situation, die sich gleichermaßen durch die Vitalität und die Diskrepanz von Wissenschaft und Religion auszeichnete, wurde das kulturelle Weltbild zwangsläufig gespalten und zum Spiegelbild eines metaphysischen Schismas, das sich bei dem Einzelnen genauso manifestierte wie innerhalb der Gesellschaft. Die Religion wurde zunehmend bestimmten Bereichen zugeteilt – sie war von Bedeutung eher für die Innenwelt als für die Außenwelt, eher als ehrwürdige Tradition denn als praktische Lebenshaltung, eher für ein Leben nach dem Tod als für dieses Leben, eher für den Feiertag als für den Alltag. Zwar wurde die christliche Lehre noch immer von den meisten geglaubt. Gleichsam als Reaktion auf das abstrakt mechanische Universum der Physiker und Philosophen der Aufklärung kam es sogar zu einer Welle leidenschaftlich gefühlsbezogener Religionsbewegungen, die in der Bevölkerung des siebzehnten und achtzehnten Jahrhunderts auf breiten Zuspruch stießen: dem Pietismus in Deutschland, dem Jansenismus in Frankreich, den Quäkern und Methodisten in England, der Erweckungsbewegung in Amerika. Tiefe Religiosität traditionell christlicher Prägung war auch weiterhin weit verbreitet. Die religiöse Musik des Westens erreichte in dieser Epoche mit Bach und Händel, beide wenige Monate nach Erscheinen von Newtons *Princi-*

pia geboren, ihren Gipfel. Aber inmitten dieses Pluralismus, der die wissenschaftlichen und religiösen Temperamente ungestört ihre getrennten Wege gehen ließ, war die allgemeine Richtung, die die Kultur eingeschlagen hatte, klar: Der Aufstieg des wissenschaftlichen Rationalismus, der seine Souveränität auf immer größere Gebiete der menschlichen Erfahrung ausdehnte, war nicht mehr aufzuhalten.

Innerhalb von zwei Generationen nach Newtons Tod hatte sich die moderne Sichtweise durchgesetzt. Auf dramatische Weise war es dem mechanistischen Materialismus gelungen, seine Erklärungsmacht und seine utilitaristische Effizienz unter Beweis zu stellen. Erfahrungen und Ereignisse, die gegen die anerkannten Wissenschaftsprinzipien zu verstoßen schienen – vorgebliche Wunder und Wunderheilungen, Offenbarungen und spirituelle Ekstasen, Prophezeiungen, symbolische Interpretationen natürlicher Phänomene, Gottes- oder Teufelserfahrungen – wurden jetzt immer häufiger als Auswirkungen von Wahnsinn, als Scharlatanerie oder als beides zugleich angesehen. Fragen zur Existenz Gottes oder einer transzendenten Wirklichkeit spielten in der wissenschaftlichen Vorstellungswelt, die zum Hauptfaktor bei der Festlegung einer für die gebildete Öffentlichkeit verbindlichen Glaubensordnung aufstieg, keine entscheidende Rolle mehr. Schon im siebzehnten Jahrhundert bedurfte es für Pascal – angesichts seines eigenen religiösen Zweifels und seines philosophischen Skeptizismus – eines riskanten Sprunges über eigene Überzeugungen, um den christlichen Glauben zu bewahren. Und viele der jetzt führenden westlichen Köpfe interessierte ein solcher Sprung nicht einmal mehr.

Was aber verursachte diesen Übergang von der offenkundigen Religiosität der Wissenschaftsrevolutionäre des sechzehnten und siebzehnten Jahrhunderts zum gleichermaßen emphatischen Säkularismus des westlichen Denkens im neunzehnten und zwanzigsten Jahrhundert? Die metaphysische Unvereinbarkeit von Glauben und Verstand, die kognitive Dissonanz, die aus dem Versuch resultierte, zwei so grundverschiedene Systeme und Mentalitäten zusammenzuhalten, mußte zwangsläufig zugunsten der einen oder der anderen Partei entschieden werden. Charakter und Implikationen der christlichen Offenbarung waren zu verschieden von denen der wissenschaftlichen Offenbarung. Wesentlich für die christliche Religion war der Glaube an die physische Auferstehung Christi nach seinem Tod – ein Ereignis, das aufgrund seiner Bezeugung und Interpretation durch die

Apostel als eigentliche Grundlage des Christentums gedient hatte. Angesichts der fast universalen Akzeptanz der wissenschaftlichen Erklärung aller Phänomene durch Naturgesetze mußte nun auch dieses Stiftungswunder ebenso hinterfragt werden wie all die anderen in der Bibel erzählten übernatürlichen Phänomene. Auferstehungen vom Tode, Wunderheilungen und Exorzismen, ein göttlich-menschlicher Erlöser, eine Jungfrauengeburt, Manna vom Himmel, Wein aus Wasser, Wasser aus Felsen, Teilungen des Meeres – all dies erschien dem modernen Geist zunehmend unwahrscheinlich. Allzu deutlich erinnerte es ihn an andere Mythen und Legenden, an die Hirngespinste der archaischen Phantasie.

Schweren Schaden nahm die Überzeugung der absoluten Wahrheit der christlichen Offenbarung durch die neue akademische Disziplin der Bibelforschung, die die unterschiedlichen und eindeutig menschlichen Quellen der Heiligen Schrift nachwies. Sowohl die Humanisten der Renaissance als auch die Theologen der Reformation hatten darauf gedrängt, sich wieder den Originalquellen der Bibel in griechischer und hebräischer Sprache zuzuwenden. Die Folge war eine kritische Lektüre der Originaltexte und eine Neubewertung ihrer historischen Echtheit und Unversehrtheit. Nach mehreren Generationen solcher Forschung begann die Schrift ihre heilige Aura göttlicher Inspiration zu verlieren. Die Bibel erschien jetzt weniger als das unbestreitbar maßgebliche und ursprüngliche Wort Gottes, sondern vielmehr als eine heterogene Sammlung von Schriften verschiedener traditioneller Literaturgattungen, die von vielen Menschenhänden über die Jahrhunderte verfaßt, zusammengestellt und redaktionell verändert worden waren. Bald folgten dieser Textkritik unabhängige Studien zur christlichen Dogmatik und zur Geschichte der Kirche sowie historische Nachforschungen über das Leben Jesu. Die ursprünglich zur Analyse von säkularer Geschichte und Literatur entwickelten intellektuellen Fertigkeiten wurden auf die heiligen Fundamente des Christentums angewendet – mit beunruhigenden Folgen für die Gläubigen.

Als sich zu diesen textkritischen und historischen Forschungen auch noch die Zweifel der darwinschen Theorie an der Schöpfungsgeschichte der Genesis gesellten, war die Gültigkeit der biblischen Offenbarung im Grundsatz fraglich geworden. Der Mensch konnte schwerlich nach dem Ebenbild Gottes geschaffen worden sein, wenn er zugleich der biologische Nachfahre von Primaten war. Die Evolution zielte nicht auf spirituelle Verklärung, sondern auf biologisches Überleben. Während das Gewicht der Wissenschaft bis und über Newton hinaus eher zugunsten eines Gottesbeweises in die Waagschale geworfen worden war, diente es nach Darwin nurmehr zu dessen Entkräftung. Die Zeugnisse der Naturgeschichte ließen sich plausibler durch die Evolutionsprinzipien der natürlichen Auswahl und der zufälligen Mutation erklären als durch die Annahme eines transzendenten Konstrukteurs.

Einige christliche Wissenschaftler verwiesen auf die Affinität der Evolutionstheorie zur jüdisch-christlichen Idee eines progressiven und schicksalhaften Geschichtsplans Gottes. Sie zogen Parallelen zur neutestamentarischen Konzeption eines immanenten evolutionären Prozesses der göttlichen Inkarnation in Mensch und Natur und versuchten sogar, einige der theoretischen Schwachstellen des Darwinismus mit Hilfe religiöser Erklärungsprinzipien zu beheben. Doch eine Kultur, in der es im allgemeinen üblich war, den Bibeltext wörtlich zu verstehen, schenkte eher der krassen Unvereinbarkeit zwischen der statischen Schöpfung der Arten in der Genesis und dem darwinschen Beweis für ihre Transmutation über einen Zeitraum von Weltaltern Beachtung. Dies führte letztlich zu einer massiven agnostischen Lossagung vom Schoß der Religion. Der christliche Glaube an einen Gott, der durch Offenbarung und Gnade handelte, erschien auf abenteuerliche Weise unvereinbar mit allem, was der gesunde Menschenverstand und die Wissenschaft über die Art und Weise sagten, in der die Welt tatsächlich funktionierte. Mit Luther war die monolithische Struktur der mittelalterlichen christlichen Kirche zerbrochen. Mit Kopernikus und Galilei war die mittelalterliche christliche Kosmologie zerbrochen. Und mit Darwin zeigte das christliche Weltbild insgesamt Anzeichen zu zerbrechen.

In einem Zeitalter, das – wie nie zuvor – durch Wissenschaft und Vernunft aufgeklärt war, wirkte die »gute Nachricht« des Christentums immer weniger überzeugend, ihre metaphysische Struktur als festes Lebensfundament immer weniger sicher und psychologisch immer weniger notwendig. Die Unwahrscheinlichkeit des gesamten Ereigniszusammenhangs – daß ein unendlicher und ewiger Gott plötzlich an einem historisch konkreten Ort zu einem besonderen menschlichen Wesen geworden sein sollte, nur um sich dann schändlich hinrichten zu lassen – wurde schmerzhaft deutlich. Daß ein einzelnes kurzes, vor zweitausend Jahren in einem unbedeutenden

Landstrich gelebtes Leben einen überwältigenden kosmischen oder ewigen Sinn besitzen sollte, war für den vernünftigen Menschen nicht länger nachvollziehbar. Dies galt um so mehr, als dieses im Grunde unspektakuläre Ereignis auf einem Planeten stattfand, von dem jetzt bekannt war, daß er ein relativ unbedeutendes Stück Materie war, irgendwo in einem unvorstellbar weiten und unpersönlichen, von Milliarden anderer Sterne bevölkerten Universum. Es war äußerst unwahrscheinlich, daß das Universum als Ganzes ein ernsthaftes Interesse an diesem winzigen Teil seiner Unermeßlichkeit haben sollte – wenn es überhaupt irgendwelche »Interessen« hatte. Im Licht der modernen Forderung nach öffentlicher, empirischer und wissenschaftlicher Bestätigung aller Glaubensaussagen erstarb der Geist des Christentums.

Für den kritischen modernen Intellekt war es hingegen wahrscheinlich, daß es sich beim jüdisch-christlichen Gott um eine besonders dauerhafte Kombination aus wunscherfüllender Phantasievorstellung und anthropomorpher Projektion handelte – geschaffen nach des Menschen eigenem Bild, um all das Leid zu lindern und das Unrecht zu rächen, das der Mensch im Alltag so schwer erträglich fand. Hielt sich der unsentimentale menschliche Verstand jedoch eng an die konkreten Beweise, dann gab es keine Notwendigkeit, die Existenz eines solchen Gottes zu postulieren. Vieles hingegen sprach gegen sie. Die wissenschaftlichen Daten legten auf überwältigende Weise nahe, daß die natürliche Welt und ihre Geschichte der Ausdruck eines unpersönlichen Prozesses waren. Die empirische Wirklichkeit trug sowohl Züge der Ordnung als auch des Chaos, sie war ebenso dramatisch wie offenbar planlos und ohne göttliche Lenkung. Der Versuch, die Ursachen dieses komplexen Phänomens zu erkennen und zu bestimmen, was »hinter« ihr lag, mußte als intellektuell unredlich gelten, als bloßes Träumen von der Welt. Das antike Interesse an kosmischen Plänen und göttlichen Zwecken, an letzten metaphysischen Fragen, am *Warum* der Phänomene, hörte auf, die Phantasie der Wissenschaftler zu beschäftigen. Offenbar war es erheblich fruchtbarer, sich auf das *Wie* zu konzentrieren, auf die materiellen Mechanismen, die Naturgesetze, die konkreten Daten, die gemessen und überprüft werden konnten.[12]

Die Wissenschaft bestand nicht aus reiner Kurzsichtigkeit auf diesem »engeren« Blickfeld und auf harten Tatsachen. Aber experimentell bestätigen ließ sich allein das *Wie* der Dinge, ihre empirischen

Korrelationen und greifbaren Ursachen. Teleologische Entwürfe und spirituelle Ursachen konnten nicht systematisch isoliert und einer solchen Überprüfung unterzogen werden. Deshalb ließ sich auch nicht mit Sicherheit sagen, ob sie überhaupt existierten. Es schien sinnvoller, sich nur mit empirisch nachweisbaren Kategorien zu beschäftigen als transzendente Prinzipien – wie erhaben im Abstrakten sie auch immer sein mochten – in der wissenschaftlichen Diskussion zuzulassen, die sich analytisch genauso wenig erhärten ließen wie ein Märchen. Gott war eine schwerlich zu überprüfender Stoff und sein Charakter und *Modus operandi* paßten schlecht zu der von der Wissenschaft entdeckten realen Welt.

Das Christentum ließ sich nur retten in Gestalt eines einmalig erfolgreichen Volksmythos, der den Gläubigen Hoffnung, ihrem Leben Sinn und Ordnung gab, aber keinen Anspruch auf reale Geltung erhob. Die apokalyptischen Prophezeiungen und sakralen Rituale dieses Mythos, der vergöttlichte menschliche Held und die Heilsmotive, die Wundergeschichten, die Morallehre und die christliche Verehrung von Heiligen und Relikten widersprachen allzu deutlich den wissenschaftlichen Erkenntnissen. So betrachtet, waren die Christen zumindest gutwillig, wenn auch leichtgläubig. Mit dem Sieg des Darwinismus – und besonders im Gefolge der gefeierten Oxford-Debatte von 1860 zwischen Bischof Wilberforce und Thomas Henry Huxley – hatte die Wissenschaft unwiderruflich ihre Unabhängigkeit von der Theologie errungen.

Darwin, so schien es, hatte jeder künftigen Annäherung zwischen Wissenschaft und Theologie die Grundlage entzogen. Die Wissenschaft konzentrierte sich jetzt mit stetig wachsendem Erfolg auf die objektive Welt, während die Theologie, bis auf immer kleiner werdende religiös-intellektuelle Kreise, sich ausschließlich mit den spirituellen Fragen des Einzelnen beschäftigte. Angesichts der endgültigen Trennung des wissenschaftlich rationalen Universums von den alten spirituellen Wahrheiten zog sich die moderne Theologie auf einen zunehmend subjektiven Standpunkt zurück. Der frühchristliche Glaube, daß Sündenfall und Erlösung nicht nur für den Menschen, sondern für das Universum insgesamt von Bedeutung waren – eine Lehre, die bereits nach der Reformation zu verblassen begann –, verschwand nun gänzlich. Der Prozeß der Erlösung betraf – sofern' er überhaupt irgendeinen Sinn haben sollte – ausschließlich die persönliche Beziehung zwischen Gott und Mensch. Die innerlich wohltuende Wirkung des christlichen Glaubens stand nun im Vordergrund; zwischen ihr und der Erfahrung der Alltagswelt wurde ein unüberwindlicher Bruch wahrgenommen. Gott unterschied sich vollkommen vom Menschen und der Welt; auf dieser Andersartigkeit gründete die religiöse Erfahrung. Der »Glaubenssprung« – und nicht die von Gott erschaffene Welt oder die objektive Autorität der Schrift – bildete die wesentliche Grundlage der religiösen Überzeugung.

Das moderne Christentum übernahm jetzt – in enge Grenzen verwiesen – eine neue und weit weniger dominante intellektuelle Rolle. Die christliche Offenbarung hatte ihren Einfluß als erklärendes Paradigma der sichtbaren Welt und universales Glaubenssystem der westlichen Kultur verloren. Die christliche Ethik jedoch ließ sich nicht so ohne weiteres von der neuen weltlichen Mentalität verdrängen. Für viele Nicht-Christen, selbst für ausgesprochene Agnostiker und Atheisten, blieben die von Jesus gelehrten moralischen Ideale zumindest ebenso bewundernswert wie die anderer ethischer Systeme. Nur die christliche Offenbarung als Ganzes – das unfehlbare Wort Gottes der Bibel, der göttliche Plan der Erlösung, die Wunder und vieles andere – konnte nicht länger ernst genommen werden. Zunehmend schien selbstverständlich, daß Jesus einfach ein Mensch gewesen war, wenn auch ein außergewöhnlicher. Noch immer wurde die Nächstenliebe als soziales und individuelles Ideal anerkannt, aber weniger aus religiösen als aus weltlichen und humanistischen Gründen. Ein humanitärer Liberalismus bewahrte bestimmte Elemente des christlichen Ethos, ohne dessen transzendentes Fundament zu übernehmen. Wie der moderne Verstand die geistige Größe und das Ethos der platonischen Philosophie bewunderte, zugleich aber ihre Metaphysik und Wissenschaftslehre verwarf, so wurden die ethischen Vorschriften des Christentums auch weiterhin stillschweigend respektiert und befolgt, während seine weitreichenden metaphysischen und religiösen Ansprüche zunehmend angezweifelt wurden.

Nicht wenige Wissenschaftler und Philosophen erkannten allerdings in der Wissenschaft selbst eine religiöse Dimension; sie schien offen für eine religiöse Interpretation oder konnte zumindest als erster Schritt zu einer neuen religiösen Würdigung des Universums dienen. Die Schönheit und die großartige Vielfalt der natürlichen Formen, das ungeheuer komplizierte Funktionieren des menschlichen Körpers, die evolutionäre Entwicklung des menschlichen Auges oder des menschlichen Geistes, die mathematische Struktur des Kosmos, die unvorstellbare Größe des Weltalls – all dies schien die Existenz einer wunderbaren göttlichen Intelligenz und Macht vorauszusetzen. Aber andere Wissenschaftler und Philosophen argumentierten, daß solche Phänomene relativ zufällige Ergebnisse der Naturgesetze aus Physik, Chemie und Biologie waren. Die menschliche Psyche mochte sich zwar wünschen, mehr im Plan der Natur zu erkennen – in ihrer Sehnsucht nach der Geborgenheit einer kosmischen Vorsehung und anfällig dafür, ihre eigene Fähigkeit zur Bewertung und Sinnstiftung zu personifizieren und zu projizieren. Doch ging das wissenschaftliche Verständnis bewußt über derart wunschgeleitete Projektionen hinaus: Das ganze Szenarium der kosmischen Evolution schien als eine direkte Folge von Zufall und Notwendigkeit erklärbar, als zielloses Zusammenspiel der Naturgesetze. Deshalb mußten alle scheinbar religiösen Implikationen als poetisches, wissenschaftlich aber nicht vertretbares Spiel mit den verfügbaren Fakten beurteilt werden. Gott war »eine unnötige Hypothese.«[13]

Philosophie, Politik, Psychologie

Parallele Entwicklungen im Verhältnis von Philosophie und Religion verstärkten diese säkulare Entwicklung noch. Während der wissenschaftlichen Revolution und der frühen Aufklärung konnte sich die Religion unter den Philosophen noch behaupten, stand aber bereits deutlich unter dem Einfluß des wissenschaftlichen Denkens. Statt des traditionell biblischen Christentums vertraten die Deisten und Freidenker der Aufklärung, wie Voltaire, eine »rationale« oder eine »Naturreligion«. Diese Religion sollte nicht nur dem rationalen Begreifen der Naturordnung und dem Erfordernis einer universalen ersten Ursache gerecht werden. Sie trug auch der Begegnung des Westens mit den Religionen und ethischen Systemen anderer Kulturen Rechnung. Die Kenntnis fremder Religionen legte die Existenz einer universalen, in der menschlichen Erfahrung schlechthin begründeten religiösen Mentalität nahe. In einem solchen Kontext bestand kein Anlaß, den Absolutheitsansprüchen des Christentums spezielle Privilegien einzuräumen. Newtons kosmische Architektur verlangte zwar nach einem kosmischen Architekten, aber die Attribute eines solchen Gottes konnten nur aus einer sorgfältigen empirischen Prüfung seiner Schöpfung abgeleitet werden, nicht aus den abenteuerlichen Rätseln der Offenbarung. Ältere religiöse Konzepte – primitive, biblische, mittelalterliche – wurden jetzt in gewissem Maße anerkannt als erste kindliche Schritte auf dem Weg zum reiferen modernen Bild einer unpersönlichen, rationalen Gottheit, die eine geordnete Schöpfung lenkte.

Der rationalistische Gott verlor jedoch schon bald an philosophischem Gewicht. Descartes hatte die Existenz Gottes nicht durch den Glauben, sondern durch den Verstand bestätigt. Hume und Kant – die wichtigsten Philosophen der Aufklärung – stellten aus unterschiedlichen Gründen fest, daß auf dieser Basis die sichere Existenz Gottes nicht uneingeschränkt aufrechtzuerhalten war. Die rationale Philosophie durfte sich nicht anmaßen, über Dinge zu sprechen, die von der empirischen Basis des Denkens nicht mehr abgedeckt waren; davor hatte Ockham schon vier Jahrhunderte zuvor gewarnt. Zu Beginn der Aufklärung, im späten siebzehnten Jahrhundert, hatte Locke systematisch den empiristischen Weg Bacons weiterverfolgt, indem er alles Wissen von der Welt in der Sinneserfahrung und der anschließenden Reflexion verankerte. Locke hatte eine Vorliebe für den Deismus; er teilte mit Descartes die Gewißheit, daß die Existenz Gottes auf der Basis unmittelbarer Einsichten logisch nachweisbar war. Aber der Empirismus, für den er eintrat, begrenzte zwangsläufig die Erkenntnisfähigkeit des menschlichen Verstandes auf das, was sich anhand konkreter Erfahrung überprüfen ließ. Als spätere Philosophen strengere Maßstäbe für Schlußfolgerungen auf empiristischer Basis anlegten, wurde deutlich, daß die Philosophie nicht länger für sich in Anspruch nehmen konnte, Feststellungen über Gott, die Unsterblichkeit und Freiheit der Seele sowie andere Dinge zu treffen, die über die konkrete Erfahrung hinausgingen.

Im achtzehnten Jahrhundert widerlegten Hume und Kant systematisch die herkömmlichen Gottesbeweise. Sie verwiesen auf die Unmöglichkeit, durch kausales Denken vom Sinnlichen zum Übersinnlichen fortzuschreiten. Nur der Bereich der konkreten, in der Wahrnehmung des Einzelnen gegebenen Erfahrung bot eine Grundlage für stichhaltige philosophische Schlußfolgerungen. Für Hume, einen durch und durch säkularen und in seinem Skeptizismus kompromißlosen Denker, war die Sache einfach: Vom ohnehin problematischen Beweis der diesseitigen Welt auch noch auf die Existenz des guten und allmächtigen Gottes des Christentums zu schließen, war eine philosophische Absurdität. Selbst Kant – der streng auf die

Bewahrung der moralischen Gebote des christlichen Gewissens bedacht war – mußte zugeben, daß Descartes zwar mit seinem philosophischen Skeptizismus auf dem richtigen Weg war, diesen aber mit seiner dogmatischen Feststellung der sicheren, vom *Cogito* abgeleiteten Existenz Gottes allzu abrupt beendet hatte. Für Kant war Gott eine unbeweisbare, transzendente Größe – nur denkbar, indem der Mensch auf sein inneres moralisches Pflichtgefühl hörte, aber nicht erkennbar. Weder die menschliche Vernunft noch die empirische Welt konnten irgendeinen unmittelbaren oder eindeutigen Beweis für die Existenz einer göttlichen Wirklichkeit liefern. Der Mensch konnte an Gott, an die Freiheit und Unsterblichkeit seiner Seele glauben, aber er konnte nicht behaupten, daß diese inneren Überzeugungen rational abgesichert seien. Für den radikalen modernen Philosophen waren metaphysische Gewißheiten nur Schein, ohne jede vernünftige Basis einer Verifizierung. Das ebenso unvermeidliche wie folgerichtige Resultat sowohl des Empirismus als auch der kritischen Philosophie im Sinne Kants war die Entfernung jeglichen theologischen Gehalts aus der modernen Philosophie.

Zur gleichen Zeit neigten die kühneren unter den Denkern der französischen Aufklärung zunehmend nicht nur zum Skeptizismus, sondern auch zu einem atheistischen Materialismus: Dieser erschien als die intellektuell redlichste Konsequenz aus den wissenschaftlichen Entdeckungen. Diderot – Chefherausgeber der *Encyclopédie*, dem Großprojekt kultureller Bildung der Aufklärung – bot in seinem Leben ein anschauliches Beispiel für den Übergang eines nachdenklichen Zeitgenossen vom traditionellen religiösen Glauben zuerst zum Deismus, anschließend zum Skeptizismus und schließlich zu einem mit deistischer Ethik unterlegten Materialismus. Kompromißloser war der Arzt Lamettrie, der den Menschen als ein rein materielles Wesen beschrieb: eine organische Maschine, deren Illusion, eine unabhängige Seele oder Geist zu besitzen, einfach vom Zusammenspiel ihrer physischen Komponenten produziert wurde. Die ethische Konsequenz einer solchen Philosophie war ein sinnenfroher Hedonismus, wie er ebenfalls folgerichtig von Lamettrie verteidigt wurde. Ähnlich vertrat auch der Physiker Baron von Holbach einen Determinismus der Materie als einzige dem Menschen zugängliche Wirklichkeit. Er erklärte den religiösen Glauben angesichts einer Erfahrungswirklichkeit, in der das Böse allgegenwärtig war, zur Absurdität: Entweder müsse es Gott an Macht oder an Gerechtigkeitssinn und Mitleid mangeln. Auf der anderen Seite ließe sich das zufällige Auftreten von Gut und Böse aber ohne weiteres mit einem aus geistloser Materie bestehenden Universum in Einklang bringen, dem jeglicher schicksalhafte Aufpasser fehlte. Atheismus sei nötig, um die Chimären der religiösen Phantasie zu vertreiben, die letztlich den Fortbestand der Menschheit gefährdeten. Der Mensch müsse wieder zurück zu Natur, Erfahrung und Verstand gebracht werden.

Das neunzehnte Jahrhundert führte den Säkularisierungsprozeß der Aufklärung zu ihrem logischen Ende. Comte, Mill, Feuerbach, Marx, Haeckel, Spencer, Huxley und – mit einer etwas anderen Geisteshaltung – Nietzsche läuteten der traditionellen Religion die Totenglocken. Der jüdisch-christliche Gott war ein Geschöpf des Menschen, und der Bedarf an dieser Schöpfung hatte mit dem modernen Reifeprozeß des Menschen zwangsläufig nachgelassen. Die menschliche Geschichte ließ sich als das Fortschreiten von einer mythischen und theologischen Stufe über eine metaphysische und abstrakte Stufe zu ihrem endgültigen Triumph in der auf dem Gegebenen und Konkreten beruhenden Naturwissenschaft begreifen. Die diesseitige Welt des Menschen und der Materie war eindeutig die einzig nachweisbare Wirklichkeit. Metaphysische Spekulationen über »höhere« spirituelle Wesen waren nichts als müßige intellektuelle Phantasien und erwiesen der Menschheit in der Gegenwart einen schlechten Dienst. Die Pflicht des modernen Zeitalters bestand in der Heimholung des Göttlichen in die Sphäre des Menschen. Gott war nichts anderes als eine Projektion der inneren menschlichen Natur. Vom »Unerkennbaren« hinter den Phänomenen der Welt durfte vielleicht noch die Rede sein, aber damit war auch schon die Grenze dessen erreicht, was sich legitimerweise aussagen ließ.

Viel augenfälliger war, daß die Wissenschaft die Phänomene der Welt hervorragend erklären konnte und daraus unschätzbare Vorteile für die Menschheit zog; die Kategorien dieses Verstehens waren im wesentlichen naturalistisch. Die Frage, wer oder was das Gesamtphänomen Universum ins Leben gerufen hatte, blieb bestehen, aber die intellektuelle Redlichkeit verbot, dabei gesicherte Schlußfolgerungen oder auch nur Erkenntnisfortschritt anzustreben. Die Antwort auf diese Frage lag jenseits des wissenschaftlichen Horizonts und – angesichts naheliegenderer und erreichbarer intellektueller Ziele – auch zunehmend außerhalb des Interesses. Mit Descartes und Kant war die philosophische Bindung zwischen christlichem Glauben und menschlicher Rationalität noch schwächer geworden. Am Ende des neunzehnten Jahrhunderts war diese Bindung, abgesehen von wenigen Ausnahmen, abgebrochen.

Eine Vielzahl außerwissenschaftlicher – politischer, sozialer, ökonomischer, psychologischer – Faktoren trieb zusätzlich die Säkularisierung und Lösung des modernen Geistes vom traditionellen religiösen Glauben nachhaltig voran. Noch bevor es der industriellen Revolution gelang, den überlegenen praktischen Nutzen der Naturwissenschaft unter Beweis zu stellen, hatten andere kulturelle Entwicklungen bereits auf die Vorzüge einer wissenschaftlichen Sicht der Dinge verwiesen. Die wissenschaftliche Revolution war inmitten des Chaos und der ungeheuren Zerstörungen der Religionskriege entstanden, die auf die Reformation folgten und Europa im Namen konkurrierender christlicher Absolutheitsansprüche in eine über ein Jahrhundert dauernde Krise gestürzt hatten. Solche Umstände waren dazu angetan, nicht nur die Glaubwürdigkeit des christlichen Verständnisses in Zweifel zu ziehen, sondern auch seine Fähigkeit, Sicherheit und relativen Frieden zu schaffen – von universeller Nächstenliebe ganz zu schweigen.

Zwar hatte im Sog der Reformation eine leidenschaftliche Religiosität das einfache Volk erfaßt – egal, ob Lutheraner, Zwinglianer, Calvinisten, Wiedertäufer, Puritaner oder Katholiken. Gerade deshalb stand für viele außer Frage, daß das Versagen der Kultur, sich auf eine allgemeingültige religiöse Wahrheit zu einigen, eine andere Art von Glaubenssystem erforderlich machte, das weniger subjektiv und kontrovers als auf rationale Weise überzeugend zu sein hatte. Da das neutrale und empirisch verifizierbare Weltbild der Wissenschaft einen derartig allgemein akzeptablen begrifflichen Rahmen bot, der über alle politischen und religiösen Differenzen hinausging, stieß es bei der gebildeten Klasse schon bald auf ein begeistertes Echo. Als das auf die Reformation folgende Blutvergießen seine letzten Opfer forderte, näherte sich die wissenschaftliche Revolution ihrer Vollendung. In das letzte Jahrzehnt des Dreißigjährigen Krieges, 1638–1648, fielen die Veröffentlichung von Galileis *Dialog über die beiden hauptsächlichsten Weltsysteme* und der *Prinzipien der Philosophie* von Descartes sowie die Geburt Newtons.

Politische Umstände im engeren Sinne trugen ebenfalls ihren Teil zur modernen Abwendung von der Religion bei. Jahrhundertelang hatte zwischen dem hierarchischen christlichen Weltbild und den bestehenden – auf den traditionellen Autoritäten Gott, Papst und König aufgebauten – sozialen und politischen Strukturen im feudalen Europa ein innerer Zusammenhang bestanden. Im achtzehnten Jahrhundert war diese Verbindung für beide Seiten nur noch von Nachteil. Die immer deutlicher zutage tretenden Ungereimtheiten der einen sowie die Ungerechtigkeiten der anderen Seite ergaben zusammen das Bild eines Systems, dessen Senilität und dessen Schikanen einen grundlegenden Umsturz zum Wohle der Menschheit unumgänglich machten. Die französischen *Philosophes* – Voltaire, Diderot, Condorcet – und ihre Nachfolger unter den französischen Revolutionären sahen in der Kirche, mit ihrem Wohlstand und ihrer Macht, nurmehr eine Bastion reaktionärer Kräfte, auf engste verbündet mit den konservativen Institutionen des *Ancien régime*. Die Macht und Unbeweglichkeit des organisierten Klerus stellte in ihren Augen ein entscheidendes Hindernis für den Fortschritt der Zivilisation dar. Neben der ökonomischen und sozialen Ausbeutung war auch die intellektuelle Engstirnigkeit des von Zensur und Intoleranz geprägten zeitgenössischen Geisteslebens – die den *Philosophes* so verhaßt war – unmittelbar der dogmatischen Machtpolitik des klerikalen Establishments zuzuschreiben.

Voltaire hatte in England die Auswirkungen religiöser Toleranz persönlich erlebt und empfahl sie – mit den höheren Weihen Bacons, Lockes und Newtons versehen – voller Bewunderung dem Kontinent zur Nachahmung. Ausgestattet mit den Waffen »Wissenschaft«, »Vernunft« und »empirische Fakten«, sah sich die Aufklärung als Vorkämpferin gegen die beengende mittelalterliche Finsternis von Kirchendogmen und Aberglauben sowie gegen die an sie gekoppelte rückwärtsgerichtete Tyrannei einer korrupten Privilegienwirtschaft.[14] Die kulturelle Autorität der dogmatischen Religion stand in krassem Widerspruch zur Freiheit des Einzelnen und zur ungehinderten Entfaltung des Denkens. Auch die religiöse Mentalität als solche – außer in einer rationalisierten, deistischen Form – konnte als Hemmschuh der menschlichen Freiheit aufgefaßt werden.

Doch einer der *Philosophes*, der gebürtige Schweizer Jean-Jacques Rousseau, vertrat eine ganz andere Auffassung. Wie seine Mitstreiter in der Avantgarde der Aufklärung argumentierte auch Rousseau mit den Waffen des kritischen Verstandes und des Reformwillens. Aber der Fortschritt der Zivilisation, den die anderen so feierten, schien ihm eher eine Quelle des Schlechten in der Welt zu sein. Der Mensch litt unter den verderblichen Einflüssen der Zivilisation, die ihn von seinem Naturzustand der Einfachheit, Aufrichtigkeit, Gleichheit, Freundlichkeit und des wirklichen Verstehens der Dinge entfremdeten. Überdies war Rousseau überzeugt, daß die Religion ein wesentlicher Bestandteil des menschlichen Seins sei. Er kritisierte, daß die *Philosophes* mit ihrer Verherrlichung der Vernunft die wahre Natur des Menschen vernachlässigten – seine Gefühle, die Tiefe seiner Beweggründe und Intuitionen sowie seine Sehnsucht nach Spiritualität, die alle abstrakten Formeln überstieg.

Gewiß mißtraute Rousseau der organisierten Kirche und dem Klerus. Er hielt die Vorstellung, daß die christliche Praxis die einzig richtige und ewig gültige war, für absurd angesichts einer Welt, deren Bewohner größtenteils noch nie etwas vom Christentum gehört hatten. Außerdem stritt das Christentum selbst ständig darüber, was denn nun die korrekte Form des Kultus sein sollte. Statt im Streit um theologische Dogmen, priesterliche Hierarchien und feindseliges Sektierertum, glaubte Rousseau, könne die Menschheit dem Schöpfer am besten huldigen, wenn sie sich der Natur zuwandte; hier lag eine Erhabenheit, die alle verstehen und spüren konnten. Der rational beweisbare Gott der Deisten war unbefriedigend, denn Gottesliebe und moralisches Bewußtsein waren in erster Linie Gefühle, keine logischen Gedanken. Rousseaus Gottheit war keine unpersönliche erste Ursache, sondern ein Gott der Liebe und der Schönheit, der sich im Innersten der menschlichen Seele offenbarte. Für ihn zeigte sich die wahre Natur der Religion in der Ehrfurcht vor dem Kosmos und der Freude an meditativer Einsamkeit, in den unmittelbaren Eingebungen des Gewissens und der natürlichen Spontaneität menschlichen Mitleids; sie war ein »Theismus« des Herzens.

Rousseau entwickelte eine enorm einflußreiche Position, die über die beharrende der Kirche und die skeptische der *Philosophes* hinausging. Sie verband die Religiosität der Gläubigen mit dem rationalen Reformismus der Skeptiker und bewahrte dennoch kritische Distanz gegenüber beiden: Die eine war wegen ihres Dogmatismus einengend, die andere durch ihre spröden Abstraktionen. In dieser Verbindung steckte der Keim für widersprüchliche Entwicklungen. Denn Rousseau bestätigte nicht nur die religiöse Natur des Menschen; er ermutigte gleichzeitig die moderne Mentalität bei ihrem schrittweisen Abschied von der christlichen Orthodoxie. Er gab dem daniederliegenden religiösen Aspekt des modernen Denkens einen rationalen reformistischen Impuls, aber die neuen Dimensionen, die er dabei eröffnete, standen eindeutig im Dienst der aufklärerischen Untergrabung der christlichen Tradition. Rousseaus Konzeption einer Religion, deren Wesen umfassend universal statt abgrenzend und ausschließend war, die ihre Grundlage in der Natur, in den subjektiven Gefühlen und mystischen Intuitionen des Menschen statt in der biblischen Offenbarung sah, stand am Anfang einer spirituellen Strömung innerhalb der westlichen Kultur. Diese mündete zunächst in die Romantik und schließlich – zwei Jahrhunderte später – in den Existentialismus.

Das traditionelle Christentum verlor während des achtzehnten Jahrhunderts stetig und dauerhaft an Ansehen in den Augen der fortschrittlichen Europäer. Dieser Verlust fand seinen Ausdruck im antiklerikalen Deismus Voltaires, im rationalistischen Skeptizismus Diderots, im agnostischen Empirismus Humes, im materialistischen Atheismus Holbachs sowie in der Naturmystik und der gefühlsbetonten Religiosität bei Rousseau.

Im neunzehnten Jahrhundert schließlich wurden organisierte Religion und religiöser Impuls von Karl Marx einer scharfsichtigen und folgenreichen Kritik unterzogen – und auf den revolutionären Glauben an eine bessere Zukunft übertragen. In seiner Analyse waren alle Ideen und kulturellen Formen die Widerspiegelung materieller Vorgänge und Motive, insbesondere der Dynamik des Klassenkampfes; die Religion machte dabei keine Ausnahme. Trotz ihrer ehrenwerten Lehren beschäftigten sich die organisierten Kirchen nur selten mit der Notlage der Arbeiter oder Armen. Dieser vermeintliche Widerspruch sei, so Marx, in Wirklichkeit wesentlich für den Charakter der Kirchen. Deren wahre Rolle sei es, die unteren Klassen in die Sozialordnung einzubinden. Als Opium für das Volk diene die Religion wirksam den Interessen der herrschenden Klasse, indem sie die Massen von ihrer Verantwortung für die Veränderung einer Welt voller Ungerechtigkeit und Ausbeutung fernhalte. Im Tausch biete die Religion die falsche Gewißheit einer göttlichen Vorsehung und das falsche Versprechen der Unsterblichkeit. Die organisierte Religion bilde ein wesentliches Element der bürgerlichen Kontrolle über die Gesellschaft: Religiöse Vorstellungen schläferten das Proletariat ein und ließen es in eine Apathie verfallen, die seinen eigenen Interessen widersprach. Im Gegensatz dazu müsse eine Philosophie der Tat vom lebendigen Menschen und seinen handfesten Bedürfnissen ausgehen. Um die Welt zu verändern, die Ideale menschlicher Gerechtigkeit und Gemeinschaft zu verwirklichen, müsse sich der Mensch vom religiösen Wahn befreien.

Auch die gemäßigteren Stimmen des – für die fortgeschrittenen westlichen Gesellschaften des neunzehnten Jahrhunderts charakteristischen – Liberalismus plädierten für die Beschränkung des Einflusses der organisierten Religion auf das politische und geistige Leben. Sie entwarfen das Ideal eines Pluralismus, der das größtmögliche Maß an Glaubensfreiheit vorsah, das sich mit der Sozialordnung vereinbaren ließ. Religiöse liberale Denker sahen nicht nur die politische Notwendigkeit der Glaubensfreiheit – oder auch der Freiheit, keinem Gott zu huldigen – in einer liberalen Demokratie, sondern auch die Notwendigkeit dieser Freiheit für die Religion selbst. Denn ein Zwang zur Religiosität oder zu einer bestimmten Religionszugehörigkeit konnte nur schwerlich eine aufrichtige religiöse Haltung hervorbringen.

In einem derart liberalen und pluralistischen Umfeld wurde eine säkulare Haltung zunehmend üblich und für viele auch natürlich. Die religiöse Toleranz wandelte sich zur religiösen Indifferenz. In der westlichen Gesellschaft war es nicht länger selbstverständlich, Christ zu sein. Übereinstimmend mit dieser wachsenden Freiheit empfanden immer weniger Menschen das christliche Glaubenssystem als verlockend oder befriedigend. Sowohl liberale utilitaristische als auch radikale sozialistische Philosophien schienen den Zeitgenossen triftigere Programme menschlichen Handelns anzubieten als die traditionellen Religionen. Der Tenor des Materialismus war keineswegs nur im Marxismus zu finden. Während der Kapitalismus in der Vergangenheit von gewissen Elementen des Protestantismus gefördert worden war, konnte das zunehmende Interesse am materiellen Fortschritt in den kapitalistischen Gesellschaften nur zur Abwertung der Dringlichkeit der christlichen Heilsbotschaft und des Spirituellen insgesamt führen.[15] Zwar wurden die religiösen Sitten auch weiterhin auf breiter Basis als tragende Säule sozialer Integrität und zivilisierter Werte proklamiert; aber deren Einhaltung unterschied sich, wenn überhaupt, oft nur geringfügig von den Konventionen der vorherrschenden bürgerlichen Moral.

Die christlichen Kirchen selbst trugen ungewollt zu ihrem Niedergang bei. Die römisch-katholische Kirche hatte im Zuge ihrer gegenreformatorischen Antwort auf die protestantische Abtrünnigkeit ihre konservative Struktur gestärkt und ihre Vergangenheit – doktrinär wie institutionell – wiederbelebt. Sie war dadurch unflexibel geworden für den Wandel, den die folgende Entwicklung des modernen Zeitalters mit sich brachte. Der Katholizismus konnte zwar weiterhin auf einen unerschütterlichen Rückhalt bei seiner noch immer großen Anhängerschaft zählen, doch nur auf Kosten seiner Anziehungskraft auf die zunehmend moderne Mentalität. Umgekehrt hatte der Protestantismus als Antwort auf den Katholizismus eine antiautoritäre und dezentrale Struktur geschaffen. Er löste die Tradition in ihrer monolithischen katholischen Gestalt auf und erkannte den Wortlaut der Bibel als einziges Fundament an. Die Folge war, daß der Protestantismus dazu neigte, in eine immer weiter ausufernde Zahl von Kirchen, Sekten und kleinsten Zirkeln zu zerfallen. Seine späteren Mitglieder hingegen machte er anfälliger für die säkularisierenden Einflüsse des modernen Zeitalters; dabei wirkte sich der Einfluß wissenschaftlicher Entdeckungen aus, die im Widerspruch zur buchstäblichen Bibelinterpretation standen. Das Christentum verlor viel von seiner Relevanz für den zeitgenössischen Geist. Im zwanzigsten Jahrhundert schließlich wurde das Christentum auf radikale Weise in seiner kulturellen Bedeutung beschnitten: Zahllose Menschen kehrten ihrer angestammten Religion schweigend den Rücken.

Dem Christentum wurde bewußt, daß es nicht mehr nur eine geteilte, sondern auch eine insgesamt schrumpfende Kirche war und daß es dem immer breiteren und kräftigeren Ansturm des Säkularismus zu erliegen drohte. Die christliche Religion sah sich einer historischen Situation gegenüber, die der ihrer Anfänge ähnlich war: Sie war einst ein Glaube unter vielen anderen in einem großen, hochentwickelten und urbanisierten Umfeld – in einer Welt, die der Religion im allgemeinen zwiespältig und den Ansprüchen und Anliegen der christlichen Offenbarung im besonderen distanziert gegenüberstand. Die abgrundtiefe Feindseligkeit zwischen Protestantismus und Katholizismus sowie die Tendenz zur Abgrenzung der verschiedenen Sekten des Christentums untereinander nahmen ab; in Anbetracht einer zunehmend säkularen Welt wurden sie sich ihrer engen Verwandtschaft bewußt. Selbst die Affinität zum Judentum, das jahrhundertelang von der christlichen Welt bekämpft worden war, wurde allmählich zur Kenntnis genommen. In der modernen Welt schien das Verbindende der Religionen – eine verblassende, wertvolle Wahrheit – wieder mehr Gewicht zu erhalten als das Trennende. Viele Kommentatoren der modernen Mentalität glaubten, daß die Religion in ihren letzten Zügen läge und es nur noch eine Frage der Zeit wäre, bis die Irrationalismen der Religion endgültig ihre Macht über den menschlichen Geist verlieren würden.

Trotzdem hielt die jüdisch-christliche Tradition den Angriffen stand. Millionen von Familien erzogen auch weiterhin ihre Kinder nach den Grundsätzen und Vorstellungen des traditionellen Glaubens. Theologen fuhren fort, an einem historisch nuancenreicheren Verständnis der Bibel und der Kirchentradition zu arbeiten und flexiblere und phantasievollere Anwendungen religiöser Prinzipien für das Leben in der zeitgenössischen Welt zu entwickeln. Die katholische Kirche begann sich für die Moderne zu öffnen, für Pluralismus, Ökumene und eine neue Freiheit in Glaubens- und Kultusfragen. Die christlichen Kirchen wandten sich breiteren Gesellschaftsschichten zu, indem sie ihre Strukturen und Lehren den Herausforderungen der modernen Existenz – geistig, psychologisch, soziologisch, politisch – anpaßten. Es gab Bestrebungen, die Gottesidee im Vergleich zur herkömmlichen immanenter und evolutionärer zu gestalten, um sie mit der Kosmologie und den intellektuellen Trends der Zeit zur Deckung zu bringen. Prominente Philosophen, Wissenschaftler, Schriftsteller und Künstler erklärten weiterhin, der jüdisch-christliche Rahmen gewähre ihnen Sinn und spirituellen Beistand. Doch die allgemeine Bewegung der geistig-kulturellen Elite, der modernen Mentalität insgesamt nahm eine andere Richtung.

Hinter den institutionellen und biblischen Anachronismen, die einem allgemeinen Fortbestand des christlichen Glaubens im Wege standen, steckte eine tieferliegende, psychologische Diskrepanz zwischen dem traditionellen jüdisch-christlichen Selbstbild und dem des modernen Menschen. Bereits im achtzehnten und neunzehnten Jahrhundert wurde der schwere Makel der Erbsünde von denen, die in die helle Welt des modernen Fortschritts geboren wurden, nicht mehr als ein dominantes Element ihres Lebens erfahren. Eine solche Doktrin ließ sich zudem nur schwerlich mit dem wissenschaftlichen Menschenbild in Einklang bringen. Das traditionelle Bild des semitisch-augustinisch-protestantischen Gottes galt weder als glaubwürdig, noch war es nach dem Geschmack vieler empfindsamer Mitglieder der modernen Kultur. Denn dieser Gott hatte den Menschen als ein schwaches Wesen erschaffen, das der Versuchung des Bösen nicht widerstehen konnte; er hatte die Mehrzahl seiner menschlichen Geschöpfe der ewigen Verdammnis überantwortet, ohne dabei ihren guten Taten und aufrichtigen Versuchen zur Tugendhaftigkeit viel Beachtung zu schenken. Die innere Befreiung von religiöser Schuld und Angst war innerhalb des säkularen Weltbildes von ebenso großer Anziehungskraft wie zuvor die äußere Befreiung von den repressiven, kirchendominierten politischen und sozialen Strukturen. Zunehmend ging man davon aus, daß sich der menschliche Geist entweder im weltlichen Leben oder gar nicht verwirklichte, daß jede Trennung zwischen einem spirituellen und einem säkularen Bereich künstlich war und eine Verarmung für beide bedeutete. Den menschlichen Geist in einer anderen, transzendenten oder jenseitigen Wirklichkeit zu lokalisieren, hieß, diesen Geist insgesamt in Frage zu stellen.

Friedrich Nietzsches epochale Verkündigung vom »Tod Gottes« bildete den Höhepunkt in dieser langen Entwicklung innerhalb des westlichen Denkens; die existentielle Stimmung des zwanzigsten Jahrhunderts kündigte sich an. Mit unbarmherziger Scharfsichtigkeit hielt Nietzsche der Seele des Christentums einen dunklen Spiegel vor – ihren Einstellungen und Werten, die der hier und jetzt gegebenen Existenz des Menschen, dem Körper, der Erde, Mut und Heldentum, Freude und Freiheit, dem Leben selbst feindlich gegenüberstanden. »Sie müßten mir bessere Lieder singen, damit ich vielleicht an ihren Erlöser glaube: seine Jünger müßten erlöster aussehen!« Viele stimmten dieser Kritik zu. Für Nietzsche bedeutete der Tod Gottes nicht allein das Bewußtwerden einer religiösen Illusion, sondern das Erlöschen des Weltbildes einer ganzen Zivilisation. Dieses habe den Menschen schon viel zu lange daran gehindert, sich wagemutig und frei der Totalität des Lebens zu stellen.

Mit Freud erreichte die moderne psychologische Bewertung der Religion eine neue Ebene systematischer und eindringlicher theoretischer Analyse. Die Entdeckung des Unbewußten und der Neigung der menschlichen Psyche, Traumata auf spätere Erfahrungen zu projizieren, eröffneten eine neue Dimension zum kritischen Verständnis religiöser Vorstellungen. Im Licht der Psychoanalyse konnte der jüdisch-christliche Gott als eine psychologische Projektion angesehen werden, die auf dem naiven Bild des Kindes von seinen lustfeindlichen und scheinbar allmächtigen Eltern beruhte. Auf dieser Grundlage ließen sich viele Aspekte religiöser Verhaltensweisen und Vorstellungen als Symptome einer tiefverwurzelten kulturellen Zwangsneurose erklären. In früheren Stadien der menschlichen Entwicklung durfte die Projektion einer moralisch maßgeblichen patriarchalischen Gottheit noch als soziale Notwendigkeit gelten, denn sie befriedigte das Bedürfnis der kulturellen Psyche nach einer machtvollen »äußeren« Kraft zur Stützung von ethischen Anforderungen einer Gesellschaft. Nachdem es diese Erfordernisse aber internalisiert hatte, war das psychologisch reife Individuum dazu fähig, die Projektion zu erkennen und ohne sie auszukommen.

Eine wichtige Rolle bei der Abwertung der traditionellen Religion spielte das Thema Sexualität. Der aufgeschlossenen, säkularen und psychologisch informierten Sichtweise des zwanzigsten Jahrhunderts erschien das alte christliche Ideal asexueller oder antisexueller Askese als Symptom einer kulturellen und persönlichen Neurose, nicht als Widerschein eines ewigen spirituellen Gesetzes. Mittelalterliche Praktiken wie die Kasteiung des Fleisches sah man jetzt weniger als heilige Exerzitien, sondern eher als pathologische Abweichungen. Die sexuelle Einstellung der viktorianischen Zeit wurde als spießige Verklemmtheit und bigotte Prüderie interpretiert. Die puritanische Tradition des Protestantismus und die weiterhin restriktive Position der katholischen Kirche in Fragen der Sexualität, besonders ihr Verbot der Verhütung, entfremdeten Tausende von der Kirche. Vor dem Hintergrund der Bedürfnisse und Freuden des menschlichen Eros wirkten die tradierten religiösen Einstellungen pathologisch und verkrampft. Als Freuds Einsichten von den stetig stärker werdenden modernen Bestrebungen nach individueller Befreiung und Selbstverwirklichung aufgegriffen wurden, entstand ein machtvoller dionysischer Impuls im Westen. Sogar für bedächtige Gemüter ergab es wenig Sinn, daß der Mensch ausgerechnet jenen Teil seines Wesens systematisch verneinen und unterdrücken sollte, der nicht nur sein evolutionäres Vermächtnis, sondern das Fundament seiner Existenz darstellte – seinen physischen Organismus. Der moderne Mensch hatte sich für die diesseitige Welt entschieden, mit allen Konsequenzen, die eine solche Wahl nach sich zog.

Schließlich trug ausgerechnet die lange Schulung des westlichen Denkens in der christlichen Werteordnung dazu bei, die Stellung des Christentums in der Moderne zu untergraben. Seit der Aufklärung warf die kontinuierliche Weiterentwicklung des sozialen Gewissens des westlichen Geistes, sein wachsendes Bewußtsein für unbewußte Vorurteile und Ungerechtigkeiten sowie sein vertieftes historisches Wissen ein neues Licht auf die Praxis der christlichen Religion über die Jahrhunderte. Die Mahnung der Bibel, die Menschen zu lieben und ihnen zu dienen, und die hohe Wertschätzung der einzelnen menschlichen Seele standen im scharfen Gegensatz zur langen, von Bigotterie und gewalttätiger Intoleranz geprägten Geschichte des Christentums – zur gewaltsamen Bekehrung anderer Völker, zur erbarmungslosen Unterdrückung anderer kultureller Perspektiven, zur Ketzerverfolgung, zu den Kreuzzügen gegen die Moslems, zur Unterdrückung der Juden, zur Mißachtung weiblicher Spiritualität und zum Ausschluß aller Frauen von religiösen Machtpositionen, zur Unterstützung von Sklaverei und kolonialistischer Ausbeutung, zur von Vorurteilen und religiöser Arroganz bestimmten Haltung gegenüber all jenen, die sich außerhalb der Kirche befanden. Gemessen an seinen eigenen Maßstäben schnitt das Christentum auf ethischem Gebiet jämmerlich schlecht ab. Viele alternative Systeme, vom antiken Stoizismus bis zum modernen Liberalismus und Sozialismus, schienen mindestens ebenso inspirierende Programme menschlichen Handelns zu bieten, ohne dabei mit einer solchen historischen Hypothek und mit der unglaubwürdigen Vorstellung von übernatürlichen Gestalten und Erscheinungen belastet zu sein.

Der moderne Charakter

Bis hierhin vollzog sich der Übergang vom christlichen zum säkularen Weltbild als überdeterminierte Progression. Tatsächlich scheint es, als ließe sich die treibende Kraft des Säkularismus nicht an einem einzelnen Phänomen oder an einer bestimmten Kombination von Faktoren festmachen – den Diskrepanzen zwischen Wissenschaft und biblischer Offenbarung, den metaphysischen Konsequenzen des Empirismus, der sozialen und politischen Kritik an der organisierten Religion, dem wachsenden und geschärften psychologischen Bewußtsein oder den sich ändernden sexuellen Gebräuchen. Für jeden einzelnen dieser Faktoren hätte sich eine christliche Antwort finden lassen, wie die Vielen, die fromme Christen blieben, bestätigen konnten. Der Säkularismus spiegelte vielmehr eine allgemeinere Veränderung im Wesen der westlichen Psyche wider. Diese Veränderung wurde in den verschiedenen Einzelfaktoren sichtbar, überstieg sie aber und ordnete sie ihrer eigenen umfassenden Logik unter. Die psychologische Verfassung des modernen Charakters hatte sich im Hochmittelalter angekündigt, war in der Renaissance erstmals augenfällig in Erscheinung getreten und von der wissenschaftlichen Revolution in ihrem Anspruch nachhaltig bestätigt worden, um dann im Laufe der Aufklärung entfaltet und gefestigt zu werden. Bis zum neunzehnten Jahrhundert, im Gefolge der demokratischen und industriellen Revolutionen, hatte der moderne Charakter seine reife Form erreicht. Er war das Resultat der zunächst graduellen, dann radikalen Verschiebung der psychologischen Bindung des Einzelnen von Gott auf den Menschen – von der Abhängigkeit zur Selbständigkeit, vom Jenseits zum Diesseits, vom Transzendenten zum Empirischen, von Mythos und Glaube zu Vernunft und Tatsache, vom Universalen zum Besonderen, vom übernatürlich determinierten statischen zum natürlich determinierten dynamischen Kosmos und von einer gefallenen zu einer fortschreitenden Menschheit.

Der Gehalt des Christentums paßte nicht mehr ins Bild eines vom Menschen getragenen Fortschritts, einer vom Menschen beherrschten Welt. Die Fähigkeit des modernen Menschen, die natürliche Ordnung zu verstehen und diese Ordnung für seine eigenen Zwecke nutzbar zu machen, beendete sein früheres Abhängigkeitsgefühl von Gott. Allein durch den Gebrauch seiner natürlichen Intelligenz, ohne die Hilfe der göttlichen Offenbarung der Heiligen Schrift, war der Mensch in die Geheimnisse der Natur eingedrungen, hatte das Universum neu gestaltet und sein Dasein unermeßlich gesteigert. Dieses neue Bewußtsein von der eigenen Würde und Macht, von der nichtchristlichen Beschaffenheit der wissenschaftlich enthüllten Naturordnung, führte den Menschen zwangsläufig zu seinem säkularen Selbst. Die handfeste Unmittelbarkeit der diesseitigen Welt sowie die Fähigkeit des Menschen, seinen Sinn in ihr zu finden, ihren Anforderungen zu genügen und dabei Fortschritt und Verbesserung zu erleben, entlasteten ihn vom unablässigen und ungewissen Streben nach jenseitiger Erlösung. Der Mensch war für sein irdisches Schicksal selbst verantwortlich. Seine Intelligenz und sein Wille waren dazu in der Lage, die Welt zu verändern. Die Wissenschaft schenkte dem Menschen einen neuen Glauben – nicht nur an die wissenschaftliche Erkenntnis, sondern auch an sich selbst. Dieses psychologische Klima ließ die verschiedenen philosophischen und wissenschaftlichen Theorien – von Locke, Hume und Kant zu Darwin, Marx und Freud – so ausgesprochen wirksam bei der Beschneidung der Rolle der Religion werden. Die traditionellen christlichen Einstellungen entsprachen nicht länger der Psychologie des modernen Charakters.

Besonders folgenreich für die Säkularisierung des modernen Charakters war die Art seiner Bindung an den Verstand. Der moderne Geist verlangte von sich selbst eine kritische Unabhängigkeit des Urteilsvermögens – ein existentielles Postulat, das mit der demütigen Selbstaufgabe, wie sie der Glaube an die göttliche Offenbarung oder der Gehorsam gegenüber den Vorschriften der Priester-Hierarchie forderte, nicht leicht zu vereinbaren war. Das moderne Phänomen eines autonomen persönlichen Urteils – verkörpert von Luther, Galilei und Descartes – machte die Fortsetzung der im Mittelalter üblichen Praxis zunehmend unmöglich, Autoritäten, die – wie etwa die Kirche oder Aristoteles – ihre kulturelle Legimation aus der Tradition schöpften, praktisch uneingeschränkte Hochachtung entgegenzubringen. Mit dem Reifeprozeß des modernen Menschen wurde auch sein Bedürfnis nach intellektueller Unabhängigkeit immer absoluter.

Der Vormarsch der Moderne brachte eine massive Verschiebung der Kriterien für Autorität mit sich. Frühere Phasen der westlichen Geschichte suchten und fanden Weisheit und Orientierung in der Vergangenheit: bei biblischen Propheten, antiken Dichtern, klassischen Philosophen, den Aposteln und den frühen Kirchenvätern. Das moderne Bewußtsein erkannte diese Kraft zunehmend in der Gegenwart, in seinen eigenen, beispiellosen Leistungen, in seinem eigenen Selbstbewußtsein als Avantgarde der menschlichen Entwicklung. Während frühere Zeitalter zurückblickten, schaute die Moderne auf sich selbst und ihre Zukunft. Ihre Komplexität, Produktivität und Kultiviertheit machten die Moderne zu einer Epoche, die weit über ihren Vorgängerinnen stand. Während in der Vergangenheit Autorität typischerweise mit einem transzendenten Prinzip assoziiert worden war – mit Gott, mythischen Wesen, einer kosmischen Intelligenz –, wurde das moderne Bewußtsein selbst zu dieser Autorität, indem es sich diese Macht unterordnete und das Transzendente zu einem ihm Immanenten erklärte. Die antike Kosmologie und der mittelalterliche Theismus waren dem modernen Humanismus gewichen.

Verborgene Kontinuitäten

Der Westen hatte »seinen Glauben verloren« – und einen neuen gefunden: den Glauben an die Wissenschaft und an den Menschen. Doch paradoxerweise blieb viel von den Grundlagen des christlichen

Weltbildes in der neuen säkularen Perspektive des Westens weiterhin lebendig, wenn auch in oft unerkannter Form. Wie sich das entstehende christliche Verständnis nicht gänzlich von seinen hellenischen Vorgängern verabschiedet hatte, sondern viele ihrer wesentlichen Elemente aufgegriffen und integriert hatte, so behielt auch das moderne säkulare Weltbild – oft weniger bewußt – zentrale Elemente des Christentums bei. Die christliche Ethik und der von der Scholastik entwickelte Glaube an den menschlichen Verstand und die Verstehbarkeit des empirischen Universums ragten dabei heraus. Selbst eine so fundamentalistische jüdisch-christliche Doktrin wie der Befehl der Genesis, der Mensch solle sich die Erde Untertan machen, fand in den Fortschritten der Wissenschaft und Technologie – aber auch explizit bei Bacon und Descartes – ihre moderne Bestätigung.[16] Das hohe Ansehen, das die individuelle Seele – ausgestattet mit »heiligen«, unveräußerlichen Rechten und natürlicher Würde – in der jüdisch-christlichen Tradition besaß, lebte in den humanistischen Idealen des modernen Liberalismus fort. Lebendig blieben auch andere Themen: die moralische Selbstverantwortlichkeit des Individuums; die Spannung zwischen Ethik und Politik; das Gebot, sich um die Hilflosen und weniger Glücklichen zu kümmern; schließlich die Idee einer grundlegenden Einheit der Menschheit.

Der Glauben des Westens an sich selbst als der historisch bedeutendsten und begünstigsten Kultur klang wie ein Echo des jüdisch-christlichen Motivs vom auserwählten Volk. Die globale Expansion westlicher Kultur als der besten und für die gesamte Menschheit passenden war eine säkulare Weiterführung des missionarischen Selbstverständnisses der römisch-katholischen Kirche als der Universalkirche für die ganze Menschheit. Die moderne Zivilisation ersetzte das Christentum jedoch nicht nur als kulturelle Norm, mit der alle anderen Gesellschaften zu vergleichen waren, sondern auch als Ideal, zu dem sie zu bekehren waren. Wie das Christentum in der Nachfolge des Römischen Reichs durch die zentralisierte, hierarchische und politisch motivierte römisch-katholische Kirche selbst römisch geworden war, so hatte sich auch der moderne säkulare Westen während der Überwindung und in der Nachfolge des Christentums und der katholischen Kirche viele der charakteristischen Haltungen dieser Kirche angeeignet oder unbewußt beibehalten.

Die vielleicht wirkungsmächtigste und im besonderen Maße jüdisch-christliche Komponente, die das moderne Weltbild stillschweigend übernahm, war der Glaube an einen linearen historischen Fortschritt, der den Menschen seiner Erfüllung immer näher brachte. Das Selbstverständnis des modernen Menschen war zutiefst teleologisch. Die Menschheit bewegte sich in ihrer historischen Entwicklung aus einer dunklen, durch Unwissenheit, Primitivität, Armut, Leiden und Unterdrückung gekennzeichneten Vergangenheit zu einer durch Intelligenz, Kultur, Wohlstand, Zufriedenheit und Freiheit charakterisierten idealen, hellen Zukunft. Der Glaube an diese Entwicklung beruhte weitgehend auf einem unerschütterlichen Vertrauen in die erlösende Wirkung des expandierenden menschlichen Wissens: Das künftige Heil der Menschheit lag in einer von der Wissenschaft neu geschaffenen Welt. Die ursprüngliche jüdisch-christliche Eschatologie war in einen säkularen Glauben verwandelt worden. Der religiöse Glaube an die Errettung der Menschheit durch Gott – ob in Gestalt der Ankunft Israels im gelobten Land, des anbrechenden Reiches Gottes, der fortschreitenden Vervollkommnung der Menschheit durch den Heiligen Geist oder der Wiederkunft Christi – artikulierte sich jetzt als evolutionäres Vertrauen oder revolutionärer Glauben an ein kommendes diesseitiges Utopia. Die Verwirklichung dieser Zukunftsvision war unausweichlich, sie konnte durch die sachkundige Anwendung der Prinzipien der menschlichen Vernunft auf Natur und Gesellschaft aber noch beschleunigt werden.

Sogar innerhalb des Christentums hatte die Endzeiterwartung eine Entwicklung erfahren. In ihrem Verlauf wich das Warten und Hoffen auf eine göttliche Tat zur Initiierung der Umgestaltung dieser Welt allmählich der frühmodernen Einsicht, daß es des Handelns und der Initiative des Menschen bedürfe, um ein der Wiederkunft angemessenes christliches und soziales Utopia vorzubereiten. Erasmus hatte in der Renaissance eine Neuinterpretation der christlichen Eschatologie vorgeschlagen. Danach entwickelte sich die Menschheit in Richtung auf eine Vervollkommnung in dieser Welt, und die Geschichte verwirklichte ihr Ziel eines Königreichs Gottes in Gestalt einer friedlichen irdischen Gesellschaft – nicht durch Apokalypse, göttlichen Eingriff oder Flucht aus dem Diesseits, sondern durch eine in der historischen Entwicklung des Menschen wirksame göttliche Immanenz. Ähnlich hatte auch Bacon während der wissenschaftlichen Revolution die kommende wissenschaftliche Zivilisation als einen Zustand materieller Erlösung beschrieben, der mit dem Reich des Heiligen Geistes zusammenfiel, wie Joachim von Floris es prophezeit hatte. Mit der fortschreitenden Säkularisierung der Moderne ging die christliche Prägung der Zukunftsvision allmählich zurück, bis sie schließlich gänzlich verschwand; die Erwartungshaltung blieb allerdings bestehen. Die Frage einer künftigen sozialen Utopie avancierte mit der Zeit zum Gegenstandsbereich einer Futurologie. Sie nahm den Platz der Visionen früherer Epochen und der Vorstellungen vom Reich Gottes auf Erden ein: »Planen« ersetzte »Hoffen«, als die menschliche Vernunft und Technologie ihre bewundernswerte Effizienz unter Beweis stellten.

Das Vertrauen auf den menschlichen Fortschritt, das dem biblischen Glauben an die spirituelle Entwicklung und künftige Erfüllung der Menschheit so ähnlich ist, war für das moderne Weltbild von derart zentraler Bedeutung, daß es mit dem Niedergang des Christentums merklich zunahm. Erwartungen einer künftigen Erfüllung der Menschheit kamen gerade dort zum Vorschein, wo der moderne Geist – bei Condorcet, Comte und Marx – besonders entschieden säkulare Positionen bezog. Den ultimativen Ausdruck fand der Glauben an die evolutionäre Vergöttlichung des Menschen bei Nietzsche, dem leidenschaftlichsten Gegenspieler des Christentums, dessen Übermensch aus dem Tod Gottes und der Überwindung des alten, beschränkten Menschen geboren werden sollte.

Die Überzeugung, daß der Mensch sich stetig und unvermeidlich dem Tor zu einer besseren Welt näherte, daß sich der Mensch selbst durch seine eigenen Anstrengungen schrittweise entwickelte und vervollkommnete, war eine der zentralen, am tiefsten verwurzelten und folgenreichsten Prinzipien der modernen Mentalität – ungeachtet der jeweiligen Einstellung, die gegenüber dem Christentum eingenommen wurde. Das Christentum schien nicht länger die treibende Kraft des menschlichen Projekts zu sein. Für die gefestigte Zivilisation des Westens auf dem Höhepunkt der Modernität waren es Wissenschaft und Vernunft, nicht Religion und Glaube, die den Fortschritt vorantrieben. Im Willen des Menschen, nicht im Willen Gottes, lag der Ursprung und die treibende Kraft für die Verbesserung der Welt und die fortschreitende Befreiung der Menschheit.

VI
DIE TRANSFORMATION
DER MODERNE

W ir nähern uns jetzt den letzten Phasen unserer Geschichte der modernen Weltbilder. Zu untersuchen bleibt noch die Bahn, die das moderne Denken einschlug, als es sich auf den Fundamenten und Prämissen des gerade betrachteten modernen Weltbildes weiterentwickelte. Als vermutlich am folgenreichsten für den Charakter des modernen Zeitalters erwies sich dieses Paradoxon: Einerseits bescherte der Fortschritt den Menschen des Westens in den Jahrhunderten nach der wissenschaftlichen Revolution und der Aufklärung ein beispielloses Maß an Freiheit, Macht, Ausdehnung, Wissen, Erkenntnistiefe und konkretem Erfolg; andererseits unterminierte er – zunächst auf subtile, später auf eine krisenhaft erlebte Weise – die existentielle Lage der Menschen an praktisch allen Fronten – metaphysisch und kosmologisch, erkenntnistheoretisch, psychologisch und zuletzt sogar biologisch. Die Moderne in ihrer Entwicklung stellt sich dar als ein unbarmherziges Gleichgewicht, eine unauflösliche Verquickung von positiven und negativen Aspekten. Und unsere Aufgabe im folgenden wird sein, das Wesen dieser komplizierten Dialektik zu verstehen.

DIE VERÄNDERUNG
DES MENSCHENBILDES VON
KOPERNIKUS BIS FREUD

Seit Kopernikus die Erde von ihrem Thron als Mittelpunkt der Schöpfung stieß, war das eigentümliche Phänomen zu beobachten, daß sich aus ein und demselben geistigen Fortschritt widersprüchliche Konsequenzen ergaben. In dem Moment, in dem sich der Mensch von der geozentrischen Illusion praktisch aller früheren Generationen emanzipiert hatte, setzte er zugleich eine fundamentale, bis dahin unbekannte kosmische Verdrängung seiner selbst in Gang. Das Universum drehte sich nicht länger um den Menschen, dessen kosmische Position nun plötzlich weder absolut noch eindeutig bestimmt war. Jeder einzelne der im Laufe der wissenschaftlichen Revolution und ihrer Nachwirkungen folgenden Schritte ergänzte und verstärkte den kopernikanischen Effekt: die Befreiung des Menschen und seine gleichzeitige Verdrängung.

Galilei, Descartes und Newton hatten die neue Wissenschaft hervorgebracht, eine neue Kosmologie definiert und dem Menschen eine neue Welt eröffnet, in der er seine Intelligenz mit neuer Freiheit und Effektivität ausleben konnte. Diese neue Welt war von all den persönlichen und spirituellen Eigenschaften entkleidet worden, die über ein Jahrtausend lang dem Menschen ein Gefühl kosmischer Bedeutung vermittelt hatten. Das neue Universum war eine Maschine: ein in sich abgeschlossener Mechanismus aus Kraft und Materie, bar jeglicher Ziele oder Zwecke, ohne Intelligenz oder Bewußtsein, in seinem Charakter grundsätzlich vom Menschen verschieden. Die vormoderne Welt hingegen war durchdrungen von spirituellen, mythischen, theistischen oder anderen für den Menschen bedeutsamen Kategorien. All dies galt der modernen Wahrnehmung nur mehr als anthropomorphe Projektion. Geist und Materie, Psyche und Welt wurden als fundamental getrennte Wirklichkeiten verstanden. Die wissenschaftliche Befreiung vom theologischen Dogma und vom animistischen Aberglauben war begleitet von einem neuartigen Gefühl der Entfremdung von einer Welt, die sich weder für menschliche Werte empfänglich zeigte, noch einen erlösenden Zusammenhang bot. Auf die großen

Fragen der menschlichen Existenz antwortete dieses Weltbild nicht mehr. Mit der quantitativen Analyse der Welt, mit der methodologischen Befreiung von subjektiven Verzerrungen war die Ausgrenzung all jener – emotionalen, ästhetischen, ethischen, sinnlichen, imaginären, intentionalen – Eigenschaften verbunden, die bis dahin konstitutiv für die menschliche Erfahrung gewesen waren. Auch diese Verluste wurden, neben den bahnbrechenden Errungenschaften, vermerkt. Doch schienen sie unvermeidlich, wenn der Mensch dem von ihm selbst aufgestellten Maßstab intellektueller Redlichkeit treu bleiben wollte. Die Wissenschaft mochte eine kalte und unpersönliche Welt offenbart haben – aber es war die wahre Welt. Trotz aller Nostalgie für den ehrwürdigen, jetzt aber widerlegten kosmischen Mutterschoß – jede Umkehr war unmöglich.

Mit Darwin wurden diese Konsequenzen auf breiterer Basis bestätigt und verstärkt. Die neue Theorie und Beweisführung entzog dem verbliebenen Rest an theologischen Vermutungen über die göttliche Herrschaft und den besonderen spirituellen Status des Menschen den Boden: Der Mensch war ein höchst erfolgreiches Tier – keine edle Schöpfung Gottes mit göttlichem Schicksal, sondern ein Experiment der Natur mit ungewissem Ausgang. Der bewußte Geist, der einmal als Beherrscher des Universums galt, wurde jetzt erklärt als ein zufällig im Laufe der materiellen Evolution aufgetretenes und erst seit relativ kurzer Zeit existentes Nebenprodukt. Er war zudem nur für einen begrenzten und relativ unbedeutenden Teil des Kosmos charakteristisch – den Homo sapiens. Für diesen gab es keinerlei Garantie, daß sich sein evolutionäres Schicksal in irgendeiner Weise von dem tausender anderer, inzwischen ausgestorbener Arten unterscheiden würde.

Eine Welt, die nicht mehr aus den Händen Gottes kam, hatte ihre spirituelle Würde verloren. Diese Verarmung berührte zwangsläufig auch den Menschen, die ehemalige Krone der Schöpfung. Die christliche Theologie hatte gelehrt, Naturgeschichte existiere nur um der Menschheitsgeschichte willen – die Menschheit sei in einem Universum zu Hause, das für ihre spirituelle Entfaltung geschaffen sei. Das neue Verständnis lehnte diese beiden Behauptungen als anthropozentrische Selbsttäuschungen ab. Alles war im Fluß. Der Mensch war nichts Absolutes; die von ihm geschätzten Werte verfügten über keinerlei Basis außerhalb seiner selbst. Das Wesen des Menschen, sein Geist und sein Wille, kam von unten, nicht von oben. Die Strukturen nicht nur der Religion, sondern auch der Gesellschaft, der Kultur, ja sogar des Verstandes, schienen jetzt relativ willkürliche Nebenprodukte des Kampfes um biologischen Erfolg zu sein. Auf diese Weise wirkte auch Darwins Theorie befreiend und herabsetzend zugleich. Der Mensch konnte jetzt erkennen, daß er an der Spitze des evolutionären Fortschritts stand, daß er die komplexeste und verblüffendste Leistung der Natur war; doch genauso war er nur ein Tier ohne »höheren« Zweck. Das Universum bot keine Garantien für den unbeschränkten Erfolg der Gattung, aber die Gewißheit des individuellen Endes im physischen Tod.

Langfristig und auf makroskopischer Ebene wurde das wachsende Gefühl für die Abhängigkeit und Zufälligkeit des Lebens noch von der Physik des neunzehnten Jahrhunderts und ihrer Formulierung des zweiten Gesetzes der Thermodynamik verstärkt. Danach bewegte sich das Universum unaufhaltsam und unumkehrbar von einem geordneten Zustand über zunehmende Unordnung auf einen Endzustand maximaler Entropie zu, den »Wärmetod«. Die entscheidenden Fakten der Menschheitsgeschichte bis zur Gegenwart waren biophysische Bedingungen, die sich zufälligerweise als günstig erwiesen hatten: Sie ermöglichten das blanke Überleben, ohne jeden erkennbaren Sinn oder Zusammenhang und ohne jede kosmische Sicherheit eines schicksalhaften Plans von oben.

Freuds überzeugende Beweise für das Vorhandensein unbewußter Kräfte, die das Verhalten und das Bewußtsein des Menschen bestimmten, lieferten den Nachweis der Tragfähigkeit der Darwinschen Perspektive auch für die menschliche Psyche und trugen dadurch zu einer dramatischen Beschleunigung der genannten Entwicklung bei. Es schien, als hätte Freud den modernen Geist nicht nur von seinem naiven Unbewußten befreit – oder eher davon, sich seines Unbewußten nicht bewußt zu sein – und ihm so ein tieferes Verständnis seiner selbst ermöglicht, sondern ihn zugleich mit einer düsteren und ernüchternden Vision seines wahren Charakters konfrontiert. Die Psychoanalyse wurde vom frühen zwanzigsten Jahrhundert gleichsam als göttliche Offenbarung aufgenommen, die endlich Licht in die archäologischen Tiefen der Psyche brachte. Sie offenbarte und erklärte die Deutbarkeit von Träumen, Phantasien und psychopathologischen Symptomen; die sexuelle Ätiologie der Neurosen; die Bedeutung frühkindlicher Erfahrungen für das Erwachsenenleben; den Ödipuskomplex; die psychologische Bedeutung von Mythologie und Symbolik; die strukturellen Bestandteile der Psyche: Ich, Überich und Es; die Mechanismen von Widerstand, Verdrängung und Projektion. Außerdem brachte die Psychoanalyse eine Vielzahl weiterer Einsichten hervor, die das Wesen und die innere Dynamik des Geistes offenlegten. Freuds Theorie war der strahlende Höhepunkt der Aufklärung, die nun mit ihren rationalen Untersuchungsmethoden sogar bis ins Dunkel des menschlichen Unbewußten vorgedrungen war.

Andererseits stellte Freud das gesamte Projekt der Aufklärung radikal in Frage. Er entdeckte, daß unterhalb und jenseits des rationalen Denkens eine ungeheuer einflußreiche Sphäre nichtrationaler Kräfte existierte, die sich nicht ohne weiteres einer rationalen Analyse unterziehen oder gezielt manipulieren ließ; im Vergleich zu dieser Sphäre war das bewußte Ich des Menschen nur ein zartes und zerbrechliches Epiphänomen. Freud förderte auf diese Weise den kumulativen modernen Prozeß der Vertreibung des Menschen aus seiner privilegierten kosmischen Position, die das moderne rationale Selbstbild vom christlichen Weltbild übernommen hatte. Der Mensch konnte nicht länger daran zweifeln, daß nicht nur für seinen Körper, sondern auch für seinen Geist machtvolle biologische Instinkte – amoralisch, aggressiv, erotisch, »polymorph pervers« – die entscheidenden Beweggründe bildeten. Vor diesem Hintergrund war es denkbar, daß so stolze menschliche Tugenden wie Rationalität, moralisches Gewissen und religiöse Gefühle nichts als Reaktionsformen und Täuschungen des zivilisierten Selbstbegriffs waren. Angesichts der Existenz unbewußter Determinanten konnte sich das menschliche Gefühl individueller Freiheit durchaus als trügerisch erweisen. Das psychologisch bewußte Individuum der modernen Zivilisation wußte jetzt von sich, daß es zu innerer Spaltung, Verdrängung, Neurose und Entfremdung verdammt war.

Mit Freud erreichte der darwinsche Kampf mit der Natur eine neue Dimension: Der Mensch war jetzt dazu gezwungen, im ewigen Kampf mit seiner eigenen Natur zu leben. Nicht nur Gott war als primitive infantile Projektion enttarnt worden. Auch das bewußte menschliche Ich war samt seiner höchsten Tugend, der Vernunft – der letzten Bastion, die den Menschen noch von der Natur trennte –, vom Thron gestürzt worden und galt nur noch als eine späte und ständig gefährdete Entwicklung aus dem ursprünglichen Es. Die eigentliche Quelle menschlicher Motivationen war ein siedender Hexenkessel voller irrationaler, tierischer Impulse – und die Ereignisse der Zeitgeschichte fingen an, diese These auf besorgniserregende Weise zu bestätigen. Nicht nur die Göttlichkeit des Menschen, sondern auch seine Menschlichkeit begann, fragwürdig zu werden. Es schien, als würde der durch das wissenschaftliche Denken von seinen Illusionen befreite moderne Mensch allmählich von der Natur aufgesogen, seiner antiken Würde beraubt und als Kreatur niederer Instinkte demaskiert.

Marx hatte bereits eine ähnliche Abwertung nahegelegt. Wie Freud das persönliche Unbewußte enthüllte, gelang Marx die Aufdeckung des sozialen Unbewußten. Die philosophischen, religiösen und moralischen Werte jeder Epoche ließen sich als Funktionen wirtschaftlicher und politischer Variablen plausibel erklären, durch die die herrschende Klasse ihre Kontrolle über die Produktionsmittel aufrechterhielt. Der gesamte Überbau menschlicher Vorstellungen mußte als Reflex des vorrangigen Kampfes um materielle Macht angesehen werden. Marx porträtierte die Elite der westlichen Zivilisation – trotz all ihrer kulturellen Verdienste – als einen sich selbst täuschenden, bürgerlichen und imperialistischen Unterdrücker. Klassenkampf, nicht zivilisierter Fortschritt, hieß das Programm für die absehbare Zukunft. Wieder waren es Entwicklungen der Zeitgeschichte, die diese Analyse zu bestätigen schienen. Mit Marx und Freud nahmen die modernen Intellektuellen zunehmend kulturelle Werte, psychologische Motivationen und das Bewußtsein selbst als historisch relative Phänomene wahr, die auf unbewußte politische, wirtschaftliche und instinktive Impulse zurückgeführt werden konnten. Die Prinzipien und Vorschriften der wissenschaftlichen Revolution – die Suche nach materiellen, unpersönlichen, säkularen Erklärungen für alle Phänomene – hatten in den psychologischen und soziologischen Forschungen neue und erhellende Anwendungsmöglichkeiten gefunden. Im Verlauf dieses Erkenntnisprozesses stieß die zunächst optimistische Selbsteinschätzung des Menschen aus Zeiten der Aufklärung jedoch zunehmend auf Widersprüche und Demütigungen.

Die intellektuellen Horizonte wurden radikal erweitert unter dem Druck von wissenschaftlichen Entdeckungen, die – wie die Theorien von Darwin, Marx und Freud – bei der Analyse eines immer breiteren Spektrums an Phänomenen auf ein Modell historischen und evolutionären Wandels zurückgriffen. Dieses Modell war zuerst in der Renaissance und der Aufklärung aufgetaucht, als sich die gerade entfesselte intellektuelle Neugier des Europäers mit seinem neuen und emphatischen Sinn für dynamischen Fortschritt verknüpfte. Beides förderte die intensivere Hinwendung zur klassisch-antiken Vergangenheit und erhöhte die Anforderungen, die an humanistische Bildung und historische Untersuchungen gestellt wurden. Von Valla und Machiavelli bis zu Voltaire und Gibbon, von Vico und Herder bis zu Hegel und Ranke nahm das Interesse an Geschichte ebenso zu wie das Bewußtsein historischen Wandels und die Anerkennung bestimmter Entwicklungsprinzipien, nach denen historische Veränderungen verstanden werden konnten. Die Entdeckungsreisenden hatten nicht nur das geographische Wissen der Europäer erweitert, sondern gleichzeitig auch die Erfahrung anderer Kulturen und ihrer Geschichten mitgebracht. Mit dem kontinuierlichen Zuwachs an Informationen auf diesen Gebieten wurde allmählich klar, daß die Entwicklung des Menschen zeitlich erheblich weiter zurückreichte als bisher angenommen. Es gab zahlreiche andere bedeutende Kulturen. Sie verfügten über jeweils eigene Weltbilder, die sich erheblich vom europäischen unterschieden.

Am gegenwärtigen Status und Wertesystem des modernen westlichen Menschen war demnach nichts Absolutes, Ewiges oder Sicheres. Der Westen hatte sich seit langem an eine relativ statische, verkürzte und eurozentrische Fassung der Menschheitsgeschichte – ja der Universalgeschichte (wie in Erzbischofs Usshers berühmter Datierung des Jahres der Schöpfung auf 4004 vor Christus) – gewöhnt. Auf ihn mußten Art und Ausmaß der neuen Perspektiven desorientierend wirken. Spätere Arbeiten von Archäologen sorgten dafür, daß der Horizont nochmals weiter nach hinten verschoben werden mußte. Sie entdeckten immer noch ältere Zivilisationen, deren Aufstieg und Untergang bereits abgeschlossen war, bevor Athen und Rom überhaupt geboren wurden. Endlose Entwicklung und Vielfalt, Verfall und Wandel waren die historischen Gesetze, und das Rad der Geschichte drehte sich beunruhigend langsam.

Die Anwendung der evolutionären und historischen Perspektive auf die Natur – wie von Hutton und Lyell in der Geologie und Lamarck und Darwin in der Biologie – führte dazu, daß die Zeiträume, in denen organisches Leben und Erde als existent gelten durften, exponential auf tausende von Millionen Jahren ausgedehnt werden mußten – Zeiträume, im Vergleich zu denen die gesamte bisherige Geschichte der Menschheit in einem irritierend kurzen Augenblick stattgefunden hatte. Doch das war nur der Anfang. Die Astronomen, mit immer besseren technischen Geräten ausgestattet, benutzten in der Folge ähnliche Prinzipien zum Verständnis des Kosmos – mit dem Ergebnis, daß auch dieser eine beispiellose zeitliche und räumliche Ausdehnung erfuhr. Im zwanzigsten Jahrhundert schließlich hatte die Kosmologie das Sonnensystem als einen verschwindend kleinen Teil einer gigantischen Galaxie aus mehr als hundert Milliarden anderer, mit der Sonne vergleichbarer Sterne postuliert. Diese Galaxie befand sich in einem beobachtbaren Universum, das aus hundert Milliarden anderer Galaxien bestand, von denen jede mit der Milchstraße vergleichbar war. Die einzelnen Galaxien waren wiederum Teile erheblich größerer galaktischer Anhäufungen, die zu noch riesigeren galaktischen Zusammenballungen zu gehören schienen. Die Dimensionen des Weltraums waren nur noch in mit Lichtgeschwindigkeit bereisten Jahren meßbar; die Distanzen zwischen galaktischen Anhäufungen wurden auf hunderte von Millionen Lichtjahren berechnet. Man ging davon aus, daß sich alle diese Sterne und Galaxien in enorm langwierigen Formations- und Zerfallsprozessen befanden und das Universum als solches in einem nur schwer vorstellbaren, geschweige denn erklärbaren Urknall vor etwa zehn bis zwanzig Milliarden Jahren entstanden war.

Derart makrokosmische Dimensionen zwangen das menschliche Bewußtsein, bescheiden seine eigene relative Unerheblichkeit in Raum und Zeit zur Kenntnis zu nehmen. Sie ließen das Unternehmen Mensch insgesamt – vom individuellen menschlichen Dasein gar nicht zu reden – auf zwergenhafte Ausmaße zusammenschrumpfen. Im Schatten dieser unermeßlichen Welten erschienen die früheren, von Kolumbus, Galilei oder selbst Darwin herbeigeführten Entgrenzungen der menschlichen Welt noch vergleichsweise intim. Das Grundparadox des modernen Denkens zeigt sich auch hier: Die vereinten Anstrengungen von Entdeckern, Geographen, Historikern, Anthropologen, Archäologen, Paläontologen, Geologen, Biologen, Physikern und Astronomen brachten eine enorme Ausweitung des menschlichen Wissens und zugleich die Aufhebung der Bedeutsamkeit des Menschen im Kosmos. Die Entstehung der Menschheit unter den Primaten und Primitiven lag weit zurück und war doch, im Vergleich zum Alter der Erde, zum Greifen nah; die Größe der Erde und des Sonnensystems war phantastisch und doch, im Vergleich zur Galaxie, unbedeutend klein. Die Tiefe des Weltraums war gewaltig – die der Erde am nächsten liegenden Galaxien waren so unvorstellbar weit entfernt, daß ihr jetzt auf der Erde sichtbares Licht seine Quelle vor mehr als hunderttausend Jahren verlassen hatte, als der Mensch sich noch in der Steinzeit befand. Angesichts solcher Aussichten hatten nachdenkliche Gemüter guten Grund, sich über die offensichtliche Bedeutungslosigkeit der menschlichen Existenz in der umfassenderen Ordnung der Dinge Gedanken zu machen.

Das Selbstbild des modernen Menschen wurde im Verlauf des wissenschaftlichen Fortschritts aber nicht nur radikal in seine zeitlichen und räumlichen Schranken verwiesen, es erfuhr auch eine qualitative Entwertung seines wesentlichen Charakters. Die Erfolge des Reduktionismus bei der Analyse der Natur und schließlich der menschlichen Natur reduzierten auch den Menschen. Angesichts des zunehmenden Siegeszuges der Wissenschaft schien die Annahme wahrscheinlich, vielleicht sogar notwendig, daß die Gesetze der Physik allen Dingen zugrunde lagen. Die Phänomene der Chemie ließen sich auf Prinzipien der Physik zurückführen, die der Biologie auf Chemie und Physik und – für viele Wissenschaftler unbestreitbar – die des menschlichen Verhaltens und Bewußtseins auf Biologie und Biochemie.

So wurde selbst das Bewußtsein zu einem bloßen Epiphänomen der Materie, einer Sekretion des Gehirns, einer Funktion in einem biologischen Befehlen Folge leistenden elektrochemischen Schaltsystem. Das cartesianische Programm der mechanistischen Analyse ging dazu über, seine ursprüngliche Unterscheidung zwischen *Res cogitans* und *Res externa,* dem denkenden Subjekt und der materiellen Welt, hinfällig werden zu lassen. Lamettrie, Pawlov, Watson, Skinner und andere argumentierten, daß die Theorie des Universums als Maschine auf den Menschen übertragen werden müsse. Menschliches Verhalten und mentales Funktionieren waren nichts weiter als Reflexhandlungen auf der Basis von mechanistischen Prinzipien wie Reiz und Reaktion; sie wurden von genetischen Faktoren begleitet, die wiederum nach und nach der wissenschaftlichen Manipulation zugänglich wurden. Von statistischen Determinanten beherrscht, war der Mensch ein geeignetes Objekt für die Wahrscheinlichkeitstheorie. Der Mensch, sein Wesen und seine Zukunft, schien im Schnittpunkt der wissenschaftlichen Disziplinen sein Rätsel zu verlieren und als technisches Problem lösbar zu werden.

Die erkenntnisleitende Hypothese, daß die Komplexität der Welt und der menschlichen Erfahrung im weiteren Verlauf des Fortschritts eine abschließende Erklärung allein durch naturwissenschaftliche Prinzipien finden werde, nahm zunehmend – wenngleich oft unbewußt – den Status eines wohlbegründeten wissenschaftlichen Prinzips an, obwohl es sich genaugenommen nur um eine Vermutung handelte. Die Folgen für die Metaphysik waren tiefgreifend.

Je intensiver der moderne Mensch danach strebte, die Natur durch das Verstehen ihrer Prinzipien zu kontrollieren, sich von ihrer Macht zu befreien, von ihren Notwendigkeiten abzukoppeln und über sie zu erheben, desto umfassender verwies ihn seine eigene Wissenschaft wieder zurück an die Natur und an deren mechanistischen und unpersönlichen Charakter. Wenn der Mensch in einem unpersönlichen Universum lebte und seine Existenz ausschließlich in diesem Universum begründet lag, dann war auch der Mensch seinem Wesen nach unpersönlich: Seine private Erfahrung als individuelle Persönlichkeit war eine psychische Fiktion. In dieser Perspektive war der Mensch kaum mehr als eine genetische Strategie zur Erhaltung der Art – eine Strategie, deren Erfolg zudem im Verlauf des zwanzigsten Jahrhunderts mit jedem Jahr fraglicher wurde. Es war die Ironie dieses Fortschritts, daß der unabhängige und bahnbrechende moderne Geist eine Reihe von deterministischen Prinzipien entdeckte – cartesianische, newtonsche, darwinsche, marxistische, freudsche, behavioristische, genetische, neurophysiologische, sozialbiologische –, die den Glauben an die Willens- und Geistesfreiheit des Menschen immer nachhaltiger schwächten und ihm das Gefühl raubten, mehr als nur ein peripherer und vorübergehender Zufall der materiellen Evolution zu sein.

RADIKALE ERKENNTNISKRITIK

Diese paradoxen Entwicklungen fanden ihre Entsprechung in der parallel verlaufenden Entfaltung der modernen Philosophie. Sie analysierte die Beschaffenheit und den Umfang des menschlichen Wissens mit ständig wachsender Rigorosität, Tiefe und Einsicht. Zur gleichen Zeit, als der moderne Mensch sein effektives Wissen von der Welt enorm erweiterte, zeigte seine kritische Erkenntnistheorie unerbittlich die beunruhigenden Schranken auf, in die sich sein Denken zurückverwiesen sah.

Von Locke zu Hume

Unter dem Eindruck der Synthese Newtons begann die Aufklärung mit einem nie dagewesenen Vertrauen in den menschlichen Verstand. Der Erfolg der neuen Wissenschaft bei der Erklärung der natürlichen Welt wirkte sich auf die Philosophie in zweifacher Weise aus: Sie machte die Grundlage für die menschliche Erkenntnis im menschlichen Geist und dessen Begegnung mit der physikalischen Welt fest, und sie richtete ihre Aufmerksamkeit auf die Analyse des kognitiven Vermögens, das solche Erfolge hervorbringen konnte.

Es war vor allem John Locke, Zeitgenosse Newtons und Erbe Bacons, der mit seiner Bestätigung des elementaren Prinzips des Empirismus die Grundhaltung der Aufklärung vorgab: Nichts ist im Geist, was nicht zuvor in den Sinnen war *(nihil est in intellectu, quod non antea fuerit in sensu)*. Zwar war Locke durch die Lektüre der Schriften von Descartes zur Philosophie angeregt worden, doch stand er zugleich unter dem Einfluß der zeitgenössischen empirischen Wissenschaft Newtons, Boyles und der Royal Society sowie des atomistischen Empirismus von Gassendi. Daher war für Locke der cartesianisch-rationalistische Glaube an angeborene Ideen nicht akzeptabel. Seiner Analyse zufolge beruhte sämtliches Wissen von der Welt letztlich auf der Sinneserfahrung. Durch die Kombination und Mischung einfacher sinnlicher

Empfindungen oder »Ideen« (definiert als geistige Inhalte) zu komplexeren Begriffen sowie durch die auf die Sinnesempfindungen *(Sensation)* folgende Selbstbeobachtung *(reflectiori)* war es dem Geist möglich, zu stimmigen Schlußfolgerungen zu gelangen. Sinnesempfindungen und innere Reflexion dieser Eindrücke waren für Locke »die beiden Quellen unseres Wissens, aus der alle Ideen, die wir haben oder auf natürliche Weise haben können, entspringen«. Der Geist war zunächst ein unbeschriebenes Blatt, eine *Tabula rasa*, auf der die Erfahrung ihre Zeichen hinterließ. Er war von Natur aus ein passiver Empfänger der atomistischen Sinnesempfindungen, die äußere, sie verursachende materielle Objekte repräsentierten. Ausgehend von diesen Empfindungen konnte der Geist sein begriffliches Verstehen durch Introspektion und verknüpfende Operationen aufbauen. Der Geist verfügte über angeborene Kräfte und Fähigkeiten, nicht aber über angeborene Ideen und Begriffe. Erkenntnis begann mit Empfindung.

Die Forderung der britischen Empiristen, die Sinneserfahrung als die grundlegende Quelle des Wissens von der Welt anzuerkennen, stand im Widerspruch zur rationalistischen Orientierung des Kontinents, wie sie von Descartes skizziert und von Spinoza und Leibniz eigenständig weitergeführt wurde. Diese Richtung vertrat die Ansicht, daß der Geist allein durch die Erkenntnis klarer, deutlicher und unmittelbar einsichtiger Wahrheiten sicheres Wissen erlangen könne. Für die Empiristen glich dieser Rationalismus aufgrund seiner fehlenden empirischen Fundierung einer – wie Bacon formulierte – Spinne, die Netze aus ihrer eigenen Substanz produzierte. Und Voltaire beeindruckte die französischen Enzyklopädisten nachhaltig mit dem von ihm aus England mitgebrachten Imperativ, der charakteristisch für das gesamte Projekt der Aufklärung wurde: Die Vernunft müsse sich auf die sinnliche Erfahrung stützen, um in der Welt noch etwas anderes zu erkennen als ihre eigenen Kopfgeburten. Als zuverlässigstes Kriterium der Wahrheit galt von nun an ihre Zurückführbarkeit auf die Sinneserfahrung, nicht mehr nur ihre scheinbar immanente rationale Gültigkeit, die sich als trügerisch erweisen konnte. Vom späteren empiristischen Denken wurden die Ansprüche des Rationalismus immer weiter eingeschränkt: Ohne die Zeugnisse der Sinne verfügte der Geist über keinerlei Erkenntnis der Welt, konnte er nur spekulieren, Kategorien definieren oder mathematisch-logische Operationen ausführen. Ähnlich wurde auch der rationalistische Glaube, daß die

Wissenschaft sicheres Wissen von allgemeinen Wahrheiten über die Welt erlangen könne, allmählich von einer weniger absoluten Position verdrängt. Diese machte geltend, daß die Wissenschaft nicht dazu in der Lage war, die tatsächliche Struktur der Dinge zu erkennen, sie konnte lediglich auf Hypothesen beruhende wahrscheinliche Wahrheiten ermitteln.

Der innerhalb der empiristischen Position entstehende Skeptizismus zeichnete sich bereits in den Schwierigkeiten ab, die Locke mit seiner eigenen Erkenntnistheorie hatte. Locke sah, daß es keinerlei Garantie dafür gab, daß die menschlichen Ideen von den Dingen den äußeren Gegenständen, die sie repräsentieren sollten, wirklich entsprachen. Ferner wollte es ihm nicht gelingen, alle komplexen Ideen – wie etwa die Idee der Substanz – auf einfache Ideen oder Sinnesempfindungen zurückzuführen. Locke unterschied drei Faktoren im Prozeß menschlicher Erkenntnis: den Geist, den physischen Gegenstand und die Sinneswahrnehmung beziehungsweise die im Geist auftauchende einfache Idee, die diesen Gegenstand repräsentierte. Unmittelbar zugänglich war dem Menschen aber nur die Idee in seinem Geist, nicht der Gegenstand. Außerhalb der menschlichen Wahrnehmung lag eine Welt bewegter Substanzen. Von den verschiedenen Eindrücken der Außenwelt, die der Mensch in der Wahrnehmung erfuhr, ließ sich nicht mit letzter Gewißheit sagen, ob sie tatsächlich zu dieser Außenwelt gehörten.

Locke versuchte, solche Probleme teilweise dadurch zu lösen, daß er – wie schon Galilei und Descartes vor ihm – zwischen primären und sekundären Eigenschaften unterschied. Als primäre Eigenschaften verstand er Qualitäten, die allen ausgedehnten materiellen Objekten als objektiv meßbare Größen – wie Gewicht, Form und Größe – eigen waren; als sekundäre Eigenschaften all jene Qualitäten, die nur der subjektiven menschlichen Erfahrung dieser Objekte – etwa als Geschmack, Geruch und Farbe – zuzuschreiben waren. Während primäre Eigenschaften Ideen im Geist erzeugten, die tatsächlich dem äußeren Objekt entsprachen, ergaben sich Ideen, die sekundäre Eigenschaften betrafen, lediglich aus dem Wahrnehmungsapparat des Subjekts. Konzentrierte sich die Wissenschaft auf die meßbaren primären Eigenschaften, konnte sie zuverlässiges Wissen von der materiellen Welt gewinnen.

Berkeley, der auf Locke folgte, führte ein radikales Gedankenexperiment durch: Wenn die empiristische Analyse menschlicher Erkenntnis rigoros zu Ende gedacht wurde, mußte zugegeben werden, daß *alle* vom menschlichen Geist registrierten Eigenschaften – ob primär oder sekundär – letztlich als Ideen im Geist erfahren wurden. Daher war ein abschließendes Urteil darüber, ob einige dieser Qualitäten »tatsächlich« ein äußeres Objekt repräsentierten, unmöglich. In der Tat ließ sich nicht einmal endgültig darüber befinden, ob es überhaupt eine Welt von materiellen Objekten außerhalb des Geistes gab, die solche Ideen hervorbrachte, denn es gab keine Möglichkeit, Objekte und Sinneseindrücke voneinander zu unterscheiden. Insofern konnte von keiner Idee im Geist gesagt werden, sie sei »wie« ein materielles Ding, in dem Sinne, daß sie letztere dem Geist »repräsentiere«. Da niemand aus seinem Geist aussteigen konnte, um die Idee mit dem eigentlichen Objekt zu vergleichen, war der Begriff der Repräsentation unbegründbar. Dieselben Argumente, die Locke gegen die repräsentative Genauigkeit sekundärer Eigenschaften ins Feld führte, waren auch auf die primären Eigenschaften anwendbar. Am Ende mußten beide Arten von Eigenschaften als Erfahrungen des Geistes angesehen werden.

Lockes Lehre von der Repräsentation war also nicht haltbar. In Berkeleys Analyse war alles menschliche Erleben phänomenal, begrenzt auf Erscheinungen im Geist. Wahrnehmung der Natur war gleichbedeutend mit geistiger Erfahrung der Natur. Folglich mußten alle Sinnesdaten letztlich als »Objekte für den Geist« gelten und nicht als Repräsentationen materieller Substanzen. Während Locke alle geistigen Inhalte auf eine letzte Grundlage in der Sinnesempfindung zurückgeführt hatte, reduzierte Berkeley jetzt alle Sinnesdaten auf geistige Inhalte.

Lockes Unterscheidung zwischen Eigenschaften, die dem Geist, und Eigenschaften, die der Materie zugehörten, ließ sich nicht aufrechterhalten. Berkeley, als Theologe und kirchlicher Würdenträger, versuchte dieses Scheitern zur Überwindung des zeitgenössischen »atheistischen Materialismus« zu nutzen. Er war überzeugt, daß diese Tendenz zu Unrecht so eng mit der modernen Wissenschaft verknüpft worden war. Der Empirist stellte treffend fest, daß alles Wissen auf Erfahrung beruhe. Aber am Ende, meinte Berkeley, blieb die Erfahrung nichts weiter als eben diese Erfahrung – alle geistigen Repräsentationen von angenommenen materiellen Substanzen waren Ideen im Geist. Deshalb war die Existenz einer materiellen Welt außerhalb des Geistes lediglich eine unverbürgte Vermutung. Der Geist und seine Ideen, einschließlich der Ideen, die die materielle Welt zu repräsentieren schienen, waren das einzige, von dem mit Sicherheit gewußt werden konnte, daß es existierte. Aus streng philosophischer Sicht bedeutete »zu sein« nicht, eine materielle Substanz zu haben; »zu sein« bedeutete vielmehr, vom Geist wahrgenommen zu werden *(esse est percipi)*.

Berkeley war nicht der Meinung, daß der individuelle Geist seine Welterfahrung rein subjektiv bestimmte – als wäre sie nur eine für die momentanen Launen des Einzelnen anfällige Phantasie. Der Grund dafür, daß Objektivität existierte, daß verschiedene Individuen beständig eine ähnliche Welt erfuhren und daß diese Welt über eine zuverlässige Ordnung verfügte, lag im Geist Gottes: Die Welt und ihre Ordnung hingen von einem den individuellen Geist überschreitenden universalen Geist ab. Dieser universale Geist erzeugte im individuellen Geist entsprechend gewisser Regelmäßigkeiten sinnliche Ideen, deren konstante Erfahrung dem Menschen nach und nach die »Naturgesetze« offenbarte. Dieser Zusammenhang war es, der Wissenschaft möglich machte. Die Wissenschaft wurde durch die Anerkennung der immateriellen Basis der Sinnesdaten keineswegs behindert; sie konnte ihre Analyse der Gegenstände ebenso gut mit dem kritischen Wissen fortsetzen, daß sie Objekte für den Geist waren – keine äußeren materiellen Substanzen, sondern wiederkehrende Gruppen von sinnlich erfahrbaren Eigenschaften. Über Lockes Problem der Repräsentation einer sich der Bestätigung entziehenden Außenwelt mußte sich der Philosoph keine Gedanken machen, denn die materielle Welt als solche existierte nicht. Die Ideen im Geiste waren die letzte Wahrheit. Auf diese Weise versuchte Berkeley, die empiristische Ausrichtung zu bewahren, Lockes Problem der Repräsentation zu lösen und zugleich an einer spirituellen Fundierung der menschlichen Erfahrung und der Naturwissenschaft festzuhalten.

Auf Berkeley folgte David Hume. Er dachte die empiristische Erkenntniskritik radikal zu Ende, indem er Berkeleys Einsicht aufnahm, ihr aber zugleich eine neue, für den modernen Geist eher charakteristische Ausrichtung verlieh – die Richtung des säkularen Skeptizismus, wie er von Montaigne zu Bayle und zur Aufklärung immer deutlicher sichtbar wurde. Als Empiriker, der das gesamte menschliche Wissen auf die Sinneserfahrung stützte, stimmte Hume mit Lockes genereller Orientierung überein; auch der Kritik Berkeleys an Lockes Theorie der Repräsentation schloß er sich an. Nicht einverstanden war er hingegen mit Berkeleys idealistischer Lösung.

Menschliche Erfahrung beschränkte sich in der Tat auf das Phänomenale, auf die Sinneseindrücke, aber es gab keine Möglichkeit – sei es auf spirituelle oder andere Weise – festzustellen, was jenseits der Sinneseindrücke lag. Wie für Berkeley waren auch für Hume Lockes Ansichten zur repräsentativen Wahrnehmung nicht akzeptabel. Aber ebensowenig konnte er Berkeleys Identifikation der äußeren Objekte mit inneren, letztlich im Geist Gottes verwurzelten Ideen akzeptieren.

Hume begann seine Analyse mit der Unterscheidung zwischen sinnlichen Eindrücken und Vorstellungen: Sinneseindrücke waren die Grundlage allen Wissens, und sie waren von einer Kraft und Lebendigkeit, die sie einzigartig machten. Vorstellungen waren dagegen nur schwache Kopien dieser Eindrücke. Durch die Sinne ließ sich ein Eindruck *(impression)* der Farbe Blau wahrnehmen, und auf der Basis dieses Eindrucks war eine Vorstellung *(idea)* dieser Farbe möglich, die sie ins Gedächtnis rückrufbar machte. Damit stellte sich aber die Frage: Was *verursachte* den sinnlichen Eindruck? Wenn jede begründete Vorstellung über einen ihr korrespondierenden Sinneseindruck verfügte, dann war zu fragen: Auf welchen sinnlichen Eindruck konnte der Geist für seine Kausalitätsvorstellung verweisen? Auf keinen, antwortete Hume. Analysierte der Geist vorurteilslos seine Erfahrung, so mußte er erkennen, daß sein gesamtes vermeintliches Wissen in Wahrheit auf einer chaotischen Flut von Einzelempfindungen beruhte, denen der Geist seine eigene Ordnung auferlegte. Das Denken zog aus seiner Erfahrung Schlüsse, die in Wirklichkeit dem Geist selbst entstammten, nicht der Erfahrung. Der Geist konnte nicht wirklich wissen, was die Empfindungen verursachte, denn das Phänomen »Ursache« war niemals Gegenstand einer Empfindung. Er erfuhr nur einfache Eindrücke, atomisierte Phänomene, und Kausalität war keiner dieser einfachen Eindrücke. Durch die Assoziation von Ideen – bei der es sich nur um eine Gewohnheit der menschlichen Vorstellungskraft handelte – unterstellte das Denken vielmehr eine kausale Relation, die über keine sinnliche Basis verfügte. Alles, was der Mensch besaß, um sein Wissen zu begründen, waren Eindrücke; er konnte nicht für sich in Anspruch nehmen, zu wissen, was jenseits dieser Eindrücke stand.

Die angenommene Basis allen menschlichen Wissens, die Kausalität, konnte nicht durch unmittelbare menschliche Erfahrung bestätigt werden. Statt dessen erfuhr der Geist bestimmte Sinneseindrücke, und sie legten nahe, daß sie von einer objektiven Substanz verursacht worden seien, die ständig und unabhängig vom Geist existierte. Der Geist erfuhr aber niemals diese Substanz selbst, sondern nur die sie suggerierenden Eindrücke. Ferner mochte der Geist wahrnehmen, daß auf ein Ereignis A wiederholt ein anderes Ereignis B folgte. Auf dieser Basis konnte er zu dem Schluß gelangen, daß A die Ursache von B war. Das einzige, was er aber in Wirklichkeit wußte, war, daß A und B bisher regelmäßig in einer engen Verbindung wahrgenommen wurden. Der Kausalnexus selbst wurde weder jemals wahrgenommen, noch konnte von ihm gesagt werden, er existiere außerhalb des menschlichen Geistes und seiner internen Gewohnheiten. Ursachen beruhten auf dem schlichten Zufall eines wiederholten Zusammentreffens von Ereignissen im Geist. Sie waren Reflexe einer psychologischen Erwartungshaltung, die von der Erfahrung anscheinend bestätigt, doch niemals wirklich bewiesen wurden.

Selbst Raum und Zeit bildeten keine unabhängigen Wirklichkeiten, wie Newton angenommen hatte, sondern entstammten der Erfahrung, daß bestimmte Gegenstände koexistent oder aufeinanderfolgend wahrgenommen wurden. Aus wiederholten Erfahrungen dieser Art abstrahierte der Geist die Vorstellungen von Zeit und Raum; in Wirklichkeit waren Zeit und Raum aber nur Modi der Objekterfahrung. Alle Allgemeinbegriffe entstanden auf diese Weise: Der Geist schritt von der Erfahrung besonderer Eindrücke zu einer Vorstellung der Relation zwischen diesen Eindrücken fort – zu einer Vorstellung, die der Geist dann von den ursprünglichen Erfahrungen abtrennte und verselbständigte. Aber der Allgemeinbegriff- die Vorstellung – war nur das Ergebnis der gewohnheitsmäßigen Assoziation des Geistes. In Wahrheit erfuhr der Geist nur Einzelheiten; jede Beziehung zwischen diesen Einzelheiten wurde vom Geist in die Textur seiner Erfahrung verwoben. Die Tatsache, daß die Welt verstehbar zu sein schien, reflektierte Verarbeitungsmechanismen des Geistes, nicht die Beschaffenheit der Wirklichkeit.

Eine der Absichten Humes war es gewesen, die metaphysischen Ansprüche des philosophischen Rationalismus und seiner deduktiven Logik zu widerlegen. Hume unterschied zwei mögliche Arten von Aussagen: solche, die ausschließlich auf Sinnesempfindungen, und solche, die ausschließlich auf der Verstandestätigkeit beruhten. Eine auf Empfindungen gestützte Aussage – zum Beispiel: »Es ist ein sonniger Tag« – bezog sich auf offensichtliche, konkrete Tatsachen, die stets kontingent waren, das heißt, sie hätten auch anders sein können, waren es aber in Wirklichkeit nicht. Im Gegensatz dazu bezog sich eine rein auf dem Intellekt basierende Aussage – zum Beispiel: »Alle Quadrate haben vier gleiche Seiten« – auf notwendige Relationen zwischen Begriffen und ihre Verneinung würde zu einem Selbstwiderspruch führen. Die Wahrheiten der reinen Vernunft – wie die der Mathematik – besaßen nur deswegen notwendige Geltung, weil sie in einem in sich abgeschlossenen System ohne verbindlichen Bezug zur Außenwelt existierten. Ihr Wahrheitsgehalt beruhte auf logischen Definitionen, indem sie das lediglich explizit machten, was in ihren eigenen Kategorien bereits implizit angelegt war; sie konnten keinen Anspruch darauf erheben, in einer notwendigen Beziehung zur Natur der Dinge zu stehen. Die einzigen Wahrheiten, zu denen die reine Vernunft fähig war, bezogen sich auf ihr eigenes geschlossenes System, sie waren tautologisch. Die Vernunft allein war nicht dazu in der Lage, die Wahrheit über die wahre Natur der Dinge zu erkennen.

Die reine Vernunft verfügte nicht nur über keine unmittelbare Einsicht in Fragen der Metaphysik, es war ihr auch nicht gestattet, auf der Basis der Erfahrung Rückschlüsse auf das wahre Wesen der Dinge zu ziehen. Das außerhalb der Sinne Liegende ließ sich nicht durch die Analyse des Sinnlichen erkennen, weil das einzige Prinzip, auf das sich ein solches Urteil hätte stützen können – die Kausalität –, nur in der Beobachtung der zeitlichen Folge einzelner konkreter Ereignisse begründet lag. Kausalität war bedeutungslos ohne die Elemente »Zeit« und »konkrete Einzelheit«. Folglich gingen alle metaphysischen Argumente, die versuchten, gesicherte Aussagen über irgendeine mögliche Wirklichkeit jenseits der konkreten Erfahrung zu machen, bereits von ihrem Ansatz her in die Irre. Metaphysik war für Hume daher nur eine gehobene Form der Mythologie, ohne jede Bedeutung für die wirkliche Welt.

Eine andere, den modernen Geist weit mehr irritierende Konsequenz der kritischen Analyse Humes war, daß sogar die empirische Wissenschaft fragwürdig schien. Denn deren logisches Fundament, die Induktion, zeigte jetzt deutliche Risse. Das Fortschreiten des Denkens von einer Vielzahl beobachteter Einzelheiten zu einer allgemeingültigen Gewißheit konnte nie vollkommen zweifelsfrei begründet werden. Wie oft eine gegebene Ereignisfolge auch beobachtet wurde – es konnte niemals als sicher gelten, daß es sich bei ihr um eine kausale Folge handelte, die sich auch in Zukunft immer wieder auf gleiche Art wiederholen würde. Daß in der Vergangenheit das Ereignis B stets als Folge von Ereignis A beobachtet wurde, bot keine Garantie dafür, daß dies auch künftig so sein würde. Der Glaube, daß diese Sequenz tatsächlich eine kausale Relation darstellte, war nichts als eine tief verwurzelte psychologische Überzeugung, keine logische Gewißheit. Die scheinbare kausale Notwendigkeit in den Phänomenen war nur eine Notwendigkeit der subjektiven Überzeugung, der durch ihre gewohnheitsmäßige Assoziation von Vorstellungen bestimmten menschlichen Einbildungskraft. Sie besaß keine objektive Basis. Was sich wahrnehmen ließ, war nur die Regelmäßigkeit von Ereignisfolgen, nicht aber ihre notwendige Gesetzmäßigkeit. Diese war nicht mehr als ein subjektives Gefühl, hervorgerufen von der Erfahrung offenbarer Regelmäßigkeit. In einem solchen Kontext war Wissenschaft nur als Wissenschaft der Phänomene möglich. Sie beruhte auf den im Geist registrierten Erscheinungen, deren Gewißheit subjektiv war, also nicht von einer »objektiven Außenwelt«, sondern von der menschlichen Psychologie bestimmt wurde.

Paradoxerweise hatte Hume mit der Absicht begonnen, die streng »experimentellen« Untersuchungsprinzipien Newtons auf den Menschen anzuwenden und die erfolgreichen empirischen Methoden der Naturwissenschaft in eine Wissenschaft vom Menschen einzubringen. Er endete bei der Infragestellung der objektiven Gewißheit der empirischen Wissenschaft insgesamt: Wenn alles menschliche Wissen auf dem Empirismus beruhte, ein induktives Vorgehen aber nicht haltbar war, dann war es dem Menschen unmöglich, sicheres Wissen zu erlangen.

Mit Hume erreichte die lange Entwicklung der empiristischen Betonung der Sinneswahrnehmung – von Aristoteles und Thomas über Ockham zu Bacon und Locke – ihre letzte und extremste Form. Es schien nur mehr eine Flut und ein Chaos von Wahrnehmungen zu existieren; jede den Wahrnehmungen auferlegte Ordnung galt als willkürlich, menschlich und ohne objektive Grundlage. Das gesamte menschliche Wissen hatte – nach Platons grundlegender Unterscheidung zwischen einem die Wirklichkeit treffenden »Wissen« und einer in der Sphäre der Erscheinungen verbleibenden »Meinung« – als bloße Meinung zu gelten. Hatte Platon die Sinneswahrnehmungen für schwache Kopien der Ideen gehalten, so hielt Hume die Ideen für schwache Kopien von Sinneseindrücken. Während der langen Entwicklung des westlichen Denkens vom antiken Idealismus zum modernen Empirismus war die Basis des Wirklichen auf den Kopf gestellt worden: Sinnliche Erfahrung, nicht ideales Erkennen war der Maßstab der Wahrheit. Und diese Wahrheit war zutiefst problematisch. Allein Wahrnehmungen besaßen Wirklichkeit für den Geist; es war unmöglich zu wissen, was sich hinter ihnen verbarg.

Locke hatte sich den Glauben an die Fähigkeit des menschlichen Geistes bewahrt, den allgemeinen Grundriß der äußeren Welt vermittels seiner verknüpfenden Operationen begreifen zu können – wie unvollkommen auch immer. Doch für Hume war der menschliche Geist nicht nur alles andere als vollkommen, er konnte auch niemals für sich beanspruchen, Zugang zu einer Weltordnung zu haben, von der sich nicht einmal feststellen ließ, ob sie unabhängig vom Geist überhaupt existierte. Die Ordnung war nicht Teil der Natur, sondern das Resultat der Assoziationsneigung des Geistes. Wenn der Geist – als ursprüngliche *Tabula rasa* – nichts enthielt, das sich nicht auf die Sinne zurückführen ließ, und wenn alle gültigen komplexen Ideen auf einfachen, von Sinneseindrücken abgeleiteten Ideen beruhten, dann mußte die Idee der Verursachung – und damit das sichere Wissen von der Welt – kritisch überprüft werden. Denn die Ursache als solche konnte nicht wahrgenommen werden, und es war unmöglich, sie von einem einfachen, unmittelbaren Sinneseindruck abzuleiten. Selbst die vermeintliche Erfahrung einer unabhängig und ständig existierenden Substanz war nur ein Glaube, der durch viele regelmäßig wiederkehrende Eindrücke hervorgerufen wurde, die die Fiktion einer dauerhaften Einheit erzeugten.

Hume schloß aus seiner psychologischen Analyse der menschlichen Erfahrung, daß selbst der Geist bloß ein Bündel unzusammenhängender Wahrnehmungen war, ohne begründeten Anspruch auf substantielle Einheit, auf kontinuierliche Existenz oder innere Kohärenz – geschweige denn auf objektive Erkenntnis. Alle Ordnung und Kohärenz, einschließlich der Idee des menschlichen Selbst, war eine vom Geist konstruierte Fiktion. Zwar brauchte der Mensch solche Fiktionen, um leben zu können, aber der Philosoph konnte sie nicht absichern und bestätigen. Schon bei Berkeley hatte es keine notwendige materielle Erfahrungsbasis mehr gegeben; doch hatte sich bei ihm das menschliche Denken dank seiner Rückführbarkeit auf den Geist Gottes eine gewisse unabhängige Kraft bewahren können, und die denkend erfahrene Welt schöpfte ihre Ordnung aus derselben Quelle. In Anbetracht des säkularen Skeptizismus Humes ließ sich von nichts mehr sagen, es sei objektiv notwendig – weder von Gott, noch von der Ordnung, der Kausalität, einem substantiell Seienden, der persönlichen Identität, dem wirklichen Wissen. Alles war kontingent. Der Mensch kannte nur Phänomene, chaotische Eindrücke. Die Ordnung, die er in ihnen wahrnahm, war lediglich eine Vorstellung – zustandegekommen aufgrund von psychologischen Gewohnheiten und instinktiven Bedürfnissen und dann nach außen projiziert. Damit hatte Hume das zentrale Argument des modernen Skeptizismus formuliert. Von ihm wurde wiederum Immanuel Kant angeregt, die wichtigste philosophische Position des modernen Zeitalters zu entwickeln.

Kant

Die intellektuelle Herausforderung, der sich Immanuel Kant in der zweiten Hälfte des 18. Jahrhunderts gegenübersah, stellte ihn vor eine scheinbar unlösbare Aufgabe: Einerseits galt es, den Anspruch der Wissenschaft auf sichere und wahre Welterkenntnis mit der Einsicht der Philosophie, daß Erfahrung niemals zu solcher Erkenntnis gelangen könne, zu versöhnen. Andererseits galt es, den Anspruch der Religion, der Mensch sei moralisch frei, mit der Einsicht der Wissenschaft, daß die Natur ganz und gar durch notwendige Gesetze determiniert sei, zu versöhnen. Der komplizierte und zugespitzte Konflikt zwischen derart gegensätzlichen Ansprüchen und Einsichten hatte zu einer tiefgreifenden und vielschichtigen intellektuellen Krise geführt. Kants Vorschlag zur Lösung dieser Krise war ebenso komplex wie brillant und folgenreich.

Kant war mit der newtonschen Wissenschaft und ihren Errungenschaften vertraut. Er konnte deshalb nicht daran zweifeln, daß der Mensch über einen Zugang zu sicherer Erkenntnis verfügte. Zugleich spürte er die Bedeutung von Humes schonungsloser Analyse des menschlichen Geistes. Wie Hume, so war auch Kant zu dem Ergebnis gekommen, daß den absoluten Aussagen über die Beschaffenheit der Welt zu mißtrauen sei. Die rein rationale und spekulative Metaphysik, die sich diese Kompetenz angemaßt hatte, und die darüber in einen endlosen und scheinbar unlösbaren Streit verfallen war, mußte kritisiert werden. Nach Kants eigener Aussage war es die Lektüre Humes gewesen, die ihn aus seinem »dogmatischen Schlummer« geweckt hatte – den Resten seiner langen Ausbildung in der in Deutschland vorherrschenden rationalistischen Schule Wolffs, dem akademischen Systematiker der leibnizschen Philosophie. Kant wurde jetzt bewußt, daß der Mensch nur Zugang zu Phänomenen haben konnte und daß jeder metaphysische Rückschluß auf die Beschaffenheit des Universums, der über die Erfahrung hinausging, unbegründbar war. Solche Behauptungen der reinen Vernunft, zeigte Kant, ließen sich im Rahmen einer logischen Beweisführung ebenso leicht stützen wie widerlegen. Immer dann, wenn der Geist versuchte, sich der Existenz von Dingen zu versichern, die – wie Gott, die Unsterblichkeit der Seele oder die Unendlichkeit des Universums – die sinnliche Erfahrung überstiegen, fand er sich unweigerlich in Widersprüche und Illusionen verstrickt. Die Geschichte der Metaphysik war folglich ein Zeugnis der Verwirrung und des Streits um Wörter, ohne jeden kumulativen Fortschritt. Der Geist verlangte empirische Beweise, bevor er zur Erkenntnis fähig war, aber Gott, die Unsterblichkeit und andere metaphysische Dinge konnten niemals Phänomene werden: Sie waren nicht empirisch. Sich mit Metaphysik zu beschäftigen, überstieg daher die Kräfte des menschlichen Verstandes.

Humes Aufhebung der Kausalität schien jedoch dem Anspruch der Naturwissenschaft, notwendige allgemeine Wahrheiten über die Welt zu finden, die Grundlage zu entziehen. Denn die newtonsche Wissenschaft beruhte auf der vorausgesetzten Wirklichkeit des plötzlich problematisch gewordenen Kausalitätsprinzips. Wenn sich die gesamte menschliche Erkenntnis ausschließlich auf die Beobachtung besonderer Einzelfälle zurückführen ließ, dann konnten aus diesen niemals sichere Gesetze verallgemeinert werden. Denn wahrgenommen wurden nur isolierte Ereignisse, nie deren kausale Verknüpfung. Kant war dennoch davon überzeugt, daß Newton – gestützt auf Experimente – wirkliches Wissen von absoluter Gewißheit und Allgemeingültigkeit hervorgebracht hatte. Wer hatte Recht – Hume oder Newton? Wenn Newton zu sicheren Erkenntnissen gelangt war, Hume aber zugleich die Unmöglichkeit solcher Erkenntnis nachgewiesen hatte – wie hatte Newton diese Leistung erbringen können? Wie war sichere Erkenntnis in einem rein phänomenalen Universum überhaupt möglich? Diese Frage lastete auf Kants *Kritik der reinen Vernunft*. Ihre Lösung sollte die Ansprüche Humes und Newtons, des Skeptizismus und der Wissenschaft, befriedigen – und auf diese Weise die fundamentale Dichotomie der modernen Wissenschaftslehre zwischen Empirismus und Rationalismus überwinden.

Die Klarheit und strikte Notwendigkeit mathematischer Wahrheit hatte den Rationalisten – allen voran Descartes, Spinoza und Leibniz – lange die Gewißheit geboten, daß in der Welt des modernen Zweifels der menschliche Verstand zumindest über eine feste Grundlage für sichere Erkenntnis verfüge. Auch Kant war lange Zeit davon überzeugt gewesen, daß die Wissenschaftlichkeit der Naturwissenschaft durch Annäherung an das Ideal der Mathematik verbürgt sei. Auf der Basis dieser Überzeugung war Kant ein bedeutender Beitrag zur newtonschen Kosmologie gelungen. Er hatte nachgewiesen, daß die von Kopernikus und Kepler festgelegten Bahnen der Planeten auf streng gesetzmäßige, meßbare physikalische Kräfte zurückgingen. Der Versuch jedoch, das logische Denken der Mathematik auf die Metaphysik zu übertragen, überzeugte Kant von der Inkompetenz der reinen Vernunft in diesen Fragen, obwohl sie doch ganz offensichtlich auf den Bereich der Sinneserfahrung angewendet, wie in der Naturwissenschaft, außerordentlich erfolgreich war.

Weil sich die Naturwissenschaft mit der durch die Sinne gegebenen Außenwelt beschäftigte, setzte sie sich der Kritik Humes aus, daß ihre Erkenntnis lediglich kontingent und ihre angebliche Notwendigkeit nur psychologischer Natur sei. Kant mußte dem Schluß Humes zustimmen, daß die Gesetze der euklidischen Geometrie nicht von empirischen Beobachtungen ableitbar waren. Zugleich beruhte aber die newtonsche Wissenschaft ausdrücklich auf der euklidischen Geometrie. Wenn die Gesetze der Mathematik und Logik ihren Ursprung im menschlichen Geist hatten, wie konnte dann mit Sicherheit gesagt werden, daß sie zur Welt gehörten? Rationalisten wie Descartes hatten zumeist ein Korrespondenzverhältnis zwischen Geist und Welt angenommen; Hume hatte diese Annahme einer vernichtenden Kritik unterzogen. Trotzdem setzten die Errungenschaften Newtons, derer Kant sich sicher war, eine Korrespondenz zwischen Geist und Welt nicht nur voraus – sie schienen sie auch noch zu bestätigen.

Kants außergewöhnliche Lösung dieses Problems bestand nun in folgendem Vorschlag: Die Naturwissenschaft rechtfertige seiner Ansicht nach die Annahme einer Korrespondenz von Geist und Welt – jedoch nicht in dem früheren naiven, sondern in dem radikal kritischen Sinne, daß die von der Wissenschaft explizierte »Welt« eine bereits vom kognitiven Apparat des Geistes geordnete Welt war. Für Kant empfing der menschliche Geist nicht passiv Sinnesdaten, sondern verarbeitete und strukturierte sie aktiv. Der Mensch erkannte daher die objektive Wirklichkeit in genau dem Maße, in dem diese Wirklichkeit mit den grundlegenden Strukturen des Geistes übereinstimmte. Die Welt, auf die sich das Interesse der Wissenschaft richtete, korrespondierte mit den Prinzipien des Geistes, weil die einzige dem Geist zugängliche Welt schon im Einklang mit den geistigen Prozessen organisiert war. Alle menschliche Welterkenntnis wurde von den Kategorien des menschlichen Denkens in bestimmte Bahnen gelenkt. Notwendigkeit und Gewißheit wissenschaftlicher Erkenntnis leiteten sich vom Geist ab und waren eingebettet in das geistige Wahrnehmen und Verstehen der Welt. Sie ließen sich nicht auf eine vom Geist unabhängige Natur zurückführen, die als solche tatsächlich nie erkannt werden konnte. Was der Mensch erfuhr, war eine immer schon von seinem eigenen Wissen geformte Welt. Die Kausalität und die notwendigen Gesetze der Wissenschaft bildeten den unabdingbaren Rahmen seiner Erkenntnis. Beobachtungen allein führten den Menschen zu keinen sicheren Gesetzen; vielmehr spiegelten diese Gesetze jene der geistigen Organisation des Menschen wider. Im Akt der menschlichen Erkenntnis richtete sich nicht der Geist nach dem Gegenstand, sondern die Gegenstände wurden den Strukturen des Geistes entsprechend geformt.

Wie gelangte Kant zu diesem epochemachenden Schluß? Er begann mit der Feststellung, daß die Vorstellungen von Zeit und Raum übrigblieben, wenn jeglicher Inhalt, der sich aus der Erfahrung ableiten ließ, von den mathematischen Urteilen abgezogen wurde. Jedes sinnlich erfahrbare Ereignis war automatisch in einen Rahmen räumlicher und zeitlicher Relationen eingeordnet. Raum und Zeit waren »apriorische Formen menschlicher Anschauung«: Sie bedingen, was auch immer von den Sinnen wahrgenommen wurde. Die Mathematik war dazu in der Lage, die empirische Welt genau zu beschreiben, weil mathematische Prinzipien notwendigerweise einen raum-zeitlichen Zusammenhang voraussetzten. Raum und Zeit aber lagen jeder Sinneserfahrung zugrunde, sie bedingten und strukturierten jede empirische Beobachtung. Raum und Zeit waren demnach nicht aus der Erfahrung abgeleitet, sondern immer schon in der Erfahrung vorausgesetzt. Sie wurden nie als solche beobachtet, bildeten aber den Kontext, in dem jedes Ereignis beobachtet wurde. Es war unmöglich zu erkennen, ob sie in der vom Geist unabhängigen Natur existierten, aber ebenso unmöglich war es für den Geist, sich die Welt ohne sie vorzustellen.

Von Raum und Zeit konnte also nicht gesagt werden, sie seien charakteristisch für eine »objektive Außenwelt« – die Dinge an sich –, sie wurden ihr erst im Akt der Beobachtung hinzugefügt. Sie waren erkenntnistheoretisch in der Beschaffenheit des Geistes, nicht ontologisch in der Beschaffenheit der Dinge fundiert. Weil mathematische Sätze auf der unmittelbaren Anschauung räumlicher Beziehungen basierten, existierten sie a priori – konstruiert vom Geist und nicht abgeleitet aus der Erfahrung. Sie galten dennoch für die Erfahrung, weil sich diese notwendig nach der apriorischen Form des Raums richtete. Allerdings verstrickte sich die reine Vernunft unweigerlich in Widersprüche, wenn sie versuchte, diese Vorstellungen auf die Welt als Ganzes anzuwenden, wenn sie herausfinden wollte, was jenseits aller möglichen Erfahrung galt – ob beispielsweise das Universum in Raum oder Zeit endlich oder unendlich war. Was aber die vom Menschen erfahrene phänomenale Welt betraf, waren Zeit und Raum mehr als nur brauchbare Begriffe: Sie waren wesentliche Bestandteile jeder menschlichen Welterfahrung, verbindliche Bezugsrahmen für die menschliche Erkenntnis.

Kants Analyse zeigte weiter, daß der Geist die von ihm in Raum und Zeit wahrgenommenen Ereignisse weiteren apriorischen Prinzipien unterwarf: Den Kategorien des Verstehens, wie etwa dem Gesetz der Kausalität. Diese Kategorien verliehen der wissenschaftlichen Erkenntnis ihre Notwendigkeit. Es ließ sich nicht feststellen, ob alle Ereignisse in der Welt außerhalb des Geistes in einem Kausalzusammenhang standen. Weil aber die vom Menschen erfahrene Welt durch die Struktur des Geistes formiert wurde, konnte mit Sicherheit gesagt werden, daß zumindest die Ereignisse der phänomenalen Welt in einem kausalen Zusammenhang standen – die Wissenschaft durfte also entsprechend verfahren. Der Geist leitete Ursache und Wirkung nicht aus Beobachtungen ab. Er erfuhr seine Beobachtungen immer schon in einem Kontext, in dem Ursache und Wirkung vorausgesetzt waren: Kausalität wurde in der menschlichen Erkenntnis nicht aus der Erfahrung abgeleitet, sondern zur Erfahrung gebracht.

Gleiches galt auch für die anderen Kategorien des Verstehens: Substanz, Quantität und Relation. Ohne diesen fundamentalen Bezugsrahmen, diese apriorischen Interpretations-Prinzipien, war der menschliche Geist nicht imstande, seine Welt zu begreifen, und die menschliche Erfahrung ein diffuses Chaos, eine völlig formlose und ungeordnete Mannigfaltigkeit. Die Anschauung und das Verstehen des Menschen überführten die Mannigfaltigkeit in eine einheitliche Wahrnehmung, integrierten sie einem raumzeitlichen Rahmen und ordneten sie den Prinzipien der Kausalität, der Substanz und anderen Kategorien unter. Erfahrung war eine der Sinneswahrnehmung auferlegte Konstruktion des Geistes.

Die apriorischen Formen und Kategorien waren die Bedingungen der Möglichkeit von Erfahrung. Sie wurden nicht aus der Erfahrung heraus-, sondern in sie hineingelesen. Sie waren a priori und dennoch empirisch – nicht metaphysisch – anwendbar. Denn die einzige Welt, die der Mensch kannte, war die empirische Welt der Phänomene, der »Erscheinungen« – und diese Welt existierte nur in dem Maße, in dem der Mensch sich an ihrer Konstruktion beteiligte. Der Mensch konnte die Dinge nur relativ zu sich selbst erkennen. Sein Wissen beschränkte sich auf die sinnliche Wirkung der Dinge; diese Erscheinungen oder Phänomene aber waren bereits präformiert. Der Geist erfuhr niemals unmittelbar das, was »da draußen« außerhalb seiner existierte, als klare und unverzerrte Widerspiegelung einer »objektiven Außenwelt«. Die »Wirklichkeit« des Menschen war eine selbst geschaffene; über die Welt an sich mochte der Mensch nachdenken, erkennen konnte er sie nicht.

Die Ordnung, die der Mensch in der Welt wahrnahm, war also nicht in der Welt, sondern in seinem Geist: Der Geist zwang die Welt gleichsam, seiner eigenen Organisation zu folgen. Jede Sinneserfahrung hatte immer schon den Filter aus apriorischen menschlichen Strukturen durchlaufen. Der Mensch konnte entsprechend zu sicherem Wissen von der Welt gelangen, nicht weil er die Macht hatte, in das Wesen der Welt einzudringen und die Welt an sich zu begreifen, sondern weil die von ihm wahrgenommene und verstandene Welt immer schon geformt war von seinen eigenen geistigen Organisationsprinzipien. Es waren diese Prinzipien die absolut galten, und nicht diejenigen einer Welt an sich, die unerkennbar bleiben mußte, weil sie die Grenzen menschlicher Erkenntnis überstieg. Da aber die geistige Organisation des Menschen absolute Geltung besaß, nahm Kant an, daß der Mensch mit wirklicher Sicherheit erkennen konnte – allerdings nur die eine Welt, die in seinem Erfahrungsbereich lag, die phänomenale Welt.

Der Mensch bezog also keineswegs sein gesamtes Wissen ausschließlich aus der Erfahrung, sondern sein Wissen führte sich in gewissem Sinne bereits während des Erkenntnisprozesses in die

Erfahrung ein. Kant kritisierte einerseits Leibniz und die Rationalisten: Sie hatten geglaubt, daß der Verstand allein, auch ohne Sinneserfahrung, das Universum berechnen könne. Kant argumentierte dagegen, daß Erkenntnis die Vertrautheit mit dem Besonderen voraussetze. Kant kritisierte andererseits Locke und die Empiristen: Sie hatten geglaubt, daß Sinneseindrücke allein, ohne apriorische Begriffe des Verstehens, zur Erkenntnis führen könnten. Kant argumentierte, das Besondere bleibe ohne allgemeine Begriffe, die es interpretieren, bedeutungslos. Locke hatte zu Recht die Existenz angeborener Ideen im Sinne einer geistigen Repräsentation der physischen Wirklichkeit bestritten; er hatte sich aber geirrt, als er auch die Möglichkeit eines angeborenen formalen Wissens verwarf. Wie ein Gedanke ohne Empfindung leer blieb, so war eine Empfindung ohne Gedanken blind. Nur zusammen konnten Rationalität und sinnliche Wahrnehmung ein objektiv gültiges Wissen der Dinge liefern.

Für Kant bedurfte Humes Einteilung von Aussagen in solche, die sich ausschließlich auf den Intellekt stützten – und notwendig, aber tautologisch waren – und solche, die ausschließlich auf der Sinnesempfindung beruhten – und sachlich richtig, aber nicht notwendig waren –, der Ergänzung um eine dritte und wichtigere Kategorie, die das Zusammenwirken beider Vermögen bezeichnete. Ohne eine solche Verbindung war sichere Erkenntnis unmöglich. Denn weder durch einfaches Nachdenken ließ sich etwas über die Welt erfahren, noch durch einfaches Empfinden, noch durch Empfinden und anschließendes Nachdenken über die Sinneswahrnehmung. Beide Verfahren mußten einander wechselseitig durchdringen und gleichzeitig angewendet werden.

Hume hatte in seiner Analyse nachgewiesen, daß der menschliche Geist niemals zu sicherer Welterkenntnis gelangen konnte. Denn die scheinbare Ordnung aller vergangenen Erfahrung bot noch keine Garantie für die Ordnung aller künftigen Erfahrung. Ursachen waren in der Welt nicht unmittelbar wahrnehmbar. Der Geist konnte den Schleier der phänomenalen Erfahrung des zusammenhanglosen Einzelnen nicht durchdringen. Für Kant stand daher fest, daß es keine Gewißheit geben konnte, wenn der Mensch sein gesamtes Wissen von den Dingen allein aus der Sinneswahrnehmung bezog. Doch Kant ging über Hume hinaus, weil er den entscheidenden Anteil anerkannte, den begriffliche Prädispositionen am Fortschritt in der Geschichte der Wissenschaft hatten; sie waren immer schon ins Netz der wissenschaftlichen Beobachtung verwoben und nicht erst nachträglich aus der Erfahrung abgeleitet worden. Kant wußte, daß Newton und Galilei ihre Theorien nicht einfach aus ihren Beobachtungen hätten ableiten können, denn rein zufällig gemachte Beobachtungen, die nicht durch Entwürfe und Hypothesen bereits vorstrukturiert waren, konnten nie zu einem allgemeinen Gesetz führen. Der Mensch konnte die Natur nicht dazu bringen, ihm ihre universalen Gesetze preiszugeben, wenn er sich ihr gegenüber wie ein auf Antwort wartender Schüler verhielt. Nur wenn er wie ein Richter scharfsinnige Fragen an sie richtete, offenbarte sie sich ihm gezielt und präzise. Die Antworten der Wissenschaft kamen aus derselben Quelle wie ihre Fragen. Einerseits brauchte der Wissenschaftler Experimente, um sicherzustellen, daß seine Hypothesen gültige Naturgesetze waren; nur Tests boten ihm die Gewißheit, daß keine Ausnahmen existierten und daß es sich bei seinen Begriffen um die passenden und nicht bloß um imaginäre Begriffe handelte. Andererseits brauchte der Wissenschaftler aber apriorische Hypothesen, um sich der Welt überhaupt nähern zu können, sie erfolgreich beobachten und testen zu können. Diese Situation der Wissenschaft spiegelte die Beschaffenheit der menschlichen Erfahrung insgesamt wider. Der Geist konnte mit Sicherheit nur das wissen, was er in seine Erfahrung bereits hineingelegt hatte.

Die menschliche Erkenntnis richtete sich folglich nicht nach den Gegenständen, sondern die Gegenstände wurden der menschlichen Erkenntnis entsprechend geformt. In einem phänomenalen Universum war sicheres Wissen möglich, weil der menschliche Geist dieses Universum mit seiner eigenen absoluten Ordnung ausstattete. In diesem Sinne verkündete Kant das, was seine »kopernikanische Revolution« genannt wurde: Wie Kopernikus die wahrgenommenen Bewegungen des Himmels durch die faktische Bewegung des Beobachters erklärt hatte, so erklärte Kant die wahrgenommene Ordnung der Welt durch die faktische Ordnung des Beobachters.[1]

Kants Auflösung der scheinbar unentwirrbaren Dialektik zwischen Humes Skeptizismus und Newtons Wissenschaft führte zu der Einsicht, daß menschliche Weltbeobachtungen nie neutral, nie frei von bereits zuvor gefällten begrifflichen Urteilen sein konnten. Das baconsche Ideal eines völlig »vorurteilsfreien« Empirismus war eine Unmöglichkeit. Eine solche Erfahrungsweise war nicht nur in der Wissenschaft, sondern generell undenkbar, weil keine empirische Beobachtung und keine menschliche Erfahrung jemals rein und neutral, ohne unbewußte Annahmen oder apriorische Ordnung sein konnte. Die wissenschaftliche Sichtweise war philosophisch nicht korrekt gefaßt, wenn sie von einer in sich geschlossenen, an sich existierenden Welt ausging, die auf eine Weise strukturiert war, die der Mensch empirisch erkennen konnte, wenn er nur seinen Verstand von allen Vorurteilen befreite und seine Sinne durch Experimente schärfte. Die vom Menschen wahrgenommene und beurteilte Welt entstand vielmehr erst im Akt ihrer Wahrnehmung und Beurteilung. Der Geist war nicht passiv, sondern schöpferisch, aktiv strukturierend. Physische Einzelheiten ließen sich nicht einfach identifizieren und anschließend mit Hilfe von begrifflichen Kategorien in eine Korrelation bringen. Vielmehr verlangte das Einzelne bereits eine vorgängige Kategorisierung, um überhaupt identifizierbar zu sein. Um Wissen zu ermöglichen, war es unumgänglich, daß der Geist den Sinnesdaten seine eigenen kognitiven Merkmale auferlegte. Mithin war das menschliche Wissen keine Beschreibung einer »objektiven Außenwelt«, sondern im entscheidenden Maße das Produkt des kognitiven Apparates des Subjekts. Die Gesetze natürlicher Prozesse waren das Produkt der Wechselwirkung der internen Organisation des Beobachters mit äußeren Ereignissen, die an sich nie erkannt werden konnten. Deshalb stellten weder der reine Empirismus – ohne Strukturen a priori – noch der reine Rationalismus – ohne sinnlichen Beweis – eine mögliche wissenschaftliche Strategie dar.

Die Aufgabe des Philosophen wurde vor diesem Hintergrund auf radikale Weise neu definiert. Sein Ziel konnte es nicht länger sein, ein metaphysisches Weltkonzept im traditionellen Sinne zu entwerfen. Er hatte statt dessen die Beschaffenheit und die Grenzen der menschlichen Vernunft zu analysieren. Die Vernunft konnte zwar a priori nicht über Fragen entscheiden, die die Erfahrung überstiegen. Aber sie konnte bestimmen, welche kognitiven Faktoren wesentlich für jede menschliche Erfahrung waren, und sie konnte jede Erfahrung in Einklang mit der ihr eigenen Ordnung bringen. Demnach war es die Aufgabe der Philosophie, die formale Struktur des Geistes zu untersuchen, weil sie nur dort den wahren Ursprung und die wahre Grundlegung für sichere Welterkenntnis finden konnte.

Kants kopernikanische Revolution war nicht frei von beunruhigenden erkenntnistheoretischen Konsequenzen. Kant hatte den Erkennen-

438

den zwar wieder mit dem Erkannten verbunden, nicht aber mit einer objektiven Wirklichkeit, mit dem Ding an sich. Erkennender und Erkanntes waren zwar vereint, aber in einer Art solipsistischem Gefängnis. Der Mensch erkannte die Dinge, wie Thomas von Aquin und Aristoteles gesagt hatten, weil er sie durch das Medium apriorischer Prinzipien beurteilte. Er konnte jedoch nicht erkennen, ob diese inneren Prinzipien irgendeine grundlegende Relevanz für die reale Welt oder für eine absolute Wahrheit oder für ein absolutes Wesen außerhalb seines Geistes besaßen. Eine göttliche Garantie für die kognitiven Kategorien des Geistes – wie das *lumen intellectus agentis,* das Licht des tätigen Intellekts bei Thomas – gab es nicht mehr. Der Mensch sah sich außerstande herauszufinden, ob seine Erkenntnis in einer wesentlichen Beziehung zu einer universalen Realität stand, oder ob sie lediglich eine menschliche Wirklichkeit war. Allein die subjektive Notwendigkeit derartiger Erkenntnis war sicher.

Der auf die phänomenale Welt beschränkte kantische Subjektivismus war für den modernen Geist die unvermeidliche Folge aus kritischem Rationalismus und kritischem Empirismus: Der Mensch verfügte weder über einen notwendigen Zugang zum Transzendenten noch zur Welt an sich. Er konnte die Dinge nur so erkennen, wie sie ihm erschienen, nicht wie sie an sich waren. Rückblickend zeigt sich, daß die langfristigen Konsequenzen sowohl der kopernikanischen als auch der kantischen Revolution ambivalent waren – sie wirkten ebenso befreiend wie herabsetzend. Beide öffneten das menschliche Bewußtsein zwar für eine neue und abenteuerliche Wirklichkeit, aber ebenso radikal beraubten sie den Menschen seiner Stellung im Mittelpunkt und der Möglichkeit einer wahren Erkenntnis des Kosmos. Die kosmologische Entfremdung wurde durch die erkenntnistheoretische nur noch verschärft.

Diese Entwicklung kann man auch so interpretieren, daß Kant in gewissem Sinne die kopernikanische Revolution umkehrte, weil er den Menschen – dank der zentralen Rolle des menschlichen Geistes bei der Schaffung der Weltordnung – wieder in den Mittelpunkt seines Universums stellte. Aber der Anspruch des Menschen, das Zentrum seines kognitiven Universums zu sein, war nur die Kehrseite seines Eingeständnisses, nicht länger von einem unmittelbaren Kontakt zwischen seinem Geist und der wahren Ordnung des Universums ausgehen zu dürfen. Kant »vermenschlichte« die Wissenschaft, doch damit entzog er ihr auch jede sichere Grundlage außerhalb des menschlichen Geistes, wie sie die Gründungsprogramme der modernen Wissenschaft bei Descartes und Bacon, noch besessen hatten. Trotz des Versuchs, das Wissen in einem neuen Absolutum – dem menschlichen Geist – zu begründen, und trotz der hervorgehobenen Stellung des zum neuen erkenntnistheoretischen Mittelpunkt erklärten Geistes, war es offenkundig, daß das menschliche Wissen ein subjektives Konstrukt war. Es war folglich – im Vergleich zu den geistigen Gewißheiten anderer Zeitalter und in seiner Position gegenüber der Welt an sich – nachhaltig von seinem angestammten Platz verdrängt worden. Der Mensch stand wieder im Mittelpunkt seines Universums – aber dieses war jetzt lediglich *sein* Universum, nicht *das* Universum.

Kant hielt diese Einschränkung für eine notwendige Anerkennung der Grenzen der menschlichen Vernunft. Das Eingeständnis eröffnete dem Menschen paradoxerweise eine umfassendere Wahrheit. Denn Kants Revolution hatte zwei Seiten – eine betraf die Wissenschaft, die andere die Religion. Kant beabsichtigte beides zu retten: sichere Erkenntnis und moralische Freiheit, den Glauben an Newton und den Glauben an Gott. Durch den Nachweis der Notwendigkeit der apriorischen Formen und Kategorien des Geistes versuchte er, die Allgemeingültigkeit der Wissenschaft zu bestätigen. Indem er aufzeigte, daß der Mensch nur Phänomene, nicht aber die Dinge an sich erkennen konnte, versuchte er, Raum für religiöse Wahrheiten und moralische Grundsätze zu schaffen.

Aus Kants Sicht hatten die Bemühungen der Philosophen und Theologen, den Grundsätzen des Glaubens ein rein rationales Fundament zu geben und die Religion so zu rationalisieren, nur zu skandalösem Streit, Kasuistik und Skeptizismus geführt. Kants Einschränkung der Autorität des Verstandes auf die phänomenale Welt sollte daher auch die Religion vor den unbeholfenen Übergriffen der Vernunft bewahren. Die Wissenschaft würde dank einer solchen Beschränkung nicht länger im Konflikt mit der Religion stehen. Weil der kausale Determinismus des wissenschaftlichen Weltbildes die Willensfreiheit der Seele verneine, wahrhaft moralisches Handeln diese Freiheit aber voraussetze, argumentierte Kant, eröffne das Eingeständnis der menschlichen Unkenntnis der Dinge an sich und die Begrenzung der Kompetenz der Wissenschaft auf das Phänomenale die Möglichkeit des Glaubens. Die Wissenschaft dürfe die sichere Erkenntnis der Erscheinungen für sich beanspruchen, nicht aber arrogant die Erkenntnis der gesamten Wirklichkeit. Genau dies ermöglichte es Kant, den wissenschaftlichen Determinismus mit dem religiösen Glauben und der Moral zu versöhnen. Die Wissenschaft konnte nie gänzlich die Möglichkeit ausschließen, daß auch die Wahrheiten der Religion Gültigkeit besaßen.

Kant vertrat also diesen Standpunkt: Obwohl der Mensch nicht wissen könne, ob Gott existiere, müsse er dennoch *glauben*, daß er existiere, um moralisch handeln zu können. Der Glaube an Gott war also moralisch und praktisch berechtigt, auch wenn er wissenschaftlich nicht bestätigt werden konnte. Die Ideen von Gott, der Unsterblichkeit der Seele und der Willensfreiheit ließen sich nicht auf demselben Wege als wahr erkennen wie die von Newton begründeten Naturgesetze – hier hatte der Glaube seinen Platz, nicht das Wissen. Für den Menschen bestand kein Grund, seine Pflicht zu tun, wenn es keinen Gott gab, kein freier Wille existierte und die Seele nicht unsterblich war. Diese Ideen mußten deshalb als wahr geglaubt werden. Ihr Postulat war für eine moralische Existenz notwendig. Angesichts der Fortschritte der wissenschaftlichen und philosophischen Erkenntnis konnte der moderne Geist die Religion nicht länger auf ein kosmologisches oder metaphysisches Fundament stellen. Er konnte aber statt dessen die Religion in der Struktur des menschlichen Daseins selbst verankern. Mit dieser entscheidenden Einsicht bestimmte Kant, dem Geiste Rousseaus und Luthers folgend, die Richtung des modernen religiösen Denkens. Der Mensch war befreit vom Äußeren und Objektiven, um sich eigenständig seine religiöse Antwort auf das Dasein zu bilden. Innere persönliche Erfahrung, nicht objektiver Beweis oder dogmatischer Glaube, war die wahre Grundlage der religiösen Sinngebung.

Für Kant ließ sich der Mensch unter zwei verschiedenen, ja antagonistischen Aspekten betrachten: Wissenschaftlich, als *Phainomenon*, war er den Naturgesetzen unterworfen; moralisch, als ein Ding an sich, als ein denkbares aber nicht wissbares *Noumenon*, war er frei, unsterblich und Gott unterworfen. Die Einflüsse Humes und Newtons auf Kants philosophische Entwicklung trafen hier auf die allgemeinen Moralvorstellungen Rousseaus, der den Vorrang des Gefühls vor dem Verstand in der religiösen Erfahrung betont hatte. Rousseaus Werk hatte Kant nachhaltig beeindruckt und sein – in einer streng pietistischen Kindheit verwurzeltes – moralisches Pflichtgefühl noch verstärkt. Die innere Erfahrung der Pflicht, der Impuls zu selbstloser sittlicher Tugend, ermöglichten es Kant, die beängstigenden Grenzen des Weltbildes des modernen Geistes zu überschreiten: die Reduktion der erkennbaren Welt auf Erscheinungen und mechanistische Notwendigkeiten. Kant gelang es so, die Religion vor dem wissenschaftlichen Determinismus zu retten, wie er zuvor schon die Wissenschaft vor dem radikalen Skeptizismus bewahrt hatte.

Aber er rettete Religion und Wissenschaft nur um den Preis ihrer Trennung und der Beschränkung der menschlichen Erkenntnis auf Phänomene und subjektive Gewißheiten. Verbürgt ist Kants tiefe Überzeugung, daß die Gesetze, die die Bewegung der Planeten und Gestirne bestimmten, in einer grundlegend harmonischen Beziehung zu jenen moralischen Imperativen standen, die er in seinem Inneren empfand: »Zwei Dinge erfüllen das Gemüt mit immer neuer und zunehmender Bewunderung und Ehrfurcht [...]: Der gestirnte Himmel über mir und das moralische Gesetz in mir.« Aber Kant wußte auch, daß er diese Beziehung nicht beweisen konnte. In seiner Beschränkung menschlicher Erkenntnis auf die Erscheinungen lebte die cartesianische Kluft zwischen menschlichem Geist und materiellem Kosmos in neuer und vertiefter Form fort.

Für den weiteren Verlauf des westlichen Denkens war der kritische Impuls der Erkenntnistheorie Kants – besonders in Rücksicht auf Religion und Wissenschaft – gewichtiger als seine positiven Affirmationen. Einerseits glich der Raum, den Kant dem religiösen Glauben vorbehalten hatte, einem Vakuum: Der Glaube war nunmehr jeden äußeren Halts sowohl durch die empirische Welt als auch durch die reine Vernunft beraubt. Dem Glauben schien es zunehmend an innerer Plausibilität und Angemessenheit für die Psyche des modernen säkularen Menschen zu mangeln. Andererseits büßte die seit Hume und Kant nicht mehr durch äußere, verstandesunabhängige Notwendigkeit gestützte Gewißheit wissenschaftlicher Erkenntnis auch noch ihre innere, kognitive Notwendigkeit ein. Die newtonschen und euklidischen Kategorien, von denen Kant noch angenommen hatte, sie seien absolut, wurden von der Physik des 20. Jahrhunderts auf dramatische Weise in Frage gestellt.

Kants eindringliche Kritik hatte allen Ansprüchen des menschlichen Geistes auf ein gesichertes Wissen der Dinge an sich wirksam den Boden entzogen, indem er die Möglichkeit einer menschlichen Erkenntnis des Weltgrundes prinzipiell ausschloß. Spätere Entwicklungen des westlichen Geistes verstärkten diesen Effekt nochmals radikal, indem sie die Grundlagen subjektiver Gewißheit, derer Kant sich noch sicher sein durfte, insgesamt beseitigten: Zu nennen sind die erheblich weiterreichenden Relativierungen, die nicht nur von Einstein, Bohr und Heisenberg, sondern auch von Darwin, Marx und Freud; von Nietzsche, Dilthey, Weber, Heidegger und Wittgenstein; von Saussure, Lévi-Strauss und Foucault; von Gödel, Popper, Quine, Kuhn und einer Vielzahl anderer ausgingen. Zwar wurde tatsächlich alle menschliche Erfahrung durch größtenteils unbewußte Prinzipien strukturiert – nur daß diese Prinzipien weder absolut noch zeitlos waren. Sie variierten je nach Zeitalter, Kultur, Klasse, Sprache, Person und existentiellem Kontext. Im Sog der kopernikanischen Revolution Kants mußten Wissenschaft, Religion und Philosophie ihren je eigenen Geltungsgrund finden, denn keine Disziplin konnte mehr a priori beanspruchen, Zugang zur inneren Natur des Universums zu haben.

Der Niedergang der Metaphysik

Die weitere Entwicklung der modernen Philosophie stand unter dem machtvollen Einfluß der epochalen Philosophie Kants. Seine Nachfolger in Deutschland gaben den kantianischen Vorgaben zunächst eine unerwartet idealistische Wendung. Im romantischen Klima der europäischen Kultur des späten achtzehnten und frühen neunzehnten Jahrhunderts behaupteten Fichte, Schelling und Hegel, daß die kognitiven Kategorien des menschlichen Geistes gleichsam die ontologischen Kategorien des Universums seien – daß das menschliche Wissen nicht auf eine göttliche Wirklichkeit verwies, sondern selbst diese Wirklichkeit war. Sie konstruierten auf dieser Basis ein metaphysisches System, in dessen Zentrum ein universaler, sich durch den Menschen offenbarender Geist stand. Kants Begriff für das menschliche Selbst, das der Erfahrung die Kategorien und vereinheitlichende Prinzipien auferlegte, die eine Erkenntnis erst ermöglichten, war das »transzendentale Ich«. Dieses Ich wurde durch die Idealisten radikal neu interpretiert und als Erscheinungsform eines absoluten, die gesamte Wirklichkeit konstituierenden Geistes verstanden. Kant hatte geglaubt, daß der Geist der Erfahrung zwar ihre Form gebe, der Inhalt der Erfahrung aber in einer äußeren Welt empirisch gegeben sei. Seinen idealistischen Nachfolgern schien es philosophisch jedoch einleuchtender zu sein, wenn beides, Inhalt und Form, von einem all-umfassenden Geist bestimmt wurde. So war die Natur eher ein Bild oder ein Symbol des Selbst als etwas unabhängig Seiendes.

Die Spekulationen der idealistischen Metaphysik stießen bei der Mehrheit der eher zur Naturwissenschaft neigenden modernen Denker – besonders ab dem Ende des neunzehnten Jahrhunderts – nur auf geringe philosophische Akzeptanz. Denn sie waren weder empirisch nachprüfbar, noch gaben sie den Geist der wissenschaftlichen Erkennt-nis oder die moderne Erfahrung eines objektiven und materiellen Uni-versums angemessen wieder. Der Materialismus, die andere, dem Idea-lismus entgegengesetzte metaphysische Option, schien dem Erkennt-nisstand der zeitgenössischen Wissenschaft besser zu entsprechen. Doch selbst er unterstellte die Existenz einer letztlich nicht nachprüfba-ren Substanz – der Materie statt des Geistes. Und ihm gelang es im Gegenzug offenbar nicht, die subjektive Phänomenologie des mensch-lichen Bewußtseins sowie das Gefühl des Menschen zu erklären, ein von der unbewußten, unpersönlichen Außenwelt verschiedenes, indi-viduelles und mit einem eigenen Willen ausgestattetes Wesen zu sein. Weil der Materialismus, oder zumindest der Naturalismus – jene Anschauung, nach der alle Phänomene letztlich durch natürliche Ursa-chen erklärt werden konnten – am besten mit der wissenschaftlichen Weltbeschreibung übereinzustimmen schien, bot er allerdings einen überzeugenderen begrifflichen Rahmen als der Idealismus. Dennoch gab es vieles an dieser Auffassung, was die moderne Mentalität nicht ohne weiteres akzeptieren konnte – ob aufgrund von Zweifeln an der Vollständigkeit und Gewißheit wissenschaftlicher Erkenntnis, auf-grund von Uneindeutigkeiten in den wissenschaftlichen Beweisen selbst oder aufgrund von gegenläufigen religiösen und psychologi-schen Faktoren.

Die dritte verfügbare metaphysische Option war deshalb ein carte-sianische und kantische Positionen reflektierender Dualismus. Diese Option spiegelte die moderne Erfahrung der Trennung von objektiv-physikalischem Universum und subjektiv-menschlichem Bewußtsein besser wider. Ganz im Einklang mit dem zunehmenden Widerwillen des modernen Denkens, überhaupt irgendeine transzendente Dimen-sion zu postulieren, lag es in der Natur der cartesianisch-kantischen Position, Ansätze zu einer kohärenten metaphysischen Konzeption zumindest zu problematisieren, wenn nicht gar zu verhindern. In Anbetracht der Diskontinuität der modernen Erfahrung – des Dualismus zwischen Mensch und Welt, Geist und Materie – und der erkenntnistheoretischen Verlegenheit, die diese Diskontinuität mit sich brachte – Wie konnte der Mensch annehmen, etwas zu kennen, das so völlig losgelöst und verschieden von seinem eigenen Bewußtsein war? –, verlor die Metaphysik zwangsläufig ihre traditionell herausragende Stellung innerhalb der Philosophie. Der Mensch konnte die Welt als Wissenschaftler erforschen oder sich selbst als introspektiver Analytiker erkunden. Er konnte aber auch die Dichotomie insgesamt umgehen, indem er sich die unauflösliche Uneindeutigkeit und Kontingenz der menschlichen Welt eingestand und statt dessen für ihre existentielle oder pragmatische Umwandlung durch einen Akt des Willens eintrat. Die Vorstellung einer rational strukturierten und transparenten universalen Ordnung – die sich einem kontemplativen Betrachter unmittelbar erschloß – wurde jetzt im allgemeinen aufgegeben.

So unterminierte die moderne Philosophie, die sich nach den von Descartes und Locke etablierten Prinzipien weiterentwickelt hatte, schließlich ihre eigene traditionelle *Raison d'être*. In der einen Perspektive wurde die äußere, physische Welt in ihrer entmenschlichten Objektivierung für den modernen Menschen zum Problem. In der anderen Perspektive wurde der menschliche Geist mit seinen ergründlichen kognitiven Mechanismen, denen nicht mehr rückhaltlos zu vertrauen und zu folgen war, zum Problem. Der Mensch konnte nicht länger davon ausgehen, daß das Bild, das sich sein Geist von der Welt machte, die Dinge wie in einem Spiegel so wiedergab, wie sie tatsächlich waren. Es war durchaus möglich, daß der Geist selbst ein verzerrendes und entfremdendes Prinzip war.

Die Einsichten Freuds und der Tiefenpsychologie verstärkten auf radikale Weise das Gefühl, daß der Mensch in seinem Nachdenken über die Welt von nichtrationalen Faktoren beherrscht wurde, die er weder kontrollieren noch sich vollständig zu Bewußtsein bringen konnte. Ausgehend von Hume und Kant, über Darwin, Marx, Freud und darüber hinaus, zeichnete sich immer deutlicher eine ebenso beunruhigende wie unvermeidliche Schlußfolgerung ab: Das menschliche Denken wurde bestimmt, strukturiert und sehr wahrscheinlich auch verzerrt durch eine Vielzahl sich überschneidender Faktoren – durch angeborene, aber nicht absolute geistige Kategorien, durch Gewohnheit, Geschichte, Kultur, soziale Klasse, Biologie, Sprache, Phantasie, Gefühl, das persönliche Unbewußte, das kollektive Unbewußte. Am Ende ließ sich die für das moderne Denken zentrale

Vorrangstellung des menschlichen Geistes als zuverlässiger Richter der Wirklichkeit nicht länger aufrechterhalten. Die cartesianische Urgewißheit – die als Fundament des modernen Vertrauens in den menschlichen Verstand gedient hatte – war zur Ungewißheit geworden.

Fortan beschäftigte sich die Philosophie weitgehend mit der Klärung wissenschaftslogischer Probleme: mit der Sprachanalyse, mit der Wissenschaftsphilosophie oder mit phänomenologischen und existentialistischen Analysen der menschlichen Erfahrung. Trotz der Inkongruenz der Ziele und Tendenzen der verschiedenen philosophischen Schulen des zwanzigsten Jahrhunderts gab es über einen zentralen Punkt ein allgemeines Einverständnis: Es galt als unmöglich, eine etwaige objektive kosmische Ordnung mit den Mitteln der menschlichen Intelligenz zu erfassen.

Diesem Konsens näherten sich von divergierenden Ausgangspositionen so unterschiedliche Philosophen wie Bertrand Russel, Martin Heidegger und Ludwig Wittgenstein. Weil allein die empirische Wissenschaft verifizierbares oder zumindest provisorisch erhärtetes Wissen liefern konnte, und weil ein solches Wissen ausschließlich die kontingente natürliche Welt der Sinneserfahrung betraf, waren nicht zu verifizierende und nicht zu überprüfende metaphysische Aussagen über die Welt als Ganzes ohne wirkliche Bedeutung (Logischer Positivismus). Weil die menschliche Erfahrung alles war, was der Mensch wissen konnte, durchdrangen, vereitelten oder verfälschten die menschliche Subjektivität und die grundlegende Beschaffenheit des menschlichen Daseins zwangsläufig jeden Versuch einer objektiven Weltkonzeption (Existentialismus und Phänomenologie). Weil die Bedeutung jeden Ausdrucks allein in seinem besonderen Gebrauch und Kontext liegen konnte, und weil die menschliche Erfahrung wesentlich durch die Sprache strukturiert wurde, eine unmittelbare Beziehung zwischen der Sprache und einer von ihr unabhängigen Tiefenstruktur der Welt aber nicht unterstellt werden konnte, sollte sich die Philosophie ausschließlich mit der therapeutischen Klärung der Sprache in ihren konkreten Verwendungen beschäftigen, ohne sich dabei auf eine einzelne, abstrakte Wirklichkeitskonzeption festzulegen (Linguistische Analyse).

Auf der Basis dieser konvergierenden Einsichten wurde die traditionelle Idee aufgegeben, daß der menschliche Geist fähig sei oder doch zumindest den Versuch wagen sollte, zu einer objektiven metaphysischen Anschauung der Welt zu gelangen. Von wenigen Ausnahmen abgesehen wurde die philosophische Reflexion in die Analyse linguistischer Probleme, wissenschaftlicher und logischer Sätze oder des Rohmaterials menschlicher Erfahrung umgeleitet – in Bereiche ohne metaphysische Implikationen im klassischen Sinne. Wenn »Metaphysik« überhaupt noch irgendeine Funktion haben sollte, außer als Gehilfin der wissenschaftlichen Kosmologie, dann nur in der Analyse der verschiedenen Faktoren, die die menschliche Erkenntnis strukturierten: in der Fortsetzung der Arbeit Kants im Kontext einer zugleich deutlicher relativistischen und gegenüber der Vielzahl von Faktoren, die die menschliche Erfahrung beeinflussen und durchdringen konnten, sensibleren Haltung – gleich, ob es sich dabei um historische, soziale, kulturelle, linguistische, existentielle oder psychologische Faktoren handelte. Kosmische Synthesen jedoch waren nicht länger ernst zu nehmen.

Die Philosophie wurde immer technischer und akademischer; sie beschäftigte sich immer mehr mit Methodologie. Die Philosophen schrieben zunehmend nicht mehr für die Öffentlichkeit, sondern für einander. Dadurch verlor die Disziplin viel von ihrer früheren Bedeutung für den interessierten Laien, viel von ihrem früheren kulturellen Einfluß. Das philosophische Streben nach Klarheit galt jetzt eher der Semantik als der allgemeinen Spekulation – nur standen die meisten Nichtfachleute Fragen der Semantik eher desinteressiert gegenüber. Der traditionelle Auftrag und Status der Philosophie war von ihrer eigenen Entwicklung eingeholt worden: Es gab keine allumfassende oder transzendente oder »tiefere« innere Ordnung im Universum, auf die der menschliche Geist zu Recht hätte Anspruch erheben können.

DIE KRISE
DER MODERNEN WISSENSCHAFT

Angesichts des problematischen Zustands von Philosophie und Religion schien allein die Wissenschaft das moderne Denken vor umfassender Ungewißheit bewahren zu können. Die Wissenschaft erlebte im neunzehnten und frühen zwanzigsten Jahrhundert ihr Goldenes Zeitalter: außergewöhnliche Fortschritte auf allen wichtigen Feldern; eine breite institutionelle wie akademische Forschung; praktische Anwendungen, die sich auf der Basis einer systematischen Verbindung von Wissenschaft und Technologie schnell verbreiteten. Der Optimismus der Zeit stand in unmittelbarem Zusammenhang mit einem schier grenzenlosen Vertrauen in das Vermögen der Wissenschaft, den Stand des Wissens, die Gesundheit und das allgemeine Wohlergehen der Menschheit immer weiter zu verbessern.

Religion und Metaphysik setzten ihren langsamen Niedergang fort. Währenddessen konnte am anhaltenden und sich beschleunigenden Fortschritt der Wissenschaft kein Zweifel bestehen. Ihr Anspruch auf allgemeine Welterkenntnis schien weiterhin – auch nach der Kritik durch Kant und seine Nachfolger – nicht nur plausibel, sondern unanfechtbar. Vor dem Hintergrund der überlegenen kognitiven Effizienz und der streng unpersönlichen Präzision der wissenschaftlichen Erklärungen sahen sich im Gegenzug nun Religion und Philosophie dazu gezwungen, ihr Selbstverständnis im. Verhältnis zur Wissenschaft zu bestimmen. Analog waren im Mittelalter Wissenschaft und Philosophie dazu gezwungen, im Verhältnis zur kulturell mächtigeren Religion zu definieren. Für das moderne Denken war es die Wissenschaft, die das realistischste und verläßlichste Bild von der Welt vorlegte – auch wenn sich dieses Bild auf die rein »technische« Seite der natürlichen Phänomene beschränkte und die daraus sich ergebende existentielle Spaltung unübersehbar war. Zwei Entwicklungen im Laufe des zwanzigsten Jahrhunderts führten jedoch zu einer radikaler Änderung des kognitiven und kulturellen Status der Wissenschaft: eine theoretische und wissenschaftsinterne sowie eine pragmatische und externe.

Unter dem wachsenden Druck einer Reihe erstaunlicher Entwicklungen auf dem Gebiet der Physik fiel das klassische Gebäude der cartesianisch-newtonschen Kosmologie erst allmählich, dann auf dramatische Weise in sich zusammen. Die seit langem bestehenden Gewißheiten der klassischen modernen Wissenschaft wurden radikal in Frage gestellt: zunächst im späteren neunzehnten Jahrhundert durch Maxwells Arbeit über elektromagnetische Felder, das Michelson-Morley-Experiment und Becquerels Entdeckung der Radioaktivität; im frühen zwanzigsten Jahrhundert durch Plancks Isolierung von Quanten-Phänomenen und Einsteins spezielle und allgemeine Relativitätstheorie; in den zwanziger Jahren durch die Formulierung der Quantenmechanik durch Bohr, Heisenberg und ihre Kollegen. Bis zum Ende des dritten Jahrzehnts des zwanzigsten Jahrhunderts war praktisch jedes wichtige Postulat der früheren wissenschaftlichen Konzeption widerlegt worden: die Atome als feste, unzerstörbare und getrennte Bausteine der Natur; Raum und Zeit als unabhängige, absolute Größen; die streng mechanistische Kausalität aller Phänomene; die Möglichkeit einer objektiven Naturbeobachtung.

Ein derart fundamentaler Wandel im wissenschaftlichen Weltbild war schwindelerregend – vor allem für die Physiker selbst. Konfrontiert mit den bei subatomaren Phänomenen beobachteten Widersprüchen, schrieb Einstein: »Alle meine Versuche, die theoretischen Grundlagen der Physik diesen Erkenntnissen anzupassen, mißlangen vollständig. Es war, als wäre einem der Boden unter den Füßen weggezogen worden, ohne daß irgendwo eine feste Grundlage erkennbar gewesen wäre, auf der man hätte aufbauen können.« Und ganz ähnlich Heisenberg: »Die Fundamente der Physik [sind] in Bewegung geraten, [und] diese Bewegung hat zu dem Gefühl geführt, daß die Wissenschaft den Halt verlieren könnte.«

Die bisherigen Annahmen der Wissenschaft wurden durch eine Vielzahl tiefgreifender Erkenntnisse grundlegend erschüttert: Die Atome, die man sich seit Newton als feste Körper vorgestellt hatte, entpuppten sich jetzt als weitgehend leer. Die Materie bildete nicht länger die grundlegende Substanz der Natur. Materie und Energie waren austauschbar. Die bislang als absolut angesehenen Kategorien des dreidimensionalen Raumes und der eindimensionalen Zeit waren plötzlich zu Aspekten im Beziehungsgefüge eines vierdimensionalen Raum-Zeit-Kontinuums geworden. Zeit verging – für sich mit verschiedenen Geschwindigkeiten fortbewegende Beobachter – unterschiedlich schnell. Zeit verlangsamte sich in der Nähe von schweren Objekten und konnte unter bestimmten Umständen völlig stehenbleiben. Die Gesetze der euklidischen Geometrie lieferten nicht länger die allgemein notwendige Struktur der Natur. Die Planeten folgten ihren Umlaufbahnen, nicht weil sie von einer auf Distanz wirksamen Kraft der Sonne angezogen wurden, sondern weil der Raum, in dem sie sich bewegten, gekrümmt war. Subatomare Erscheinungen verfügten über eine grundsätzlich doppelsinnige Natur: Sie konnten zugleich als Teilchen und als Wellen beobachtet und beschrieben werden. Position und Bewegung eines Teilchens ließen sich nicht zeitgleich genau messen.

Das Relativitätsprinzip unterminierte und ersetzte den strengen newtonschen Determinismus. Wissenschaftliche Beobachtung und Erklärung waren nicht ohne Rückwirkung auf das beobachtete Objekt durchführbar. Die Vorstellung der Substanz löste sich in Wahrscheinlichkeiten und »Tendenzen, zu existieren« auf. Nichtlokale Verbindungen zwischen Teilchen widersprachen der mechanistischen Kausalität. Formale Relationen und dynamische Prozesse ersetzten feste Einzelobjekte. Die Welt der Physik des zwanzigsten Jahrhunderts erinnerte – in den Worten von James Jeans – weniger an eine großartige Maschine als an einen großartigen Gedanken.

Die Konsequenzen dieser ungewöhnlichen Revolution waren ambivalent. Das moderne Fortschrittsbewußtsein fand erneut seine Bestätigung. Es war fest davon überzeugt, die Ignoranz und Mißverständnisse vergangener Zeiten hinter sich gelassen zu haben und die Früchte konkreter technologischer Innovationen ernten zu dürfen. Sogar Newton wurde von einem sich immer weiter entwickelnden modernen Geist korrigiert und eines besseren belehrt. Den zahlreichen Menschen, die das wissenschaftliche Universum des mechanistischen und materialistischen Determinismus stets als Antithese menschlicher Werte empfunden hatten, stellte sich die quanten-relativistische Revolution als unerwarteter und willkommener Durchbruch zu neuen geistigen Horizonten dar. Die ehemals harte Substantialität der Materie hatte einer für spirituelle Interpretationen offenbar empfänglicheren Wirklichkeit weichen müssen. Die Freiheit des menschlichen Willens ließ sich besser begründen, wenn selbst subatomare Teilchen unbestimmt waren. Das Prinzip der Komplementarität, das Wellen und Teilchen regierte, legte interessante Übertragungen nahe, etwa auf die Komplementarität einander wechselseitig ausschließender Erkenntniswege wie Religion und Wissenschaft. Dem menschlichen Bewußtsein, zumindest aber der menschlichen Beobachtung und Interpretation, schien angesichts der neuen Erkenntnisse über den Einfluß des Subjekts auf das beobachtete Objekt eine bedeutendere Rolle in der Ordnung der Dinge zuzufallen. Die weitreichende Verknüpfung der Phänomene untereinander ermutigte ein neues holistisches Nachdenken über die Welt – mit vielen sozialen, moralischen und religiösen Implikationen. Eine wachsende Zahl von Wissenschaftlern begann, die beherrschende – wenn auch oft unbewußte – Annahme der modernen Wissenschaft in Frage zu stellen: daß das geistige Bestreben, die gesamte Wirklichkeit auf die kleinsten meßbaren Elemente der physischen Welt zu reduzieren, am Ende das offenbaren würde, was das Universum in seinem Innersten zusammenhielt. Das seit Descartes dominierende reduktionistische Programm erschien jetzt vielen als zu kurzsichtig und selektiv – es war wohl eher dazu geeignet, das Wichtigste in der Natur der Dinge zu verfehlen.

Diese Schlußfolgerungen waren aber weder im allgemeinen Bewußtsein noch unter praktizierenden Physikern weit verbreitet. Zwar mochte die moderne Physik einer spirituellen Interpretation offenstehen – doch sie setzte sie nicht zwingend voraus. Zudem war die breite Bevölkerung keineswegs vertraut mit den geheimnisvollen konzeptionellen Veränderungen der neuen Physik. Selbst in den anderen Natur- und Sozialwissenschaften zog die Revolution in der Physik für viele Jahrzehnte keine vergleichbaren theoretischen Umwälzungen nach sich, obwohl deren theoretische Programme weitgehend auf den – mittlerweile überholten – mechanistischen Prinzipien der klassischen Physik aufbauten. Gleichzeitig spürten viele, daß das alte materialistische Weltbild unwiderruflich in Frage gestellt worden war. Es wurde deutlich, daß die neuen wissenschaftlichen Wirklichkeitsmodelle die Chance zu einer grundlegenden Wiederannäherung an die humanistischen Bestrebungen des Menschen boten.

Dieser vagen Chance standen eher beunruhigende Tatsachen gegenüber. Es gab jetzt keine kohärente, mit Newtons *Principia* vergleichbare Konzeption der Welt mehr, die der komplexen Vielfalt an neuen Daten einen theoretischen Rahmen geboten hätte. Die Physiker waren nicht imstande, einen Konsens darüber herzustellen, wie die vorliegenden Erkenntnisse zu interpretieren waren, um zu einer Definition der fundamentalen Natur der Wirklichkeit zu gelangen. Begriffliche Widersprüche, fehlende Zusammenhänge und Paradoxe waren allgegenwärtig und widersetzten sich hartnäckig einer Lösung.[2] Die unauflösbare Irrationalität, die bereits die Psychoanalyse in der menschlichen Psyche aufgedeckt hatte, tauchte nun auch in der Struktur der physischen Welt auf. Zum fehlenden inneren Zusammenhang kam mangelnde Intelligibilität hinzu. Die aus der neuen Physik abgeleiteten Konzeptionen waren für Laien schwer verständlich. Sie stellten darüber hinaus die menschliche Intuition ganz allgemein vor scheinbar unüberwindliche Schwierigkeiten: ein gekrümmter Raum, endlich und doch grenzenlos; ein vierdimensionales Raum-Zeit-Kontinuum; sich wechselseitig ausschließende Eigenschaften ein und derselben subatomaren Einheit; Objekte, die eigentlich gar keine waren, sondern Prozesse oder Beziehungsmuster; Phänomene, die solange keine konkrete Gestalt annahmen, bis sie beobachtet wurden; Teilchen, die einander ohne erkennbaren Kausalzusammenhang zu beeinflussen schienen; die Existenz fundamentaler Energiefluktuationen in einem totalen Vakuum.

Trotz der scheinbaren Öffnung der Wissenschaft für eine weniger materialistische und weniger mechanistische Konzeption hatte sich am Kern des modernen Dilemmas nichts geändert: Noch immer galt das Universum als unpersönlich und unermeßlich, und der Mensch mit seinem Bewußtsein in ihm als unbedeutendes, vergängliches, unerklärliches und zufällig entstandenes Staubkorn. Es gab keine sinnvolle Antwort auf die bedeutsame Frage, was der Geburt des Universums im Urknall vorausgegangen war oder zugrunde gelegen hatte. Führende Physiker waren überzeugt, daß die Gleichungen der Quantentheorie nicht die wahre Wirklichkeit beschrieben. Wissenschaftliches Wissen beschränkte sich auf Abstraktionen, mathematische Symbole, »Schatten«. Mehr denn je war die Welt außerhalb der Reichweite menschlicher Erkenntnis gerückt.

Die geistigen Widersprüche und Unklarheiten der neuen Physik verstärkten nur das seit der kopernikanischen Revolution stetig wachsende Gefühl der menschlichen Relativität und Entfremdung. Der moderne Mensch sah sich gezwungen, seinen alten griechischen Glauben in Frage zu stellen, daß die Welt in einer seiner Intelligenz zugänglichen Weise geordnet war. »Die Struktur der Natur«, so der Physiker P. W. Bridgman, »könnte am Ende so beschaffen sein, daß unsere Denkprozesse nicht hinlänglich genug mit ihr übereinstimmen, um uns zu gestatten, überhaupt über sie nachzudenken [...]. Die Welt blendet sich aus und entzieht sich uns. [...]. Wir stehen etwas wahrhaft Unbeschreiblichem gegenüber. Wir sind an der Grenze der Vision der großen Wissenschaftspioniere angelangt, daß wir in einer uns geistesverwandten Welt leben, die von unserem Denken verstanden werden kann.«[3] Die Schlußfolgerung der Philosophie wurde von der Wissenschaft übernommen: Die Wirklichkeit mochte so strukturiert sein, daß der menschliche Geist sie nicht objektiv erkennen konnte. Inkohärenz, Nicht-Intelligibilität und ein unsicherer Relativismus kamen so noch zur frühmodernen Erfahrung der menschlichen Entfremdung in einem unpersönlichen Kosmos hinzu.

Als Relativitätstheorie und Quantenmechanik die absolute Gewißheit des newtonschen Paradigmas auflösten, bewies die Wissenschaft die Stichhaltigkeit des kantischen Skeptizismus. In einem Ausmaß, das für den überzeugten Newtonianer Kant nicht vorhersehbar gewesen war, wurde die Fähigkeit des menschlichen Geistes, gesichertes Wissen von der Welt an sich zu erlangen, problematisch. Kant war sich der Wahrheit der newtonschen Wissenschaft sicher. Er hatte deshalb argumentiert, daß die mit ihr übereinstimmenden Kategorien der menschlichen Erkenntnis selbst absolut sein müßten – nur sie boten eine Basis für die Errungenschaften Newtons und die menschliche Erkenntnisfähigkeit im allgemeinen. Die Physik des zwanzigsten Jahrhunderts entzog auch dieser letzten Gewißheit Kants die Grundlage. Die fundamentalen kantischen Konzeptionen a priori – Raum, Zeit, Substanz, Kausalität – waren nicht länger auf alle Phänomene anwendbar. Die wissenschaftliche Erkenntnis, die nach Newton universal und absolut zu sein schien, hatte nach Einstein, Bohr und Heisenberg als begrenzt und provisorisch zu gelten. Die Quantenmechanik bestätigte auf radikale Weise die Gültigkeit der These Kants, daß es sich bei der von der Physik beschriebenen Natur nicht um die Natur an sich handele, sondern um das Verhältnis des Menschen zur Natur – also um die Natur, wie sie sich dem Menschen in der Form seines Fragens zeigte.

Was in Kants Kritik implizit angelegt war, von der scheinbaren Gewißheit der newtonschen Physik aber verdeckt wurde, wurde nun offenkundig: Die Wahrheiten der Wissenschaft waren weder absolut noch eindeutig objektiv. Dafür gab es drei Gründe: Die Induktion konnte zu keinen sicheren allgemeinen Gesetzen führen; die wissenschaftliche Erkenntnis war ein Produkt menschlich-interpretierender Strukturen, die relativ, variabel und kreativ angewendet werden konnten; der Akt der Beobachtung produzierte in gewisser Weise erst jene objektive Wirklichkeit, die die Wissenschaft zu erklären versuchte. Gemeinsam ließen die Philosophie des achtzehnten und die Wissenschaft des zwanzigsten Jahrhunderts den modernen Geist ohne Absolutes, aber auch auf beunruhigende Weise ohne jegliche feste Basis zurück.

Dieser problematische Schluß wurde in jüngster Zeit von einer kritischen, vor allem von den Arbeiten Karl Poppers und Thomas Kuhns beeinflußten Annäherung an die Philosophie und die Wissenschaftsgeschichte untermauert. Popper – der sich auf die Einsichten Humes und Kants stützte – verwies darauf, daß die Wissenschaft niemals Wissen hervorbringen könne, das sicher oder auch nur wahrscheinlich sei. Der Mensch beobachtete die Welt als ein Fremder, der phantasievolle Vermutungen über die Struktur und das Funktionieren des Universums anstellte. Ohne riskante Vermutungen konnte er sich der Welt gar nicht nähern, weil jede beobachtete Tatsache immer schon einen interpretierenden Fokus voraussetzte. In der Wissenschaft mußten diese Mutmaßungen allerdings kontinuierlich und systematisch überprüft werden. Wie viele Tests aber auch immer erfolgreich durchgeführt wurden – eine Theorie konnte nie mehr als eine nur unvollkommen erhärtete Vermutung sein. Eine weitere Überprüfung konnte sie jederzeit als falsch erweisen. Keine wissenschaftliche Wahrheit war gegen diese Möglichkeit immun. Selbst grundlegende Tatsachen waren relativ und ließen sich potentiell stets einer radikalen Neuinterpretation in einem neuen Bezugsrahmen unterziehen. Der Mensch würde nie behaupten können, das wahre Wesen der Dinge zu kennen. Angesichts der virtuellen Unendlichkeit der Phänomene der Welt erwies sich auch die menschliche Unwissenheit als unendlich. Die weiseste Strategie bestand deshalb darin, aus seinen eigenen unvermeidlichen Fehlern zu lernen.

Popper bewahrte die wissenschaftliche Rationalität, indem er auf ihrer grundsätzlichen Verpflichtung zur rigorosen Überprüfung jeglicher Theorie und ihrer furchtlosen Neutralität bei der Suche nach Wahrheit bestand. Dagegen unterminierte Kuhns Analyse der Wissenschaftsgeschichte auch noch diese Sicherheit. Kuhn stimmte Popper zwar zu, daß alles wissenschaftliche Wissen Interpretationen voraussetzte, die auf grundlegenden Paradigmen oder begrifflichen Modellen beruhten. Nur so war es dem Forscher möglich, Daten zu isolieren, Theorien zu entwickeln und Probleme zu lösen. Kuhn gelang jedoch anhand vieler Beispiele aus der Wissenschaftsgeschichte der Nachweis, daß die tatsächliche Praxis der Wissenschaftler nur selten mit Poppers Ideal einer systematischen Selbstkritik vermittels der Falsifikation bestehender Theorien übereinstimmte. Statt dessen war die Vorgehensweise der Wissenschaft von dem angestrengten Bemühen gekennzeichnet, das herrschende Paradigma zu bestätigen – Fakten im Licht dieser Theorie zu sammeln, Experimente auf ihrer Grundlage vorzunehmen, ihre Anwendungsmöglichkeiten zu erweitern, ihre Struktur zu verfeinern oder zu versuchen, verbliebene Probleme zu lösen. Weit davon entfernt, das Paradigma als solches einer regelmäßigen Prüfung zu unterziehen, vermied es die Wissenschaft im Regelfall, ihm zu widersprechen, indem sie routinemäßig störende Daten uminterpretierte oder einfach ignorierte. In einem Ausmaß, wie es sich die Wissenschaftler nie eingestanden hatten, sorgte die wissenschaftliche Praxis dafür, daß sich ihr herrschendes Paradigma gleichsam von selbst bestätigte. Das Paradigma fungierte als Filter für jede Beobachtung und wurde durch allgemeine Konvention wie ein Bollwerk aufrechterhalten. Die wissenschaftliche Pädagogik hielt das tradierte Paradigma am Leben und untermauerte seine Glaubwürdigkeit durch die Ausbildung an den Schulen, durch verbindliche Textsammlungen und Nachschlagewerke. Sie tendierte zur Herstellung von Gesinnungstreue und theoretischer Unbeweglichkeit und war insofern einer Ausbildung in systematischer Theologie nicht unähnlich.

Wenn die allmähliche Anhäufung widersprüchlicher Daten schließlich eine Krise des Paradigmas auslöste und eine neue, phantasievolle Synthese wissenschaftlichen Zuspruch erfuhr, war der dann einsetzende revolutionäre Umgestaltungsprozeß alles andere als rational. Er hing von den herrschenden Gebräuchen der Forschergemeinschaft, von ästhetischen, psychologischen und soziologischen Faktoren, von bestimmten zeitgenössischen Basismetaphern und populären Analogien, von unvorhersehbaren Sprüngen der Vorstellungskraft und Gestaltwechseln, ja vom Altern und Sterben konservativer Wissenschaftler ebenso ab wie von interessefreien Tests und Diskussionen. Die rivalisierenden Paradigmen waren nur selten wirklich miteinander vergleichbar. Sie stützten sich in der Regel auf verschiedene Interpretationsmethoden und unterschiedliches Datenmaterial. Jedes Paradigma brachte seine eigene *Gestalt* hervor, in einem so umfassenden Sinne, daß mit verschiedenen Paradigmen arbeitende Wissenschaftler in verschiedenen Welten zu leben schienen. Zudem existierte kein gemeinsames Bewertungskriterium, dem alle Wissenschaftler als Vergleichsmaßstab zustimmen würden – wie etwa die Problemlösungskompetenz, die theoretische Kohärenz oder die Falsifikationsresistenz einer Theorie. Eine Frage, die der einen Gruppe von Wissenschaftlern als äußerst wichtig erscheinen mochte, stellte sich für die andere erst gar nicht. Die Geschichte der Wissenschaft war daher nicht ein linear auf eine immer präzisere und umfassendere Erkenntnis der objektiven Wahrheit zulaufender Fortschritt. Sie war vielmehr geprägt von radikalen Sprüngen, bei denen eine Vielzahl von irrationalen und nichtempirischen Faktoren eine entscheidende Rolle spielten. Popper hatte versucht, Humes Skepsis zu mildern, indem er auf die Rationalität der Entscheidung für die nach strengsten Maßstäben getestete Vermutung verwies; Kuhns Analyse dagegen diente der Wiederherstellung dieser Skepsis.[4]

Angesichts dieser philosophischen und historischen Kritik sowie vor dem Hintergrund der Revolution in der Physik machte sich in Intellektuellenkreisen eine vorsichtigere Haltung gegenüber den Ansprüchen der Naturwissenschaft breit. Deren spezifische Form von Wissen war zwar noch immer unbestreitbar effektiv und mächtig, aber es galt jetzt als eine in vieler Hinsicht relative Angelegenheit. Die von der Wissenschaft hervorgebrachte Erkenntnis galt relativ zum Betrachter, zu seinem physischen Kontext, zum beherrschenden Paradigma seiner jeweiligen Wissenschaft und zu seinen eigenen theoretischen Annahmen. Sie war relativ zu der in seiner Kultur vorherrschenden Glaubensordnung, zu seinem sozialen Kontext und seinen psychologischen Prädispositionen, ja selbst zur Tatsache seiner Beobachtung. Die ersten Prinzipien der Wissenschaft konnten von neuen Beweisen jederzeit auf den Kopf gestellt werden. Im späteren zwanzigsten Jahrhundert gerieten die konventionellen Strukturen der Paradigmen anderer Wissenschaften, einschließlich der Evolutionstheorie Darwins, unter den zunehmenden Druck widersprechender Daten und alternativer Theorien. Vor allem aber war die Urgewißheit der cartesianisch-newtonschen Welt, die über Jahrhunderte das anerkannte Modell der menschlichen Erkenntnis gewesen war und noch immer großen Einfluß auf die kulturelle Psyche ausübte, erschüttert worden. Die post-newtonsche Weltordnung war weder intuitiv zugänglich noch intern kohärent – sie war überhaupt keine Ordnung.

All dies hätte allein nicht ausgereicht, um die unbestrittene Vormachtstellung der exakten Wissenschaften für das moderne Denken zu gefährden. Die wissenschaftliche Wahrheit mochte zwar zunehmend esoterisch und rein provisorisch sein. Doch war sie überprüfbar, wurde kontinuierlich verbessert und präzisiert. Ihre praktischen Auswirkungen boten in Form des technologischen Fortschritts konkret greifbare, öffentliche Belege für den Anspruch der Wissenschaft, lebendiges Weltwissen hervorzubringen – in Industrie, Landwirtschaft, Medizin, Energiegewinnung, Kommunikation und Transport. Ausgerechnet diese greifbaren Belege waren es, die sich paradoxerweise als entscheidend für eine gegenläufige Entwicklung erweisen sollten. Denn als die praktischen Konsequenzen der wissenschaftlichen Erkenntnis nicht länger nur positiv bewertet werden konnten, sah sich das moderne Denken gezwungen, sein früher rückhaltloses Vertrauen in die Wissenschaft zurückzunehmen.

Emerson hatte bereits im neunzehnten Jahrhundert gewarnt, die technischen Errungenschaften des Menschen seien vielleicht nicht nur zu seinem Besten: »Die Dinge sitzen im Sattel und reiten die Menschheit.« Zur Jahrhundertwende, als der technologische Fortschritt neue Wunder wie das Automobil und die breite Nutzung der Elektrizität hervorbrachte, begannen manche Beobachter zu spüren, daß solche Entwicklungen der Beginn einer verhängnisvollen Umkehrung menschlicher Werte sein könnten. Bis zur Mitte des zwanzigsten Jahrhunderts war die schöne neue Welt der Wissenschaft zum Gegenstand breiter und lebhafter Kritik geworden: Die Technologie sei im Begriff, das Ruder zu übernehmen und den Menschen zu entmenschlichen; sie trenne ihn von der Natur und verbanne ihn in einen Kontext aus artifiziellen Substanzen und Apparaten; sie produziere eine unästhetisch-standardisierte Umwelt, in der Mittel den Zweck bestimmten; die Erfordernisse der Industriearbeit zögen eine Mechanisierung des Menschen nach sich; die scheinbare technische Lösbarkeit aller Probleme verdränge die wahrhaft existentiellen Antworten. Die verselbständigten und sich selbst verstärkenden Imperative des technischen Funktionierens bedrohten den Menschen und zerstörten seine fundamentale Beziehung zur Erde.

Die menschliche Individualität schien zunehmend geschwächt. Sie drohte unter dem mächtigen Einfluß von Massenproduktion, Massenmedien und einer öden und problembelasteten Urbanisierung gänzlich zu verschwinden. Traditionelle Strukturen und Werte zerfielen. Angesichts eines endlosen Stroms an technologischen Neuerungen wurde das moderne Leben einem auf beispiellose Weise desorientierenden und schnellen Wandel unterworfen. Gigantismus und Getümmel, exzessiver Krach, Geschwindigkeit und Komplexität beherrschten das menschliche Umfeld. Die Welt, in der der Mensch lebte, wurde genauso unpersönlich wie der Kosmos seiner Wissenschaft. Angesichts eines von Anonymität, Leere und Materialismus beherrschten modernen Lebens schien es zunehmend zweifelhaft, ob der Mensch seine Humanität in einer technologiebestimmten Umwelt bewahren konnte. Für viele stellte sich die Frage nach der menschlichen Freiheit – und nach der Fähigkeit der Menschheit, Herr über ihre eigene Schöpfung zu bleiben.

Diese geballte humanistische Kritik war ein beunruhigend konkretes Zeichen der negativen Wissenschaftsfolgen. Schwerwiegende und bedrohliche Probleme traten mit aller Kraft und in ihrer ganzen Komplexität mehr und mehr in den Vordergrund: die bedenkliche Verschmutzung des Wassers, der Luft und der Erde des Planeten; die schädlichen Auswirkungen auf die Tier- und Pflanzenwelt; die Ausrottung ungezählter Tierarten; die Entwaldung des Globus; die Erosion der Erdoberfläche; der Raubbau am Grundwasser; die Anhäufung riesiger Mengen giftiger Abfälle; die Verschärfung des Treibhauseffekts; der Zusammenbruch der Ozonschicht in der Atmosphäre; die radikale Störung des gesamten planetarischen Ökosystems. Selbst in den engen Grenzen der kurzfristigen menschlichen Perspektive war der beschleunigte Raubbau an unersetzbaren Naturressourcen zu einem alarmierenden Phänomen geworden. Die Abhängigkeit von ausländischen Vorräten an lebenswichtigen Ressourcen brachte neue Unwägbarkeiten im globalen politischen und wirtschaftlichen Leben mit sich. Das Sozialgefüge war immer wieder neuen Bedrohungen und Belastungen ausgesetzt, die in einem direkten oder indirekten Zusammenhang mit dem Fortschritt der wissenschaftlichen Zivilisation standen: urbane Überentwicklung und Überbevölkerung; kulturelle und soziale Entwurzelung; abstumpfende mechanische Arbeit; immer katastrophalere Unfälle in Industrie, Auto- und Luftverkehr; Krebs und Herzerkrankungen; Alkoholismus und Drogenabhängigkeit; verdummende und kulturell verarmende Medien; erhöhte Kriminalität und Gewaltbereitschaft sowie verstärkt auftretende psychopathologische Symptome.

Sogar die meistgefeierten Erfolge der Wissenschaft zogen paradoxerweise neue und dringende Probleme nach sich. Die Bedrohung durch eine globale Überbevölkerung verschärfte sich im Gefolge des medizinischen Sieges über viele Krankheiten, der Senkung der Sterblichkeitsrate und technologischer Fortschritte bei der Produktion und beim Transport von Nahrungsmitteln. In anderen Fällen schufen die Fortschritte der Wissenschaft neue faustische Dilemmata, etwa im Kontext der unabsehbaren künftigen Anwendungsmöglichkeiten der Gentechnologie. Allgemeiner ausgedrückt: In der globalen und lokalen Umwelt, in Sozialsystemen und im menschlichen Körper überstieg die Komplexität der relevanten Variablen die Leistungsfähigkeit der Wissenschaft. Die Konsequenzen einer technologischen Manipulation dieser Variablen waren deshalb unvorhersehbar und oft schädlich.

Alle diese Entwicklungen waren zu einem frühen und verhängnisvollen Höhepunkt gelangt, als Naturwissenschaft und Politik sich heimlich zusammenschlossen, um die Atombombe zu produzieren. Es schien zutiefst – wenn auch auf tragische Weise – ironisch, daß ausgerechnet Einsteins Entdeckung der Äquivalenz von Masse und Energie, derzufolge ein Partikel Materie in eine enorme Energiemenge verwandelt werden konnte, erstmals in der Geschichte die Möglichkeit der Selbstvernichtung der Menschheit heraufbeschwor – die Entdeckung eines engagierten Pazifisten, die in gewisser Weise einen Höhepunkt intellektueller Brillanz und Kreativität der Menschheit darstellte. Mit dem Abwurf der Atombomben auf die Zivilbevölkerung Hiroshimas und Nagasakis konnte der Glaube an die moralische Neutralität der Wissenschaft, geschweige denn an einen Fortschritt, der nur dem grenzenlosen Wohlergehen der Menschheit diente, nicht länger aufrecht erhalten werden. Während des darauf folgenden Kalten Krieges vervielfachte sich die Anzahl der auf beispiellose Weise zerstörerischen Nuklearsprengköpfe, bis der gesamte Planet mehrfach hätte vernichtet werden können. Die Zivilisation hatte sich jetzt durch ihre eigene Genialität selbst in Gefahr gebracht. Die gleiche Wissenschaft, die auf so dramatische Weise die Gefahren und Lasten des menschlichen Lebens verringert hatte, erwies sich nunmehr als die größte Bedrohung für das Überleben der Menschheit.

Ein neues Gefühl für die Grenzen der Wissenschaft, für ihre Gefahren und ihre Schuld, überschattete den erreichten Fortschritt und die lange Reihe ihrer großartigen Triumphe. Von überall her sah sich das moderne Wissenschaftsdenken jetzt Anfechtungen ausgesetzt: von

Seiten seiner wissenschaftslogischen Kritiker und seiner eigenen, in einer wachsenden Zahl von Bereichen auftauchenden theoretischen Probleme; von Seiten eines zunehmend dringlicher werdenden psychologischen Bedürfnisses, die Trennung von Mensch und Welt in der modernen Weltanschauung zu überwinden; und vor allem von Seiten seiner negativen Folgewirkungen und der zentralen Rolle, die es in der planetarischen Krise spielte. Die intime Verquickung der wissenschaftlichen Forschung mit den politischen, militärischen und industriellen Mächten strafte das traditionelle Selbstbild von der abgehobenen, über allen banalen Interessen stehenden Wissenschaft Lüge. Die Vorstellung, es könne eine »reine Wissenschaft« geben, wurde jetzt als illusorisch entlarvt. Der Glaube, daß die Wissenschaft allein über einen Zugang zur Wahrheit der Welt verfüge, daß nur sie die Natur wie ein perfekter Spiegel – der eine ahistorische, allgemeine, objektive Realität reflektiere – erfassen könne, galt jetzt nicht nur als wissenschaftslogisch naiv, sondern als bewußte oder unbewußte Verschleierung politischer und ökonomischer Interessen. Nur auf diese Weise sei es möglich gewesen, gewaltige Ressourcen an Material und Intelligenz in Programme zu stecken, die nur im Dienst sozialer Herrschaft und ökologischer Ausbeutung standen. Die aggressive Plünderung der natürlichen Umwelt, die Verbreitung der Nuklearwaffen, die Gefahr einer globalen Katastrophe – all dies schien darauf hinzudeuten, daß sich die Wissenschaft, ja sogar die menschliche Vernunft, zum Knecht der selbstzerstörerischen Irrationalität des Menschen hatte machen lassen.

Wenn alle wissenschaftlichen Hypothesen rigoros und interesselos zu prüfen und gegebenenfalls zu verwerfen waren, dann mußte das »wissenschaftliche Weltbild« insgesamt als widerlegt gelten. Die beherrschende Metahypothese der Moderne schien von ihren schädlichen und kontraproduktiven Konsequenzen in der empirischen Welt falsifiziert. Das wissenschaftliche Projekt, das in seinen früheren Stadien eine kulturelle – philosophische, religiöse, soziale, psychologische – Kraft gewesen war, hatte in eine biologische Sackgasse geführt. Der optimistische Glaube, die Probleme der Welt würden sich einfach durch wissenschaftlichen Fortschritt und soziale Techniken lösen lassen, war verschwunden. Wieder einmal stand der Westen im Begriff, seinen Glauben zu verlieren – dieses Mal nicht den Glauben an die Religion, sondern den Glauben an die Wissenschaft und die autonome menschliche Vernunft.

Noch immer wurde die Wissenschaft geschätzt und in mancher Hinsicht auch verehrt. Aber sie hatte nicht nur ihr makelloses Image als Befreierin der Menschheit verloren, sondern auch ihren lange Zeit für unumstößlich gehaltenen Anspruch auf praktisch absolute kognitive Zuverlässigkeit. Weil sich ihre Ergebnisse nicht länger als reine Wohltaten erwiesen, ihr reduktionistisches Verständnis der natürlichen Umwelt offensichtlich Defizite aufwies und ihre Anfälligkeit für politische und ökonomische Interessen außer Frage stand, verlor sie ihre ehemals uneingeschränkte Vertrauenswürdigkeit zusehends. Vor dem Hintergrund dieser miteinander verwobenen Faktoren setzte sich in der Öffentlichkeit eine Art radikaler humescher erkenntnistheoretischer Skeptizismus durch, gemischt mit einem relativierten kantischen Sinn für apriorische Erkenntnisstrukturen. Nach der wissenschaftslogischen Kritik der modernen Philosophie war die wesentliche Grundlage, die dem Verstand für seinen Gültigkeitsanspruch noch verblieben war, seine empirische Stützung durch die Wissenschaft gewesen. Die philosophische Kritik allein war jedoch abstrakt. Sie wäre ohne bestimmenden Einfluß auf die breite Kultur oder die Wissenschaft geblieben, wenn das wissenschaftliche Unternehmen auch weiterhin eindeutig positive praktische und kognitive Resultate gezeitigt hätte. Doch angesichts der problematischen Wissenschaftsfolgen war auch das letzte Fundament des Verstandes ins Wanken geraten.

Viele nachdenkliche Beobachter – nicht nur professionelle Philosophen – sahen sich dazu gezwungen, den Status menschlicher Erkenntnis neu zu bewerten. Der Mensch mochte sich selbst zwar als ein Wesen sehen, das die Dinge – auf wissenschaftlichem oder anderem Wege – erkannte. Doch dafür gab es keine eindeutige Garantie: Er verfügte über keinen apriorischen, rationalen Zugang zu allgemeinen Wahrheiten; empirische Daten waren stets theorievermittelt und abhängig vom Beobachter; das ehemals zuverlässige wissenschaftliche Weltbild stand grundlegend in Frage, denn sein konzeptioneller Rahmen produzierte und verschärfte die Probleme der Menschheit auf globaler Ebene. Wissenschaftliche Erkenntnis war erstaunlich wirkungsvoll – aber eben diese Auswirkungen legten den Schluß nahe, daß ein Zuviel an Wissen aus einer einzigen, begrenzten Perspektive sich als gefährlich erweisen konnte.

461

DIE ROMANTIK
UND IHR SCHICKSAL

Die zwei Kulturen

Die äußerst fruchtbaren Veränderungen während der Renaissance brachten zwei unterschiedliche kulturelle Strömungen, zwei verschiedene Temperamente mit zwei für das westliche Denken typischen Auffassungen vom menschlichen Dasein hervor. Die eine kam in der wissenschaftlichen Revolution und der Aufklärung zum Ausdruck. Sie betonte Rationalität, empirische Wissenschaft und einen skeptischen Säkularismus. Die andere, ihre polare Ergänzung, besaß mit ihr gemeinsame Wurzeln in der Renaissance, in der klassischen griechisch-römischen Kultur – und auch in der Reformation. Sie tendierte aber dazu, sich eher mit jenen Aspekten der menschlichen Erfahrung zu beschäftigen, die vom alles beherrschenden Geist des Rationalismus der Aufklärung unterdrückt wurden. Diese andere Seite der westlichen Mentalität trat in der Moderne erstmals deutlich bei Rousseau hervor, später dann bei Goethe, Schiller, Herder und der deutschen Romantik. Sie entfaltete sich im späten achtzehnten und frühen neunzehnten Jahrhundert. Seitdem hat sie nicht aufgehört, eine bedeutende Rolle in der Kultur und dem Bewußtsein des Westens zu spielen – von Blake, Wordsworth, Coleridge, Hölderlin, Schelling, Schleiermacher, den Gebrüdern Schlegel, Madame de Staël, Shelley, Keats, Byron, Hugo, Puschkin, Carlyle, Emerson, Thoreau, Whitman bis zu ihren zahlreichen Nachfahren – gegenkulturellen und anderen – in der Gegenwart.

Allerdings hatte das romantische Temperament erstaunlich vieles mit seinem aufgeklärten Gegenüber gemein: Das komplexe Wechselspiel beider konstituierte die moderne Befindlichkeit. Durch ihre hohe Wertschätzung der Kräfte des Menschen und ihre Beschäftigung mit der menschlichen Perspektive auf das Universum tendierten beide zum Humanismus. Beide sahen in der diesseitigen Welt und in der Natur den Schauplatz des menschlichen Dramas und den Brennpunkt des menschlichen Strebens. Beide richteten ihre Aufmerksamkeit auf das Phänomen des menschlichen Bewußtseins und die

Beschaffenheit seiner verborgenen Strukturen. Beide fanden in der antiken Kultur eine reiche Quelle an Einsichten und Werten. Beide waren zutiefst prometheisch – in ihrer Rebellion gegen unterdrückende traditionelle Strukturen, in ihrer Feier des individuellen menschlichen Genius, in ihrem ruhelosen Streben nach menschlicher Freiheit und nach Erfüllung, in ihrer mutigen Erkundung des Neuen.

Hinter jeder einzelnen dieser Gemeinsamkeiten verbargen sich jedoch tiefgehende Differenzen. Im Kontrast zum Geist der Aufklärung nahmen die Romantiker die Welt nicht als atomistische Maschine, sondern eher als einheitlichen Organismus wahr; sie verherrlichten eher das Unsagbare der Inspiration als die Klarheit der Vernunft; sie fühlten sich eher von der Unerschöpflichkeit des menschlichen Lebens als von der ruhigen Vorhersehbarkeit statischer Abstraktionen angezogen. Das aufgeklärte Temperament stützte seine Wertschätzung des Menschen auf dessen unvergleichlichen rationalen Intellekt und seine Macht, die Gesetze der Natur zu verstehen und sich nutzbar zu machen. Der Romantiker aber schätzte den Menschen wegen seiner geistig-spirituellen Bestrebungen, seiner emotionalen Tiefe, seiner künstlerischen Kreativität und seiner Fähigkeit zu individuellem Ausdruck und zur Selbstschöpfung. Das vom aufgeklärten Temperament gefeierte Genie hieß Newton, Franklin oder Einstein; das Genie der Romantik hieß Goethe, Beethoven oder Nietzsche.

Beide Seiten verliehen dem autonomen, weltverändernden Willen und Geist des modernen Menschen einen fast göttlichen Rang. Die Konsequenz war eine Heldenverehrung und eine Geschichtsschreibung der großen Menschen und ihrer Taten. Das westliche Ich gewann an vielen Fronten gleichzeitig an Substanz und Kraft: in den titanischen Selbstbehauptungen der Französischen Revolution und Napoleons; im neuen Selbstbewußtsein Rousseaus und Byrons; in den wissenschaftlichen Erkenntnissen Lavoisiers und Laplaces; im beginnenden feministischen Selbstvertrauen Mary Wollstonecrafts und George Sands; in der von Goethe verwirklichten allseitigen Fülle menschlicher Erfahrung und Kreativität. Doch Charakter und Ziel dieses autonomen Selbst waren für die beiden Temperamente – den Aufklärer und den Romantiker – nicht gleich. Die Zukunftsvision Bacons war nicht die von Blake.

Die Natur war für den aufklärerisch-wissenschaftlichen Geist ein Objekt der Beobachtung und des Experiments, der theoretischen

Erklärung und der technologischen Manipulation. Für den Romantiker war sie ein lebendiges Gefäß des Geistes, eine Quelle von Mysterien und Offenbarungen. Auch der Wissenschaftler wollte in die Natur eindringen und ihr Geheimnis enthüllen. Doch Ziel und Methode seines Eindringens sowie der Charakter seiner Offenbarung waren andere als die des Romantikers. Die Natur war für den Romantiker kein distanziertes Objekt nüchterner Analyse. Er sehnte sich danach, in die Natur einzutauchen, mit ihr eins zu werden, die existentielle Dichotomie zu überwinden. Die Offenbarung, die er suchte, war nicht ein mechanisches Gesetz, sondern spiritueller Art. Während der Wissenschaftler sich für eine nachprüfbare und konkret wirksame Wahrheit interessierte, suchte der Romantiker nach einer sein Inneres verklärenden und erhebenden Wahrheit. Für Wordsworth war die Natur durchdrungen und beseelt von spiritueller Bedeutung und Schönheit; Schiller sah in den unpersönlichen Mechanismen der Wissenschaft nur einen schwachen Ersatz für die griechischen Götter, die die Natur für die Menschen der Antike belebt hatten. Beide modernen Temperamente – das wissenschaftliche und das romantische – strebten danach, die menschliche Erfahrung und die natürliche Welt zu ihrer Erfüllung zu bringen. Doch das Universum, das der Romantiker suchte und fand, unterschied sich radikal von dem des Wissenschaftlers.

Bemerkenswert war die unterschiedliche Sichtweise von Wissenschaft und Romantik in bezug auf das menschliche Bewußtsein. Die aufklärerisch-wissenschaftliche Untersuchung des Geistes war empirischer und wissenschaftslogischer Art; sie konzentrierte sich auf Sinneswahrnehmung, kognitive Entwicklung und quantitative Verhaltensstudien. Seit Rousseaus *Bekenntnissen* – der modernen romantischen Fortsetzung und Antwort auf die katholischen *Bekenntnisse* Augustins – stützte sich das Interesse der Romantiker im Gegensatz dazu auf eine intensive Selbstwahrnehmung und die faszinierende Erkundung der vielschichtigen Natur des menschlichen Selbst; es war deshalb relativ frei von den Schranken der wissenschaftlichen Perspektive. Gefühl und Phantasie, nicht Verstand und Wahrnehmung, waren von primärer Bedeutung. Neues Interesse wurde nicht nur dem Erhabenen und Besonderen, sondern auch dem Widersprüchlichen und Dunklen der menschlichen Seele entgegengebracht: dem Bösen, dem Tod, dem Dämonischen und dem Irrationalen. Diese Themen wurden weitgehend ignoriert vom optimistischen, auf Klarheit bedachten Blick der rationalen Wissenschaft. Sie inspirierten aber die Werke von

Blake und Novalis, Schopenhauer und Kierkegaard, Hawthorne und Melville, Poe und Baudelaire, Dostojewski und Nietzsche. Mit der Romantik wandte sich das moderne Auge immer mehr nach innen, um die Schattenseiten der Existenz zu untersuchen, die Geheimnisse des Innenlebens zu erforschen: Stimmungen und Beweggründe, Liebe und Begierde, innere Konflikte und Widersprüche, Erinnerungen und Träume. Die Imperative der romantischen Introspektion lauteten: extreme und nicht mitteilbare Bewußtseinszustände erleben, von mystischer Ekstase ergriffen werden, die Tiefen der menschlichen Seele ausloten, das Unbewußte zu Bewußtsein bringen, das Unendliche erkennen.

Der Wissenschaftler suchte nach allgemeinen, eine einzige, objektive Wirklichkeit definierenden Gesetzen. Der Romantiker verherrlichte die grenzenlose Vielfalt der in sein Bewußtsein eindringenden Wirklichkeiten und die komplexe Einzigartigkeit, die jeder Gegenstand, jedes Ereignis und jede Erfahrung für seine Seele bedeutete. Eine aus mehreren verschiedenen Perspektiven sich ergebende Einsicht wurde höher bewertet als das monolithisch-eindimensionale Ideal der empirischen Wissenschaft. Für den Romantiker besaß die Wirklichkeit durch und durch symbolischen Charakter und war daher grundsätzlich mehrdeutig – ein konstant sich wandelnder Komplex aus vielschichtigen Bedeutungen, ja Gegensätzen. Für den aufklärerisch-wissenschaftlichen Geist hingegen war die Wirklichkeit konkret, diesseitig und eindimensional. Gegen diese Sichtweise führten die Romantiker ins Feld, daß die vom wissenschaftlichen Denken konstruierte und wahrgenommene Wirklichkeit im Grunde selbst symbolisch sei. Nur seien diese Symbole ausschließlich von einer ganz bestimmten Art – mechanistisch, materiell, unpersönlich; sie würden von den Wissenschaftlern als die einzig gültigen interpretiert. Aus Sicht der Romantiker war das konventionelle wissenschaftliche Bild der Wirklichkeit im wesentlichen ein mißgünstiger »Monotheismus« in neuem Gewand, der keinerlei Götter neben sich duldete. Das Prosaische des modernen Geistes sei eine Form des Götzendienstes – kurzsichtig würde dem undurchdringlichen Objekt als der einzig wahren Wirklichkeit gehuldigt, statt in ihm ein Mysterium, ein Behältnis tieferer Wirklichkeiten zu erkennen.

Die Suche nach einer einheitlichen Ordnung und Bedeutung blieb auch für die Romantiker maßgeblich. Die engen Grenzen, die die Aufklärung der menschlichen Erkenntnis gesetzt hatte, wurden jedoch radikal erweitert; ein breiteres Spektrum an menschlichen Fähigkeiten wurde als unabdingbar für wahre Erkenntnis angesehen. Phantasie und Gefühl ergänzten Sinn und Verstand, um ein tieferes Eindringen in das Geheimnis der Welt zu ermöglichen. In seinen morphologischen Studien versuchte Goethe, die archetypische Form jeder Pflanze und jedes Tieres dadurch zu erfahren, daß er die objektive Wahrnehmung mit dem Inhalt seiner eigenen Phantasie erfüllte. Schelling verkündete, »über die Natur zu philosophieren« bedeute, »Natur zu schaffen«, denn die wahre Bedeutung der Natur könne nur aus dem Inneren der »geistigen Vorstellungskraft« kommen. Die Historiker Vico und Herder nahmen Erkenntnisformen ernst, die – wie die mythologische – das Bewußtsein anderer Zeitalter geprägt hatten; sie glaubten, es sei die Aufgabe der Historikers, sich in den Geist anderer Epochen durch einen empathischen »Geschichtssinn« hineinzuversetzen, um sie von innen heraus durch eine einfühlende Vorstellungskraft zu verstehen. Hegel erkannte im gewaltigen Material der Geschichte vermittels einer »Logik des Mitgefühls« einen umfassenden rationalen und spirituellen Sinn. Coleridge schrieb, daß »profundes Denken nur für einen Menschen mit profunden Gefühlen erreichbar sei«; die »Kraft der Phantasie« des Künstlers statte den menschlichen Geist mit der Fähigkeit aus, die Dinge in ihrer Ganzheitlichkeit zu erfassen, aus disparaten Elementen das kohärente Ganze hervorzubringen und zu formen. Wordsworth sprach der magischen Sichtweise eines einfachen Kindes einen potentiell tieferen Einblick in die Wirklichkeit zu als der trüben, entzauberten Perspektive eines normalen Erwachsenen. Blake erkannte in der Imagination das heilige Gefäß des Unendlichen, den Befreier des gebundenen menschlichen Geistes, ein Vermögen, durch das äußere Wirklichkeiten zu Ausdruck und Bewußtsein gelangten. Für viele Romantiker umfaßte allein die Phantasie die Gesamtheit der Existenz; sie war der wahre Grund des Seins, das Medium aller Wirklichkeiten. Sie beherrschte das Bewußtsein und konstituierte die Welt.

Die Romantiker würdigten neben der Phantasie auch den Willen als zentrales Element der menschlichen Erkenntnis. Er sei eine der Erkenntnis vorausgehende Kraft, die den Menschen und das Universum auf neue Höhen der Kreativität und des Bewußtseins hob. Es war vor allem Nietzsche, der die paradigmatische Position der Romantik zur Beziehung des Willens zu Wahrheit und Erkenntnis formulierte. Dabei fand er eine – auf einzigartige Weise einflußreiche – Synthese

aus romantisch-titanischer Leidenschaft und radikalem aufkläreri-
schem Skeptizismus: Der rationale Intellekt konnte weder zu objektiver Wahrheit gelangen, noch konnte eine Perspektive je unabhängig von einer wie auch immer beschaffenen Interpretation sein. Dies
galt nicht nur für Fragen der Moral. Es galt auch für die Physik, die
nur eine von vielen – ganz spezifische Bedürfnisse und Interessen
befriedigende – Perspektiven und Auslegungen darstellte. Jede Art
der Weltbetrachtung war das Produkt verborgener Impulse; Philosophie war kein unpersönliches Denksystem, sondern ein unfreiwilli-
ges Bekenntnis. Unbewußter Trieb, psychologische Motivation, linguistische Verzerrung, kulturelles Vorurteil – sie alle bestimmten
jede menschliche Perspektive. Der langen westlichen Tradition, ein
einzelnes Begriffs- und Vorstellungssystem – ob religiös, wissenschaftlich oder philosophisch – als allein gültige Widerspiegelung
der Wahrheit anzuerkennen, setzte Nietzsche einen radikalen Perspektivismus entgegen: Es gab eine Vielzahl von Perspektiven, die
die Welt interpretieren, und ein maßgebliches, unabhängiges Kriterium, aufgrund dessen sich ein System als stichhaltiger als ein anderes bestimmen ließ, existierte nicht.

Die Welt war – Nietzsche zufolge – radikal unbestimmt. Aber sie war
formbar durch einen heroischen Akt des Willens, der den Impuls des
Lebendigen verstärkte und zu seiner triumphalen Erfüllung brachte:
Die höchste Wahrheit, prophezeite Nietzsche, werde im Inneren des
Menschen durch die selbstschaffende Kraft des Willens geboren. Alles
menschliche Streben nach Wissen und Macht werde sich in einem
neuen Wesen erfüllen, das die lebendige Bedeutung des Universums
verkörperte. Damit diese Geburt aber gelingen könne, müsse der
Mensch über sich selbst hinauswachsen – so weit und grundlegend,
daß dabei sein jetziges beschränktes Ich zerstört würde: »Das Großartige am Menschen ist, daß er eine Brücke und kein Ziel ist [...]. Der
Mensch ist etwas, das überwunden werden muß.« Der Mensch war
ein Weg zu neuen Ufern und neuen Horizonten, über die Grenzen des
gegenwärtigen Zeitalters hinaus. Die Geburt des neuen Wesens war
keine das Leben schwächende, jenseitige Phantasie, an die per kirch-
liches Dekret zu glauben war. Sie war eine lebendige, greifbare Realität, die hier und jetzt durch die heroische Selbstüberwindung des großen Einzelnen zu verwirklichen war. Ein solches Individuum mußte
das Leben in ein Kunstwerk verwandeln. In ihm konnte es seinen
Charakter schmieden, sein Schicksal annehmen und sich selbst als

heroischen Protagonisten des Weltepos neu erschaffen. Das Individuum hatte sich selbst neu zu erfinden, sich selbst zum Sein zu phantasieren. Es mußte ein fiktives Drama Wirklichkeit werden lassen, in das es einsteigen und in dem es leben konnte, um so dem Chaos eines sinnlosen Universums ohne Gott eine erlösende Ordnung zu geben. Dann würde jener Gott, der schon allzu lange ins Jenseits projiziert worden war, im Inneren der menschlichen Seele geboren werden; dann würde der Mensch gottähnlich im ewigen Fluß der Dinge tanzen, von allen Fundamenten und Grenzen befreit, über jegliche metaphysische Einschränkung erhaben. Wahrheit war nichts, das sich beweisen oder widerlegen ließe; sie war etwas, das zu *erschaffen* war. Bei Nietzsche, wie in der Romantik im allgemeinen, wurde der Philosoph zum Poeten: Eine Weltkonzeption wurde nicht unter dem Aspekt ihrer abstrakten Rationalität oder faktischen Verifizierbarkeit beurteilt, sondern als Ausdruck von Mut, Schönheit und imaginativer Kraft.

Die romantische Mentalität brachte neue Maßstäbe und Werte für die menschliche Erkenntnis hervor. Durch die selbstschaffende Macht des Vorstellungsvermögens und des Willens war der Mensch dazu in der Lage, noch ungeborene Wirklichkeiten zu verkörpern; er konnte zu unsichtbaren, aber dennoch realen Ebenen des Seins vordringen; er konnte die Natur, die Geschichte und die Entfaltung des Kosmos verstehen – er konnte am eigentlichen Prozeß der Schöpfung teilhaben. Eine neue Wissenschaftslehre, so hieß es, sei ebenso möglich wie notwendig. So setzten sich die Idealisten und die Romantiker der Nachaufklärung kühn über die von Locke, Hume und Kant etablierten Erkenntnisgrenzen hinweg.

Ähnlich divergierende Auffassungen vertraten die beiden Temperamente – Wissenschaftler und Romantiker – gegenüber den beiden Säulen der westlichen Kultur: der griechisch-römischen Klassik und der jüdisch-christlichen Religion. Der aufklärerisch-wissenschaftliche Geist bediente sich im Verlauf seiner Entwicklung in der Moderne des antiken Denkens, um Ansätze für weitere Untersuchungen und Theoriebildungen zu gewinnen; darüber hinaus galten ihm die antiken metaphysischen und wissenschaftlichen Konzepte jedoch im allgemeinen als mangelhaft und bloß von historischem Interesse. Anders der Romantiker: Für ihn stellte die klassische Kultur noch immer ein lebendiges Reich olympischer Bilder und Figuren dar; für ihn waren die künstlerischen Schöpfungen von Homer und Aischylos noch immer grandiose Vorbilder und in ihrer imaginativen und spirituellen Kraft noch immer voller Bedeutung und Sinn. Beide Standpunkte förderten die Wiederentdeckung der klassischen Vergangenheit, aber aus unterschiedlichen Gründen: der eine um des genauen historischen Wissens willen; der andere, um diese Vergangenheit Wiederaufleben, sie im schöpferischen Geist des modernen Menschen wiederauferstehen zu lassen.

Die Unterschiede von Wissenschaft und Romantik gegenüber der Tradition waren durchgängig grundsätzlicher Natur. Das rational-wissenschaftliche Denken beurteilte die Tradition eher skeptisch; es erkannte sie nur so weit als wertvoll an, als sie dem Wachstum der Erkenntnis Kontinuität und Struktur verlieh. Für den Romantiker – obwohl er oft mehr Rebell war als sein Gegenüber – hielt die Tradition etwas viel Geheimnisvolleres bereit: Sie bildete eine Fundgrube kollektiver Weisheit; sie enthielt die gesammelten Einsichten der Seele eines Volkes; sie war eine lebendige, verändernde Kraft mit eigener Autonomie und evolutionärer Dynamik. Solche Weisheit beschränkte sich nicht auf das empirische und technische Wissen des wissenschaftlichen Geistes, sondern erzählte von tieferen Wirklichkeiten, die der Vernunft und den mechanischen Experimenten verborgen blieben. Nicht nur die klassische griechisch-römische Vergangenheit erfreute sich daher neuer Wertschätzung, sondern auch das durch und durch spirituelle Mittelalter, die gotische Architektur und Volksliteratur, das Archaische und Primitive, das Orientalische und Exotische, esoterische Traditionen jeder Art, der Geist der alten Völker, die dionysischen Ursprünge der Kultur. Eine neue Wahrnehmung der Renaissance entstand, in späteren Jahren gefolgt von einem neuen Bewußtsein der Epoche der Romantik selbst. Im Gegensatz dazu beschäftigte sich der wissenschaftliche Geist mit diesen Dingen nicht aus Empathie oder Inspiration, sondern weil sie von historischem und anthropologischem Interesse waren. In der aufklärerisch-wissenschaftlichen Sichtweise stand die moderne Zivilisation unangefochten über allen ihren Vorgängern; die Romantik dagegen nahm gegenüber der Modernität in allen ihren Erscheinungsformen eine äußerst ambivalente Haltung ein. Diese Ambivalenz wandelte sich im Laufe der Zeit zum Antagonismus, als die Romantiker auf radikale Weise den Glauben des Westens an seinen eigenen Fortschritt, an die natürliche Überlegenheit seiner Zivilisation und an die zwangsläufige Erfüllung seiner rationalen Utopie in Zweifel zogen.

Das Thema der Religion warf analoge Widersprüche auf. Beide Strömungen beruhten zum Teil auf der Reformation; Individualismus und persönliche Glaubensfreiheit waren beiden gemein, doch jede entwickelte jeweils andere Aspekte des protestantischen Erbes weiter. Der Geist der Aufklärung rebellierte gegen die vom theologischen Dogma und dem Glauben ans Übernatürliche auferlegten Fesseln der Unwissenheit und des Aberglaubens und setzte ihnen sein Ideal eines klaren empirischen und rationalen Wissens und der befreienden Hinwendung zum Säkularen entgegen. Religion wurde hier entweder völlig abgelehnt oder nur in Form eines rationalistischen Deismus beziehungsweise einer naturrechtlichen Ethik beibehalten. Die Einstellung des Romantikers gegenüber der Religion war dagegen komplexer. Auch seine Rebellion wandte sich gegen die Hierarchien und Institutionen der traditionellen Religion, gegen aufgezwungene Glaubensvorstellungen, moralistische Einengungen und hohles Ritual. Doch Religiosität war und blieb ein zentrales und dauerhaftes Element des romantischen Denkens: ob in Gestalt des transzendentalen Idealismus, des Neuplatonismus, der Gnostik, des Pantheismus, der Mysterienreligionen, des Naturkultes, der christlichen Mystik, der hindubuddhistischen Mystik, des Swedenborgismus, der Theosophie, der Esoterik, des religiösen Existentialismus, des Neuheidentums, des Schamanismus, des Kultes der Muttergottheit, der evolutionären Vergöttlichung des Menschen – oder einer Mischung aus all diesen Elementen. Aus der Wissenschaft schon lange verschwunden, blieb das »Sakrale« in der Romantik als lebendige Kategorie erhalten. Gott wurde wiederentdeckt – nicht der Gott der Orthodoxie oder des Deismus, sondern der Gott der Mystik, des Pantheismus und des immanenten kosmischen Prozesses; nicht der richtende monotheistische Patriarch, sondern eine unsagbar geheimnisvolle, pluralistische, allumfassende, geschlechtsneutrale oder gar weibliche Gottheit; kein abwesender Schöpfer, sondern eine in Natur und menschlichem Geist wirksame numinose Schöpferkraft.

Die Kunst – Musik, Literatur, Theater, Malerei – besaß für die romantische Mentalität einen fast religiösen Status. In einer durch die Wissenschaft entseelten und mechanisierten Welt kam dem Streben nach Schönheit um ihrer selbst willen eine herausragende psychologische Bedeutung zu. Die Kunst bot sich als einmaliger Schnittpunkt des Natürlichen und des Spirituellen an. Für viele moderne, von der orthodoxen Religion enttäuschte Intellektuelle wurde die Kunst zum zentralen spirituellen Betätigungsfeld und Medium. Das Problem der Gnade, in Form des Rätsels der Inspiration, schien jetzt eher für Maler, Komponisten und Schriftsteller als für Theologen von vitalem Interesse zu sein. Dem künstlerischen Projekt wurde eine erhabene spirituelle Rolle zugeschrieben – ob als poetische Offenbarung oder ästhetischer Rausch; ob als göttliche Eingebung oder Enthüllung ewiger Wirklichkeiten; ob als schöpferische Suche, ästhetische Erziehung, Hingabe an die Musen, existentieller Imperativ oder eine von der Welt des Leidens befreiende Transzendenz. Selbst die weltlichsten unter den Modernen huldigten zuweilen noch der künstlerischen Phantasie; sie verehrten die humanistische Tradition als sakrales Kunst- und Kulturgut. Die Meister vergangener Zeiten wurden die Heiligen und Propheten dieser Kultur, Kritiker und Essayisten ihre Hohepriester. In der Kunst vermochte die entzauberte moderne Psyche noch eine Grundlage für Sinnstiftung und Werte finden, einen als heilig verehrten Kontext für spirituelle Sehnsüchte, eine für Tiefe und Mysterien offene Welt.

Die künstlerisch-literarische Kultur bot dem modernen Geist darüber hinaus eine – wenn auch enorm vielschichtige und veränderliche – Alternative zum Weltbild der Wissenschaft. Aufgrund seiner Fähigkeit zur Reflexion und zur Gestaltung menschlicher Erfahrung verfügte etwa der Roman – von Rabelais, Cervantes und Fielding über Hugo, Stendhal, Flaubert, Melville, Dostojewski und Tolstoi zu Mann, Hesse, Lawrence, Woolf, Joyce, Proust und Kafka – über eine kulturelle Machtposition. Und diese befand sich in einem dauernden und oft nicht zu schlichtenden Spannungsverhältnis zur Macht der vorherrschenden wissenschaftlichen Weltkonzeption. Nachdem sie ihren Glauben an die theologischen und mythologischen Meisterentwürfe früherer Zeiten verloren hatte, wandte sich die literarische Kultur des modernen Westens mit ihrem instinktiven Bedürfnis nach kosmischer Kohärenz und existentieller Ordnung den narrativen Entwürfen der Dichtung zu. Die Fähigkeit des Künstlers, der Erfahrung im Schmelztiegel der ästhetischen Umwandlung neue Kontur und neuen Sinn zu verleihen, konnte eine neue Wirklichkeit hervorbringen – eine, so Henry James, »rivalisierende Schöpfung«. Im Roman – wie im Theater, der Poesie und den anderen Künsten – artikulierte sich nicht nur ein Interesse an den qualitativen Einzelheiten der Außenwelt, sondern eine Beschäftigung mit dem Phänomen des Bewußtseins an sich. Deshalb konnte der künstlerische Realismus – wiederum in den

Worten von James – »das ganze Feld überblicken«. Hier, im Reich der Kunst und der Literatur, wurde gewissenhaft, scharfsichtig und nuancenreich jener breiten Phänomenologie der menschlichen Erfahrung nachgegangen, die schließlich mit William James, Bergson, Husserl und Heidegger auch in die formale Philosophie Einzug hielt. Statt eine objektivierte Welt der experimentellen Analyse zu unterziehen, richtete diese Tradition ihre Aufmerksamkeit auf das »Sein« selbst, auf die lebendige Welt der menschlichen Erfahrung, auf ihre nicht zu reduzierende Vieldeutigkeit, ihre Spontaneität und Autonomie, ihre flüchtigen Dimensionen, ihre stets wachsende Komplexität.

Der romantische Impuls folgte der generellen Bewegung des modernen Geistes zum Realismus und verstärkte dadurch diese Tendenz. Sein Ziel war es, alle Seiten des Daseins zu berühren – nicht nur die konventionell akzeptierten oder allgemein für gültig erklärten. Die Romantik erweiterte im Laufe der Moderne ihr Blickfeld und verschob ihr Hauptaugenmerk: Sie beschränkte sich nicht mehr auf das Ideale oder das Aristokratische, auf die traditionellen Themen aus klassischen, mythologischen oder biblischen Quellen, sondern versuchte nun, den authentischen Charakter des modernen Lebens in seiner gelebten Wirklichkeit zu reflektieren. Ihre Aufgabe bestand jetzt in der Verwandlung des Prosaischen und Alltäglichen in Kunst – darin, noch im kleinsten Detail der alltäglichen Erfahrung das Poetische und Mystische wahrzunehmen, selbst im Heruntergekommenen und Häßlichen. Ihre Suche galt – so Baudelaire – dem »Helden des modernen Lebens« wie auch seinem Antihelden. Der Romantiker verlieh der bunten Vielfalt der menschlichen Erfahrung immer genaueren Ausdruck und vermittelte zugleich ihre Verwirrung, ihre Unentschlossenheit und ihre Subjektivität. Der moderne Künstler drang immer tiefer in die Natur der menschlichen Wahrnehmung und Kreativität ein; er begann, sich über die traditionell mimetische, abbildhaft darstellende Sichtweise der Kunst und die ihr zugrunde liegende »Beobachter«-Theorie des Wirklichen hinwegzusetzen; er versuchte, Formen nicht mehr bloß zu reproduzieren, nicht einmal sie zu entdecken, sondern sie zu erschaffen. Wirklichkeit sollte nicht kopiert, sondern erfunden werden.

Diese radikal entgrenzte Wirklichkeitskonzeption ließ sich jedoch nicht ohne weiteres mit der positivistischen Seite des modernen Denkens in Einklang bringen. Dem wissenschaftlichen Temperament erschienen die Einstellungen des Romantikers befremdlich, vor allem die typische Offenheit für transzendente Erfahrungsdimensionen und der Widerstand gegenüber dem Reduktionismus und dem Anspruch der rationalistischen Wissenschaft auf objektive Gewißheit. Mit der Zeit war aus dem, was als mittelalterlicher Gegensatz zwischen Vernunft und Glauben begonnen und sich dann zur frühmodernen Dichotomie zwischen säkularer Wissenschaft und christlicher Religion weiterentwickelt hatte, ein eher allgemeines Schisma zwischen einem wissenschaftlichem Rationalismus und einer facettenreichen romantisch-humanistischen Kultur geworden, die eine Vielzahl locker mit der literarisch-künstlerischen Tradition verbundener religiöser und philosophischer Perspektiven einschloß.

Das geteilte Weltbild

Das westliche Denken wurde durch das wissenschaftliche und das romantische Temperament zutiefst geprägt, und ihre Unvereinbarkeit durchlief seine Geisteshaltung wie ein Riß. Der moderne Mensch erlebte eine tiefgreifende Spaltung von Intellekt und Seele: Auf der einen Seite stand der kühle Verstand unter dem umfassenden Wahrheitsanspruch der Wissenschaft, auf der anderen Seite identifizierte sich die moderne Psyche mit der romantischen Sensibilität. Ein und dasselbe Individuum konnte gleichzeitig Blake und Locke verehren; ein konsequentes, zusammenhängendes Weltbild konnte es dabei allerdings nicht aufrechterhalten. Die esoterische Vision der Geschichte von Yeats ließ sich schwerlich mit der an modernen Universitäten gelehrten Geschichtsschreibung vereinbaren, und Rilkes idealistische Ontologie (»Wir sind die Bienen des Unsichtbaren«) war nicht einfach mit den Annahmen der konventionellen Naturwissenschaft in Einklang zu bringen. So entschieden modern und einflußreich die Mentalität eines T. S. Eliot auch gewesen sein mochte – sie stand Dante näher als Darwin.

Romantische Poeten, religiöse Mystiker, idealistische Philosophen und gegenkulturelle Psychodeliker behaupteten die Existenz anderer Wirklichkeiten jenseits des Materiellen und beschrieben sie detailliert. Sie traten für eine Ontologie des menschlichen Bewußtseins ein, die sich scharf vom konventionellen Empirismus absetzte. Das säkulare Wissenschaftsdenken hingegen bildete das Gravitätszentrum der modernen Weltanschauung bei der Definition einer grundlegenden Kosmologie. Die romantischen Offenbarungen hätten ihre offensichtliche Unvereinbarkeit mit den allgemein anerkannten Wahrheiten der wissenschaftlichen Beobachtung – der Grundlage des modernen Glaubens – nur mit der Gültigkeitserklärung einer allgemeinen Zustimmung überwinden können. Aber der Träumer besaß keine duftende Rose, greifbar und für alle sichtbar, mit der er die Wahrheit seines Traums hätte beweisen können.

Die Romantik inspirierte allgemein die »innere« Kultur des Westens: seine Kunst und Literatur, seine religiösen und metaphysischen Visionen, seine moralischen Ideale. Die Wissenschaft hingegen diktierte die »äußere« Kosmologie: die Beschaffenheit der Natur, den Platz des Menschen im Universum und die Grenzen seines Wissens. Da die Wissenschaft die objektive Welt regierte, beschränkte sich die romantische Wahrnehmung zwangsläufig auf die subjektive. Die Reflexionen der Romantiker über das Leben, ihre Musik und Poesie und ihre religiösen Sehnsüchte waren am Ende nur für einen Teil des modernen Universums bestimmt, so fesselnd und hochkulturell sie auch sein mochten. Spirituelle, imaginative, emotionale und ästhetische Anliegen hatten zwar ihren Platz, konnten aber in einer objektiven Welt – deren Parameter im wesentlichen unpersönlich und dunkel blieben – keinen Anspruch auf umfassende ontologische Relevanz erheben. Aus der mittelalterlichen Polarität von Glaube und Vernunft und dem Gegensatzpaar Religion und Wissenschaft der frühmodernen Zeit waren die Oppositionen zwischen Subjekt und Objekt, Innen und Außen, Mensch und Welt, Geisteswissenschaften und Naturwissenschaften geworden. Eine neue Form des Universums der zwei Wahrheiten war entstanden.

Als Folge dieses Dualismus vollzogen die beiden Weisen, wie der moderne Mensch die natürliche Welt erfuhr und wie er zu ihr stand, eine paradoxe Umkehrung. Die Entwicklungen der romantischen und der wissenschaftlichen Strömung verliefen während der weiteren Entfaltung der Moderne praktisch spiegelverkehrt. Für beide stand zunächst ein allmähliches Eintauchen des Menschen in die Natur im Vordergrund. Auf der romantischen Seite – bei Rousseau, Goethe oder Wordsworth – war dies eine Versenkung, poetisch wie instinktiv beflügelt von der leidenschaftlichen Sehnsucht nach einer bewußten Einheit mit der Natur. Auf wissenschaftlicher Seite vollzog sich das Eindringen des Menschen in die Natur in Form der wissenschaftlichen Darstellung, die sich zunehmend und bald ausschließlich naturalistischer Begriffe bediente. Anders als in den harmonischen Bestrebungen der Romantiker wurde die Verbindung des Menschen mit der Natur hier im Kontext des darwinschen und freudschen Kampfes mit einer Natur des ungezügelten Unbewußten wahrgenommen – als Kampf ums Überleben, um die Integrität des Ich, um die Zivilisation. Aus Sicht der Wissenschaft ergab sich aus der Evolution, aus der Entstehung des Menschen aus der Natur, unvermeidlich ein Antagonismus – und damit die Notwendigkeit, die Natur im Außen auszubeuten und im Inneren zu unterdrücken.

Auf längere Sicht, mit dem Altern der Moderne, erfuhr das frühromantische Gefühl der Harmonie mit der Natur einen grundlegenden Wandel. Das romantische Temperament wurde auf vielfältige Weise beeinflußt von eigenen internen Entwicklungen, von den entzweienden Auswirkungen der modernen industriellen Zivilisation und Zeitgeschichte und nicht zuletzt von der Wissenschaft, die die Natur als unpersönlich und zufällig wahrnahm. Das Ergebnis war ein dem ursprünglichen romantischen Ideal fast entgegengesetztes Naturerlebnis: Der moderne Mensch spürte jetzt mehr und mehr seine Entfremdung vom Schoß der Natur, seinen Fall aus dem einheitlichen Sein, sein Beschränktsein auf ein absurdes Universum aus Zufall und Notwendigkeit. Der spätmoderne Mensch war nicht länger das spirituell beseelte Naturkind der Frühromantiker; er sah sich als – auf unangemessene Weise empfindsamen – Bewohner einer unversöhnlichen Weite ohne jeden Sinn. Die Vision Wordsworths wurde verdrängt von der Frosts:

> Space aus us moderns: we are sick
>   with space.
> Its contemplation makes us out as
>   small.
> As a brief epidemic of microbes
> That in a good glass may be seen to
>   crawl
> The patina of this least of globes.[5]

Dagegen hatte das mit Naturwissenschaft und technologischem Fortschritt verbündete Temperament die Trennung des Menschen von der Natur gefeiert – aus anderen Gründen. Für den wissenschaftlichen Geist bildeten die Freiheit des Menschen von den Zwängen der Natur, seine Fähigkeit, seine Umwelt zu kontrollieren, sowie sein intellektuelles Vermögen, die Natur ohne anthropomorphe Projektionen zu beobachten und zu verstehen, unentbehrliche Grundwerte. Genau diese Strategie führte die Wissenschaft paradoxerweise zu einem vertieften Bewußtsein der inneren Einheit des Menschen mit der Natur. Sie erkannte das unentrinnbare Abhängigkeitsverhältnis des Menschen und seine ökologische Beziehung zur natürlichen Umwelt, seine nie gänzlich objektivierbare wissenschaftslogische Wechselbeziehung zur Natur und die konkreten Gefahren des modernen Versuchs einer derartigen Trennung und Objektivierung. Die Wissenschaft begann sich auf eine Position zuzubewegen, die durch ihre Wertschätzung der Einheit von Mensch und Natur der ursprünglich romantischen gar nicht so unähnlich war – im allgemeinen aber ohne spirituelle oder transzendente Dimensionen. Die theoretischen und praktischen Probleme der noch immer fundamentalen Trennung von Mensch und Welt blieben indes ungelöst.

In der Zwischenzeit hatte die romantische Position dem Druck der aus dieser Spaltung notwendig resultierenden Entfremdung nachgegeben. Die Natur war noch immer unpersönlich und der Mensch nicht ihr Mittelpunkt. Das Bewußtsein der modernen Psyche von dieser kosmischen Entfremdung wurde auch durch die teilweise einsetzende Wiederannäherung der Wissenschaft kaum gemildert. Zwar erlebten Wissenschaftler und Künstler im zwanzigsten Jahrhundert gemeinsam den Zusammenbruch und die Auflösung der alten Kategorien von Zeit, Raum, Kausalität und Substanz. Aber die tieferliegenden Diskontinuitäten zwischen dem wissenschaftlichen Universum und der menschlichen Sensibilität blieben weiterhin ungelöst. Die moderne Erfahrung litt noch immer unter dem grundlegenden Fehlen eines umfassenden Zusammenhangs. Die Kluft zwischen dem romantischen und dem wissenschaftlichen Temperament waren das Symptom einer scheinbar nicht zu überbrückenden Trennung des menschlichen Bewußtseins vom unbewußten Kosmos in der westlichen Weltanschauung. Beide Kulturen, beide Mentalitäten waren zu unterschiedlichen Anteilen in jedem nachdenklichen Individuum des modernen Westens präsent. Als sich der Charakter und die Auswirkungen des wissenschaftlichen Weltbildes immer deutlicher abzeichneten, wurde diese innere Teilung als Spaltung der individuellen Psyche erfahren, die sich konfrontiert sah mit einer der menschlichen Sensibilität gegenüber völlig fremden und verschlossenen Welt. Der moderne Mensch war ein gespaltenes, sich auf schmerzhafte und unerklärliche Weise seiner selbst bewußtes Tier in einem gleichgültigen Universum.

Syntheseversuche: Von Goethe und Hegel bis Jung

Es gab allerdings auch Ansätze, diese Spaltung durch eine methodische und theoretische Verknüpfung der wissenschaftlichen und humanistischen Imperative zu überwinden. Goethe stand an der Spitze einer Bewegung der Naturphilosophie, die bestrebt war, empirische Beobachtung und spirituelle Intuition in einer Wissenschaft von der Natur zusammenzuführen. Diese sollte die organisch-archetypischen Formen der Natur erfassen und dadurch mehr offenbaren als die Naturwissenschaft Newtons. Der Wissenschaftler konnte in Goethes Augen nicht zu den verborgenen Wahrheiten der Natur vordringen, wenn er sich selbst von der Natur distanzierte; er konnte sie nicht verstehen, wenn er auf blutleere Abstraktionen zurückgriff, die ihn die Außenwelt wie eine Maschine registrieren ließen. Eine derartige Strategie bewirkte nichts anderes, als daß sich die beobachtete Wirklichkeit zu einer partiellen Illusion verflüchtigte – zu einem Bild, das seiner Tiefe beraubt worden war durch einen unbewußten Filter. Nur in der intimen Wechselwirkung von Beobachtung und phantasievoller Intuition war es dem Menschen möglich, in die Phänomene der Natur einzudringen und ihr Wesen zu entdecken. Nur so ließ sich die archetypische Form in jedem Phänomen ans Licht bringen; nur so konnte das Allgemeine im Besonderen erkannt und mit ihm versöhnt werden.

Goethe rechtfertigte seine Position durch einen philosophischen Ansatz, der sich gezielt von dem seines älteren Zeitgenossen Kant abgrenzte. Obwohl Goethe – wie Kant – die konstruktive Rolle des menschlichen Geistes bei der Erkenntnis anerkannte, sah er in der Beziehung des Menschen zur Natur zugleich auch die Überwindung des kantischen Dualismus. Für Goethe durchdrang die Natur alles – auch den menschlichen Geist und die Phantasie. Folglich existierte die Natur-Wahrheit nicht als etwas Unabhängiges und Objektives, sondern wurde im eigentlichen Akt der menschlichen Erkenntnis erst enthüllt. Der menschliche Geist zwang der Natur seine Ordnung nicht einfach auf, wie Kant dachte. Vielmehr brachte der Geist der Natur durch den Menschen, als Organ der Selbstoffenbarung der Natur, seine eigene Ordnung erst hervor. Natur und Geist waren nicht voneinander verschieden. Die Natur war selbst Geist – sie war vom Menschen – und von Gott – nicht zu trennen. Gott existierte nicht als ein entfernter Herrscher über die Natur, sondern er hielt »sie nahe an seiner Brust«; deshalb atmeten die Prozesse der Natur den Geist und die Kraft Gottes. Auf diese Weise vereinigte Goethe den Poeten und den Wissenschaftler in einer Analyse der Natur, die seine entschieden sinnliche Religiosität widerspiegelte.

Die metaphysischen Spekulationen des deutschen Idealismus gipfelten in der außergewöhnlichen philosophischen Leistung von Georg Wilhelm Friedrich Hegel. Hegel griff bei der Konstruktion seines allumfassenden Systems auf die klassische griechische Philosophie, die christliche Mystik und die deutsche Romantik zurück. Er schuf eine Konzeption der Wirklichkeit, die Mensch und Natur, Geist und Materie, das Menschliche und das Göttliche, Zeit und Ewigkeit miteinander in Beziehung setzte und versöhnte. Hegels Denken war wesentlich geprägt von seinem Verständnis der Dialektik. Danach entfalteten sich alle Dinge in einem kontinuierlichen Entwicklungsprozeß, in dem jeder Seinszustand zwangsläufig seinen Gegenpart hervorbrachte. Aus der Interaktion zwischen diesen Gegensätzen entstand dann ein dritter Zustand, in dem die Gegensätze in einer reicheren und höheren Synthese aufgehoben – zugleich überwunden und erfüllt – waren. Diese Synthese wurde im Gegenzug wiederum zur Grundlage für einen weiteren dialektischen Prozeß mit Gegensätzen und weiterführender Synthese.[6] Weil die Philosophie diesen fundamentalen Prozesses verstanden habe, meinte Hegel, könne sie die Wirklichkeit in allen ihren Aspekten, könne sie das menschliche Denken, den Gang der Geschichte, die Natur, selbst die göttliche Wirklichkeit verstehen und einsichtig machen.

Hegel war von der Idee besessen, daß alle Dimensionen des Daseins dialektisch in einem einheitlichen Ganzen vereinigt waren. Aus seiner Sicht wurde alles menschliche Denken und die gesamte Wirklichkeit vom Widerspruch beherrscht; er allein ermöglichte die Entwicklung von höheren Bewußtseinszuständen und Seinsebenen. Jede Seinsphase schloß in sich einen Selbstwiderspruch ein, der als Motor ihrer Bewegung zu einer höheren und vollständigeren Phase diente. Durch einen kontinuierlichen dialektischen Prozeß von Gegensatz und Synthese befand sich die Welt in einem stetigen Prozeß der Selbstvervollkommnung. Während in der Geschichte der westlichen Philosophie seit Aristoteles das Wesen von Gegensätzen so verstanden wurde, daß sich die Entgegensetzungen in einem logischen Widerspruch zueinander befanden und sich wechselseitig ausschlossen, waren für Hegel alle Gegensätze logisch notwendige und einander wechselseitig einschließende Bestandteile einer umfassenderen Wahrheit. Wahrheit war mithin ein Paradox.

Hegel behauptete, der menschliche Geist sei auf seiner höchsten Entwicklungsstufe dazu in der Lage, eine derartige Wahrheit zu verstehen. Im Gegensatz zur stärker einschränkenden Sichtweise Kants besaß Hegel ein tiefes Vertrauen in die menschliche Vernunft. Er war überzeugt, daß sie letztlich in einer göttlichen Vernunft begründet war. Kant hatte argumentiert, daß der Verstand den Schleier der Phänomene nicht durchdringen, nicht zur wahren Wirklichkeit vorstoßen könne, weil er in seiner Endlichkeit – wann immer er dies versuche – sich zwangsläufig in Widersprüche verstricken müsse. Hegel dagegen sah die menschliche Vernunft als Ausdruck eines universalen Geistes, durch dessen Kraft alle Gegensätze – wie in der Liebe – in einer höheren Synthese überwunden werden konnten.

In Hegels Augen hatte Kants philosophische Revolution keine endgültigen Grenzen oder notwendigen Fundamente der menschlichen Erkenntnis etabliert. Sie war lediglich ein wichtiger Schritt in einer langen Reihe von begrifflichen Revolutionen gewesen. Der Mensch als Subjekt war immer wieder zu der Erkenntnis gelangt, daß das angenommene Sein an sich seinen Inhalt in Wahrheit durch die ihm vom Subjekt verliehene Form erhielt. Die Geschichte des menschlichen Geistes inszenierte dieses Schauspiel des sich seiner selbst bewußt werdenden Subjekts und der darauf folgenden Destruktion der zuvor unkritisch beurteilten Form des Bewußtseins immer wieder neu. Die Strukturen menschlicher Erkenntnis waren nicht – wie Kant angenommen hatte – unveränderlich und zeitlos, sondern historisch bestimmt. Sie entwickelten sich in einer fortdauernden Dialektik weiter, bis das Bewußtsein zur absoluten Erkenntnis seiner selbst gelangte. Alles, was einmal als unveränderlich und sicher gegolten hatte, war stets von dem sich weiterentwickelnden Geist wieder überwunden worden, wodurch wieder neue Möglichkeiten und größere Freiheiten entstanden. Jede Phase der Philosophie seit den Vorsokratikern, jede Form des Denkens in der menschlichen Geschichte war beides zugleich: unvollständige Perspektive und notwendiger Schritt in dieser großartigen geistigen Entwicklung. Das Weltbild jedes Zeitalters war sowohl eine – für sich genommen – gültige Wahrheit als auch ein nur unvollkommenes Übergangsstadium im umfassenden Prozeß der Selbstentfaltung der absoluten Wahrheit.

Dieser dialektische Prozeß war auch charakteristisch für Hegels metaphysisches und religiöses Denken. Hegel stellte sich das ursprüngliche Wesen der Welt als einen universalen Geist vor, der sich durch seine Schöpfung selbst entfaltete, um schließlich im menschlichen Geist zu seiner höchsten Verwirklichung zu gelangen. Das Absolute setzte sich selbst zuerst in der Unmittelbarkeit seines eigenen inneren Bewußtseins; es negierte dann diesen Anfangszustand, indem es sich im Besonderen der endlichen Welt aus Zeit und Raum ausdrückte; schließlich stellt es durch die »Negation der Negation« sein unendliches Wesen wieder her. Der Geist überwand auf diese Weise seine Entfremdung von der Welt – einer Welt, die er selbst konstituiert hatte. Insofern entwickelte sich die Erkenntnis vom Bewußtsein des – vom Subjekt getrennten – Objektes zu absoluter Erkenntnis. Erkennender und Erkanntes wurden eines.

Das Absolute konnte nur durch einen dialektischen Prozeß der Selbstverneinung seine Erfüllung finden. Während Platon das Immanente und Diesseitige ontologisch zugunsten des Transzendenten und Spirituellen aufgegeben hatte, war für Hegel diese Welt geradezu die Bedingung für die Selbstverwirklichung des Absoluten. In Hegels Konzeption näherten sich Natur und Geschichte immer mehr dem Absoluten: Der universale Geist artikulierte sich im Raum als Natur, in der Zeit als Geschichte. Jeder natürliche und geschichtliche Prozeß – einschließlich der intellektuellen, kulturellen und religiösen Entwicklung des Menschen – folgten dem teleologischen Streben des Absoluten nach Selbstoffenbarung. Wie der Mensch nur durch die Erfahrung der Entfremdung von Gott die Freude und den Triumph der Wiederentdeckung seiner eigenen Göttlichkeit hatte erfahren können, so konnte sich die Unendlichkeit Gottes nur im Prozeß ihrer Negation in Natur und Mensch äußern. Aus diesem Grunde, erklärte Hegel, finde der Kern seiner philosophischen Konzeption in der christlichen Offenbarung der Menschwerdung Gottes – dem Höhepunkt der religiösen Wahrheit – seinen Ausdruck.

Die Welt war die Geschichte ihrer göttlichen Entfaltung: ein konstanter Prozeß des Werdens, ein gewaltiges Schauspiel, in dem das Universum sich selbst offenbarte und seine Freiheit erlangte. Kampf und Evolution waren in der Verwirklichung des *Telos* der Welt, ihrem Ziel und Zweck, aufgehoben. In dieser umfassenden Dialektik wurden alle Potentialitäten in Formen von stets zunehmender Komplexität Wirklichkeit; alles, was im ursprünglichen Zustand des Seins implizit lag, wurde explizit. Der Mensch – sein Denken, seine Kultur, seine Geschichte – war das Zentrum dieser Entfaltung, der Träger der Herrlichkeit Gottes. Insofern ersetzte das Verstehen der Geschichte die Theologie: Gott stand nicht über der Schöpfung, sondern er war der schöpferische Prozeß selbst. Der Mensch war nicht der passive Beobachter der Wirklichkeit, sondern ihr aktiver Mit-Schöpfer; seine Geschichte war der fruchtbare Boden ihrer Erfüllung. Das universale Wesen, das alle Dinge konstituiert hatte und durchdrang, gelangte im Menschen schließlich zum Bewußtsein seiner selbst. Und auf dem Höhepunkt seiner langen Entwicklung würde dem Menschen die absolute Wahrheit und die Erkenntnis seiner Einheit mit dem göttlichen Geist – der sich dann durch ihn selbst verwirklicht hatte – zuteil werden.

Zum Zeitpunkt seiner Veröffentlichung im frühen neunzehnten Jahrhundert und noch viele Jahrzehnte danach galt Hegels gewaltiges System als die überzeugendste und endgültige philosophische Konzeption in der Geschichte des westlichen Denkens, als Höhepunkt der langen Entwicklung der Philosophie seit den Griechen. In dieser Weltkonzeption war jeder Aspekt des Daseins und der menschlichen Kultur eingebettet in eine allumfassende Totalität und hatte in ihr seinen Platz. Hegels Einfluß war beachtlich. Zunächst in Deutschland, später in den englischsprachigen Ländern, leitete seine Philosophie eine Renaissance klassischer und historischer Studien aus idealistischer Perspektive ein: Sie bot ein metaphysisches Bollwerk für jene eher spirituell veranlagten Intellektuellen, die mit den Kräften des säkularen Materialismus haderten. Der Geschichte und der Evolution der Ideen wurde neue Aufmerksamkeit zuteil. Denn die Geschichte wurde nicht einfach nur von politischen oder ökonomischen oder biologischen – also materiellen – Faktoren bestimmt, wenngleich diese alle ein Rolle spielten. Geschichte wurde vor allem bestimmt durch das Bewußtsein selbst, durch den Geist, durch die Selbstentfaltung des Denkens und die Macht der Ideen.

Hegel stieß jedoch auch auf erheblichen Widerstand. Manchen schien die absolute Geschlossenheit seines Systems die unvorhersehbaren Möglichkeiten des Universums und die persönliche Autonomie des menschlichen Individuums allzusehr einzuschränken. Seine Betonung eines rationalen Determinismus des absoluten Geistes und der letztlichen Überwindung aller Gegensätze schien die problematische Kontingenz und Irrationalität des Lebens auszublenden; sie schien die konkrete emotionale und existentielle Wirklichkeit menschlicher Erfahrung zu ignorieren. Seine abstrakten metaphysischen Gewißheiten schienen die grausame Wirklichkeit des Todes zu umgehen und die menschliche Erfahrung der Ferne und der Unergründlichkeit Gottes auszuklammern. Religiöse Kritiker wandten ein, daß der Glaube an Gott nicht schlicht die Lösung eines philosophischen Problems sei, sondern – inmitten von Ignoranz und dunkler Ungewißheit – einen freiwilligen und mutigen Glaubenssprung erfordere. Andere interpretierten Hegels Philosophie als metaphysische Rechtfertigung des Status quo und kritisierten sie als Verrat am menschlichen Streben nach politischer und materieller Verbesserung. Spätere Kritiker verwiesen darauf, daß Hegels Verherrlichung der westlichen Kultur im Kontext der Weltgeschichte und der Art und Weise, wie sich die rationale Zivilisation über die Unwägbarkeiten der Natur hinwegsetzte, auch als Rechtfertigung für die Hybris des modernen Menschen interpretiert werden konnte. Hegelsche Grundbegriffe wie Gott, Geist, Vernunft, Geschichte und Freiheit schienen in der Tat offen für völlig gegensätzliche Interpretationen.

Hegels historische Urteile schienen oft anmaßend, seine politischen und religiösen Implikationen uneindeutig, seine Sprache und sein Stil verwirrend. Seine wissenschaftlichen Ansichten waren – wenngleich sachkundig – unorthodox. Jedenfalls ließ sich der hegelsche Idealismus nicht einfach mit der wissenschaftlich erhärteten naturalistischen Weltsicht in Übereinstimmung bringen. Nach Darwin schien die Evolution keines allumfassenden Geistes zu bedürfen; die konventionelle wissenschaftliche Ansicht über die Erscheinungen legte ebenfalls nicht die Vermutung nahe, daß ein solcher Geist existiere. Spätere historische Ereignisse boten ebenfalls wenig Anlaß, an die unvermeidliche spirituelle Vollendung des westlichen Menschen im Rahmen der Geschichte zu glauben.

Hegel hatte mit der autokratischen Überzeugung einer Person gesprochen, die eine Anschauung der Wirklichkeit von absoluter Wahrheit erfahren hatte. Diese Anschauung überstieg den Skeptizismus; sie überstieg auch das Erfordernis einer detaillierten empirischen Überprüfung, derer andere Systeme vielleicht bedurften. Für seine Kritiker war Hegels Philosophie unbegründet, pure Phantasie. Das moderne Denken übernahm zwar viel von Hegel, vor allem sein Verständnis von Dialektik und seine Anerkennung der Allgegenwart und Macht der Geschichte – aber es trug die hegelsche Synthese in ihrer Gesamtheit nicht mit. Gleichsam in Erfüllung seiner eigenen Theorie unterlag der Hegelianismus zuletzt ausgerechnet jenen Reaktionen, die er selbst mit hervorgerufen hatte: dem Irrationalismus und Existentialismus von Schopenhauer und Kierkegaard, dem Dialektischen Materialismus von Marx und Engels, dem pluralistischen Pragmatismus von James und Dewey, dem Logischen Positivismus von Russel und Carnap, der linguistischen Analyse von Moore und Wittgenstein. Diese Ansätze schienen die moderne Erfahrung besser wiederzugeben. Mit dem Niedergang Hegels verschwand das letzte kulturell einflußreiche metaphysische System, das von der Existenz einer dem menschlichen Bewußtsein zugänglichen universalen Ordnung ausgegangen war, aus der modernen intellektuellen Arena.

Im zwanzigsten Jahrhundert versuchten zur Metaphysik neigende Wissenschaftler, wie Henri Bergson, Alfred North Whitehead und Pierre Teilhard de Chardin, das wissenschaftliche Modell der Evolution mit philosophischen und religiösen Vorstellungen einer untergründigen spirituellen Realität zu verbinden. Doch ihr Schicksal ähnelte dem Hegels. Auch wenn ihre brillanten und ganzheitlichen Gegenentwürfe zur konventionellen wissenschaftlichen Sichtweise Beachtung und Anerkennung fanden – sie verfügten nicht über eine hinreichend nachprüfbare empirische Grundlage. Es schien in der Natur der Sache zu liegen, daß sich die neuen metaphysischen Konzeptionen nicht verifizieren ließen: etwa Bergsons im evolutionären Prozeß kreativ wirksamer *Elan vital*; Whiteheads sich entwickelnder Gott, der in wechselseitiger Abhängigkeit zur Natur und ihrem Werden stand; Teilhards »Kosmogenesis«, in der sich die Evolution von Mensch und Welt am »Omega-Punkt« eines vereinheitlichenden Christus-Bewußtseins erfüllte. Obwohl jede dieser Theorien eines spirituell gesättigten Entwicklungsprozesses sich großer Popularität erfreute und das spätere moderne Denken auf oft subtile Weise beeinflußte, ging der allgemeine kulturelle Trend – besonders der akademische – in eine andere Richtung.

Das Ende der großen spekulativen metaphysischen Entwürfe signalisierte auch das Ende der großen spekulativen Geschichtsentwürfe; epische Anstrengungen, wie die Oswald Spenglers und Arnold

Toynbees, wurden letztlich – obwohl sie nicht ohne Anhänger blieben – genauso verworfen wie Hegel vor ihnen. Die akademische
Geschichtsschreibung distanzierte sich von deren Zielsetzung, umfassende Entwicklungen und ganzheitliche Muster in der Geschichte zu
entdecken. Das Hegelsche Programm, den »Sinn« der Geschichte und
den »Zweck« der kulturellen Entwicklung zu enthüllen, galt jetzt als
unrealisierbar und unangemessen. Die professionellen Historiker konzentrierten sich statt dessen auf sorgfältig abgegrenzte Spezialstudien,
auf – von den Sozialwissenschaften abgeleitete – Methodenprobleme
oder auf die statistische Analyse meßbarer Faktoren wie Bevölkerungs-
und Einkommenszahlen. Der Historiker war besser beraten, sich mit
den konkreten Details im Leben der Bevölkerung, insbesondere mit
ihrem ökonomischen und sozialen Umfeld zu befassen und die
Geschichte »von unten« zu erforschen. Es erschien müßig, sich mit der
idealistischen Vorstellung von universalen Prinzipien zu beschäftigen,
die angeblich in Gestalt von außergewöhnlichen Individuen in die
Weltgeschichte eingriffen. Die akademische Geschichtswissenschaft
folgte den Direktiven der Aufklärung, und aus ihnen folgte die Notwendigkeit, die Geschichte völlig von den theologischen, mythologischen
und metaphysischen Zusammenhängen abzulösen, in die sie so lange
eingebettet gewesen war. Wie die Natur, war auch die Geschichte ein
nominalistisches Phänomen, das es ohne spirituelle Vorurteile empirisch zu untersuchen galt.

Ironischerweise holte allerdings die Romantik im Verlauf der weiteren Entwicklung das moderne Denken auf seinem zentralen Gebiet
wieder ein. Das von der physikalischen Wissenschaft dominierte
intellektuelle Klima hatte das Ende der Philosophie Hegels und der
großen metaphysischen und historischen Entwürfe herbeigeführt.
Bald begann sich jedoch die Einsicht durchzusetzen, daß es sich auch
bei der Naturwissenschaft nur um eine wissenschaftslogisch wie
pragmatisch in vielfacher Hinsicht abhängige und fehlbare Form der
Erkenntnis handelte. Angesichts der Tatsache, daß Philosophie und
Religion ihre frühere kulturelle Vormachtstellung bereits eingebüßt
hatten, setzte bei vielen nachdenklichen Menschen eine Rückbesinnung auf das Innere ein – eine Prüfung des Bewußtseins als mögliche
Quelle von Sinn und Identität in einer sinnentleerten Welt. Diese neue
Blickrichtung auf das innere Wirken der Psyche ging einher mit einer
zunehmend differenzierteren Analyse der unbewußten Strukturen,
die die vermeintliche Beschaffenheit des Objekts bestimmten – eine

Fortsetzung des kantischen Projekts auf breiterer Grundlage. Die Tiefenpsychologie Freuds und Jungs – die beide zutiefst von der von Goethe bis zu Nietzsche reichenden Strömung beeinflußt wurden – war daher das folgenreichste und fruchtbarste Beispiel einer Wissenschaft in romantischer Tradition.

In ihrer Beschäftigung mit den elementaren Leidenschaften und Kräften des Unbewußten mit Phantasie, Gefühl, Gedächtnis, Mythos und Traum, mit Introspektion, Psychopathologie, verborgenen Motivationen und Ambivalenzen – führte die Psychoanalyse die zentralen Motive der Romantik zu einer neuen Stufe der systematischen Analyse und kulturellen Bedeutung. Freud wandte sich zunächst dem Studium der Medizin zu – nicht zuletzt angeregt durch Goethes *Ode an die Natur*. Während seines ganzen Lebens war er ein leidenschaftlicher Sammler archaischer religiöser und mythischer Statuen. Dieser romantische Einfluß wurde oft von den aufklärerisch-rationalistischen Annahmen überdeckt, die sein wissenschaftliches Konzept durchdrangen. Das Vermächtnis der Romantik trat aber offener zutage in der Erweiterung und Vertiefung der freudschen Entdeckungen und Begriffe durch Jung. Im Verlauf seiner Analyse eines ungeheuer breiten Spektrums an psychologischen und kulturellen Phänomenen fand Jung eindeutige Hinweise auf ein kollektives, allen Menschen gemeinsames Unbewußtes, das von mächtigen archetypischen Prinzipien strukturiert wurde. Unstrittig war, daß die menschliche Erfahrung von einer Vielzahl von konkreten lokalen, biographischen, kulturellen und historischen Faktoren abhing. Auf einer tieferen Ebene wurden nun bestimmte universale Muster und Erfahrungsweisen erkennbar, archetypische Formen, die die Bestandteile der menschlichen Erfahrung beständig zu archetypischen Konfigurationen anordneten und der kollektiven menschlichen Psychologie eine dynamische Kontinuität verliehen. Diese Archetypen waren in jedem individuellen Leben und jeder kulturellen Epoche gegenwärtig; sie prägten jede Erfahrung, jede Erkenntnis und jedes Weltbild; sie überdauerten als elementare, apriorische symbolische Formen.

Die Entdeckung des kollektiven Unbewußten mit seinen Archetypen erweiterte das Interessen- und Erkenntnisgebiet der Psychologie auf radikale Weise. Religiöse Erfahrung, künstlerische Kreativität, esoterische Systeme und die mythologische Vorstellungswelt wurden nun auf eine nichtreduktive Weise analysiert, in einer Begrifflichkeit, die stark an die neuplatonische Renaissance und die Romantik erinnerte. Jungs Einsicht, daß die kollektive Psyche dazu neige, zunächst archetypische Oppositionen zu bilden, bevor sie sich dann in der historischen Entwicklung zu einer Synthese auf höherer Ebene weiterbewege, erweiterte die hegelsche Konzeption der historischen Dialektik um eine entscheidende Dimension. Zahllose Faktoren, die zuvor von Wissenschaft und Psychologie ignoriert worden waren, wurden nun in ihrer Bedeutung für das psychotherapeutische Projekt erkannt und in eine klare begriffliche Form gebracht: die Kreativität und Kontinuität des kollektiven Unbewußten; die psychologische Realität und Potenz spontan hervorgebrachter symbolischer Formen und autonomer mythischer Figuren; die Beschaffenheit und Macht der abgedrängten Schattenseite des Einzelnen und der Gesellschaft; die psychologische Tragweite der Suche nach Sinn; die Bedeutung teleologischer und selbstregulierender Muster bei psychischen Prozessen; das Phänomen der Synchronizität. Die Tiefenpsychologie Freuds und Jungs bot damit eine fruchtbare mittlere Ebene zwischen Natur- und Geisteswissenschaften. Sie war hellhörig für die vielen Dimensionen menschlicher Erfahrung; sie beschäftigte sich mit Kunst, Religion und inneren Wirklichkeiten; sie erforschte qualitative Zustände und subjektiv relevante Phänomene; sie strebte nach empirischer Genauigkeit und rationaler Schlüssigkeit; sie zielte auf ein praktisches, therapeutisch anwendbares Wissen in einem Kontext kollektiver wissenschaftlicher Forschung.

Gerade weil die Tiefenpsychologie der herrschenden wissenschaftlichen Weltanschauung verhaftet blieb, war ihr eine philosophische Breitenwirkung zunächst versagt. Diese Beschränkung beruhte weniger auf ihrer Anfälligkeit gegenüber einer Kritik, die sie – etwa im Vergleich zur Verhaltenspsychologie oder zur Statistik – für unzureichend »wissenschaftlich« hielt: Klinische Eindrücke, wurde zuweilen argumentiert, könnten keine objektiven, unverfälschten Beweise für psychoanalytische Theorien liefern. Solche Kritik wurde zwar gelegentlich von Seiten eher konservativer Wissenschaftler laut, blieb aber für die kulturelle Akzeptanz der Tiefenpsychologie weitgehend bedeutungslos. Die meisten, die sich mit ihren Einsichten vertraut machten, kamen zu dem Ergebnis, daß sie eine ganz eigene innere Schlüssigkeit und überzeugende Logik besaß, häufig verbunden mit Erlebnissen plötzlicher Einsicht. Als entscheidendes Hindernis für die Wirkung und Akzeptanz der Tiefenpsychologie erwies sich vielmehr ausgerechnet ihr Studienobjekt. Angesichts der grundlegenden Subjekt-

Objekt-Dichotomie des modernen Geistes waren die Erkenntnisse der Tiefenpsychologie nur für die Psyche relevant; sie konnten ausschließlich der subjektiven Seite der Dinge und nicht der Welt als solcher zugesprochen werden. Selbst dann, wenn die Erkenntnisse »objektiv« wahr wären, konnten sie objektiv wahr nur in Relation zu einer subjektiven Wirklichkeit sein. Sie waren nicht dazu in der Lage, den kosmischen Kontext zu verändern, in dem das menschliche Wesen nach psychologischer Integrität strebte.

Diese Einschränkung wurde durch die moderne wissenschaftslogische Kritik an der menschlichen Erkenntnis noch verstärkt. Jung war zwar in metaphysischen Fragen flexibler als Freud, legte aber bei erkenntnistheoretischen Problemen strengere Maßstäbe an. Er wies immer wieder auf die grundlegenden wissenschaftslogischen Grenzen seiner eigenen Theorien hin – erinnerte allerdings zuweilen auch konventionelle Naturwissenschaftler daran, daß sie sich prinzipiell in der gleichen Situation befanden. Jungs philosophisches Fundament war die kantianisch-kritische Tradition und nicht Freuds konventionellerer rationalistischer Materialismus. Er mußte daher zugeben, daß seine Psychologie keinerlei notwendige metaphysische Aussagen machen könne. Zwar war die Tatsache, daß Jung der psychologischen Realität den Status eines empirischen Phänomens zubilligte, bereits ein wesentlicher Schritt über Kant hinaus gewesen. Er verlieh damit der »inneren« Erfahrung jene Substantialität, die Kant der »äußeren« Erfahrung zugesprochen hatte: Die *gesamte* menschliche Erfahrung, nicht nur die Sinneseindrücke, mußte in einen wirklich umfassenden Empirismus eingebracht werden. Gleichwohl vertrat Jung – im Geiste Kants – die Ansicht, daß die durch psychotherapeutische Untersuchungen erbrachten Daten niemals eine substantielle Garantie für Aussagen über das Universum oder die Wirklichkeit als solche erbringen konnten. Die Entdeckungen der Psychologie waren nicht dazu in der Lage, irgend etwas mit Sicherheit über den gegenwärtigen Zustand der Welt zu sagen – wie subjektiv überzeugend die Beweise für eine mythische Dimension, eine *Anima mundi* oder eine höchste Gottheit auch sein mochten. Was der menschliche Geist auch hervorbrachte – es durfte nur als Produkt des menschlichen Geistes und seiner immanenten Strukturen betrachtet werden und besaß keine notwendigen objektiven oder universalen Korrelationen. Der erkenntnistheoretische Wert der Tiefenpsychologie lag in ihrer Fähigkeit, jene unbewußt strukturierenden Faktoren – die Archetypen – aufzuzeigen, die die gesamte geistige Funktionsweise und insofern alle menschlichen Perspektiven der Welt beherrschten.

Die Eigenart des Arbeitsfeldes und der Begrifflichkeit Jungs schien mithin eine ausschließlich psychologische Interpretation seiner Befunde zu erfordern. Sie waren in der Tat empirisch, aber eben nur im psychologischen Sinne empirisch. Die Tiefenpsychologie hatte dem modernen Menschen eine tiefere Innenwelt zugänglich gemacht, aber das objektive Universum der Naturwissenschaft blieb noch immer dunkel, ohne transzendente Dimension. Zwar gab es zwischen den jungschen und den platonischen Archetypen viele erstaunliche Parallelen. Aber für den antiken Geist waren die platonischen Archetypen kosmisch gewesen, während sie für den modernen Geist nur psychisch waren. Die fundamentale Differenz zwischen der klassischen griechischen Welt und der des modernen Romantikers lag in der zwischenzeitlichen Intervention von Descartes, Newton, Locke und Kant, die nicht wieder zurückzunehmen war. Angesichts der Spaltung des modernen Geistes in eine romantische und tiefenpsychologische Innerlichkeit auf der einen und in eine naturalistische Kosmologie der physikalischen Wissenschaften auf der anderen Seite schien es keine Möglichkeit zu geben, eine Synthese von Subjekt und Objekt, Psyche und Welt herbeizuführen. Dennoch leistete die freudianisch-jungianische Tradition eine Reihe von bedeutenden therapeutischen und intellektuellen Beiträgen zum zwanzigsten Jahrhundert und gewann mit jedem Jahrzehnt an Bedeutung.

Die moderne Psyche schien immer dringender auf die Dienste der Tiefenpsychologie angewiesen zu sein; das tiefgreifende Gefühl einer spirituellen Entfremdung und andere Symptome sozialer und psychischer Not waren immer weiter verbreitet. Weil die traditionellen religiösen Perspektiven nicht länger wirklichen Trost spendeten, nahm die Tiefenpsychologie selbst – gemeinsam mit ihren zahlreichen Abkömmlingen – Merkmale einer Religion an. Sie bot dem modernen Menschen einen neuen Glauben, innere Erneuerung und Wiedergeburt, Offenbarungen plötzlicher Erkenntnis und einen – spirituelle Bekehrung verheißenden – Weg zum seelischen Heil. Die Tiefenpsychologie erinnerte auch mit anderen charakteristischen Facetten an eine Religion und erzeugte entsprechende Assoziationen: die Verehrung der Gründungspropheten der Psychologie und ihrer Initiationsoffenbarungen; die Entwicklung von Dogmen, Priestereliten, Ritualen, Schismen, Ketzern, Reformationen; die Ausbreitung von protestantischen und gnostischen Sekten. Doch die moderne Psyche zeigte sich weitgehend indifferent gegenüber diesen Bemühungen um ihr Heil. Es schien, als würde das Handwerkszeug der Tiefenpsychologie in einem gesellschaftlichen und kulturellen Zusammenhang angewendet, der so tiefreichend und umfassend pathologisch war, daß von einer auf das Subjekt zielenden Psychotherapie keine Heilung erhofft werden konnte.

Existentialismus und Nihilismus

Im weiteren Verlauf des zwanzigsten Jahrhunderts war das moderne Denken in einen zutiefst widersprüchlichen Prozeß gleichzeitiger Erweiterung und Verengung verstrickt. Eine hochentwickelte intellektuelle und psychologische Kultur ging einher mit einem Gefühl der Verstörung und Erschöpfung. Eine beispiellose Erweiterung des Horizonts fiel mit einer erheblichen privaten Entfremdung zusammen. Eine unübersehbare Menge von Informationen über alle möglichen Lebensbereiche war verfügbar geworden: über die zeitgenössische Welt, die historische Vergangenheit, andere Kulturen, andere Lebensformen, die subatomare Welt, den Makrokosmos, den menschlichen Geist und die Psyche. Gleichzeitig gab es weniger ordnende Visionen, weniger Kohärenz und Ganzheit, weniger Gewißheit. Der kraftvolle Impuls, der den westlichen Menschen seit der Renaissance auszeichnete, hatte seine gesellschaftliche Ideale im Leben von vielen verwirklicht: das Streben nach Unabhängigkeit, Selbstbestimmung und Individualismus. Dieser Impuls hatte aber auch zu einer Welt geführt, in der individuelle Spontaneität und Freiheit zunehmend erstickt wurden – nicht nur in der Theorie einer reduktionistischen Wissenschaft, sondern auch in der Praxis des allgegenwärtigen Kollektivismus und Konformismus der Massengesellschaften. Die großen revolutionären Projekte der Moderne hatten einst die persönliche und soziale Befreiung versprochen. Sie hatten nun Bedingungen hervorgebracht, unter denen das Schicksal des modernen Individuums immer mehr von bürokratischen, kommerziellen und politischen Superstrukturen beherrscht wurde. Wie der Mensch zu einem bedeutungslosen Partikel im modernen Universum geworden war, so war der Einzelne in den modernen Staaten zu einem unter Millionen anderen geworden, unbedeutend, manipuliert und genötigt.

Die Qualität des modernen Lebens wurde immer fragwürdiger. Der spektakulären Steigerung menschlicher Macht stand ein weitverbreitetes Gefühl ängstlicher Hilflosigkeit gegenüber. Eine ausgeprägte moralische und ästhetische Sensibilität sah sich mit entsetzlicher Grausamkeit und Öde konfrontiert. Der Preis für den beschleunigten Fortschritt der Technologie wurde immer höher. Im Hintergrund jeden Vergnügens und jeder neuen Errungenschaft zeichnete sich bedrohlich die extreme Verletzbarkeit der Menschheit ab. Unter der Führung des Westens war der moderne Mensch mit ungeheurer zentrifugaler Kraft, Komplexität, Vielfalt und Geschwindigkeit nach vorne und nach außen geprescht. Dabei hatte er sich in einen irdischen Alptraum und ein spirituelles Ödland, in eine furchtbare Sackgasse, in eine scheinbar ausweglose Lage manövriert.

Nirgends gelangte diese Problem-Konstellation der Moderne besser zum Ausdruck als im Phänomen des Existentialismus. Diese Haltung und Philosophie fand ihren Ausdruck unter anderem in den Schriften von Heidegger, Sartre und Camus. Sie war der Ausdruck einer umfassenden spirituellen Krise der modernen Kultur. Die Existentialisten behandelten die elementaren Aspekte des menschlichen Daseins völlig ungeschminkt. Sie thematisierten die Angst und die Entfremdung des Lebens im zwanzigsten Jahrhundert: Leiden und Tod, Einsamkeit und Angst, Schuld und Konflikt, spirituelle Leere und ontologische Ungewißheit, das Fehlen absoluter Werte oder universaler Zusammenhänge, das Gefühl kosmischer Absurdität, die Schwäche der menschlichen Vernunft und die tragische Sackgasse der menschlichen Befindlichkeit. Der Mensch war dazu verdammt, frei zu sein. Ständig notwendige Entscheidungen bürdeten ihm die permanente Gefahr des Irrtums auf. Er lebte in einer dauernden Ungewißheit über seine Zukunft; er war in eine endliche, an ihren beiden Enden vom Nichts begrenzte Existenz geworfen. Die menschlichen Sehnsüchte und Hoffnungen in ihrer Unbegrenztheit wurden von den engen Schranken des Menschenmöglichen vereitelt.

Der Mensch besaß kein festgelegtes Wesen: Allein seine Existenz war ihm gegeben – ein von Sterblichkeit, Risiko, Angst, Langeweile, Widerspruch und Ungewißheit aufgezehrtes Dasein. Kein transzendentes Absolutum garantierte die Erfüllung des menschlichen Lebens oder der Geschichte. Es gab keinen ewigen Plan, keinen vorherbestimmten Zweck. Dinge existierten, weil sie existierten, nicht aus einem »höheren« oder »tieferen« Grund. Gott war tot; das Universum war blind für menschliche Belange, ohne Sinn oder Zweck. Der Mensch war verlassen, allein. Alles war Zufall. Um authentisch zu sein, hatte der Mensch sich auf dieses öde und sinnlose Leben einzulassen. Er hatte sich aus freien Stücken zu entschließen, sich ihr zu stellen. Nur aus dem Kampf entstand Sinn.

Das Streben des Romantikers nach spiritueller Ekstase, nach Vereinigung mit der Natur und nach Verwirklichung des Selbst sowie der Gesellschaft war getragen vom Optimismus des achtzehnten und neunzehnten Jahrhunderts. Im zwanzigsten Jahrhundert stieß es auf die dunkle Seite der Realität. Die existentialistische Beschreibung des Zustands der Welt artikulierte ein verbreitetes Unbehagen. Selbst Theologen – sie vielleicht sogar in besonderem Maße – reagierten äußerst sensibel auf die existentialistische Stimmung. Der Glaube an einen weisen und allmächtigen Gott, der die Geschichte zum Wohle aller regierte, hatte in einer von zwei Weltkriegen, Totalitarismus, Holocaust und Atombombe erschütterten Welt jede noch vertretbare Grundlage verloren. Für viele Theologen war es unmöglich geworden, von Gott noch in irgendeiner für das moderne Empfinden sinnvollen Weise zu sprechen. Angesichts der auf beispiellose Weise tragischen Dimensionen der Zeitgeschichte, angesichts der fortschreitenden Erosion der Bibel als unerschütterlichem Glaubensfundament, angesichts des Fehlens eines zwingenden philosophischen Arguments für die Existenz Gottes und vor allem angesichts der fast universalen Krise des religiösen Glaubens in einem säkularen Zeitalter entstand die scheinbar sich selbst widersprechende, aber repräsentative Theologie vom »Tod Gottes«.

Zeitgenössische Erzählungen beschrieben immer häufiger Individuen, die in einer verwirrenden und problembeladenen Umwelt gefangen waren und vergeblich versuchten, in einer sinnlosen Welt Sinn und Werte zu schaffen. Gegenüber der Unpersönlichkeit der modernen Welt – der mechanisierten Massengesellschaft und des seelenlosen Kosmos – schien dem Romantiker nur noch Verzweiflung oder selbstzerstörerischer Widerstand übrig zu bleiben. In zahlreichen Versionen drang der Nihilismus mit wachsendem Nachdruck in das kulturelle Leben ein. Die romantische Leidenschaft der Verschmelzung mit dem Unendlichen begann sich nun gegen sich selbst zu wenden, in eine zwanghafte Negation dieser Leidenschaft umzuschlagen. Der desillusionierte Geist der Romantik äußerte sich zunehmend in Fragmentierung, Verschiebung und Selbstparodie;

seine einzig möglichen Wahrheiten hießen Ironie und dunkles Paradox. Einige meinten, die gesamte Kultur sei der Psychose verfallen und jene, die gemeinhin als verrückt galten, seien in Wirklichkeit die einzig Gesunden. Die Revolte gegen die konventionelle Wirklichkeit begann neue und extremere Formen anzunehmen. Frühere moderne Antworten wie Realismus und Naturalismus machten dem Absurden und Surrealen Platz, der Auflösung aller bestehenden Grundlagen und festen Kategorien. Das Streben nach Freiheit wurde immer radikaler, um den Preis der Zerstörung jeglichen Maßstabs und jeglicher Stabilität. Weil auch die physikalischen Wissenschaften lang geglaubte Gewißheiten und Strukturen niederrissen, traf sich die Kunst mit der Naturwissenschaft inmitten der Geburtswehen des erkenntnistheoretischen Relativismus des zwanzigsten Jahrhunderts.

Schon zu Beginn des Jahrhunderts hatte im Westen die Auflösung und Atomisierung des traditionellen künstlerischen Kanons eingesetzt, der seinen Ursprung in den Formen und Idealen des klassischen Griechenland und der Renaissance hatte. Die Romane des achtzehnten und neunzehnten Jahrhunderts reflektierten die Identität eines Individuums, das sich vor dem breiten Hintergrund einer linearen narrativen Logik und einer historischen Entwicklung als Ich deutlich abgrenzte. Der typische Roman des zwanzigsten Jahrhunderts hingegen zeichnete sich durch die andauernde Infragestellung seiner eigenen Prämissen aus, durch das ständige Brechen seiner narrativen und historischen Kohärenz, die verwirrende Vielfalt seiner geistigen Horizonte und einen ausgeprägten und komplizierten Selbstzweifel, der die Charaktere, den Autor und den Leser in einem nichtaufhebbaren Schwebezustand zurückließ. Wie Hume schon zweihundert Jahre zuvor erkannt hatte, waren Wirklichkeit und Identität weder dem Menschen sicher gegeben, noch waren sie ontologisch absolut. Sie waren fiktive, aus psychologischer und pragmatischer Bequemlichkeit entstandene Gewohnheiten, die das introspektive, mißtrauische und relativistische Bewußtsein des zeitgenössischen westlichen Geistes nicht einfach voraussetzen durfte. Sie schienen falsche Gefängnisse, die durchschaut und überwunden werden mußten. Wo Ungewißheit war, da war auch Freiheit.

Die Kunst wurde halb zum Spiegel, halb zum Manifest der Dissonanz und der Disjunktion, der radikalen Freiheit und der radikalen Ungewißheit des zwanzigsten Jahrhunderts. Das Alltagsleben in seinem Fluß und seinem Chaos ersetzte die formalen Konventionen früherer Epochen. Das Wunderbare der Kunst wurde im Zufälligen und im Spontanen gesucht. Eine beharrliche Formlosigkeit und Unbestimmtheit beherrschte den künstlerischen Ausdruck in Malerei und Poesie, in Musik und Theater. Vielfache Brechungen und ein verstörendes Nebeneinander konstituierten die neue ästhetische Logik. Das Abweichende wurde zur Norm: das Nicht-Übereinstimmende, das Gebrochene, das Stilisierte, das Triviale, das auf vieldeutige Weise Obskure. Die Beschäftigung mit dem Irrationalen und Subjektiven führte – in Verbindung mit dem alles beherrschenden Impuls, sich von allen Konventionen und Erwartungshaltungen zu befreien – zu einer Kunst, die nur für wenige Eingeweihte verständlich war; bisweilen waren die Werke so selbstbezogen und unergründlich, daß sie jede Kommunikation ausschlossen. Der einzelne Künstler war zum Propheten seiner eigenen neuen Ordnung geworden; mutig brach er das alte Gesetz und schuf sein Neues Testament.

Aufgabe der neuen Kunst war es, »die Welt zu verfremden«, die abgestumpften Sinne zu schockieren, eine neue Wirklichkeit aus den Fragmenten der alten entstehen zu lassen. In der Kunst – wie in der sozialen Praxis – verlangte die Rebellion gegen eine einengende und spirituell verarmte Gesellschaft die ernsthaft, ja systematisch betriebene Verspottung der traditionellen Werte und Annahmen. Das Heilige, das nach Jahrhunderten frommer Konventionen leer und hohl geworden war, ließ sich offenbar besser durch das Profane und Blasphemische ausdrücken. Ganz elementare Leidenschaften und Empfindungen boten noch am ehesten einen Zugang zu den angeborenen Ursprüngen der Kreativität. Bei Picasso kam es zu einer dionysischen Mischung aus freier Erotik, Aggression, Zerstückelung, Tod und Geburt. In anderen Fällen nahm die künstlerische Revolte die Gestalt einer Simulation der modernen Welt in all ihrer metallisch harten Unfruchtbarkeit an, etwa bei den Minimalisten. Sie betrieben in ihrem Streben nach einer ausdrucksfreien Kunst eine Mimikry der wissenschaftlichen Positivisten: einen unpersönlichen Objektivismus, der – aller Interpretation entledigt – gezielt Gesten, Formen und Töne ohne Subjektivität und Sinn darstellte. In den Augen vieler Künstler mußte nicht nur der Verständlichkeit und dem Sinn, sondern selbst der Schönheit abgeschworen werden – denn auch sie konnte ein Tyrann sein, eine Konvention, die es zu zerstören galt.

Die alten Formeln waren nicht einfach erschöpft; die Künstler suchten nicht das Neue um jeden Preis. Die Forderungen nach dem

Zusammenbruch alter und der Schöpfung neuer Strukturen, nach einem Verzicht auf jede Erkennbarkeit von Form oder Inhalt, entsprachen der zeitgenössischen Erfahrung. Die Künstler waren zu Realisten einer neuen Art von Wirklichkeit geworden, einer Vielzahl von Realitäten, für die es keinerlei Präzedenzfall gab. Insofern unterschied sich ihre künstlerische Aufgabe grundlegend von der ihrer Vorgänger: Radikaler Wandel – in Kunst wie Gesellschaft – war das Hauptthema des Jahrhunderts, sein dominierender Imperativ und seine unentrinnbare Wirklichkeit.

Diese Wendung hatte ihren Preis. »Ich schaffe es neu«, hatte Ezra Pound verfügt, um dann später – nachdenklich geworden – festzustellen: »Ich schaffe es nicht, es in einen Zusammenhang zu bringen.« Radikaler Wandel und pausenlose Innovation mündeten in unästhetisches Chaos, Unverständlichkeit und fruchtlose Entfremdung. Das spätmoderne Experiment drohte sich in einem sinnlosen Solipsismus zu verlieren. Die Resultate des Immer-Neuen waren zwar kreativ, aber selten von Dauer. Inkohärenz war zwar authentisch, aber selten befriedigend. Subjektivismus mochte faszinierend sein, doch allzu oft war er nur irrelevant. Die beharrliche Abwertung der Repräsentation gegenüber der Abstraktion schien zuweilen kaum mehr zu zeigen als die wachsende Unfähigkeit des modernen Künstlers, in eine Beziehung zur Natur zu treten. Wegen des Fehlens verbindlicher ästhetischer Normen und kulturtragender Visionen war das herausragende Merkmal der Künste des zwanzigsten Jahrhunderts die Erkenntnis der eigenen Flüchtigkeit, das unverhüllte Bewußtsein der Vergänglichkeit ihrer Substanz und ihres Stils.

Konstant in der Kunst des zwanzigsten Jahrhunderts war hingegen die asketische Suche nach dem Wesen der Kunst. Dieses Streben eliminierte nach und nach alle jene künstlerischen Elemente, die als peripher oder kontingent angesehen werden konnten: Repräsentation, Erzählung, Charaktere, Melodie, Tonalität, strukturelle Kontinuität, thematischer Zusammenhang, Form, Inhalt, Sinn, Zweck. Es bewegte sich damit zwangsläufig auf einen Endpunkt zu, an dem nur noch eine weiße Leinwand, eine leere Bühne und Schweigen übrig blieben. Die Rückkehr zu langvergangenen oder fremden Formen und Maßstäben schien der einzige Ausweg zu sein. Aber auch dies erwies sich nur als ein kurzlebiger Schachzug, der in der ruhelosen modernen Psyche keine Wurzeln schlagen konnte. Wie schon den Philosophen und Theologen, so blieb auch den Künstlern zuletzt nur die selbst-reflexive und lähmende Auseinandersetzung mit kreativen Prozessen und formalen Verfahren – und, nicht selten, die Zerstörung der Produkte. Der frühmoderne Glaube an den großen Künstler, der in einer sinnlosen Welt allein souverän war, wich dem postmodernen Verlust des Glaubens an die Transzendenz des Künstlers.

»Der zeitgenössische Schriftsteller [...] ist dazu gezwungen, ganz von vorne anzufangen: Wirklichkeit gibt es nicht, Zeit gibt es nicht, Individualität gibt es nicht. Gott war der allwissende Autor, aber er starb; jetzt kennt keiner den Plot mehr, und da unserer Wirklichkeit die Absegnung durch einen Schöpfer fehlt, gibt es keine Garantie für die Authentizität der überlieferten Version. Zeit reduziert sich auf Gegenwart, Inhalt auf eine Reihe von diskontinuierlichen Augenblicken. Zeit ist nicht länger zweckgerichtet; deshalb gibt es keine Dichte, nur Zufall. Wirklichkeit ist einfach unsere Erfahrung und Objektivität natürlich eine Illusion. Individualität ist, nach einem Stadium unangenehmer Selbstreflexion, zum [...] bloßen Schauplatz unserer Erfahrung geworden. Angesichts dieser Aufhebungen sollte es keine Überraschung mehr sein, daß auch die Literatur nicht mehr existiert – wie könnte sie? Es gibt nur Lesen und Schreiben [...], Möglichkeiten, eine angemessene Langeweile angesichts des Abgrunds zu bewahren.«[7]

Aus der Machtlosigkeit des Einzelnen im modernen Leben zogen viele Künstler und Intellektuelle die Konsequenz, sich von der Welt zurückzuziehen und die öffentliche Arena zu verlassen. Wenige fühlten sich fähig, Fragen zu behandeln, die über das Selbst und dessen private Suche nach Inhalt hinausgingen. Universelle moralische Visionen schienen ohnehin nicht länger haltbar. Der Mensch sah sich gezwungen, auf allen Gebieten – Kunst, Wissen, Moral – in einem maßstabslosen Vakuum seine Grundlage zu finden. Sinn schien nicht mehr als ein willkürliches Konstrukt zu sein, Wahrheit nur eine Konvention, Wirklichkeit unenthüllbar. Der Mensch, so war zu hören, sei eine unnütze Leidenschaft.

Unter der glamourösen Oberfläche einer oft überdrehten und überreizten Alltagsexistenz begann sich in vielen Bereichen des kulturellen Lebens eine apokalyptische Haltung auszubreiten. Im Verlauf des zwanzigsten Jahrhunderts häuften sich die Grabgesänge auf den Niedergang und den Fall, die Dekonstruktion und den Zusammenbruch jedes einzelnen der großen intellektuellen und kulturellen Projekte des Westens: das Ende der Theologie, das Ende der Philosophie, das Ende der Wissenschaft, das Ende der Literatur, das Ende der Kunst, das Ende der Kultur überhaupt. Die aufklärerisch-wissenschaftliche Seite des modernen Geistes hatte sich durch ihre eigenen intellektuellen Fortschritte unterminiert und durch ihre technologischen und politischen Folgen radikal in Frage gestellt. Ähnlich erging es der romantischen Seite. Sie hatte auf ähnliche Umstände mit ihrer eigenen, oft eher prophetischen Sensibilität reagiert und war nun offenbar dazu verdammt, in einem kosmischen und historischen Kontext ohne jeden umfassenden Sinn transzendente Sehnsüchte wach zu halten.

Das westliche Denken durchlief im Laufe der Moderne eine bemerkenswerte Dialektik. Am Beginn stand ein fast grenzenloses Vertrauen in den Menschen: in seine eigenen Kräfte; in sein spirituelles Potential; in seine Fähigkeit, sicheres Wissen erlangen und die Herrschaft über die Natur immer weiter ausdehnen zu können; in sein positives Schicksal. Am Ende befand sich der Mensch in einer Situation, die sich nicht selten durch die genau entgegengesetzten Merkmale auszeichnete: ein lähmendes Gefühl der eigenen metaphysischen Bedeutungslosigkeit und persönlichen Nutzlosigkeit; den Verlust des Glaubens; die Ungewißheit des Wissens; eine wechselseitig zerstörerische Beziehung zur Natur; eine intensive Ungewißheit, was die Zukunft des Menschen anbetraf. In den vier Jahrhunderten der Existenz des modernen Menschen hatten sich Bacon und Descartes in Kafka und Beckett verwandelt.

Etwas ging zu Ende. Als Reaktion auf alle diese vielfältigen und komplex miteinander verknüpften Entwicklungen hatte das westliche Denken einen Weg eingeschlagen, in dessen Verlauf sich im späten zwanzigsten Jahrhundert die Fundamente des modernen Weltbildes weitgehend aufgelöst hatten. Das zeitgenössische Denken hatte sich nach und nach aller seiner ehemaligen Gewißheiten entledigt – und war deshalb so offen wie nie zuvor. Die Entwicklung des modernen Geistes oszillierte zwischen zunehmender Verfeinerung und Selbstzerstörung; sie hatte zu einem überdeterminierten Ergebnis geführt. Die intellektuelle Sensibilität, die diese beispiellose Situation heutzutage reflektiert und ihr Ausdruck verleiht, ist das postmoderne Denken.

DAS POSTMODERNE DENKEN

Es scheint, als wäre jeder große Epochenwandel in der westlichen Geistesgeschichte von einem archetypischen Opfer eingeleitet worden. Stets wurde die Geburt einer grundlegend neuen kulturellen Vision gleichsam geweiht durch die symbolisch bedeutsame Verurteilung und das Martyrium ihres wichtigsten Propheten. Die Geburtsstunde des klassischen griechischen Denkens schlug bei dem Prozeß und der Hinrichtung des Sokrates; die Geburt des Christentums erfolgte als Antwort auf den Prozeß und die Kreuzigung Jesu; die Geburt der modernen Wissenschaft wurde eingeleitet durch den Prozeß und die Verurteilung Galileis.

Friedrich Nietzsche gilt in der westlichen Kultur als der zentrale Prophet des postmodernen Denkens – aufgrund seines radikalen Perspektivismus, seiner souveränen kritischen Sensibilität und seiner kraftvollen, beißenden und ambivalenten Vorwegnahme des entstehenden Nihilismus. Die Geburt der Postmoderne bedeutete für Nietzsche einen inneren Prozeß und eine innere Gefangenschaft: eine intensive intellektuelle Zerreißprobe und eine extreme psychologische Isolation, die ihn letztlich in die Lähmung des Wahnsinns trieben. Seine letzten Briefe unterschrieb er mit »Der Gekreuzigte«. Er starb bei Anbruch des zwanzigsten Jahrhunderts. Nietzsches Leidensweg ist eine seltsame, vielleicht selbst schon postmoderne Analogie des Themas des archetypischen Opfers und Martyriums.

Wie Nietzsche selbst, so ist auch die geistige Situation der Postmoderne ungemein vielschichtig und vieldeutig. Vielleicht besteht gerade darin ihr eigentliches Wesen. Die Bezeichnung »postmodern« unterliegt – je nach Kontext – erheblichen Bedeutungsschwankungen. In seiner allgemein verbreiteten Form läßt sich das postmoderne Denken als eine offene, unbestimmte Menge von Einstellungen ansehen, die durch eine große Vielzahl unterschiedlicher geistiger und kultureller Strömungen geformt wurden. Diese Strömungen reichen von Pragmatismus, Existentialismus, Marxismus und Psychoanalyse bis zu Feminismus, Hermeneutik, Dekonstruktivismus und postempirischer Wissenschaftstheorie, um nur einige der bekannteren zu nennen. Aus diesem Mahlstrom hochentwickelter und oft divergierender Impulse und Tendenzen sind einige allgemein anerkannte Arbeitshypothesen hervorgegangen: die Ausgangsthese der Formbarkeit und des konstanten Wandels von Wirklichkeit und Wissen; die Betonung des Vorrangs der konkreten Erfahrung vor festen abstrakten Prinzipien; die Überzeugung, daß kein einzelnes Denksystem von vornherein unsere Vorstellungen oder Nachforschungen beherrschen sollte. Ein gewisser Konsens besteht auch in den Annahmen, daß das menschliche Wissen durch eine Vielzahl von Faktoren subjektiv bestimmt wird; daß objektive Wesenheiten oder Dinge an sich weder zugänglich noch postulierbar sind; daß der Wert aller Wahrheiten und Annahmen kontinuierlicher Prüfung unterworfen werden muß. Die kritische Suche nach Wahrheit muß tolerant gegenüber Ambivalenz und Pluralismus sein. Bei ihrem Ergebnis wird es sich zwangsläufig um ein relatives und fehlbares, kein absolutes und sicheres Wissen handeln.

Das Streben nach Erkenntnis unterliegt einer endlosen Selbstrevision. Es gilt, Neues auszuprobieren, zu experimentieren und zu forschen, subjektive und objektive Konsequenzen zu testen, aus seinen Fehlern zu lernen, nichts für selbstverständlich zu halten, alles als provisorisch anzusehen und nichts als absolut gelten zu lassen. Wirklichkeit ist nichts Festes, in sich Abgeschlossenes, sondern ein flüssiger, sich entfaltender Prozeß, ein »offenes Universum«, das kontinuierlich von Handlungen und Vorstellungen beeinflußt und geformt wird. Wirklichkeit ist Möglichkeit, nicht Tatsache. Die Beziehung des Menschen zur Realität ist nicht die eines distanzierten Beobachters, der einem festen Objekt gegenübersteht; vielmehr ist der Mensch immer schon und notwendig ein Teil dieser Wirklichkeit. Er verändert sie und wird dabei zugleich von ihr verändert.

Die Wirklichkeit ist in vielerlei Hinsicht unversöhnlich und unerträglich. Sie muß gleichwohl erst mühsam geschaffen werden mit Mitteln des menschlichen Geistes und Willens; diese sind aber bereits in das Netz verstrickt, das sie zu verstehen und zu beeinflussen versuchen. Das menschliche Subjekt handelt und urteilt in einem Zusammenhang, der nie völlig objektiviert werden kann; seine Orientierungen und Motivationen können weder gänzlich begriffen noch kontrolliert werden. Das erkennende Subjekt ist nie frei von seinem Körper oder von der Welt; beide bilden den Hintergrund und die Bedingung jedes Erkenntnisaktes.

Die dem Menschen eigentümliche Fähigkeit zur Bildung von Begriffen und Symbolen gilt als ein fundamentales und notwendiges Element für das Verständnis, die Vorwegnahme und die Schöpfung von Wirklichkeit. Der Geist ist nicht der passive Spiegel einer »objektiven Außenwelt« und ihrer immanenten Ordnung; er nimmt aktiv und kreativ am Prozeß der Wahrnehmung und der Erkenntnis teil. Wirklichkeit wird erst vom Geist konstruiert, nicht nur einfach von ihm wahrgenommen. Weil viele solcher Konstruktionen möglich sind, ist zwangsläufig keine von ihnen uneingeschränkt gültig. Das menschliche Wissen ist an dem Subjekt zugehörige Strukturen gebunden, deren Unbestimmtheit – gemeinsam mit dem Willen und der Vorstellungskraft – ein Moment der Freiheit in den Erkenntnisprozeß einführt. Unausgesprochen ist diese Position ein relativierter kritischer Empirismus und ein relativierter kritischer Rationalismus. Anerkannt wird einerseits die Unabdingbarkeit von konkreter Forschung und rigoroser Beweisführung, von Kritik und theoretischer Formulierung. Betont wird andererseits, daß keines dieser Verfahren jemals Anspruch darauf erheben kann, über eine absolute Grundlage zu verfügen. Es gibt keine empirische »Tatsache«, die nicht schon theorievermittelt wäre; es gibt keine logischen Beweisführungen oder formalen Prinzipien, die a priori gewiß wären. Das gesamte menschliche Verstehen ist Interpretation; der Prozeß der Interpretation ist nie endgültig abgeschlossen.

Die Vorherrschaft des kuhnschen Begriffs des »Paradigmas« im gegenwärtigen Diskurs ist charakteristisch für das postmoderne Denken; er reflektiert das kritische Bewußtsein von der grundsätzlich interpretativen Natur des Geistes. Der Begriff des Paradigmas hat nicht nur Auswirkungen auf die postmoderne Beschäftigung mit vergangenen kulturellen Weltbildern und der Geschichte wechselnder Wissenschaftsmodelle; er hat auch das postmoderne Selbstverständnis zutiefst geprägt. Er hat darüber hinaus zu einer verständnisvolleren Haltung gegenüber unterdrückten und unorthodoxen Perspektiven sowie zu einer selbstkritischeren Wahrnehmung gegenwärtig akzeptierter Perspektiven geführt. Kontinuierliche Fortschritte in Anthropologie, Soziologie, Geschichte und Linguistik haben die Relativität des menschlichen Wissens unterstrichen. Der »eurozentrische« Charakter des westlichen Denkens und die bestimmende Wirkung von Faktoren wie soziale Klasse, Hautfarbe und ethnische Zugehörigkeit wurden zunehmend erkannt. Die Analyse der Geschlechtszugehörigkeit als entscheidender Faktor bei der Bestimmung und Abgrenzung dessen, was als Wahrheit gilt, hat in den vergangenen Jahren besondere Fortschritte gemacht. Verschiedene Formen psychologischer Analyse – ob kultureller oder individueller Natur – haben noch klarer aufgezeigt, wie sehr die menschliche Erfahrung und Erkenntnis von unbewußten Determinanten gesteuert wird.

Diese Entwicklungen finden ihren Ausdruck und einen weiteren Anstoß durch einen radikalen Perspektivismus, der das Kernstück der postmodernen Mentalität bildet. Der Perspektivismus ist in der von Hume, Kant und Nietzsche entwickelten Wissenschaftslehre sowie in Hegels Historismus verwurzelt und äußert sich in Pragmatismus, Hermeneutik und Poststrukturalismus. Diesem Verständnis zufolge kann von der Welt prinzipiell nicht gesagt werden, daß sie irgendwelche Eigenschaften besäße, die einer Interpretation durch den Menschen vorausgingen. Die Welt existiert nicht als Ding an sich, unabhängig von ihrer Interpretation. Erst in und durch die Interpretation wird sie zum Sein erhoben. Das Subjekt der Erkenntnis ist bereits im Objekt der Erkenntnis eingebettet: Der menschliche Geist steht nie außerhalb der Welt, urteilt nie von einem äußeren Standpunkt her. Jedes Erkenntnisobjekt ist bereits Teil eines interpretierten Zusammenhangs; jenseits dieses Zusammenhangs gibt es wiederum nur andere immer schon interpretierte Zusammenhänge. Das menschliche Wissen wird durch Zeichen und Symbole ungewisser Herkunft vermittelt, durch historisch und kulturell variable Prädispositionen bestimmt und von oft unbewußten menschlichen Interessen beeinflußt. Wahrheit und Wirklichkeit erscheinen deshalb – in der Wissenschaft nicht weniger als in Philosophie, Religion oder Kunst – auf radikale Weise als vieldeutig. Das Subjekt kann niemals »hinter« diese Voraussetzungen und Prägungen schauen. Allenfalls kann es eine Horizontverschmelzung versuchen, eine niemals abzuschließende Wiederannäherung von Subjekt und Objekt. Weniger optimistisch formuliert: Dem Subjekt bleibt nichts anderes übrig, als den unüberwindlichen Solipsismus des menschlichen Bewußtseins gegenüber der radikalen Unlesbarkeit der Welt anzuerkennen.

Die andere Seite der Offenheit und Unbestimmtheit des postmodernen Geistes ist das Fehlen jeglichen festen Fundaments, auf dem sich ein Weltbild aufbauen ließe. Innere wie äußere Wirklichkeiten sind auf so unergründliche Weise verzweigt, vieldimensional, dehnbar und grenzenlos, daß sie zwar Mut und Kreativität herausfordern, zugleich aber eine potentiell lähmende Angst auslösen können angesichts des endlosen Relativismus und der existentiellen Endlichkeit. Das postmoderne Befinden ist geprägt von Konflikten zwischen subjektiver und objektiver Erfahrung, vom Bewußtsein der kulturellen Beschränkung und historischen Relativität aller Erkenntnis, von einem beherrschenden Gefühl der Unsicherheit und der Verdrängung, von einem an Inkohärenz grenzenden Pluralismus. Die Rede von Subjekt und Objekt als unterscheidbaren Einheiten setzt bereits mehr voraus, als gewußt werden kann. Mit dem Aufstieg des postmodernen Geistes hat sich das menschliche Projekt der Suche nach Sinn im Universum verwandelt in eine freischwebende und desorientierte hermeneutische Lektüre: Der postmoderne Mensch existiert in einem Universum, dessen Bedeutung völlig offen und ohne verläßliches Fundament ist.

Unter den vielen Strömungen, die in dieser intellektuellen Position zusammenlaufen, nimmt die Sprachanalyse eine herausragende Stellung ein. Sie bringt die radikalsten skeptischen wissenschaftslogischen Modelle im postmodernen Denken hervor; diese Strömungen bezeichnen sich selbst am nachdrücklichsten und bewußtesten als »postmodern«. Auch diese Entwicklung speist sich aus vielen Quellen: Nietzsches Analyse der problematischen Beziehung der Sprache zur Wirklichkeit; die Semiotik von Charles Sanders Peirce, der die Auffassung vertrat, das gesamte menschliche Denken beruhe auf Zeichen; die Linguistik Ferdinand de Saussures, der die Willkürlichkeit der Beziehung zwischen Welt und Objekt, Zeichen und Bezeichnetem postulierte; Wittgensteins Analyse der sprachlichen Struktur der menschlichen Erfahrung; Heideggers existentialistisch-linguistische Kritik der Metaphysik; Edward Sapirs und Benjamin Lee Whorfs linguistische Hypothese, daß die Sprache die Wahrnehmung der Wirklichkeit forme; Michel Foucaults genealogische Forschungen zur sozialen Konstruktion von Wissen; schließlich Jacques Derridas Dekonstruktivismus, der das Bemühen, in jedem Text einen sicheren Sinn zu finden, grundsätzlich in Frage stellt. Das Ergebnis dieser verschiedenen Einflüsse – besonders in der zeitgenössischen akademischen Welt – ist die zunehmende Auflösung der Diskurse und Erkenntnisformen und damit die radikale Relativierung des menschlichen Anspruchs auf souveräne oder dauerhafte Wahrheit. Eine emphatische Revision des Charakters und der Ziele intellektueller Analyse wird hierin deutlich.

Grundlegend für diese Perspektive ist die These, daß alles menschliche Denken letztlich von einzelnen, jeweils eigenständigen kulturell-linguistischen Lebensformen hervorgebracht wird und an sie gebunden ist. Menschliches Wissen ist das historische Produkt sprachlicher und sozialer Praktiken einzelner lokaler Gemeinschaften von Interpreten; es ist ohne sichere, »immer enger werdende« Beziehung zu einer unabhängigen, ahistorischen Wirklichkeit. Weil die menschliche Erfahrung linguistisch vorstrukturiert ist, die verschiedenen Sprachstrukturen jedoch über keine nachweisbare Verbindung zu einer unabhängigen Wirklichkeit verfügen, kann der menschliche Geist nicht beanspruchen, zu irgendeiner anderen als der von seiner lokalen Lebensform geprägten Wirklichkeit Zugang zu haben. Die Sprache ist – mit den Worten Wittgensteins – ein »Käfig«. Sprachliche Bedeutungen sind instabil, weil die Zusammenhänge, die die Bedeutung erst stiften, niemals starr und unbeweglich sind. Unter der Oberfläche jedes noch so zusammenhängend scheinenden Textes existiert eine Vielzahl miteinander unvereinbarer Bedeutungen. Keine Textinterpretation kann für sich in Anspruch nehmen, die maßgebliche zu sein: Das Interpretierte trägt unvermeidlich verborgene Widersprüche in sich, die seine Geschlossenheit unterminieren. Jede Bedeutung ist daher letztlich unbeständig; eine »wahre« Bedeutung gibt es nicht. Es existiert keine grundlegende Primärwirklichkeit, die als Fundament für die Versuche des Menschen gelten könnte, Wahrheit zu repräsentieren. Texte beziehen sich nur auf andere Texte – in endloser Regression, ohne jede sichere Grundlage in etwas, das nicht selbst auch wieder nur Sprache wäre. Dem »Spiel der Signifikanten« kann sich niemand entziehen. Die Vielzahl grundsätzlich unvereinbarer menschlicher Wahrheiten widerlegt die konventionelle Annahme, daß sich der Geist kontinuierlich auf ein besseres Verständnis »der Wirklichkeit« zubewege. Über den Charakter wahrer Sätze läßt sich nichts mit Gewißheit aussagen – außer vielleicht, daß – wie Richard Rorty meint – »unsere Umgebung es uns durchgehen läßt, wenn wir sie aussprechen«.[8]

Der cartesianisch-kritische Intellekt hat im postmodernen Geist gleichsam den Gipfel seiner Entwicklung erreicht: Der systematische Skeptizismus richtet sich gegen jede nur mögliche Bedeutung, alles wird bezweifelt. Ohne eine göttliche Grundlage, die das Wort beglaubigen könnte, besitzt die Sprache keine privilegierte Verbindung zur Wahrheit mehr. Das unentrinnbare Schicksal des menschlichen

Bewußtseins ist sein Nomadentum – ein sich seiner selbst bewußtes Wandern durch Irrtümer und Fehler. Die Geschichte des menschlichen Denkens ist die Geschichte immer neuer metaphorischer Muster, einer notorisch mehrdeutigen Sprachverwendung und eines unaufhörlichen Interpretationsversuchs. Sie verfügt über keinerlei Grundlage – es sei denn in ihren eigenen metaphorischen und interpretatorischen Kategorien. Postmoderne Philosophen können die vielen Perspektiven, die verschiedenen symbolischen Systeme, die vielfältigen Möglichkeiten der Verknüpfung von Dingen miteinander analysieren und miteinander vergleichen. Sie können dabei aber niemals einen außerhistorischen archimedischen Punkt einnehmen, von dem aus über die »Wahrheit« einer gegebenen Perspektive entschieden werden könnte. Weil das menschliche Wissen über keine zweifelsfreien Fundamente verfügt, ist das entscheidende Kriterium jeder Perspektive ihre Fähigkeit, für eine gewisse Zeit provisorisch nützlich oder erbaulich, emanzipatorisch oder kreativ zu sein – selbst wenn am Ende auch diese Bewertungen wiederum nur durch persönliche und kulturelle Vorlieben zu legitimieren sind. Auch Legitimation ist nur eine von vielen sozialen Praktiken – ohne eine Fundierung, die über eben diese soziale Praxis hinausginge.

Das auffallendste philosophische Ergebnis der verschiedenen konvergierenden Stränge postmodernen Denkens ist ihre kritische Attacke gegen die gesamte westliche Philosophie seit Platon. Das Vorhaben dieser Tradition, ein alles fundierendes Prinzip der Wirklichkeit zu begreifen und zu beschreiben, wird als nutzlose Übung in Sprachspielen kritisiert. Es sei eine intensive, aber zum Scheitern verurteilte Anstrengung, über die elaborierten Erfindungen, die es selbst hervorgebracht habe, hinauszugelangen. Ein solches Projekt wird verdammt, weil es von seinem Ansatz her Entfremdung hervorbringe und unterdrückende Hierarchien etabliere: Es sei ein intellektuell anmaßendes Verfahren, das nur zu existentieller und kultureller Verarmung geführt habe, zur technokratischen Unterwerfung der Natur und zur sozialen und politischen Unterwerfung des Menschen. Der Zwang des westlichen Geistes, jedem Aspekt des Lebens seine totalisierende – ob theologische, wissenschaftliche oder ökonomische – Vernunft überzustülpen, sei nicht nur selbsttäuschend, sondern auch zerstörerisch.

Das kritische Denken der Postmoderne hat zu einer rigorosen Ablehnung des gesamten intellektuellen »Kanons« des Westens geführt. Zu lange sei er bestimmt und bevorzugt worden von einer mehr oder weniger exklusiv männlichen, weißen und europäischen Elite. Überlieferte Wahrheiten über »Mensch«, »Vernunft«, »Zivilisation« und »Fortschritt« werden als intellektuelle und moralische Bankrotterklärungen verworfen – zu viele Sünden seien schon unter dem Deckmantel der westlichen Werte begangen worden. Ein desillusionierter Blick richtet sich auf rücksichtslose Expansion und Ausbeutung, die die westliche Zivilisation von Anfang an begleiteten: die Habgier der Eliten von der Antike bis zur Moderne; Kolonialismus und Imperialismus; Sklaverei und Genozid; Antisemitismus; Unterdrückung von Frauen, Andersfarbigen, Minderheiten, Homosexuellen, Arbeiterklasse, Armen; Vernichtung von eingeborenen Gesellschaften in der ganzen Welt; arrogante Unsensibilität gegenüber anderen kulturellen Traditionen und Werten; grausamer Mißbrauch anderer Lebensformen; blindwütige Plünderung des Planeten.

In diesem radikal veränderten kulturellen Kontext ist die akademische Welt allmählich dazu übergegangen, die kritische Dekonstruktion traditioneller Annahmen mit Hilfe verschiedener sich überschneidender Analysemethoden in Angriff zu nehmen: Soziologische und politische, historische und psychologische, linguistische und literarische Ansätze werden miteinander verbunden. Texte aller Art werden mit bemerkenswerter Sensibilität auf ihre rhetorischen Strategien und politischen Funktionen untersucht. Das grundlegende intellektuelle Ethos verpflichtet zur Demontage bestehender Strukturen, zur Entlarvung von Anmaßungen, zur Destruktion tradierter Glaubensvorstellungen und zur Demaskierung der Erscheinungen – zu einer »Hermeneutik des Verdachts« im Geiste von Marx, Nietzsche und Freud.

Die Postmoderne ist in diesem Sinne »eine antinomische Bewegung, die sich dem gewaltigen Prozeß des Annullierens im westlichen Denken verschrieben hat [...] der Dekonstruktion, der Dezentrierung, des Verschwindenlassens, des Zerstreuens, der Demystifikation, der Diskontinuität, der *Différence*, der Dispersion etc. Solche Termini [...] stehen für eine wissenschaftslogische Fixierung auf das Fragmentarische und Gebrochene, für eine korrespondierende ideologische Verpflichtung gegenüber politischen, geschlechtlichen und sprachlichen Minderheiten. Gut zu denken, sich gut zu fühlen, gut zu handeln, gut zu lesen: das heißt der *Épistème* des Annullierens zufolge, die Tyrannei des Ganzen abzulehnen; jede Form von Totalisierung menschlichen Strebens ist potentiell totalitär.«[9] Der Anspruch auf Allwissenheit – ob philosophisch, religiös oder wissenschaftlich – muß aufgegeben werden. Große theoretische Entwürfe und universale Überblicke sind nur um den Preis des intellektuellen Dogmatismus und der Verfälschung der Empirie aufrechtzuerhalten. Allgemeine Wahrheiten zu vertreten bedeutet, nur Scheinlehren über das Chaos der Erscheinungen zu stülpen. Respekt für Kontingenz und Diskontinuität beschränkt das Wissen auf das Lokale und das Besondere. Jede explizit umfassende und kohärente Sichtweise ist bestenfalls nicht mehr als eine zeitweise nützliche, das Chaos maskierende Arbeitshypothese; schlimmstenfalls ist sie aber eine repressive Ideologie, die nur die Beziehung zwischen Macht, Gewalt und Unterwerfung verdeckt.

Es gibt also, genau genommen, weder ein »postmodernes Weltbild« noch die Möglichkeit eines solchen. Das postmoderne Paradigma verhält sich seiner Natur nach gegenüber allen Paradigmen grundsätzlich subversiv. In seinem Mittelpunkt steht das Bewußtsein einer mannigfaltigen, lokalen und temporalen Wirklichkeit ohne nachweisbare Grundlage. Die von John Dewey bereits zu Beginn des Jahrhunderts beschriebene Situation, daß die »Hoffnungslosigkeit in bezug auf die Möglichkeit einer einheitlichen Anschauung und Einstellung das Hauptmerkmal unserer Gegenwart« sei, ist zum Charakteristikum der postmodernen Vision geworden. Dies kommt zum Ausdruck in Jean François Lyotards Definition der Postmoderne als der »Ungläubigkeit gegenüber Metaerzählungen«.

Paradoxerweise erscheint im postmodernen Denken das alte Vertrauen des modernen Denkens in die Überlegenheit der eigenen Perspektive wieder. Der moderne Geist leitete den Glauben an seine eigene Überlegenheit von dem Bewußtsein ab, in einem absoluten Sinne über mehr Wissen zu verfügen als seine Vorgänger. Das Überlegenheitsgefühl der Postmoderne hingegen beruht auf ihrem Bewußtsein, wie wenig Wissen jede Form des Denkens – sie selbst eingeschlossen – letztlich für sich beanspruchen kann. Diese Selbstrelativierung des Bewußtseins impliziert jedoch, daß es sich auch bei der quasi-nihilistischen Ablehnung jeglicher Form von »Totalisierung« und »Metaerzählung« – jeglichen Strebens nach geistiger Einheit, Ganzheit oder Kohärenz – um eine durchaus hinterfragbare Position handelt. Sie kann – gemäß ihrer eigenen Prinzipien – letztlich nicht in anderer Weise gerechtfertigt werden als die verschiedenen metaphysischen Entwürfe, von denen sich das postmoderne Denken so entschieden abgrenzt. Auch die postmoderne Position setzt ihre eigene Metaerzählung voraus. Sie mag – im Vergleich zu anderen – vielleicht subtiler sein, unterliegt am Ende aber wie diese der dekonstruktiven Kritik. Auch die Feststellung der geschichtlichen Relativität und kulturellsprachlichen Abhängigkeit aller Wahrheit und allen Wissens muß auf der Grundlage ihrer eigenen Prämissen als Reflex bloß einer weiteren von vielen anderen lokal und zeitlich bedingten Perspektiven angesehen werden – ohne universalen, überzeitlichen Wert. Morgen könnte alles schon ganz anders sein. Die Postmoderne setzt implizit ein Absolutes voraus: ihr kritisches Bewußtsein. Indem es alles dekonstruiert, wird es von seiner eigenen Logik dazu gezwungen, auch sich selbst zu dekonstruieren. Das ist das labile Paradox, das den postmodernen Geist beherrscht.

Zwar neigt das postmoderne Denken zuweilen zu dogmatischem Relativismus und zwanghaft fragmentierendem Skeptizismus; auch gleitet das kulturelle Ethos, das ihn begleitet, manchmal in zynische Distanz und geistlose Nachahmung ab. Gleichwohl ist es offensichtlich, daß es sich bei den zentralen Merkmalen der postmodernen geistigen Situation insgesamt – ihrem Pluralismus, ihrer Komplexität und Mehrdeutigkeit – um Charakteristika handelt, die für die Herausbildung einer grundlegend neuen Form des Denkens notwendig sind. Dieses hätte den gegebenen Zustand ungewöhnlicher Differenzierung sowohl zu bewahren als auch zu überschreiten. Im Gefüge der gegenwärtigen Weltanschauung gibt es keine – religiöse, wissenschaftliche oder philosophische – Perspektive, die das letzte Wort hätte. Diese Situation hat auf fast beispiellose Art und Weise die Entstehung eines Klimas geistiger Flexibilität und wechselseitiger intellektueller Befruchtung gefördert. Der verbreitete Ruf nach einem offenen »Dialog« zwischen verschiedenen Verständniswegen, Sprachspielen und kulturellen Paradigmen spiegelt diese Entwicklung wider.

Die Veränderlichkeit und Vielgestaltigkeit der gegenwärtigen intellektuellen Szene läßt sich kaum überbieten. Nicht nur das postmoderne Denken selbst ist ein Mahlstrom des Unvereinbaren und Vielfältigen. Fast jedes wichtige Element der geistigen Vergangenheit des Westens ist jetzt auf die eine oder andere Weise wieder präsent und aktiv und trägt so zur Vitalität und Verwirrung des gegenwärtigen Zeitgeistes bei. In einer Situation, in der so viele ehemals gültige Annahmen in Frage gestellt werden, sind dem Möglichen – wenn überhaupt – kaum Grenzen gesetzt. Eine Reihe von Perspektiven der Vergangenheit sind mit neuer Relevanz wieder aufgetaucht. Jede allgemeine Aussage über den postmodernen Geist hat insofern das Aufleben oder die fortdauernde Präsenz der meisten seiner Vorgänger – der Themen aller bisherigen Kapitel dieses Buches – zu integrieren. Weiterhin einflußreich sind diverse noch immer vitale Formen der modernen Mentalität, des wissenschaftlichen Denkens, der Romantik und der Aufklärung, des Synkretismus, der Renaissance, des Protestantismus, des Katholizismus und des Judentums – auf unterschiedlichen Stufen der Entwicklung und der wechselseitigen Durchdringung. Selbst Elemente der westlichen Kulturtradition, die bis auf das Zeitalter des Hellenismus und das klassische Griechenland zurückgehen, spielen in der gegenwärtigen intellektuellen Diskussion wieder eine Rolle: platonische und vorsokratische Philosophie, hermetische Philosophie, Mythologie und Mysterienreligionen. Sie werden ergänzt und beeinflußt durch eine Vielzahl von Kulturperspektiven: die Traditionen der buddhistischen und hinduistischen Mystik; die subkulturellen Strömungen innerhalb des Westens, wie die Gnostik und die wichtigsten Traditionen der Esoterik; die der westlichen Zivilisation insgesamt vorausgehenden archaischen Perspektiven, wie die spirituelle Tradition der neolithischen Europäer und der amerikanischen Ureinwohner. Alle versammeln sich jetzt auf der geistigen Bühne, als stünde eine Art krönender Synthese bevor.

Die kulturelle und intellektuelle Rolle der Religion hat sich unter dem Einfluß der säkularisierenden und pluralistischen Entwicklungen der Moderne drastisch verändert. Während der Einfluß der institutionalisierten Religion immer weiter abgenommen hat, scheint die religiöse Sensibilität nun, vor dem Hintergrund der intellektuellen Ambivalenzen der Postmoderne, zu neuem Leben erwacht zu sein. Die zeitgenössische Religion hat die alte Starre überwunden durch ihre eigene Vielgestaltigkeit, ihre Öffnung für neue Ausdrucksformen und neue Quellen der Inspiration und Erleuchtung – von östlicher Mystik und psychedelischer Selbsterfahrung über die Theologie der Befreiung bis zur ökofeministischen Spiritualität. Der Aufstieg des säkularen Individualismus und der Niedergang der traditionellen Glaubensinhalte mag zwar eine verbreitete spirituelle Desorientierung heraufbeschworen haben. Daß aber gerade diese Entwicklungen viele Menschen dazu ermutigt haben, eine größere spirituelle Autonomie zu wagen und neue Formen religiöser Orientierung auszuprobieren, ist offenkundig. Immer mehr Menschen fühlen sich nicht mehr nur gezwungen, sondern endlich frei, ihre Haltung und Beziehung gegenüber den letzten Bedingungen der menschlichen Existenz selbst zu bestimmen und zu gestalten; dabei können sie auf ein erheblich breiteres Spektrum an spirituellen Ressourcen zurückgreifen. Dem postmodernen Sinnverlust steht ein wachsendes Bewußtsein für die Selbstverantwortung des Individuums gegenüber – und seine Fähigkeit zu kreativer Innovation und Selbstveränderung in ihrer oder seiner existentiellen und spirituellen Antwort auf das Leben. Es wird begonnen, Nietzsches impliziten Andeutungen folgend, den »Tod Gottes« als positive religiöse Entwicklung zu begreifen und umzusetzen – als Chance zu einer authentischeren Erfahrung des Geistigen, als Hinwendung zu einem umfassenderen Sinn des Göttlichen. In der intellektuellen Diskussion zeichnet sich die Tendenz ab, Religion nicht länger reduktiv als psychologisch oder kulturell determinierten Glauben an nichtexistente Wirklichkeiten zu verstehen oder sie einfach als Unfall der Biologie wegzuerklären. Sondern sie wird als elementares menschliches Handlungsfeld anerkannt, durch das jede Gesellschaft und jedes Individuum an der symbolischen Interpretation der wesentlichen Beschaffenheit des Seins teilhat.

Auch die Wissenschaft kann dank der konkurrenzlosen pragmatischen Kraft ihrer Begriffe und der überzeugenden Präzision ihrer Methodik weiterhin auf Gefolgschaft zählen – wenngleich sie nicht mehr den gleichen Grad an Souveränität genießt wie in der Moderne. Da die früheren Erkenntnisansprüche der modernen Wissenschaft sowohl von der Wissenschaftstheorie als auch von den konkreten Konsequenzen des wissenschaftlich-technologischen Fortschritts relativiert worden sind, ist die Gefolgschaft nicht länger unkritisch. Die Wissenschaft selbst ist offener für neue und weniger restriktive Versuche, die Welt zu verstehen. Wer sich noch immer einem vermeintlich einheitlichen und unmittelbar einsichtigen »wissenschaftlichen Weltbild« nach modernem Vorbild verschreibt, gilt als unfähig, sich den wahren Herausforderungen des Zeitalters zu stellen – ihm wird in der Postmoderne das gleiche Urteil zuteil, das die Wissenschaft der Moderne einst über den naiv-religiösen Menschen fällte. Fast alle gegenwärtigen Disziplinen erkennen an, daß die ungeheure Komplexität, Subtilität und Vieldeutigkeit der Wirklichkeit sich jedem eindimensionalen geistigen Zugriff entzieht. Nur ein der Offenheit verpflichtetes Zusammenspiel vieler Perspektiven scheint den außerordentlichen Anforderungen der postmodernen Ära gerecht zu werden. Die Wissenschaft ist zunehmend selbstkritisch geworden. Sie zeigt ein größeres Bewußtsein ihrer erkenntnistheoretischen und existentiellen Grenzen, sie neigt weniger zu naivem Szientismus. Die eine monolithische Wissenschaft existiert nicht mehr, nachdem sie eine Vielzahl radikal verschiedener Interpretationen der Welt hervorgebracht hat; von diesen unterscheiden sich einige erheblich von der traditionellen wissenschaftlichen Konvention und Sichtweise.

Diese neuen Perspektiven folgen dem Imperativ, die menschliche Beziehung zur Natur neu zu überdenken und zu formulieren – einem Imperativ, der sich auf die wachsende Anerkennung der Grenzen und grundsätzlichen Mängel der mechanistisch-objektivistischen Naturkonzeption der modernen Wissenschaft stützt. Zentrale theoretische Beiträge haben neue Möglichkeiten für eine nicht-reduktionistische wissenschaftliche Weltkonzeption aufgezeigt: Batesons »Ökologie des Geistes«, Bohms Theorie der verwickelten Ordnung, Sheldrakes Theorie der morphogenetischen Felder, McClintocks Theorie genetischer Transposition, Lovelocks Gaia-Hypothese, Prigogines Theorie dissipativer Strukturen und Ordnung durch Fluktuation, die Chaostheorie von Lorenz und Feigenbaum und Beils Theorem der Nichtlokalität. Die methodologische Empfehlung von Evelyn Fox Keller, Wissenschaftler müßten zur empathischen Identifikation mit dem Objekt, das sie zu verstehen versuchten, fähig sein, spiegelt eine ähnliche Neuorientierung des wissenschaftlichen Denkens wider. Viele dieser Entwicklungen in der Forschergemeinschaft sind durch das verbreitete Interesse an archaisch-mystischen Naturvorstellungen verstärkt und angeregt worden – Vorstellungen, deren beeindruckende Komplexität zunehmend anerkannt wird.

Eine andere entscheidende Entwicklung, die diese integrativen Tendenzen des postmodernen intellektuellen Milieus gefördert hat, ist die erkenntnistheoretische Neubestimmung des Wesens der Phantasie. Sie vollzog sich an vielen Fronten gleichzeitig: in Wissenschaftstheorie, Soziologie, Anthropologie und Religionswissenschaft. Ihr Ausgangspunkt liegt vor allem im Werk Jungs und in den Einsichten der nachfolgenden jungianischen Tiefenpsychologie. Nicht länger gilt die Phantasie einfach als Gegenpol zu Wahrnehmung und Vernunft; vielmehr wird anerkannt, daß Wahrnehmung und Vernunft immer schon unter dem prägenden Einfluß der Phantasie stehen. Dieses Bewußtsein von der fundamentalen Vermittlungsrolle der Phantasie in der menschlichen Erfahrung hat zudem zu einer wachsenden Akzeptanz der Macht und Komplexität des Unbewußten geführt; auch wurden neue Einblicke in die Beschaffenheit archetypischer Muster und Bedeutungen möglich. Die Betonung der grundsätzlich metaphorischen Natur philosophischer und wissenschaftlicher Aussagen seitens postmoderner Philosophen – wie Feyerabend, Barbour und Rorty – ist durch Einblicke der postmodernen Psychologen sowohl bestätigt als auch präzisiert worden. Sie untersuchen archetypische Kategorien des Unbewußten, die die menschliche Erfahrung und Erkenntnis bedingen und strukturieren. Das lange bestehende philosophische Problem der Universalien konnte bereits Wittgenstein mit seinem Begriff der »Familienähnlichkeit« teilweise erhellen. Seine These lautete: Das, was als bestimmte Gemeinsamkeit aller von einem allgemeinen Begriff abgedeckten Einzelfälle erscheint, ist in Wirklichkeit oft ein ganzes Spektrum unbestimmter, sich überlappender Ähnlichkeiten und Relationen. Dieses Universalienproblem ist durch das tiefenpsychologische Verständnis der Archetypen neu aufgerollt worden. Dieser Konzeption zufolge werden Archetypen als dauerhafte Muster oder Prinzipien anerkannt, die zwar von Natur aus mehrdeutig, multivalent, dynamisch und formbar sind sowie unterschiedlichen kulturellen und individuellen Abwandlungen unterliegen; sie bewahren sich dabei aber eine distinkte, grundlegende formale Kohärenz und Universalität.

Eine ebenso charakteristische wie streitbare intellektuelle Haltung, die aus modernen wie postmodernen Entwicklungen hervorgegangen ist, beginnt mit folgender These: Die Wirklichkeit tendiert dazu, sich als Reaktion auf das jeweils spezifische symbolische System zu entfalten, mit dem ein Individuum und eine Gesellschaft sich ihr nähert. Voraussetzung dieser These ist sowohl die wesentliche Autonomie des Menschen als auch die radikale Formbarkeit der Realität. Der Fundus an – dem menschlichen Geist verfügbaren – Daten ist von derartiger Komplexität und Vielfalt, daß er viele ganz unterschiedliche Vorstellungen von der Beschaffenheit des Wirklichen glaubhaft zu stützen vermag. Der Mensch muß deshalb aus einer Vielzahl von potentiellen Optionen auswählen; welche Option er wählt, beeinflußt im Gegenzug sowohl die Beschaffenheit der Wirklichkeit als auch das wählende Subjekt. Obwohl es viele Strukturen gibt, die die Welt und den Geist bestimmen, die sich dem menschlichen Denken und Handeln auf die eine oder andere Weise auferlegen oder entziehen, neigt die Welt dazu, die Struktur des Blicks, der sich auf sie richtet, zu bestätigen und sich ihm entsprechend zu öffnen. Die Welt, die der Mensch zu erkennen und neu zu schaffen versucht, wird von dem Bezugsrahmen projektiv ans Licht gebracht, mit dem er sich ihr nähert.

Diese Position betont die enorme Verantwortung des Menschen und das gewaltige Potential, das in seiner gegenwärtigen Situation liegt. Beweise lassen sich anführen und interpretieren zur Bestätigung eines endlosen Spektrums an Weltbildern. Die Herausforderung für den Menschen besteht darin, jenes Weltbild oder jene Perspektive einzusetzen, die die wertvollsten, das Leben verbessernden Konsequenzen hervorbringt. Die »menschliche Verfassung« wird als Abenteuer interpretiert: Als Herausforderung, potentiell ein radikal sich selbst bestimmendes Wesen in einem offenen Universum zu sein – nicht in einer ausweglos verschlossenen Situation, wie die säkularen Existentialisten behaupteten, die unbewußt spezifische apriorische metaphysische Grenzen annahmen. Da das menschliche Verstehen von den Daten nicht eindeutig dazu gezwungen wird, eine bestimmte metaphysische Position einer anderen vorzuziehen, gewinnt das unumgängliche Element der Wahl an Bedeutung.

Zusätzlich zu intellektueller Präzision und sozio-kulturellem Kontext werden andere und offenere Faktoren wie Wille, Phantasie, Glaube, Hoffnung und Empathie zu zentralen Größen der erkenntnistheoretischen Gleichung. Je bewußter und ideologisch freier das Individuum oder die Gesellschaft, desto freier ist die Wahl der Welten und die Teilhabe an der Schöpfung von Wirklichkeit. Diese Bekräftigung der gedanklichen Autonomie und Freiheit des menschlichen Wesens hat einen historischen Hintergrund. Dieser reicht mindestens zurück bis zur Renaissance und Picos *Rede;* er scheint in verschiedenen Formen auf – unter anderem in den Ideen von Emerson und Nietzsche, von William James und Rudolf Steiner; er wird neuerdings bestätigt und um neue Dimensionen bereichert durch ein breites Spektrum zeitgenössischer intellektueller Entwicklungen, von der Wissenschaftstheorie bis zur Religionssoziologie.

Allgemeiner formuliert: In Philosophie, Religion oder Wissenschaft ist die Tendenz zur eindeutigen Auslegung, wie sie das moderne Denken charakterisierte, zunehmend kritisiert und verworfen worden. An ihre Stelle ist eine stärkere Wertschätzung des multidimensionalen Wesens der Wirklichkeit, der Vielseitigkeit des menschlichen Geistes und der multivalenten, symbolisch vermittelten Beschaffenheit der menschlichen Erfahrung und Erkenntnis getreten. Parallel dazu ist das Gefühl gewachsen, daß die postmoderne Auflösung der alten Annahmen und Kategorien neue Chancen einer begrifflichen und existentiellen Reintegration, eines reicheren interpretatorischen Vokabulars und einer tiefergehenden narrativen Kohärenz eröffnen könnte. Vor dem Hintergrund der bemerkenswerten Veränderungen und Selbstkorrekturen, die in fast jeder zeitgenössischen Disziplin stattgefunden haben, ist das fundamentale moderne Schisma zwischen Wissenschaft und Religion zunehmend fragwürdig geworden. Im Gefolge solcher Entwicklungen ist das ursprüngliche Projekt der Romantik mit neuer Kraft zutage getreten: die Versöhnung von Subjekt und Objekt, Mensch und Natur, Geist und Materie, Bewußtem und Unbewußtem, Intellekt und Seele.

In der gegenwärtigen geistigen Situation lassen sich zwei antithetische Impulse ausmachen: Der eine treibt eine radikale Dekonstruktion und Demaskierung – von Wissen, Vorstellungen und Weltbildern – voran; der andere drängt auf radikale Integration und Versöhnung. Beide Impulse arbeiten auf den ersten Blick ganz offensichtlich gegeneinander; bei genauerem Hinsehen läßt sich allerdings erkennen, wie sie als polarisierte, aber komplementäre Tendenzen auch zusammenwirken. Nirgends wird diese Dynamik aus Spannung und Zusammenspiel zwischen Dekonstruktion und Integration dramatischer deutlich als in den Werken der vom Feminismus beeinflußten Frauen. Carolyn Merchant, Evelyn Fox Keller und andere Wissenschaftshistorikerinnen haben den Einfluß analysiert, den geschlechtsspezifische, eine patriarchalische Naturkonzeption stützende Strategien und Metaphern auf das moderne Wissenschaftsverständnis ausgeübt haben: Natur gilt dieser Konzeption als geistloses, passives weibliches Objekt, das zu durchdringen, zu kontrollieren, zu beherrschen und auszubeuten ist. Paula Treichler, Francine Wattman Frank, Susan Wolfe und andere Linguistinnen haben akribisch genau die komplexen Beziehungen zwischen Sprache, Geschlecht und Gesellschaft erforscht; sie haben dabei die vielfältigen Formen aufgezeigt, durch die Frauen – vermittels impliziter Kodierungen sprachlicher Konventionen – gesellschaftlich ausgeschlossen oder herabgesetzt werden. Neue und einflußreiche Erkenntnisse wurden gewonnen durch die Arbeiten von Rosemary Ruether, Mary Daly, Beatrice Bruteau, Joan Chamberlain Engelsman und Elaine Pagels in der Religionswissenschaft, durch die Untersuchungen von Marija Gimbutas in der Archäologie; durch das Werk von

Carol Gilligan in der Moral- und Entwicklungspsychologie; durch die Forschungen von Joan Baker Miller und Nancy Chodorow in der Psychoanalyse; durch die Arbeiten von Stephanie de Voogd und Barbara Eckman in der Wissenschaftslehre; sowie durch die Forschungen einer Vielzahl anderer feministischer Gelehrter in Geschichte, Anthropologie, Soziologie jurisprudenz, Wirtschaft, Ökologie, Ethik, Ästhetik, Literaturtheorie und Kulturkritik.

Die Perspektive und der Impuls des Feminismus haben in der gesamten zeitgenössischen Forschung die vielleicht stärkste, subtilste und radikalste kritische Analyse der konventionellen geistig-kulturellen Annahmen hervorgebracht. Jede akademische Disziplin und jeder Bereich der menschlichen Erfahrung wurde einer feministischen Überprüfung unterzogen: die Entstehung und Bewahrung von Bedeutungen; die selektive Interpretation von Beweisen und ihr Einbau in Theorien im Rahmen zirkulärer Argumentation; die Festigung männlicher Hegemonie durch bestimmte rhetorische Strategien und Verhaltensmuster; die Verdrängung der Stimmen der Frauen während der Jahrhunderte einer sozialen und geistigen Dominanz der Männer; die zutiefst problematischen Konsequenzen, die auf die männlichen Annahmen über Wirklichkeit, Natur, Gesellschaft und das Göttliche zurückzuführen sind. Diese Analysen haben dazu beigetragen, parallele Herrschaftsmuster und -strukturen, die die Erfahrung anderer unterdrückter Völker und Lebensformen gekennzeichnet haben, besser zu verstehen. Der feministische intellektuelle Impuls war im zeitgenössischen sozialen Kontext dazu gezwungen, sich durch ein entschieden kritisches, oft oppositionelles und polarisierendes Denken Gehör zu verschaffen. Als Resultat dieser Kritik sind aber lange bestehende Kategorien, die auf traditionellen Oppositionen und Dualismen beruhen, dekonstruiert und neu gefaßt worden: die Dualismen von männlich und weiblich, Subjekt und Objekt, Mensch und Natur, Körper und Geist, dem Selbst und dem Anderen. Dem gegenwärtigen Geist ist es somit möglich, alternative, weniger gespaltene Perspektiven in Erwägung zu ziehen, die in den bisherigen Interpretationsrahmen so nicht vorstellbar waren. In mancher Hinsicht sind die intellektuellen und sozialen Implikationen der feministischen Analyse so grundlegend, daß das gegenwärtige Denken gerade erst anfängt, sich ihrer Bedeutung bewußt zu werden.

Der postmoderne Geist hat durch sein Insistieren auf Wahrheitsplura-
lismus und durch seine Überwindung vergangener Strukturen und
Grundlagen auf vielen Feldern ein breites Spektrum an unvorhergese-
henen Möglichkeiten zur Auseinandersetzung mit jenen intellektuellen und spirituellen Problemen eröffnet, die das moderne Denken seit
langem beschäftigten und irritierten. Das Zeitalter der Postmoderne
ist ein Zeitalter ohne Konsens über die Beschaffenheit der Wirklichkeit – aber es ist gesegnet mit einem beispiellosen Reichtum an Perspektiven, mit denen es sich jetzt jenen großen Herausforderungen
zuwenden kann, denen es gegenübersteht.

Dennoch zeichnet sich das gegenwärtige intellektuelle Milieu
durch Spannungen, Unentschlossenheit und Verwirrung aus. Die
praktischen Vorteile seines Pluralismus werden immer wieder von
sturen begrifflichen Trennungen untergraben. Obwohl in der Frage
des Ziels nicht selten Übereinstimmung herrscht, gibt es wenig wirklichen Zusammenhalt; es gibt kein Medium, durch das eine gemeinsame kulturelle Vision entstehen könnte; es existiert keine vereinheitlichende Perspektive, die triftig oder umfassend genug wäre, um
die blühende Vielfalt an intellektuellen Bedürfnissen und Richtungen befriedigen zu können. In den Worten von Gertrude Stein: »Im
zwanzigsten Jahrhundert steht nichts in Einklang mit irgend etwas
anderem.« Ein Chaos an wertvollen, doch scheinbar unvereinbaren
Interpretationen herrscht vor, ohne daß eine Lösung in Sicht wäre.
Gewiß bietet ein solcher Kontext dem freien Spiel der intellektuellen
Kreativität weniger Widerstände als ein monolithisches kulturelles
Paradigma. Doch auch Fragmentierung und Inkohärenz sind nicht
frei von störenden Nebenwirkungen. Psychologisch wie pragmatisch leidet die Kultur unter der vorherrschenden philosophischen
Anomie. Da eine lebensfähige, umfassende kulturelle Vision fehlt,
bleiben alte Annahmen wirksam, die das menschliche Denken und
Tun unter die Vorgaben eines zunehmend undurchführbaren und
gefährlichen Planes zwingen.

Angesichts einer derart komplizierten und problematischen geistigen Situation beschäftigt sich eine wachsende Zahl nachdenklicher
Menschen mit der anstehenden zentralen Aufgabe, eine flexible
Ordnung an Prämissen und Perspektiven zu entwickeln, die der Vermittlung, Integration und Klärung dient, ohne jedoch die Komplexität
und Vielgestaltigkeit der menschlichen Wirklichkeiten zu reduzieren
oder zu unterdrücken. Viele spüren die dialektische Herausforderung:

eine kulturelle Vision zu entwickeln, die die gegebene Fragmentierung in einen authentischen und fruchtbaren Zusammenhang bringt; die einen ebenso dauerhaften wie fruchtbaren Boden für unerwartete neue Perspektiven und Möglichkeiten in der Zukunft schafft; die aber dem möglichen Spektrum legitimer Interpretationen nicht von vorneherein Grenzen auferlegt. Eine solche intellektuelle Aufgabe scheint allerdings Unmögliches zu verlangen – es gilt, den großen Bogen des Odysseus zu spannen, dessen Pfeil auch eine Vielzahl von Zielen gleichzeitig treffen mußte.

Die entscheidende intellektuelle Frage, die sich für unsere Zeit stellt, lautet: Handelt es sich bei der durch eine tiefgehende metaphysische und erkenntnistheoretische Unentschlossenheit gekennzeichneten gegenwärtigen Lage um einen Zustand, der auf unbestimmte Zeit fortbestehen wird und im Laufe der Jahre und Jahrzehnte vielleicht lebensfähigere, vielleicht aber auch noch radikaler desorientierende Formen annehmen wird? Handelt es sich beim gegenwärtigen Zustand tatsächlich um das entropische Vorspiel zu einem apokalyptischen Ende der Geschichte? Oder stellt dieser Zustand den epochalen Übergang zu einem völlig neuen Zeitalter dar, das eine neue Form der Zivilisation und ein neues Weltbild mit Prinzipien und Idealen hervorbringen wird, die sich grundlegend von denen unterscheiden, die das moderne Denken auf seinem dramatischen Weg bis jetzt begleitet haben?

AN DER JAHRTAUSENDWENDE
ANGEKOMMEN

Turning and turning in the widening gyre
The falcon cannot hear the falconer;
Things fall apart; the centre cannot hold;
Mere anarchy is loosed upon the world. …

Surely some revelation is at hand.

William Butler Yeats
The second Coming[10]

Während das zwanzigste Jahrhundert seinem Ende zustrebt, ist ein verbreitetes Gefühl der Dringlichkeit zu spüren, als ob das Ende eines Zeitalters bevorstünde. Es ist eine Zeit der intensiven Erwartung, des Strebens, der Hoffnung und der Ungewißheit. Viele spüren, daß die große bestimmende Kraft unserer Wirklichkeit der geheimnisvolle Prozeß der Geschichte selbst ist. Er hat sich in unserem Jahrhundert mit rasender Geschwindigkeit auf eine massive Desintegration aller Strukturen und Fundamente, einen späten Triumph der Vorstellung Heraklits zubewegt, daß alles im Fluß sei. Toynbee schrieb am Ende seines Lebens:

»Der heutige Mensch ist sich seit kurzem bewußt, daß die Geschichte immer schneller geworden ist – mit wachsender Beschleunigung. Die gegenwärtige Generation hat diese Zunahme an Beschleunigung in ihrer eigenen Lebensspanne erfahren; und die Fortschritte des Wissens von der Vergangenheit des Menschen enthüllten rückblickend, daß diese Beschleunigung vor ungefähr 30 000 Jahren begonnen […] und daß sie sich als eine Reihe von ›großen Sprüngen nach vorne‹ vollzogen hat durch die Erfindung der Landwirtschaft, durch die Anfänge der Zivilisation und durch die fortschreitende Nutzbarmachung der titanischen physikalischen Kräfte einer leblosen Natur während der letzten zweihundert Jahre. Daß sich der von den Propheten intuitiv vorhergesehene Höhepunkt nähert, wird als kommendes Ereignis gefühlt und gefürchtet. Sein Bevorstehen ist heute keine Frage des Glaubens mehr; es ist eine gegebene Größe der Beobachtung und der Erfahrung.«[11]

In der dramatischen Reihe von Erklärungen, die einige der großen Denker und Visionäre des Westens über einen bevorstehenden Zeitenwechsel formulierten, wird ein kraftvolles Crescendo spürbar. Nietzsche, in dem – laut Camus – »der Nihilismus sich erstmals zu Bewußtsein kam«, hatte die weltgeschichtliche Katastrophe der europäischen Zivilisation im zwanzigsten Jahrhundert vorhergesehen. Er erlebte vorwegnehmend die epochale Krise am eigenen Leibe, die eintrat, wenn sich das moderne Denken seiner Zerstörung der metaphysischen Welt – des »Todes Gottes« – endlich bewußt wurde:

> »Was taten wir, als wir diese Erde von ihrer Sonne losketteten? Wohin bewegt sie sich nun? Wohin bewegen wir uns? Fort von allen Sonnen? Stürzen wir nicht fortwährend? Und rückwärts, seitwärts, vorwärts, nach allen Seiten? Gibt es noch ein Oben und ein Unten? Irren wir nicht wie durch ein unendliches Nichts? Haucht uns nicht der leere Raum an? Ist es nicht kälter geworden? Kommt nicht immerfort die Nacht und mehr Nacht?«[12]

In ähnlicher Weise hat der große Soziologe Max Weber die unvermeidlichen Konsequenzen der Entzauberung der Welt durch den modernen Geist aufgezeigt. Er erkannte die gähnende Leere des Relativismus, die die Auflösung der traditionellen Weltbilder zurückließ. Er erkannte, daß der moderne Verstand, in den die Aufklärung noch all ihre Hoffnung auf menschliche Freiheit und Fortschritt gesetzt hatte, nicht dazu fähig gewesen war, universelle Werte für das menschliche Leben zu rechtfertigen. Er erkannte, daß dieser Verstand einen eisernen Käfig bürokratischer Rationalität geschaffen hatte, der jeden Aspekt der modernen Existenz durchdrang:

> »Niemand weiß noch, wer künftig in jenem Gehäuse wohnen wird und ob am Ende dieser ungeheuren Entwicklung ganz neue Propheten oder eine mächtige Wiedergeburt alter Gedanken und Ideale stehen werden, oder aber – wenn keins von beiden – mechanisierte Versteinerung, mit einer Art von krampfhaftem Sich-wichtig-nehmen verbrämt. Dann allerdings könnte für die ›letzten Menschen‹ dieser Kulturentwicklung das Wort zur Wahrheit werden: ›Fachmenschen ohne Geist, Genußmenschen ohne Herz: dies Nichts bildet sich ein, eine nie vorher erreichte Stufe des Menschentums erstiegen zu haben.‹«[13]

»Nur ein Gott kann uns retten«, sagte Heidegger am Ende seines Lebens. Und Jung verglich am Ende seines Lebens unser Zeitalter mit den Anfängen des christlichen vor zweitausend Jahren:

»Die Entwicklung der modernen Kunst mit ihrer scheinbar nihilistischen Auflösungstendenz ist als Symptom und Symbol einer Weltuntergangsstimmung, wie sie für unsere Zeit charakteristisch ist, zu begreifen. Diese Stimmung macht sich ja überall bemerkbar, politisch, sozial und philosophisch. Wir leben im *Kairos* für den ›Gestaltwandel der Götter‹, das heißt der grundlegenden Prinzipien und Symbole. Dieses Anliegen unserer Zeit, welches wir wahrhaftig nicht selbst bewußt gewählt haben, bildet den Ausdruck des sich wandelnden inneren und unbewußten Menschen. Von dieser folgenschweren Veränderung werden sich die kommenden Generationen Rechenschaft geben müssen, wenn die Menschheit sich vor der drohenden Selbstzerstörung durch die Macht der Wissenschaft und Technik retten will. [...] Zu viel steht auf dem Spiel und zu viel hängt heute offensichtlich von der psychologischen Beschaffenheit des Menschen ab. [...] Ist er sich bewußt, auf was für einem Wege er sich befindet und welche die Schlußfolgerungen sind, die er aus der Weltlage und seiner eigenen seelischen Situation ziehen müßte? [...] Und weiß schließlich der Einzelne, daß *er* das Zünglein an der Waage ist?«[14]

Der historische Moment, in dem wir leben, ist tatsächlich schwanger. Als Zivilisation wie als Gattung ist für uns die Stunde der Wahrheit gekommen. Die Zukunft des menschlichen Geistes und die Zukunft des Planeten stehen auf dem Spiel. Wenn Kühnheit, Tiefe und Klarheit des Blicks jemals gefragt waren, dann jetzt. Doch vielleicht ist es gerade dieser Druck, der uns den Mut und die Phantasie nimmt, die wir jetzt brauchen. Die letzten Worte dieses unvollendeten Epos spricht Nietzsches Zarathustra:

»Und wie ertrüge ich es, Mensch zu sein, wenn der Mensch nicht auch Dichter und Rätselrater und der Erlöser des Zufalls wäre [und der] Weg zu neuen Morgenröten.«

VII
EPILOG

Es könnte sein, daß wir gerade die Anfänge der Reintegration unserer Kultur, eine neue Chance für die Einheit des Bewußtseins erleben. Wenn dem wirklich so ist, dann wird dies nicht auf der Basis einer neuen Orthodoxie geschehen, weder einer religiösen noch einer wissenschaftlichen. Eine derartige Integration wird auf der Ablehnung aller eindeutigen, eine Konzeption von Wirklichkeit mit der Wirklichkeit selbst identifizierenden Wirklichkeitsmodelle beruhen. Sie wird die Vielfalt des menschlichen Geistes berücksichtigen, und auch die Notwendigkeit, fortwährend zwischen verschiedenen wissenschaftlichen und poetischen Sprachen zu übersetzen. Sie wird die menschliche Neigung, es sich in einer einzigen buchstäblichen Interpretation der Welt gemütlich zu machen, ernst nehmen und gerade deshalb immer bereit sein für die Wiedergeburt eines neuen Himmels und einer neuen Erde. Sie wird erkennen, daß letztlich alles, was wir an wissenschaftlicher oder religiöser Kultur besitzen, nur Symbole sind, daß aber ein gewaltiger Unterschied besteht zwischen dem toten Buchstaben und dem lebendigen Wort.

Robert Bellah
Beyond Belief

Auf diesen letzten Seiten möchte ich einen interdisziplinären Rahmen vorstellen, der vielleicht dazu beitragen kann, unser Verständnis der außergewöhnlichen Geschichte, die wir gerade durchschritten haben, zu vertiefen. Zudem möchte ich mit dem Leser gern abschließend einige meiner Gedanken darüber teilen, unter welche Schlagzeile wir uns und unsere Kultur stellen können. Dafür scheint es sinnvoll, mit einem kurzen Überblick zum Hintergrund unserer gegenwärtigen geistigen Situation zu beginnen.

DER POSTKOPERNIKANISCHE
DOUBLE-BIND

Im engeren Sinne läßt sich die kopernikanische Revolution einfach als ein spezifischer, von Kopernikus eingeleiteter, von Kepler und Galilei durchgesetzter und von Newton vollendeter Paradigmenwechsel in der modernen Astronomie und Kosmologie verstehen. Doch die kopernikanische Revolution läßt sich auch in einem erheblich weitreichenderen und tieferen Sinne begreifen. Denn als Kopernikus zu dem Ergebnis kam, die Erde sei nicht der absolute und unbewegliche Mittelpunkt des Universums, als er erkannte, daß die Bewegung der Himmelskörper durch die Bewegung des Beobachters erklärbar sei, gelang ihm vielleicht die Schlüsselerkenntnis des modernen Denkens. Der kopernikanische Perspektivenwechsel läßt sich als elementare Metapher für das gesamte moderne Weltbild begreifen: Neben der tiefgreifenden Dekonstruktion des naiven Verständnisses brachte er die kritische Erkenntnis, daß die Vorstellungen über den vermeintlichen Zustand einer »objektiven Außenwelt« unbewußt durch den Zustand des Subjekts bestimmt wurden. Dem Menschen wurde dadurch die Befreiung aus dem bergenden Schoß von Antike und Mittelalter möglich, er geriet aber auch an den Rand eines riesigen und unpersönlichen Universums und fand die ihn umgebende natürliche Welt entzaubert vor. In diesem Sinne – als ein nicht nur Astronomie und Wissenschaft, sondern ebenso Philosophie, Religion und kollektive menschliche Psyche betreffendes Ereignis – läßt sich die kopernikanische Revolution als der eigentliche Beginn der Moderne bezeichnen. Sie war ein epochales Ereignis, weltzerstörend und weltschaffend zugleich.

In Philosophie und Erkenntnistheorie vollzog sich diese umfassende kopernikanische Revolution in Gestalt einer dramatischen Folge von geistigen Entwicklungen, die mit Descartes begannen und mit Kant ihren Höhepunkt erreichten. Es ist behauptet worden, daß ohne Descartes und Kant die Entwicklung des modernen Denkens nicht vorstellbar sei, und ich bin überzeugt, daß dies zutrifft. Denn es war Descartes, der als erster die Erfahrung des autonomen modernen

Selbst – sich selbst als getrennt von einer objektiven Außenwelt zu erleben, die es versucht zu verstehen und zu beherrschen – im vollen Umfang begriffen und artikuliert hat. Descartes »erwachte in einem kopernikanischen Universum«.[1] Nach dem Perspektivenwechsel durch Kopernikus war die Menschheit allein im Universum, ihre kosmische Stellung unwiderruflich relativiert. Von einer Position grundlegenden Zweifels gegenüber der Welt ausgehend und beim *Cogito* endend, zeichnete Descartes mit philosophischen Kategorien die existentiellen Konsequenzen dieses neuen kosmologischen Zusammenhangs nach. Er löste damit eine ganze Kette von philosophischen Auseinandersetzungen aus, die von Locke über Berkeley und Hume zu Kant führen und schließlich in eine umfassende philosophische Krise münden sollten. Descartes war in diesem Sinne der entscheidende Dreh- und Angelpunkt zwischen Kopernikus und Kant, zwischen der kopernikanischen Revolution in der Kosmologie und der kopernikanischen Revolution in der Erkenntnistheorie.

Denn wenn der menschliche Geist tatsächlich in gewisser Weise von der äußeren Welt grundlegend getrennt und verschieden war, und wenn die einzige Wirklichkeit, zu der der menschliche Geist unmittelbaren Zugang hatte, die seiner eigenen Erfahrung war, dann hatte die wahrgenommene Welt letztlich nur den Status einer Interpretation des Geistes von der Welt. Die menschliche Erkenntnis mußte sich dann für immer von ihrem selbstgesteckten Ziel verabschieden, denn es gab keinerlei Garantie dafür, daß das menschliche Denken eine Welt, zu der es nur eine derart indirekte und vermittelte Beziehung unterhielt, jemals genau würde widerspiegeln können. Alles, was dieser Geist wahrnehmen und beurteilen konnte, war in einem schwer zu bestimmenden Ausmaß von seiner eigenen Beschaffenheit, seinen eigenen subjektiven Strukturen geprägt. Der Geist konnte nur Phänomene erfahren, nicht Dinge an sich; nur Erscheinungen, keine unabhängige Wirklichkeit. Im modernen Universum war der menschliche Geist allein.

So umriß Kant, aufbauend auf seine empiristischen Vorgänger, die erkenntnistheoretischen Konsequenzen des cartesianischen *Cogito*. Natürlich entwickelte auch Kant kognitive Prinzipien und subjektive Strukturen – die Formen und Kategorien a priori –, von denen er auf der Basis der scheinbaren Gewißheiten der newtonschen Physik annahm, sie seien absolut. Was sich jedoch im Laufe der Zeit als dauerhaft erweisen sollte, waren nicht die Details der Lösung Kants, sondern das tiefgreifende Problem, das er artikulierte. Denn Kant lenkte die Aufmerksamkeit auf die entscheidende Tatsache, daß das gesamte menschliche Wissen immer schon eine Interpretation war. Der menschliche Geist kann die ihn umgebende Welt nicht unmittelbar erfahren und objektiv widerspiegeln, denn das Objekt, das er erfährt, ist zuvor immer schon von der internen Organisation des Subjekts strukturiert worden. Der Mensch kennt nicht die Welt an sich, sondern nur die Welt, wie sie sich dem menschlichen Geist darstellt. Die Spaltung des Seins bei Descartes wurde so durch Kants erkenntnistheoretisches Schisma sowohl vertieft als auch ersetzt. Die Kluft zwischen Subjekt und Objekt war unüberbrückbar. Aus der cartesianischen Prämisse folgte das kantische Resultat.

Während der weiteren Entwicklung des modernen Denkens ist jede dieser grundlegenden Verschiebungen, die ich hier symbolisch an den Namen Kopernikus, Descartes und Kant festgemacht habe, erhärtet, erweitert und bis ins Extrem zu Ende gedacht worden. So wurde die kopernikanische Verdrängung des Menschen aus dem Mittelpunkt des Kosmos von Darwins Relativierung des Menschen im Laufe der Evolution emphatisch untermauert und verstärkt – nicht länger eingebunden in einen göttlichen Heilsplan, nicht länger absolut und sicher, nicht länger die Krone der Schöpfung oder das Lieblingskind des Universums ist der Mensch nur eine von vielen vergänglichen Arten. Im gewaltigen Kosmos der modernen Astronomie treibt der Mensch nun hilflos dahin, ehemals der Mittelpunkt des Universums, jetzt ein unbedeutender Bewohner eines winzigen Planeten, der sich am Rande einer Galaxie mit Milliarden anderer Sterne in einem gleichgültigen und letztlich feindseligen Universum um einen sich durch nichts von anderen Gestirnen unterscheidenden Stern dreht.

Genauso wurde Descartes' Trennung zwischen dem persönlichen und bewußten menschlichen Subjekt und dem unpersönlichen und unbewußten materiellen Universum systematisch von der langen Aufeinanderfolge späterer wissenschaftlicher Entwicklungen bestätigt und verstärkt, von der newtonschen Physik bis zur Kosmologie des Urknalls, der schwarzen Löcher, Quarks, W- und Z-Teilchen und bis hin zu den großen einheitlichen Superkrafttheorien. Die von der modernen Wissenschaft enthüllte Welt ist eine Welt ohne spirituellen Zweck, undurchschaubar, von Zufall und Notwendigkeit beherrscht, ohne innere Bedeutung. Die menschliche Seele hat sich im modernen

Kosmos nie wirklich zuhause gefühlt. Sie mag Poesie und Musik, Privatmetaphysik und Religion pflegen, über eine sichere Grundlage im empirischen Universum verfügt sie dadurch nicht.

Und das gleiche gilt auch für das dritte Element in diesem Dreigestirn der modernen Entfremdung, das große, von Kant begründete Schisma, an dem sich zugleich der Wendepunkt von der Moderne zur Postmoderne abzeichnet. Denn Kants Erkenntnis der subjektiven Strukturierung der Wirklichkeit durch den menschlichen Geist – und damit letztlich der relativen und unbegründeten Natur des menschlichen Wissens – ist von einer Vielzahl späterer Entwicklungen erweitert und vertieft worden, von der Anthropologie, Linguistik, Wissenssoziologie und Quantenphysik bis hin zur kognitiven Psychologie, Neurophysiologie, Semiotik und Wissenschaftstheorie; von Marx, Nietzsche, Weber und Freud zu Heisenberg, Wittgenstein, Kuhn und Foucault. Der Konsens ist klar: Die Welt ist im Grunde ein Konstrukt. Menschliches Wissen ist zunächst einmal Interpretation. Es gibt keine perspektiven-unabhängigen Tatsachen. Jeder Akt der Wahrnehmung und Erkenntnis ist kontingent, vermittelt, orts- und kontextgebunden, vollkommen durchdrungen von Theorie. Die menschliche Sprache verfügt über keine Grundlage in einer von ihr unabhängigen Wirklichkeit. Bedeutung wird erst vom Geist hervorgebracht, sie wohnt nicht irgendeinem Objekt in einer Welt jenseits des Geistes inne, denn es ist unmöglich mit dieser Welt in Kontakt zu treten, ohne daß diese Begegnung durch und durch von der Beschaffenheit des Geistes geprägt wird. Es herrscht eine tiefgreifende und grundlegende Unsicherheit, denn am Ende ist das, was als Wissen und Erleben gilt, bloße Projektion.

So wurden die von Kopernikus initiierte kosmologische Entfremdung des modernen Bewußtseins und die von Descartes initiierte ontologische Entfremdung vervollständigt durch die von Kant initiierte erkenntnistheoretische Entfremdung: ein dreifach verstärktes Gefängnis moderner Entfremdung.

Ich möchte an dieser Stelle die bemerkenswerte Ähnlichkeit aufzeigen, die zwischen diesem Stand der Dinge und dem von Gregory Bateson als »Double-bind« beschriebenen Zustand besteht: jener unlösbar problematischen Situation, in der wechselseitig sich widersprechende Forderungen letztlich dazu führen, daß ein Mensch schizophren wird.[2] Nach Aussage Batesons müssen vier grundlegende Prämissen erfüllt sein, um von einem Double-bind in der Beziehung zwischen einem Kind und einer »schizophrenogenen« Mutter sprechen zu können: 1. Die Beziehung des Kindes zur Mutter zeichnet sich durch vitale Abhängigkeit aus, was es für das Kind schwierig macht, Mitteilungen von der Mutter richtig einzuschätzen. 2. Das Kind empfängt auf verschiedenen Ebenen widersprüchliche oder unvereinbare Informationen von der Mutter, indem beispielsweise eine explizite verbale Botschaft durch ihren nonverbalen Kontext zugleich wieder dementiert wird – etwa wenn eine Mutter ihrem Kind mit feindseligen Augen und verspanntem Körper sagt, »Schatz, du weißt, daß ich dich sehr lieb habe«. Beide Signale lassen sich nicht in Übereinstimmung bringen. 3. Dem Kind wird keinerlei Gelegenheit gegeben, der Mutter Fragen zu stellen, die die Kommunikation klären oder den Widerspruch auflösen könnten. 4. Das Kind kann das Feld, das heißt die Beziehung, nicht verlassen. – Unter diesen Umständen, fand Bateson heraus, ist das Kind gezwungen, seine Wahrnehmung sowohl der äußeren als auch der inneren Wirklichkeit zu verzerren – mit ernsten psychopathologischen Konsequenzen.

Wenn wir in diesen vier Prämissen nun die Mutter durch die Welt und das Kind durch den Menschen ersetzen, wird die Double-bind-Situation des modernen Menschen deutlich: 1. Die Beziehung des Menschen zur Welt ist durch vitale Abhängigkeiten geprägt, was es schwierig für den Menschen macht, die Beschaffenheit dieser Welt richtig einzuschätzen. 2. Der menschliche Geist empfängt in sich widersprüchliche oder anderweitig unvereinbare Informationen über seine Situation in bezug zur Welt. Unter anderem stimmt seine innere psychologische und spirituelle Wahrnehmung der Dinge nicht mit der allgemeinen – auch von ihm selbst anerkannten – wissenschaftlichen Sicht der Dinge überein. 3. Erkenntnistheoretisch ist es dem menschlichen Geist unmöglich, in eine direkte Kommunikation mit der Welt zu treten. 4. Existentiell ist es dem Menschen unmöglich, das Feld zu verlassen.

Die Unterschiede zwischen Batesons psychiatrischem Double-bind und der existentiellen Verfaßtheit des modernen Menschen sind eher gradueller als grundsätzlicher Art: Die Situation der Moderne ist ein ungewöhnlich umfassender und grundlegender Double-bind, der einfach deswegen nicht sofort ins Auge fällt, weil er so universell ist. Das postkopernikanische Dilemma, ein peripherer und unbedeutender Bewohner eines riesigen Kosmos zu sein, und das postcartesianische Dilemma, ein bewußtes, zielgerichtetes und personales Subjekt in einem unbewußten, zweckfreien und unpersönlichen Universum zu sein, bilden gemeinsam das postkantianische Dilemma, daß es keine denkbaren Mittel gibt, durch die das menschliche Subjekt das Wesen des Universums erkennen könnte. Wir sind hervorgegangen aus, eingebettet in und bestimmt durch eine Wirklichkeit, die unserer eigenen völlig fremd gegenübersteht und die wir mit unserer Erkenntnis niemals unmittelbar berühren können.

Spätestens, seit Pascal gestand, »das ewige Schweigen dieser unendlichen Räume macht mich schaudern«, ist dieser Double-bind des modernen Bewußtseins auf die eine oder andere Weise ins Bewußtsein gerückt worden. Unsere psychologische und spirituelle Veranlagung ist auf absurde Weise mit der von unserer Wissenschaft enthüllten Welt unvereinbar. Wir scheinen zwei verschiedene Botschaften über unsere existentielle Situation zu empfangen – auf der einen Seite heißt es: widme all deine Kraft der Suche nach Sinn und spiritueller Erfüllung; auf der anderen Seite heißt es: erkenne, daß das Universum, dessen Substanz wir uns verdanken, dieser Suche völlig gleichgültig gegenübersteht, in seiner Beschaffenheit seelenlos und in seinen Abläufen ohne Ziel und Zweck ist. Wir werden im gleichen Moment aufgefordert und abgewiesen. Auf eine unerklärliche, absurde Weise ist der Kosmos unmenschlich, wir aber nicht. Und diese Situation ist völlig unverständlich.

Folgen wir der Diagnose Batesons und wenden sie auf die moderne Verfaßtheit im weiteren Sinne an, dann überraschen uns die Versuche der moderne Psyche, sich den immanenten Widersprüchen des Double-bind zu entziehen, nicht mehr. Innere oder äußere Wirklichkeiten werden tendenziell verzerrt: Gefühle werden unterdrückt und nicht zugelassen, wie in Apathie und psychischer Erstarrung, oder als Kompensation aufgeblasen, wie im Narzißmus und Egozentrismus; der Mensch unterwirft sich sklavisch der äußeren Welt als der einzig wahren Wirklichkeit oder er objektiviert sie und beutet sie auf aggressive Weise aus. Es gibt auch eine Fluchtstrategie, die sich in verschiedenen Formen von Eskapismus äußert: in zwanghaftem Konsum, Massenmedien, Moden, Kulten, Ideologien, nationalistischem Fanatismus, Alkoholismus oder Drogenabhängigkeit. Wo Vermeidungsmechanismen nicht aufrecht erhalten werden können, entstehen Angst, Paranoia, Selbstverneinung oder chronische Feindseligkeit, das Gefühl, ein hilfloses Opfer zu sein, die Neigung, allen Bedeutungen zu mißtrauen, ein Gefühl der Sinnlosigkeit und der Absurdität, der unlösbaren inneren Widersprüche und der Fragmentierung des Bewußtseins. Und am Ende steht das ganze Spektrum der psychopathologischen Reaktionen des Schizophrenen: selbstzerstörerische Gewalt, Wahnzustände, schwere Amnesie, Katatonie, Automatismus, Manie, Nihilismus. Die moderne Welt kennt jede dieser Reaktionen in verschiedenen Kombinationen und Mischformen: Sie prägen ihren sozialen und politischen Alltag.

Auch sollte es uns nicht überraschen, daß die Philosophie des zwanzigsten Jahrhunderts in dem Zustand ist, in dem wir uns wiederfinden. Natürlich hat die moderne Philosophie einige mutige intellektuelle Antworten auf die postkopernikanische Situation vorgebracht, aber im großen und ganzen ähnelt die Philosophie, die unser Jahrhundert und unsere Universitäten beherrscht hat, einem obsessivzwanghaften Patienten, der den ganzen Tag auf der Bettkante sitzt und sich die Schuhe in einem fort zuschnürt und wieder aufbindet, ohne jemals an ein Ende zu kommen – während in der Zwischenzeit Sokrates, Hegel und Thomas von Aquin auf ihrer Bergwanderung bereits den Gipfel erreicht haben, frische Bergluft atmen und neue, unerwartete Aussichten genießen.

In einer entscheidenden Hinsicht ist die moderne Situation jedoch nicht identisch mit dem psychiatrischen Double-bind, und das ist die Tatsache, daß der moderne Mensch kein hilfloses Kind ist, sondern sich aktiv mit der Welt auseinandersetzt und dabei eine spezielle Strategie und eine bestimmte Grundhaltung an den Tag legt – das prometheische Projekt, sich von der Natur zu befreien und sie zu kontrollieren. Das moderne Denken privilegiert einen bestimmten Typus der Interpretation von Welt: Die wissenschaftliche Methode verlangt nach Erklärungen der Phänomene, die konkret berechenbar und damit unpersönlich, mechanistisch, strukturell sind. Damit sie ihren Zweck erfüllen, mußten diese Erklärungen des Universums von allen spirituellen und menschlichen Eigenschaften »gereinigt« werden. Natürlich können wir nicht sicher sein, daß die Welt tatsächlich so *ist*, wie diese Erklärungen nahelegen. Sicher ist nur, daß die Welt in einem für uns nicht bestimmbaren Ausmaß für diese Art der Interpretation *empfänglich* ist. Kants Einsicht ist ein zweischneidiges Schwert. Denn obwohl sie auf der einen Seite die Welt jenseits des Zugriffs des menschlichen Geistes zu verorten scheint, erkennt sie auf der anderen Seite an, daß die unpersönliche und seelenlose Welt der modernen wissenschaftlichen Erkenntnis nicht unbedingt schon alles ist.

Sie ist vielmehr das einzige, was der westliche Geist in den letzten dreihundert Jahren für intellektuell zu rechtfertigen hielt. Mit den Worten Ernest Gellners: »Es war Kants Verdienst zu erkennen, daß dieser Zwang [zu mechanistischen, unpersönlichen Erklärungen] in uns und nicht in den Dingen ist. [Und] es war Weber, der erkannte, daß es der Geist auf einer bestimmten historischen Stufe und nicht der Geist als solcher ist, der diesem Zwang unterliegt.«[3]

Folglich ist der moderne Double-bind an einer entscheidenden Stelle nicht wasserdicht. Im Fall von Batesons schizophrenogener Mutter ist sie es, die mehr oder weniger alle Karten in der Hand hält, denn sie allein kontrolliert die Kommunikation mit dem Kind. Die Lektion Kants aber ist, daß unser Kommunikationsproblem – das heißt, das Problem des menschlichen Wissens von der Welt – zuerst im menschlichen Geist und nicht in der Welt als solcher zu verorten ist. Deshalb ist es theoretisch möglich, daß der menschliche Geist mehr Karten in der Hand hält, als er bisher ausgespielt hat. Der Dreh- und Angelpunkt der modernen Krise liegt in der Erkenntnistheorie, und hier müssen wir nach einem Ausweg Ausschau halten.

ERKENNTNIS
AUS DEM UNBEWUSSTEN

Als Nietzsche im neunzehnten Jahrhundert feststellte, es gebe keine Tatsachen, nur Interpretationen, faßte er nicht nur das Vermächtnis der kritischen Philosophie des achtzehnten zusammen, er nahm auch die Aufgabe und das Versprechen der Tiefenpsychologie des zwanzigsten Jahrhunderts vorweg. Daß ein unbewußter Teil der Psyche entscheidenden Einfluß auf Wahrnehmung, Erkenntnis und Verhalten des Menschen ausübt, war eine Vorstellung, die sich seit langem im westlichen Denken entwickelt hatte, doch erst durch Sigmund Freud rückte sie in den Mittelpunkt des modernen intellektuellen Interesses. Freud spielte eine auf faszinierende Weise vielseitige Rolle bei der Entfaltung der kopernikanischen Revolution im weiteren Sinne. Zum einen, wie er in der berühmten Passage am Ende der achtzehnten seiner Einführungsvorlesungen ausführte, stellte die Psychoanalyse – nach der heliozentrischen Theorie des Kopernikus und der Evolutionstheorie Darwins – die dritte Kränkung des naiven Stolzes und der Eigenliebe des Menschen dar. Denn die Psychoanalyse überbot die Feststellungen, daß die Erde nicht im Mittelpunkt des Universums stand und daß der Mensch nicht der privilegierte Brennpunkt der Schöpfung war, noch mit ihrer Erkenntnis, daß der menschliche Geist selbst und auch das »Ich« – jenes für den Menschen so überaus wichtige Gefühl, ein bewußtes, rationales Selbst zu sein – nur die relativ junge und höchst gefährdete Ausformung eines ursprünglichen und zugrundeliegenden »Es« darstellte, und daß dieses Ich alles andere als Herr im eigenen Hause war. Mit diesem epochalen Einblick in die unbewußten Determinanten der menschlichen Erfahrung stand Freud unmittelbar in der kopernikanischen Tradition des modernen Denkens. Und wie Kopernikus und Kant, doch auf einer insgesamt völlig neuen Ebene, gelangte Freud zu der fundamentalen Erkenntnis, daß die scheinbare Wirklichkeit der objektiven Welt unbewußt von der Verfaßtheit des Subjekts bestimmt wurde.

Doch auch Freuds Einsicht war ein zweischneidiges Schwert, und in einem zentralen Sinne markierte Freud den entscheidenden Wendepunkt in der Entwicklung der Moderne. Denn unter dem Druck der Entdeckung des Unbewußten brachen die alten Grenzen der Interpretation zusammen. Wie Descartes und die postcartesianischen britischen Empiristen bemerkt hatten, war das der menschlichen Erfahrung primär Gegebene nichts anderes als eben diese menschliche Erfahrung selbst – nicht die materielle Welt und auch keine direkte Transformationen dieser Welt durch die Sinne. Mit der Psychoanalyse setzte die systematische Erkundung des Sitzes aller menschlichen Erfahrung und Erkenntnis ein, der menschlichen Psyche. Von Descartes über Locke, Berkeley und Hume bis zu Kant beruhte der Fortschritt der modernen Erkenntnistheorie auf einer immer genaueren Analyse der Rolle des menschlichen Geistes beim Akt der Erkenntnis. Vor dem Hintergrund der Hinweise von Schopenhauer, Nietzsche und anderen auf die irrationalen Kräfte, die das <Denken bestimmten, war es geradezu unausweichlich, daß Freud – in Fortführung der philosophischen Tradition – die Analyse auf diesen Bereich ausdehnte. Der moderne psychologische Imperativ, das Unbewußte ans Licht zu bringen, stimmte präzise mit dem modernen erkenntnistheoretischen Imperativ überein, die Grundprinzipien der geistigen Organisation zu entdecken.

Freud war es, der den Schleier lüftete, aber die kritischen philosophischen Konsequenzen der tiefenpsychologischen Entdeckungen erkannte erst Carl Gustav Jung. Zum Teil lag es daran, daß Jung, von Jugend an mit Kant vertraut und in der Philosophie geschult, in dieser Hinsicht versierter war als Freud (noch in den dreißiger Jahren war Jung – für viele Jungianer überraschend – ein informierter Leser Karl Poppers).[4] Zum Teil lag es auch daran, daß Jungs intellektuelles Temperament weniger der Wissenschaftsgläubigkeit des neunzehnten Jahrhunderts verhaftet war als das von Freud. Vor allem aber verfügte Jung in gewisser Hinsicht über tiefergehende Erfahrungen und konnte den größeren Zusammenhang erkennen, in dem die Tiefenpsychologie sich bewegte. So war es Jung, der erkannte, daß es sich bei der kritischen Philosophie in der Nachfolge Kants um »die Mutter der modernen Psychologie« handelte.[5] Kant hatte in seinen Augen recht, als er feststellte, daß die menschliche Erfahrung nicht, wie Hume dachte, atomistisch, sondern von apriorischen Strukturen durchdrungen war; doch Kants Bestimmung dieser Strukturen war aufgrund seines unbedingten Glaubens an die newtonsche Physik zwangsläufig zu eng gefaßt und zu vereinfachend. So wie die Grenzen der Auffassung vom Geist bei Freud in seinen darwinschen Prämissen lagen, so lagen die Grenzen von Kants Verständnis in seinen newtonschen Voraussetzungen. Jung gelang es unter dem Einfluß höchst intensiver und ausgedehnter Erfahrungen mit der menschlichen Psyche – sowohl seiner eigenen als auch der anderer –, die kantischen und freudschen Perspektiven soweit voranzutreiben, bis er zu einer Art heiligem Gral der inneren Suche gelangte: der Entdeckung der universalen Archetypen in ihrer Wirkungsmacht und ihrer reichhaltigen Komplexität als den fundamentalen und bestimmenden Strukturen der menschlichen Erfahrung.

Freud hatte Ödipus, Es, Über-Ich, Eros und Thanatos entdeckt; er hatte die Triebe in wesentlich archetypischen Kategorien beschrieben. Aber in entscheidenden Augenblicken führten seine reduktionistischen Prämissen zu einer drastischen Einschränkung seines Blickfelds. Mit Jung hingegen wurde die volle symbolische Vielschichtigkeit der Archetypen offenbar. Das persönliche Unbewußte Freuds, das hauptsächlich aus unterdrückten Inhalten bestand, die sich aus biographischen Verletzungen und dem Kampf des Ich gegen die Triebe speisten, öffnete sich gegenüber dem gewaltigen, archetypisch strukturierten kollektiven Unbewußten, das weniger das Ergebnis von Unterdrückung als Ursprung und Fundament der Psyche selbst war. Im Rahmen dieser schrittweise sich vollziehenden Enthüllung des Unbewußten definierte die Tiefenpsychologie das erkenntnistheoretische Rätsel, das Kant als erster gestellt hatte, neu. Freud tat dies noch eher nebenher und in zu engen Grenzen, aber Jung erreichte schließlich eine ganzheitlichere und bewußtere Ebene.

Doch was war eigentlich das Wesen dieser Archetypen, was war dieses kollektive Unbewußte, und welchen Einfluß hatte das alles auf das moderne wissenschaftliche Weltbild? Auch wenn die archetypische Perspektive Jungs das moderne Verständnis der Psyche erheblich bereicherte und vertiefte, sie ließ sich genauso gut als bloße Verstärkung der erkenntnistheoretischen Entfremdung sehen. Wie Jung als loyaler Kantianer selbst viele Jahre betonte, war die Entdeckung der Archetypen das Ergebnis der empirischen Erforschung von psychischen Phänomenen und besaß keine notwendigen metaphysischen Implikationen. Das Studium des menschlichen Geistes führte zu Erkenntnissen über den Geist und nicht über die Welt jenseits des Geistes. Die so umrissenen Archetypen waren psychologischer Natur und folglich in gewissem Sinne subjektiv. Wie Kants Formen und

Kategorien a priori strukturierten sie die Erfahrung, ohne dem menschlichen Geist irgendein unmittelbares Wissen von einer über sie hinausgehenden Wirklichkeit zu liefern; sie waren vererbte Strukturen oder Veranlagungen, die der menschlichen Erfahrung vorausgingen und ihren Charakter bestimmten, ohne daß von ihnen gesagt werden konnte, daß sie die menschliche Psyche transzendierten. Vielleicht waren sie auch nur die grundlegendsten in einer ganzen Kette von Zerrspiegeln, die den menschlichen Geist von der wahren Erkenntnis der Welt abhielten; vielleicht waren sie die am tiefsten verankerten Muster der menschlichen Projektion.

Aber Jungs Denken war extrem vielschichtig, und im Verlauf seines sehr langen geistig aktiven Lebens machte seine Konzeption der Archetypen eine bedeutsame Entwicklung durch. Die gerade beschriebene konventionelle und noch immer am weitesten verbreitete Sichtweise der jungschen Archetypen beruht auf den Schriften aus Jungs mittlerer Periode, als sein Denken noch immer stark unter dem Einfluß der cartesianisch-kantischen Annahmen über die Beschaffenheit der Psyche und ihrer Trennung von der äußeren Welt stand. In seinem Spätwerk, besonders im Kontext seiner Studien über Synchronizität und Koinzidenz, näherte sich Jung jedoch einer Konzeption der Archetypen, die sie als autonome Bedeutungsmuster begreift, die der Psyche und der Materie gleichermaßen innewohnen und diese strukturieren. Eine Aufhebung der modernen Dichotomie von Subjekt und Objekt scheint hier in Sicht. Von diesem Standpunkt aus betrachtet sind Archetypen geheimnisvoller als apriorische Strukturen – weniger eindeutig in ihrem ontologischen Status, weniger leicht auf eine spezifische Dimension zu beschränken und eher den ursprünglichen platonischen und neuplatonischen Vorstellungen vom Archetypus verwandt. Einige Aspekte dieser Entwicklung des späten Jung sind auf ebenso brillante wie kontroverse Weise von James Hillman und der Schule für archetypische Psychologie, die eine »postmoderne« jungianische Perspektive entwickelt hat, weitergedacht worden: Der Vorrang der Psyche und der Phantasie sowie die nicht weiter zurückführbare psychische Realität und Wirksamkeit der Archetypen werden anerkannt, metaphysische und theologische Aussagen aber – anders als beim späten Jung – weitgehend vermieden, um den Blick auf die Psyche in ihrer unendlichen und reichen Vielschichtigkeit nicht unnötig zu begrenzen.

Die erkenntnistheoretisch bedeutsamste Entwicklung in der jüngsten Geschichte der Tiefenpsychologie und der seit Freud und Jung wichtigste Fortschritt auf diesem Gebiet findet sich im Werk von Stanislav Grof. Seine Forschungen – die Abraham Maslow als »den wichtigsten Beitrag zur Persönlichkeitstheorie der letzten Jahrzehnte« bezeichnet – haben nicht nur die psychodynamische Theorie revolutioniert, sondern auch wesentliche Auswirkungen auf vielen anderen Gebieten, einschließlich der Philosophie, nach sich gezogen.[6] Grof begann als analytischer Psychiater und sein Hintergrund war ursprünglich freudianisch. Als unerwartetes Ergebnis seiner Arbeit ergab sich die Bestätigung und gleichzeitige Ausweitung sowohl der biologisch-biographischen Perspektive Freuds als auch der archetypischen Perspektive Jungs, die er auf einer ganz neuen Ebene zu einer einheitlichen Synthese brachte, einer Synthese, auf die beide sich aus verschiedenen Richtungen bereits zubewegt zu haben schienen.

Grundlage für die Entdeckung Grofs waren seine Beobachtungen während mehrerer tausend psychoanalytischer Sitzungen, zunächst in Prag und später in Maryland am National Institute of Mental Health, in denen äußerst wirksame psychoaktive Substanzen, besonders LSD, und eine Reihe von ebenso effektiven, nicht drogengestützten therapeutischen Verfahren als Katalysatoren für unbewußte Prozesse eingesetzt wurden. Grof fand heraus, daß die an den Sitzungen teilnehmenden Versuchspersonen zunehmend tiefergehende Erkundungen des Unbewußten durchlebten, in denen eine äußerst komplexe und intensive Schlüsselsequenz von Erfahrungen immer wieder auftrat. Während der ersten Sitzungen drangen die Versuchspersonen zu immer weiter zurückliegenden biographischen Erlebnissen und Traumata vor – Ödipus-Komplex, Sauberkeitserziehung, Stillen, frühkindliche Erfahrungen –, die im allgemeinen im Einklang mit den Prinzipien der freudschen Psychoanalyse standen und eine Art Laborbeweis für die Richtigkeit der Theorien Freuds zu liefern schienen. Nachdem die Versuchspersonen diese verschiedenen Erinnerungskomplexe aber wiedererlebt und bewältigt hatten, neigten sie regelmäßig dazu, in eine extrem intensive Auseinandersetzung mit dem Vorgang der biologischen Geburt einzutreten.

Während dieser Vorgang auf der körperlichen Ebene in der denkbar deutlichsten und detailliertesten Weise wiedererlebt wurde, schien er zugleich strukturiert und erfüllt zu sein von einer ausgesprochen archetypischen Sequenz mit bemerkenswerter numinoser Macht. Versuchspersonen berichteten, daß die Erlebnisse auf dieser Ebene von einer Intensität und Universalität waren, die alles übertraf, was sie zuvor als Erfahrungsgrenze eines einzelnen Menschen angesehen hatten. Diese Art von Erlebnissen ereignete sich in einer höchst unterschiedlichen Weise, Reihenfolge und Kombination, aber abstrahierend von dieser Komplexität, stieß Grof auf eine erkennbare zugrundeliegende Abfolge: Aus einer anfänglichen undifferenzierten Einheit mit der Mutter, aufgehoben in ihrem Inneren, über eine Erfahrung des plötzlichen Falls und der Trennung von dieser organischen Ureinheit führte dieser Prozeß durch einen extrem intensiv erlebten Kampf um Leben und Tod in dem sich zusammenziehenden Uterus und dem Geburtskanal bis zu einem Gefühl umfassender Vernichtung. In den meisten Fällen stellte sich daraufhin umgehend die Erfahrung einer plötzlichen, unerwarteten und globalen Befreiung ein, die typischerweise nicht nur als physische Geburt, sondern auch als spirituelle Wiedergeburt erlebt wurde, wobei beides auf geheimnisvolle Weise miteinander vermischt war.

Ich sollte an dieser Stelle erwähnen, daß ich für mehr als zehn Jahre als Programmleiter am Esalen Institute im kalifornischen Big Sur tätig war und im Laufe dieser Jahre praktisch jede nur denkbare Form von Therapie und Selbsterfahrung kennengelernt habe. Grofs Therapie war dabei die bei weitem wirkungsvollste; es gab nichts Vergleichbares. Doch der Preis war hoch – in gewissem Sinne absolut: das Wiedererleben der eigenen Geburt wurde im Zusammenhang einer tiefen existentiellen und spirituellen Krise erfahren, mit schweren physischen Qualen, unerträglichem Druck, einer extremen Verengung der geistigen Horizonte, dem Gefühl hoffnungsloser Entfremdung und Sinnlosigkeit, der Angst, unwiderruflich verrückt zu werden, und schließlich einer erschütternden Todeserfahrung – in der alles verloren schien, physisch, psychisch, intellektuell und spirituell. Aber nach der Bewältigung dieser langen Erlebnissequenz berichteten die Teilnehmer regelmäßig von einer dramatischen Horizonterweiterung, einem radikalen Perspektivenwechsel, was die Beschaffenheit der Wirklichkeit anbetraf, von einem Gefühl des plötzlichen Erwachtseins, von dem Bewußtsein, wieder mit dem Universum verbunden zu sein, und all dies vor dem Hintergrund eines tiefen Gefühls der psychologischen Heilung und spirituellen Befreiung. Später und in den folgenden Sitzungen berichteten sie, daß die Erinnerungen aus ihrem vorgeburtlichen Leben in der Gebärmutter typischerweise in Verbindung mit archetypischen Erfahrungen des Paradieses, der mystischen

Einheit mit der Natur, dem Göttlichen oder der Großen Muttergottheit auftraten, mit der Auflösung des Ich in der ekstatischen Vereinigung mit dem Universum oder in anderen Formen mystischer Einheitserfahrungen. Freud bezeichnete die von ihm beobachteten Hinweise auf dieser Erfahrungsebene als »ozeanisches Gefühl«, doch für Freud reichte dies nur bis zur kindlichen Stillerfahrung der Einheit mit der Mutterbrust zurück.

Aus psychotherapeutischer Sicht, fand Grof heraus, verbarg sich die eigentliche Quelle für psychische Symptome und Leiden noch weit hinter allen Kindheitstraumata und biographischen Ereignissen – in dem aufs engste mit einer Todeserfahrung verknüpften Erlebnis der Geburt. Dessen erfolgreiche Bewältigung führte zu einer dramatischen Verbesserung seit langem bestehender psychopathologischer Probleme, selbst bei Zuständen und Symptomen, die sich zuvor als therapieresistent erwiesen hatten. Ich sollte betonen, daß die »perinatale« – um die Geburt kreisende – Erfahrungssequenz typischerweise auf verschiedenen Ebenen gleichzeitig stattfand, doch praktisch immer eine intensive körperliche Erlebnisqualität besaß. Die physische Katharsis, die sich aus dem Wiedererleben des Geburtstraumas ergab, war äußerst eindrucksvoll und verwies deutlich auf den Grund für die relative Unwirksamkeit der meisten psychoanalytischen Therapieformen, die weitgehend auf verbaler Interaktion basieren und vergleichsweise wenig an der Oberfläche kratzen. Die perinatalen Erlebnisse, zu denen es bei der Arbeit Grofs kam, waren vorverbal, zellular, elementar. Sie ereigneten sich nur, wenn die übliche Kontrolle des Ich durch eine katalytische psychoaktive Substanz, eine therapeutische Technik oder die spontane Kraft des unbewußten Materials überwunden worden war.

Ihrem Charakter nach waren diese Erlebnisse jedoch zugleich zutiefst archetypisch. In der Tat hinterließ die Begegnung mit der vorgeburtlichen Sequenz bei den Teilnehmern stets das Gefühl, die Natur selbst, einschließlich des menschlichen Körpers, sei das Gefäß des Archetypischen. Der Einsicht, daß die Vorgänge der Natur archetypisch seien, hatten sich, wenngleich aus unterschiedlichen Richtungen, Freud ebenso wie Jung genähert. In gewissem Sinne gab Grofs Arbeit den jungschen Archetypen eine klarere biologische Grundlage, während sie den freudschen Trieben einer klarere archetypische Basis verschaffte. Die Begegnung mit Geburt und Tod in dieser Sequenz schien eine Art Berührungspunkt zwischen zwei Dimensionen zu sein, ein Scharnier, das das Biologische und das Archetypische, das Freudsche und das Jungsche, das Biographische und das Kollektive, das Persönliche und das Transpersonale, Körper und Geist miteinander verband. Rückblickend stellt sich die Entwicklung der Psychoanalyse als eine schrittweise Verschiebung der freudschen biographisch-biologischen Perspektive in immer frühere und noch frühere Phasen des individuellen Lebens dar, bis zu dem Punkt, als in der Begegnung mit der Geburt als solcher, diese Strategie in der entscheidenden Abkehr vom orthodoxen freudschen Reduktionismus gipfelte und dabei die psychoanalytische Vorstellungswelt für das weit komplexere und breitere Sein der menschlichen Erfahrung öffnete. Das Ergebnis war ein Verständnis der Psyche, das, wie das Erleben der perinatalen Sequenz selbst, auf eine nicht weiter reduzierbare Weise vielschichtig und reich ist.

Eine Vielzahl von Implikationen der Arbeit Grofs könnten hier diskutiert werden – Erkenntnisse bezüglich der Wurzeln des männlichen Sexismus in der unbewußten Angst vor weiblichen, gebärenden Körpern; bezüglich der Wurzeln des Ödipus-Komplexes in dem weit fundamentaleren Kampf gegen die scheinbar strafenden uteralen Kontraktionen und den sich zusammenziehenden Geburtskanal, um die Einheit mit der nährenden mütterlichen Gebärmutter wiederzuerlangen; bezüglich der therapeutischen Bedeutung von Todeserfahrungen; bezüglich der Wurzeln spezifischer psychopathologischer Zustände wie Depression, Phobien, obsessiven Zwangsneurosen, sexuellen Störungen, Sadomasochismus, Manien, Suizidgefährdung, Abhängigkeit, Psychosen; bezüglich kollektiver psychischer Störungen wie dem Impuls zu Krieg und Totalitarismus. Die hervorragende Synthese ließe sich diskutieren, die Grof für den Bereich der psychodynamischen Theorie formulierte, indem er nicht nur Freud und Jung, sondern auch Reich, Rank, Adler, Ferenczi, Klein, Fairbairn, Winnicott, Erikson, Maslow, Perls und Laing zusammenbrachte. Mein Interesse an dieser Stelle ist jedoch kein psychotherapeutisches, sondern ein philosophisches, und während der perinatale Bereich entscheidende Anstöße für ein therapeutisches Umdenken lieferte, erwies er sich zugleich als Schlüsselbereich für wichtige philosophische und intellektuelle Fragen. Folglich werde ich mich in der Diskussion auf die spezifischen Konsequenzen und Implikationen beschränken, die Grofs Arbeit für die gegenwärtige Situation in erkenntnistheoretischer Hinsicht bereit hält.

In diesem Zusammenhang sind einige zentrale Verallgemeinerungen vom klinischen Befund wichtig:

1. Die archetypische Sequenz, die den perinatalen Prozeß steuert, wird in erster Linie als machtvolle *Dialektik* erlebt – als Bewegung von einem ursprünglichen Zustand der undifferenzierten Einheit zu einem problematischen Zustand der Einengung, des Konflikts und des Widerspruchs, begleitet von einem Gefühl der Trennung, der Zweiheit und der Entfremdung; und schließlich als Durchgang durch ein Stadium vollständiger Vernichtung zu unerwarteter, erlösender Befreiung. Am Ende dieses dialektischen Prozesses steht das wiedererlangte Gefühl der ursprünglichen Einheit – jedoch auf einer neuen Ebene, in die die verschiedenen Erfahrungen des Gesamtverlaufs eingegangen sind.

2. Diese archetypische Dialektik wird in der Regel gleichzeitig sowohl auf einer individuellen als auch, und häufig stärker, auf einer kollektiven Ebene erfahren. Die Entwicklung von ursprünglicher Einheit über Entfremdung zu befreiender Auflösung wird als die Evolution einer Kultur oder der Menschheit insgesamt erlebt – als Geburt des Homo Sapiens aus der Natur und als Geburt des individuellen Kindes durch die Mutter. Das Persönliche und das Transpersonale sind zugleich präsent, untrennbar miteinander verschmolzen, so daß die Ontogenese die Phylogenese nicht nur rekapituliert, sondern sich zu ihr gleichsam ausweitet.

3. Diese archetypische Dialektik wird in verschiedenen Dimensionen – physisch, psychisch, intellektuell, spirituell – erlebt, oft in mehr als einer Dimension und zuweilen in einer komplexen Kombination von allen zugleich. Wie Grof betont, legt der klinische Befund nahe, daß die perinatale Sequenz nicht einfach auf das Geburtstrauma zu reduzieren ist; es scheint vielmehr, als sei der biologische Vorgang der Geburt selbst Ausdruck eines umfassenderen und grundlegenden archetypischen Vorgangs, der sich in vielen Dimensionen manifestieren kann:

– Im *physischen* Sinne wird die perinatale Sequenz als biologische Schwangerschaft und Geburt erlebt, die von der symbiotischen Einheit mit dem allumfassenden, nährenden Leib der Mutter über ein allmähliches Wachstum an Komplexität und Individuation bis zur Erfahrung des sich zusammenziehenden Uterus, des dramatischen Durchgangs durch den Geburtskanal und der schließlichen Entbindung reicht.

– Im *psychologischen* Sinne entspricht die Erfahrung der Entwicklung vom Urzustand eines undifferenzierten, dem Ich vorausgehenden Bewußtseins zu einem Zustand der zunehmenden Individuation bei gleichzeitiger Unterscheidung von Selbst und Welt, der wachsenden existentiellen Entfremdung, und schließlich der Erfahrung des Ich-Todes, auf die eine seelische Wiedergeburt folgt; dies wird häufig auf komplexe Weise mit der biographischen Entwicklung vom Schoß der Kindheit über die Mühen des Lebens und die Bedrängnis des Alterns zur Begegnung mit dem Tod in Verbindung gebracht.

– Auf der *religiösen* Ebene nimmt die Erfahrungssequenz vielfältige Formen an, auffallend häufig folgte sie jedoch der symbolischen Bewegung des jüdisch-christlichen Glaubens, vom Garten Eden über den Sündenfall und die Trennung vom Göttlichen, in eine Welt des Leidens und Sterbens, gefolgt von Kreuzigung und Wiederauferstehung, die zur Wiedervereinigung mit dem Göttlichen führt. Auf der individuellen Ebene erinnerte diese Erlebnisqualität der perinatalen Sequenz stark an die Initiationen der alten Mysterienreligionen mit ihrer Inszenierung von Tod und Wiedergeburt.

– Auf der *philosophischen* Ebene schließlich läßt sich die Erfahrung in Anlehnung an den Neuplatonismus, an Hegel und Nietzsche als eine dialektische Entwicklung begreifen, die ausgehend von einer archetypisch strukturierten Ureinheit über eine Stufe zunehmender Komplexität, Vielfalt und Individuation und einen Zustand absoluter Entfremdung – den Tod Gottes in Hegels wie Nietzsches Sinn – in eine dramatische *Aufhebung* mündet, eine Synthese und Wiedervereinigung mit dem selbstseienden Sein, die das Einzelne ebenso vernichtet wie erfüllt.

Diese mehrdimensionale Erfahrungssequenz ist für eine Vielzahl von zentralen Fragen bedeutsam, doch ich möchte mich an dieser Stelle vor allem den erkenntnistheoretischen Implikationen zuwenden, die meines Erachtens für unsere gegenwärtige geistige Situation von besonderem Gewicht sind.[7] Das moderne Bewußtsein ist charakterisiert durch eine vorherrschende fundamentale Dichotomie von Subjekt und Objekt. Sie ist für das moderne Bewußtsein *konstitutiv* und die selbstverständliche Grundlage für jede »realistische« Perspektive und Erfahrung der Welt. In der Perspektive, die die Arbeiten von Grof nahelegen, scheint diese Dichotomie Wurzeln in einer speziellen archetypischen Situation zu haben, die im Zusammenhang mit dem ungelösten Trauma der menschlichen Geburt steht, durch das ein ursprüngliches Bewußtsein der undifferenzierten organischen Einheit mit der Mutter, eine *Participation mystique* mit der Natur, überlagert und unterbrochen wurde und schließlich verloren ging. Diese Situation läßt, auf individueller wie auf kollektiver Ebene, die Quelle des tiefen Dualismus des modernen Geistes erkennen: die Distanz zwischen Mensch und Natur, Geist und Materie, Selbst und Anderem, Erfahrung und Wirklichkeit – das beherrschende Gefühl eines unwiderruflich von der Welt abgespaltenen Ichs.

Hierin liegt die schmerzhafte Trennung vom zeitlos allumfassenden Schoß der Natur, die Entwicklung des menschlichen Selbst und seines Bewußtseins, der Verlust der Verbindung mit dem bergenden Zusammenhang des Seins, die Vertreibung aus dem Paradies, der Eintritt in Zeit und Geschichte und Stofflichkeit, die Entzauberung des Kosmos, das Gefühl der völligen Verstrickung in eine feindliche Welt anonymer Mächte. Von hier kommt das zwanghafte Streben, sich von der Macht der Natur zu befreien, die Naturkräfte zu kontrollieren und zu beherrschen, sich an der Natur zu rächen. Und von hier stammt die Grundangst, die Kontrolle und die Beherrschung zu verlieren; sie hat ihre Wurzel im alles verzehrenden Bewußtsein des Todes und der Angst vor dem Tod – der unvermeidlichen Begleiterscheinung des Heraustretens des individuellen Ichs aus dem bergenden Zusammenhang der Mutter, des Kollektivs, der Natur. Vor allem aber läßt sich das tiefe Gefühl der ontologischen und erkenntnistheoretischen Trennung von Selbst und Welt auf diesen Abschnitt der vorgeburtlichen Sequenz zurückführen.

Dieses fundamentale Gefühl der Spaltung ist dann in die für gesetzmäßig erklärten Interpretationsprinzipien des modernen Denkens eingegangen. Es war kein Zufall, daß Descartes, der als erster die Grundzüge des von der Welt getrennten, rationalen Selbst formulierte, zugleich der erste war, der dem unpersönlichen, mechanistischen Kosmos der kopernikanischen Revolution systematischen Ausdruck verlieh. Die elementaren apriorischen Kategorien und Prämissen der modernen Wissenschaft, ihre Annahme einer unabhängigen Außenwelt, die von einem autonomen menschlichen Verstand zu erforschen sei, ihr Bestehen auf unpersönlichen, mechanistischen Erklärungen, ihre Ablehnung spiritueller Eigenschaften im Kosmos, ihre Zurückweisung jeglichen der Natur als solcher innewohnenden Sinns und Zwecks, ihre Forderung nach einer eindeutigen Interpretation harter Tatsachen – all dies trug zur Konstruktion eines entzauberten und entfremdeten Weltbildes bei. Wie Hillman betont: »Die Beweise, die wir zur Stützung einer Hypothese sammeln, und die Rhetorik, die wir benutzen, um sie zu begründen, sind bereits Teil der archetypischen Konstellation, in der wir uns befinden […]. Die ›objektive‹ Idee, die wir in den Mustern der Daten entdecken, ist auch die ›subjektive‹ Idee, vermittels derer wir die Tatsachen sehen.«[8]

In dieser Perspektive sind die cartesianisch-kantischen Annahmen, die den modernen Geist geprägt und die modernen Wissenschaften vorangetrieben haben, selbst Ausdruck eines wirkungsmächtigen archetypischen Musters, einer Erfahrungsschablone, die das menschliche Bewußtsein in der Weise selektiv gefiltert und geformt hat, daß die Realität als eindimensional, objektiv und entfremdet wahrgenommen wurde. Das cartesianisch-kantische Paradigma ist Ausdruck und Bekräftigung eines Bewußtseinszustandes, aus dem die Erfahrung der kosmisch einenden Tiefen der Wirklichkeit systematisch ausgeblendet wurde, was zur Entzauberung der Welt und zur Isolation des menschlichen Ich führte. Ein solches Weltbild ist in gewissem Sinne ein metaphysisch-erkenntnistheoretisches Gefängnis, ein hermetisch abgeschlossenes System, das die Stufe der Kontraktion und des Eingeschlossenseins des archetypischen Geburtsvorgangs widerspiegelt. Es ist die ausgefeilte Fassung einer spezifischen archetypischen Phase, in der das menschliche Bewußtsein so umschlossen und begrenzt ist, als existierte es in einer solipsistischen Blase.

Die tiefe Ironie, die sich hierin abzeichnet, liegt darin, daß gerade in dem Moment, in dem das moderne Denken glaubt, sich vollständig von allen anthropomorphen Projektionen befreit zu haben, als es sich aktiv die Welt als unbewußtes, mechanistisches und unpersönliches Phänomen zurechtgelegt hat, daß ausgerechnet in diesem Moment die Welt im vollen Umfang zum selektiven Konstrukt des menschlichen Denkens wird. Der menschliche Geist hat jede bewußte Intelligenz, jeden Zweck und jeden Sinn aus dem Ganzen abgezogen und ausschließlich sich selbst zugesprochen, um anschließend die Welt zur Maschine zu erklären. Wie Rupert Sheldrake aufgezeigt hat, handelt es sich dabei um die ultimative anthropomorphe Projektion: die Natur als eine vom Menschen gemachte Maschine, etwas, das es in der Natur gar nicht gibt. Dieser Sichtweise zufolge ist es die eigene unpersönliche Seelenlosigkeit des modernen Denkens, die auf die Welt projiziert wurde – oder, genauer, die projizierend aus der Welt herausgelockt wurde.

Aber das Schicksal und der Kern der Tiefenpsychologie, jener erstaunlich fruchtbaren, von Freud und Jung begründeten Tradition, ist es gewesen, dem modernen Geist Zugang zu den archetypischen Kräften und Wirklichkeiten zu verschaffen, die das individuelle Selbst wieder mit der Welt verbinden und die Auflösung des dualistischen Weltbildes einleiten. Rückblickend sieht es so aus, als hätte es in der Tat der Tiefenpsychologie *bedurft*, um diese Wirklichkeiten dem modernen Geist zu Bewußtsein zu bringen: Da weder die Philosophie noch die Religion, noch die Wissenschaft der bestehenden Hochkultur die Sphäre des Archetypischen hat erkennen können, konnte sie nur aus der Unterwelt der Psyche selbst wieder in Erscheinung treten. Wie L. L. Whyte bemerkte, trat die Idee des Unbewußten fast zeitgleich mit Descartes zum ersten Mal auf und begann von da an eine stetig wachsende Rolle in der westlichen Geistesgeschichte zu spielen. Und als Freud am Beginn des zwanzigsten Jahrhunderts seine *Traumdeutung* veröffentlichte, stellte er ihr ein großartiges Epigramm Vergils voran, das eigentlich schon alles vorwegnahm: Wenn ich schon nicht die Götter bewegen kann, dann werde ich wenigstens die Unterwelt in Bewegung setzen *(Flectere si nequeo superos, acheronta movebo)*. Die Kompensation war unvermeidlich: wenn nicht von oben, dann eben von unten.

Die Moderne beginnt mithin als prometheisches Streben nach menschlicher Freiheit, nach Emanzipation von der umfassenden Natur, nach Selbständigkeit gegenüber dem Kollektiv; doch nach und nach und unentrinnbar entwickelt sich die cartesianisch-kantische Situation in einen Zustand existentieller Isolation und Absurdität, wie er von Kafka und Beckett beschrieben wird, in einen unerträglichen, zu einer Art dekonstruktiver Raserei führenden Double-bind. Und wieder spiegelt der existentielle Double-bind deutlich die Situation des Fötus in der gebärenden Mutter wider: Nachdem er zunächst mit der nährenden Mutter symbiotisch vereint war, sich in ihr, dem geliebten Mittelpunkt einer ganzheitlichen Welt, entwickelte, steht er dieser Welt jetzt völlig entfremdet gegenüber, eingeschürt von ihrem Schoß, im Stich gelassen, zerquetscht, erstickt und ausgestoßen in extremer Verwirrung und Angst – ein unerklärbarer, zerrissener Zustand von zutiefst traumatischer Intensität.

Doch die Erfahrung dieses Double-binds, diese Dialektik der ozeanischen Ureinheit auf der einen und dem Riß zwischen Subjekt und Objekt auf der anderen Seite, bringt unerwartet einen dritten Zustand hervor: eine erlösende Wiedervereinigung des individuierten Selbst mit seiner universellen Grundlage. Das Kind wird geboren und von der Mutter in die Arme geschlossen; der befreite Held steigt aus der Unterwelt empor, um nach seiner ausgedehnten Odyssee heimzukehren. Das Individuelle und das Allgemeine werden versöhnt. Leiden, Entfremdung und Tod werden jetzt verständlich als unerläßlich für die Geburt, die Schöpfung des Selbst: *Ojelix culpa*. Eine Situation, die zutiefst unverständlich schien, wird als notwendiger Bestandteil eines umfassenderen Zusammenhangs von tiefer Sinnhaftigkeit erkennbar. Die Dialektik wird erfüllt, die Entfremdung überwunden. Der Bruch mit dem Sein wird geheilt, die Welt in ihrem ursprünglichen Zauber wiederentdeckt. Das autonome, individuelle Selbst wird wieder eins mit dem Grund seines Daseins.

DIE EVOLUTION DER WELTBILDER

All dies legt nahe, daß wir eine andere, höher entwickelte und ganzheitlichere Perspektive für die menschliche Erkenntnis brauchen. Auch wenn die cartesianisch-kantische Position das beherrschende erkenntnistheoretische Paradigma des modernen Denkens gewesen ist, war sie nicht das einzige, denn fast gleichzeitig mit dem Höhepunkt der Aufklärung trat eine radikal andere Perspektive in Erscheinung – zunächst bei Goethe und seinen Studien zur Morphologie, dann bei Schiller, Schelling, Hegel, Coleridge und Emerson und im letzten Jahrhundert bei Rudolf Steiner. Jeder dieser Denker trug auf seine Weise zur Entwicklung dieser zweiten Perspektive bei, und alle teilten die grundlegende Überzeugung, daß die Beziehung des menschlichen Geistes zur Welt letztlich nicht vom Dualismus, sondern von Partizipation bestimmt sei.

Diese alternative Konzeption befand sich im Grunde gar nicht in einem direkten Widerspruch zur kantischen Erkenntnistheorie, sie ging vielmehr über sie hinaus und überführte sie in eine umfassendere und feinfühligere Auffassung vom menschlichen Wissen. Die neue Konzeption akzeptierte durchaus die kritische Erkenntnis Kants, daß das gesamte menschliche Wissen von der Welt in einem bestimmten Ausmaß durch subjektive Prinzipien bestimmt sei; doch statt diese Prinzipien allein dem isolierten Subjekt zuzuweisen und ihnen jede Fundierung in der Welt außerhalb des menschlichen Geistes zu entziehen, vertrat die partizipatorische Position die Ansicht, daß auch und gerade in den subjektiven Prinzipien das wahre Sein der Welt zum Ausdruck kam, ja daß der menschliche Geist der Träger eines Prozesses der Selbstoffenbarung der Welt war. Dieser Anschauung zufolge war die wesentliche Realität der Natur weder abgespalten noch in sich abgeschlossen oder vollendet; sie konnte vom menschlichen Geist nicht einfach von außen »objektiv« geprüft und registriert werden. Vielmehr erschloß sich die Wahrheit der Natur in ihrer Entfaltung erst durch die aktive Teilhabe des menschlichen Geistes. Die Wirklichkeit der Natur war weder nur phänomenal noch unabhängig oder objektiv; sie gelangte vielmehr erst im Akt der Erkenntnis zum Sein. Erst durch den Geist des Menschen wurde die Natur sich selbst verständlich.

In dieser Perspektive war alles von der Natur durchdrungen, und der menschliche Geist selber ein Ausdruck des wesentlichen Seins der Natur. Diese tiefere Wirklichkeit der Welt erschloß sich aber erst, wenn der menschliche Geist sein ganzes Potential an disziplinierter Phantasie ausgeschöpft und seine empirische Beobachtung mit archetypischer Einsicht vereinigt hatte. Ein ausgeglichenes und entwickeltes Innenleben erschien daher als unabdingbare Voraussetzung für Erkenntnis. In ihren wahren und authentischen Momenten projizierte die intellektuelle Phantasie nicht einfach irgendwelche Vorstellungen aus einem abgelegenen Gehirnwinkel auf die Natur. Die Phantasie stand vielmehr in ihren eigenen Tiefen in einem unmittelbaren Kontakt mit dem kreativen Prozeß der Natur, erkannte diesen Prozeß in sich selbst und brachte diese Wirklichkeit der Natur zu bewußtem Ausdruck. Folglich handelte es sich bei der Intuition nicht um eine Verzerrung durch subjektive Emotionen, sondern um die letzte Erfüllung des ganzheitlichen Wesens der Wirklichkeit durch den Menschen. Die menschliche Phantasie war selbst ein Teil der innersten Wahrheit der Welt; ohne sie war die Welt unvollständig. Beiden Hauptformen des erkenntnistheoretischen Dualismus, der konventionell-vorkritischen und der postkantisch-kritischen Konzeption wird hier widersprochen, und beide werden zugleich zusammengeführt. Einerseits produzierte der menschliche Geist nicht einfach Begriffe, die mit einer äußeren Wirklichkeit »korrespondierten«. Andererseits »stülpte« er jedoch der Welt auch nicht einfach seine eigene Ordnung über. Vielmehr verwirklichte sich die Wahrheit der Welt in und durch den menschlichen Geist.

Diese partizipatorische, von Goethe, Hegel, Steiner und anderen mit je eigenen Akzenten entwickelte Auffassung des menschlichen Geistes sollte allerdings nicht als Regression zur naiven *Participation mystique* verstanden werden, sondern als dialektische Synthese der langen Entwicklung vom ursprünglich undifferenzierten Bewußtsein zur dualistischen Entfremdung. Sie schließt den postmodernen Wissensbegriff mit ein und geht zugleich über ihn hinaus. Der interpretierende und konstruierende Charakter der menschlichen Erkenntnis wird zwar völlig anerkannt, aber die enge, auf wechselseitiger Durchdringung beruhende Beziehung des menschlichen Geistes zur Natur ermöglicht es, die kantische Konsequenz der erkenntnistheoretischen Entfremdung gänzlich zu überwinden.

Der Geist des Menschen schreibt der Natur nicht einfach eine phänomenale Ordnung vor; vielmehr bringt der Geist der Natur im Menschen seine *eigene* Ordnung hervor, unter der Voraussetzung, daß der Mensch das gesamte ihm zur Verfügung stehende Spektrum an Fähigkeiten nutzt – ob intellektuell, willensmäßig, emotional, sinnlich, imaginativ, ästhetisch oder spirituell. Durch ein solches Wissen »lebt« der menschliche Geist »sich« in den kreativen Prozeß der Natur »hinein«. Denn die Welt teilt ihre Bedeutung durch das menschliche Bewußtsein mit. Dann wird erkennbar, daß selbst die menschliche Sprache in einer tieferen Wirklichkeit verankert ist und sich in ihr die Bedeutung des Universums entfaltet. Im menschlichen Intellekt mit all seiner Individualität, Abhängigkeit und Getriebenheit findet die Welt zu gedanklicher Fassung und zu bewußtem Ausdruck. Das Wissen von der Welt wird zwar vom Geist subjektiv strukturiert, aber dieser subjektive Beitrag wird vom Universum zu seiner Selbstoffenbarung hervorgebracht. Menschliches Denken ist und kann nicht die Widerspiegelung einer fertigen, objektiven Wahrheit über die Welt sein; vielmehr gelangt Wahrheit überhaupt erst kraft ihrer Geburt im menschlichen Geist ins Dasein. Wie die Pflanze in einem bestimmten Stadium ihre Blüte hervorbringt, so bringt auch das Universum neue Formen menschlichen Wissens hervor. Die Entwicklung des menschlichen Wissens ist zugleich, wie Hegel betonte, der Prozeß der Selbstoffenbarung der Welt.

Eine solche Perspektive legt natürlich nahe, daß das cartesianisch-kantische Paradigma – und mithin der erkenntnistheoretisch untermauerte Double-bind des modernen Bewußtseins – nicht absolut gültig ist. Nehmen wir aber die partizipatorische Erkenntnistheorie und führen sie zusammen mit Grofs Entdeckung der perinatalen Sequenz und der ihr zugrundeliegenden archetypischen Dialektik, so wird eine weit erstaunlichere Schlußfolgerung erkennbar: daß nämlich das cartesianisch-kantische Paradigma – und die gesamte, in Entfremdung mündende Entwicklung des modernen Denkens – nicht einfach ein Fehler, eine unglückliche menschliche Verirrung, ein Zeugnis für die Blindheit des Menschen gewesen ist, sondern Teil und Ausdruck eines archetypischen Prozesses, der von Kräften angetrieben wurde, die tiefer liegen als das menschliche Bewußtsein. Denn dieser Sichtweise zufolge ist sogar die starke Verengung des Blickfelds des modernen Denkens ein authentischer Ausdruck der Entfaltung der Natur, ein vom zunehmend autonomen menschlichen Geist initiierter Prozeß, der jetzt dabei ist, ins äußerst kritische Stadium der Transfiguration zu treten. So gesehen ist die auf Kant und die Aufklärung zurückgehende dualistische Erkenntnistheorie nicht einfach der Widerpart zu der auf Goethe und die Romantik zurückgehenden partizipatorischen Erkenntnistheorie. Sie bildet hier eher einen wichtigen Teil, ein notwendiges Stadium in der Evolution des menschlichen Geistes. Stimmt dies, dann ließen sich jetzt eine Reihe von seit langem bestehenden philosophischen Paradoxen aufklären.

Ich möchte mich dabei auf ein besonders wichtiges Gebiet beschränken. Die meisten spannenden Arbeiten zur gegenwärtigen Erkenntnistheorie stammen aus der Feder von Wissenschaftstheoretikern wie Popper, Kuhn und Feyerabend. Doch trotz oder vielmehr wegen dieser Arbeiten, die auf so verschiedene Weise die relative und radikal interpretative Beschaffenheit wissenschaftlichen Wissens enthüllt haben, sieht sich die Wissenschaftstheorie mit zwei fundamentalen Dilemmas konfrontiert – das eine geht auf Popper, das andere auf Kuhn und Feyerabend zurück.

Popper lieferte eine brillante Erklärung für ein Problem der wissenschaftlichen Erkenntnis, das bei Hume und Kant ungelöst geblieben war. Für Popper nähert sich der Mensch der Welt als Fremder – jedoch als ein Fremder, der nach Erklärungen sucht und dabei nicht nur über die Gabe verfügt, Mythen, Geschichten und Theorien zu erfinden, sondern auch über den Willen, diese auszuprobieren und zu überprüfen. Manchmal, durch Glück, harte Arbeit und nach vielen Irrtümern, stellen die Menschen fest, daß ein Mythos funktioniert: Die Theorie rettet das Phänomen; sie hat richtig geraten. Und genau das ist das Großartige an der Wissenschaft, daß es ihr zuweilen durch eine vom Glück begünstigte Mischung aus Exaktheit und Einfallsreichtum gelingt, eine rein menschliche Konzeption in der empirischen Welt zum Funktionieren zu bringen, zumindest zeitweise. Doch einige quälende Fragen läßt Popper offen: Was ermöglicht überhaupt erfolgreiche Mutmaßungen, erfolgreiche Mythen? Wie kann der menschliche Geist jemals zu wahrer Erkenntnis gelangen, wenn das ganze nur eine Frage projizierter und überprüfter Mythen ist? Warum funktionieren diese Mythen überhaupt? Wenn der menschliche Geist keinen Zugang zu einer a priori sicheren Wahrheit hat und wenn jede Beobachtung immer schon durchtränkt ist von unbeglaubigten

Annahmen über die Welt? Wie war es diesem Geist überhaupt möglich, sich eine in der Praxis erfolgreiche Theorie auszudenken? Popper beantwortete diese Fragen zwar mit dem Hinweis, am Ende sei es »Glück« gewesen – aber seine Antwort vermochte nie wirklich zufriedenzustellen. Denn warum sollte die Vorstellungskraft eines ganz auf sich allein gestellten *Fremden* jemals dazu fähig sein, sich einen Mythos auszudenken, der so phantastisch in der empirischen Welt funktioniert, daß sich wie im Falle Newtons ganze Zivilisationen auf ihm aufbauen lassen? Die Vorsokratiker hätten gefragt: Wie kann etwas aus nichts entstehen?

Ich glaube, daß es auf dieses Rätsel nur eine plausible Antwort gibt, eine Antwort, die der zuvor beschriebene Rahmen einer partizipatorischen Erkenntnistheorie nahelegt: Die kühnen Vermutungen und Mythen, die der menschliche Geist in seinem Streben nach Erkenntnis produziert, stammen letztlich aus einer Quelle, die tiefer liegt als das rein Menschliche. Sie kommen aus der Natur selbst, aus dem universalen Unbewußten, das durch den menschlichen Geist und die menschliche Phantasie die schrittweise Bewußtwerdung seiner eigenen Wirklichkeit hervorbringt. Dieser Anschauung zufolge gehen die Theorien eines Kopernikus, eines Newton oder eines Einstein nicht einfach auf das Finderglück eines Fremden zurück; sie sind vielmehr der Widerschein der engen Verwandtschaft des menschlichen Geistes mit dem Kosmos und verweisen auf die Schlüsselrolle des menschlichen Geistes als Träger der sich entfaltenden Bedeutung des Universums. Weder der postmoderne Skeptiker noch der ewige Philosoph haben insofern recht mit ihrer Behauptung, das moderne Wissenschaftsparadigma sei letztlich ohne kosmische Grundlage. Denn selbst dieses Paradigma ist Teil eines umfassenderen Evolutionsprozesses.

Wir sind jetzt auch dazu in der Lage, eine Lösung für das grundlegende Problem vorzuschlagen, das Kuhn offen gelassen hat. Dies bestand in der Frage, warum sich in der Geschichte der Wissenschaft jeweils ein bestimmtes Paradigma als herrschendes durchsetzte und nicht eines der konkurrierenden anderen, wo doch Paradigmen zutiefst inkommensurabel, strenggenommen also niemals wirklich miteinander vergleichbar sind. Wie Kuhn nachgewiesen hat, neigt jedes Paradigma dazu, sich auf eine derart umfassende und selbstbestätigende Weise seine eigenen Daten und seinen eigenen Interpretationsmodus dieser Daten zu schaffen, daß zwei Wissenschaftler, die innerhalb verschiedener Paradigmen operieren, in völlig verschiedenen Welten zu leben scheinen. Auch wenn einer gegebenen Gemeinschaft von wissenschaftlichen Interpreten ein Paradigma als einem anderen überlegen erscheinen mag, gibt es keine Möglichkeit, diese Überlegenheit zu legitimieren, wenn jedes Paradigma über seine eigene Datenbasis verfügt. Darüber hinaus existiert unter Wissenschaftlern keinerlei Konsens über ein gemeinsames Maß oder einen gemeinsamen Grundwert – etwa begriffliche Präzision, Kohärenz, Einfachheit, Falsifizierbarkeit, Übereinstimmung mit in anderen Fachrichtungen üblichen Theorien oder Fruchtbarkeit in der Hervorbringung neuer Forschungsergebnisse –, der als universaler Vergleichsmaßstab dienen könnte. Welcher Wert als der entscheidende gilt, variiert von einer wissenschaftlichen Epoche zur nächsten, von einer Disziplin zur anderen, ja sogar zwischen einzelnen Forschergruppen. Wie läßt sich aber der Erkenntnisfortschritt der Wissenschaft erklären, wenn jedes Paradigma letztlich ganz selektiv auf seine je eigenen Interpretationsverfahren, Datenbasen und wissenschaftlichen Werte zurückgreift?

Kuhn hat auf diese Frage stets erwidert, daß die Entscheidung darüber letztlich bei der mit diesem Problem konfrontierten wissenschaftlichen Gemeinschaft liegt. Doch viele Wissenschaftler haben beklagt, daß diese Antwort das Fundament der wissenschaftlichen Anstrengungen generell zu untergraben droht, weil es das wissenschaftliche Urteil den Unwägbarkeiten soziologischer und persönlicher, subjektiv verzerrender Faktoren aussetzt. Und tatsächlich, wie Kuhn selbst aufgezeigt hat, stellen Wissenschaftler im allgemeinen in ihrer Praxis das herrschende Paradigma eben *nicht* in Frage, prüfen es *nicht* gegen andere Alternativen – aus vielen, meist unbewußten Gründen. Wie jeder andere hängt auch der Wissenschaftler an seinem Glauben. Wie läßt sich dann aber der Fortschritt der Wissenschaft von einem Paradigma zum anderen erklären? Hat die Entwicklung des wissenschaftlichen Wissens überhaupt etwas mit »Wahrheit« zu tun oder handelt es sich bei ihr bloß um ein Kunstprodukt der Soziologie? Paul Feyerabend hat diese Problematik noch zugespitzt in seiner These, daß im Kampf der Paradigmen alles möglich ist – »*anything goes*«. Wenn aber *alles* möglich ist, warum ist dann *eines* eher als ein anderes möglich? Warum wird ein wissenschaftliches Paradigma als überlegen beurteilt? Und wenn alles möglich ist, warum ist dann überhaupt irgend etwas möglich?

Die Antwort, die ich an dieser Stelle vorschlagen möchte, ist die, daß ein Paradigma in der Geschichte der Wissenschaft immer dann auftritt und als überlegen, wahr und zutreffend anerkannt wird, wenn der jeweilige archetypische Zustand der sich entwickelnden kollektiven Psyche mit ihm in Einklang steht. Ein Paradigma scheint im wesentlichen deswegen einem breiteren Spektrum zentraler Fakten gerecht zu werden, also relevanter, triftiger, attraktiver zu sein, weil es der Kultur oder dem Individuum in diesem Moment seiner Evolution archetypisch besser entspricht. Und die Dynamik dieser archetypischen Entwicklung scheint im wesentlichen identisch zu sein mit der Dynamik des perinatalen Prozesses. Kuhns Beschreibung der ständigen Dialektik zwischen dem Beharrungsvermögen der normalen Wissenschaft und den umwälzenden Paradigmenwechseln weist erstaunliche Parallelen zur perinatalen Dynamik auf, wie Grof sie beschrieben hat: Das Streben nach Wissen vollzieht sich immer innerhalb eines gegebenen Paradigmas, wie in einer Gebärmutter, die eine geistig nährende Struktur zur Verfügung stellt, die für Wachstum, zunehmende Komplexität und Differenzierung sorgt – bis diese Struktur nach und nach als Einschränkung, als Gefängnis empfunden wird, was zu unauflöslichen Widersprüchen und schließlich zur Krise führt. Dann taucht ein inspirierter, prometheischer Genius auf, dem der innere Durchbruch zu einer neuen Vision geglückt ist, die dem wissenschaftlichen Geist wieder das Gefühl gibt, mit der Welt erkenntnismäßig verbunden zu sein: Eine intellektuelle Revolution findet statt, und ein neues Paradigma ist geboren. Vor diesem Hintergrund wird uns jetzt auch klar, warum diese Wegbereiter – wie Newton in seinem Ausruf, »Herr, ich denke Deine Gedanken nach Dir« – ihren intellektuellen Durchbruch regelmäßig als tiefe Erleuchtung, als Offenbarung des göttlichen Schöpfungsprinzips erlebten. Denn der menschliche Geist folgt dem geheimnisvollen archetypischen Weg, der sich aus ihm selbst entfaltet.

Und hier können wird jetzt erkennen, warum ein und dasselbe Paradigma, etwa das aristotelische oder später das newtonsche, einmal als Befreiung und dann wieder als Gefängnis erlebt wird. Denn die *Geburt* jedes neuen Paradigmas bedeutet zugleich auch die *Empfängnis* eines ganz neuen begrifflichen Zusammenhangs, mit dem der Prozeß aus Reife, Wachstum, Krise und Revolution wieder von neuem beginnt. Jedes Paradigma ist ein Stadium innerhalb einer sich entfaltenden evolutionären Sequenz, und wenn das Paradigma seinen

Zweck erfüllt hat, es bis zum äußersten betrieben und ausgebeutet wurde, verliert es seine geheimnisvolle Kraft. Es hört auf, libidinös besetzt zu sein und fängt an, als unterdrückend, einschränkend, unklar, als etwas, das überwunden werden muß, empfunden zu werden – während zugleich schon das neue, kommende Paradigma als befreiende Geburt in ein neues Universum von leuchtender Klarheit wahrgenommen wird. So verliert das antike, symbolisch aufgeladene geozentrische Universum von Aristoteles, Ptolemäus und Dante nach und nach an Anziehungskraft, wird zunehmend als Problem voller Widersprüche angesehen, und Kopernikus und Kepler übertragen die zuvor mit ihm verbundene Faszination vollends auf den heliozentrischen Kosmos.

Und weil der Wechsel der Paradigmen ein *archetypischer* Prozeß ist, nicht einfach nur ein rational-empirischer oder soziologischer, findet er seinen Ausdruck sowohl innen als auch außen, »subjektiv« wie »objektiv«. Wenn sich die innere Gestalt des kulturellen Denkens ändert, werden plötzlich neue empirische Beweise verfügbar, einschlägige Schriften aus der Vergangenheit ausgegraben und passende erkenntnistheoretische Begründungen formuliert, finden gleichzeitig flankierende soziologische Veränderungen statt und werden neue Technologien entwickelt. Immer dann, wenn neue psychologische Prädispositionen und metaphysische Annahmen aus dem kollektiven Geist bei vielen Individuen zugleich hervortreten, werden sie bestätigt und gefördert von der gleichzeitigen Ankunft neuer Fakten, neuer sozialer Kontexte, neuer Methoden, neuer Werkzeuge, die der sich entfaltenden archetypischen Gestalt materielle Erfüllung geben.

Und was für den Wechsel wissenschaftlicher Paradigmen gilt, betrifft alle Formen menschlichen Denkens. Das Auftreten eines neuen philosophischen Paradigmas, sei es bei Platon oder Thomas, bei Kant oder Heidegger, ist niemals nur das Ergebnis eines verbesserten logischen Umgangs mit den verfügbaren Daten. Jede Philosophie, jede metaphysische Perspektive und jede Erkenntnistheorie ist vielmehr der Widerschein einer globalen, das Leben formenden Gestalt, die die Sichtweise des Philosophen bestimmt, seine Gedanken und Beobachtungen beherrscht und letztlich den gesamten kulturellen und soziologischen Kontext beeinflußt, innerhalb dessen das Denken des Philosophen Form annimmt.

Daß die Entstehung neuer Weltbilder überhaupt möglich ist, beruht auf der grundlegenden archetypischen Dynamik der gesamten Kultur. Insofern markierte die kopernikanische Revolution, die sich zur Zeit der Renaissance und der Reformation ereignete, perfekt den archetypischen Moment der Geburt des modernen Menschen aus dem antik-mittelalterlichen, kosmisch-kirchlichen Schoß, während sich im massiven und radikalen Zusammenbruch so vieler Strukturen – kultureller, philosophischer, wissenschaftlicher, religiöser, moralischer, künstlerischer, sozialer, ökonomischer, politischer, ökologischer Art – im zwanzigsten Jahrhundert die im Vorfeld einer Neugeburt notwendige Dekonstruktion abzeichnet.

Warum gibt es diese weitverbreitete, auf praktisch jedem Gebiet erkennbare und konstant wachsende kollektive Tendenz im westlichen Denken, ein ganzheitliches und partizipatorisches Weltbild zu entwickeln? Die kollektive Psyche scheint sich im Griff einer mächtigen archetypischen Dynamik zu befinden, in der das seit langem entfremdete moderne Denken sich aufmacht, seine Geburtswehen hinter sich zu lassen und seine enge Verbundenheit mit der Natur und mit dem gesamten Kosmos neu zu entdecken.

Und so können wir eine Vielzahl dieser archetypischen Sequenzen erkennen, bei jeder wissenschaftlichen Revolution, jedem Wandel des Weltbildes; aber vielleicht läßt sich in der Entwicklung des modernen Bewußtseins insgesamt auch eine archetypische Gesamtdialektik erkennen, in die sich all diese kleineren Sequenzen einordnen lassen, ein Gesamtverlauf, der seinen Anfang in der ursprünglichen *Participation mystique* nimmt und heute vor unseren Augen kulminiert. Im Licht dieser Gesamtschau können wir die großartige Reise des westlichen Geistes von der Geburt der Philosophie aus dem mythologischen Bewußtsein im antiken Griechenland über das klassische, mittelalterliche und moderne Zeitalter bis zu unserer postmodernen Zeit besser verstehen: die außergewöhnliche Aufeinanderfolge von Weltbildern, die dramatische Reihe von Veränderungen im Wirklichkeitsverständnis, der geheimnisvolle Wandel der Sprache, die sich verändernden Beziehungen zwischen dem Allgemeinen und Besonderen, dem Transzendenten und Immanenten, zwischen Begriff und Wahrnehmung, Bewußtem und Unbewußtem, Subjekt und Objekt, Selbst und Welt – die konstante Differenzierung, die schrittweise Selbstermächtigung des autonomen menschlichen Intellekts, das langsame Schmieden des subjektiven Selbst, die damit einhergehende Entzauberung der objektiven Welt, die Unterdrückung und das Zurückweichen des Archetypischen, die Verdrängung des menschlichen Unbewußten, die daraus resultierende globale Entfremdung, die radikale Dekonstruktion und zuletzt, vielleicht, das Entstehen eines auf dialektische Weise ganzheitlichen, partizipatorischen, wieder mit dem Universalen verbundenen Bewußtseins.

Um dieser komplexen erkenntnistheoretischen Entwicklung und den anderen großen dialektischen Entwicklungslinien der westlichen Geistesgeschichte, die sie – kosmologisch, psychologisch, religiös, existentiell – begleitet haben, wirklich gerecht zu werden, bedürfte es eines weiteren Buches. Statt dessen möchte ich mit einem kurzen, aber breitangelegten Überblick dieser langen historischen Entwicklung schließen, einer Art archetypischer Meta-Erzählung, die die Einsichten und Perspektiven, die in der bisherigen Diskussion entwickelt wurden, in einen größeren Zusammenhang stellt.

DIE HEIMKEHR

Zur Geistesgeschichte des Westens lassen sich natürlich viele verallgemeinernde Betrachtungen anstellen. Was uns heute aber wohl am ehesten auffällt, ist, daß es sich bei ihr von A bis Z um ein männliches Phänomen handelt: Sokrates, Platon, Aristoteles, Paulus, Augustinus, Thomas, Luther, Kopernikus, Galilei, Bacon, Descartes, Newton, Locke, Hume, Kant, Darwin, Marx, Nietzsche, Freud – die geistige Überlieferung des Westens wurde fast ausschließlich von Männern hervorgebracht und festgelegt. Sie ist fast ausschließlich von der männlichen Perspektive bestimmt. Diese männliche Vorherrschaft läßt sich mit Sicherheit nicht darauf zurückführen, daß Frauen weniger intelligent wären als Männer. Ist sie aber tatsächlich *ausschließlich* sozialen Schranken zuzuschreiben? Ich denke nicht. Ich bin überzeugt, daß sich hier etwas viel Tiefergehendes abzeichnet: etwas Archetypisches.

Das männliche Element war allgegenwärtig und dominant im westlichen Leben und Denken – bei Männern ebenso wie bei Frauen. Es hat die elementaren Vorstellungen vom Wesen und von der Rolle des Menschen in der Welt geprägt und sich auf jeden Aspekt der Existenz ausgewirkt. Alle wichtigen Sprachen, in denen sich seit dem Griechischen und Lateinischen die westliche Tradition weiterentwickelt hat, neigten dazu, die Gattung Mensch in Wörtern zu personifizieren, die ihrem Genus nach männlich sind: *anthropos, homo, l'homme, el hombre, l'uomo, chelovek, man, der Mensch.* Auch die historische Schilderung in diesem Buch kommt nicht darum herum, diese Prägung bis in den Wortlaut hinein nachzuvollziehen – immer war es »der Mensch« der dieses und »der Mensch« der jenes getan hat; und die großen Themen sind »Der Aufstieg des Menschen«, »Die Würde des Menschen«, »Die Beziehung des Menschen zu Gott«, »Der Platz des Menschen im Kosmos«, »Der Kampf des Menschen mit der Natur«, »Die großen Errungenschaften des modernen Menschen«. »Der Mensch« der westlichen Tradition war ein suchender männlicher Held, ein prometheischer Rebell, der immer nach Freiheit und Fortschritt für sich selbst strebte, und dabei im Grunde versuchte, sich von dem bergenden Zusammenhang, der ihn hervorgebracht hatte, abzugrenzen und ihn unter Kontrolle zu halten. Diese männliche Prädisposition war, wenngleich weitgehend unbewußt, nicht nur charakteristisch, sondern zentral und wesentlich für den Werdegang des westlichen Geistes verantwortlich.[9]

Denn die treibende Kraft dieser Entwicklung war der heroische Impuls, durch den Abschied von der ursprünglichen Einheit mit der Natur ein autonomes und rationales Selbst zu schaffen. Die fundamentalen religiösen, wissenschaftlichen und philosophischen Perspektiven der westlichen Kultur wurden von diesem dezidiert männlichen Element geprägt – beginnend vor viertausend Jahren mit dem Sieg über die matriarchalischen Kulturen in Griechenland und in der Levante und sichtbar in der den Westen seit dem Judentum beherrschenden patriarchalischen Religion, in seiner rationalen Philosophie und seiner objektivistischen Wissenschaft. Alles dies diente der Herausbildung eines autonomen menschlichen Willens und Intellekts: eines transzendenten Selbst, eines unabhängigen, individuellen Ich und eines in seiner Einzigartigkeit, Abgegrenztheit und Freiheit selbstbestimmten menschlichen Individuums. Doch um das zu erreichen, mußte der männliche Geist offenbar den weiblichen unterdrücken. Ob in der antiken Unterordnung der vorhellenischen-mutterrechtlichen Mythologien, in der jüdisch-christlichen Verleugnung der Großen Muttergottheit oder in der aufklärerischen Verklärung des kühlen und selbstbewußten, rationalen und von der entzauberten äußeren Natur abgetrennten Ich, stets beruhte die Herausbildung des westlichen Geistes auf der Verdrängung des Weiblichen – der Verdrängung des undifferenzierten einheitlichen Bewußtseins, der *Participation mystique* mit der Natur, der fortschreitenden Negation der *Animo, mundi,* der Weltseele, der Gemeinschaft des Seins, des Allumfassenden, von Mysterium und Vieldeutigkeit, Phantasie, Gefühl, Instinkt, Körper, Natur und Frau: von allem, was das Männliche projizierend als »das Andere« identifizierte.

Aber die Trennung weckt zwangsläufig die Sehnsucht nach dem Verlorenen. Und diese Sehnsucht nach einer Wiedervereinigung erreicht ihren Höhepunkt genau in dem Moment, in dem das männlich-heroische Streben in Gestalt des spätmodernen, in seiner absoluten Isolation alle bewußte Intelligenz im Universum für sich beanspruchenden Geistes sein letztes Extrem erreicht hat: Der Mensch allein ist ein bewußtes, intelligentes Wesen, der Kosmos hingegen blind und mechanistisch – und Gott ist tot. Der Mensch befindet sich in der existentiellen Krise: ein einsames, sterbliches und bewußtes Ich in einem völlig sinnlosen und unzugänglichen Universum. Und er befindet sich in einer psychischen und ökologischen Krise: in einer von ihm selbst nach seinem Weltbild geformten, zunehmend mechanistischen, atomisierten, seelenlosen und selbstzerstörerischen Welt. *Die Krise des modernen Menschen ist ganz wesentlich eine männliche Krise*, und ich glaube, daß sich im bemerkenswerten Aufstieg, den das Weibliche in unserer Kultur gerade erlebt, ihre Lösung bereits abzeichnet: Sichtbar wird dies nicht nur im Feminismus, der wachsenden Übernahme von Positionen durch Frauen und der weitverbreiteten Öffnung für weibliche Werte von männlicher wie weiblicher Seite, nicht nur im Aufstieg der Frauenforschung und in einer gegenüber Geschlechtsfragen sensiblen Perspektive in praktisch jeder intellektuellen Disziplin, sondern auch in dem wachsenden Sinn für die Einheit und Verbundenheit mit dem Planeten und jeder Art von Natur auf ihm, in dem zunehmenden ökologischen Bewußtsein und den kritischeren Reaktionen gegenüber allen im Dienst der Ausbeutung der Umwelt stehenden politisch-industriellen Strategien.

Es ist spürbar in dem wachsenden Bewußtsein der Zusammengehörigkeit aller Menschen, in dem beschleunigten Zusammenbrechen seit langem bestehender und die Völker der Welt trennender politischer und ideologischer Barrieren und in der Anerkennung des Wertes und der Notwendigkeit von Partnerschaft, Pluralismus und dem Wechselspiel vieler Perspektiven. Auch in dem weitverbreiteten Bedürfnis, sich wieder dem Körper, den Gefühlen, dem Unbewußten, der Phantasie und der Intuition zuzuwenden, in dem neuen Interesse für das Geheimnis der Geburt und die Würde des Mutterseins, in der wachsenden Anerkennung einer der Natur innewohnenden Intelligenz und in der breiten Popularität der Gaia-Hypothese wird dies deutlich.

Das wachsende Interesse am weiblichen Aspekt wird sichtbar in der zunehmenden Anerkennung und Wertschätzung eingeborener und archaischer kultureller Perspektiven, wie denen der amerikanischen Ureinwohner, der Afrikaner oder der alten Europäer, wird sichtbar in dem neuen Bewußtsein für die weiblichen Perspektiven des Göttlichen, in der archäologischen Rekonstruktion der Göttinnentradition und ihrer gegenwärtigen spirituellen Wiederbelebung, in der sophianischen jüdisch-christlichen Theologie, in der päpstlichen Erklärung zur *Assumptio Mariae* und in dem vermehrten spontanen Auftreten von archetypisch weiblichen Phänomenen in individuellen Träumen und in der Psychotherapie. Und es läßt sich ablesen am starken Interesse für mythologische Perspektiven und für esoterische Lehren, für östliche Mystik, Schamanismus, archetypische und transpersonale Psychologie, für Hermeneutik und andere, nicht-objektivistische Erkenntnisweisen, für die wissenschaftlichen Theorien des holonomischen Universums, der morphogenetischen Felder, der dissipativen Strukturen, für die Chaostheorie, die Systemtheorie, die Ökologie des Geistes und für die partizipatorische Auffassung vom Universum – die Liste ließe sich endlos fortsetzen. Wie Jung vorhergesagt hat, erlebt die zeitgenössische Psyche einen epochalen Wandel, eine Versöhnung der beiden großen Polaritäten, eine Vereinigung der Gegensätze: eine »heilige Hochzeit« zwischen dem lange dominierenden, jetzt aber entfremdeten Männlichen und dem lange unterdrückten, jetzt aber aufstrebenden Weiblichen.

Bei dieser dramatischen Entwicklung handelt es sich nicht lediglich um eine Kompensation, nicht nur um die Wiederkehr des Verdrängten. Ich bin überzeugt, daß eben diese Entwicklung schon immer das untergründige Ziel des intellektuellen und spirituellen Strebens des Westens war. *Denn die tiefste Leidenschaft des westlichen Geistes war es von Anfang an, sich mit dem Grund seines eigenen Daseins wiederzuvereinen.* Die treibende Kraft des westlichen männlichen Bewußtseins war nicht allein sein offenkundiges Streben nach Selbstverwirklichung und Herausbildung der eigenen Autonomie, sondern zugleich immer auch die Sehnsucht nach der Vereinigung mit dem großen weiblichen Prinzip im Leben und damit letztlich die Sehnsucht nach einer Wiederherstellung seiner Verbindung zum Ganzen im dialektischen Sinne: sich zunächst vom Weiblichen, dem Mysterium von Leben, Natur und Seele, zu trennen, um es wiederzuentdekken und um sich dann mit ihm wiederzuvereinigen. Und diese Wiedervereinigung kann nun auf einer neuen Ebene stattfinden, die vom ursprünglichen Zustand der unbewußten Einheit völlig verschieden ist. Denn der lange Entwicklungsgang des menschlichen Bewußtseins hat es darauf vorbereitet, sich nun frei und bewußt seiner Herkunft und seinem Urgrund zuzuwenden. Das *Telos*, die innere Richtung und das Ziel des westlichen Geistes, war es, sich mit dem Kosmos in einer reifen *Participation mystique* wieder zu verbinden, freiwillig und bewußt zu einer umfassenderen Einheit überzugehen, die die menschliche Autonomie bewahrt und gleichzeitig die menschliche Entfremdung überwindet.

Um diese Reintegration des verdrängten Weiblichen jedoch erreichen zu können, muß das Männliche ein Opfer bringen, es muß den Tod seines Ego durchleben. Der westliche Geist muß bereit sein, sich für eine Wirklichkeit zu öffnen, deren Beschaffenheit seine etablierten Vorstellungen über sich und die Welt in ihren Grundfesten erschüttern wird. *Hier* wird es einer wirklichen Heldentat bedürfen. Eine Schwelle muß überschritten werden und dazu wird ein mutiger Akt des Glaubens, der Phantasie und des Vertrauens in eine umfassendere und komplexere Wirklichkeit, wird rückhaltlose Selbsterkenntnis nötig sein. Die große Herausforderung unserer Zeit ist der entwicklungsgeschichtliche Appell an das Männliche, seine Hybris zu durchschauen und zu überwinden, seinen unbewußten Schatten in Besitz zu nehmen und sich zu entscheiden, mit dem Weiblichen und all seinen Erscheinungsformen in eine grundlegend neue Beziehung der Gegenseitigkeit zu treten. Das Weibliche wird dann nicht mehr der Gegenstand von Verdrängung, Kontrolle und Ausbeutung sein, sondern um seiner selbst willen anerkannt und respektiert werden: nicht als das objektivierte »Andere«, sondern als Quelle, Ziel und immanente Präsenz.

Das ist die große Herausforderung, auf die sich der westliche Geist langsam während seiner gesamten Existenz vorbereitet hat. Ich glaube, daß die ruhelose innere Entwicklung und das unablässig innovative männliche Ordnen der Wirklichkeit sich nach und nach, im Rahmen einer ungeheuer langwierigen dialektischen Bewegung, in Richtung auf eine Wiederversöhnung mit der verlorenen weiblichen Einheit, auf eine tiefgreifende und vielschichtige Hochzeit des Weiblichen und des Männlichen, auf eine triumphale und heilsame Wiedervereinigung zubewegt hat. Und viele der Konflikte und Verirrungen unserer Zeit weisen in meinen Augen darauf hin, daß dieses evolutionäre Schauspiel nunmehr dabei ist, sich seinem Höhepunkt zu nähern.[10] Denn unsere Zeit kämpft mit sich selbst, um etwas in der Menschheitsgeschichte völlig Neues hervorzubringen: Wir scheinen die Zeugen und Leidtragenden der Geburtswehen einer neuen Wirklichkeit, einer neuen Form des menschlichen Daseins, eines »Kindes« zu sein, das die Frucht dieser großen archetypischen Hochzeit ist und das alle seine Vorfahren in verwandelter Form in sich aufnehmen wird. Deshalb unterstütze ich die Ideale, die von den Anhängern feministischer, ökologischer, archaischer und anderer gegenkultureller und multikultureller Perspektiven vertreten werden.

Doch zugleich möchte ich auch denen, die die Hauptströmung der westlichen Tradition geschätzt und weitergeführt haben, meine Referenz erweisen, denn ich bin der Überzeugung, daß diese Tradition – der lange Weg von den Dichtern der griechischen Epen und den hebräischen Propheten über Sokrates und Platon, Paulus und Augustinus zu Galilei und Descartes, zu Kant und Freud – daß dieses gewaltige westliche Projekt als notwendiger und wertvoller Teil einer umfassenderen Dialektik betrachtet werden muß und nicht einfach als imperialistischchauvinistische Verschwörung abgetan werden darf. Diese Tradition hat nicht nur die fundamentale Eigenständigkeit des Menschen hervorgebracht – als notwendige Voraussetzung für eine umfassendere Synthese –, sie hat auch sorgfältig den Weg für ihre Selbstüberwindung vorbereitet. Darüber hinaus verfügt sie über Ressourcen, die im Verlauf ihres beeindruckenden und teilweise hastigen Fortschritts verschüttet wurden. Ressourcen, die wir gerade erst begonnen haben, wieder freizulegen – und deren Integration uns paradoxerweise nur über die Öffnung zum Weiblichen gelingen wird. Ich plädiere für eine Grundhaltung, in der jede Perspektive, ob männlich oder weiblich, sowohl gewertschätzt als auch überwunden und als Teil eines größeren Ganzen gesehen wird; denn jede Polarität bedarf des Anderen zu ihrer Erfüllung. Die Synthese der Perspektiven führt zu etwas, das sie selbst übersteigt: Sie erlaubt den unerwarteten Zugang zu einer umfassenderen Wirklichkeit, die nicht begriffen werden kann, bevor sie nicht tatsächlich Wirklichkeit geworden ist, denn auch diese neue Wirklichkeit ist wieder ein kreativer Prozeß.

Warum ist uns aber gerade jetzt das alles durchdringende männliche Element der geistigen und spirituellen Tradition des Westens aufgefallen, das fast allen früheren Generationen verborgen geblieben ist? Ich glaube, dies geschieht erst heute, weil, wie Hegel meinte, eine Zivilisation sich ihrer selbst nicht bewußt werden kann, solange sie nicht so reif ist, daß sie sich bereits ihrem eigenen Tod nähert.

Was wir heute erleben, sieht ganz nach dem Tod des modernen Menschen aus, nach dem Tod des westlichen Menschen. Vermutlich ist sogar »der Mensch« – in der Ausprägung der letzten Jahrtausende – an sein Ende gekommen. Aber der Mensch ist kein Ziel. Der Mensch ist etwas, das in der Hinwendung zum Weiblichen überwunden – und erfüllt werden muß.

ANHANG

ANMERKUNGEN

Männlich/Weiblich
Bemerkungen zum Sprachgebrauch
im vorliegenden Buch

Weil Geschlechterfragen in der heutigen Diskussion von besonderer Bedeutung sind und weil sie unmittelbar die Sprache der vorliegenden Studie betreffen, bedarf es eines einleitenden Kommentars. Im Rahmen einer historischen Darstellung wie dieser ist eine eindeutige Trennung zwischen den Ansichten des Autors beziehungsweise der Autorin und den Ansichten, die er oder sie beschreibt, nicht immer möglich. Daher mag eine klärende Vorbemerkung hilfreich sein. Wie viele andere halte auch ich es nicht für legitim, daß ein Autor oder eine Autorin heute noch das Wort »der Mensch« oder die traditionellen Geschlechtspronomen »er« und »sein« benutzt, wenn er oder sie über die menschliche Gattung oder das menschliche Individuum im allgemeinen spricht, wie etwa in »das Schicksal des Menschen« oder »die Beziehung des Menschen zu seiner Umwelt« oder ähnlichen Ausdrücken. Ich weiß, daß viele verantwortlich handelnde Autoren und Autorinnen – zumeist Männer, aber zuweilen auch Frauen – weiterhin auf diese Terminologie zurückgreifen. Ich bin mir durchaus des Problems bewußt, alteingefahrene Gleise verlassen zu wollen; dennoch bin ich der Überzeugung, daß ein solcher Sprachgebrauch langfristig aus Gründen, die letztlich rein stilistischer Natur sind (Kürze, Eleganz, rhetorische Strenge, Tradition), nicht erfolgreich zu verteidigen ist. Das Motiv, so achtbar es auch sein mag, reicht nicht aus, um den damit implizierten Ausschluß der weiblichen Hälfte der Gattung Mensch zu rechtfertigen.

Ein solcher Sprachgebrauch ist jedoch angemessen – und aus Gründen semantischer wie historischer Genauigkeit sogar notwendig –, wenn die Aufgabe darin besteht, die Denkart, das Weltbild und das Menschenbild der meisten der Hauptfiguren der westlichen Kultur – von den Griechen bis heute – zu beschreiben. Für den größten Teil ihres Bestehens war die geistige Tradition des Westens eine eindeutig patrilineare Tradition. Mit einer für uns heute nur schwer nachvollziehbaren Stringenz wurde diese Tradition fast ausschließlich von selbst wiederum nur für Männer schreibenden Männern gestaltet und kanonisiert – mit dem Ergebnis, daß eine androzentrische Perspektive implizit als »natürliche« unterstellt wurde. Es ist vielleicht kein Zufall, daß in allen wichtigen Sprachen, in denen sich die geistige Tradition des Westens entwickelte, die menschliche Gattung und das allgemeine menschliche Wesen mit Wörtern bezeichnet werden, die nach Genus und – in unterschiedlicher Ausprägung – Implikation männlich sind, zum Beispiel: Griechisch *anthropos*, Latein *homo*, Italienisch *l'uomo*, Französisch *l'homme*, Spanisch *el hombre*, Russisch *chelovek*, Englisch *man*, Deutsch *der Mensch*. Die Analyse dieser Tendenzen setzt die Auseinandersetzung mit einer Reihe komplexer Sachverhalte voraus: Jede Sprache hat ihre eigenen grammatikalischen Konventionen des Genus, ihre eigenen semantischen Besonderheiten, Nuancen und Zwischentöne; unterschiedliche Wörter in unterschiedlichen Kontexten legen unterschiedliche Grade und Formen der Vereinnahmung beziehungsweise der Voreingenommenheit nahe; schließlich ändern sich all diese Variablen von Autor zu Autor und von Epoche und Epoche. Doch durch diese Vielschichtigkeit zieht sich eine fundamentale männliche linguistische Voreingenommenheit, die sich in praktisch der gesamten Folge der in diesem Buch diskutierten Weltbilder niederschlägt. Diese Befangenheit kann nicht einfach ausgeblendet werden, ohne die wesentliche Bedeutung und Struktur dieser kulturellen Perspektiven zu verzerren. Die Voreingenommenheit verweist nicht nur auf eine isolierte linguistische Besonderheit; sie ist vielmehr die sprachliche Manifestation einer tiefsitzenden und systematischen, wenn auch im allgemeinen unbewußten, männlichen Prädisposition im Charakter des westlichen Geistes.

Immer wenn wichtige Denker und Autoren der Vergangenheit das Wort »Mensch« oder andere männliche Oberbegriffe als Gattungsbegriff benutzten – wie zum Beispiel in *The Descent of Man* (Darwin, 1871) oder *De hominis dignitate oratio* (Pico della Mirandola, 1486) oder *Das Seelenproblem des modernen Menschen* (C. G. Jung, 1928) – war die Bedeutung des Ausdrucks von einer fundamentalen Mehrdeutigkeit. Normalerweise ist es klar, daß ein Autor, der einen solchen Ausdruck in einem derartigen Zusammenhang gebraucht, damit die gesamte menschliche Gattung und nicht nur die Mitglieder des männlichen Geschlechts meint. Doch aus dem größeren Verständnisrahmen, in dem das Wort erscheint, geht ebenso hervor, daß ein solcher Ausdruck im allgemeinen zur Denotation und Konnotation eindeutig männlicher Züge dient, von denen der Autor unterstellt, sie entsprächen der wahren Natur des menschlichen Wesens und des menschlichen Unterfangens. Diese beharrliche Mehrdeutigkeit der Diktion – *sowohl* geschlechtsübergreifend *als auch* männlich bestimmt – muß genau vermittelt werden, wenn es darum geht, die Eigenart der Kultur- und Geistesgeschichte des Westens zu verstehen. Die implizit männliche Bedeutung solcher Ausdrücke war nicht zufällig, wenn auch weitgehend unbewußt. Die vorliegende Darstellung könnte versuchen, das traditionelle westliche Bild vom menschlichen Unterfangen dadurch zu vermitteln, daß systematisch und durchgehend geschlechtsneutrale Ausdrücke wie »Leute«, »Person«, »Frauen und Männer«, »das menschliche Wesen« – zusammen mit »sie oder er« »sein oder ihr« – verwendet werden. Das Ergebnis wäre mit der Arbeit eines mittelalterlichen Historikers vergleichbar, der in seiner Darstellung des Göttlichen bei den antiken Griechen jedesmal das – von den Griechen benutzte – Wort

»Götter« durch das Wort »Gott« er- setzen mußte, um auf diese Weise den Gebrauch den mittelalterlichen Ohren anzupassen, denen ohne diese Veränderung das Ganze falsch und beleidigend vorgekommen wäre.

Mein Ziel in dieser historischen Erzählung war es, die Entwicklung des westlichen Weltbildes, wie sie sich in der Hauptströmung der westlichen Geistestradition widerspiegelt, nachzuerzählen. Ich habe versucht, dies so weit wie möglich *vom sich entfaltenden Standpunkt der Tradition selbst* zu tun. Durch die sorgfältige Auswahl und Variation spezieller Wörter und Ausdrücke innerhalb des Kontinuums der Erzählung – den idiomatischen Gebrauch nur einer Sprache – war ich bemüht, den Geist jeder einzelnen wichtigen Perspektive einzufangen, die aus dieser Tradition hervorging. Um der historischen Glaubwürdigkeit willen greift die Darstellung mithin auf eine bestimmte Terminologie zurück, die den Geist und den typischen Stil eines Einzelnen oder eines Zeitalters reflektiert.

Die Frage einer geschlechtsspezifischen Ideologie und, grundlegender noch, der archetypischen Dialektik zwischen dem Männlichen und dem Weiblichen, ist wesentlich für das Verständnis des Charakters eines kulturellen Weltbildes; die Sprache ist ein Spiegel dieser grundlegenden Dynamik. In der rückblickenden Analyse, die der Gesamtdarstellung angeschlossen ist, habe ich dieses entscheidende Thema genauer angesprochen und einen neuen begrifflichen Rahmen vorgeschlagen, um sich ihm angemessen nähern zu können.

I. Das griechische Weltbild

1 John H. Finley: Four Stages of Greek Thought. Stanford 1966, S. 95–96. In den Zusammenhang dieser Diskussion über Götter und Ideen gehört ein wertvoller Hinweis, der ursprünglich von dem deutschen Gelehrten Wilamowitz-Moellendorff stammt und von W. K. C. Guthrie aufgenommen wurde: »[...] *theos*, jenes griechische Wort, an das wir denken, wenn wir von Platons Göttern sprechen, hat in erster Linie prädikative Kraft. Das heißt, die Griechen behaupteten nicht, wie Christen oder Juden, erst die Existenz Gottes, um dann zur Aufzählung seiner Attribute zu schreiten, ›Gott ist gut‹, ›Gott ist Liebe‹ usw. Sie waren vielmehr so beeindruckt bzw. eingeschüchtert von jenen ihnen entweder aus Freude oder aus Furcht bemerkenswert erscheinenden Dingen des Lebens oder der Natur, daß sie sagten, ›Dies ist ein Gott‹ oder ›Jenes ist Gott‹. Der Christ sagt ›Gott ist Liebe‹, der Grieche ›Liebe ist *theos*‹ oder ›ein Gott‹. Wie ein anderer Autor es beschrieb: ›Indem man sagte, Liebe oder Sieg sei Gott oder genauer ein Gott, meinte man zuerst und vor allem, sie oder er sei mehr als nur menschlich, nicht dem Tod unterworfen, ewig während [...]. Jede in der Welt wirksame Macht und jede Kraft, die nicht mit uns geboren wurde und die fortbestehen wird, nachdem wir gegangen sind, konnte insofern ein Gott genannt werden,

und die meisten von ihnen wurden es.«« (Georges M. A. Grube: Plato's Thought. Boston 1958, S. 150).

»In dieser Geistesverfassung und mit dieser Sensibilität für den übermenschlichen Charakter vieler Dinge, die uns geschehen und uns vielleicht plötzliche, unverständliche Stiche der Freude und des Schmerzes spüren lassen, konnte ein griechischer Poet eine Zeile wie diese schreiben: ›Wechselseitige Anerkennung zwischen Freunden ist *theos.*‹ *Theos* ist eine Geistesverfassung, was ganz offensichtlich von zentraler Bedeutung für die vieldiskutierte Frage des Mono- oder Polytheismus bei Platon ist, wenn es dieser Frage nicht sogar gänzlich den Sinn nimmt.« (W. K. C. Guthrie: The Greek Philosophers: From Thales to Aristotle. New York 1960, S. 10–11; deutsch: Die griechischen Philosophen von Thales bis Aristoteles. Göttingen, 1960).

2 Zu Zeiten Homers hatte sich bereits ein wesentlicher Wandel in der mythologischen Sensibilität der Griechen vollzogen. Die stärker animistische, mystische, naturbezogene und auf die Mutterfigur konzentrierte Mythologie – immanent, alles durchdringend, organisch, nichtheroisch – war von der olympisch-patriarchalischen, ihrem Charakter nach eher objektivierten, transzendenten, gegliederten, heroischen sowie autonomiefördernden Mythologie unterworfen worden. Vgl. z. B. Jane Ellen Harrison: Prolegomena to the Study of Greek Religion. Cambridge 1922, und Charlene Spretnak: Lost Goddesses of Early Greece. Boston 1984. Doch wie Joseph Cambell in ›The Masks of God. Bd. 3: Occidental Mythologien New York 1964 (deutsch: Die Masken Gottes. 4 Bde. München 1996), nachgewiesen hat, lassen sich sogar im Homerischen Kanon, im erstaunlichen Wandel, den die Welt von der *Ilias* bis zur *Odyssee* durchläuft, vielsagende Hinweise auf das duale mythologische Vermächtnis der Griechen ausmachen.

Die *Ilias* ist ein historisches Epos und singt das Lied der großen patriarchalischen Themen: vom Zorn des Achill, von Mut, Stolz und Können edler Krieger, von männlicher Tugend, Stärke und Kriegshandwerk. Sie ist angesiedelt im Bereich öffentlichen Handelns, wo heroische Männer sich auf dem Schlachtfeld des Lebens bewegen. Doch dieses Leben ist, wenngleich glorreich, kurz; der Tod ist auf tragische Weise endgültig, nach ihm gibt es nichts, was von Wert wäre. Die Größe der *Ilias* beruht insbesondere darauf, daß es ihr gelingt, diese tragische Spannung aufzuzeigen. Ganz anders die *Odyssee*, die kein kollektives historisches Ereignis verewigt, sondern das Epos einer individuellen Reise mit eindeutig imaginärem Charakter schildert. Sie handelt von magischen und phantastischen Phänomenen, ist bestimmt von einer ganz anderen Wahrnehmung des Todes und beschäftigt sich mehr mit dem Element des Weiblichen. Odysseus, der weiseste der griechischen Helden in Troja, muß eine Serie von Abenteuern und Prüfungen bestehen: er begegnet verschiedenen magischen Frauen und Göttinnen, betritt die Unterwelt, wird in dunkle Mysterien eingeweiht, erlebt verschiedene Todes-

und Wiedergeburtssequenzen. Am Ende kehrt er triumphal nach Hause zurück, ist gleichsam wiedergeboren, um sich mit Penelope, dem geliebten Weiblichen, wiederzuvereinen. Dieser Lesart zufolge spiegelt die Veränderung von der *Ilias* zur *Odyssee* eine fortdauernde Dialektik von patriarchalischen und matriarchalischen Wurzeln, von öffentlicher olympischer Religion und alten Mysterien innerhalb der kulturellen Psyche der Griechen wider. (Vgl. Campbell: The Masks of God: Occidental Mythologie, a.a.O., S. 157–176; deutsch: Die Masken Gottes. 4 Bde. München 1996).

Auch die *Odyssee* zeugt noch von der für die *Ilias* so charakteristischen Wertschätzung des Individuellen und Heroischen. Diese Wertschätzung besitzt ihre Wurzeln in der alten indoeuropäischen Bewunderung individueller Tapferkeit im Krieg; sie sollte maßgeblich den Charakter und die Geschichte des Westens prägen. Aber das Heldentum hat eine entschieden neue und kompliziertere Form angenommen. Die gleiche Dialektik kommt auch später noch in Platons *Symposium* zum Ausdruck, wo es die weise Diotima ist, die bei der Einführung des Sokrates in das transzendente Wissen vom Schönen die Schlüsselrolle spielt. Wie in Homers Odysseus ist auch in Platons Sokrates das Element des individuellen Heldentums deutlich präsent, aber in einer weiteren Metamorphose – intellektueller, spiritueller, mehr nach innen gerichtet, selbst-erobernd.

3 Beide Nachfolger des Thales von Milet, Anaximander und Anaximenes (beide um 600 v. Chr.), haben wichtige Beiträge zum westlichen Denken geleistet. Anaximander schlug vor, die Ursubstanz beziehungsweise die wesentliche Beschaffenheit *(Archē)* des Universums als einen unendlichen und undifferenzierten Stoff, den er *Apeiron* (»das Grenzenlose«) nannte, aufzufassen. Innerhalb des *Apeiron* entstand – seiner Lehre zufolge – der Gegensatz von heiß und kalt, aus dessen Kampf die verschiedenen Phänomene der Welt hervorgegangen seien. Anaximander führte damit den für die spätere Philosophie und Wissenschaft wesentlichen Gedanken ein, daß man über wahrnehmbare Phänomene (wie Wasser) hinausgehen müsse, um zu einer grundlegenderen, nichtwahrnehmbaren Substanz zu gelangen, deren Natur ursprünglicher und unbestimmter sei als die vertrauten Substanzen der sichtbaren Welt. Anaximander postulierte darüber hinaus eine Evolutionstheorie, derzufolge das Leben im Meer entstanden sei, und er scheint der erste gewesen zu sein, der versucht hat, eine Karte der gesamten bewohnten Erde zu zeichnen.

Der Nachfolger Anaximanders, Anaximenes, postulierte dagegen das Element Luft als Ursubstanz. Er versuchte zu zeigen, wie sich diese eine Substanz durch Prozesse der Verdünnung und Kondensation in andere Formen von Materie verwandeln konnte. Sein Vorschlag, ein ganz bestimmtes Element, Luft, und keine undifferenzierte Substanz, wie das *Apeiron,* an den Anfang aller Dinge zu stellen, konnte zwar als ein merklicher Verlust an Subtilität gegenüber der Theorie Anaximanders angesehen werden – ein Schritt zurück in das Wasser des Thales. Aber mit seiner Analyse, wie das eine Urelement sich in andere Arten von Materie verwandeln könne, ohne dabei seine wesentliche Natur einzubüßen, führte Anaximenes die zentrale Vorstellung ein, daß eine Grundsubstanz durchaus sie selbst bleiben kann, auch wenn sie mannigfachen Veränderungen unterworfen ist. Damit nahm die Idee der *Arche,* die zunächst nur den Ursprung oder die Ursache der Dinge bezeichnete, zusätzlich die Bedeutungsebene eines »Prinzips« an – etwas, das ewig sein eigenes Wesen aufrechterhält, während es sich in zahllose vorübergehende und wechselnde Phänomene der sichtbaren Welt verwandelt. Sämtliche späteren philosophischen und wissenschaftlichen Überlegungen hinsichtlich eines ersten Prinzips, der Abhängigkeit der Phänomene von einer kontinuierlichen, grundlegenden Urwirklichkeit, sowie die verschiedenen Erhaltungsgesetze der Physik – alle stehen sie in der Schuld dieser rudimentären Konzeptionen von Anaximander und Anaximenes. Beide Männer lieferten zudem entscheidende Beiträge zur frühgriechischen Astronomie.

4 Zu diesem wichtigen Fragment von Xenophanes stellt W. K. C. Guthrie fest: »Die Betonung der persönlichen Suche und des Zeitfaktors macht es in der umfangreichen griechischen Literatur zum ersten Beleg für die Idee des Fortschritts in Künsten und Wissenschaften, eines Fortschritts, der von menschlichen Anstrengungen abhängt und nicht – oder zumindest nicht in erster Linie – von göttlicher Offenbarung.« (W. K. C. Guthrie: A History of Greek Philosophie. Bd. 1: The Earlier Presocratics and the Pythagoreans. Cambridge 1962, S. 399–400).

5 Die Entwicklung der griechischen Auffassung von der Beziehung des Menschen zur Geschichte und zum Göttlichen läßt sich anhand der Veränderungen des Charakters und des Status der mythologischen Figur des Prometheus nachzeichnen. Hesiods frühe Beschreibung des Prometheus als Gauner, der für die Menschen und gegen den Willen des Zeus das Feuer vom Olymp stahl, wurde von Aischylos – in: *Der gefesselte Prometheus* – erheblich erweitert. Der Prometheus des Aischylos ist ein titanischer Held, der der Menschheit all ihre zivilisatorischen Fertigkeiten schenkt und sie damit aus einem Zustand primitiver Wildheit zu intellektueller Meisterschaft und Herrschaft über die Natur führt. Hesiods ebenso ernste wie komische Figur wurde für Aischylos zum tragischen Helden von universeller Größe. Während Hesiod die menschliche Geschichte, ausgehend von einem ursprünglich Goldenen Zeitalter, als einen zwangsläufigen Niedergang betrachtete, feierte der Prometheus des Aischylos den Fortschritt der Menschheit zur Zivilisation. Doch im Gegensatz zu späteren Fassungen des gleichen Mythos war in der Version des Aischylos der göttliche Prometheus, und nicht der Mensch, die Quelle des menschlichen Fortschritts – wodurch stillschweigend die Priorität des Göttlichen in der Ordnung der Dinge anerkannt wurde. Auch wenn es schwierig sein dürfte, die Auffassung

des Aischylos von der ontologischen Bedeutung des Mythos genau zu bestimmen, sieht es dennoch aus, als habe er Prometheus und den Menschen im mythopoetischen Sinne als eine symbolische Einheit konzipiert.

Für die Griechen des fünften vorchristlichen Jahrhunderts reduzierte sich die Figur des Prometheus auf eine eindeutige allegorische Repräsentation der Intelligenz und des ruhelosen Strebens des Menschen. In dem Fragment einer Komödie mit dem Titel *Die Sophisten* wird Prometheus einfach mit dem menschlichen Geist gleichgesetzt; in einem anderen Werk taucht Prometheus als Metapher für Erfahrung auf, um den Fortschritt der Menschheit zu erklären. Diese Demythologisierung des Prometheus auf den Status einer Allegorie wird auch in der Erzählung des Mythos durch den Sophisten Protagoras in Platons *Protagoras* deutlich. Im Verlauf der weiteren Entwicklung des griechischen Geistes von archaischer Poesie zu humanistischer Philosophie, mit der klassischen Tragödie als Wendepunkt, wandelt sich auch das Geschichtsbild der Griechen: Vor dem Hintergrund einer als Fortschritt begriffenen Historie verschiebt sich die Quelle der menschlichen Errungenschaften vom Göttlichen zum Menschen. Vgl. E. R. Dodds: Progress in Classical Antiquity. In: Dictionary of the History of Ideas, hg. v. Philip R. Werner. New York 1973, Bd. 3, S. 623–626.

6 Die einmalige Verbindung von geistiger Bescheidenheit und Glauben an eine intelligible Ordnung bei Sokrates wird im Satz R. Hackforths, »ein nie erreichtes Erkenntnisideal«, treffend zusammengefaßt (zit. nach Guthrie, Greek Philosophers, a. A.O., S. 75).

7 Zur Platonischen Verknüpfung des Irrationalen und Körperlichen mit dem weiblichen und des Rationalen und Geistigen mit dem männlichen Geschlecht siehe Evelyn Fox: Love and Sex in Plato's Epistemology. In: Reflections on Gender and Science. New Haven 1985, S. 21–32. Bei Fox finden sich ebenfalls Hinweise zur wichtigen Verbindung zwischen platonischer Wissenschaftslehre und griechischer Homoerotik. – Zur Homoerotik Platons siehe auch Gregory Vlastos: The Individual as an Object of Love. In: Platonic Studies. Princeton 1973, S. 3–42. Vlastos weist nach, daß Platons Argumentation im entscheidenden Moment von einem homosexuellen in ein zeugungsfähiges, heterosexuelles Paradigma wechselt, als Diotima die höchste Erfüllung des Eros in der ehelichen, zur Geburt der Weisheit führenden Vereinigung mit der Idee des Schönen festmacht. In demselben Essay analysiert Vlastos auf erhellende Weise, wie Platons Verherrlichung des Schönen im Kontext persönlicher Beziehungen dazu neigt, die konkrete geliebte Einzelperson als eigenständiges Subjekt, das potentiell um seiner selbst willen geliebt wird, gegenüber der universalen Idee abzuwerten. Ebenso führt in Platons politischer Theorie die Verherrlichung des Ideals der Republik dazu, daß der einzelne Bürger nicht mehr Selbstzweck ist und ihm seine bürgerlichen Freiheiten verweigert werden.

8 »Die Tradition, daß detaillierte astronomische Beobachtungen die zentralen Anhaltspunkte für das kosmologische Denken liefern, ist der westlichen Zivilisation gleichsam in die Wiege gelegt worden. Es scheint so, als wäre dies eine der bedeutendsten und typischsten Neuerungen gewesen, die wir von der Zivilisation des antiken Griechenland geerbt haben.« (Thomas S. Kuhn: The Copernican Revolution: Planetary Astronomy and the Development of Western Thought. Cambridge 1957, S. 26).

9 Zit. nach Sir Thomas L. Heath: Aristarchus of Samos: The Ancient Copernicus. Oxford 1913, S. 140.

10 Finley: Four Stages of Greek Thought, Bd. 2, a. A.O. – Unter Bezugnahme auf Coleridges Vorlesungen zur Geschichte der Philosophie beschreibt Owen Barfield das Phänomen »Griechenland« ganz ähnlich: »Mit dem Aufgang der griechischen Zivilisation [...] vollzog sich die Geburt des Selbst-Bewußtseins, die Geburt der Individualität. [...]. Das Ganze war wie ein Erwachen. Wenn du am Morgen aufwachst, bist du dir der Welt um dich herum auf eine ganz andere Weise bewußt, als wenn du dich im Laufe des Tages langsam an sie gewöhnt hast.« (Owen Barfield: Coleridges Philosophical Lectures. In: Towards 3,2 [1989], S. 29).

II. Die Transformation der klassischen Ära

1 Es ist die These vertreten worden, Platon sei selbst ein Anhänger der Hypothese von einer bewegten Erde gewesen. Dies sei die einzige Möglichkeit gewesen, die Erscheinungen mathematisch zu retten und die gleichförmigen Planetenumlaufbahnen zu bestätigen. Diese These stützt sich auf verschiedene Passagen in den *Gesetzen* und *Epinomis;* im *Timaios* (40b-d) habe Platon vielleicht sogar ein heliozentrisches System beschrieben. Vgl. R. Catesby Taliaferro: Anhang C zu seiner Übersetzung des *Amalgest* von Ptolemäus; in: Great Books of the Western World, Bd. 16, Encyclopaedia Britannica. Chicago 1952, S. 477–478.

2 Die herausragende hellenistische Gottheit war der griechisch-ägyptische Gott Serapis, eine Synthese aus Osiris, Zeus, Pluto, Asclepius, Marduk, Helios und Jahwe. Ptolemäus I. (Regierungszeit 323–285 v. Chr.) führte Serapis als herrschenden Stadtgott von Alexandrien ein; der Gott wurde zuletzt im gesamten Mittelmeerraum verehrt. Serapis illustriert die hellenistische Neigung zu theologischen Synkretismus und Henotheismus (dem Kult einer Gottheit, ohne die Existenz anderer zu leugnen).

3 Während frühere Untersuchungen eher dazu neigten, den christlichen Triumph in den Vordergrund zu stellen, betont die jüngste Forschung das Fortbestehen einer lebendigen heidnischen Tradition in der spätklassischen Zeit (vgl. besonders Robin Lane Fox: Pagans and Christians. New York 1987). Für eine Vielzahl von Heiden waren die alten Götter und Göttinnen noch

immer lebendig; sie nahmen mit aufrichtiger Frömmigkeit an den heidnischen Zeremonien und Ritualen teil. Insgesamt war die hellenistische Epoche eine Zeit intensiver und vielgestaltiger Religiosität. Im Christentum
gelangte dies exemplarisch zum Ausdruck. Der christliche Glaube verbreitete sich allmählich unter der städtischen Bevölkerung. Es entstanden kleine
Gemeinden, die von Bischöfen geführt und vermittels strenger ethischer und
doktrinärer Regeln gefestigt wurden. Bis zum frühen vierten Jahrhundert
gelang es dem Christentum jedoch nicht, in den meisten ländlichen Gebieten Fuß zu fassen. Vielen heidnischen Intellektuellen erschien die christliche
Lehre noch immer exzentrisch und wenig glaubwürdig. Erst die Bekehrung
Konstantins (ca. 312 v. Chr.) verhalf dem Christentum zum Durchbruch.
Auch danach war sein Aufstieg noch keineswegs ungefährdet: bereits eine
Generation später unternahm Kaiser Julian einen wenig dauerhaften, aber
beherzten Versuch, die heidnische Kultur wiederherzustellen.

4 Verschiedentlich ist auch die These aufgestellt worden, die griechisch-
römische Kultur sei der jüdisch-christlichen Religion aufoktroyiert worden;
oder die These, beide seien den barbarischen germanischen Völkern aufoktroyiert worden. Die Thesen sind davon abhängig, was jeweils als das grundlegende, primäre Vermächtnis des Westens unterstellt wird. Alle drei Perspektiven haben wichtige Argumente, die für sie sprechen. Die Wahrheit, wie
auch der Westen selbst, läßt sich wohl am besten als ihre komplexe Synthese
begreifen.

III. Das christliche Weltbild

1 Es gibt verschiedene Übersetzungen von »Jahwe« (ursprünglich »Jhwh«),
etwa: »Er bringt alles, was ist, zum Sein«; oder: »Ich bin/Ich werde sein/ der
ich bin /der ich sein werde.« Die Spannung zwischen Gegenwart und
Zukunft ist ungelöst. Die Bedeutung des Wortes bleibt umstritten.

2 Ob der historische Jesus tatsächlich für sich in Anspruch genommen hat, der
Messias oder der prophezeite »Menschensohn« zu sein, ist unklar. Doch
unabhängig davon, was sein privates Selbstverständnis gewesen sein mag: es
scheint wenig wahrscheinlich, daß er öffentlich behauptet hat, der Sohn Gottes zu sein. Ebensowenig läßt sich mit Gewißheit die Frage beantworten, ob
Jesus tatsächlich beabsichtigte, eine neue Religion zu gründen oder ob ihm
eher eine radikale, eschatologische Reformation des Judentums vor-
schwebte. Vgl. Raymond E. Brown: ›Who Do Men say That I Am?‹ – A Survey
of Modern Scholarship on Gospel Christology. In: Biblical Reflections on Cri-
ses Facing the Church. New York 1975, S. 20–37.

3 Es ist das jüdisch-christliche Paradox, daß das Christentum ausgerechnet bei
jenem Volk vergleichsweise wenig erfolgreich war, aus dem es hervorging.
Die andere Seite des Paradoxes besteht darin, daß die Christen späte-

rer Jahrhunderte sich gezielt von ihren jüdischen Zeitgenossen absetzten, sie verurteilten, mißhandelten und verfolgten; gleichzeitig vereinnahmten sie die alte jüdische Schrift und Geschichte als zentrales Fundament ihrer eigenen Religion für sich.

4 Die philosophische Vermischung von Hellenismus und Judentum wurde von Philo von Alexandrien (geb. ca. 15–10 v. Chr.) eingeleitet: Er bestimmte den *Logos*, in Platonischen Kategorien, als die Idee der Ideen – als die Summe aller Ideen und die Quelle der Intelligibilität der Welt. In jüdischen Kategorien hingegen bestimmte er den *Logos* als Gottes schicksalhafte Ordnung des Universums und als Vermittler zwischen Gott und Mensch. Der *Logos* war insofern beides: ebenso Agens der Schöpfung wie Agens der Erfahrung und des Verstehens Gottes durch den Menschen. Philo lehrte: die Ideen seien Gottes ewige Gedanken, die er als reale Wesen vor seiner Schöpfung der Welt geschaffen hatte. Bei den späteren Christen genoß Philo wegen seiner Auffassungen vom *Logos* – den er den erstgeborenen Sohn Gottes, den Menschen Gottes und das Bild Gottes nannte – hohes Ansehen. Er scheint der erste gewesen zu sein, der – analog zur späteren Scholastik – versucht hat, Offenbarung und Philosophie, Glaube und Vernunft miteinander zu verbinden. Philo war im jüdischen Denken wenig anerkannt; er hatte aber entscheidenden Einfluß auf den Neuplatonismus und die mittelalterliche christliche Theologie.

5 Diese Verallgemeinerung über das zyklische Geschichtsbild der Griechen sollte im Zusammenhang der Ausführungen zur griechischen Konzeption und Erfahrung von Fortschritt im Kapitel zur griechischen Aufklärung, Seiten 33–40, sowie den Hinweisen in Anm. 5 zu Kapitel I, zur Figur des Prometheus gesehen werden.

6 Augustinus unterschied sich von Plotin in folgenden Hinsichten: durch die stärkere Differenzierung zwischen Schöpfer und Schöpfung; durch eine persönlicher gefaßte Beziehung zwischen Gott und individueller Seele; durch die Betonung der Freiheit und der Zweckmäßigkeit Gottes bei der Schöpfung; durch die Würdigung des menschlichen Bedürfnisses nach Gnade und Offenbarung; vor allem aber durch seine Öffnung für die Inkarnationslehre.

7 Augustinus: Enchiridon. In: Works, Bd. 9. Edinburgh 1871–77, S. 180181.

8 Ironischerweise kündigte sich die christliche Haltung dogmatischer Intoleranz bereits bei Platon an, etwa in den Dialogen *Der Staat* und *Die Gesetze*. Ebenso wie das Christentum war Platon darauf bedacht, die Jugend vor Versuchung und irreführenden Gedanken zu bewahren; und ebenso war er sich sicher, zur Erkenntnis absoluter Wahrheit und Güte gelangt zu sein. Platon formulierte deshalb ein breites Spektrum an Verboten und Vorschriften für seinen idealen Staat, die den vom Christentum später eingeführten durchaus ähnlich waren.

9 Einige für den Übergang von der Antike zum Mittelalter wichtige Daten und

Ereignisse: Im Spätsommer des Jahres 386 wird Augustinus in Mailand zum Christentum bekehrt. Die Zerstörung des Serapeions, des Alexandrinischen Tempels der höchsten hellenistischen Gottheit Serapis, durch den Patriarchen Theophil und seine Anhänger im Jahre 391 markiert den Triumph des Christentums über das Heidentum in Ägypten und im gesamten Reich. Im Jahre 415 – in demselben Jahrzehnt, in dem die Westgoten in Rom einfielen und Augustinus sein Buch über den *Gottesstaat* schrieb – ermordete der christliche Pöbel in Alexandrien Hypatia – die führende Figur der neuplatonischen Schule der Philosophie in Alexandrien, Tochter des letzten bekannten Mitglieds des Museums und das personifizierte Symbol für die heidnische Lehre schlechthin. Nach ihrem Tod verlassen viele Gelehrte Alexandria und läuten damit den kulturellen Niedergang der Stadt ein. Im Jahre 485 stirbt Proklos in Athen – der Meister des spätklassischen Neuplatonismus und der letzte wichtige griechische Philosoph der Antike. Im Jahre 529 verfügt der christliche Kaiser Justinian die Schließung der Platonischen Akademie in Athen. Dieses Jahr wird häufig als Datum für das Ende der klassischen Periode und den Beginn des Mittelalters angeführt. Denn im Jahre 529 gründete Benedikt von Nursia, der Vater des christlichen Mönchtums im Westen, auch das erste Benediktinerkloster im italienischen Monte Cassino. In dieses Kloster wurde fast genau 700 Jahre später als Kind Thomas von Aquin gebracht.

10   Eine einflußreiche Variante dieser Position vertrat der alexandrinisch-christliche Neuplatonist Origenes (ca. 185–254). Nach Origenes konnte die Hölle nicht absolut sein, weil Gott in seiner unendlichen Güte keines seiner Geschöpfe jemals im Stich ließ. Die Erfahrung der Verdammung beruhe auf einer vom Einzelnen selbst verschuldeten absichtlichen Abwendung von Gott, die die Verbindung der einzelnen Seele zu Gottes Liebe unterbreche; Hölle bedeute insofern nichts anderes als die völlige Abwesenheit Gottes. Für Origenes war diese Erfahrung der Entfremdung jedoch nur ein vorübergehender Zustand – ein Teil jenes umfassenderen Erziehungsprozesses, durch den jede Seele mit Gott und seiner grenzenloser Liebe wiedervereint würde. Angesichts der natürlichen Freiheit der Menschen würde dieser Erlösungsprozeß zwangsläufig länger dauern. Solange es nicht zur universalen Erlösung gekommen sei, war der Auftrag Christi noch nicht erfüllt. Auch die negativen Momente der menschlichen Existenz waren für Origenes nicht etwa Ausdruck göttlicher Vergeltung, sondern ein Instrument der spirituellen Erziehung. Die geläufige Frömmigkeit mochte in ihnen die strafenden Taten eines rachsüchtigen Gottes erkennen; doch solche Auffassungen beruhten auf einem falschen Verständnis göttlichen Handelns. Dieses sei von grenzenlosem Wohlwollen bestimmt. Wie die Hölle, so sei auch der Himmel zwangsläufig nicht absolut. Wegen der fortdauernden Freiheit ihres Willens war es durchaus möglich, daß die erlösten Seelen am Ende des Erlösungsprozesses das gesamte Drama wieder von vorne beginnen müß-

ten. Die Theologie des Origenes stützte sich durchgehend auf die gleichzeitige Bekräftigung der Güte Gottes und der Freiheit der Seele. Der Aufstieg der Seele zur Göttlichkeit zeichnete sich durch eine Hierarchie von Stadien aus, die in der mystischen Vereinigung mit dem *Logos* gipfelte: der Wiederherstellung der Seele aus Materie zu Geist, aus Abbildung zu Wirklichkeit.

Origenes war für viele der – nach den Aposteln – bedeutendste Lehrer der frühen Kirche; andere stellten seine Orthodoxie grundsätzlich in Frage – einschließlich seiner Lehren zur universalen Erlösung und zur vorgängigen Existenz der individuellen Seele, seiner neuplatonischen Abwertung des Gottessohnes als einer hypostasierten Stufe unterhalb des Einen, seiner Spiritualisierung der Wiederauferstehung des Körpers, seiner allegorischen Verwandlung der Erlösungsgeschichte in einen zeitlosen archetypischen Prozeß und seiner Spekulationen über Weltzyklen. Vgl. Henry Chadwick: Early Christian Thought and the Classical Tradition: Studies in Justin, Clement and Origen. Oxford 1966.

11 Die Wissenschaft hat mehrfach auf die zahlreichen erstaunlichen Parallelen zwischen dem biblischen Buch Hiob (ca. 600–300 v. Chr.) und der Tragödie *Der gefesselte Prometheus* des Aischylos hingewiesen, die ungefähr zur gleichen Zeit entstand. Vergleichbare historische und literarische Parallelen wurden zwischen den ersten mosaischen Büchern der Bibel und den homerischen Epen entdeckt.

12 In seinem Bemühen, eine Weltkirche zu gründen und das Evangelium auch Menschen anderer Kulturen zu verkünden, änderte Paulus seine Predigten entsprechend. So sprach er einmal »als Jude zu Juden«, dann wieder »als Grieche zu Griechen«. Gegenüber der Gemeinde in Rom, mit ihrem starken jüdischen Einfluß, betonte er die Rechtfertigungslehre. Dagegen beschrieb er in Briefen an Gemeinden mit stärker hellenistischem Hintergrund die Erlösung in Kategorien, die an die griechischen Mysterienreligionen erinnerten – der neue Mensch, die Vater-Sohn Beziehung zu Gott, der Prozeß der göttlichen Verwandlung, etc.

13 Unter der Regentschaft Papst Gregors des Großen (590–604) bildeten sich viele typische Merkmale der mittelalterlichen Christenheit heraus. Gregor wurde geboren in Rom. Er war zutiefst von den Lehren Augustins beeinflußt. Dieser Papst zentralisierte und reformierte die päpstliche Verwaltung, verbesserte den Status der Priester, dehnte die Fürsorge für Arme und Bedürftige aus und drängte – gegen die Ansprüche des byzantinischen Patriarchen – auf die Anerkennung des Papstes als alleinigem ökumenischem Führer der Christenheit. Er trug darüber hinaus zur Begründung der weltlichen Autorität des Papsttums bei durch die Konsolidierung dessen, was später der Kirchenstaat in Italien werden sollte; außerdem durch sein Bestreben, auf die weltlichen Mächte vermittels kirchlicher Autorität Einfluß und Zwang auszuüben. Sein Ideal war der Aufbau einer universellen christlichen Gesellschaft, die sich durch Wohltätigkeit und den Dienst am

Nächsten auszeichnete. Es war insbesondere Gregor, der die Bedeutung der wandernden Barbaren für die Zukunft der westlichen Christenheit erkannte und tatkräftig die Mission Europas – einschließlich der historisch bedeutsamen Mission Englands – vorantrieb. Auch wenn er zuweilen zum sensiblen Umgang mit eingeborenen Auffassungen und Praktiken aufrief, befürwortete er bei anderen Gelegenheiten – etwa im Falle Englands – den Einsatz von Gewalt. Gregor war zu seinen Lebzeiten ein äußerst beliebter und verehrter Papst. Er versuchte, den Massen ungebildeter Europäer den christlichen Glauben näher zu bringen durch eine Reform der Messe und durch die Popularisierung von Wundern sowie der Lehre vom Fegefeuer. Er förderte die Ausdehnung des Mönchswesens und legte Regeln für das Leben des Klerus fest. Die liturgische Musik der katholischen Kirche wurde während seiner Amtszeit kodifiziert und nach ihm benannt: der gregorianische Gesang.

14 Die Trennung zwischen Ost- und Westkirche setzte im fünften Jahrhundert ein; ein formales Schisma wurde im Jahre 1054 erklärt. Die römischkatholische Kirche bestand – auf der Grundlage ihrer Interpretation der Worte Christi zu Petrus im Matthäus-Evangelium (16, 18) – auf der Vorrangstellung Roms und des Papstes. Dagegen blieb die östlich-orthodoxe Christenheit eher ein loser ökumenischer, durch den gemeinsamen Glauben zusammengehaltener Kirchenbund, der dem Laientum eine größere Rolle in religiösen Angelegenheiten zubilligte. Für den Westen war die Dialektik von Staat und Kirche charakteristisch; sie wurde entscheidend gefördert durch die barbarischen Invasionen und den darauf folgenden Bruch mit dem alten römischen Reich. Die Ostkirche blieb aufs engste mit dem fortbestehenden politischen System des byzantinischen Reichs verbunden. Oft war der Patriarch von Konstantinopel dem oströmischen Kaiser, der regelmäßig seine Autorität in Kirchenfragen wahrnahm, untergeordnet.

Im allgemeinen war das Bedürfnis nach einer von oben verfügten und bis ins kleinste Detail ausgearbeiteten doktrinären Orthodoxie im Osten weniger ausgeprägten als im Westen. Im Osten galt der ökumenische Rat – und nicht der Papst – als höchste Autorität in allen Fragen der Lehre. Die christliche Wahrheit galt als lebendige, in der Kirche erfahrene Wirklichkeit – und nicht, wie im Westen, als ausgefeiltes dogmatisches System, das versucht, diese Wahrheit auf der Grundlage eines spezifischen Rechtfertigungskriteriums zu bestimmen. Während im lateinischen Westen Augustinus zur beherrschenden Figur wurde, hatte die östliche Theologie ihre Wurzeln in den griechischen Vätern. Ihre Lehre war tendenziell mystischer. Sie legte die Betonung nicht – wie im Westen – auf die individuelle Rechtfertigung der Menschen durch die Kirche, sondern auf ihre gemeinschaftliche Vergöttlichung innerhalb der Kirche sowie auf ihre individuelle Vergöttlichung vermittels kontemplativer Askese. Im Osten waren die beherrschenden Themen: die Menschwerdung Gottes, die Vergöttlichung der Menschheit und die göttliche Transfiguration des Kosmos. Die für die westliche

Christenheit so charakteristische juridische Beziehung zwischen Gott und Mensch war im Osten ohne Bedeutung. Verallgemeinernd läßt sich sagen: Das östliche Christentum blieb dem johanneisch-mystischen Vereinigungsimpuls enger verhaftet; der Westen schlug eine stärker dualistische, augustinische Richtung ein.

15 Die Vorstellung des Himmelreichs als Kirche spiegelte einen grundlegenden Wandel des christlichen Glaubens und Selbstverständnisses wider, der bereits in den ersten Christen-Generationen als Reaktion auf die Verzögerung der Wiederkehr Christi einsetzte. Die frühen Christen hatten fest an die unmittelbar bevorstehende Wiederkehr Christi geglaubt. Dem kommenden Reich Gottes sollte zunächst eine Zeit des Bösen und der Aufsässigkeit vorausgehen, mit falschen Propheten und Messiassen, die mit ihren Zeichen und Wundern viele Menschen in die Irre führen würden. Erst nach einer anschließenden Apokalypse würde sich der Himmel auf dramatische Weise öffnen. Gott würde sich in all seiner Herrlichkeit offenbaren und Jesus würde herabsteigen, um die Gläubigen in seine Arme zu schließen und zu befreien. Schon im Neuen Testament, und besonders im Johannes-Evangelium, scheint das Bewußtsein für eine Verzögerung der Wiederkehr Christi – auch wenn sie noch immer als nicht mehr fern angesehen wurde – zugenommen zu haben. Als offensichtliche Kompensation für diese Verspätung wurden das Leben und Sterben Jesu, der Heilige Geist und die Bedeutung der jungen Kirchengemeinde mehr und mehr verherrlicht: Mit dem Eintritt Jesu in die Geschichte sei die erlösende Verwandlung bereits eingeleitet worden. Die Wiederauferstehung Christi bedeutete die Wiederauferstehung der Menschheit, ein neues Leben. Kraft der Gegenwart seines Geistes war Christus im Leben der neuen Gemeinschaft der Gläubigen – seinem mystischen Leib, der lebendigen und wachsenden Kirche – aufgegangen. Damit war das Problem der verspäteten Wiederkehr Christi zumindest vorläufig gelöst: sie wurde auf eine fernere Zukunft verschoben, während im Leben der Kirche die spirituelle Kraft Christi beansprucht und erfahren werden konnte.

Doch entgegen allen Erwartungen ging die Welt nicht unter. Das ermutigte die Kirche – deren Existenz sich ursprünglich auf die kurze Übergangsphase bis zur Endzeit beschränken sollte – dazu, eine wichtigere Rolle zu übernehmen und ihre Aufgaben neu zu definieren: Statt als kleine Schar von Auserwählten, die die bevorstehende Apokalypse überleben würde, sah sich die Kirche jetzt als dauerhafte, expandierende heilige Institution – taufend, lehrend, disziplinierend, erlösend. Auf dieser Grundlage entwickelte sich die Kirche zu einer komplexen Institution mit klar definierten Strukturen, hierarchischer Macht und doktrinärer Tradition, mit einer wesentlichen Unterscheidung zwischen kirchlicher Elite und der Laienkongregation, der sie vorsaß. Dabei entfernte sie sich zunehmend von ihren frühen flexiblen Gemeindeformen.

Wohin dieser Prozeß führen sollte, wurde in den letzten Jahrhunderten des klassischen Zeitalters deutlich. Mit der Bekehrung Konstantins und der Bindung des römischen Staates an die christliche Religion zog ein neuer Geist in die Kirche ein: Die eschatologischen Erwartungen der frühchristlichen Gemeinde wurden von dem neuen Selbstwertgefühl einer starken und weltlichen Kirche verdrängt. Deren Triumph in der Gegenwart ließ sowohl die Wahrscheinlichkeit einer apokalyptischen Veränderung als auch das Verlangen nach einer solchen Katastrophe in den Hintergrund treten. Die Christen, die nicht länger der Verfolgung ausgesetzt waren, verloren auch das Bedürfnis nach einer unmittelbaren Apokalypse. Angesichts des Aufstiegs des Christentums zur begünstigten Staatsreligion ließ sich auch die frühere Rolle Roms als prä-apokalyptischer Antichrist kaum mehr aufrechterhalten.

Unter dem Einfluß des neuplatonischen und hellenistischen allegorischen Denkens arbeiteten Origines und Augustinus zur gleichen Zeit an einer Neuinterpretation der Vorstellung vom Reich Gottes. In deren Mittelpunkt stand weniger dessen buchstäbliche und objektive als dessen spirituelle und subjektive Bedeutung. Für Origines bestand das Wesentliche des religiösen Strebens darin, das Himmelreich in der eigenen Seele zu erfahren – Ziel war eine metaphysische und keine historische Verwandlung. Auch Augustins Auffassung war vom Neuplatonismus geprägt. In der Frage der Beziehung zwischen der diesseitigen Welt und der Kirche vertrat er allerdings eine stärker polarisierende Haltung. Augustinus erlebte den Todeskampf der klassischen Zivilisation. Die gegebene Welt war ihm ein von Natur aus für das Böse empfängliches Reich; damit stimmte er jenen zu, die in der Erwartung der Apokalypse gelebt hatten. Wie jene, so teilte auch Augustinus die Menschheit in Auserwählte und Verdammte ein. Die rettende Lösung sah er jedoch nicht in einer apokalyptischen Erneuerung der diesseitigen Welt, sondern in einer sakramentalen Erneuerung der Seele durch die Kirche. Der säkularen Welt war nicht vorherbestimmt, erlöst zu werden; ein solcher Zustand war rein spiritueller Natur und durch die Kirche bereits verfügbar.

Die christliche Endzeiterwartung hatte mithin erheblich an Bedeutung verloren und begann als eine der zentralen Kräfte innerhalb der Religion zu verschwinden. Die institutionelle Kirche wurde dadurch gestärkt und als dauerhafte historische Vertreterin des Reiches Gottes auf Erden neu bestimmt. Zwischen der Auferstehung und der Wiederkehr Christi lag die Herrschaft der Kirche. Sie versorgte mit ihren Sakramenten den Christen mit den Mitteln, die er für seine »Auferstehung« – seinen Einzug ins Himmelsreich – benötigte. Die Beschäftigung mit der Beziehung des einzelnen Christen zu Gott und mit seinem inneren spirituellen Zustand ersetzte die frühere Betonung des Kollektiven, Universalen und objektiv Historischen. Die kollektive und historische Bedeutung der frühchristlichen Eschatologie wurde jetzt der Kirche zugeordnet. Diese sah ihren historischen Auftrag in der öffentlichen Verantwortung für die Erhaltung und Verbreitung des Glaubens sowie in der Versorgung der Gemeinschaft der Gläubigen mit den Gnade bringenden Sakramenten. Seit der Zeit Augustins lag den offiziellen Formen des Christentums ein symbolisches Verständnis der Eschatologie zugrunde. Die konkrete historische Erwartung eines Reiches Gottes wurde nunmehr als primitives, mythologisches Mißverständnis der biblischen Offenbarung betrachtet; die Erwartung war ohne wirkliche Bedeutung für den gegenwärtigen spirituellen Zustand der Menschheit.

Der ursprüngliche eschatologische Impuls verschwand jedoch niemals gänzlich. Zum einen überlebte er als impliziter Teil einer untergründigen Strömung, die Geschichte weiterhin als teleologisches, sich auf einen spirituellen Höhepunkt zubewegendes Phänomen verstand – einen Höhepunkt jedoch, der angesichts einer erst in der Endzeit zu erwartenden Wiederkehr Christi auf unbestimmte Zeit verschoben wurde. Zum anderen traten bei Individuen und einzelnen Gemeinschaften immer wieder konkrete Erwartungen einer bevorstehenden Apokalypse und der Wiederkehr Christi auf. Diese Erwartungen wurden von einer bemerkenswerten Intensivierung religiöser Leidenschaften begleitet und stützten sich entweder auf neue Interpretationen der biblischen Prophezeiungen oder auf neue Visionen vom bösen und chaotischen Charakter der jeweiligen Zeit. Aber solche Erwartungen gediehen nur am Rande der offiziellen Kirche, besonders in ketzerischen, Verfolgungen ausgesetzten Sekten. Die Kirche mißbilligte Interpretationen der Eschatologie, die sich am Wortlaut der Bibel orientierten. Sie empfahl, ihren Sakramenten zu vertrauen, um entsprechende Ängste zu überwinden. Die Kirche lehrte, daß jede Berechnung des Endes der Zeit nutzlos sei, da für Gott tausend Jahre wie ein Tag sein könnten – oder umgekehrt.

Mit dem Aufstieg des modernen Humanismus und dem zunehmenden Bewußtsein des modernen Geistes für Geschichte und Evolution nahmen die christlichen Vorstellungen vom Reich des Heiligen Geistes schließlich eine immer immanentere und fortschrittsbezogenere Gestalt an: Die moralische, intellektuelle und spirituelle Entwicklung der Menschheit gipfelte in einer menschlichen oder kosmischen Vergöttlichung. Dieser konzeptionelle Wandel hatte sich seit der Zeit von Erasmus und Francis Bacon abgezeichnet und wurde von späteren Denkern wie Hegel und Teilhard de Chardin – und, mit einer anderen Grundhaltung, von Nietzsche – systematisch ausgearbeitet. Es ist mehrfach die Meinung vertreten worden, daß Christus am Ende des zweitausendjährigen christlichen Weltalters, im späten zwanzigsten Jahrhundert also, wiederkehren werde. Dabei wurde auf einige mehrdeutige Symbole verwiesen, wie sie in verschiedenen biblischen Prophezeiungen – besonders im Buch der Offenbarung – auftauchen. Diese Erwartung wurde auch formuliert als Reaktion auf verschiedene historische Entwicklungen: etwa die europäische Entdeckung und Besiedlung Amerikas, die päpstliche Deklaration des Dogmas der Himmelfahrt, die globalen nuklearen und ökologischen Bedrohungen. (Vgl. z. B. Carl Gustav Jungs außergewöhnliche Auseinandersetzung mit diesem Thema in: Antwort auf Hiob. In: Gesammelte Werke. Bd. 11. Zürich/Stuttgart 1963)

16 Als Mutter des *Logos* übernahm Maria verschiedene Attribute der jüdischbiblischen Figur der Sophia (der Weisheit). Sophia wird im *Ecclesiasticus* als Gottes ewige Schöpfung beschrieben: als himmlisches, weibliches Wesen, das die göttliche Weisheit personifiziert und der Menschheit das Wissen von Gott vermittelt. In der römisch-katholischen Theologie wurde Maria ausdrücklich mit Sophia identifiziert. Die Beziehung der alttestamentarischen Sophia zum neutestamentarischen *Logos,* die beide für die göttlich kreative und offenbarende Weisheit stehen, spiegelte sich indirekt in der Beziehung Marias zu Christus. Die Figur der jungfräulichen Mutter übernahm auch einen Teil der ursprünglichen Bedeutung und Funktion des Heiligen Geistes: als Prinzip der göttlichen Gegenwart in der Kirche, als Tröster, als Vermittler von Weisheit und spiritueller Geburt und als Werkzeug des Eintritts Christi in die Welt.

Die partielle Verwandlung Gottes in eine beschützende und vergebende mutterähnliche Figur veranlaßte Erich Fromm zu dem Kommentar, daß »der Katholizismus die Rückkehr zur Religion der großen Mutter [bedeutete], als deren Besieger Jahwe auf den Plan getreten war«. (Die Entwicklung der Christendogmas. In: Gesamtausgabe. Bd. 6: Religion. Stuttgart 1980, S. 68). In der mystischen Literatur des Christentums (z. B. Klemens von Alexandrien, Johannes vom Kreuz) werden mütterliche Eigenschaften, wie etwa die nährende Brust, ausdrücklich Gott und Christus zugeschrieben. Zum Thema der Präsenz sowie der Unterdrückung des Weiblichen in der christlichen Theologie und im christlichen Kultus vgl. Joan Chamberlain Engelsman: The Feminine Dimension of the Divine, Wilmette/Ill. 1987.

17 Trotz der in den Motiven von der »Mutter Kirche« und der »Jungfrau Maria« anklingenden Verherrlichung des Weiblichen setzte sich in der Kirche ein dauerhaft patriarchalischer Autoritarismus durch. Er wurde häufig theologisch gerechtfertigt durch den Hinweis auf die Rolle Evas beim Sündenfall. Der Autoritarismus manifestierte sich: in der systematischen Abwertung der Frauen und der weiblichen Spiritualität; in der Weigerung, Frauen religiöse Autorität zuzugestehen; schließlich – in Übereinstimmung mit der Sünde Evas und der Idealisierung der Jungfrau Maria – in der Verachtung der menschlichen Sexualität im allgemeinen.

Sowohl in der Organisation als auch im Selbstverständnis der Kirche lassen sich zwei gegensätzliche geschlechtsbezogene Aspekte erkennen. Als hierarchische Ordnung übernahm die Kirche die Rolle Jahwes: der männlichen Gottesautorität aus dem Alten Testament, ausgestattet mit juridischer Souveränität und dogmatischer Gewißheit sowie der väterlichen Aufgabe des Schutzes und der Fürsorge. Als Leib der Gläubigen übernahm sie die Rolle Israels im Alten Testament: des Weiblichen und von Gott Geliebten, später in der Jungfrau Maria Inkarnierten, mit den entsprechenden »weiblichen« Tugenden wie Mitleid, Reinheit, Bescheidenheit und Gehorsam. Der Papst, die Bischöfe und die Priester standen für die göttliche Autorität auf Erden, während das Laientum das zu unterrichtende, zu rechtfertigende und zu errettende Element darstellte. Die gleiche Polarität fand in den Bezeichnungen des »Hauptes« bzw. des »Leibes« der Kirche ihren Ausdruck. Theologisch wurde diese Polarität im doktrinären Verständnis Christi als Erfüllung und Synthese beider Seiten der Kirche überwunden; Christus selbst wurde als Frucht der Hochzeit von Jahwe und Israel verstanden.

18 Die Kirche behielt die alte, archetypischen Zyklen entsprechende Ordnung der Ereignisse in ihrem liturgischen Kalender bei. Der christliche Kalender beruht auf einem rituellen Durchleben des christlichen Mysteriums auf der Basis des alljährlichen Naturzyklus: die Adventszeit in der Dunkelheit des Winters; Christi Geburt zu Weihnachten, zeitgleich mit der Wintersonnenwende und der Geburt der Sonne; die reinigende Vorbereitungszeit während der Fastenzeit im späten Winter in Antizipation des letzten Abendmahls am Gründonnerstag; schließlich die Auferstehung am Ostersonntag inmitten der Wiedergeburt des Frühlings. Unter den klassischheidnischen Mysterienreligionen lassen sich eine Reihe von Vorläufern des christlichen Kalenders finden.

19 An dieser Stelle muß eine wichtige Einschränkung der Annahme von der Universalität des Christentums im mittelalterlichen Europa gemacht werden. In der volkstümlichen Kultur waren weiterhin Reste der heidnischen Mythen und des Animismus anzutreffen; Judentum, Gnostik, Chiliasmus und Hexenglaube existierten nebeneinander; islamische Einflüsse waren ebenso wirksam wie verschiedene esoterische Traditionen, Minderheiten und kulturelle Untergrundströmungen. Alle diese Richtungen hatten entweder mit der christlichen Orthodoxie gar nichts zu tun oder leisteten ihr Widerstand.

IV. Die Transformation des Mittelalters

1 Boethius (ca. 480–524) war eine der Schlüsselfiguren in der Übergangszeit zwischen Antike und Mittelalter: er war ein römischer Staatsmann, einer der letzten römischen Philosophen der Antike, »der erste christliche Scholastiker« und für fast tausend Jahre der letzte Laie in der christlichen Philosophie. Boethius wurde in Rom geboren als Sohn einer alteingesessenen aristokratischen, sich seit einem Jahrhundert zum christlichen Glauben bekennenden Familie. Nach seiner Ausbildung in Athen stieg Boethius zum Konsul und Minister in der römischen Regierung auf. Sein unerreichtes Ziel war es, sämtliche Werke des Platon und des Aristoteles zu übersetzen, zu kommentieren und »ihre Ideen wieder harmonisch zusammenzufügen«.

Seine gesammelten Werke – besonders jene über die aristotelische Logik, einige kurze theologische Abhandlungen und sein platonistisches Manifest *Trost der Philosophie* – sollten beachtlichen Einfluß auf das mittelalterliche Denken ausüben. Boethius wurde fälschlicherweise vom barbarischen König Theoderich des Verrats beschuldigt, zu einer Gefängnisstrafe verurteilt (im Gefängnis verfaßte er seine Trost-Schrift) und schließlich hingerichtet. Als des Boethius Senatorenkollege Cassiodorus sich später dazu entschloß, sich aus dem politischen Leben Roms in ein von ihm gegründetes Kloster zurückzuziehen, brachte er seine römische Bibliothek mit und sorgte dafür, daß die Schriften des Boethius zur Pflichtlektüre seiner Mönche wurden. Auf diese Weise wurden die Gelehrten-Ideale der spätklassischen Zeit, besonders jene der gebildeten römischen Aristokratie, an die christliche Klostertradition weitergegeben. Boethius formulierte als erster das zentrale scholastische Prinzip: »Verbinde, soweit wie möglich, Glaube mit Vernunft.« Eine Passage aus seinem Kommentar zur *Isagoge* des Porphyrios – einer griechischen Einführung in die aristotelische Logik – bildete den Ausgangspunkt der langen mittelalterlichen Kontroverse zwischen Nominalisten und Realisten über die Beschaffenheit der Universalien.

2 Hugo von St. Viktor (1096–1141) trug auch dazu bei, daß sich im Mittelalter ein neues Bewußtsein von der menschlichen Geschichte als einer zeitlichen Entwicklung mit inhärenter Bedeutung herausbildete. Er bemerkte zum Beispiel die eigentümliche Tendenz der menschlichen Zivilisation, sich im Laufe der Zeit von Osten nach Westen zu verlagern. Diese Tatsache schien ihm anzudeuten, die Endzeit stünde bevor – war doch der Westen an der Küste des Atlantiks offenbar an seine natürliche Grenze gestoßen. Hugo wandte sich zudem gegen Augustins Interpretation der Genesis als überzeitlicher Metapher; er bestand auf einer tatsächlichen Zeitfolge von Schöpfungsakten und betonte den konkreten, aktuellen Wert der Heilsgeschichte, der nicht von allegorischen Interpretationen überschattet werden dürfe. Vgl. dazu Marie Dominique Chenu: Theology and the New Awareness of History. In: Nature, Man and Society in the Twelfth Century: Essay on New Theological Perspektives in the Latin West. Hg. v. J. Taylor u. L. K. Little. Chicago 1983, S. 162–201.

3 Die dominikanischen und franziskanischen Bettelorden bildeten im Hochmittelalter eine Sozialrevolutionäre Kraft. Ihre Verpflichtung zu einem Leben in Armut und Bescheidenheit war nicht nur eine Rückkehr zum Modell der frühapostolischen Kirche, sondern auch ein Bruch mit dem Feudalsystem und seiner begüterten Kirchen-Hierarchie. Die evangelikalen Mönche standen deshalb der neuen städtischen Klasse aus Kaufleuten und Handwerkern nahe, die sich ebenfalls von der feudalen Wirtschaftsordnung verabschiedet hatten; es war insbesondere diese Klasse, aus deren Mitte die Orden ihre Mitglieder rekrutierten. Eine ähnliche Parallele gab es bei den revolutionären intellektuellen Impulsen, die von den dominikanischen und franziskanischen Theologen ausging. Die evangelikalen Bewegungen wandten sich der

581

buchstäblichen Interpretation der Heiligen Schrift als neuer Quelle der Inspiration zu und vollzogen dadurch eine Abkehr von den – in der traditionellen Theologie bevorzugten – allegorisierenden Auslegungen. Eben diese Tendenz spiegelte sich auch in dem – im Vergleich zum jenseitigen Idealismus der augustinisch-platonischen Tradition – größeren philosophischen Respekt der Scholastiker gegenüber der konkreten empirischen Welt wider. Vgl. Marie Dominique Chenu: The Evangelical Awakening, a. A.O., S. 239–269.

4 Thomas ging mit seiner positiven Bewertung des Leibes noch über Aristoteles hinaus. In seiner Auferstehungslehre vertrat Thomas den Standpunkt, daß das vollkommene menschliche Wesen eine Mischung aus Seele und Leib sei; die Reinigung der Seele führe zu einer Wiedervereinigung mit dem Leib und einer Verherrlichung des Leibes. Während für die Aristoteliker die intime Beziehung zwischen Seele und Leib die Sterblichkeit der Seele implizierte, bedeutete sie für Aquin die Unsterblichkeit des erlösten Leibes.

5 Die von Thomas und Augustinus repräsentierten Gegensätze – und ihre Affinität zu Aristoteles beziehungsweise Platon – sind zum Teil ein Reflex der radikal verschiedenen kulturellen Stimmungen und Fragen ihrer jeweiligen Zeit. Augustins platonische Jenseitigkeit und seine Betonung der übersinnlichen Erkenntnis kann als eine Reaktion auf den heidnischen Sensualismus und den skeptischen Säkularismus der spätklassischen Zeit interpretiert werden. Dagegen läßt sich des Thomas aristotelische Öffnung für den Empirismus und das Materielle als Reaktion auf die christliche Gegenweltlichkeit und den Anti-Intellektualismus der frühmittelalterlichen Periode begreifen. Auch der Gegensatz zwischen dem Pessimismus des Augustinus und dem optimistischeren Menschen- und Naturbild des Thomas hat kulturelle Hintergründe. Augustinus sah sich – während der letzten Jahre des klassischen Zeitalters und inmitten der barbarischen Invasionen – täglich mit der Dekadenz und den Auflösungserscheinungen der römischen Zivilisation konfrontiert. Thomas hingegen lebte im Hochmittelalter. Die europäische Zivilisation durchlebte in dieser Epoche eine neue Ära der Stabilität und des Fortschritts; die Kräfte der Natur wurden zunehmend vom menschlichen Intellekt kontrolliert; der europäische Kontinent war relativ frei von äußerer Bedrohung. Augustinus muß die ihn umgebende säkulare Welt als ein Reich der Verwesung, des Leidens und des Bösen erschienen sein, mit einem äußerst beschränkten Spielraum für positive Selbstbestimmung; das Milieu des Thomas war entschieden fortschrittlicher.

6 Der Rationalismus des Thomas befand sich in einem dauernden Spannungsverhältnis zu seiner übernatürlichen Mystik, die den Einfluß des Dionysios Areopagita zeigte. Dionysios war wahrscheinlich ein syrischer Mönch des fünften Jahrhunderts; er hatte den Namen des athenischen Konvertiten im Neuen Testament des Paulus angenommen. Dionysios entwickelte eine neuplatonisch-christliche Mystik, die die Unergründlichkeit Gottes betonte:

Welche Eigenschaften der menschliche Geist Gott auch zuschreiben mochte – sie konnten Gott niemals wirklich beschreiben. Wenn sie für den Menschen verständlich waren, mußten sie auf die Endlichkeit menschlichen Verstehens beschränkt bleiben; mithin konnte von ihnen nicht gesagt werden, daß sie das unendliche Sein Gottes erfaßten. Selbst die Begriffe des »Seins« und der »Wirklichkeit« konnten Gott nicht zugesprochen werden, da sich solche Begriffe nur von Dingen ableiten ließen, die Gott geschaffen hatte – das Wesen des Schöpfers aber mußte von grundlegend anderer Art sein als das Wesen seiner Schöpfung. Folglich mußte jede Aussage über das Wesen Gottes immer auch um ihre Verneinung ergänzt werden. Beides – die Aussage und ihre Negation – würden letztlich von Gott transzendiert, der alles überstieg, was der Mensch sich vorzustellen vermochte. Diese Überlegungen sind grundlegend für die *Via negativa*, die Tradition der negativen oder apophatischen Theologie, wie sie besonders für das östliche Christentum charakteristisch war. Sie mögen vielleicht ein Licht auf die Aussage werfen, die Thomas nach einer mystischen Erfahrung während einer von ihm zelebrierten Messe kurz vor seinem Tod machte: »Solche Dinge sind mir offenbart worden, daß mir alles, was ich geschrieben habe, wie Stroh erscheint.«

7 Nach Aristoteles muß jede Bewegung durch eine konstant angewandte Kraft verursacht werden. Eine Ausnahme bildet allein die Bewegung, die durch die natürliche Neigung der verschiedenen Elemente verursacht wird. Ein ruhender Stein wird in seiner ruhenden Position verbleiben, oder er wird sich direkt in Richtung des Erdmittelpunkts bewegen, wie es sich für die natürliche Bewegung aller schweren Objekte gehört. Schwierigkeiten bereitete aber das Phänomen, daß ein geworfener Stein seine Bewegung ohne jeden sichtbaren, konstant angewandten Druck fortsetzt, lange nachdem er die Hand des Werfers verlassen hat. Zur Erklärung schlug Aristoteles vor, daß die von der Bewegung des Steins gestörte Luft den Stein in Bewegung hält, nachdem er die Hand verlassen hat. Spätere Aristoteliker kritisierten diese Theorie wegen ihrer diversen Schwachpunkte. Erst Buridan lieferte im vierzehnten Jahrhundert eine kohärente Lösung: Immer dann, wenn ein Körper geworfen wird, wird er mit einer Triebkraft ausgestattet, einem zu Geschwindigkeit und Masse proportionalen Impetus, der das Wurfobjekt auch dann antreibt, wenn es den Werfer bereits verlassen hat.

Buridan schlug außerdem vor, daß Gott die Himmelskörper mit einem Impetus versehen haben könnte, der sie seit ihrer Schöpfung in konstanter Bewegung hielt, da ihre Bewegung auf keinerlei Widerstand stieß. Buridan gelang es, hypothetisch auf engelhafte Intelligenzen als Beweger der himmlischen Körper zu verzichten; sie waren weder in der Bibel erwähnt worden noch physikalisch notwendig, um die Bewegungen zu erklären. Dies war vielleicht die erste zentrale Anwendung eines Prinzips der irdischen Physik auf ein Himmelsphänomen. Buridans Nachfolger Oresme stellte sich ein solches Universum dann als eine mechanische, von Gott konstruierte und in Gang gehaltene Uhr vor.

Neben anderen Beiträgen führte Oresme den Gebrauch mathematischer Tabellen und graphischer Darstellungen ein; er nahm damit die cartesianische Entwicklung der analytischen Geometrie vorweg. Zum Problem der Bewegungen der Himmelskörper argumentierte Oresme: Die scheinbare Drehung des gesamten Firmaments ließe sich ebenso gut durch eine einfache Drehung der Erde erklären. Dies sei eine einleuchtendere und geringfügigere Bewegung eines einzelnen Körpers, verglichen mit den um ein vielfaches größeren und schnelleren, gewaltige Distanzen an einem einzigen Tag zurücklegenden Bewegungen aller Himmelskörper, die Oresme für »unglaublich und undenkbar« erachtete. Die allnächtliche Beobachtung der Gestirne sowie die alltägliche der Sonne beweise nur die Tatsache der Bewegung. Ob diese Bewegung aber von den Himmelskörpern oder von der Erde ausgehe, sei für die Sinne des Beobachters nicht feststellbar, da in beiden Fällen das gleiche Phänomen wahrgenommen würde.

Anders als Aristoteles vertrat Oresme die These, daß Objekte nicht deshalb auf die Erde fielen, weil die Erde der Mittelpunkt des Universums sei; sondern sie fielen auf die Erde, weil sich stoffliche Körper von Natur aus aufeinanderzubewegten. Ein geworfener Stein fällt wieder auf die Erde, weil die Erde sich in der Nähe des geworfenen Steins befindet und über ihren eigenen, anziehenden Mittelpunkt verfügt – und zwar unabhängig davon, wo sich die Erde im Universum befindet. Eine andere Erde, irgendwo anders, würde ihrerseits lockere Steine anziehen. Insofern sei es vorstellbar, daß Materie von Natur aus von anderer Materie angezogen wird. Eine solche theoretische Alternative zur aristotelischen Erklärung fallender Körper – die die Annahme zur Voraussetzung hatte, die Erde bilde den Mittelpunkt des Universums – war die Bedingung für die spätere heliozentrische Hypothese. Vor dem Hintergrund der Impetustheorie Buridans argumentierte Oresme zudem, daß ein vertikal fallender Körper gradlinig auf die Erde fallen würde, selbst wenn sich die Erde bewegte; genauso könne ein Mensch auf einem fahrenden Schiff seine Hand in einer geraden Linie entlang des Mastes nach unten bewegen, ohne jegliche Abweichung zu bemerken. Das Schiff trägt und erhält die gerade Linie der Hand in bezug zu sich selbst, genauso wie die Erde es mit einem fallenden Stein machen würde. Nachdem er diese Reihe scharfsinniger Argumente gegen Aristoteles vorgebracht und festgestellt hatte, daß nur der Glauben – nicht die Vernunft oder die Beobachtung oder die Heilige Schrift – zu der Aussage führte, die Erde sei unbeweglich, verwarf Oresme seine Argumente für die Rotation der Erde wieder. In einem späteren, veränderten wissenschaftlichen Kontext verfolgten Kopernikus und Galilei sie weiter.

Buridans und Oresmes Arbeiten im 14. Jahrhundert legten den notwendigen Grundstein für eine Reihe von Konzepten: die planetarische Erde, das Gesetz der Trägheit, das Konzept des Momentums, das Gesetz der gleichförmig beschleunigten Bewegung frei fallender Körper, die analytische Geometrie, die Verabschiedung der Unterscheidung zwischen Himmel und Erde, das mechanistische Universum mit einem Uhrmachergott. Vgl. Thomas S. Kuhn: The Copernican Revolution: Planetary Astronomy and the Development of Western Thought. Cambridge 1957, S. 115–123.

8 Ockham selbst benutzte Formulierungen, die sich leicht von dem unterscheiden, was heute als Ockhams Rasiermesser bekannt ist – wie etwa »Ohne Zwang sollte keine Vielheit angenommen werden« und »Was mit weniger [Annahmen] erreicht werden kann, wird vergeblich mit mehreren versucht werden«.

9 In: The Portable Renaissance Reader, New York 1977, S. 478 (dt. Zitat: Giovanni Pico della Mirandola: Aus der Rede »Über die Würde des Menschen«. In: Ders.: Ausgewählte Schriften. Übs. v. Arthur Liebert. Jena/ Leipzig 1905, S. 183/184).

V. Das moderne Weltbild

1 Tycho Brahe schlug zudem ein zwischen Kopernikus und Ptolemäus angesiedeltes System vor, in dem sich alle Planeten – mit Ausnahme der Erde – um die Sonne drehten, während sich das sonnenzentrierte System insgesamt um die Erde drehte. Im Kern war dies eine Abwandlung des alten Systems von Herakleides. Der erste Teil des Systems übernahm viele der überlegenen kopernikanischen Einsichten; der zweite Teil stützte sich auf die aristotelische Physik, die unbewegliche, zentrale Erde und die am Wortlaut orientierte Bibelinterpretation. Brahes System brachte die kopernikanische Sache voran: Es gelang ihm, eine Reihe von deren Vorteilen und Problemen aufzuzeigen; die physikalische Wirklichkeit von getrennten ätherischen Sphären, in die jeder Planet eingebettet sein sollte, wurde fragwürdig, weil einige der neuen Umlaufbahnen von Sonne und Planeten einander kreuzten. Darüber hinaus begannen Brahes Beobachtungen der Kometen, die den Berechnungen zufolge jetzt jenseits der Mondsphäre sein sollten, und einer Nova, die im Jahre 1572 auftauchte, die Astronomen zu überzeugen, daß die Himmelskörper nicht unveränderlich seien. Diese Auffassung stützte später die teleskopischen Entdeckungen Galileis. Wie Brahes Kompromiß bei den Umlaufbahnen der Planeten ließen auch die beobachteten Kometenbewegungen Zweifel an der Existenz ätherischer Sphären aufkommen. Aristoteles hatte von diesen Sphären angenommen, sie bestünden aus einer unsichtbaren, aber festen kristallinen Substanz. Die Forscher erkannten nun, daß sich die Kometen durch Räume bewegten, von denen traditionell angenommen worden war, sie seien mit harten, kristallinen Sphären aufgefüllt. Dadurch wurden die Zweifel an der physikalischen Wirklichkeit dieser Sphären nur noch lauter. Keplers Ellipsen sollten die Annahme sich kreisförmig bewegender

Sphären schließlich insgesamt unhaltbar machen. Vgl. Thomas S. Kuhn: The Copernican Revolution: Planetary Astronomy and the Development of Western Thought. Cambridge 1957, S. 200–209.

2 Zit. nach James Brodrick: The Life and Work of Blessed Robert Francis Cardinal Bellarmine, S. J., Bd. 2. London 1950, S. 359.

3 Im Alter von 70 Jahren schloß Galilei 1634 sein letztes Werk und seinen bedeutendsten Beitrag zur Physik ab: *Zwei neue Wissenschaften*. Vier Jahre später wurde das Werk in Holland veröffentlicht, nachdem das Manuskript – offenbar mit Hilfe des französischen Botschafters beim Vatikan, des Grafen von Noailles, einem früheren Schüler Galileis – aus Italien herausgeschmuggelt worden war. Im gleichen Jahr, 1638, reiste John Milton von England nach Italien, wo er Galilei besuchte. Milton erinnerte an dieses Ereignis später in *Areopagitica* (1644), seinem klassischen Argument für die Pressefreiheit: »Ich saß mit ihren Gelehrten zusammen, (denn diese Ehre wurde mir zuteil), und galt als vom Glück Begünstigter, an einem solchen Ort der philosophischen Freiheit geboren worden zu sein, so zumindest erschien ihnen England, während sie selbst nichts anderes taten als die servile Unterwürfigkeit zu beklagen, zu der das Gelehrtentum in ihrem Land heruntergekommen worden war. […] So […] besuchte ich den berühmten Galilei, alt geworden, ein Gefangener der Inquisition, nur deswegen, weil er in Dingen der Astronomie anders dachte als die franziskanischen und dominikanischen Lizenzgeber.« (John Milton: Areopagitica and Other Prose Writings. Hg. v. W. Haller. New York 1929, S. 41).

4 Der Trennung von menschlichem Geist und materieller Welt lag unausgesprochen eine – entstehende – Skepsis gegenüber der Fähigkeit des Geistes zugrunde, jenseits der Erscheinungen eine innere Ordnung der Welt zu entdecken: eine Skepsis bezüglich der Fähigkeit des Subjekts, die Kluft zum Objekt zu überbrücken. Doch diese Skepsis, von Locke angedeutet, von Hume ausgeführt und von Kant kritisch neuformuliert, zeigte im allgemeinen keine Auswirkungen auf die weitere Entwicklung des wissenschaftlichen Verständnisses – vom achtzehnten und neunzehnten Jahrhundert bis weit ins zwanzigste Jahrhundert hinein.

5 An dieser Stelle sollte Alfred Russell Wallaces Fassung der Evolutionstheorie von 1858 erwähnt werden. Sie veranlaßte Darwin dazu, seine eigene Arbeit endlich zu veröffentlichen, nachdem er zwanzig Jahre lang davon Abstand genommen hatte. Unter Darwins und Wallaces bedeutenden Vorgängern sind insbesondere Buffon, Lamarck und Erasmus Darwin – Darwins Großvater – hervorzuheben, außerdem die Arbeiten Lyells auf dem Gebiet der Geologie. Darüber hinaus näherten sich Diderot, Lamettrie, Kant, Goethe und Hegel einem evolutionären Weltverständnis.

6 W Carl Rufus: Kepler as an Astronomer. In: The History of Science Society: Johannes Kepler. A Tercentenary Commemoration of His Life and Work. Baltimore 1931, S. 36.

7 Dieser Satz sollte durch die Tatsache eingeschränkt werden, daß die nicht-geozentrischen Kosmologien im allgemeinen Ableger der platonisch-pythagoreischen Tradition waren und sich in einem deutlicheren Gegensatz zur aristotelisch-ptolemäischen Kosmologie als zum Platonismus befanden. Siehe auch: Kap. II Anm. 1 zu Platons möglichem Heliozentrismus.

8 Jüngste historische Untersuchungen haben nahegelegt, daß der schnelle Niedergang der Renaissance-Esoterik im England der Restauration auf das äußerst spannungsreiche soziale und politische Umfeld zurückzuführen sei, das die britische Geschichte des siebzehnten Jahrhunderts auszeichnete. Während der revolutionären Umbrüche des englischen Bürgerkriegs und des Interregnums (1642–60) waren esoterische Philosophien wie Astrologie und Hermetik ausgesprochen populär; ihre enge Verbindung mit radikalen politischen und religiösen Bewegungen galt als ernste Bedrohung für die bestehende Kirche und die besitzende Klasse. Astrologische Almanache verkauften sich in dieser Zeit unvollständiger Zensur besser als die Bibel; einflußreiche Astrologen wie William Lilly unterstützten die rebellierenden Kräfte. Auf konzeptioneller Ebene traten die esoterischen Philosophien für ein Weltbild ein, das mit dem Antiautoritarismus des politischen und religiösen Aktionismus der radikalen Bewegungen außerordentlich vereinbar war. Spirituelle Erleuchtung schien jedem, unabhängig von gesellschaftlichem Rang oder Geschlecht, offenzustehen; die Natur wurde als ein lebendiges, auf allen Ebenen vom Göttlichen durchdrungenes und ununterbrochen sich selbst verwandelndes Wesen angesehen. Nach der Restauration im Jahre 1660 betonten führende Philosophen, Mediziner und Kleriker die Bedeutung einer nüchternen Naturphilosophie, etwa der gerade veröffentlichten mechanischen Philosophie der – von dauerhaften Gesetzen regierten – trägen Materie-Teilchen. Ziel war es, dem vom esoterischen Weltbild und den radikalen Sekten entflammten leidenschaftlichen »Schwärmertum« den Boden zu entziehen.

Das Schreckgespenst des sozialen Chaos führte dazu, daß hermetische Ideen immer häufiger angegriffen wurden; daß die Astrologie aufhörte, sich der Gunst der Oberschicht zu erfreuen oder an Universitäten unterrichtet zu werden; und daß die Wissenschaft, die sich innerhalb der (1660 gegründeten) Royal Society entwickelte, die mechanistische Auffassung von der Natur als einer geistlosen Welt harter Materie verfocht. Bedeutende Gründungsväter der Royal Society wie Robert Boyle und Christopher Wren hielten zwar auch weiterhin – zumindest privat – die Astrologie für stichhaltig; sie waren – wie Bacon – überzeugt, daß sie nicht verworfen, sondern wissenschaftlich reformiert werden müsse. Das politische Klima stand derartigen Sympathien aber immer feindlicher gegenüber. So erlaubte Boyle nicht, daß seine Verteidigung der Astrologie noch vor seinem Tode an die Öffentlichkeit gelang. Der gleiche Zeitkontext scheint auch Newton und seine Nachlaßverwalter dazu bewogen zu haben, den esoterischen, hermetischen Hintergrund der wissenschaftlichen Ideen Newtons zu unterdrücken. Siehe David Kubrin: Newton's Inside Out: Magic, Class Struggle, and the Rise of Mechanism in the West. In: The Analytic Spirit. Hg. v. H. Woolf. Ithaca 1980; Patrick Curry: Prophecy and Power: Astrologie in Early Modern England. Princeton 1989; Christopher Hill: The World Turned Upside Down: Radical Ideas During the English Revolution. New York 1972; und P. M. Rattansi: The Intellectual Origins of the Royal Society. In: Notes and Records of the Royal Society of London 23 (1968), S. 129143.

Zur Interpretation dieser intellektuellen Revolution als eines wissenschaftslogischen Konflikts zweier geschlechtsbezogener Perspektiven – das hermetische Erkenntnisideal als erotische Vereinigung des Männlichen und des Weiblichen, als Reflex einer Vorstellung des Universums als kosmische Hochzeit, versus das Baconsche Programm männlicher Vorherrschaft – siehe Evelyn Fox Keller: Spirit and Reason in the Birth of the Modern Science. In: Reflection on Gender and Science. New Haven 1985; Carolyn Merchant: The Death of Nature: Women, Ecology and the Scientific Revolution. San Francisco, 1980.

9 Galileo Galilei: Siderus Nuncius, Dialog über Weltsysteme, Vermessung der Höhle Dantes u. a. Hg. v. H. Blumenberg. Frankfurt/Main 1965, S. 210: »Ihr wundert Euch, daß die pythagoreische Ansicht so wenig Anhänger gefunden hat. Ich staune, daß überhaupt der eine oder der andere sie angenommen und ihr angehangen hat. Ich kann nicht genug die Geisteshöhe derer bewundern, die sich ihr angeschlossen und sie für wahr gehalten, die durch die Lebendigkeit ihres Geistes den eigenen Sinnen Gewalt angetan, derart, daß sie, was die Vernunft gebot, über die offenbarsten gegenteiligen Sinneseindrücke zu stellen vermochten. Daß die von uns bereits geprüften Argumente gegen die tägliche Rotation der Erde ungemein viel Bestechendes haben, haben wir früher gesehen, und allein der Umstand, daß sie von den Anhängern des Ptolemäus, von der Schule des Aristoteles und all ihrem Gefolge anerkannt wurden, ist schon ein sehr triftiger Grund für ihre Bedeutsamkeit. Die Erfahrungen aber, welche man gegen die jährliche Bewegung anführt, scheinen in so offenbarem Widerspruch zu dieser Lehre zu stehen, daß – ich wiederhole es – meine Bewunderung keine Grenzen findet, wie bei Aristarch und Kopernikus die Vernunft in dem Maße die Sinne hat überwinden können, daß ihnen zum Trotz die Vernunft über ihre Leichtgläubigkeit triumphiert hat.«

10 Kepler: Weltharmonien, a. A.O., Kap. V.: »Jetzt, seit der ersten Dämmerung vor 8 Monaten, seit dem Tageslicht vor 3 Monaten und seit vor ein paar Tagen die Sonne in all ihrer Macht meine wunderbaren Spekulationen erhellte, hält mich nichts mehr zurück. Ich gebe mich völlig der heiligen Ekstase hin; ich wage es, offen zu bekennen, daß ich die goldenen Gefäße der Ägypter gestohlen habe, um meinem Gott ein Tabernakel zu bauen, weit außerhalb der Grenzen Ägyptens. Wenn Sie mir verzeihen, werde ich froh-

locken; tadeln Sie mich, werde ich weitermachen. Die Würfel sind gefallen, und ich schreibe das Buch – entweder wird es jetzt oder von der Nachwelt gelesen, es spielt keine Rolle. Es kann hundert Jahre auf einen Leser warten, wie auch Gott sechstausend Jahre auf einen Zeugen gewartet hat.«

11 »Natur und Naturgesetze lagen verborgen in dunkler Nacht./Da sprach Gott: ›Es werde Newton‹, und es ward Licht.« (Alexander Pope.)

12 Darin bestand vielleicht der grundsätzliche Unterschied zwischen der klassischen und der modernen Wissenschaft: Während Aristoteles vier Ursachen postulierte – materielle, wirkende, formale und letzte –, erkannte die moderne Wissenschaft nur die ersten beiden als empirisch gerechtfertigt an. So lobte Bacon den Demokrit dafür, daß er – anders als Platon und Aristoteles, die wiederholt letzte Ursachen in wissenschaftliche Erklärungen mit eingebracht hatten – Gott und Geist aus der natürlichen Welt entfernt hatte. Siehe auch die Aussage des Biologen Jacques Monod: »Grundpfeiler der wissenschaftlichen Methode ist [die] *systematische* Absage an jede Erwägung, es könne zu einer ›wahren‹ Erkenntnis führen, wenn man die Erscheinungen durch ›Endursachen‹ [...] deutet.« (Jacques Monod: Zufall und Notwendigkeit: Philosophische Fragen der Modernen Biologie. München 1971, S. 30).

13 Dies war die gefeierte Antwort des französischen Astronomen und Mathematikers Pierre Simon Laplace an Napoleon, als dieser ihn auf die Abwesenheit Gottes in seiner neuen, die newtonsche Synthese perfektionierenden Theorie des Sonnensystems ansprach. Wegen gewisser Unregelmäßigkeiten der Planetenbewegungen hatte Newton geglaubt, daß das Sonnensystem von Zeit zu Zeit eines göttlichen Eingriffs bedürfe, um seine Stabilität zu bewahren. Laplaces Antwort zeugte von seinem gelungenen Nachweis, daß jede bekannte säkulare Variation – wie die sich verändernden Geschwindigkeiten von Jupiter und Saturn – zyklisch war; aus diesem Grunde sei das Sonnensystem auch ohne göttliche Intervention aus eigener Kraft völlig stabil.

14 Auch die Beschaffenheit und Zusammensetzung des Klerus in Frankreich spielte bei diesen Entwicklungen eine Rolle. Die oberen Ränge waren im Regelfall von jüngeren Söhnen der Aristokratie besetzt, die die Stellen als Pfründe ohne Seelsorge annahmen und deren Lebensstil sich im allgemeinen nicht von dem der nicht-klerikalen Aristokratie unterschied. Auf dieser Ebene kam es nur selten zu religiösem Eifer; trat er auf anderen Ebenen auf, wurde er mißbilligt. Die Interessen der institutionellen Kirche schienen weniger in ihrem pastoralen Auftrag zu liegen, als vielmehr in der Durchsetzung von Orthodoxie und der Erhaltung politischer Vorteile. Dieser Sachverhalt wurde dadurch noch komplizierter, daß Teile des aristokratischen Klerus sich zunehmend für den Rationalismus der Aufklärung öffneten und insofern die weltlichen Kräfte stärkten. Vgl. Jacques Barzun: Society and Politics. In: The Columbia History of the World. Hg. v. a. Garraty u. Peter Gay. New York 1972, S. 694–700.

15 »Jene, die sich aufmachen, Gott und dem Mammon gleichermaßen zu dienen, werden bald entdecken, daß es keinen Gott gibt.« (Logan Pearsall Smith).

16 Einer solchen Auffassung wurde seitens jener Christen widersprochen, die dieses Gebot nicht als Aufforderung zur Ausbeutung deuteten, sondern als Hinweis auf ein »Verwalteramt«. Die erstere Variante galt dabei als Reflex der Entfremdung durch den Sündenfall.

VI. Die Transformation der Moderne

1 Auf der Grundlage von Kants zweitem Vorwort zur *Kritik der reinen Vernunft* ist oft gesagt worden – zum Beispiel von Karl Popper, Bertrand Russel, John Dewey und in der 15. Ausgabe der *Enzyclopaedia Britannica* –, Kant habe seine Erkenntnis eine »kopernikanische Revolution« genannt. I. B. Cohen: Revolution in Science. Cambridge 1985, S. 237–243 (deutsch: Revolutionen in der Wissenschaft. Frankfurt/Main 1994), hat nachgewiesen, daß Kant diese Aussage in dieser Form nicht gemacht hat. Kant hat aber ausdrücklich seine neue philosophische Strategie mit der astronomischen Theorie des Kopernikus verglichen. Wenngleich der Ausdruck »kopernikanische Revolution« sowohl Kopernikus als auch Kant erst nachträglich zugeordnet worden sein mag, sind Bezeichnung wie Vergleich ebenso erhellend wie zutreffend.

2 »Ich kann mit Sicherheit sagen, daß niemand die Quantenmechanik versteht.« (Richard Feynman.)

3 Zit. nach Huston Smith: Beyond the Post-Modern Mind. Wheaton/Ill. 1989, S. 8.

4 Kuhns Ideen – erstmals 1962 in *The Structure of Scientific Revolution* veröffentlicht – beruhten teilweise auf grundlegenden Fortschritten in der Erforschung der Wissenschaftsgeschichte, die eine Generation zuvor in erster Linie von Alexandre Koyre und A. O. Lovejoy gemacht wurden. Bedeutsam waren auch zentrale Entwicklungen innerhalb der akademischen Philosophie, etwa die Schriften des späten Wittgenstein und der argumentative Fortschritt der Schule des logischen Empirismus von Rudolf Carnap zu W. V. O. Quine. Die auf breite Akzeptanz stoßende Schlußfolgerung dieses Arguments bestätigte im wesentlichen eine relativierte kantische Position: Aus einfachen, auf unmittelbarer Empfindung basierenden Elementen lassen sich auf logischem Wege keine komplexen Wahrheiten ermitteln. Denn alle einfachen, sinnlichen Elemente sind letztlich durch die Ontologie einer bestimmten Sprache definiert. Es gibt aber eine Vielzahl von Sprachen, von denen jede über ihre je eigene, besondere Art der Wirklichkeits-Konstruktion verfügt, die selektiv die von ihr beschriebenen Objekte hervorhebt und identifiziert. Die Wahl der verwendeten Sprache hängt letztlich vom Zweck

ab, nicht von objektiven »Tatsachen«; die Tatsachen werden von denselben theoretischen und linguistischen Systemen gebildet, die sie beurteilen. Alle »rohen Daten« sind immer schon theorievermittelt. Siehe W. V. O. Quine: Two Dogmas of Empiricism. In: From a Logical Point of View, New York 1961[2], S. 20–46.

5 »Der Raum schmerzt uns Moderne: Wir sind krank vor lauter Raum. / In ihn zu lauschen macht uns klein – / Ein kurzer Ausbruch von Mikroben, / Die man mit einem guten Glase wimmeln sehen mag / Als Patina auf diesem letzten der Gestirne.« (Robert Frost.)

6 Das entscheidende Wort, mit dem Hegel seine Vorstellung von dialektischer Integration ausdrückte, war *aufheben*. Im Moment der Synthese wird der antithetische Zustand erhalten *und* transzendiert, negiert *und* erfüllt.

7 Ronald Sukenick: The Death of the Novel. In: The Death of the Novel and Other Stories. New York 1969, S. 41. Vielleicht steht der *Schauspieler* für das postmoderne künstlerische Ethos insgesamt. Er personifiziert die postmoderne Identität im allgemeinen, bleibt doch seine oder ihre Wirklichkeit absichtlich und irreduzibel doppeldeutig. Ironie beherrscht das Handeln, Performance ist alles. Der Schauspieler ist niemals eindeutig ausschließlich einer Bedeutung, einer prosaischen Wirklichkeit verpflichtet. Alles ist »als ob«.

8 Richard Rorty: Philosophy and the Mirror of Nature. Princeton 1979, S. 176. (deutsch: Der Spiegel der Natur: eine Kritik der Philosophie. Frankfurt/Main 1980).

9 Ihab Hassan, zitiert nach Albrecht Wellmer: Zur Dialektik von Moderne und Postmoderne. Frankfurt/Main 1985, S. 50. Siehe auch Richard J. Bernsteins Diskussion der gleichen Passage in seiner Antrittsrede als Präsident der Metaphysical Society of America (Metaphysics, Critique, Utopia. In: Review of Metaphysics 42, 1988, S. 259–260). Bernstein charakterisiert in dieser Rede die intellektuelle Einstellung der Postmoderne so, als ähnelte sie zuweilen der hegelschen Beschreibung eines sich selbst erfüllenden, abstrakten Skeptizismus, »der in dem Resultate nur immer das *reine Nichts* sieht […] und von dieser [Leerheit] nicht weiter fortgehen [kann], sondern muß es erwarten, ob und was ihm etwa Neues sich darbietet, um es in denselben leeren Abgrund zu werfen.« (G. W. F. Hegel: Phänomenologie des Geistes. Hamburg 1952[6], S. 68)

10 »Kreisend und immer weiter kreisend / hört der Falke den Falkner nicht mehr. / Dinge zerfallen; die Mitte hält sie nicht / Und Anarchie ist losgelassen auf die Welt / Eine Enthüllung steht bevor.« (William Butler Yeats, Die Wiederkunft, 1920).

11 Arnold J. Toynbee. In: Encyclopaedia Britannica[15], a. A.O., Stichwort: »Time«.

12 Friedrich Nietzsche: Die fröhliche Wissenschaft. In: Werke in sechs Bänden, Bd. 3. München 1966, S. 127.

13 Max Weber: Die protestantische Ethik und der Geist des Kapitalismus. In: Gesammelte Aufsätze zur Religionssoziologie I. Tübingen 1988[9], S. 17 ff., Zitat: S. 204.

14 Carl G. Jung: Gegenwart und Zukunft. In: Gesammelte Werke. Hg. v. Lilly Jung-Merker und Elisabeth Rüf. Bd. 10, Kap. 14. Olten/Freiburg 1974, Seite 335–336.

VII. Epilog

1 John J. McDermott: »Revisioning Philosophy« Conference, Esalen Institute, Big Sur, Kalifornien, Juni 1987.

2 Die Double-bind-Theorie war eine Anwendung von Bertrand Russels Theorie logischer Typen auf eine Kommunikationsanalyse der Schizophrenie. Siehe Gregory Bateson u. a.: Toward a Theory of Schizophrenia. In: Bateson: Steps to an Ecology of Mind. New York 1972, S. 201–227 (deutsch: Ökologie des Geistes. Frankfurt/Main 1985).

3 Ernest Gellner: The Legitimation of Belief. Cambridge 1975, S. 206–207.

4 Vincent Brome: Jung: Man and Myth. New York 1978, S. 14.

5 C. G. Jung: Psychologischer Kommentar zu: Das Tibetische Buch der großen Befreiung. In: Gesammelte Werke. Bd. 11. Zürich/Stuttgart 1963, S. 538.

6 Zitiert nach: Evelyn Shapiro: Psychosources. New York 1973, S. 196. Die umfassendsten Darstellungen der klinischen Forschung Grofs sowie ihrer theoretischen Implikationen finden sich in Stanislav Grof: Realms of the Human Unconscious: Observations from LSD Research. New York 1975 (deutsch: Topographie des Unbewußten: LSD im Dienst der tiefenpsychologischen Forschung. Stuttgart 1993); und: LSD Psychotherapy. Pomona/Kalifornien 1980; und: Beyond the Brain: Birth, Death, and the Transcendence in Psychotherapy. Albany 1985 (deutsch: Geburt, Tod und Transzendenz: Neue Dimensionen der Psychologie. Hamburg 1995).

7 Die klinischen Ergebnisse der Forschung Grofs zur perinatalen Erfahrung dürfen nicht als Hinweis auf eine im freudschen Sinne linear-mechanistische Ursache-Wirkung-Relation mißverstanden werden. Nach der mechanistischen Deutung produziert das individuelle Geburtrauma auf mechanische Weise spezifische psychologische und geistige Syndrome – auf die gleiche, mehr oder weniger »hydraulische« Weise, wie das kindlich-ödipale Trauma von traditionellen Psychoanalytikern als Ursache bestimmter pathologischer Symptome angesehen wurde. Die Ergebnisse Grofs legen jedoch eine Art archetypische Form der Verursachung nahe. Dabei scheint das individuelle Wiedererleben des Geburtsvorgangs das Bindeglied für die Teilhabe an einem erheblich umfassenderen, transpersonalen, archetypischen Tod-Wiedergeburtsprozeß zu bilden; in diesem durchdringen sich die individuellen und kollektiven Ebenen der Psyche auf radikale Weise

wechselseitig. Die perinatale Sequenz scheint nicht auf der ursprünglichen individuellen Erfahrung der biologischen Geburt zu beruhen oder auf diese reduzierbar zu sein. Statt dessen spiegelt die biologische Geburt offenbar selbst wiederum nur eine umfassendere archetypische Wirklichkeit wider. Zu dieser haben jene, die den perinatalen Prozeß durchleben, unmittelbaren Zugang – entweder spontan (wie in psychospirituellen Krisen oder Nahtod-Erfahrungen), oder in religiösen Ritualen, oder in der empirischen Psychotherapie. Die Geburtserfahrung wird hier nicht als letzte Wurzel angesehen – als reduktionistische Ursache in einem geschlossenen System; sondern sie gilt als ein verstärkender Angelpunkt, ein empirischer Schaltpunkt zwischen personalen und transpersonalen Realitäten.

Grofs Erkenntnisse erfordern ein komplexeres Verständnis des Kausalprinzips als es die konventionelle moderne wissenschaftliche Konzeption einer linear-mechanistischen Kausalität anzubieten vermag. Sie verweisen – in Übereinstimmung mit jüngsten Daten und Theorien auf verschiedenen anderen Gebieten – auf eine Konzeption, die partizipatorische, morphische und teleologische Formen der Kausalität miteinschließt. Ihrem Wesen nach ist diese Konzeption enger mit den klassischen platonischen und aristotelischen Vorstellungen von einer archetypischen, formalen und letzten Ursache sowie mit dem archetypischen Verständnis des späten Jung verbunden. Die Organisationsprinzipien dieser Wissenschaftslehre sind symbolisch und ihrem Charakter nach zutiefst mehrwertig. Sie legen eine nichtdualistische Ontologie nahe, die »durch und durch« metaphorisch strukturiert ist – ein Verständnis, das in den letzten Jahrzehnten von so unterschiedlichen Denkern wie Owen Barfield, Norman O. Brown, James Hillman und Robert Bellah weiterentwickelt wurde.

8 James Hillman: Re-Visioning Psychologie. New York 1975, S. 126.
9 Autoren und Herausgeber berichten häufig von ihren Schwierigkeiten bei der Überarbeitung von Sätzen und Texten, die ursprünglich in der Terminologie einer traditionell männlichen Semantik verfaßt wurden und die sie durch nicht geschlechtsgebundene Ausdrücke zu ersetzen suchen. Diese Schwierigkeiten entstehen zum Teil dadurch, daß es keine Ausdrücke gibt, die gleichzeitig sowohl die Gattung (d. h. *alle* menschlichen Wesen) als auch den Menschen im allgemeinen *(das* menschliche Wesen schlechthin) bezeichnen. Das Wort »Mensch« ist auf einzigartige Weise dazu in der Lage, eine metaphorische Einzahl und personale Einheit zu bezeichnen, die ihrem Charakter nach kollektiver Art ist: »Mensch« bezeichnet im Gegensatz zu »menschliches Wesen«, »Menschheit«, »Leute« und »Männer und Frauen« ein universales Individuum, eine archetypische Figur. Ich denke, daß der tiefere Grund für die Probleme bei der Überarbeitung derartiger Sätze darin zu suchen ist, daß die gesamte Bedeutung eines solchen Satzes in seiner ursprünglichen Verfassung diesem spezifischen Bild des männlich-archetypischen Menschlichen galt. Ein textnahes Lesen vieler relevanter Texte – ob

griechisch-römischer, jüdisch-christlicher oder moderner, wissenschaftlich-humanistischer – verdeutlicht, daß sowohl die syntaktische Struktur als auch die wesentliche Bedeutung der Sprache, die die meisten der wichtigsten westlichen Denker benutzt haben, um die menschliche Verfassung und das menschliche Unternehmen – einschließlich seines Dramas, seines Pathos und seiner Hybris – darzustellen, auf engste mit der unbewußten Gegenwart dieser archetypischen Figur »Mensch« verknüpft ist. Auf einer ersten Ebene läßt sich der Begriff »Mensch« der westlichen Geistestradition einfach als ein sozial konstruiertes »falsches Allgemeines« beschreiben, dessen Gebrauch ebenso Reflex wie Beitrag zur Bildung einer männlich dominierten Gesellschaft ist. Dahinter verbirgt sich jedoch mehr: Der »Mensch« hat auch einen lebendigen Archetypus repräsentiert, an dem beide Geschlechter nolens volens teilhatten. Eine gesamte Zivilisation und Welt ist von seiner aktiven, kreativen und problematischen Präsenz geprägt worden. Dieses Buch hat in der Tat die Geschichte des »westlichen Menschen« erzählt, in all seiner tragischen Pracht, Blindheit und – wie ich glaube – in seinem Wachstum zur Selbstüberwindung.

Irgendwann in der Zukunft wird die gedankenlose Verwendung männlicher Verallgemeinerungen wahrscheinlich verschwinden. Sollte dieses Buch dann in diesem neuen Zusammenhang gelesen werden, wird die wesentliche Rolle, die die besondere Konstruktion des Menschlichen unter der Signatur »Mensch« in dieser Erzählung spielt, noch deutlicher ins Auge fallen. Auch die vielen – psychologischen, sozialen, kulturellen, geistigen, spirituellen, ökologischen, kosmologischen – Verästelungen des dann historischen Gebrauchs werden entsprechend deutlich werden. Wenn die geschlechtsbezogene Sprache nicht mehr gültige Norm ist, dann wird sich das gesamte kulturelle Weltbild in einer neuen Ära befinden. Die typischen alten Sätze und Phrasen, die Art des menschlichen Selbstbildes, der Ort der Menschheit im Kosmos, ihr Platz im Kontext der Natur, ja das Wesen des menschlichen Dramas – alles wird sich radikal verändert haben. Wie die Sprache funktioniert, funktioniert auch das Weltbild – und umgekehrt.

10 Zwei wichtige Problembereiche dieser umfassenden Dialektik sollten hier erwähnt werden. Zunächst läßt sich in der Entwicklung des westlichen Denkens in all ihren Stadien – wie die Darstellung und die verschiedenen Anmerkungen nahegelegt haben – das komplexe Zusammenspiel zwischen dem Männlichen und dem Weiblichen erkennen. Dabei kann es zu bedeutenden partiellen Wiedervereinigungen mit dem Weiblichen kommen, die mit den großen schöpferischen Wendepunkten der westlichen Kultur seit der Geburt der griechischen Zivilisation zusammenfallen. Jede Synthese und Geburt hat ein Stadium in der weit umfassenderen Dialektik des Männlichen und Weiblichen konstituiert, von der ich glaube, daß sie es ist, die die Geschichte des westlichen Geistes insgesamt bestimmt.

Verwoben in diese sich entfaltende männlich-weibliche Evolution ist ein zweiter dialektischer Prozeß, der in der historischen Darstellung eine explizitere Rolle gespielt hat und bei dem eine grundlegende archetypische Polarität in der Natur des Männlichen eine Rolle spielt. Auf der einen Seite läßt sich das männliche Prinzip – nochmals: bei Männern und Frauen – als eine Art prometheischer Impuls begreifen: ruhelos, heroisch, rebellierend und revolutionär, individualistisch und innovativ, stets auf der Suche nach Freiheit, Autonomie, Veränderung und Neuem. Auf der anderen Seite steht seine Ergänzung und sein Gegenteil, der saturnische Impuls: konservativ, stabilisierend, beherrschend; das ist jenes Moment, das danach strebt, zu bewahren, zu ordnen, zu bändigen, zu unterdrücken – die juridischstrukturell-hierarchische Seite des Männlichen, die sich im Patriarchat ausdrückte.

Die beiden Seiten des Männlichen – Prometheus und Saturn, Sohn und Vater – setzen einander wechselseitig voraus. Jede fordert, ruft hervor und wächst in ihr Gegenteil. Im großen Maßstab läßt sich von dieser dynamischen Spannung zwischen den beiden Prinzipien sagen, sie konstituiere jene Dialektik, die die »Geschichte« – politisch, intellektuell, spirituell – vorantreibt. Es ist diese Dialektik, die das innere Geschehen während des gesamten *Dramas des westlichen Geistes* bestimmt hat: das nicht nachlassende, dynamische Zusammenspiel von Ordnung und Wandel, Autorität und Rebellion, Kontrolle und Freiheit, Tradition und Innovation, Struktur und Revolution. Ich denke jedoch, daß diese machtvolle Dialektik in eine größere, umfassendere Dialektik eingebunden ist und von ihr angetrieben wird: einer Dialektik des Weiblichen, des »Lebens«.

CHRONOLOGIE

I. DAS GRIECHISCHE
WELTBILD

2000	Beginn der Wanderungen griechischsprachiger indoeuropäischer Völker in den Ägäis-Raum
1950	Hebräische Patriarchen ziehen von Mesopotamien nach Kanaan (traditionelle biblische Datierung)
1800	Frühe mesopotamische astronomische Beobachtungen aufgezeichnet
1700	Die Minoische Zivilisation auf Kreta befindet sich für die nächsten zweihundert Jahre auf ihrem Höhepunkt und beeinflußt das griechische Festland
1600	Schrittweise Fusion indoeuropäischer und prähellenischer Religionen des Mittelmeerraumes durch die Griechen
1450	Nach Invasionen und Naturkatastrophen bricht die minoische Zivilisation auf Kreta zusammen
1400	Aufstieg der mykenischen Zivilisation auf dem griechischen Festland
1250	Exodus der Hebräer aus Ägypten unter Moses
1200	Trojanischer Krieg mit den mykenischen Griechen
1100	Dorische Invasionen, Ende der mykenischen Vorherrschaft
1000	David vereint das Königreich Israel mit Jerusalem als Hauptstadt
950	Herrschaft Salomos, Bau des Tempels
900–700	Frühe Bücher der hebräischen Bibel verfaßt Homers *Ilias* und *Odyssee* geschrieben
776	Erste panhellenische olympische Spiele in Olympia ausgetragen
750	Ausbreitung der griechischen Kolonisation im Mittelmeerraum
740	Höhepunkt des Wirkens Jesaias in Israel
700	Hesiod, *Theogonie, Werke und Tage*
600	Höhepunkt des Wirkens von Thales von Milet, Geburt der Philosophie
594	Solon reformiert die Regierung von Athen und erläßt ein Gesetz über die öffentliche Rezitation homerischer Gedichte

II. DIE TRANSFORMATION
DER KLASSISCHEN ÄRA

III. DAS CHRISTLICHE WELTBILD

IV. DIE TRANSFORMATION
DES MITTELALTERS

V. DAS MODERNE
WELTBILD

1611	King-James-Übersetzung der Bibel ins Englische
	William Shakespeare, *Der Sturm*
1616	Die katholische Kirche erklärt die Kopernikanische Theorie für »falsch und fehlerhaft«
1618–48	Dreißigjähriger Krieg
1619	Johannes Kepler, *Harmonices mundi*, drittes Gesetz der Planetenbewegung
	René Descartes hat revolutionäre Vision einer neuen Wissenschaft
1620	Francis Bacon, *Novum Organum*
1623	Galileo Galilei, *Assayer*
	Jakob Böhme, Mysterium *Magnum oder Erklärung über das erste Buch Mosis*
1628	William Harvey, *Über die Bewegung des Herzens und des Blutes in tierischen Körpern*
1632	Galileo Galilei, *Dialog über die beiden hauptsächlichen Weltsysteme*
1633	Galileo Galilei von der Inquisition verdammt
1635	Gründung der Academie Française
1636	Gründung des Harvard College.
1637	Rene Descartes, *Discours de la methode (Methode des richtigen Vernunftgebrauchs)* Pierre Corneille, *Le Cid*
1638	Galileo Galilei, *Zwei neue* Wissenszweige
1640	Cornelius Jansen, *Augustinus*, Beginn des Jansenismus in Frankreich
1642–48	Englischer Bürgerkrieg
1644	René Descartes, *Principia Philosophiae (Grundlagen der Philosophie)*
	John Milton, *Areopagitica*
1647	William Lilly, *Christliche Astrologie*
1648	Der Westfälische Frieden beendet den Dreißigjährigen Krieg
1651	Thomas Hobbes, *Leviathan*
1660	Gründung der Royal Society
	Robert Boyle, *New Experiments Physico-Mechanical*
1664	Molière, *Tartuffe*
1665–66	Isaac Newton macht frühe wissenschaftliche Entdeckungen und entwickelt Differentialrechnung
1667	John Milton, *Das verlorene Paradies*
1670	Blaise Pascal, *Pensees (Über die Religion und über einige andere Gegenstände)*
1675	Ausbreitung des evangelischen Pietismus in Deutschland
1677	Spinoza, *Ethik*
	Jean Baptiste Racine, *Phaedra*
	Anthony van Leeuwenhoeks Entdeckung von Mikroorganismen
1678	John Bunyan, *The Pilgrim's Progress (Pilgerreise)*

607

VI. DIE TRANSFORMATION
DER MODERNE

1831	Alexander Puschkin, *Eugene Onegin*
	Victor Hugo, *Notre-Dame de Paris, Die Blätter des Herbstes*
	Michael Faraday entdeckt die elektromagnetische Induktion
	Charles Darwin beginnt fünfjährige Reise auf der *Beagle*
1832	Johann Wolfgang Goethe, *Faust 2. Teil*
	George Sand, *Indiana*
1833	Charles Lyell, *Prinzipien der Geologie*
	Ralph Waldo Emerson reist nach Europa, trifft Samuel Taylor Coleridge und Thomas Carlyle
1834	Thomas Carlyle, *Sartor Resartus*
1835	David Friedrich Strauss, *Das Leben Jesu, kritisch bearbeitet*
	Alexis de Toqueville, *Demokratie in Amerika*
	Charles Babbage formuliert die Vorstellung einer digitalen Rechenmaschine
1836	Ralph Waldo Emersons *Die Natur* begründet den Transzendentalismus
1837	Ralph Waldo Emersons Rede an die Amerikanischen Gelehrten
	Charles Dickens, *Die Pickwickier*
1841	Ludwig Feuerbach, *Das Wesen des Christentums*
1843	Sören Kierkegaard, *Entweder, Oder; Furcht und Zittern*
	John Stuart Mill, *System der induktiven und deduktiven Logik*
	John Ruskin, *Moderne Maler*
1844	Geburt Friedrich Nietzsches
	Ralph Waldo Emerson, *Essays*
1845	Margaret Fuller, *Women in the Nineteenth Century*
	Edgar Allan Poe, *Tales*
	Karl Marx und Friedrich Engels, *Die heilige Familie*
1848	Karl Marx und Friedrich Engels, *Manifest der kommunistischen Partei*
	Revolutionen brechen überall in Europa aus
	Frauenbewegung beginnt in den USA
1850	Rudolf Clausius formuliert das Konzept der Entropie und den zweiten thermodynamischen Satz
	Nathaniel Hawthorne, *Der scharlachrote Buchstabe*
1851	Herman Melville, *Moby Dick*
	Erste Weltausstellung in London
1854	Henry David Thoreau, *Waiden*
1855	Walt Whitman, *Grashalme*
1857	Gustave Flaubert, *Madame Bovary* Charles Baudelaire, *Die Blumen des Bösen*
1858	Charles Darwin und Alfred Russel Wallace propagieren die These von der natürlichen Auslese
1859	Charles Darwin, *Der Ursprung der Arten*

	John Stuart Mill, *Über die Freiheit*
	Richard Wagner, *Tristan und Isolde*
1860	Jacob Burckhardt, *Die Kultur der Renaissance in Italien*
	Oxforder Debatte über die Evolution zwischen Bischof Samuel Wilberforce und Thomas H. Huxley
1861	Johann Jakob Bachofen, *Das Mutterrecht*
1861–65	Amerikanischer Bürgerkrieg
1862	Victor Hugo, *Die Elenden*
1863	Proklamation der Emanzipation, Abraham Lincolns Gettysburg-Rede
1865	Gregor Mendel propagiert die Theorie des genetischen Erbes
1866	Ernst Haeckel, *Generelle Morphologie der Organismen*
	Fjodor Dostojewski, *Schuld und Sühne*
1867	Karl Marx, *Das Kapital*
1869	Leo Tolstoi, *Krieg und Frieden*
	Matthew Arnold, *Culture and Anarchy*
1871	Charles Darwin, *Die Abstammung des Menschen*
1871	Claude Monet, *Impression, Sonnenaufgang*
	George Eliot, *Middlemarch*
1873	James Clark Maxwell, *Treatise on Electricity and Magnetism*
1875	Jelena Petrowna Blavatsky gründet die Theosophische Gesellschaft
1877	Charles Peirce veröffentlicht erste Artikel über Pragmatismus
1878	Wilhelm Wundt gründet erstes Labor für experimentelle Psychologie
1879	Alvah Edison erfindet elektrische Kohlefaden-Lampe
	Gottlob Freges *Begriffschrift* initiiert die moderne Logik
	Henrik Ibsen, *Ein Puppenhaus*
1880	Fjodor Dostojewski, *Die Brüder Karamasow*
1881	Gottfried Ranke, *Universalgeschichte*
1883	Wilhelm Dilthey, *Einleitung in die Geisteswissenschaften*
1883–84	Friedrich Nietzsche, *Also sprach Zarathustra*
1884	Mark Twain, *Huckleberry Finn*
1886	Arthur Rimbaud, *Les Illuminations*
	Friedrich Nietzsche, *Jenseits von Gut und Böse*
	Ernst Mach, *Die Analyse der Empfindungen*
1887	Michelson-Morley-Experiment
1889	Vincent van Gogh, *Sternennacht*
1890	William James, *Prinzipien der Psychologie*
	James Frazer, *Der goldene Zweig*
1893	Francis Herbert Bradley, *Erscheinung und Wirklichkeit*
1894	Rudolf Steiner, *Die Philosophie der Freiheit*
	Leo Tolstoi, *Das Königreich Gottes liegt in euch*
	Heinrich Hertz, *Die Prinzipien der Mechanik*

1895	Oscar Wilde, *Ernst sein!*
	Emile Durkheim, *Die Regeln der soziologischen Methode*
1896	Antoine Henri Becquerel entdeckt Radioaktivität im Uran
	Alfred Jarry, *König Uhu*
	Anton Tschechov, *Die* Möwe
1897	William James, *Der Wille zum Glauben*
1898	Paul Cézannes Gemäldeserie zum *Mont Sainte-Victoire*
1900	Tod Friedrich Nietzsches
	Sigmund Freud, *Traumdeutung*
	Max Planck begründen die Quantenphysik
	Edmund Husserls *Logische Untersuchungen* begründen die Phänomenologie
	Wiederentdeckung der mendelschen Genetik
1901	Henry James, *Die Gesandten*
1902	William James, *Die religiöse Erfahrung in ihrer Mannigfaltigkeit*
1903	G. E. Moore, *Ablehnung des Idealismus; Principia Ethica*
	George Bernard Shaw, *Mensch und Übermensch*
	Erster motorgetriebener Flug der Gebrüder Wright
1905	Albert Einsteins Papiere über spezielle Relativität, photoelektrische Effekte, Brown'sche Bewegung
	Sigmund Freud, *Drei Essays über die Theorie der Sexualität*
	Max Weber, *Die protestantische Ethik und der Geist des Kapitalismus*
1906	Pierre Duhem, *Theorie der Physik*
	Mahatma Gandhi entwickelt die Philosophie des gewaltfreien Aktivismus
1907	William James, *Pragmatismus*
	Henri Bergson, *Schöpferische Entwicklung*
	Pablo Picasso, *Die Mädchen von Avignon*
	D. T. Suzuki, *Outline of Mahatma Buddhism* macht den Buddhismus im Westen bekannt
1909	Arnold Schönbergs erstes atonales Werk.
1910–13	Bertrand Russell und Alfred North Whitehead, *Principia Mathematica*
1912	Carl Gustav Jung, *Psychologie des Unterbewußten,* Bruch mit Freud
	Alfred Wegener postuliert die Theorie der Kontinentaldrift
1913	Rudolf Steiner begründet die Anthroposophie
	Igor Stravinsky, *Frühlingsoper*
	Marcel Proust, *Auf der Suche nach der verlorenen Zeit*
	David H. Lawrence, *Söhne und Liebhaber*
	Miguel de Unamuno, *Das tragische Lebensgefühl*
	Josiah Royce, *The Problem of Christianity*
	Henry Ford beginnt mit der Massenfabrikation von Automobilen

1982	Carol Gilligan, *Die andere Stimme. Lebenskonflikte und Moral der Frau*
	Aspect-Experiment bestätigt Beils Theorem
	Jonathan Schell, *The Fate of the Earth*
1983	Entdeckung der subatomaren W- und Z-Partikel
1984	Jean-Francoise Lyotard, *Das postmoderne Wissen*
1985	Evelyn Fox Keller, *Liebe, Macht und Erkenntnis*
	Michail Gorbatschow regt die Perestroika in der Sowjetunion an
1985–90	Schnelles Anwachsen des öffentlichen Bewußtseins der weltweiten ökologischen Krise
1989–90	Ende des Kalten Krieges, Zusammenbruch des Kommunismus in Osteuropa

BIBLIOGRAPHIE

Aischylos, *The extant plays in 2 vols. of The Complete Greek Tragedies,* hg. v. D. Grene u. R. Lattimore. Chicago: University of Chicago Press 1953–56 *(Sämtliche Tragödien.* Übers. v. Johann Gustav Droysen. München: Deutscher Taschenbuch Verlag 1972).

Aquinas, Thomas s. Thomas von Aquin

Aristoteles, *The Complete Works of Aristotle: The Revised Oxjord Translation,* hg. v. J. Barnes. 2 Bde. Princeton: Princeton University Press 1984 (Werke. 7 Bde. Übers. v. Olof Gigon. Zürich/Stuttgart: Artemis ^{2}1971).

Armitage, Angus, *Copernicus. The Founder of Modern Astronomy.* New York: Thomas Yoseloff 1957.

Armstrong, A. H., *The Cambridge History of Later Greek and Early Medieval Philosophy.* Cambridge: Cambridge University Press 1967.

Augustinus, Aurelius, *An Augustine Reader,* hg. v. J. J. O'Meara. Garden City, N.Y.: Doubleday 1973.

–, *Basic Writings of Saint Augustine.* Hg. v. W. J. Oates. 2 Bde. New York: Random House 1948.

–, *The City of God.* Übers. v. M. Dods. New York: Modern Library 1950 *(Vom Gottesstaat* [De civitate dei]. München: Deutscher Taschenbuch Verlag 1972).

–, *The Confessions.* Übers. v. J. K. Ryan. Garden City, N.Y.: Doubleday 1960.

–, *Works.* Hg. v. M. Dods. Edinburgh: Clark 1871–77 (Werke. Zürich/Stuttgart: Artemis 1950–55).

Bacon, Francis, ›Advancement of Learning; Novum Organum; The New Atlantis‹ in: *Great Books of the Western World,* Bd. 30, Chicago (Encyclopaedia Britannica) 1952 (Neues Organum der Wissenschaften. Darmstadt: Wissenschaftliche Buchgesellschaft 1974; Neu-Atlantis. Stuttgart: Reclam o. J.).

Bainton, Roland, *The Rejormation of the Sixteenth Century.* Boston: Beacon Press 1985.

Barbour, Ian, *Myths, Models, and Paradigms: A Comparative Study in Science and Religion.* New York: Harper & Row 1974.

Barfield, Owen, ›Coleridge's Philosophical Lectures‹, in: *Towards 3, 2* (1989), S. 27–30.

–, –, *Saving the Appearences: A Study in Idolatry.* Middletown, Conn.: Wesleyan University Press ^{2}1988 *(Evolution – der Weg des Bewußtseins: Zur Geschichte des europäischen Denkens.* Übers. v. M. Wülfing. Aachen: Werth 1991).

Barnett, Lincoln, *The Universe and Dr. Einstein.* Überarb. Ausgabe. New York: William Morrow 1972.

Barnhard, Bruno, ›Monastic Wisdom and the World of Today‹, in: *Monastic Studies* 16 (1985), S. 11–138.

–, –, ›The Sophia Hypothesis‹, Thesenpapier des Symposiums *The Feminine Wisdom Traditions and Creation Spirituality in Christianity* anläßlich der Konferenz ›Gaia Conciousness: The Goddess and the Living Earth‹, California Institute of Integral Studies, San Francisco, April 1988.

Barzun, Jacques, *Classic, Romantic, and Modern.* Chicago: University of Chicago Press 1975.

–, –, *Darwin, Marx, Wagner: Critique of a Heritage.* Chicago: University of Chicago Press [2]1981.

Bate, William Jackson, ›The Crisis in English Studies‹, in: *Harvard Magazine*, Sept./Okt. 1982, S. 46–53.

Bateson, Gregory, *Mind and Nature. A Necessary Unity* New York: Dutton 1979 *(Geist und Natur. Eine notwendige Einheit.* Übers. v. H. G. Holl. Frankfurt/Main: Suhrkamp 1993).

–, –, *Steps to an Ecology of Mind.* New York: Ballantine 1972 *(Ökologie des Geistes.* Frankfurt/Main: Suhrkamp 1985).

Baudelaire, Charles, *Les Fleurs du Mal.* Übers. v. F. Duke. Charlottesville: University Press of Virginia 1961 *(Die Blumen des Bösen.* Übers. v. C. Fischer. Neuwied: Luchterhand 1962).

Baynes, Kenneth, James Bohman, Thomas McCarthy (Hg.), *After Philosophy: End or Transformation?* Cambridge: MIT Press 1987.

Beauvoir, Simone de, *The Second Sex.* ÜberS. u. hg. v. H. M. Parshley New York: Alfred A. Knopf 1953 *(Das andere Geschlecht. Sitte und Sexus der Frau.* Übers. v. U. Aumüller u. G. Osterwald. Reinbek: Rowohlt 1992).

Beckett, Samuel, *Endgame.* New York: Grove Press 1958 *(Endspiel.* Übers. v. E. Tophoven. Frankfurt/Main: Suhrkamp 1960).

–, –, *Waitingfor Godot.* New York: Grove Press 1954 *(Warten auf Godot.* Übers. v. E. Tophoven. Frankfurt/Main: Suhrkamp 1953).

Bellah, Robert N., *Beyond Belief: Essays on Religion in a Post-Traditional World.* New York: Harper and Row 1970.

Benz, Ernst Wilhelm, *The Eastern Orthodox Church: Its Thought and Life.* Übers. v. R. Winston und C. Winston. Garden City, N.Y.: Doubleday 1963 *(Geist und Leben der Ostkirche.* Reinbek: Rowohlt 1957).

–, –, *Evolution and Christian Hope: Man's Concept of the Future from the Early Fathers to Teilhard de Chardin.* Übers. v. H. G. Frank. Garden City, N.Y.: Doubleday 1968.

Bergson, Henri, *Creative Evolution.* Übers. v. a. Mitchell. New York: Modern Library 1944 *(Schöpferische Entwicklung.* Übers. v. Gertrud Kantorowicz. Düsseldorf: Eugen Diederichs 1912).

Berkeley, George, ›The Principles of Human Knowledge‹, in: *Great Books of the*

Western World, Bd. 35, Chicago (Enzyklopaedia Britannica), 1952 *(Eine Abhandlung über die Prinzipien der menschlichen Erkenntnis*. Übers. v. F. Überweg. Hamburg: Meiner 1979).

Bernstein, Richard J. (Hg.), *Habermas and Modernity*. Cambridge: MIT Press 1985.

–, –, ›Metaphysics, Critique, Utopia‹, in: *Review of Metaphysics* 42 (1988), S. 255–273.

Bibel, autorisierte King James Fassung. Wheaton, Ill.: Tyndale House 1981.

Bibel, *The New Oxford Annotated Bible with the Apocrypha*, erweiterte und überarbeitete Fassung. Hg. v. H. G. May u. B. M. Metzger. New York: Oxford University Press 1977.

Bibel, die, oder die ganze Heilige Schrift des Alten und Neuen Testaments. Nach der deutschen Übersetzung Martin Luthers. Stuttgart: Württembergische Bibelanstalt 1956.

Blake, William, *The Poetry and Prose of William Blake*. Hg. v. D. V. Erdman, Kommentar v. H. Bloom. Garden City, N.Y.: Doubleday 1970.

Boas, George, *Dominant Themes of Modern Philosophy: A History*. New York: Ronald 1957.

Boethius, *The Consolation of Philosophy*. Übers. v. R. Green. Indianapolis: BobbsMerrill 1962 *(Trost der Philosophie*. Übers. v. E. Gegenschatz u. O. Gigon. München: Deutscher Taschenbuch Verlag 1991).

Bohm, David, *Wholeness and the Implicate Order*. London: Routledge & Kegan Paul 1980 *(Die implizite Ordnung: Grundlagen eines dynamischen Holismus*. München: Dianus-Trikont 1985).

Bohr, Niels, *Atomic Physics and the Description of Nature*. Cambridge: Cambridge University Press 1934 *(Das Bohrsche Atommodell*. Stuttgart: Baltenberg 1954).

Bonner, Gerald, *The Spirituality of St. Augustine and Its Influence on Western Mysticism*, in: Sobornost 4, 2, (1982), S. 143–162.

Bornkamm, Gunther, Jesus *of Nazareth*. Übers. v. I. McLuskey u. F. McLuskey u. J. M. Robinson. New York: Harper & Row 1975 *(Jesus von Nazareth*. Stuttgart: Kohlhammer 1995).

Bouyer, Louis, *The Spirituality of the New Testament and the Fathers*. Übers. v. M. P. Ryan. New York: Seabury 1982.

Bridgman, Percy William, *The Logic of Modern Physics*. New York: Macmillan 1946.

Brodrick, James, *The Life and Work of Blessed Robert Francis Cardinal Bellarmine. 2* Bde. London: Longmans, Green 1950.

Brome, Vincent, *Jung: Man and Myth*. New York: Atheneum 1978.

Bronowski, Jacob/Mazlish, Bruce, *The Western Intellectual Tradition: From Leonardo to Hegel*. New York: Harper & Row 1960.

Brown, Norman, O., *Love's Body*. New York: Random House 1968.

Brown, Raymond E., *Biblical Reflections on Crisis Facing the Church*. New York: Paulist Press 1975.

Burckhardt, Jakob, *The Civilisation of the Renaissance in Italy.* Übers. v. S. Middlemore. New York: Harper Torchbook 1958 *(Die Kultur der Renaissance Italiens.* Hg. u. eingel. v. W. Rehm. Stuttgart: Reclam [11]1989).

Burnaby, J., *Amor Dei: A Study of the Religion of Saint Augustine.* London: Hodder & Stoughton 1938.

Butterfield, Herbert, *The Origins of Modern Science, 1300–1800.* Überarb. Ausgabe. New York: Free Press 1965.

–, –, *Writings on Christianity and History.* Hg. v. C. T. McIntyre. Oxford: Oxford University Press 1979.

Byron, George Gordon Lord, *Lord Byron: Selected Letters and Journals.* Hg. v. L. A. Marchand. Cambridge: Cambridge University Press 1982 *(Briefe und Tagebücher.* Übers. v. Friedrich Burschell. Frankfurt/Main/Hamburg: Fischer Bücherei 1960).

Campbell, Joseph, *The Hero with a Thousand Faces.* Princeton: Princeton University Press [2]1968 *(Der Heros in tausend Gestalten.* Übers. v. K. Koehne. Frankfurt/Main: Suhrkamp 1993).

–, –, *The Masks of God.* Bd. 3: Occidental Mythology. New York: Viking 1964 *(Die Masken Gottes.* 4 Bde. Übers. v. H.-U. Möhring. München: Deutscher Taschenbuch Verlag 1996).

Camus, Albert, *The Myth of Sisyphus and Other Essays.* Übers. v. J. O'Brian. New York: Random House 1959 *(Der Mythos von Sisyphus. Ein Versuch über das Absurde.* Übers. v. H. G. Brenner u. W. Rasch. Reinbek: Rowohlt 1963).

–, –, *The Stranger.* Übers. v. S. Gilbert. New York: Random House 1954 *(Der Fremde.* Übers. v. G. Goyert u. H. G. Brenner. Reinbek: Rowohlt 1963).

Capra, Fritjof, *The Tao of Physics: An Exploration of the Parallels Between Modern Physics and Eastern Mysticism.* Berkeley: Shambhala 1975 *(Das Tao der Physik: Die Konvergenz von westlicher Wissenschaft und östlicher Philosophie.* Bern: Scherz [8]1986).

–, –, *The Turning Point: Science, Society, and The Rising Culture.* New York: Simon and Schuster 1982 *(Wendezeit: Bausteine für ein neues Weltbild.* Übers. v. E. Schumacher. München: Deutscher Taschenbuch Verlag 1994).

Carnap, Rudolf, ›The Rejection of Metaphysics‹, in: *20th Century Philosophy: The Analytic Tradition,* hg. v. M. Weitz. New York: Free Press 1966.

Caspar, Max, *Kepler.* Hg. u. Übers. v. C. D. Hellman. London: Abelard-Schumann 1959 *(Johannes Kepler.* Stuttgart: Verlag für die Geschichte der Naturwissenschaft und Technik 1995).

Cassirer, Ernst, *The Philosophy of Symbolic Forms.* Übers. v. R. Manheim. 3 Bde. New Haven: Yale University Press 1955–57 *(Philosophie der symbolischen Formen.* Darmstadt: Wissenschaftliche Buchgesellschaft o. J.).

Castiglione, Baldesar, *The Book of the Courtier.* Übers. v. G. Bull. Baltimore: Penguin 1976.

Cellini, Benvenuto, *The Autobiography of Benvenuto Cellini*. Übers. v. J. A. Symonds. New York: Modern Library 1985 *(Das Leben des Benvenuto Cellini, von ihm selbst geschrieben*. Übers. v. J. W. Goethe. Frankfurt/Main: Insel-Verlag ⁷1996).

Chadwick, Henry, *Early Christian Thought and the Classical Tradition: Studies in Justin, Clement and Origen*. Oxford: Oxford University Press 1966.

Chenu, Marie-Dominique, *Nature, Man, and Society in the Twelfth Century: Essays on New Theological Perspectives in the Latin West*, hg. u. übers. v. J. Taylor u. L. K. Little. Chicago: University of Chicago Press 1983.

–, –, *Toward Understanding Saint Thomas*. Übers. v. a. M. Landry u. D. Hughes. Chicago: University of Chicago Press 1964 *(Das Werk des Hl. Thomas von Aquin. Graz:* Styria ²1982).

Chodorow, Nancy J., *Feminism and Psychoanalytic Theory*. New Haven: Yale University Press 1989.

–, –, *The Reproduction of Mothering: Psychoanalysis and the Sociology of Gender*. Berkeley: University of California Press 1978 *(Das Erbe der Mütter: Psychoanalyse und Soziologie der Geschlechter*. Übers. v. G. v. Mühlen-Achs. München: Frauenoffensive 1985).

Chroust, Anton-Hermann, *Aristotle: New Light on His Life and on Some of His Lost Works. 2* Bde. Notre Dame: University of Notre Dame Press 1973.

Cicero, Marcus Tullius, *The Basic Works of Cicero*. Hg. v. M. Hadas. New York: Modern Library 1951 (vgl. *Sämtliche Reden. 1* Bde. Übers. v. Manfred Fuhrmann. Zürich/Stuttgart: Artemis-Verlag 1982; Staatstheoretische Schriften, Übers. v. Konrat Ziegler. Berlin: Akademie-Verlag ⁴1988).

–, –, *De Natura Deorum;* Academica. Cambridge: Harvard University Press 1972.

Clemens von Alexandria, ›The Exhortation to the Heathen‹, in: *The Ante-Nicene Fathers*. Hg. v. a. Roberts u. J. Donaldson. Bd. 2. Grand Rapids, Mich.: Wm. B. Erdmans 1967 (vgl. *Auswahl aus seinen Werken. 2* Bde. Übers. v. O. Stählin. 1968).

Cohen, 1. Bernard, *Revolution in Science*. Cambridge: Harvard University Press 1985 *(Revolutionen in der Wissenschaft*. Übers. v. W. Kutschmann. Frankfurt/Main: Suhrkamp 1994).

Coleridge, Samuel T., *The Portable Coleridge*. Hg. v. I. A. Richards. New York: Viking 1950.

Colorado, Pam, ›Bridging Native and Western Science‹, in: *Convergence* 21, 2/3 (1988), S. 49–68.

Comte, Auguste, *Introduction to Positive Philosophy*. Hg. v. F. Ferre. Indianapolis: Bobbs-Merrill 1970 *(Rede über den Geist des Positivismus*. Übers. v. I. Fetscher. Hamburg: Meiner 1994).

Condorcet, Antoine-Nicolas, Marquis de, *Sketch for a Historical Picture of the Progress of the Human Mind*. Übers. v. J. Barraclough. Westport, Conn.: Hyperion, 1979 *(Entwurf einer historischen Darstellung der Fortschritte des menschlichen Geistes*. Frankfurt/Main: Suhrkamp o. J.).

Copernicus, Nicolaus s. Kopernikus, Nikolaus

Cornford, F. M., *Plato's Cosmology.* London: Routledge 1966.

Curry, Patrick, *Prophecy and Power: Astrology in Early Modern England.* Princeton: Princeton University Press 1989.

Cutler, Donald R. (Hg.), *The Religious Situation: 1968.* Boston: Beacon Press 1968.

Dante, Alighieri, *The Banquet.* Übers. v. K. Hillard. London: Routledge & Kegan Paul 1889 *(Das Gastmahl.* Übers. v. F.-R. Hausmann. München: Fink 1986).

–, –, *The Divine Comedy.* Übers. v. C. C. Singleton. 3 Bde. Princeton: Princeton University Press 1973–75 *(Die göttliche Komödie.* Übers. v. H. Gmelin. Stuttgart: Klett 1974).

Danto, Arthur C, *The Philosophical Disenfranchisement of Art.* New York: Columbia University Press 1986 *(Die philosophische Entmündigung der Kunst.* Übers. v. K. Lauer. München: Fink 1989).

Darwin, Charles, *The Descent of Man and Selection in Relation to Sex.* Princeton: Princeton University Press 1981 *(Die Abstammung des Menschen.* Übers. v. J. V. Carus. Wiesbaden: Fourier 1992).

–, –, *The Origin of Species.* New York: Dutton 1971 *(Die Entstehung der Arten durch natürliche Zuchtwahl.* Übers. v. C. v. Neumann. Stuttgart: Reclam 1995).

de Beer, Sir Gavin, *Charles Darwin: A Scientific Biography.* Garden City, N.Y.: Doubleday 1965.

Derrida, Jacques, *Margins of Philosophy.* Übers. v. a. Bass. Chicago: University of Chicago Press 1982 *(Randgänge der Philosophie.* Wien: Passagen-Verlag 1988).

–, –, *Writing and Difference.* Übers. v. a. Bass. Chicago: University of Chicago Press 1978 *(Die Schrift und die Differenz.* Übers. v. R. Gasche. Frankfurt/ Main: Suhrkamp 1978).

Descartes, Rene, *The Philosophical Works of Descartes.* Übers. v. E. S. Haidane u. G. R. T. Ross. 2 Bde. New York: Dover 1955 *(Philosophische Schriften: in einem Band.* Hamburg: Meiner 1996).

Dewey, John, *Experience and Nature.* Überarb. Ausg. La Salle, Ill.: Open Court 1971 *(Erfahrung und Natur.* Übers. v. M. Suhr. Frankfurt/Main: Suhrkamp 1995).

–, –, *The Quest for Certainty: A Study of the Relation of Knowledge and Action.* New York: Minton, Balch 1929 *(Die Suche nach Gewißheit.* Übers. v. M. Suhr. Frankfurt/Main: Suhrkamp 1978).

Dijksterhuis, E. J., *The Mechanization of the World Picture: Pythagoras to Newton.* Übers. v. C. Dikshoorn. Princeton: Princeton University Press 1986 *(Die Mechanisierung des Weltbildes.* Berlin: Springer 1983).

Dodds, Eric R., *The Ancient Concept of Progress.* Oxford: Clarendon Press 1973 (Der Fortgeschrittsgedanke in der Antike. Zürich: Artemis 1977).

–, –, *The Greeks and the Irrational.* Berkeley: University of California Press 1951

(Die Griechen und das Irrationale. Darmstadt: Wissenschaftliche Buchgesellschaft ²1994).

–, –, *Pagan and Christian in an Age of Anxiety: Some Aspects of Religious Experience from Marcus Aurelius to Constantine.* New York: Norton 1970 *(Heiden und Christen in einem Zeitalter der Angst: Aspekte religiösen Erlebens von Mark Aurel bis Konstantin.* Übers. v. H. Finck-Eitel. Frankfurt/Main: Suhrkamp 1988).

Dostojewski, Fjodor: *The Brothers Karamazov.* Übers. v. C. Garnett. New York: Modern Library 1933 (Die *Brüder Karamasow.* Übers. v. E. K. Rasin. München: Piper 1949).

–, –, *Crime and Punichment.* Übers. v. C. Garnett. New York: Modern Library 1950 *(Schuld und Sühne.* Übers. v. V. Lesowsky Wiesbaden, Berlin: Vollner 1961).

–, –, *Notes from Underground,* hg. u. Übers. v. M. Katz. New York: Norton 1989.

Dreyer, J. L. E., *A History of Astronomy from Thales to Kepler.* New York: Dover ²1953.

Duhem, Pierre, *To Save the Phenomena: An Essay on the Idea of Physical Theory from Plato to Galileo.* Übers. v. E. Doland u. C. Maschler. Chicago: University of Chicago Press 1969.

Eckman, Barbara, *Jung, Hegel, and the Subjective Universe,* in: Spring 1986, S. 88–89.

Edinger, Edward F., *Ego and Archetype: Individuation and the Religious Function of the Psyche.* Baltimore: Penguin 1973.

Edwards, Jonathan, ›Apocalyptic Writings‹, in: *The Works of Jonathan Edwards,* Bd. 5, hg. v. S. J. Stein. New Haven: Yale University Press 1977.

Einstein, Albert, *The Meaning of Relativity.* Princeton: Princeton University Press ⁵1956 *(Grundzüge der Relativitätstheorie.* Braunschweig: Vieweg 1956).

–, –, *Relativity, The Special and the General Theory.* Übers. v. R. W. Lawson. New York: Crown 1961 *(Über die spezielle und allgemeine Relativitätstheorie.* Braunschweig: Vieweg 1965).

Eliade, Mircea, *Cosmos and History: The Myth of the Eternal Return.* Übers. v. W. R. Trask. New York: Harper & Row 1954 *(Kosmos und Geschichte. Der Mythos der ewigen Wiederkehr.* Übers. v. G. Spaltmann. Frankfurt/Main: Insel 1994).

Eliot, Thomas S., *Complete Poems and Plays.* New York: Harcourt, Brace & World 1971.

Emerson, Ralph Waldo, *The Collected Works.* 4 Bde, hg. v. a. R. Ferguson u. a. Cambridge: Harvard University Press 1979–87 (Werke. Frankfurt/Main: Suhrkamp o. J.).

Engelsman, Joan Chamberlain, *The Feminine Dimension Of the Divine.* Wilmette, Ill.: Chiron 1987.

Erasmus, Desiderius, *The Epistles of Erasmus.* Übers. v. F. M. Nichols. London: Longmans, Green 1901 (vgl. *Ausgewählte Schriften.* 8 Bde. Hg. v. W. Welzig. Darmstadt: Wissenschaftliche Buchgesellschaft o. J.).

Erikson, Erik, *Childhood and Society.* New York: Norton ²1950 *(Kindheit und Gesellschaft.* Übers. v. M. v. Eckhardt-Jaffé. Zürich, Stuttgart: Pan 1957).

Euripides, ›The extant plays in 5 vols.‹, in: *The Complete Greek Tragedies*, hg. v. D. Grene u. R. Lattimore. Chicago: University of Chicago Press 1955–59 (Ausgewählte Tragödien. Übers. v. E. Buschor. Düsseldorf: Artemis und Winkler o. J.).

Evans, Donald, *Can We Know Spiritual Reality?*, in. Commonweal, 13. July 1984.

Fairbairn, W. R. D, *An Objekt-Relations Theory of the Personality* New York: Basic Books 1952.

Fenichel, Otto, *The Psychoanalytic Theory of Neurosis.* New York: Norton 1945.

Ferenczi, Sandor, *Thalassa: A Theory of Geniality* Übers. v. H. A. Bunker. New York: Norton 1968.

Ferguson, W. K., u. a.: *Renaissance: Six Essays.* New York: Harper Torchbook 1962.

Feyerabend, Paul, *Against Method: Outline of an Anarchistic Theory of Knowledge.* Überarb. Ausg. London: Verso 1988 *(Wider den Methodenzwang.* Frankfurt/Main: Suhrkamp 1986).

–, –, *Science in a Free Society.* London: Verso 1978 *(Erkenntnis für freie Menschen.* Frankfurt/Main: Suhrkamp 1980).

Ficino, Marsiglio, *The Book of Life.* Übers. v. C. Boer. Irving, Tex.: Spring Publications 1980.

–, –, *The Letters of Marsilio Ficino.* Übers. vom Sprachen-Department der School of Economic Science, London. 2 Bde. Vorwort v. P. O. Kristeller. London: Shepheard-Walwyn 1975 *(Briefe von Marsilius Ficino.* Übers. v. K. Markgraf v. Montoriola. Haarlem: Rozelius Pers 1992).

–, –, *Platonic Theology*, ausgewählte Passagen. Übers. v. J. L. Burroughs, Journal of the History of Ideas, 5, 2 (1944), S. 227–239 *(Traktate zur Platonischen Philosophie.* Übers. v. Elisabeth Blum. Berlin: Akademie-Verlag 1993). Findlay John N., *Ascent to the Absolute.* London: Allen and Unwin 1970.

–, –, *Flegel: A Re-examination.* New York: Humanities Press 1958.

Finley, John H., *Four Stages of Greek Thought.* Stanford: Standford University Press 1966.

Foucault, Michel, *The Archeology of Knowledge.* Übers. v. a. M. Sheridan Smith. London: Tavistock 1972 *(Archäologie des Wissens.* Übers. v. U. Koppen. Frankfurt/Main: Suhrkamp 1981).

–, –, Power/Knowledge, *Selected Interviews and Other Writings*, hg. v. C. Gordon. New York: Pantheon 1980.

Fox, Robin Lane, *Pagans and Christians.* New York: Alfred A. Knopf 1987.

Frank, Francine Wattman, Paula A. Treichler, *Language, Gender, and Projessional Writing.* New York: Modern Language Association 1989.

Freeman, Kathleen (Hg. u. Übers.), *Ancilla to the Pre-Socratic Philosophers: A Complete Translation of the Fragments.* Cambridge: Harvard University Press 1983.

Freud, Anna, *The Ego and the Mechanisms of Defense.* Überarb. Ausg. New York: International Universities Press 1966 *(Das Ich und die Abwehrmechanismen.* Frankfurt/Main: Fischer [18]1996).

Freud, Sigmund, *The Standard Edition of the Complete Works of Sigmund Freud,* hg. v. J. Strachey 21 Bde. New York: Hogarth 1955 61 *(Gesammelte Werke in Einzelbänden.* Frankfurt/Main: Fischer 1960 ff.).

Fromm, Erich, *The Dogma of Christ and Other Essays On Religion, Psychology, and Culture.* New York: Holt, Rinehart & Winston 1963 *(Die Entwicklung des Christusdogmas.* Gesamtausgabe, Bd. 8. Stuttgart: Deutsche Verlags Anstalt 1980).

Gadamer, Hans-Georg, *Truth and Method.* Übers. v. G. Barden und J. Cumming. New York: Seabury 1970 *(Wahrheit und Methode. Grundzüge einer philoso-phischen Hermeneutik.* 4 Bde. Tübingen: Mohr [6]1990).

Galbraith, John Kenneth, *The New Industrial State.* Boston: Houghton Mifflin [4]1985.

Galilei, Galileo, *Dialogue Concerning the Two Chief World Systems – Ptolemaic and Copernican.* Übers. v. S. Drake. Berkeley: University of California Press 1953.

–, –, *Discoveries and Opinions of Galileo.* Übers. v. S. Drake. New York: Double-day 1957.

–, –, *Sidereus Nuncius, or, The Sidereal Messenger.* ÜberS. u. Einl. v. a. van Hel-den. Chicago: University of Chicago Press 1989 *(Sidereus Nuncius. Dialog über Weltsysteme, Vermessung der Höhle Dantes u. a.* Hg. v. H. Blumenberg. Frankfurt/Main: Suhrkamp 1965).

–, –, Two New *Sciences.* Übers. v. S. Drake. Madison: University of Wisconsin Press 1974 *(Unterredungen und mathematische Demonstrationen über zwei neue Wissenszweige.* Darmstadt: Wissenschaftliche Buchgesellschaft 1964).

Garin, Eugenio, *Italian Humanism.* Übers. v. P. Munz. Oxford: Blackwell 1965 *(Der italienische Humanismus.* Übers. v. G. Zambioni. Bern: Francke 1947).

Garraty John A., Peter Gay (Hg.), *The Columbia History of the* World. New York: Harper & Row 1972.

Geertz, Clifford, *From the Native's Point of View: On the Nature of Anthropologi-cal Understanding,* in: Interpretive Social Science: A Reader. Hg. v. P. Rabinow u. W. M. Sullivan. Berkeley: University of California Press 1979.

Gellner, Ernest, *The Legitimation of Belief.* Cambridge: Cambridge University Press 1975.

Gibbon, Edward, *The Decline and Fall of the Roman Empire.* 3 Bde. New York: Modern Library 1977 *(Verfall und Untergang des römischen Reiches.* Übers. v. J. Sporschil. Frankfurt/Main: Eichborn 1992).

Gilkey Langdon, *Religion and the Scientific Future: Reflections on Myth, Science, and Theology.* New York: Harper & Row 1970.

Gilligan, Carol, *In a Different Voice: Psychological Theory and Women's Develop-ment.* Cambridge: Harvard University Press 1982 *(Die andere Stimme:*

Lebenskonflikte und Moral der Frau. Übers. v. B. Stein. München: Piper 1984).

Gilson, Etienne, *The Christian Philosophy of St. Thomas Aquinas.* Übers. v. L. K. Shook. New York: Random House 1956.

–, –, *History of Christian Philosophy in the Middle Ages.* New York: Random House 1955 *(Die Geschichte der christlichen Philosophie von ihrem Anfang bis Nikolaus v. Cues.* Paderborn: Schöningh o. J.).

Gimbutas, Marija, *The Goddesses and Gods of Old Europe, 6500–3500 B. C.: Myths and Cult Images.* Überarb. Ausg. Berkeley: University of California Press 1982.

–, –, *The Language of the Goddess: Unearthing the Hidden Symbols of the Western Civilization.* San Francisco: Harper & Row 1989 *(Die Sprache der Göttin: Das verschüttete Symbolsystem der westlichen Zivilisation.* Übers. v. U. Rennert u. a. v. Struve. Frankfurt/Main: Zweitausendeins 1995).

Gingerich, Owen, ›From Copernicus to Kepler: Heliocentrism as Model and as Reality‹, in: *Proceedings of the American Philosophical Society* 117 (1973), S. 513–522.

–, –, ›Johannes Kepler and The New Astronomy‹, in: *Quarterly Journal of the Royal Astronomical Society* 13 (1972), S. 346–373.

Gleick, James, *Chaos: MäkingaNew Science.* New York: Viking 1988 *(Chaos – die Ordnung des Universums.* Übers. v. P. Prange. München: Droemer Knaur 1994).

Goethe, Johann Wolfgang von, ›Faust Part One and Two‹. Übers. v. G. M. Priest, in: *Great Books of the Western World,* Bd. 47, Chicago (Encyclopaedia Britannica) 1952 *(Werke. Hamburger Ausgabe.* Band 3: *Dramatische Dichtungen* I. München: Deutscher Taschenbuch Verlag 1932).

Gombrich, Ernst Hans Josef, *Art and Illusion: A Study in the Psychology of Pictorial Representation.* Princeton: Princeton University Press [2]1961 *(Kunst und Illusion.* Stuttgart: Belser 1978).

Graves, Robert, *The Greek Myths. 2* Bde. New York: Penguin 1960 *(Griechische Mythologie.* Übers. v. H. Seinfeld. Reinbek: Rowohlt o. J.).

Grenet, Paul, *Thomism.* Übers. v. J. F. Ross. New York: Harper & Row 1967.

Greymonat, Ludovico, *Galileo Galilei: A Biography and Inquiry into His Philosophy of Science.* Übers. v. S. Drake. New York: MacGraw-Hill 1965.

Grof, Stanislav, *Beyond The Brain: Birth, Death, and Transcendence in Psychotherapy.* Albany: State University of New York Press 1985 *(Geburt, Tod und Transzendenz: Neue Dimensionen der Psychologie.* Übers. v. W. Stifter. Hamburg: Rowohlt 1995).

–, –, LSD *Psychotherapy.* Pomona, Calif.: Hunter House 1980 *(LSD-Psychotherapie.* Übers. v. W. Krege. Stuttgart: Klett-Cotta 1983).

–, –, *Realms of the Human Unconscious: Observations from LSD Research.* New York: Viking 1975 *(Topographie des Unbewußten: LSD im Dienst der tiefenpsychologischen Forschung.* Übers. v. G. H. Müller. Stuttgart: Klett-Cotta 1993).

Grube, Georges M. A., *Plato's Thought*. Boston: Beacon Press 1958.

Gusdorf, Georges, *Speaking*. ÜberS. u. Einl. v. P. T. Brockelman. Evanston, Ill.: Northwestern University Press 1965.

Guthrie, William K. C, *The Greek Philosophers: From Thales to Aristotle*. New York: Harper Torchbook 1960 *(Die griechischen Philosophen von Thales bis Aristoteles*. Übers. v. G. Raabe. Göttingen: Vandenhoek & Ruprecht 1960).

–, –, A *History of Greek Philosophy*. 6 Bde. Cambridge: Cambridge University Press 1962–81.

Habermas, Jürgen, *Knowledge and Human Interests*. Übers. v. J. J. Shapiro. Boston: Beacon Press 1971 *(Erkenntnis und Interesse* Frankfurt/Main: Suhrkamp 1975).

Hall, Nor, *The Moon and the Virgin: Reßections on the Archetypal Feminine*. New York: Harper & Row 1980.

Hanson, N. R., *Patterns of Discovery: An Inquiry into the Conceptual Foundations of Science*. Cambridge: Cambridge University Press 1958.

Harding, Sandra, ›Is Gender a Variable in Conceptions of Rationality?‹, in: *Diolectica* 36 (1982), S. 225–242.

Harrison, Jane Ellen, *Prolegomena to the Study of Greek Religion*. Cambridge: Cambridge University Press [3]1922.

Hayman, Ronald, *Nietzsche: A Critical Life*. New York: Oxford University Press 1980 *(Nietzsche: Der mißbrauchte Philosoph*. München: Heyne 1985).

Heath, Sir Thomas L., *Aristarchus of Samos: The Ancient Copernicus*. Oxford: Clarendon 1913.

Hegel, Georg Wilhelm Friedrich, *Early Theological Writings*. Übers. v. T. M. Knox, Einl. v. R. Kroner. Philadelphia: University of Pennsylvania Press 1971.

–, –, *The Essential Writings*, hg. v. F. G. Weiss. New York: Harper & Row 1974.

–, –, *Introduction to the Lectures on the History of Philosophy*. Übers. v. T. M. Knox u. a. V. Miller. Oxford: Oxford University Press 1987.

–, –, *The Phenomenology of Spirit*. Übers. v. a. V. Miller. Oxford: Oxford University Press 1977.

–, –, *Philosophy of Mind*. Übers. v. W. Wallace, mit den Zusätzen in Boumans Text. Übers. v. a. V. Miller. Oxford: Clarendon 1971.

–, –, *Reason in History*. Übers. v. R. S. Hartman. Indianapolis: Bobbs-Merrill 1953.

–, –, Werke. Hg. v. E. Moldenhauer u. K. M. Michel. Frankfurt/Main: Suhrkamp 1971.

Heidegger, Martin, *Being and Time*. Übers. v. J. Macquarrie u. E. Robinson. New York: Harper & Row 1962 *(Sein und Zeit*. Tübingen: Niemeyer [17]1993).

–, –, ›Only a God can save us‹, Spiegel-Interview (1966), Übers. v. W. J. Richardson, in: *Heidegger: The Man and the Thinker,* hg. v. T. Sheehan. Chicago: Precedent 1981 (›Nur ein Gott kann uns retten‹, Interview in: *Der Spiegel* (Hamburg) 1966).

Heilbroner, Robert, *The Worldly Philosophers*. New York: Simon and Schuster 1980.

Heisenberg, Werner, *Physics and Philosophy: The Revolution in Modern Physics*. New York: Harper & Row 1962 *(Physik und Philosophie*. Stuttgart: Hirzel [5]1990).

Herbert, Nick, *Quantum Reality: Beyond the New Physics*. Garden City, N.Y.: Doubleday 1985 *(Quantenrealität*. München: Goldmann 1990).

Herder, Johann Gottfried, *Reflections on the Philosophy of the History of Mankind*, Einl. v. F. E. Manuel. Chicago: Chicago University Press 1968 *(Ideen zur Philosophie der Geschichte der Menschheit* [1774]; Werke in zehn Bänden. Hg. v. G. Arnold. Frankfurt/Main: Deutscher Klassiker Verlag o. J.).

Hesiod, *The Works and Days; Theogony, The Shield of Heracles*. Übers. v. R. Lattimore. Ann Arbor: University of Michigan Press 1959 *(Werke und Tage*. Übers. v. W. Marg. München: Deutscher Taschenbuch Verlag 1992; *Theogonie*. Übers. v. K. Alber. Sankt Augustin: Akademia-Verlag 1993).

Hesse, Mary, *Revolutions and Reconstructions in the Philosophy of Science*. Bloomington: Indiana University Press 1980.

Hill, Christopher, *The World Turned Upside Down: Radical Ideas During the English Revolution*. New York: Viking 1972.

Hillman, James, ›Anima Mundi: The Return of the Soul to The World‹, in: *Spring* 1982. Dallas: Spring Publications 1982, S. 71–93.

–, –, *Re-Visioning Psychology*. New York: Harper & Row 1975.

Hollingdale, R. J., *Nietzsche: The Man and His Philosophy*. Baton Rouge: Lousiana State University Press 1965.

Homer, *The Iliad*. Übers. v. R. Fitzgerald. Garden City, N.Y.: Doubleday 1974 *(Ilias*. Übers. v. R. Hampe. Stuttgart: Reclam 1994).

–, –, *The Odyssey*. Übers. v. R. Fitzgerald. Garden City, N.Y.: Doubleday 1961 *(Die Odyssee*. Übers. v. W. Schadewaldt. Reinbek: Rowohlt 1995).

Hugo von St. Viktor (Hugh of Saint Victor), *Didascalior,: A Medieval Guide to the Arts*. ÜberS. u. Einl. V. J. Taylor. New York: Columbia University Press 1961.

Hume, David, ›An Enquiry Concerning Human Understanding‹, in: *Great Books of the Western World*, Bd. 35, Chicago (Enzyclopaedia Britannica) 1952 *(Eine Untersuchung über den menschlichen Verstand*. Übers. v. Raoul Richter. Hamburg: Meiner [12]1993.

–, –, A *Treatise of Human Nature*, hg. v. L. A. Selby-Bigge. Oxford: Clarendon 1967 *(Ein Traktat über die menschliche Natur*. 2 Bde. Übers. v. Theodor Lipps. Hamburg: Meiner 1978).

Huxley, Aldous, *The Doors of Perception*. New York: Harper & Row 1970 *(Die Pforten der Wahrnehmung*. Übers. v. H. Herlitschka. München: Piper 1992).

Irenäus, ›Against Heresies‹, in: *The Ante-Nicene Fathers*, hg. v. a. Roberts u. J. Donaldson. Bd. 1. Grand Rapids, Mich.: Wm. B. Eerdmans 1967 *(Irenäus von Lyon*. [Werke]. Übers. v. Norbert Brot. Freiburg im Breisgau: Herder 1993 ff.).

Jackson, Timothy, ›The Theory and Practice of Discomfort: Richard Rorty and Pragmatism‹, in: *The Thomist* 51,2 (1987), S. 270–298.

Jäger, Werner, *Aristotle, Fundamentals of the History of His Development*. Übers. v. R. Robinson. New York: Oxford University Press 1948 *(Aristoteles: Grundlegung einer Geschichte seiner Entwicklung*. Berlin: Weidmann, 2. veränd. Aufl. 1955).

James, Henry, *The Art of Criticism: Henry James on the Theory and Practice of Fiction*, hg. v. W. Veeder u. S. Griffin. Chicago: University of Chicago Press 1986.

James, William, *A Pluralistic Universe*. Cambridge: Harvard University Press 1977 *(Das pluralistische Universum*. Übers. v. J. Goldstein. Darmstadt: Wissenschaftliche Buchgesellschaft 1994).

–, –, *Pragmatism and the Meaning of Truth*. Cambridge: Harvard University Press 1978 *(Der Pragmatismus: ein neuer Name für eine alte Denkmethode*. Übers. v. Wilhelm Jerusalem. Hamburg: Meiner [2]1994).

–, –, *The Principles of Psychology*. 2 Bde. Cambridge: Harvard University Press 1981.

–, –, *Varieties of Religious Experience*. Cambridge: Harvard University Press 1985.

–, –, *The Will to Believe*. Cambridge: Harvard University Press 1979.

Janson, H. W., *History of Art*. New York: Abrams [3]1986.

Jeans, Sir James, *Physics and Philosophy*. New York: Macmillan 1943 *(Physik und Philosophie*. Übers. v. L. Paneth. Zürich: Rascher/Konstanz: Pfister 1951).

Johannes vom Kreuz (John of the Cross), *Dark Night of the Soul*. ÜberS. u. hg. v. E. Allison Peers. Garden City, N.Y.: Image Books 1959 *(Sämtliche Werke*. 4 Bde. Übers. v. Irene Behn, Oda Schneider. Bd. 2: Die dunkle Nacht. Die Gedichte. Einsiedeln 1978).

Jones, Ernest, *The Life and Work of Sigmund Freud*. 3 Bde. New York: Basic Books 1953–57 *(Das Leben und Werk von Sigmund Freud*. 3 Bde. Übers. v. K. Jones u. G. Meili-Dworetzki. Berlin, Stuttgart: Huber 1962).

Jung, Carl G., *Collected Works of Carl Gustav Jung*. 20 Bde. Übers. v. R. F. C. Hull, hg. v. H. Read, M. Fordham, G. Adler u. W. McGuire. Bollingen Series XX. Princeton: Princeton University Press 1953–79 *(Gesammelte Werke*. Hg. v. M. Niehus-Jung, L. Hurwitz-Eisner u. F. Riklin. Zürich: Rascher 1958 ff.).

–, –, *Memories, Dreams, Reflections*. Überarb. Ausg., hg. v. a. Jaffé. Übers. v. R. Winston und C. Winston. New York: Pantheon 1973 *(Erinnerungen, Träume, Gedanken*. Hg. v. Aniéla Jaffé. Zürich, Stuttgart: Rascher 1962).

Kafka, Franz, *The Complete Stories*, hg. v. N. N. Glatzer. New York: Schocken 1971 *(Sämtliche Erzählungen*. Frankfurt: Fischer 1970).

–, –, *The Trial*. Übers. v. W. Muir und E. Muir. New York: Modern Library 1964 *(Der Prozeß*. Frankfurt/Main: Fischer 1979.)

Kant, Immanuel, *Critique of Practical Reason*. Übers. v. L. W. Beck. New York: Bobbs-Merrill 1956 *(Kritik der praktischen Vernunft.* Frankfurt/Main: Suhrkamp 1980).

–, –, *Critique of Pure Reason*. Übers. v. N. K. Smith. London: Macmillan 1968 *(Kritik der reinen Vernunft.* Frankfurt/Main: Suhrkamp 1980).

–, –, *Religion Within the Limits of Reason Alone*. Übers. v. T. M. Greene u. H. H. Hidson. La Salle, Ill.: Open Court ²1960.

–, –, *Werkausgabe* in 12 Bänden, hg. v. W. Weischedel. Frankfurt/Main: Suhrkamp o. J.

Keats, John, *Poems*, hg. u. Einl. v. E. De Selincourt. London: Methuen 1961 *(Gedichte.* Übers. v. H. Piontek. Frankfurt/Main: Insel 1995).

Keppin, William, *Some Deeper Implications of Chaos Theory*, Manuskript, San Francisco, California Institute of Integral Studies, 1990.

Keller, Evelyn Fox, A *Feeling for the Organism: The Life and Work of Barbara McClintock*. San Francisco: Freeman 1983 *(Barbara McClintock: die Entdeckerin der springenden Gene.* Übers. v. G. Bosch. Basel: Birkhäuser 1995).

–, –, *Reflections on Gender and Science*. New Haven: Yale University Press 1985 *(Liebe, Macht und Erkenntnis: Männliches oder weibliches Wissen?* München: Hanser 1986).

Kempen, Thomas von, *The Imitation of Christ*. Übers. v. L. Sherley-Price. Harmondsworth: Penguin 1952 *(Die Nachfolge Christi.* Übers. v. F. Braun. Graz, Wien: Styria 1949).

Kepler, Johannes, *The Harmonies of the World* (V), *und Epitome of Copernican Astronomy (IV u. V)*. Übers. v. C. G. Wallis, in: Great Books of the Western World, Bd. 16, Chicago (Enzyclopaedia Britannica) 1952.

–, –, ›On the More Certain Fundamentals of Astrology‹, Vorwort und Anmerkungen v. J. B. Brackenridge. Übers. v. a. A. Rossi, in: *Proceedings of the American Philosophical Society* 123, 2 (1079), S. 85–116.

–, –, *Gesammelte Werke*. Hg. v. W. v. Dyck u. M. Caspar. München: Beck o. J.

Kirk, Geoffrey S., *The Songs of Homer*. Cambridge: Cambridge University Press 1962.

Kirk, Geoffrey S./Raven, John E. (Hg.), *The Presocratic Philosophers: A Critical History with a Selection of Texts*. Cambridge: Cambridge University Press 1957 *(Die vorsokratischen Philosophen.* Übers. v. K. Hülser. Stuttgart: Metzler 1994).

Kopernikus, Nikolaus, ›On the Revolutions of the Heavenly Spheres‹. Übers. v. C. G. Wallis, in: *Great Books of the Western World*, Bd. 16, Chicago (Encyclopaedia Britannica) 1952 *(Über die Kreisbewegungen der Weltkörper.* Übers. v. C. L. Menzzer. Berlin: Akademie-Verlag o. J.).

–, –, *Three Copernican Treatises: The Commentariolus of Copernicus, the Letter against Werner, the Narratio Prima of Rheticus*. ÜberS. u. eingel. v. E. Rosen. New York: Columbia University Press 1938.

–, –, *Gesamtausgabe*. München: Oldenbourg o. J.

Koyre, Alexandre, *From the Closed World to the Infinite Universe*. Baltimore: John Hopkins University Press 1968 *(Von der geschlossenen Welt zum unendlichen Universum*. Frankfurt/Main: Suhrkamp 1980).

–, –, *The Astronomical Revolution: Copernicus, Kepler, Borelli*. Übers. v. R. E. W. Maddison. Ithaca: Cornell University Press 1973.

Kubrin, David, ›Newton's Inside Out: Magic, Class Slruggle, and the Rise of Mechanism in the West‹, in: *The Analytic Spirit*, hg. v. H. Woolf. Ithaca: Cornell University Press 1980.

Kuhn, Thomas S., *The Copernican Revolution: Planetary Astronomy and the Development of Western Thought*. Cambridge: Harvard University Press 1957 *(Die Kopernikanische Revolution*. Braunschweig/Wiesbaden: Vieweg 1981).

–, –, *The Structure of Scientific Revolutions*. Chicago: University of Chicago Press ²1970 *(Die Struktur wissenschaftlicher Revolutionen*. Übers. v. R. Simon. Frankfurt/Main: Suhrkamp 1973).

Laing, Ronald D., *The Divided Self*. New York: Penguin 1965 *(Das geteilte Selbst*. Übers. v. Chr. Tansella-Zimmermann. Köln: Kiepenheuer und Witsch 1994).

–, –, *The Politics of Experience*. Harmondsworth: Penguin 1967 *(Phänomenologie der Erfahrung*. Übers. v. K. Frigge u. W. Stein. Frankfurt/Main: Suhrkamp 1993).

Lakatos, Imre/Alan Musgrave (Hg.), *Criticism and the Growth of Knowledge*. Cambridge: Cambridge University Press 1983.

Landes, David S. A., *Revolution in Time: Clocks and the Making of the Modern World*. Cambridge: Harvard University Press 1983.

Lasch, Christopher, *The Culture of Narcissism: American Lije in the Age oj Diminishing Expectations*. New York: Norton 1979 *(Das Zeitalter des Nazismus*. Übers. v. S. Burmundt. Hamburg: Hoffmann und Campe 1995).

Leff, Gordon, *The Dissolution of the Medieval Outlook: An Essay on Intellectual and Spiritual Change in the Fourteenth Century*. New York: Harper & Row 1976.

Leonardo da Vinci, *Leonardo da Vinci*. Hg. v. G. Nicodemi u. a. New York: Reynal gemeinsam mit William Morrow 1956.

Lewtin, Shirley *R., Pursuit of Certainty*. Cambridge: Cambridge University Press 1965.

Levi, Albert William, *Philosophy and The Modern World*. Chicago: University of Chicago Press 1977.

Lévi-Strauss, Claude, *Structural Anthropology*. Übers. v. C. Jacobson u. B. G. Schoepf. New York: Doubleday 1967 *(Strukturale Anthropologie*. Übers. v. Hans Naumann. Frankfurt/Main: Suhrkamp 1967–75).

Locke, John, ›An Essay Concerning Human Understanding‹, in: *Great Books oj the Western World*, Bd. 35, Chicago (Enzyclopaedia Britannica) 1952 *(Über den menschlichen Verstand*. Berlin: Akademie-Verlag o. J.).

Lovejoy Arthur O., *The Great Chain of Being: A Study of History of an Idea*. Cambridge: Harvard University Press 1936.

Lovelock, James E., *Gaia: A New Look at Life on Earth*. Oxford: Oxford University Press 1979 *(Gaia: die Erde ist ein Lebewesen*. Übers. v. Jochen Eggert u. Marcus Wörmli. Bern: Scherz 1994).

Lukrez, *De Rerum Natura*. Hg. v. C. Bailey. 3 Bde. Oxford: Oxford University Press 1979 *(Von der Natur*. Übers. v. H. Diels. Darmstadt: Wissenschaftliche Buchgesellschaft 1993).

Luther, Martin, *The Bondage of Will*. Übers. v. H. Cole, Korrekturen von H. Atherton. Grand Rapids, Mich.: Wm. B. Eerdmann 1931.

–, –, *Martin Luthers Basic Theological Writings*. Hg. v. T. F. Lull. Minneapolis: Fortress Press 1989.

–, –, *Studienausgabe*. Hg. v. H.-U. Delius. Leipzig: Evangelische Verlags-Anstalt o. J.

Lyotard, Jean François, *The Postmodern Condition: A Report on Knowledge*. Übers. v. G. Bennington u. B. Massumi. Minneapolis: University of Minnesota Press 1984 *(Das postmoderne Wissen*. Übers. v. O. Pfersmann. Wien: Passagen-Verlag [3]1994).

Machiavelli, Niccolö, *The Prince*. Übers. v. H. C. Mansfield. Chicago: University of Chicago Press 1985 *(Der Fürst*. Übers. v. F. v. Oppeln-Bronikowski. Frankfurt/Main: Insel 1993).

Magee, Bryan, *Karl Popper*. New York: Viking 1973.

Marcuse, Herbert, Eros *and Civilization: A Philosophical Inquiry into Freud*. Boston: Beacon 1974 *(Triebstruktur und Gesellschaft: ein philosophischer Beitrag zu Sigmund Freud*. Frankfurt/Main 1965).

Marx, Karl, *Capital*. Übers. v. S. Moore u. E. Aveling. 3 Bde. Moskau: Foreign Languages Publishing House 1954–62.

–, –, *The Communist Manifesto*. Hg. v. a. J. Taylor. Baltimore: Penguin 1968.

–, –, ›Economic and Philosophical Manuscripts‹, in: *The Marx-Engels Reader*, hg.v. R. C. Tucker. New York: Norton 1972.

–, –, *Gesamtausgabe*. Berlin: Dietz.

McDermott, John J., *The Culture of Experience: Essays in the American Grain*. New York: New York University Press 1976.

McDermott, Robert A., ›Toward a Modern Spiritual Cognition‹ in: *Revision* 12 (Sommer 1989), S. 29–33.

McInerny, Ralph, *St. Thomas Aquinas*. Notre Dame: Notre Dame University Press 1982.

McKibben, Bill, *The End of Nature*. New York: Random House 1989.

McNeill, William H., *The Rise of the West: A History of the Human Community*. Chicago: University of Chicago Press 1963.

Meister Eckhart, *The Essential Sermons, Commentaries, Treatises, and Defense*. ÜberS. u. eingel. v. E. Colledge u. B. McGinn. New York: Paulist Press 1981 *(Deutsche Predigten und Traktaten*. Hg. v. Josef Quint. München [3]1969).

Melville, Herman, *Moby Dick, or the Whale*. Berkeley: University of California Press 1981 (Moby *Dick, oder Der Wal*. Übers. v. R. Mummendey. Düsseldorf: Artemis und Winkler 1996).

Merchant, Carolyn: The Death of Nature: Woman, Ecology and the Scientific Revolution. San Francisco: Harper & Row 1980.

Merton, Thomas, ›The Self of Modern Man and the New Christian Consciousness‹, in: *Zen and the Birds of Appetite*, 15–32. New York: New Directions 1968.

Michelangelo, *The Complete Works of Michelangelo*. Hg. v. M. Salmi u. a. New York: Reynal gemeinsam mit William Morrow 1965.

Miller, David L., *The New Polytheism*. Dallas: Spring Publications [2]1981.

Miller, Jean Baker (Hg.), *Psychoanalysis and Women*. New York: Penguin 1973.

Milton, John, *Aeropagitica and Other Prose Writings*. Hg. v. W. Haller. New York: Book League of America 1929.

Moltmann, Jürgen D., *The Theology of Hope: On the Ground and the Implications of a Christian Eschatology*. Übers. v. J. W. Leitch. New York: Harper & Row 1976.

Monod, Jacques, *Chance and Necessity: An Essay in the Natural Philosophy of Modern Biology*. Übers. v. a. Wainhouse. New York: Random House 1972 (*Zufall und Notwendigkeit: Philosophische Fragen der modernen Biologie*. München: Piper 1971).

Montaigne, Michel de, *The Complete Essays*. Übers. v. D. M. Frame. Stanford: Stanford University Press 1958 (*Die Essays*. Übers. v. a. Franz. Leipzig: Dieterich 1954).

Morgan, Elaine, *The Descent of Woman*. London: Souvenir 1972.

Mumford, Lewis, *The Myth of the Machine*. 2 Bde. New York: Harcourt, Brace & World 1967–70 (Mythos der Maschine: Kultur, Technik und Macht. Übers. v. Liesl Nuerenberger und Arpad Haebig. Frankfurt/Main 1986).

Nehamas, Alexander, *Nietzsche: Life als Literature*. Cambridge: Harvard University Press 1985 (*Nietzsche: Leben als Literatur*. Übers. v. B. Flickinger. Göttingen: Steidl 1996).

Neugebauer, O., *The Exact Sciences in Antiquity*. Providence: Brown University Press [2]1957.

Newton, Isaac, *Philosophiae Naturalis Principia Mathematica (1726)*, mit Textvarianten zusammengestellt v. a. Koyré, I. B. Cohen, A. Whitman. 2 Bde. Cambridge: Harvard University Press 1972.

–, –, *The Opticks*. New York: Dover [4]1952 (*Optik*. Übers. v. W. Abendroth. Frankfurt/Main: Deutsch [2]1996).

Nietzsche, Friedrich, *Basic Writings of Nietzsche*, hg. u. Übers. v. W. Kaufman. New York: Modern Library 1968.

–, –, *The Gay Science*. Übers. v. W. Kaufman. New York: Random House 1974.

–, –, *Thus Spoke Zarathustra*. ÜberS. u. Einl. v. R. J. Hollingdale. New York: Penguin 1969.

–, –, *Werke in sechs Bänden*. München: Hanser 1966.

Ockham, Wilhelm von, *Ockham's Theory of Propositions, Teil II der Summa Logicae*, Übers. v. a. J. Freddoso u. H. Schuurman, Einl. v. a. J. Freddoso. Notre Dame: University of Notre Dame 1980.

–, –, *Ockhams Theory of Terms, Teil I der Summa Logicae*. ÜberS. u. mit einer Einl. v. M. J. Loux. Notre Dame: University of Notre Dame Press 1975

–, –, *Texte zur Theorie der Erkenntnis und der Wissenschaft*. Hg. u. übers. v. R. Imbach. Stuttgart: Reclam o. J.

O'Meara, John J., *The Young Augustine*. New York: Alba House 1965.

Origenes, *Contra Celsum*. Übers. v. H. Chadwick. Cambridge: Cambridge University Press 1980.

–, *Werke*. Berlin: Akademie-Verlag o. J.

Ovid, *Metamorphoses*, hg. v. E. J. Kenney. Oxford: Oxford University Press 1986 *(Metamorphosen.* Übers. v. H. Breitenbach. Stuttgart: Reclam o. J.).

Pagels, Elaine, *The Gnostic Gosples*. New York: Random House 1979.

Pagels, Heinz R., *The Cosmic Code: Quantum Physics as the Language of Nature*. New York: Simon & Schuster 1982.

Palmer, R. R./Cotton, Joel, *A History of the Modern World*. New York: Alfred A. Knopf [5]1978.

Panofsky, Erwin, *Renaissance and Renascences in Western Art*. New York: Harper & Row 1969 *(Die Renaissancen der europäischen Kunst.* Frankfurt/Main: Suhrkamp 1979).

Pascal, Blaise, *Pensées*. ÜberS. u. Einl. v. a. J. Krailsheimer. Harmondsworth: Penguin 1966 *(Über die Religion und über einige andere Gegenstände.* Hg. u. übers. v. E. Wasmuth. Gerlingen: Schneider 1994).

Pauli, Wolfgang, ›The Influence of Archetypal Ideas on the Scientific Theories of Keplers Übers. v. P. Silz, in: C. G. Jung/W. Pauli: *The Interpretation of Nature and the Psyche*. New York: Pantheon 1955 (›Der Einfluß archetypischer Vorstellungen auf die Bildung naturwissenschaftlicher Theorien bei Kepler‹, in: C. G. Jung/W. Pauli, *Naturerklärung und Psyche*. Zürich: Rascher 1952).

Pelikan, Jaroslav, *The Christian Tradition: A History of the Development of Doctrine*. 5 Bde. Chicago: Chicago University Press 1971–89.

Perls, Fritz, *Gestalt Therapy Verbatim*. New York: Bantam 1976 *(Gestalt Therapie in Aktion.* Übers. v. J. Wimmer. Stuttgart: Klett-Cotta [8]1996).

Petrarca, Francesco, *Petrarch, the First Modern Scholar and Man of Letters: A Selection From His Correspondence*. Überarb. und erw. Ausgabe. Übers. v. J. H. Robinson u. H. W. Rolfe. New York: Greenwood [2]1969.

–, –, *Dichtungen, Briefe, Schriften*. Ausw. u. Einl. v. H. W. Eppelsheimer. Frankfurt/Main: Insel 1991.

Piaget, Jean, *The Child's Conception of the World*. Übers. v. J. Tomlinson u. a. Tomlinson. London: Routledge & Kegan Paul 1960 *(Das Weltbild des Kindes.* Übers. v. L. Bernard. München: Deutscher Taschenbuch Verlag 1992).

Pico della Mirandola, Giovanni, ›The Dignity of Man‹, in: *The Portable Renaissance Reader,* hg. v. J. B. Ross u. M. M. McLaughlin. New York: Penguin 1977 *(De Dignitae Hominis.* Bad Homburg 1968).

Pieper, Josef, *St. Thomas Aquinas.* Übers. v. D. MacLaren. New York: Sheed & Ward 1948 *(Thomas von Aquin. Leben und Werk.* Reinbek: Rowohlt 1990).

–, –, *Scholasticism: Personalities and Problems of Mediexal Philosophy.* Übers. v. R. Winston u. C. Winston. New York: Pantheon 1960 *(Scholastik. Gestalten und Probleme der mittelalterlichen Philosophie.* München: Kösel ³1991).

Pindar, *The Odes of Pindar.* Übers. v. R. Lattimore, Chicago: Chicago University of Chicago Press 1976 *(Siegeslieder.* Hg. u. übers. v. D. Bremer. München: Artemis und Winkler 1992).

Platon, *The Collected Dialogues,* hg. v. E. Hamilton u. H. Cairns. Princeton: Princeton University Press 1961 *(Sämtliche Dialoge.* Hamburg: Meiner o. J.).

–, –, *Philebus and Epinomis.* Übers. v. a. E. Taylor, Einl. v. R. Klibansky London: Thomas Nelson 1956.

Plotin, *The Enneads.* Übers. v. S. MacKenna, hg. v. B. S. Page, Einl. v. P. Henry. London: Faber and Faber 1962 *(Über Ewigkeit und Zeit.* Übers. v. W. Beierwaltes. Frankfurt/Main: Klostermann 1993).

Plutarch, *Lives.* Übers. v. J. Dryden. New York: Modern Library 1967 *(Fünf Doppelbiographien.* Übers. v. K. Ziegler u. W. Wuhrmann. München: Artemis und Winkler o. J.).

Polanyi, Michael, *Personal Knowledge.* New York: Harper & Row 1964. *(Implizites Wissen.* Frankfurt/Main: Suhrkamp 1985).

Pope, Alexander, *The Poetical Works of Alexander Pope,* hg. v. a. E. Ward. London: Macmillan 1924.

Popper, Karl, *Conjectures and Refutations: The Growth of Scientific Knowledge.* New York: Harper Torchbook 1968 *(Vermutungen und Widerlegungen: Das Wachstum der wissenschaftlichen Erkenntnis.* Tübingen: Mohr 1996).

–, –, *The Logic of Scientific Discovery.* Überarb. Ausg. New York: Harper & Row 1968 *(Logik der Forschung.* Tübingen: Mohr 10. verb. Aufl. 1994).

Prabhu, Joseph, ›Blessing the Bathwater‹, in: *On Deconstructing Theology: A Symposium,* Journal of the American Academy of Religion 54, 3 (1987), S. 534–543.

Prigogine, Ilya, *From Being to Becoming: Time and Complexity in the Physical Sciences.* San Francisco: Freeman 1980 *(Vom Sein zum Werden.* München: Piper ⁶1992).

Ptolemäus, ›The Almagest‹. Übers. v. R. C. Taliaferro, in: *Great Books of the Western World,* Bd. 16, Chicago, Enzyklopaedia Britannica, 1952.

–, –, *The Tetrabiblos.* Übers. v. R. C. Ashmand. North Hollywood: Symbols and Signs 1976 *(Tetrabiblos.* Übers. v. H. E. Winkel. Mössingen: Chiron-Verlag 1995).

Quine, W. V. O., *From a Logical Point of View.* New York: Harper & Row ²1961

(Von einem logischen Standpunkt. Übers. v. Peter Bosch. Frankfurt/Main/ Berlin/Wien: Ullstein 1979).

Raffael, *The Complete Work of Raffael.* Hg. v. M. Salmi u. a. New York: Harrison House 1969.

Rahner, Karl, *Hearers of the World.* Übers. v. M. Richards. Montreal: Palm 1969 *(Hörer des Wortes.* Zürich ³1997).

–, –, *Theological Investigations,* Bd. 13, Theology, Anthropology, Christology. Übers. v. D. Bourke. New York: Seabury 1975 *(Zur Theologie des geistlichen Lebens.* Zürich ⁷1967).

–, –, *Sämtliche Werke,* hg. v. K. Lehmann. Düsseldorf: Benzinger/Freiburg: Herder o. J.

Raine, Kathleen, *Blake and Tradition.* Princeton: Princeton University Press 1968.

Randall, John Herman, *The Making of the Modern Mind.* New York: Columbia University Press 1976.

Rank, Otto, *The Trauma of Birth.* New York: Harcourt Brace 1929 *(Das Trauma der Geburt und seine Bedeutung für die Psychoanalyse.* Wien 1924).

Rattansi, P. M., ›The Intellectual Origins of the Royal Society‹, in: *Notes and Records of the Royal Society of London* 23 (1968), S. 129–143.

Revetz, Jerome R., *Scientific Knowledge and Its Social Problems.* London: Oxford University Press 1971.

Redondi, Pietro, *Galileo: Heretic.* Übers. v. R. Rosenthal. Princeton: Princeton University Press 1987 *(Galilei – der Ketzer.* Übers. v. U. Hausmann. Frankfurt/ Main, Wien: Büchergilde Gutenberg 1993).

Reich, Wilhelm, *Character Analysis.* New York: Noonday 1949 *(Charakteranalyse* (1933). Köln/Berlin: Fischer 1973).

Rilke, Rainer Maria, *Duino Elegies.* Übers. v. C. F. MacIntyre. Berkeley: University of California Press 1961 *(Duineser Elegien. Die Sonette an Orpheus.* Hg. v. W. Groddeck. Stuttgart: Reclam 1997).

Ronan, Colin A., *Galileo.* New York: G. P. Putnam's Sons 1974.

Rorty, Richard, *Philosophy and the Minor of Nature.* Princeton: Princeton University Press 1979 *(Der Spiegel der Natur: eine Kritik der Philosophie.* Übers. v. M. Gebauer. Frankfurt/Main: Suhrkamp 1980).

Rosen, Edward, *Copernicus and the Scientific Revolution.* Malabar, Fla.: Krieger Publications 1984.

Ross, J. B./McLaughlin, M. M. u. a., *The Portable Renaissance Reader.* Überarb. Ausg. New York: Penguin 1977.

Roos, Sir William David, *Aristotle.* New York: Methuen ³1964.

–, –, *Plato's Theory of Ideas.* London: Oxford University Press 1971.

Roszak, Theodore, *The Making of a Counter Culture.* New York: Doubleday 1969.

Rothberg, Donald, ›Philosophical Foundations of Transpersonal Psychology‹, in: *Journal of Transpersonal Psychology,* 18,1 (1986), S. 1–34.

Rouner, Leroy S. (Hg.), *On Nature*. Notre Dame: University of Notre Dame Press 1984.

Rousseau, Jean-Jacques, *Confessions*. Übers. v. M. Cohen. Baltimore: Penguin 1953 *(Bekenntnisse*. Übers. v. E. Herdt. Frankfurt/Main: Insel 1993).

–, –, *Emile, or Treaüse of Education*. Übers. v. B. Foxley. New York: Dutton 1955 *(Emil oder über die Erziehung*. Übers. v. L. Schmidts. Paderborn: Schöningh 1993).

Ruether, Rosemary Radford (Hg.), *Religion and Sexism: Images of Woman in the Jewish and Christian Traditions*. New York: Simon and Schuster 1974.

–, –, *Sexism and God-Talk: Towards a Feminist Theology*. Boston: Beacon 1983.

Rufus, W. Carl, ›Kepler as Astronomen, in: *The History of Science Society, Johannes Kepler: A Tercentenary Commemoration of His Life and Work*. Baltimore: Williams and Wilkins 1931.

Rupp, E. Gordon, *Luthers Progress to the Diet of Worms – 1521*. New York: Harper & Row 1964.

Russel, Bertrand, *The Basic Writings of Bertrand Russel*, hg. v. R. E. Egner u. L. E. Dennon, New York, Simon and Schuster, 196[7] *(Bertrand Russell sagt seine Meinung. Eine Stimme moderner Aufklärung*. Darmstadt 1976).

–, –, *A History of Western Philosophy*. New York: Simon and Schuster 1945 *(Philosophie des Abendlandes*. Übers. v. E. Fischer-Werneck u. R. Gillischewski. Wien, München: Europa-Verlag 1993).

–, –, *Why 1 am Not a Christian and Other Essays on Religion and Related Subjects*. New York: Simon and Schuster 1967 *(Warum ich kein Christ bin*. Übers. v. M. Steipe. München: Szczesny 1963).

Salinger, J. D., *Franny and Zooey*. Boston: Little, Brown 1961 *(Franny und Zooey*. Übers. v. a. u. H. Böll. Köln, Berlin: Kiepenheuer & Witsch 1963).

Samuels, Andrew, *Jung and Post-Jungians*. London: Routledge & Kegan Paul 1985.

Santillana, Giorgio de, *The Crime of Galileo*. Chicago: University of Chicago Press 1955.

Sarton, George, *Introduction to the History of Science*. 5 Bde. Huntington, N. Y.: Krieger 1975.

Sartre, Jean Paul, *Being and Nothingness: A Phenomenological Essay on Ontology*. ÜberS. u. Einl. v. H. E. Barnes. New York: Citadel Press 1956 *(Das Sein und das Nichts. Versuch einer phänomenologischen Ontologie*. Übers. v. J. Streller. Reinbek: Rowohlt 1952).

–, –, *Existentialism and Humanism*. Übers. v. R. Mairet. London: Methuen 1948 *(Ist der Existentialismus ein Humanismus?* Zürich: Europa-Verlag 1950).

–, –, *Nausea*. Übers. v. Lloyd Alexander. New York: New Directions 1959 *(Der Ekel*. Übers. v. H. Wallfisch. Reinbek: Rowohlt 1965).

–, –, *No Exit & The Flies*. Übers. v. S. Gilbert. New York: Alfred A. Knopf 1946 *(Die Fliegen. Die Eingeschlossenen*. Übers. v. H. Liebmann u. R. Gerhardt. Reinbek: Rowohlt 1960).

Schilpp, P. A. (Hg.), *Albert Einstein: Philosopher-Scientist.* New York: Tudor 1951.

–, – (Hg.), *The Philosophy of Karl Popper.* 2 Bde. La Salle, Ill.: Open Court 1974.

Scott, Joan Wallach, *Gender and the Politics of History.* New York: Columbia University Press 1988.

Sextus Empiricus, *Scepticism, Man and God: Selections from the Major Writings.* Übers. v. S. Etheridge, hg. v. P. R. Hallie, Middletown, Conn.: Wesleyan University Press 1964.

Shakespeare, William, *The Complete Works of Shakespeare.* The Cambridge Edition Text, hg. v. W. A. Wright. Garden City, N.Y.: Doubleday 1936 *(Sämtliche Werke in vier Bänden.* Übers. v. a. W. Schlegel. Berlin: Aufbau-Verlag o. J.).

Sheehan, Thomas (Hg.), *Heidegger: The Man and the Thinker.* Chicago: Precedent 1981.

Sheldrake, Rupert, A *New Science of Life: The Hypothesis of Formative Causation.* Los Angeles: Tarcher 1981 *(Das schöpferische Feld: Die Theorie des morphogenetischen Feldes.* Übers. v. W. Landmann u. K. Wessel. Frankfurt/Main, Berlin: Ullstein 1993).

Shelley, Percy Bysshe, *Prometheus Unbound,* hg. v. L. J. Zillman. New Haven: Yale University Press 1968 (vgl. Ausgewählte Werke. Ausgew. v. Manfred Wojcik. Hg. v. Helmut Hoehne. Frankfurt/Main: Insel 1990).

Sherrard, Philip, *The Christian Understanding of Man,* in: Sobornost 7, 5 (1977), S. 329–343.

Skinner, B. F., *Beyond Freedom and Dignity* New York: Bantam 1972.

Skinner, Quentin (Hg.), *The Return of Grand Theory in the Human Sciences.* Cambridge: Cambridge University Press 1985.

Smith, Adam, *An Inquiry into the Nature and Causes of the Wealth of Nations.* Hg. u. Einl. v. E. Cannan. New York: Modern Library 1937 *(Der Wohlstand der Nationen: Eine Untersuchung seiner Natur und seiner Ursachen.* Übers. v. H. C. Reckenwoldt. München: Deutscher Taschenbuch Verlag 1993).

Smith, Huston, *Beyond the Post-Modern Mind.* Überarb. Ausg. Wheaton, Ill.: Quest 1989.

Snow, C. R, *Two Cultures and the Scientific Revolution.* Cambridge: Cambridge University Press 1959.

Sophokles, *The extant plays in 2 Vols. of The Complete Greek Tragedies,* hg. v. D. Grene u. R. Lattimore. Chicago: University of Chicago Press 1954–57 *(Werke in zwei Bänden.* Hg. u. Übers. v. D. Ebener. Berlin: Aufbau o. J.).

Spengler, Oswald, *The Decline of the West.* Übers. v. C. F. Atkinson. 2 Bde. New York: Alfred A. Knopf 1945 *(Der Untergang des Abendlandes.* München: Beck 1969).

Spretnak, Charlene, Lost *Goddesses of Early Greece.* Boston: Beacon Press 1984.

Squire, Aelred, ›The Doctrine of the Image in the De Veritate of St.. Thomas‹, in: *Dominican Studies* 4 (1951), S. 164–177.

Stein, Murray/Moore, Robert L. (Hg.), *Jung's Challenge to Contemporary Religion*. Wilmette, Ill.: Chiron 1987.

Steiner, Rudolf, *The Essential Steiner*, hg. u. Einl. v. Robert A. MacDermott. San Francisco: Harper & Row 1984.

–, –, *The Riddles of Philosophy*. Spring Valley, N.Y.: Anthroposophie Press 1973 *(Die Rätsel der Philosophie*. Dornach: Rudolf-Steiner-Verlag 1985).

–, –, A *Theory of Knowledge Based on Goethe's World Conception*. Übers. v. O. Wannamaker. Spring Valley, N.Y.: Anthroposophie Press 1968 *(Goethe als Vater einer neuen Ästhetik*. Dornach: Rudolf-Steiner-Verlag [2]1987).

Stendahl, Kristen, *Meanings: The Bible as Document and Guide*. Philadelphia: Fortress Press 1984.

Sukenick, Ronald, *The Death of the Novel and Other Stories*. New York: Dial 1969.

Taylor, A. E., *Sokrates: The Man and His Thought*. Garden City, N.Y.: Doubleday 1954.

Teilhard de Chardin, Pierre, *The Phenomenon of Man*. Übers. v. B. Wall, Einl. v. Julian Huxley. New York: Harper & Row 1959 *(Der Mensch im Kosmos*. Übers. v. O. Marbach. München: Beck 1960).

Tester, S. J. A., *History of Western Astrology*. Woodbiidge, Suffolk: Boydell 1987.

Thomas von Aquin, *An Aquinas Reader*, hg. u. Einl. v. Mary T. Clark. Garden City, N.Y.: Doubleday 1972.

–, –, *Basic Writings of St. Thomas Aquinas*, hg. v. a. C. Pegis. 2 Bde. New York: Random House 1945.

–, –, *Summa Theologiae*. 3 Bde. New York: Benziger 1947–48 (vgl. Die *deutsche Thomas-Ausgabe*. Übers. v. Dominikanern und Benedektinern Deutschlands und Österreichs. Heidelberg: Kerle 1977).

Thomas, Keith, *Religion and the Decline of Magic*. New York: Scribner 1986.
Thorndyke, Lynn, *A History of Magic and Experimental Science*. 8 Bde. New York: Columbia University Press 1923–58.

Tolstoj, Leo, *Anna Karenina*. Übers. v. C. Garnett. New York: Modern Library 1935 *(Anna Karenina*. Übers. v. F. Ottow München: Deutscher Taschenbuch Verlag 1993).

–, –, *The Death of Ivan Ilyich*. Übers. v. L. Solotaroff. New York: Bantam 1981 *(Der Tod des Iwan Ilitsch*. Übers. v. G. Drohla. Frankfurt/Main: Insel 1993).

–, –, *The Kingdom of God is Within You*. Übers. v. C. Garnett. Lincoln: University of Nebraska Press 1984.

–, –, *War and Peace*. Übers. v. C. Garnett. New York: Modern Library 1931 *(Krieg und Frieden*. Übers. v. E. Boehme. Zürich: Diogenes o. J.).

Tomlin, E. W. E, *The Western Philosophy*. New York: Harper & Row 1957.
Torrance, Thomas E, *Theological Science*. London: Oxford University Press 1978.

Toulmin, Stephen, *Human Understanding: The Collective Use and Evolution of Concepts*. Princeton: Princeton University Press 1972 *(Kritik der kollektiven Vernunft*. Frankfurt/Main: Suhrkamp 1983).

Toynbee, Arnold J. A., A *Study of History.* New York: Oxford University Press 1947 *(Studie der Weltgeschichte.* Übers. v. F. W. Pick. Hamburg: Claassen & Goverts 1949).

Vasari, Georgio, *Lives of the Modest Eminent Painters, Sculptors and Architects.* Übers. v. J. Foster. London: George Bell's Sons 1890 *(Lebensläufe der berühmtesten Maler, Bildhauer und Architekten.* Übers. v. T. Fein. Zürich: Manesse 1996).

Vergil, *The Aeneid.* Übers. v. Robert Fitzgerald. New York: Random House 1983 *(Aeneis.* Übers. v. Th. v. Schefter. München: Goldmann ⁵1993).

Vlastos, Gregory, *Platonic Studies.* Princeton: Princeton University Press 1973.

Voltaire, *Philosophical Letters.* Übers. v. E. Dilworth. Indianapolis: Bobbs-Merrill 1961 *(Philosophische Briefe.* Übers. v. Rudolf Bitter. Frankfurt/Main: Fischer 1992).

Voogd, Stephanie de, ›C. G. Jung: Psychologist of the Future‹, ›Philosopher of the Past‹, in: *Spring* 1977, Spring Publications, 1977, S. 175–182.

Vrooman, J. R., *Rene Descartes: A Biography.* New York: G. P. Putnam's Sons 1970.

Walsh, William FL, *Metaphysics.* New York: Harcourt, Brace & World 1966.

Watts, Alan, *Beyond Theology.* New York: Pantheon 1964.

–, –, *Psychotherapy East and West.* New York: Pantheon 1961 *(Psychotherapie und östliche Befreiungswege.* Übers. v. Wolfgang Stifter. München 1980).

Weber, Max, *The Protestant Ethic and the Spirit of Capitalism.* Übers. v. T. Parsons. New York: Charles Scribner's Sons 1958 *(Die protestantische Ethik und der »Geist« des Kapitalismus.* Weinheim: Beltz, Athenäum ²1996).

Weinberg, Steven, *The First Three Minutes: A Modern View of the Origin of the Universe.* New York: Basic Books 1988 *(Die ersten drei Minuten. Der Ursprung des Universums.* Übers. v. F. Griese. München: Deutscher Taschenbuch Verlag ⁷1992).

Weinstein, Donald/Rudolph M. Bell, *Saints and Society: The Two Worlds of Western Christendom, 1000 to 1700.* Chicago: University of Chicago Press 1986.

Wellmer, Albrecht, ›On the Dialectic of Modernism and Postmodernism‹, in: *Praxis International* 4 (1985), S. 337–362 *(Zur Dialektik von Moderne und Postmoderne.* Frankfurt/Main: Suhrkamp 1985).

Westfall, Richard S., Force *in Newtons Physics: The Science of Dynamics in the Seventeenth Century.* New York: American Elsevier 1971.

White, Lynn, ›The Historical Roots of our Ecologic Crisis‹, in: *Science* 155 (1967), S. 1203–1207.

Whitehead, Alfred North, *Process and Reality.* Korr. u. hg. v. D. W. Sherburne. New York: Free Press. 1978 *(Prozeß und Realität.* Übers. v. H. G. Holl. Frankfurt/Main: Suhrkamp ²1984).

–, –, *Science and The Modern World.* New York: Macmillan 1925 *(Wissenschaft und moderne Welt.* Übers. v. Hans G. Holl. Frankfurt/Main: Suhrkamp 1988).

–, – /Bertrand Russel, *Principia Mathematica*. 3 Bde. Cambridge: Cambridge University Press 1927 *(Principia Mathematica*. Übers. v. Hans Mokre. Frankfurt/Main: Suhrkamp 1986).

Whitfield, J. H., *Petrarch and the Renascence*. New York: Haskeil House 1969.

Whorf, Benjamin Lee, *Language, Thought and Reality: Selected Writings of Benjamin Lee Whorj*. Hg. v. J. B. Carroll. Cambridge: MIT Press 1956 *(Sprache, Denken, Wirklichkeit. Beiträge zur Metalinguistik und Sprachphilosophie.* Hg. u. übers. v. P. Krausser. Reinbek: Rowohlt 1963).

Whyte, Lancelot Law, *The Unconscious Bejore Freud*. New York: Basic Books 1960.

Wilkinson, Elizabeth M./Willoughby, Leonhard A., *Goethe, Poet and Thinker.* New York: Barnes & Noble 1962.

Wind, Edgar, *Pagan Mysteries in the Renaissance*. Überarb. u. erw. Ausg. New York: Norton 1968 *(Heidnische Mysterien in der Renaissance*. Übers. v. Christa Münstermann u. a. Frankfurt/Main: Suhrkamp 1980).

Wittgenstein, Ludwig, *Philosophical Investigations*. Übers. v. G. E. M. Anscombe. New York: Viking Penguin ³1978 *(Philosophische Untersuchungen.* Frankfurt/Main: Suhrkamp 1977).

–, –, *Tractatus Logico-Philosophicus*. Übers. v. D. F. Pears u. B. F. McGuiness, Einl. v. Bertrand Russel. London: Routledge & Kegan Paul 1961 *(Tractatus logico-philosophicus*. Frankfurt/Main: Suhrkamp ²⁴1994).

Wollstonecraft, Mary, *Vindication of the Rights of Woman*. Hg. v. M. Kramick. New York: Viking Penguin 1978.

Wordsworth, William, *Poetical Works*. Hg. v. T. Hutchinson u. E. De Selincourt. Oxford: Oxford University Press 1950.

–, –/Samuel Taylor Coleridge, *Lyrical Ballads*, 1798. Hg. v. W. J. Owen. Oxford: Oxford University Press ²1969.

Yates, Frances A., *Giordano Bruno and the Hermetic Tradition*. London: Routledge 1964.

Yeats, William Butler, *The Collected Poems*. London: Macmillan 1952.

Nachschlagewerke

Bullock, Alan/Woodings, R. B. (Hg.), *20th Century Culture: A Biographical Companion*. New York: Harper & Row 1983.

Edwards, Paul (Hg.), *The Encyclopedia of Philosophy*. 8 Bde. New York: Macmillan 1967.

Encyclopaedia Britannica, 30 Bde. Chicago: Encyclopaedia Britannica ¹⁵1977.

Flew, Antony (Hg.), *A Dictionary of Philosophy*. New York: St. Martins ²1984.

Gillispie, C. C. (Hg.), *Dictionary of Scientific Biography*. 16 Bde. New York: Charles Scribner's Sons 1970.

Harvey, Sir Paul (Hg.), *The Oxjord Companion to Classical Literature*. Oxford: Clarendon Press 1974.

Kinder, Hermann/Hilgemann, Werner, *Atlas zur Weltgeschichte. Karten und chronologischer Abriß. 2* Bde. München: dtv 32. Aufl. 1998.

Liddell, H. G./Scott, R., *A Greek-English Lexicon*. Oxford: Clarendon Press [9]1968.

Oxford English Dictionary. 2 Bde. Oxford: Oxford University Press 1971.

Rahner, Karl u. a. (Hg.), *Sacramentum Mundi: An Encyclopedia of Theology*. 6 Bde. New York: Herder and Herder 1968.

Trager, James (Hg.), *The People's Chronology*. New York: Holt, Rinehart and Winston 1979.

Winer, Philip P. (Hg.), *Dictionary of the History of Ideas*. 5 Bde. New York: Charles Scribner's Sons 1973.

DANKSAGUNG

Das lange Projekt, dieses Buch zu schreiben, hat mich tief in die Schuld von mehr Menschen gebracht, als ich angemessen zu danken hoffen kann. Ich bin den folgenden Männern und Frauen sehr dankbar, die das Manuskript in seiner Gänze – und in mehreren Fällen nicht nur einmal – gelesen haben und mir wertvolle kritische Kommentare und Unterstützung gaben: Stanislav Grof, Bruno Barnhart, Robert McDermott, Joseph Campbell, Huston Smith, David L. Miller, Cathie Brettschneider, Deane Juhan, Charles Harvey, Renn Butler, Bruce Newell, William Keepin und Margaret Garigan. Ich möchte auch den vielen Einzelpersonen danken, die in bestimmten Stadien der Bearbeitung gewisse Teile des Manuskriptes gelesen und sich dazu geäußert haben, darunter James Hillman, Robert Bellah, Fritjof Capra, Frank Barr, William Webb, Gordon Tappan, Aelred Squire, William Birmingham, Roger Walsh, John Mack und Joseph Prabhu. Eine besonders wichtige Leserin des Buches während der vielen Jahre seiner Zusammenstellung war meine Frau Heather Malcolm Tarnas, deren genauer redigierender Blick, bohrende Fragen und sensibles Urteil das endgültige Ergebnis außerordentlich beeinflußt haben.

Es gibt in diesem Werk wohl nur wenige Sätze, die nicht mit einem Fußnotenhinweis auf ein Buch oder einen Essay, eine Vorlesung, einen Brief oder ein Gespräch hätten versehen werden können, die mein Verständnis einer Idee oder die beste Möglichkeit zu ihrer Darstellung beeinflußt haben. Die Bibliographie versucht, einen Teil meiner vielen intellektuellen Schulden aufzulisten, doch lassen kurze Zitate kaum dem Beitrag von Gelehrten wie W. K. C. Guthrie, M. D. Chenu, Josef Pieper, Ernst Wilhelm Benz, Herbert Butterfield, William McNeill, Robert Bellah und Thomas Kuhn Gerechtigkeit widerfahren, um nur einige von denen zu nennen, deren Einfluß auf dieses Buch besonders herausragend war. Außerdem hat eine Reihe von Personen direkt zu meiner Ausarbeitung der umfassenden historischen Konzeption des Buches beigetragen, und ich möchte hier besonders meine Dankbarkeit für unzählige anregende Diskussionen mit Stanislav Grof, Bruno Barnhart, James Hillman, Robert McDermott, Deane Juhan, Huston Smith, Joseph Campbell und Gregory Bateson zum Ausdruck bringen.

Hinsichtlich der Veröffentlichung des Buches stehe ich tief in der Schuld meines Agenten Frederick Hill und seiner Teilhaberin Bonnie Nadell; ferner von Robert Wyatt und Teri Henry von Ballantine Books; von Peter Guzzardi, Margaret Garigan, James Walsh und John Michel von Harmony Books sowie

von Bokara Legendre, die den ganzen Prozeß initiiert hat. Ich bin sehr dankbar
für die großzügige finanzielle Unterstützung, die Joan Reddish, Arthur Young,
Bokara Legendre, Christopher Bird und Philip Delevert gewährten und ebenso
Mitglieder der Familien Tarnas und Malcolm, was mich in die Lage versetzte,
genügend Zeit auf das Schreiben und die Recherche zu verwenden. Bei meiner
Arbeit an dem Buch waren mir ebenso auf wichtige Weise Michael Murphy,
Richard Price, Albert Hofmann, Anne Armstrong, Roger Newell, Jay Ogilvy, das
Institute for the Study of Consciousness und die Princeton University Press
behilflich. Ein Stipendium von Laurance S. Rockefeller ermöglichte es mir, an
dem Esalen Project for Revisioning Philosophy teilzuhaben, einer sich über drei
Jahre erstreckenden Serie von Konferenzen mit führenden Philosophen, Theologen und Wissenschaftlern. Die bemerkenswerten Diskussionen, die während
dieser Treffen stattfanden, haben eine wichtige Rolle für den Entschluß
gespielt, die evolutionäre Konzeption der westlichen intellektuellen und geistigen Geschichte zu entwickeln, die im Epilog des vorliegenden Buches vorgestellt wird und die ich das erste Mal präsentiert habe auf der Abschlußkonfe-
renz des Projektes »Philosophie und menschliche Zukunft«, veranstaltet an der
Cambrigde University im August 1989.

Diese Danksagungen wären unvollständig ohne die Erwähnung meiner tiefen Dankbarkeit für die prägenden Einflüsse in meinem Leben: das Esalen
Institute, wo ich von 1974 bis 1984 lebte, die Harvard University, die ich von
1968 bis 1972 besuchte, und die Jesuitenlehrer meiner Jugend. In gewissem
Sinne kann dieses Buch als das natürliche Ergebnis davon angesehen werden,
daß ich in diesen Lerngemeinschaften erzogen worden bin und deren höchst
unterschiedliche intellektuelle Einflüsse vereine. Ich hoffe, dieses Buch kann
ebenso als ein Zeichen der Dankbarkeit gegenüber einer jeden von ihnen angesehen werden wie auch gegenüber den vielen Männern und Frauen, die ihr
Wissen und ihre Erkenntnisse mit mir geteilt haben.

Ich möchte gleichfalls meine Dankbarkeit gegenüber dem Land und dem
Geist von Big Sur an der Pazifikküste aussprechen, die mich in all den Jahren
genährt, herausgefordert und inspiriert haben, die ich an diesem Buch gearbei-
tet habe.

Schließlich möchte ich meinen Eltern, meiner Frau und meinen Kindern
danken. Ohne ihr Vertrauen und ihre liebevolle Unterstützung hätte dieses
Buch nicht geschrieben werden können. Ich bin jedem einzelnen von ihnen
zutiefst dankbar.

REGISTER

Abälard, Peter (1079–1142) 221, 235, 603

Absolutes A. im Christentum 129; bei Hegel 443, 480, 482; bei Platon 5, 12, 65, 131, 231; bei Sokrates 49

Adam A. als Archetypus des unerlösten Menschen 135, 157; Christus als zweiter A. 135, 156; vergleiche 158, 159; siehe: Christus

Adler, Alfred (1870–1937) 535

Agnostizismus bei den Sophisten 37, 305; siehe: Erscheinung

Aischylos (525–456 v. Chr.) 5, 24, 34, 468, 568, 574, 598

Akademie, platonische siehe: Medici, Platon

Alberti, Leon Battista (1404–1472) 284, 604

Albertus Magnus (Albert der Große) (1200–1280) 223, 225–226, 235, 242, 265, 603; siehe: Scholastik, Thomas

Alchemie 250, 371, 372

Alembert, Jean le Rond d' (1717–1783) 358, 609

Alexander der Große (356–323 v. Chr.) 91, 93, 599; siehe: Alexandria, Aristoteles

Alexandria 91, 97, 102, 136, 191, 570, 572, 599, 602

Alkuin (735–804) 603

Allgemeines A., Besonderes und Einzelnes bei Platon 11, 12, 69, 75; A. und Individuelles bei Aristoteles 68, 69, 72; Archetypen und Besonderes 86; Bacon über einzelne Sinneserfahrung und Verallgemeinerung durch Induktion 343–345; Duns Scotus über Einzelnes und A. 253; Einheit von Universalem und Individuellem bei Homer 23; Hume über Allgemeinbegriffe und Ein-

zelempfindungen 425–427, 429, 431; Kant über besondere Sinneseindrücke und allgemeine Begriffe 436–438; Ockham über Einzelnes und Universalien 252–256, 259; Thomas über Besonderes und A. 229, 233, 234; Versöhnung von A. und Individuellem 543; Wittgenstein über A. und Einzelnes 510; siehe: Besonderes, Einzelnes, Individuum, Universalien

Alpen, Richard (1931–) 617

Altizer, Thomas J. (1927–) 618

Ammonios Sakkas (?-242 n. Chr.) 130

Ananké siehe Notwendigkeit

Anaxagoras (500–428 v. Chr.) 28, 32, 34, 56, 598, siehe: Vorsokratiker

Anaximander (611–547 v. Chr.) 25, 31, 567, 598; siehe: Ionische Philosophie

Anaximenes (586–525 v. Chr.) 25, 567, 598; siehe: Ionische Philosophie

Animismus 411, 566, 580

Anselm von Canterbury (1033–1109) 221, 234, 235

Anthropologie siehe Mensch (Menschenbild)

Apokalypse 153, 167, 405, 576–578; siehe: Eschatologie

Apollonius (262–190 v. Chr.) 98, 100, 323

Aquino, Thomas von siehe: Thomas

arché siehe: Archetypus

Archetypus arche in der ionischen Philosophie 26, 568; A. bei Freud 532; bei Goethe 477; bei den Griechen 58; bei Homer 47; bei Jung 485, 487, 488, 510, 532, 533, 534; bei Sokrates und Platon 5, 6, 9–17, 46, 48, 52, 65, 80, 488; A. in der christlichen Religion 134–135; A. und Epochenwandel 497; archetypische Dialektik zwischen dem Männlichen und dem Weiblichen 565; archetypische Dynamik der gesamten Kultur 551, 552; A. und Geburt 542; A. ›Mensch‹ 594; Grof über A. 535–537, 593; Paradigmenwechsel als archetypischer Prozeß 550; siehe: Idee, Paradigma, Unbewußtes (kollektives)

Archimedes (287–212 v. Chr.) 98, 331, 374, 600

Aristarch (310–230 v. Chr.) 98, 370, 588, 599

Aristophanes (448–388 v. Chr.) 32, 40, 599

Aristoteles (384–322 v. Chr.) 66–82; A. Betonung der Sinneswahrnehmung 425; A. über Allgemeines und Einzelnes 5, 69; A. über Anaxagoras 56; A. über Ethik 80–81; A. über Form und Materie 69–71; A. über Kategorien 68; A. über Kosmologie 77–79, 315, 338, 583; A. über Physik 69, 75, 99, 243, 330–333, 583, 584; A. über Sokrates 40; A. über Prinzipien und Ursachen 73, 76, 79, 344, 439, 589; A. und Alexander der Große 91; A. und Galilei 328–333, 373; A. und Hegel 479; A. und Platon 66; A. über Vernunft und sinnliche Erfahrung 72–74; A. über Wahrheit 140; A. über Wissen und Deduktion 341; Bewahrung der Texte des A. im Hellenismus 94, 97; A. in der Philosophie des Mittelalters (Scholastik) 220–245, 250–252, 259–261, 265–266, 274, 367, 377; A. in der Renaissance 368–370; weitere Erwähnung des A.: 7

Ästhetik 468; siehe Kunst

Astrologie 59, 101–104, 143, 242, 243, 250, 270, 330, 362, 587; Astronomie und A. bei Kopernikus, Kepler, Galilei und Newton 371–373

Astronomie 59–66, 98–101, 143, 241–245, 287, 292, 313–341, 362, 371–372, 523–525, 568, 583–589

Athen 33–35, 39, 97, 130, 598

Atombombe 459, 615, 616

Atomismus 28–30, 61, 334–337, 370; siehe: Demokrit, Leukipp

Auferstehung leibliche A. Christi 121, 127, 137, 159, 174, 574, 576–577; Thomas über A. 582; siehe: Christus, Erlösung

Aufklärung griechische A. 33–40; moderne A. 358, 389–390, 393, 414, 420, 421, 462, 484, 507, 546

Augustinus (354–430) 180–187, 602; A. als letzter antiker Theologe 126, 129, 151, 154, 167; A. Neuplatonismus 577; A. über das Reich Gottes 577; A. über das spirituelle Reich der Kirche 201; A. über den Heiligen Geist 197; A. über Erkenntnis 134, 140; A. über Intellekt und Offenbarung 141–144; A. und Gregor der Große 574; A. und Petrarca 264; A. und Plotin 572; Bekehrung des A. 130, 144, 181, 182; christlicher Platonismus des A. 131, 133, 134, 230, 234, 265, 582; Christus als innerer Lehrer des A. 233, 259; die ewigen Archetypen des A. 229; Dominanz des A. in der Westkirche 575, 576; griechisches Denken war grundlegend für A. 2; Mystik und Rechtsprechung bei A. 172; Rechtfertigungslehre bei A. 198; Weltverneinung bei A. 193, 220, 226; weitere Erwähnungen des A.: 200, 581

Augustus (63 v. Chr.-14 n. Chr.) 108, 600

Averroes (1126–1198) 239

Ayer, A. J. (1910–) 615

Babylon 59, 60

Bach Johann Sebastian (1685–1750) 381, 608

Bachofen, Johann Jakob (1815–1887) 612

Bacon, Francis (1561–1626) 342–346; 285, 290, 336, 347, 351, 378, 389, 393, 420, 421, 428, 496, 578, 587, 588, 606, 607

Bacon, Roger (1220–1292) 250, 372, 603

Barbour, Ian (1923–) 510

Barfield, Owen 570, 593, 616

Barth, Karl (1886–1968) 614

Barthes, Roland (1915–1980) 618

Barzun, Jacques (1907–) 589

Bateson, Gregory (1904–1980) 509, 525–529, 592, 617, 618; siehe: Double-bind

Dualismus bei Augustinus 182 ff.; bei Descartes 349–352; bei Kant 433, 434, 441; bei Platon 54, 206; bei Ockham 259, 260; D. im modernen Denken 540; D. im modernen Weltbild 359–360, 411, 444; D. in der griechischen Wirklichkeits-Konzeption 83–87; D. und Entfremdung 545; D. von Geist und Materie/Körper im Christentum 165, 177–178, 180; siehe: Subjekt-Objekt

Duns Scotus, Johannes (1266–1308) 253, 254, 604

Dürer, Albrecht (1471–1528) 293, 605

Eckhart, Meister (1260–1328) 247, 265, 603

Eckman, Barbara 513

Eidos siehe: Form, Idee

Einstein, Albert (1879–1955) 443, 449, 453, 459, 548, 614; siehe: Relativitätstheorie

Einzelnes siehe: Allgemeines

Eleatische Philosophie 27, 28; siehe: Parmenides, Xenophanes, Zenon von Elea

Eliade, Mircea (1907–) 616

Eliot, T. S. (1888–1965) 473, 614, 616

Emerson, Ralph Waldo (1803–1882) 457, 462, 511, 544, 611

Empedokles (495–435 v. Chr.) 28, 338; siehe: Vorsokratiker

Empirismus bei Aristoteles 80, 81, 251; bei Francis Bacon 341–346, 352; bei Berkeley 422–424; bei Galilei 332; bei Hume 424–430; bei Leonardo 292; bei Locke 389, 420–422; bei Ockham 259, 260; bei Thales 567, 597; britischer E. 531; E. im modernen Weltbild 360; E. und Rationalismus bei Kant 431, 438; logischer E. 590; siehe: Rationalismus

Engels, Friedrich (1820–1895) 483, 611

Engelsman, Joan Chamberlain (1932–) 512

Entfremdung E. der Welt und des Menschen von Gott 151–154, 161; E. im 20. Jh. 488, 489; E. durch das kopernikanische Weltbild 411; E. durch die neue Physik 452; E. durch Sündenfall 590; E. und Geburt 536–539; Erfahrung der E. in der Romantik 476; erkenntnistheoretische E. (Kant) 439, 525, 533; Existentialisten über E. 490; Fall Adams als archetypischer Ursprung der E. 157; Freud über E. 414; frühmoderne Erfahrung der E. 453; Geist als entfremdendes Prinzip 445; Hegel über E. 480; kosmologische E. (Kopernikus) 439, 525, 541; moderne E. 525; postmoderne Kritik der E. 503; ontologische E. (Descartes) 525; Origines über E. 573; siehe: Dualismus

Entropie siehe: Tod (Wärmetod)

Enzyklopädie (1751–1780) 390–391, 421, 609

Epiktet (50–138) 94, 601

Epikur (341–270 v. Chr.) / Epikureer 94–96, 599, 600

Epizykel Definition 100; siehe: Ptolemäus

Equant Definition 100; siehe: Ptolemäus

Erasmus, Desiderius (1466–1536) 267, 285, 290, 297, 300, 405, 578, 605

Erde Erde und Himmel 59, 60; siehe: Himmel

Erikson, Erik (1902–) 537

Erinnerung bei Grof 536; bei Platon 52–54

Erkenntnis Sinne und Seele 11–17; siehe: Erkenntnistheorie

Erkenntnistheorie bei Augustinus 233; bei Berkeley 422–425; bei Hume 424–430; bei Kant 430–443; bei Locke 420–422; bei Platon 6; bei Popper 547; bei Thomas 229, 232–236; Erkenntnis und das Unbewußte 539–543; dualistische E. (Kant) 547; partizipatorische E. 545, 547, 548

Erlösung F. Bacon über materielle E. durch die Naturwissenschaft 342, 405; E. allein des Menschen, der Seele 176, 188; E. als kirchliche Rechtfertigung vor Gottes himmlischem Gericht 169; E. der Menschheit 125, 126, 131, 146–148, 150,

478; M. in der Romantik 473, 474;
Interesse an M. in der Postmoderne
507–509, 556; das Weibliche als Mysterium von Leben, Natur und Seele 557;
siehe: Esoterik, Mythologie, Eckhardt
Mythologie christliche M. 386; griechische M. 18–22; mythische Philosophie
der antiken Ostkirche 231, 575–576;
Mythen bei Popper 547; M. und Postmoderne 507; Mythen und universales
Unbewußtes 548

Naess, Arne (1912–) 619 Napoleon Bona-
parte (1769–1821) 463, 589, 609, 610
Natur lebendig-göttliche N. bei Thales 26;
leblose N. 349, 350; Maschinen-N. bei
Descartes 336, 340, 341, 349; mathematische N. bei Galilei 333, 336; mechanische N. im modernen Weltbild 361;
menschliche N. als Ursprung des Bösen
170; N. als Grundlage der Religion 394,
395; N. als universales Unbewußtes 548;
N. bei Aristoteles 80; N. bei den Sophisten 35; N. bei Thales 26, 27; N. bei den
Vorsokratikern 28, 30, 31, 47; Naturbild
der Romantik 463, 464; N. und Geist
544, 545, 547;
N. und Gesellschaft im archaischen
griechischen Universum 24; N. und
Selbstoffenbarung Gottes 176; patriarchalische Naturkonzeption 512;
ursprüngliche Einheit mit der Mutter-
Natur 535, 538–540, 554, 556, 557; ver-
dorbene und sündige N. 176, 183; Verhältnis des Menschen zur N.: Einheit
und Trennung 474–477, 491, 509; wissenschaftlich objektivierte N. 304, 305,
476
Naturalismus 241, 305, 367, 368, 444
Naturbeherrschung 343–346, 351–353,
361, 365, 404, 540
Naturgeschichte 384, 385, 416, 417
Naturgesetz 359, 362, 369, 378, 385, 424,
430
Naturphilosophie bei den Vorsokratikern
36; Thomas über äußere und menschliche Natur 225–229, 232

Naturrecht römisches N. 108
Naturwissenschaft 304, 342, 346, 428,
430 ff., 444, 484; Goethes N. 477, 478;
N. bei Aristoteles 81; N. in der Umwäl-
zung der klassischen Ära 94;
N. und industrielle Revolution 392
Naturzustand 394
Neojungianer siehe: Hillman
Neuplatonismus 104–107, 130, 181, 182,
186, 267–268, 536, 573, 577; siehe:
Augustinus, Plotin, Proklos, Dionysos
Areopagita, Origines
Newton, Isaac (1642–1727) 251, 322, 329,
339–341, 362, 363, 372–374, 378–380,
382, 392, 393, 411, 420, 430, 432, 437,
441, 449–450, 453, 488, 522, 548, 587,
607, 608
Niebuhr, Reinhold (1892–1971) 616
Nietzsche, Friedrich (1844–1900) 391,
399, 406, 463, 466–468, 485, 497, 501,
504, 508, 511, 517, 518, 530, 531, 539,
578, 591, 611, 612, 613; siehe: Nihilismus, Romantik
Nihilismus 489 ff., 491–492, 497, 517;
siehe: Nietzsche
Nominalismus 235, 253, 259, 270, 281,
581; siehe: Ockham, Oresme, Roscelinus, Scholastik
Notwendigkeit anánké 29, 55, 79, 133; N.
und Kausalität 428, 442; N. als geistige
Strukturierung der Natur
433
Nous 28, 29, 56, 58, 73, 77, 105, 130, 176,
233, 598

Objekt 373, 423; siehe: Subjekt
Objektivität 374, 386, 424; objektive
Erkenntnis 446; objektive Wirklichkeit
433–443, 453, 460, 473
Ockham, Wilhelm von (1285–1349)
250–261; 267, 277, 304, 345, 381, 389,
428, 585, 604
Odysseus siehe: Homer
Offenbarung Bibel-Texte als O. Gottes
116, 135, 144; christliche O. 125;
menschlicher Geist als Träger der
Selbstoffenbarung der Natur 544–546;

Gegenreformation 312; in der Renaissance 284

Skinner, B. F. (1904–1990) 617

Smith, Adam (1723–1790) 358, 609

Smith, Huston (1919–) 590

Smith, Logan Pearsall (1865–1946) 590

Snow, C. P. (1905–1980) 617

Sokrates (469–399 v. Chr.) 5, 10, 18, 19, 40–50, 58, 95, 131, 177, 208, 267, 370, 528, 554, 567, 569, 598, 599; siehe: Dialog, Platon

Solon (630–560 v. Chr.) 597

Sonne bei Platon 52; im Neuplatonismus 268, 274; siehe: Heliozentrisches Weltbild

Sophia 579; siehe: Weisheit

Sophisten (um 430 v. Chr.) 35–40, 370, 598

Sophokles (496–406 v. Chr.) 5, 24, 25, 34, 85, 598, 599

Sozialismus 401

Spencer, Herbert (1820–1903) 391

Spengler, Oswald (1880–1936) 483, 614

Spinoza, Baruch (Benedict) de (1632–1677) 358, 421, 432, 608

Sprache männlich/weiblich in der S. 563–565, 593–594; S. und Wirklichkeitskonstruktion 591, 594

Sprachanalyse 446; S. und postmoderner Geist 501

Spretnak, Charlene 566

Stäel, Germaine de (1766–1817) 462, 610

Stein, Gertrude (1874–1946) 514

Steiner, Rudolf (1861–1925) 511, 544, 545, 613, 614

Stevens, Wallace (1879–1955) 614

Stoa/Stoiker 94, 95, 103, 126, 177, 191, 401; siehe: Zenon von Kition

Strawinski, Igor (1882–1971) 614

Subatomare Erscheinungen 450

Subjekt-Objekt als Verhältnis von Tiefenpsychologie und Naturwissenschaft 488; bei Descartes 350, 352, 444; bei Hume 428; bei Jung 533; bei Kant 444, 525; bei Hegel 479–480; im modernen Geist 486, 539 ff., 542; im modernen Weltbild 360–361; im postmodernen

Geist 498–501; in der modernen Physik 451; Versöhnung von Subjekt und Objekt 512, 522 ff., 586

Subjektivismus bei Kant 439 Substanz bei Aristoteles 68–71, 74, 75; bei den Atomisten 29; bei Thales 26, 27; in der ionischen Philosophie 567; in der modernen Physik 450

Sukenick, Ronald (1932–) 591

Suzuki, D. T. (1870–1966) 613

Tatsachen T. sind theorievermittelt 525, 530, 591; siehe: Ding an sich, Interpretation, Perspektiven, Sprache, Welt an sich

Tauler, Johannes (um 1300–1361) 250

Technologie Kritik der T. im 19. und 20. Jh. 457; mittelalterliche T. 218; Renaissance 283, 284; Wissenschaft und T. 457

Teilhard de Chardin, Pierre (1881–1955) 483, 578, 616

Teleologie Anaxagoras über T. 56; Aristoteles über das Telos 74, 81, 344; Hegel über T. 480; T. im christlichen Geschichtsbild 577; T. im modernen Weltbild 405; Telos: Überwindung der Entfremdung 557; siehe: Apokalypse, Eschatologie, Geschichte

Testament Altes Testament 123 (A.T. als jüdische Bibel), 144 (A.T. als Quelle der Wahrheit), 155–156 (Jahwe und Christus), 171 (der mißgünstige Gott), 178, 202 (patriarchalischer Monotheismus), 248 (A.T. und Reich des Vaters), 574, 579; Neues Testament 115–116 (Abfassung und Zusammenstellung der Texte), 123 (N.T. als christliche Bibel), 128 (Offenbarungen), 144 (N.T. als Quelle der Wahrheit), 154–155 (der umbarmherzige Gott des A.T. und der freundliche Gott des N.T.), 156 (Kluft zwischen dem Menschlichen und dem Göttlichen überbrückt durch den zweiten Adam), 161 (Vergöttlichung der Welt durch Christus), 178 (Differenz zwischen dem A.T. und dem N.T.), 189, 194–196 (Heiliger Geist), 202 (Maria),

ABBILDUNGSVERZEICHNIS